"十四五"普通高等教育会计专业精品规划教材

中级财务会计

（第2版）

Intermediate Financial Accounting

袁 敏　刘海燕　主编

苏州大学出版社
Soochow University Press

图书在版编目(CIP)数据

中级财务会计/袁敏,刘海燕主编. --2版. --苏州:苏州大学出版社,2023.1
"十四五"普通高等教育会计专业精品规划教材
ISBN 978-7-5672-4261-6

Ⅰ.①中… Ⅱ.①袁… ②刘… Ⅲ.①财务会计-高等学校-教材 Ⅳ.①F234.4

中国国家版本馆 CIP 数据核字(2023)第 000733 号

中级财务会计(第2版)
ZHONGJI CAIWU KUAIJI
袁　敏　刘海燕　主编
责任编辑　施小占

苏州大学出版社出版发行
(地址:苏州市十梓街1号　邮编:215006)
镇江文苑制版印刷有限责任公司印装
(地址:镇江市黄山南路18号润州花园6-1号　邮编:212000)

开本 787 mm×1 092 mm　1/16　印张 27.75　字数 658 千
2023 年 1 月第 2 版　2023 年 1 月第 1 次印刷
ISBN 978-7-5672-4261-6　定价:70.00 元

若有印装错误,本社负责调换
苏州大学出版社营销部　电话:0512-67481020
苏州大学出版社网址　http://www.sudapress.com
苏州大学出版社邮箱　sdcbs@suda.edu.cn

前言

会计总是随着经济的发展而发展,并为推动经济发展服务。随着我国社会主义市场经济的进一步深化,会计改革也日新月异。为适应社会主义市场经济发展,进一步完善我国企业会计准则体系,提高财务报表列报质量和会计信息透明度,保持我国企业会计准则与国际财务报告准则的持续趋同,财政部于 2014 年对其 2006 年颁布的《企业会计准则》进行了完善,修订或新增了 8 项具体会计准则,又于 2017 年至 2020 年修订或新增了 11 项具体会计准则。新企业会计准则的颁布实施为企业会计工作,尤其是财务会计工作带来了新的机遇和挑战。

"中级财务会计"作为会计学专业的核心骨干课程,在会计学科体系中占有非常重要的地位。掌握中级财务会计课程的内容,对于立志于学习会计知识、了解会计知识的学生来说是非常重要的。本书根据作者长期教学的经验和体会,结合财政部 2017 年以来最新发布的企业会计准则及应用指南,现行的企业所得税法及增值税等相关规定,对中级财务会计内容进行了全面的梳理,力争突出以下特色:

1. 内容新颖、全面。本书紧紧围绕企业会计准则的相关内容,结合会计要素的特点,对企业常见的会计核算内容都有所阐释,体现了新颖性和全面性的特点。

2. 操作性强。本书以我国 2017 年以来最新发布的企业会计准则及指南为依据,结合大量的业务实例,使学生可以在学习中更好地掌握具体的核算方法,并培养分析问题和解决问题的能力。

3. 便于理解和掌握。在具体内容安排上,每章都设计了本章学习目的与要求,介绍本章的基本概念和基本内容,让初学者对全章的基本概念和基本内容有一个总括性的了解,做到心中有数。另外,每章最后都有复习思考题、练习题,以便读者更好地学习,方便使用者深入理解本书的内容,并可对自己的学习效果进行检查和测试。

本书除可作为高等学校会计学、财务管理、工商管理、财政(含税收)学、金融学等专业的教材外,还可作为从事会计、审计、财务管理、证券监管和银行监管、税务稽核等相关工作的人员进行培训和自学的参考资料。

本书由袁敏、刘海燕主编并负责全书的总体设计,苏州大学东吴商学院会计系的许叶枚、李洁慧、龚蕾、张佳等老师参与了编写。本书的出版获得了苏州大学教材培育项目的支持,在此表示感谢。

本书的编写参考了有关专家的教材和专著,在这里一并表示由衷的感谢!由于水平有限,时间仓促,本书难免存在一些缺点和错误,期望同仁批评和赐教。

编　者

2023 年 1 月

目录

第一章 总论 ... 1
第一节 财务会计概述 ... 1
第二节 财务报告的目标 ... 3
第三节 会计的基本假设和会计基础 ... 5
第四节 会计信息质量要求 ... 8
第五节 会计要素及其确认和计量原则 ... 11
第六节 财务报告 ... 17
第七节 我国企业会计准则体系 ... 18

第二章 货币资金和应收款项 ... 22
第一节 货币资金 ... 22
第二节 应收款项 ... 37
第三节 货币资金和应收款项在财务报告中的披露 ... 47

第三章 存货 ... 51
第一节 存货的确认和初始计量 ... 51
第二节 发出存货的计量 ... 54
第三节 原材料 ... 59
第四节 周转材料和委托加工物资 ... 69
第五节 库存商品 ... 74
第六节 存货的清查和期末计量 ... 77
第七节 存货在财务报告中的披露 ... 86

第四章 固定资产 ... 90
第一节 固定资产的确认和初始计量 ... 90
第二节 固定资产的折旧 ... 100
第三节 固定资产的后续支出 ... 105
第四节 固定资产的处置 ... 107
第五节 固定资产的清查 ... 113
第六节 固定资产在财务报告中的披露 ... 115

第五章　无形资产 — 119

- 第一节　无形资产的确认和初始计量 — 119
- 第二节　内部研究开发支出的确认和计量 — 124
- 第三节　无形资产的后续计量 — 127
- 第四节　无形资产的处置和报废 — 130
- 第五节　无形资产在财务报告中的披露 — 132

第六章　投资性房地产及其他资产 — 136

- 第一节　投资性房地产的概述 — 136
- 第二节　投资性房地产的确认和初始计量 — 138
- 第三节　投资性房地产的后续计量 — 140
- 第四节　投资性房地产的后续支出 — 143
- 第五节　投资性房地产的转换和处置 — 144
- 第六节　其他资产 — 150
- 第七节　投资性房地产及其他资产在财务报告中的披露 — 152

第七章　对外投资 — 155

- 第一节　金融资产概述 — 155
- 第二节　以公允价值计量且其变动计入当期损益的金融资产 — 158
- 第三节　以摊余成本计量的金融资产 — 162
- 第四节　以公允价值计量且其变动计入其他综合收益的金融资产 — 166
- 第五节　金融资产的减值 — 170
- 第六节　长期股权投资 — 174
- 第七节　投资转换 — 187
- 第八节　对外投资在财务报告中的披露 — 194

第八章　资产减值 — 199

- 第一节　资产减值的判断 — 199
- 第二节　资产减值损失的确认和计量 — 200
- 第三节　资产组和商誉减值的处理 — 207
- 第四节　资产减值在财务报告中的披露 — 212

第九章　流动负债 — 215

- 第一节　流动负债概述 — 215
- 第二节　应付账款和应付票据 — 216
- 第三节　应交税费 — 219
- 第四节　应付职工薪酬 — 234
- 第五节　其他流动负债 — 243

| 第六节 | 流动负债在财务报告中的披露 | 247 |

第十章　非流动负债　252

第一节	非流动负债概述	252
第二节	长期借款	254
第三节	应付债券	256
第四节	其他长期负债	261
第五节	借款费用	265
第六节	非流动负债在财务报告中的披露	270

第十一章　所有者权益　274

第一节	所有者权益概述	274
第二节	实收资本	276
第三节	其他权益工具和资本公积	282
第四节	其他综合收益和留存收益	284
第五节	所有者权益在财务报告中的披露	288

第十二章　收入、费用和利润　291

第一节	收入	291
第二节	费用	317
第三节	利润	325
第四节	收入、费用和利润在财务报告中的披露	338

第十三章　财务报告　344

第一节	财务报告概述	344
第二节	资产负债表	350
第三节	利润表	365
第四节	现金流量表	374
第五节	所有者权益变动表	391
第六节	财务报表附注	398
第七节	中期财务报告	408

第十四章　财务报表调整　417

第一节	会计政策及其变更	417
第二节	会计估计及其变更	423
第三节	前期差错更正	425
第四节	资产负债表日后事项	427

主要参考书目　434

第一章 总 论

本章概要

财务会计属于对外报告会计,它主要以对外提供财务报告的形式,对投资者和其他利益相关者提供决策有用的信息,并报告受托责任。迄今为止,财务会计已形成了一套较为完整的理论体系,该体系的主要内容包括财务会计的目标、会计假设、会计信息质量要求、会计要素、会计计量理论等。本章主要就上述财务会计的基本理论问题进行介绍。

学习目的与要求

通过本章学习,应当能够了解并掌握:
1. 财务会计的概念与特征;
2. 财务会计的目标;
3. 财务会计基本假设的内涵和会计基础;
4. 会计信息质量要求;
5. 会计要素计量属性。

第一节 财务会计概述

一、现代企业会计两大分支的形成

会计是以货币为主要计量单位,反映和监督一个单位经济活动的一项经济管理工作。企业会计主要反映企业的财务状况、经营成果和现金流量,并对企业经营活动和财务收支进行监督。

会计发展史表明,会计是随着社会生产的需要而产生,随着社会生产的发展和经济管理要求的提高而发展和提高的。它的发展与社会经济环境、法律政治环境和科学信息技术的发展密切相关。企业组织形式的变化和经济管理要求的提高,对会计提出了更新、更高的要求;电子计算机在会计领域的应用,也对会计的发展有着重要影响,促使会计理论方法体系日趋完善,会计应用领域不断拓展,会计程序和方法不断优化。伴随着会计的职能从对经济活动的结果进行事后反映,提供会计信息,发展到对经济活动的全过程进行核算和监督,通过参与企业的经营决策强化企业经营管理水平,提高企业竞争能力,会计在社会经济发展中的地位和作用更加凸显。这也促进了会计学科的发展,出现了很多的会计分支,但主要将企业会计分为财务会计和管理会计两大分支。

财务会计和管理会计的分离经历了漫长的发展过程。工业革命之前,企业组织形式主要是独资和合伙两种。无论是独资企业还是合伙企业,企业的所有者通常也是企业的经营者,企业与政府机构和其他外部集团之间还没有形成密切的经济利益关系。在这种情况下,会计主要是为企业的所有者兼经营者服务,为企业内部经营管理提供财务信息;各企业可以根据自己的需要,灵活选用会计程序、方法和信息的提供方式,没有统一的规范可循。开始于18世纪中叶的工业革命,在带来社会生产力发展的同时,也促使股份有限公司这种企业组织形式的产生。至19世纪末20世纪初,股份有限公司已成为现代公司制度的典型形式。股份有限公司的一个显著特征,就是可以通过在资本市场上发行股票在短期内筹集巨额资本。公司的所有者就是为数众多、日益分散化的股东,他们同企业之间存在经济利益关系,却无法直接参与企业的经营管理,因而不得不由股东团体聘请专职的经营人员来管理企业。这种所有权与经营权的分离,使公司的所有者与经营者之间形成财产的委托与受托关系,公司的所有者自然要关心管理当局对委托财产的使用和保管情况,关心企业的盈利水平和投资报酬。与此同时,企业的债权人也关心企业的偿债能力,关心债权的安全性。这样,股东和债权人都迫切需要企业会计提供关于企业财务状况和经营成果等方面的信息,以便作出有效的投资决策和信贷决策。此外,企业的客户、政府机构、广大的社会公众等,都会从各自的利益出发,要求企业提供有关的会计信息,它们和企业的股东、债权人一起,构成企业的外部利益集团。另外,企业管理当局受法律或合同的约束,或者出于维持公共形象、进一步吸引投资的考虑,往往也乐于向外部利益集团提供它们所需要的信息。这样,传统的会计逐渐演变成主要向企业外部利益集团提供财务信息的财务会计。

财务会计提供的信息虽然也是企业管理当局进行经营决策的重要信息来源,但是随着企业生产经营环境的日趋复杂化,企业管理当局迫切需要在财务会计系统之外取得与计划、预测和分析有关的信息,并要求这些信息在内容上更加广泛,形式上更加灵活,时间上更加及时。在这种情况下,于20世纪初逐渐产生了企业会计的另一重要分支——管理会计。从20世纪30年代开始,管理会计逐步引进了管理科学、数学模型、电子计算机以及信息论、系统论、控制论等先进的技术和方法。20世纪50年代,专门致力于加强企业内部管理、提高经济效益的一整套新的会计理论、方法体系——管理会计正式形成。至此,管理会计和财务会计就正式成为企业会计的两大分支。

二、财务会计的特点

财务会计以会计准则或制度为依据,采用一系列专门的方法,对企业经济活动过程进行确认、计量、记录、核算和监督,定期编制和对外提供财务报告。财务会计的最大特点是以货币作为主要计量单位,全面、系统、客观地反映已经发生的经济业务,并以财务报告的形式提供有关会计主体的信息。与管理会计相比,财务会计的特点主要表现在以下几个方面:

一是从提供会计信息的对象看,财务会计编制的财务报告既为企业外部使用者提供会计信息,同时也为企业内部管理者提供会计信息。但主要是编制对外财务报告,所以,财务会计也称为"外部会计"。而管理会计主要是围绕管理者的决策和控制,提供经济活动现时的和未来的企业内部规划、决策、控制、评价等方面的信息,推动企业实现战略规划,为内部管理者服务。所以,管理会计也称为"内部会计"。

二是从提供信息的规范来看,财务会计要严格遵循企业会计准则或企业会计制度,具有强制性;而管理会计主要考虑经营管理决策中的"成本—效益"原则,相对较灵活。

三是从会计核算的过程来看,财务会计严格按照"凭证—账簿—报表"的会计程序和模式,以货币作为计量单位,综合反映并定期提供有关企业资产、负债和所有者权益的增减变动,收入的取得和费用的发生,以及损益的形成和分配等各种经济活动的情况及其结果;而管理会计在会计期间的划分、核算程序的选择和核算方法的确定方面都比较灵活,往往没有固定的模式,可以根据管理所需信息的要求选择。

四是从信息的报告来看,财务会计以提供历史信息为主,对资产负债表、利润表、现金流量表、报表附注等提供信息的内容和格式都有统一的规定,而且,要定期编制,并具有法律效力;而管理会计主要强调提供的信息对管理者决策的有效性,并不注重信息报告的形式,也不具有法律效力。

财务会计与管理会计虽然在许多方面存在着差别,但作为现代企业会计的两大分支,仍然具有密切的关系,而且它们的最终目标是一致的,都是为了实现企业价值的最大化。

第二节 财务报告的目标

财务会计作为对外报告会计,其目的是为了通过向外部会计信息使用者提供有用的信息,以反映企业财务信息,帮助使用者作出相关决策。承担这一信息载体和功能的便是企业编制的财务报告,它是财务会计确认和计量的最终成果,是沟通企业管理层与外部信息使用者之间的桥梁和纽带。

一、财务报告的使用者

财务报告的使用者包括企业的投资者、债权人、政府及其职能机构、客户、企业内部管理者和员工等与企业有各种经济利益关系的集团和个人。不同的利益关系者有不同的利益要求,其所需要的会计信息侧重点也有所不同。

(一) 投资者(股东)和潜在投资者

投资者(股东)和潜在投资者进行投资决策的最终目的是扩大财富。因此,他们是企业财富最大化的追求者,投资者进行某项投资后,其财富的大小是由企业的价值大小决定的。企业的价值即其出售的价格,而个别投资者(股东)的财富就是其拥有的企业净资产份额(股份)转让时所能获取的现金。所以,他们在阅读企业会计报告时,主要结合投资项目、资本结构和股利分配政策等方面的信息,以了解企业的盈利能力及其变化趋势,了解企业目前的经营管理状况,判断企业未来现金流量的数额、时间和不确定性,据此作出投资决策。

（二）债权人

企业债权人包括银行、非银行金融机构（财务公司、信贷投资公司等）、债券购买者和其他债权人。债权人的目的不是价值最大化，而是到时收回本金并获得约定的利息收入。所以，在信息的需求上，他们主要关心的并非仅仅是企业的盈利能力，他们更注重企业的资本结构、资产结构等影响偿债能力方面的信息，以关注和判断其债权所面临的风险程度。

（三）政府及其职能机构

政府作为投资者，关心的是政府资本在企业中的保值增值，它有与一般投资者一样的会计信息需求；政府作为社会管理者，需要根据企业的会计信息，在了解微观经济资源的配置状况与效益、经济秩序、税收、证券市场监管等基础上，对社会宏观经济进行调整和控制。

（四）社会中介服务机构

随着市场体系的建立和发展，出现了许多关心会计信息的组织和个人，如会计师事务所、评估师事务所、律师事务所、投资咨询服务公司、股评机构及专业人员。这些中介机构和个人根据其受托的服务对象的需求，从不同的侧面和重点关注企业的会计信息。

（五）企业管理当局

企业以营利为目的，投资人将资源投入企业，希望能在企业管理者有效的管理经营下，在激烈的竞争中求得生存和发展，获得预期利润。企业管理当局为了履行其受托的责任，必须运用自己的专业才干和管理经验去努力实现投资者所期望的目标。企业管理当局根据企业会计信息评价和预测企业的财务状况和盈利能力，并根据企业的现实情况进行计划调整，以提高管理水平，更好地帮助企业作出有利于企业生存、发展的经营决策。

二、财务报告的目标

我国企业财务报告的目标，是向财务报告使用者提供与企业财务状况、经营成果和现金流量等有关的会计信息，反映企业管理层受托责任的履行情况，有助于财务报告使用者作出经济决策。其主要包括以下两个方面的内容：

（一）向财务报告使用者提供决策有用的信息

企业编制财务报告的主要目的是为了满足财务报告使用者的信息需要，有助于财务报告使用者作出经济决策。因此，向财务报告使用者提供决策有用的信息是财务报告的基本目标。如果企业在财务报告中提供的会计信息与使用者的决策无关，没有使用价值，那么财务报告就失去了其编制的意义。根据向财务报告使用者提供决策有用的信息这一目标的要求，财务报告所提供的会计信息应当如实反映企业所拥有或者控制的经济资源、对经济资源的要求权以及经济资源要求权的变化情况；如实反映企业的各项收入、费用、利得和损失的金额及其变动情况；如实反映企业各项经营活动、投资活动和筹资活动等所形成的现金流入和现金流出情况等，从而有助于现在的或者潜在的投资者、债权人以及其他使用者正确、合理地评价企业的资产质量、偿债能力、盈利能力和营运效率等；有助于使用者根据相关会计信息作出理性的投资和信贷决策；有助于使用者评估与投资和信贷有关的未来现金流量的金额、时间和风险等。

（二）反映企业管理层受托责任的履行情况

在现代公司制下，企业所有权和经营权相分离，企业管理层是受委托人之托经营管理企业及其各项资产，负有受托责任，即企业管理层所经营管理的企业各项资产基本上均为投资者投入的资本（或者留存收益作为再投资）或者向债权人借入的资金所形成的，企业管理层有责任妥善保管并合理、有效地运用这些资产。尤其是企业投资者和债权人等，需要及时或者经常性地了解企业管理层保管、使用资产的情况，以便于评价企业管理层受托责任的履行情况和业绩情况，并决定是否需要调整投资或者信贷政策，是否需要加强企业内部控制和其他制度建设，是否需要更换管理层等。因此，反映企业管理层受托责任的履行情况，以有助于评价企业的经营管理责任和资源使用的有效性就成为财务报告的又一重要目标。

第三节 会计的基本假设和会计基础

一、会计的基本假设

财务报告的目标是通过对经济业务的确认、计量、记录、报告来实现的。会计所计量、记录的经济业务是错综复杂的，其中有些经济现象及其规律性并没有被人们所认识，当然无法用科学方法去计量和描述。为了使会计工作顺利进行，必须对会计工作中产生的一些尚未确知的事物，根据客观的正常情况或者发展趋势作出合乎逻辑的判断和假定。这种判断和假定就是财务会计核算的前提条件，又称会计假设。

会计假设并非主观臆测，而是会计人员对长期实践经验的总结。它们是从会计实践中抽象出来的，体现了会计活动的基本特征，其最终目的是为了保证会计信息的有用性、合理性和可靠性。这些合乎逻辑的假设，是组织会计核算工作必须具备的前提条件，一般包括：会计主体、持续经营、会计分期和货币计量。

（一）会计主体

会计主体，是指企业会计确认、计量和报告的空间范围，是企业会计工作的服务对象。为了向财务报告使用者反映企业财务状况、经营成果和现金流量，提供与其决策有用的信息。会计核算和财务报告的编制应当集中于反映特定对象的活动，并将其与其他经济实体区别开来，才能实现财务报告的目标。

在会计主体假设下，企业应当对其本身发生的交易或者事项进行会计确认、计量和报告，反映企业本身所从事的各项生产经营活动。企业的生产经营活动又是由各项具体的经济业务所构成的，而每项经济业务又都是与其他的相关经济业务联系在一起的。此外，由于社会经济关系的错综复杂，企业本身的经济业务也总是与其他企业或单位的经济活动相联系。即使是同一项经济业务，也会存在因为企业的不同而对交易双方意义不同的情况。例如，甲企业销售货物给乙企业，对交易双方来说，甲企业是销售，而乙企业是采购。因此，对于会计人员来说，首先就需要确定会计核算的范围，明确为谁服务，明确哪些经济活动应当予以确认、计量和报告，明确哪些不应当包括在其会计核算的范围内，也就是要确定会计主体。明确界定会计主体是开展会计确认、计量和报告工作的重要前提。

会计主体是随着社会生产力的发展和经营活动组织形式的发展变化而产生和发展的。在生产经营规模小，业主独资经营的情况下，经营活动和业主本身的活动是合二为一的，会计主体的概念并不是很迫切需要。而当几个人合伙经营时，合伙企业的经营收支活动就必须与各个业主的个人收支活动相区分，明确合伙经营企业与合伙人个人收支的界限，即合伙会计的核算范围。

会计主体的作用在于界定不同会计主体会计核算的范围。从企业来说，它要求会计核算区分自身的经济活动与其他企业的经济活动；区分企业的经济活动与企业投资者的经济活动。这样通过会计核算范围的界定，就能够为提供会计信息使用者所需要的会计信息明确空间范围。

会计主体与法律主体并不是同一概念。一般来说，法律主体必然可以作为独立的会计主体。但是会计主体并不一定就是法律主体。会计主体可以是独立的法人，也可以是非法人（如独资企业和合伙企业）；可以是一个企业，也可以是企业内部的某一单位或企业内部为管理需要而设立的某一个特定部分；可以是单一企业，也可以是由几个企业组成的企业集团。例如，某基金管理公司管理了10只证券投资基金，对于该公司来讲，一方面公司本身既是法律主体，又是会计主体，需要以公司为主体核算公司的各项经济活动，以反映整个公司的财务状况、经营成果和现金流量；另一方面每只基金尽管不属于法律主体，但需要单独核算，并向基金持有人定期披露基金财务状况和经营成果等，因此，每只基金也属于会计主体。

（二）持续经营

持续经营是指假定会计主体的生产经营活动将无限期地延续下去，在可以预见的将来，会计主体不会因为进行清算、解散、倒闭而不复存在。它界定了会计核算的时间范围，它使得会计人员可以以会计主体持续、正常的经营活动为前提，选择和确定会计程序、会计处理方法，进行会计核算。

现行的会计处理方法大多建立在持续经营的基础之上。如果没有持续经营这一会计假设，一些公认的会计处理方法将不能采用，企业也就不能按照现在的会计原则和会计处理方法进行会计核算和对外提供会计信息。例如，历史成本原则就是假定企业在正常经营的情况下，运用它所拥有的各种经济资源和依照原来的偿还条件偿付其所负担的各种债务的前提下，才运用于会计核算之中的。如果没有持续经营这一假设，从理论上来说，机器设备等固定资产的价值只能采用可变现价值来予以计量；负债就不可能按照原来规定的条件偿还，而必须按照资产变现后的实际负担能力来清偿；会计处理原则和程序就必须按照清算条件下的情形来进行。

如果一个企业在不能持续经营时还假定企业能够持续经营，并仍按持续经营基本假设选择会计确认、计量和报告原则与方法，就不能客观地反映企业的财务状况、经营成果和现金流量，会误导会计信息使用者的经济决策。

（三）会计分期

会计分期是指将企业持续不断的经营活动人为地划分为一个一个的期间，以便会计主体据以结算账目、编制会计报表，从而及时地向会计信息的使用者提供反映其经营成果和财务状况及其变动情况的信息。

在假定企业为持续经营的条件下,要想计算会计主体的盈亏情况,反映其生产经营成果,从理论上来说只有等到企业所有的生产经营活动完全结束时,才能够通过收入与其相关的成本费用的比较,进行准确的计算。但是这显然是行不通的,因为这就意味着信息的使用者无法得到及时的会计信息,自然也就不是决策有用的信息。所以必须将企业持续不断的生产经营活动人为地划分为一个一个相等的会计期间,以分期反映企业的经营成果和财务状况。

会计期间划分的最重要的意义就是使得及时向信息使用者提供信息成为可能。同时,有了会计期间,才产生了本期与非本期的区别,出现了权责发生制与收付实现制的区别,才使不同类型的会计主体有了记账基准,进而出现了应收、应付、折旧、摊销等会计处理方法。我国基本准则明确规定,企业在会计确认、计量和报告中应当以权责发生制为基础。

企业通常以自然年度作为划分会计期间的标准,也可以采用其他的标准,例如,可以是企业的一个营业周期。按照我国企业会计准则的规定,我国企业的会计核算应当划分会计期间,分期结算账目和编制财务报告。会计期间分为年度和中期,短于一个完整会计年度的报告期间称为会计中期。

(四) 货币计量

货币计量,是指会计主体在财务会计确认、计量和报告时以货币作为计量单位反映会计主体的生产经营活动。

在会计的确认、计量和报告过程中之所以选择货币为基础进行计量,是由货币的本身属性决定的。货币是商品的一般等价物,是衡量一般商品价值的共同尺度,具有价值尺度、流通手段、贮藏手段和支付手段等特点。其他计量单位,如重量、长度、容积、台、件等,只能从一个侧面反映企业的生产经营情况,无法在量上进行汇总和比较,不便于会计计量和经营管理。只有选择货币尺度进行计量,才能全面、综合地反映企业的生产经营情况。同时在日常核算时也并不排斥其他计量单位,这是对货币计量单位的补充。

但是,统一采用货币计量也存在缺陷,例如,某些影响企业财务状况和经营成果的因素,如企业经营战略、研发能力、市场竞争力等,往往难以用货币来计量,但这些信息对于使用者决策也很重要。为此,企业可以在财务报告中补充披露有关非财务信息来弥补上述缺陷。

二、会计基础

企业会计的确认、计量和报告应当以权责发生制为基础。权责发生制基础要求,凡是当期已经实现的收入和已经发生或应当负担的费用,无论款项是否收付,都应当作为当期的收入和费用,计入利润表;凡是不属于当期的收入和费用,即使款项已在当期收付,也不应当作为当期的收入和费用。

在实务中,企业交易或者事项的发生时间与相关货币收支时间有时并不完全一致。例如,款项已经收到,但销售并未实现;或者款项已经支付,但并不是为本期生产经营活动而发生的。为了更加真实、公允地反映特定会计期间的财务状况和经营成果,基本准则明确规定,企业在会计确认、计量和报告中应当以权责发生制为基础。

第四节 会计信息质量要求

为了实现财务报告的目标,规范企业会计行为,保证会计信息质量,会计监管部门一般都要明确规定会计信息应当达到的基本质量要求,即为了使财务报告中所提供的会计信息对使用者决策有用而应具备的质量特征。我国根据会计实践经验,同时借鉴国际惯例,在《企业会计准则——基本准则》中规定了八条会计信息质量特征,包括可靠性、相关性、可理解性、可比性、实质重于形式、重要性、谨慎性和及时性。

一、可靠性

可靠性要求企业应当以实际发生的交易或者事项为依据进行确认、计量和报告,如实反映符合确认和计量要求的各项会计要素及其他相关信息,保证会计信息真实可靠、内容完整。

具体包括以下内容:

(1) 以实际发生的交易或者事项为依据进行确认、计量,将符合会计要素定义及其确认条件的资产、负债、所有者权益、收入、费用和利润等如实反映在财务报表中,不得根据虚构的、没有发生的或者尚未发生的交易或者事项进行确认、计量和报告。

(2) 在符合重要性和成本效益原则的前提下,保证会计信息的完整性,其中包括应当编报的报表及其附注内容等应当保持完整,不能随意遗漏或者减少应予披露的信息,与使用者决策相关的有用信息都应当充分披露。

(3) 对发生的交易或事项的确认、计量和报告应保持不偏不倚的立场,不应为了预设的目标而主观故意选择会计处理方法。

二、相关性

相关性要求企业提供的会计信息应当与投资者等财务报告使用者的经济决策需要相关,有助于投资者等财务报告使用者对企业过去、现在或者未来的情况作出评价或者预测。

会计信息是否有用,是否具有价值,关键是看其与使用者的决策需要是否相关,是否有助于决策或者提高决策水平。相关的会计信息应当能够有助于使用者评价企业过去的决策,证实或者修正过去的有关预测,因而具有反馈价值。相关的会计信息还应当具有预测价值,有助于使用者根据财务报告所提供的会计信息预测企业未来的财务状况、经营成果和现金流量。例如,区分收入和利得、费用和损失,区分流动资产和非流动资产、流动负债和非流动负债以及适度引入公允价值等,都可以提高会计信息的预测价值,进而提升会计信息的相关性。

会计信息质量的相关性要求,需要企业在确认、计量和报告会计信息的过程中,充分考虑使用者的决策模式和信息需要。但是,相关性是以可靠性为基础的,两者之间并不矛盾,不应将两者对立起来。也就是说,会计信息在可靠性前提下,尽可能地做到相关,以满足投资者等财务报告使用者的决策需要。

三、可理解性

可理解性要求企业提供的会计信息应当清晰明了,便于投资者等财务报告使用者理解和使用。

企业编制财务报告、提供会计信息的目的在于使用,而要使使用者有效使用会计信息,应当能让其了解会计信息的内涵,弄懂会计信息的内容,这就要求财务报告所提供的会计信息应当清晰明了,易于理解。只有这样,才能提高会计信息的有用性,实现财务报告的目标,满足向投资者等财务报告使用者提供决策有用信息的要求。

鉴于会计信息是一种专业性较强的信息产品,因此,在强调会计信息的可理解性要求的同时,还应假定使用者具有一定的有关企业生产经营活动和会计核算方面的知识,并且愿意付出努力去研究这些信息。对于某些复杂的信息,例如,交易本身较为复杂或者会计处理较为复杂,但其对使用者的经济决策是相关的,就应当在财务报告中予以披露,企业不能仅仅以该信息会使某些使用者难以理解而将其排除在财务报告所应披露的信息之外。

四、可比性

可比性要求企业提供的会计信息应当具有可比性。具体包括下列要求:

(1)为了便于使用者了解企业财务状况和经营成果的变化趋势,比较企业在不同时期的财务报告信息,从而全面、客观地评价过去、预测未来,会计信息质量的可比性要求同一企业对于不同时期发生的相同或者相似的交易或者事项,应当采用一致的会计政策,不得随意变更。当然,满足会计信息可比性的要求,并不表明不允许企业变更会计政策,企业按照规定或者会计政策变更后可以提供更可靠、更相关的会计信息时,就有必要变更会计政策,以向使用者提供更为有用的信息,但是有关会计政策变更的情况,应当在附注中予以说明。

(2)为了便于使用者评价不同企业的财务状况、经营成果的水平及其变动情况,从而有助于使用者作出科学合理的决策,会计信息质量的可比性还要求不同企业发生的相同或者相似的交易或者事项,应当采用规定的会计政策,确保会计信息口径一致、相互可比,即对于相同或者相似的交易或者事项,不同企业应当采用一致的会计政策,以使不同企业按照一致的确认、计量和报告基础提供有关会计信息。

五、实质重于形式

实质重于形式要求企业应当按照交易或者事项的经济实质进行会计确认、计量和报告,不应仅以交易或者事项的法律形式为依据。如果企业仅仅以交易或者事项的法律形式为依据进行会计确认、计量和报告,那么就容易导致会计信息失真,无法如实反映经济现实。

在实务中,交易或者事项的法律形式并不总能完全真实地反映其实质经济内容。所以,会计信息要想反映其所应反映的交易或事项,就必须根据交易或事项的实质和经济现实来进行判断,而不能仅仅根据它们的法律形式。例如,企业签订了售后回购合同,并将商品卖给客户,虽然从法律形式上看实现了收入,但因企业存在与客户的远期安排而负有回购义务或企业享有回购权利的,表明客户在销售时并未取得相关商品控制权,企业应当作为租赁交易或融资交易进行会计处理。

六、重要性

重要性要求企业提供的会计信息应当反映与企业财务状况、经营成果和现金流量有关的所有重要交易或者事项。

在实务中，如果会计信息的省略或者错报会影响投资者等财务报告使用者据此作出决策的，该信息就具有重要性。重要性的应用需要依赖职业判断，企业应当根据其所处环境和实际情况，从项目的性质和金额大小两方面加以判断。重要性也是相对的，某一事项对这个企业是重要的，但对另外的企业可能就不重要；过去是重要的事项，现在可能就不是重要的事项，或者相反。再则，还要考虑会计事项的性质，不能只看金额，如违纪、违法行为，即使金额不大，也应单独列示。

七、谨慎性

谨慎性要求企业对交易或者事项进行会计确认、计量和报告应当保持应有的谨慎，不应高估资产或者收益、低估负债或者费用。

在市场经济环境下，企业的生产经营活动面临着许多风险和不确定性，如应收款项的可收回性、固定资产的使用寿命、无形资产的使用寿命、售出存货可能发生的退货或者返修等。会计信息质量的谨慎性要求，需要企业在面临不确定性因素的情况下作出职业判断时，应当保持应有的谨慎，充分估计到各种风险和损失，既不高估资产或者收益，也不低估负债或者费用。例如，要求企业对可能发生的资产减值损失计提资产减值准备、对售出商品可能发生的保修义务等确认预计负债等，就体现了会计信息质量的谨慎性要求。

谨慎性原则的目的在于确保企业具有正常、坚实的财务状况，保持继续经营的经济实力。但谨慎并不意味着可以任意高估费用、压低利润、建立"秘密准备"，因为这将会扭曲企业实际的财务状况和经营成果，从而对使用者的决策产生误导。

八、及时性

及时性要求企业对于已经发生的交易或者事项，应当及时进行会计确认、计量和报告，不得提前或者延后。

会计信息的价值在于帮助使用者作出经济决策，因此具有时效性。即使是可靠、相关的会计信息，如果不及时提供，也就失去了时效性，对于使用者的效用就大大降低，甚至不再具有任何意义。在会计确认、计量和报告过程中贯彻及时性，一是要求及时收集会计信息，即在经济交易或者事项发生后，及时收集整理各种原始单据或者凭证；二是要求及时处理会计信息，即按照企业会计准则的规定，及时对经济交易或者事项进行确认或者计量，并编制出财务报告；三是要求及时传递会计信息，即按照国家规定的有关时限，及时地将编制的财务报告传递给财务报告使用者，便于其及时使用和决策。

第五节

会计要素及其确认和计量原则

会计要素,是指对会计对象按照交易或者事项的经济特征所作的基本分类,分为反映企业财务状况的会计要素和反映企业经营成果的会计要素。它既是会计确认和计量的依据,也是确定财务报表结构和内容的基础。我国企业会计要素按照其性质分为资产、负债、所有者权益、收入、费用和利润,其中,资产、负债和所有者权益要素侧重于反映企业的财务状况,收入、费用和利润要素侧重于反映企业的经营成果。会计要素的界定和分类可以使财务会计系统更加科学严密,并可为使用者提供更加有用的信息。

一、会计要素

(一) 资产

1. 资产的定义

资产,是指过去的交易或者事项形成的、由企业拥有或者控制的、预期会给企业带来经济利益的资源。它具有以下特征:

(1) 资产能够直接或间接地给企业带来经济利益。

资产定义中所指的"预期会给企业带来经济利益",是指直接或者间接导致现金和现金等价物流入企业的潜力。其中,经济利益,是指直接或间接地流入企业的现金或现金等价物。资产导致经济利益流入企业的方式多种多样,比如,单独或与其他资产组合为企业带来经济利益;以资产交换其他资产;以资产偿还债务等。资产之所以成为资产,就在于其能够为企业带来经济利益。如果某项目不能给企业带来经济利益,那么就不能确认为企业的资产。例如,货币资金可以用于购买所需要的商品或用于利润分配;厂房场地、机器设备、原料材料等可以用于生产经营过程,制造商品或提供劳务,出售后收回货款,货款即为企业所获得的经济利益。

(2) 资产应为企业所拥有的,或者即使不为企业所拥有,也是企业所控制的资源。

资产定义中所指的"由企业拥有或者控制",是指企业享有某项资源的所有权,或者虽然不享有某项资源的所有权,但该资源能被企业所控制。企业拥有资产,就能够排他性地从资产中获取经济利益。有些资产虽然不为企业所拥有,但是企业能够支配这些资产,因此同样能够排他性地从资产中获取经济利益。如果企业不能拥有或控制资产所能带来的经济利益,那么就不能作为企业的资产。

(3) 资产是由过去的交易或事项形成的。

资产定义中所指的"企业过去的交易或者事项",包括购买、生产、建造行为或其他交易或者事项。预期在未来发生的交易或者事项不形成资产。资产必须是现实的资产,而不能是预期的资产。只有过去发生的交易或事项才能增加或减少企业的资产,而不能根据谈判中的交易或计划中的经济业务来确认资产。例如,已经发生的固定资产购买交易会形成企业的资产,而计划中的固定资产购买交易则不会形成企业的资产。

资产按流动性分类可分为流动资产和非流动资产。流动资产主要包括货币资金、交易性金融资产、应收票据、应收账款、预付款项、应收利息、应收股利、其他应收款、存货等。非流动资产是指流动资产以外的资产,主要包括投资性房地产、长期股权投资、固定资产、在建工程、无形资产、开发支出等。

2. 资产的确认条件

将一项资源确认为资产,首先需要符合资产的定义。除此之外,还需要同时满足以下两个条件:

(1) 与该资源有关的经济利益很可能流入企业。根据资产的定义,能够带来经济利益是资产的一个本质特征,但是由于经济环境瞬息万变,与资源有关的经济利益能否流入企业或者流入多少,实际上带有不确定性。因此,资产的确认应当与经济利益流入的不确定性程度的判断结合起来,如果根据编制财务报表时所取得的证据,与该资源有关的经济利益很可能流入企业,那么就应当将其确认为资产。

(2) 该资源的成本或者价值能够可靠地计量。可计量性是所有会计要素确认的重要前提,资产的确认也不例外。只有当有关资源的成本或者价值能够可靠地计量时,资产才能够予以确认。

(二) 负债

1. 负债的定义

负债,是指企业过去的交易或者事项形成的、预期会导致经济利益流出企业的现时义务。它具有以下特征:

第一,负债是企业承担的现时义务。

现时义务,是指企业在现行条件下已承担的义务。现时义务包括法定义务和推定义务。法定义务,通常是指企业在经济管理和经济协调中,依照经济法律、法规的规定必须履行的责任。如企业与其他企业签订购货合同产生的义务,就属于法定义务。因国家法律、法规的要求产生的义务,如企业按税法要求交纳所得税的义务,也属于法定义务。推定义务,通常是指企业在特定情况下产生或推断出的责任。如甲公司是一家化工企业,因扩大经营规模,到美国创办了一家分公司,如果美国尚未针对甲公司这类企业的生产经营可能产生的环境污染制定相关法律,因而甲公司的分公司对在美国生产经营可能产生的环境污染不承担法定义务。但是,甲公司为在美国树立良好的社会形象,自行向社会公告,宣称将对生产经营可能产生的环境污染进行治理。甲公司的分公司为此承担的义务就属于推定义务。

第二,负债的清偿预期会导致经济利益流出企业。

负债的清偿预期会导致经济利益流出企业。清偿负债导致经济利益流出企业的形式多种多样,如用现金偿还或以实物资产偿还;以提供劳务偿还;部分转移资产部分提供劳务偿还;将负债转为所有者权益,如将国有企业对金融机构的债务转为金融机构拥有的所有者权益。企业不能或很少可以回避现时义务,如果企业能够回避该项义务,则不能确认为企业的负债。

第三,负债是由过去的交易或事项形成的。

作为现时义务,负债是过去已经发生的交易或事项所产生的结果,是现实的义务。只有过去发生的交易或事项才能增加或减少企业的负债,未来发生的交易或者事项形成的义务,不属于现时义务,不应当确认为负债。如银行借款是因为企业接受了银行贷款而形成的，如果企业没有接受贷款，则不会发生银行借款这项负债；应付账款是因为企业采用信用方式购买商品或接受劳务而形成的，在购买商品或接受劳务发生之前，相应的应付账款并不存在。

负债按流动性分类可分为流动负债和非流动负债。流动负债主要包括短期借款、应付票据、应付账款、预收账款、应付职工薪酬、应交税费、应付利息、应付股利、其他应付款等。非流动负债是指流动负债以外的负债，主要包括长期借款、应付债券等。

2. 负债的确认条件

将一项义务确认为负债，需要符合负债的定义，并同时满足以下两个条件：

（1）与该义务有关的经济利益很可能流出企业。预期会导致经济利益流出企业是负债的一个本质特征，鉴于履行义务所需流出的经济利益带有不确定性，尤其是与推定义务相关的经济利益通常需要依赖于大量的估计，因此，负债的确认应当与经济利益流出的不确定性程度的判断结合起来。如果根据编制财务报表时所取得的证据判断，与现时义务有关的经济利益很可能流出企业，那么就应当将其作为负债予以确认。

（2）未来流出经济利益的金额能够可靠地计量。负债的确认也需要符合可计量性的要求，即对于未来流出经济利益的金额能够可靠地计量。对于与法定义务有关的经济利益流出金额，通常可以根据合同或者法律规定的金额予以确定。考虑到经济利益的流出一般发生在未来期间，有时未来期间的时间还很长，在这种情况下，有关金额的计量通常需要考虑货币时间价值等因素的影响。对于与推定义务有关的经济利益流出金额，通常需要较大程度的估计。为此，企业应当根据履行相关义务所需支出的最佳估计数进行估计，并综合考虑有关货币时间价值、风险等因素的影响。

（三）所有者权益

1. 所有者权益的定义

所有者权益是指企业资产扣除负债后，由所有者享有的剩余权益。公司的所有者权益又称为股东权益。所有者权益是所有者对企业资产的剩余索取权，它是企业资产中扣除债权人权益后应由所有者享有的部分，既可反映所有者投入资本的保值增值情况，又体现了保护债权人权益的理念。

2. 所有者权益的来源构成

所有者权益的来源包括所有者投入的资本、直接计入所有者权益的利得和损失、留存收益等，通常由实收资本（或股本）、其他权益工具、资本公积（含资本溢价或股本溢价、其他资本公积）、其他综合收益、盈余公积和未分配利润等构成。

所有者投入的资本是指所有者投入企业的资本部分，它既包括构成企业注册资本或者股本部分的金额，也包括其他权益工具及投入资本超过注册资本或者股本部分的金额，即资本溢价或者股本溢价，这部分投入资本在我国企业会计准则体系中被计入了资本公积，并在资产负债表中的资本公积项目下反映。

直接计入所有者权益的利得和损失，是指不应计入当期损益、会导致所有者权益发生增减变动的、与所有者投入资本或者向所有者分配利润无关的利得或者损失。其中，利得是指由企业非日常活动所形成的、会导致所有者权益增加的、与所有者投入资本无关的经济利益的流入，利得包括直接计入所有者权益的利得和直接计入当期利润的利得。损失是指由企业非日常活动所发生的、会导致所有者权益减少的、与向所有者分配利润无关的经济利益的流出,损失包括直接计入所有者权益的损失和直接计入当期利润的损失。直接计入所有者权益的利得和损失主要包括以公允价值计量且其变动计入其他综合收益的金融资产的公允价值变动额、现金流量套期中套期工具公允价值变动额(有效套期部分)等。

留存收益是企业历年实现的净利润留存于企业的部分,主要包括累计计提的盈余公积和未分配利润。

3. 所有者权益的确认条件

由于所有者权益体现的是所有者在企业中的剩余权益,因此,所有者权益的确认主要依赖于其他会计要素,尤其是资产和负债的确认;所有者权益金额的确定也主要取决于资产和负债的计量。

(四) 收入

1. 收入的定义

收入,是指企业在日常活动中形成的、会导致所有者权益增加的、与所有者投入资本无关的经济利益的总流入。根据收入的定义,收入具有以下特征:

(1) 收入是企业在日常活动中形成的。

日常活动是指企业为完成其经营目标所从事的经常性活动以及与之相关的活动。例如,工业企业制造并销售产品、商业企业销售商品、保险公司签发保单、咨询公司提供咨询服务、软件企业为客户开发软件、安装公司提供安装服务、商业银行对外贷款、租赁公司出租资产等,均属于企业的日常活动。明确界定日常活动是为了将收入与利得相区分,因为企业非日常活动所形成的经济利益的流入不能确认为收入,而应当计入利得。

(2) 收入会导致所有者权益的增加。

与收入相关的经济利益的流入应当会导致所有者权益的增加,不会导致所有者权益增加的经济利益的流入不符合收入的定义,不应确认为收入。例如,企业向银行借入款项,尽管也导致了企业经济利益的流入,但该流入并不导致所有者权益的增加,反而使企业承担了一项现时义务。企业对于因借入款项所导致的经济利益的增加,不应将其确认为收入,应当确认为一项负债。

(3) 收入是与所有者投入资本无关的经济利益的总流入。

收入应当会导致经济利益的流入,从而导致资产的增加。例如,企业销售商品,应当收到现金或者在未来有权收到现金,才表明该交易符合收入的定义。但是,经济利益的流入有时是所有者投入资本的增加所导致的,所有者投入资本的增加不应当确认为收入,应当将其直接确认为所有者权益。

按照日常活动在企业所处的地位,收入可分为主营业务收入和其他业务收入。

2. 收入的确认条件

企业应当在履行了合同中的履约义务,即在客户取得相关商品控制权时确认收入。取得相关商品控制权,是指能够主导该商品的使用并从中获得几乎全部的经济利益。

(五) 费用

1. 费用的定义

费用,是指企业在日常活动中发生的、会导致所有者权益减少的、与向所有者分配利

润无关的经济利益的总流出。根据费用的定义,费用具有以下特征:

(1) 费用是企业在日常活动中形成的。

费用必须是企业在其日常活动中所形成的,这些日常活动的界定与收入定义中涉及的日常活动的界定相一致。因日常活动所产生的费用通常包括销售成本(营业成本)、管理费用等。将费用界定为日常活动所形成的,目的是为了将其与损失相区分,企业非日常活动所形成的经济利益的流出不能确认为费用,而应当计入损失。

(2) 费用会导致所有者权益的减少。

与费用相关的经济利益的流出应当会导致所有者权益的减少,不会导致所有者权益减少的经济利益的流出不符合费用的定义,不应确认为费用。

(3) 费用是与向所有者分配利润无关的经济利益的总流出。

费用的发生应当会导致经济利益的流出,从而导致资产的减少或者负债的增加(最终也会导致资产的减少)。其表现形式包括现金或者现金等价物的流出,存货、固定资产和无形资产等的流出或者消耗等。鉴于企业向所有者分配利润也会导致经济利益的流出,而该经济利益的流出显然属于所有者权益的抵减项目,不应确认为费用,应当将其排除在费用的定义之外。

按照费用与收入的关系,费用可以分为营业成本和期间费用。营业成本是指销售商品或提供劳务的成本包括主营业务成本和其他业务成本。期间费用包括管理费用、销售费用和财务费用等。

2. 费用的确认条件

费用的确认除了应当符合费用定义外,还应当至少同时符合以下条件:

(1) 与费用相关的经济利益应当很可能流出企业。

(2) 经济利益流出企业的结果会导致资产的减少或者负债的增加。

(3) 经济利益的流出额能够可靠计量。

对费用的确认还应当注意以下几点:

(1) 企业为生产产品、提供劳务等发生的可归属于产品成本、劳务成本等的费用,应当在确认产品销售收入、劳务收入等时,将已销售产品、已提供劳务的成本等计入当期损益。即这些费用应当与企业实现的相关收入相配比,并在同一会计期间予以确认,计入利润表。

(2) 企业发生的支出不产生经济利益的,或者即使能够产生经济利益但不符合或者不再符合资产确认条件的,应当在发生时确认为费用,计入当期损益。

(3) 企业发生的交易或者事项导致其承担了一项负债而又不确认为一项资产的,应当在发生时确认为费用,计入当期损益。比如,企业对售出商品提供产品质量保证,该保证导致企业承担了一项负债,但企业又不能将其确认为一项资产,因此应当将其作为费用确认。

(六) 利润

1. 利润的定义

利润是指企业在一定会计期间的经营成果。通常情况下,如果企业实现了利润,表明企业的所有者权益将增加,业绩得到了提升;反之,如果企业发生了亏损(利润为负数),表明企业的所有者权益将减少,业绩下滑了。利润往往是评价企业管理层业绩的一项重要指标,也是投资者等财务报告使用者进行决策时的重要参考。

2. 利润的来源构成

利润包括收入减去费用后的净额、直接计入当期利润的利得和损失等。其中收入减去费用后的净额反映的是企业日常活动的经营业绩，直接计入当期利润的利得和损失反映的是企业非日常活动的业绩。直接计入当期利润的利得和损失，是指应当计入当期损益、最终会引起所有者权益发生增减变动的、与所有者投入资本或者向所有者分配利润无关的利得或者损失。企业应当严格区分收入和利得、费用和损失之间的区别，以更加全面地反映企业的经营业绩。

3. 利润的确认条件

利润反映的是收入减去费用以及利得减去损失后的净额，因此利润的确认主要依赖于收入和费用以及利得和损失的确认，其金额的确定也主要取决于收入、费用、利得、损失金额的计量。

二、会计要素的计量

会计计量，是指根据一定的计量标准和计量方法，在资产负债表和利润表中确认和列示会计要素而确定其金额的过程。会计计量基础，又称会计计量属性，是指用货币对会计要素进行计量时的标准。根据基本准则的规定，会计计量属性主要有历史成本、重置成本、可变现净值、现值和公允价值。企业在对会计要素进行计量时，一般应当采用历史成本，采用重置成本、可变现净值、现值、公允价值计量的，应当保证所确定的会计要素金额能够取得并可靠计量。

1. 历史成本

历史成本，又称为实际成本，就是取得或制造某项财产物资时所实际支付的现金或其他等价物。

在历史成本计量下，资产按照其购置时支付的现金或者现金等价物的金额，或者按照购置资产时所付出的对价的公允价值计量。负债按照其因承担现时义务而实际收到的款项或者资产的金额，或者承担现时义务的合同金额，或者按照日常活动中为偿还负债预期需要支付的现金或者现金等价物的金额计量。

2. 重置成本

重置成本又称现行成本，是指按照当前市场条件，重新取得同样一项资产所需支付的现金或现金等价物金额。

在重置成本计量下，资产按照现在购买相同或者相似资产所需支付的现金或者现金等价物的金额计量。负债按照现在偿付该项债务所需支付的现金或者现金等价物的金额计量。在实务中，重置成本多应用于盘盈固定资产的计量等。

3. 可变现净值

可变现净值，是指在正常生产经营过程中，以资产预计售价减去进一步加工成本和预计销售费用以及相关税费后的净值。

在可变现净值计量下，资产按照其正常对外销售所能收到现金或者现金等价物的金额扣减该资产至完工时估计将要发生的成本、估计的销售费用以及相关税费后的金额计量。可变现净值通常应用于存货资产减值情况下的后续计量。

4. 现值

现值是指对未来现金流量以恰当的折现率进行折现后的价值,是考虑货币时间价值的一种计量属性。

在现值计量下,资产按照预计从其持续使用和最终处置中所产生的未来净现金流入量的折现金额计量。负债按照预计期限内需要偿还的未来净现金流出量的折现金额计量。现值通常用于非流动资产可收回金额和以摊余成本计量的金融资产价值的确定等。例如,在确定固定资产、无形资产等可收回金额时,通常需要计算资产预计未来现金流量的现值;对于以摊余成本计量的金融资产,通常需要使用实际利率法将这些资产在预期存续期间的未来现金流量折现,再通过相应的调整确定其摊余成本。

5. 公允价值

公允价值,是指市场参与者在计量日发生的有序交易中,出售一项资产所能收到或者转移一项负债所需支付的价格。

企业以公允价值计量相关资产或负债,应当考虑该资产或负债的特征以及该资产或负债是以单项还是以组合的方式进行计量。企业应当假定市场参与者在计量日出售资产或者转移负债的交易,是在当前市场条件下的有序交易。企业应当假定出售资产或者转移负债的有序交易在该资产或负债的主要市场进行;不存在主要市场的,应当假定该交易在该资产或负债的最有利市场进行。企业以公允价值计量相关资产或负债,应当采用市场参与者在对该资产或负债定价时为实现其经济利益最大化所使用的假设,包括有关风险的假设。企业应当根据交易性质和相关资产或负债的特征等,判断初始确认时的公允价值是否与其交易价值相等。企业以公允价值计量相关资产或负债,应当使用在当前情况下适用并且有足够可利用数据和其他信息支持的估值技术。企业应当根据估值技术中所使用的输入值确定公允价值计量结果所属的层次。

第六节 财务报告

一、财务报告的定义

财务报告是企业对外提供的反映企业某一特定日期的财务状况和某一会计期间的经营成果、现金流量等会计信息的文件。

根据财务报告的定义,财务报告具有以下几层含义:一是财务报告应当是对外报告,其服务对象主要是投资者、债权人等外部使用者,专门为了内部管理需要的、特定目的的报告不属于财务报告的范畴;二是财务报告应当综合反映企业的生产经营状况,包括某一时点的财务状况和某一时期的经营成果与现金流量等信息,以勾画出企业财务的整体和全貌;三是财务报告必须形成一个系统的文件,不应是零星的或者不完整的信息。

财务报告是企业财务会计确认与计量的最终结果体现,投资者等使用者主要是通过财务报告来了解企业当前的财务状况、经营成果和现金流量等情况,从而预测未来的发展趋势。因此,财务报告是向投资者等财务报告使用者提供决策有用信息的媒介和渠道,是沟通投资者、债权人等使用者与企业管理层之间信息的桥梁和纽带。

二、财务报告的构成

财务报告包括财务报表和其他应当在财务报告中披露的相关信息和资料。其中,财务报表由报表本身及其附注两部分构成,附注是财务报表的有机组成部分,而报表至少应当包括资产负债表、利润表和现金流量表等报表。全面执行企业会计准则体系的企业所编制的财务报表,还应当包括所有者权益(股东权益)变动表。

(1)资产负债表是反映企业在某一特定日期的财务状况的会计报表。企业编制资产负债表的目的是通过如实反映企业的资产、负债和所有者权益金额及其结构情况,从而有助于使用者评价企业资产的质量以及短期偿债能力、长期偿债能力和利润分配能力等。

(2)利润表是反映企业在一定会计期间的经营成果的会计报表。企业编制利润表的目的是通过如实反映企业实现的收入、发生的费用以及应当计入当期利润的利得和损失等金额及其结构情况,从而有助于使用者分析评价企业的盈利能力及其构成与质量。

(3)现金流量表是反映企业在一定会计期间的现金和现金等价物流入和流出的会计报表。企业编制现金流量表的目的是通过如实反映企业各项活动的现金流入、流出情况,从而有助于使用者评价企业的现金流和资金周转情况。

(4)所有者权益(股东权益)变动表是反映构成所有者权益(股东权益)的各组成部分当期的增减变动情况的报表。所有者权益(股东权益)变动表全面反映了一定时期所有者权益(股东权益)的变动情况,不仅包括所有者权益总量的增减变动,还包括所有者权益增减变动的重要结构性信息,特别是要反映直接计入所有者权益的利得和损失,让报表使用者准确理解所有者权益增减变动的情况。

(5)附注是对在会计报表中列示项目所作的进一步说明,以及对未能在这些报表中列示项目的说明等。企业编制附注的目的是通过对财务报表本身作补充说明,以更加全面、系统地反映企业财务状况、经营成果和现金流量的全貌,从而有助于向使用者提供更为有用的信息,作出更加科学合理的决策。

财务报表是财务报告的核心内容,但是除了财务报表之外,财务报告还应当包括其他相关信息,具体可以根据有关法律法规的规定和外部使用者的信息需求而定。如企业可以在财务报告中披露其承担的社会责任、可持续发展能力等信息,这些信息对于使用者的决策也是相关的,尽管属于非财务信息,无法包括在财务报表中,但是如果有规定或者使用者有需求的,企业应当在财务报告中予以披露,有时企业也可以自愿在财务报告中披露相关信息。

第七节 我国企业会计准则体系

财务会计由于需要服务于外部信息使用者,在保护投资者及社会公众利益、维护市场经济秩序及其稳定方面扮演着越来越重要的角色,因此在社会经济生活中的地位日显突出,迫切需要一套社会公认的统一的会计原则来规范其行为。在这种情况下,企业会计准则应运而生,其核心是通过规范企业财务会计确认、计量和报告内容,提高会计信息质量,降低资金成本,提高资源配置效率。

我国多年来一直重视会计准则的建设,尤其是改革开放以来,我国一直积极推进会计改革和会计制度、会计准则建设。2006年2月15日,财政部在多年会计改革经验积累的基础上,顺应我国社会主义市场经济发展和经济全球化的需要,发布了包括1项基本准则和38项具体准则在内的企业会计准则体系,实现了与国际财务报告准则的趋同。2014年开始财政部对企业会计准则进行修订和新增,陆续发布了修订和新增的十几项企业会计准则,这些新准则基本与相关国际财务报告准则一致,保持了持续趋同。

我国企业会计准则体系由基本准则、具体准则、会计准则应用指南和解释等组成。

一、基本准则

基本准则在我国现行企业会计准则体系中,类似于国际会计准则理事会的《财务报告概念框架》,在整个企业会计准则体系中扮演着概念框架的角色,起着统驭作用。它规范了包括财务报告目标、会计基本假设、会计信息质量要求、会计要素的定义及其确认、计量原则、财务报告等在内的基本问题,是会计准则制定的出发点,是制定具体准则的基础。其作用主要表现为两个方面:

一是统驭具体准则的制定。随着我国经济迅速发展,会计实务问题层出不穷,会计准则需要规范的内容日益增多,体系日趋庞杂,在这样的背景下,为了确保各项准则的制定建立在统一的理念基础之上,基本准则就需要在其中发挥核心作用。我国基本准则规范了会计确认、计量和报告等一般要求,是准则的准则,可以确保各具体准则的内在一致性。为此,我国基本准则第三条明确规定:"企业会计准则包括基本准则和具体准则,具体准则的制定应当遵循本准则。"在企业会计准则体系的建设中,各项具体准则都严格按照基本准则的要求加以制定和完善,并且在各具体准则的第一条中作了明确规定。

二是为会计实务中出现的、具体准则尚未规范的新问题提供会计处理依据。在会计实务中,由于经济交易事项的不断发展、创新,具体准则的制定有时会出现滞后的情况,会出现一些新的交易或者事项在具体准则中尚未规范但又急需处理,这时,企业不仅应当对这些新的交易或者事项及时进行会计处理,而且在处理时应当严格遵循基本准则的要求,尤其是基本准则关于会计要素的定义及其确认与计量等方面的规定。因此,基本准则不仅扮演着具体准则制定依据的角色,也为会计实务中出现的、具体准则尚未作出规范的新问题提供了会计处理依据,从而确保了企业会计准则体系对所有会计实务问题的规范作用。

二、具体准则

具体准则是在基本准则的指导下,对企业各项资产、负债、所有者权益、收入、费用、利润及相关交易事项的确认、计量和报告进行规范的会计准则。我国现行的42项具体准则见表1-1。

表 1-1　　　　　　　　　　　具体会计准则

序号	名称	序号	名称
1	存货	22	金融工具确认和计量(2017)
2	长期股权投资(2014)	23	金融资产转移(2017)
3	投资性房地产	24	套期会计(2017)
4	固定资产	25	保险合同(2020)
5	生物资产	26	再保险合同
6	无形资产	27	石油天然气开采
7	非货币性资产交换(2019)	28	会计政策、会计估计变更和差错更正
8	资产减值	29	资产负债表日后事项
9	职工薪酬(2014)	30	财务报表列报(2014)
10	企业年金基金	31	现金流量表
11	股份支付	32	中期财务报告
12	债务重组(2019)	33	合并财务报表(2014)
13	或有事项	34	每股收益
14	收入(2017)	35	分部报告
15	建造合同(2017年并入第14号准则)	36	关联方披露
16	政府补助(2017)	37	金融工具列报(2017)
17	借款费用	38	首次执行企业会计准则
18	所得税	39	公允价值计量(2014)
19	外币折算	40	合营安排(2014)
20	企业合并	41	在其他主体中权益的披露(2014)
21	租赁(2018)	42	持有待售的非流动资产、处置组和终止经营(2017)

三、会计准则应用指南

应用指南是对具体准则相关条款的细化和有关重点难点问题提供的操作性指南,便于会计准则的贯彻落实和指导实务操作。

四、解释

解释是对具体准则实施过程中出现的问题、具体准则条款规定不清楚或者尚未规定的问题作出的补充说明。

该企业会计准则体系自2007年1月1日起首先在上市公司范围内施行,之后逐渐扩大到几乎所有大中型企业。

2011年10月18日,财政部又发布了《小企业会计准则》,该准则用于规范小企业的资产、负债、所有者权益、收入、费用、利润及利润分配、外币业务、财务报表等会计处理及其报表列报等问题。《小企业会计准则》适用于在中华人民共和国境内依法设立的、符合《中小企业划型标准规定》所规定的小型企业标准的企业,但股票或债券在市场上公开交易的小企业、金融机构或其他具有金融性质的小企业、属于企业集团内的母公司和子公司的小企业除外,自2013年1月1日起在所有适用的小企业范围内施行。《小企业会计准则》的发布与实施,标志着我国涵盖所有企业的会计准则体系的建成。

本章小结

　　财务会计学是会计学专业学生的一门核心课程。本章阐述企业财务会计的基本概念与基本理论。第一章总论既是对初级会计学相关内容的复习与深化,也是本教材以后各章的基础。本章主要介绍了财务会计的目的和财务报告的目标、对企业会计信息的需求、财务会计的特点、我国企业会计准则体系等内容。重点阐述了财务会计的基本前提、会计基础、财务会计的基本要素、会计信息的质量要求。

　　开展财务会计工作首先要明确其目标。企业财务会计的目标主要是以对外提供财务报告的形式满足有关方面的决策对企业会计信息的需求。要实现这一目标,关键是保证财务报告的质量,因此需要有专门的会计规范。企业会计准则是国际上通行的一种会计规范形式。我国的企业会计准则体系已经基本上与国际会计准则趋同。

　　组织财务会计工作必须具备一定的基本前提,一般包括会计主体、持续经营、会计分期、货币计量四项。中级财务会计学的内容都是基于这些基本前提来组织的。

　　落实财务会计工作必须明确会计基础、会计的对象及其具体内容,编制财务报表则必须明确财务报表的种类和基本框架。企业的会计确认、计量和报告应当采用权责发生制作为会计基础。财务会计的基本要素是会计对象的具体化,也是主要财务报表的基本要素。按照我国《企业会计准则——基本准则》的规定,财务会计的基本要素包括资产、负债、所有者权益、收入、费用和利润。其中,资产、负债、所有者权益是资产负债表要素,收入、费用和利润是利润表要素。

　　为了实现财务会计的目标,企业会计准则对会计信息质量提出了具体要求,包括客观性、相关性、明晰性、可比性、实质重于形式、重要性、谨慎性、及时性。

　　我国企业会计准则体系由基本准则、具体准则、企业会计准则应用指南和解释公告等组成。其中,基本准则在整个企业会计准则体系中起着统驭作用;具体准则是在基本准则的基础上对具体交易或事项进行会计处理的规范;应用指南是对具体准则的一些重点难点问题作出的操作性规定;解释公告是就实务中遇到的实施问题而对准则作出的具体解释。

习思考题

　　1. 如何理解财务会计的目标?
　　2. 财务会计与管理会计的主要区别与联系是什么?
　　3. 持续经营与会计分期是什么关系?
　　4. 企业会计准则对会计信息质量有何要求?它与财务报告的目标有何关系?
　　5. 试说明市场经济中谨慎处理会计事项的理由。
　　6. 会计计量属性有哪些?
　　7. 历史成本存在诸多缺陷,但为什么企业会计准则并不轻易放弃历史成本计量?
　　8. 简述各财务会计要素之间的关系。

第二章 货币资金和应收款项

本章概要

货币资金和应收款项是企业资产的重要组成部分,从本质上讲,两者都属于金融资产范畴,但由于其会计处理的特殊性,本章单独加以阐述。本章内容包括货币资金和应收款项两部分,其中货币资金主要介绍了库存现金、银行存款的管理,库存现金、银行存款和其他货币资金的会计处理,银行转账结算的主要方式;应收款项主要介绍了应收票据、应收账款、预付账款、其他应收款及应收款项减值的会计处理等。

学习目的与要求

通过本章学习,应当能够了解并掌握:
1. 货币资金的含义和范围;
2. 银行支付结算办法的主要内容;
3. 库存现金、银行存款以及其他货币资金的核算;
4. 应收票据、应收账款、预付账款、其他应收款的核算;
5. 应收款项减值的核算。

第一节 货币资金

货币资金是企业在生产经营过程中处于货币形态的资产,如硬币、纸币、存放于银行或其他金融机构的款项以及银行本票、银行汇票等交换媒介物。具体而言,按照其存放地点和用途的不同,货币资金分为库存现金、银行存款和其他货币资金。

企业货币资金由于其本身就处于货币形态,因此其确认和计量比较简单,但作为通用的交换媒介和支付手段,其流动频繁,也易发生差错或被挪用、侵占、盗窃,同时又因为货币时间价值,企业也不应闲置大量货币资金,所以虽然其核算比较简单,但企业不能忽视对货币资金的日常管理和控制,既要有足够的货币资金满足企业日常经营活动资金的需要,又要防范货币资金被挪用、侵占、盗窃等,还要合理利用和管理闲置资金。

一、库存现金

现金是流动性最强的一种货币性资产,可以随时用其购买所需的物资,支付有关费用,偿还债务,且可以随时存入银行。现金的概念有狭义和广义之分。狭义的现金是指为满足企业日常零星开支而留存在企业财会部门的各种货币,即企业的库存现金;广义的现金是指除了库存现金外,还包括银行存款和其他符合现金定义的票证等。本章现金的概念是指狭义的现金,即库存现金,包括人民币现金和外币现金。

(一) 现金管理制度

根据国务院发布的《现金管理暂行条例》的规定,企业的现金管理制度主要包括以下内容:

1. 现金的使用范围

企业可用现金支付的款项有:(1) 职工工资、津贴;(2) 个人劳务报酬;(3) 根据国家规定颁发给个人的科学技术、文化艺术、体育等各种奖金;(4) 各种劳保、福利费用以及国家规定的对个人的其他支出;(5) 向个人收购农副产品和其他物资的价款;(6) 出差人员必须随身携带的差旅费;(7) 结算起点(1 000 元)以下的零星支出;(8) 中国人民银行确定需要支付现金的其他支出。

除企业可以现金支付的款项中的第(5)和第(6)项外,企业支付给个人的款项,超过使用现金限额的部分,应当使用支票或者银行本票等方式支付;确需全额支付现金的,经开户银行审核后,予以现金支付。

2. 现金的限额

现金限额是指为保证各单位日常零星支出按规定允许留存现金的最高数额。这一限额由开户银行根据开户单位的实际需要和距离银行远近等情况核定。一般按照单位 3 至 5 天日常零星开支所需现金确定。远离银行或交通不便的企业,银行最多可以根据企业 15 天的正常开支需要量来核定库存现金的限额。正常开支需要量不包括企业每月发放工资和不定期差旅费等大额现金支出。库存限额一经核定,要求企业必须严格遵守,不能任意超过,超过限额的现金应及时存入银行;库存现金低于限额时,可以签发现金支票从银行提取现金,补足限额。需要增加或减少库存限额的,应当向开户银行提出申请,由开户银行核定。

3. 现金收支的规定

开户单位现金收支应当依照下列规定办理:(1) 开户单位现金收入应当于当日送存开户银行,当日送存确有困难的,由开户银行确定送存时间;(2) 开户单位支付现金,可以从本单位库存现金限额中支付或从开户银行提取,不得从本单位的现金收入中直接支付(即坐支)。因特殊情况需要坐支现金的,应当事先报经开户银行审查批准,由开户银行核定坐支范围和限额。坐支单位应当定期向开户银行报送坐支金额和使用情况;(3) 开户单位从开户银行提取现金时,应当写明用途,由本单位财会部门负责人签字盖章,经开户银行审核后,予以支付;(4) 因采购地点不确定,交通不便,生产或市场急需,抢险救灾以及其他特殊情况必须使用现金的,开户单位应向开户银行提出申请,由本单位财会部门负责人签字盖章,经开户银行审核后,予以支付现金。

(二) 库存现金的会计处理

为了总括反映和监督库存现金的收支和结存情况,企业应设置"库存现金"科目进行总分类核算。该科目的借方登记现金收入的金额,贷方登记现金支出的金额,余额在借方表示库存现金的实有数额。现将有关业务举例如下:

[例2-1] 甲公司从银行提取现金500元备用,编制会计分录如下:

借:库存现金　　　　　　　　　　　　　　　　　　　　500
　　贷:银行存款　　　　　　　　　　　　　　　　　　　　　500

[例2-2] 甲公司行政管理部门报销市内交通费等开支,计180元,会计部门审核后支付现金,编制会计分录如下:

借:管理费用　　　　　　　　　　　　　　　　　　　　180
　　贷:库存现金　　　　　　　　　　　　　　　　　　　　　180

[例2-3] 甲公司零星销售产品,取得现金678元,其中产品销售收入600元,增值税销项税额78元,编制会计分录如下:

借:库存现金　　　　　　　　　　　　　　　　　　　　678
　　贷:主营业务收入　　　　　　　　　　　　　　　　　　　600
　　　　应交税费——应交增值税(销项税额)　　　　　　　　　78

需要说明的是,企业内部各部门周转使用的备用金在"其他应收款"科目核算,不在"库存现金"科目核算。

为加强对库存现金的管理,随时掌握现金收付的动态和库存余额,保证现金的安全,企业必须设置现金日记账,对库存现金进行序时核算。现金日记账一般采用三栏式。三栏式现金日记账的格式如表2-1所示。

表2-1　　　　　　　　　　　现金日记账

月	日	凭证		摘　要	对方科目	收入	支出	结余
		种类	号数					
3	1			月初余额				2 400
	1	银付	3001	从银行提取现金	银行存款	500		
	1	现付	3001	报销市内交通费	管理费用		180	
	1	现收	3001	销售产品	主营业务收入	678		
	1			本日合计		1 178	180	3 398

现金日记账应由出纳人员按照业务发生先后,逐日逐项按顺序登记。收付金额应根据审核以后的现金收款凭证和现金付款凭证登记,其中从银行提取现金的收入金额,由于不编制现金收款凭证,应根据银行存款付款凭证登记。为了反映和监督现金收付的来龙去脉,还应登记对方科目。每日终了应计算本日现金收入合计、支出合计和库存余额,做到日清月结;账面结余数应同库存现金实存数相互核对,保证账款相符。

有外币现金收付业务的企业,应按币种分别设置现金日记账进行明细核算。

(三) 库存现金的清查

为了保证账款相符,保护现金的安全与完整,及时、如实地反映库存现金余额,企业应经常进行现金清查。清查现金的基本方法是清点库存现金,并将现金实存数与账面余额进行核对。出纳人员应该对本人经管的现金逐日盘点,企业组织的清查小组还应对库存现金进行定期的和不定期的清查。若发现用借条、白条等不符合会计制度的凭证顶替库存现金,应对出纳人员和有关人员按照规定进行处理;超过库存现金限额的现金,应及时送存银行;如有现金短缺和溢余,应及时查明原因,按照规定进行处理。现举例如下:

[例2-4] 甲公司在现金清查中发现现金溢余200元,编制会计分录如下:

借:库存现金　　　　　　　　　　　　　　　　　　　　　　200
　　贷:待处理财产损溢——待处理流动资产损溢　　　　　　　　　200

经核查,属于应支付给有关人员或单位的现金,应记入"其他应付款"科目;属于无法查明原因的现金,经批准应记入"营业外收入"科目。

假定现金溢余200元中属于应支付给有关人员或单位的现金为150元,属于无法查明原因的现金为50元,编制会计分录如下:

借:待处理财产损溢——待处理流动资产损溢　　　　　　　　　200
　　贷:其他应付款——应付现金溢余(××个人或单位)　　　　　150
　　　　营业外收入——现金溢余　　　　　　　　　　　　　　　50

[例2-5] 甲公司在现金清查中发现现金短缺160元,编制会计分录如下:

借:待处理财产损溢——待处理流动资产损溢　　　　　　　　　160
　　贷:库存现金　　　　　　　　　　　　　　　　　　　　　　160

经核查,属于应由责任人员负责赔偿的部分,应记入"其他应收款——应收现金短缺款"科目,属于应由保险公司赔偿的部分,应记入"其他应收款——应收保险赔款"科目,属于无法查明的其他原因,根据管理权限,经批准后应记入"管理费用——现金短缺"科目。

假定现金短缺160元中100元为应由责任人员负责赔偿,60元为属于无法查明的其他原因,编制会计分录如下:

借:其他应收款——应收现金短缺款(××个人)　　　　　　　100
　　管理费用——现金短缺　　　　　　　　　　　　　　　　　60
　　贷:待处理财产损溢——待处理流动资产损溢　　　　　　　　160

二、银行存款

(一) 银行存款的管理

银行存款是企业存入银行或其他金融机构的款项。银行存款的管理主要包括银行存款开户管理、结算管理等方面。

1. 银行存款开户管理

企业应根据《人民币银行结算账户管理办法》规定,在银行开立基本存款账户、一般存款账户、临时存款账户和专用存款账户。

基本存款账户是企业办理日常转账结算和现金收付的账户,是存款人的主办账户,存款人日常经营活动的资金收付及其工资、奖金和现金的支取,应通过该账户办理。

一般存款账户是企业在基本存款账户开户银行以外的银行营业机构开立的账户,用于办理存款人借款转存、借款归还和其他结算的资金收付。该账户可以办理现金缴存,但不得办理现金支取。

临时存款账户是企业用于办理临时机构以及异地临时经营活动等发生的资金收付的账户,有效期最长不超过2年。临时存款账户支取现金,应按照国家现金管理的规定办理。

专用存款账户是企业对其特定用途资金进行专项管理和使用而开立的账户,比如企业的基建资金、更改资金等都通过该账户办理。

2. 银行存款结算管理

现金开支范围以外的各项款项收付,都必须通过银行办理转账结算,但不同国家和地区以及不同的经济业务,采用的转账结算方式是有差别的。

在我国,企业办理转账结算必须遵守《中华人民共和国票据法》和中国人民银行《支付结算办法》的各项规定。账户内必须有足够的资金保证支付,必须以合法、有效的票据和结算凭证为依据。不准签发没有资金保证的票据或远期支票套取银行信用;不准签发、取得和转让没有真实交易和债权债务的票据套取银行及他人资金;不准无理拒付款项而任意占用他人资金;不准违反规定开立和使用账户。必须遵守"恪守信用,履约付款;谁的钱进谁的账,由谁支配;银行不垫款"的支付结算原则。企业应根据业务特点,采用恰当的结算方式办理各种结算业务。

(二)银行结算方式

我国国内银行的转账结算方式主要分为两大类,一类是银行票据结算方式,另一类是银行其他结算方式。根据《中华人民共和国票据法》和中国人民银行有关结算办法的规定,目前,企业可以采用以下几种主要的结算方式:银行汇票、银行本票、商业汇票、支票、信用卡、汇兑、委托收款、托收承付和信用证等。

1. 支票

支票是单位或个人签发的,委托办理支票存款业务的银行在见票时无条件支付确定的金额给收款人或者持票人的票据。

支票结算方式是同城结算中应用比较广泛的一种结算方式。单位和个人在同一票据交换区域的各种款项结算,均可以使用支票。支票由银行统一印制,支票上印有"现金"字样的为现金支票,现金支票只能用于支取现金。支票上印有"转账"字样的为转账支票,转账支票只能用于转账。转账支票可以根据需要在票据交换区域内背书转让。未印有"现金"或"转账"字样的为普通支票,普通支票可以用于支取现金,也可以用于转账。在普通支票左上角划两条平行线的,为划线支票,划线支票只能用于转账,不得支取现金。

支票的提示付款期限为自出票日起10日内,中国人民银行另有规定的除外。超过提示付款期限的,持票人开户银行不予受理,付款人不予付款。

存款人领购支票,必须填写"票据和结算凭证领用单",并加盖预留银行印鉴。存款账户结清时,必须将剩余的空白支票全部交回银行注销。

企业财会部门在签发支票之前,出纳人员应该认真查明银行存款的账面结余数额,防止签发超过存款余额的空头支票。签发空头支票,银行除退票外,还按票面金额处以5%但不低于1 000元的罚款。持票人有权要求出票人赔偿支票金额2%的赔偿金。签发支票时,应使用蓝黑墨水或碳素墨水,将支票上的各要素填写齐全,并在支票上加盖其预留银行印鉴。出票人预留银行的印鉴是银行审核支票付款的依据。银行也可以与出票人约定使用支付密码,作为银行审核支付支票金额的条件。

2. 银行汇票

银行汇票是汇款人将款项交存当地出票银行,由出票银行签发的,由其在见票时,按照实际结算金额无条件支付给收款人或持票人的票据。银行汇票具有使用灵活、票随人到、兑现性强等特点,适用于先收款后发货或钱货两清的商品交易。单位和个人各种款项结算，均可使用银行汇票。

银行汇票可以用于转账，填明"现金"字样的银行汇票也可以用于支取现金。银行汇票的付款期限为自出票日起 1 个月内。超过付款期限提示不获付款的，持票人须在票据权利时效内向出票银行作出说明，并提供本人身份证件或单位证明，持银行汇票和解讫通知向出票银行请求付款。

企业支付购货款等款项时，应向出票银行填写"银行汇票申请书"，填明收款人名称、支付金额、申请人、申请日期等事项并签章，签章为其预留银行的印鉴。银行受理银行汇票申请书，收妥款项后签发银行汇票，并用压数机压印出票金额，然后将银行汇票和解讫通知一并交给汇款人。

申请人取得银行汇票后即可持银行汇票向填明的收款单位办理结算。银行汇票的收款人可以将银行汇票背书转让给他人。背书转让以不超过出票金额的实际结算金额为限，未填写实际结算金额或实际结算金额超过出票金额的银行汇票不得背书转让。

收款企业在收到付款单位送来的银行汇票时，应在出票金额以内，根据实际需要的款项办理结算，并将实际结算金额和多余金额准确、清晰地填入银行汇票和解讫通知的有关栏内，银行汇票的实际结算金额低于出票金额的，其多余金额由出票银行退交申请人。收款企业还应填写进账单并在汇票背面"持票人向银行揭示付款签章"处签章，签章应与预留银行的印鉴相同，然后，将银行汇票和解讫通知、进账单一并交开户银行办理结算，银行审核无误后，办理转账。

3. 银行本票

银行本票是银行签发的，承诺自己在见票时无条件支付确定的金额给收款人或者持票人的票据。

银行本票由银行签发并保证兑付，而且见票即付，具有信誉高、支付功能强等特点。用银行本票购买材料物资，销货方可以见票付货，购货方可以凭票提货；债权债务双方可以凭票清偿；收款人将本票交存银行，银行即可为其入账。无论单位或个人，在同一票据交换区域支付各种款项，都可以使用银行本票。

银行本票可以用于转账，注明"现金"字样的银行本票可以用于支取现金。银行本票的付款期限为自出票日起最长不超过 2 个月，在付款期内银行本票见票即付。超过提示付款期限不获付款的，在票据权利时效内向出票银行作出说明，并提供本人身份证或单位证明，可持银行本票向银行请求付款。

企业支付购货款等款项时，应向银行提交"银行本票申请书"，填明收款人名称、申请人名称、支付金额、申请日期等事项并签章。申请人或收款人为单位的，银行不予签发现金银行本票。出票银行受理银行本票申请书后，收妥款项签发银行本票。

申请人取得银行本票后，即可向填明的收款单位办理结算。收款单位可以根据需要在票据交换区域内背书转让银行本票。

收款企业在收到银行本票时，应该在提示付款时在本票背面"持票人向银行提示付款签章"处加盖预留银行印鉴，同时填写进账单，连同银行本票一并交开户银行转账。

4. 商业汇票

商业汇票是出票人签发的，委托付款人在指定日期无条件支付确定的金额给收款人或者持票人的票据。在银行开立存款账户的法人以及其他组织之间须具有真实的交易关系或债权债务关系,才能使用商业汇票。商业汇票的付款期限由交易双方商定,但最长不得超过6个月。商业汇票的提示付款期限自汇票到期日起10日内。

存款人领购商业汇票,必须填写"票据和结算凭证领用单"并加盖预留银行印鉴,存款账户结清时,必须将剩余的空白商业汇票全部交回银行注销。

商业汇票可以由付款人签发并承兑,也可以由收款人签发交由付款人承兑。定日付款或者出票后定期付款的商业汇票,持票人应当在汇票到期日前向付款人提示承兑;见票后定期付款的汇票,持票人应当自出票日起1个月内向付款人提示承兑。汇票未按规定期限提示承兑的,持票人丧失对其前手的追索权。付款人应当自收到提示承兑的汇票之日起3日内承兑或者拒绝承兑。付款人拒绝承兑的,必须出具拒绝承兑的证明。

商业汇票可以背书转让。符合条件的商业承兑汇票的持票人可持未到期的商业承兑汇票连同贴现凭证,向银行申请贴现。

商业汇票按承兑人不同分为商业承兑汇票和银行承兑汇票两种。

(1)商业承兑汇票。

商业承兑汇票是由银行以外的付款人承兑。商业承兑汇票按交易双方约定,由销货企业或购货企业签发,但由购货企业承兑。承兑时,购货企业应在汇票正面记载"承兑"字样和承兑日期并签章。承兑不得附有条件,否则视为拒绝承兑。汇票到期时,购货企业的开户银行凭票将票款划给销货企业或贴现银行。销货企业应在提示付款期限内通过开户银行委托收款或直接向付款人提示付款。对异地委托收款的,销货企业可匡算邮程,提前通过开户银行委托收款。汇票到期时,如果购货企业的存款不足以支付票款,开户银行应将汇票退还销货企业,银行不负责付款,由购销双方自行处理。

(2)银行承兑汇票。

银行承兑汇票由银行承兑,由在承兑银行开立存款账户的存款人签发。承兑银行按票面金额向出票人收取万分之五的手续费。

购货企业应于汇票到期前将票款足额交存其开户银行,以备由承兑银行在汇票到期日或到期日后的见票当日支付票款。销货企业应在汇票到期时将汇票连同进账单送交开户银行以便转账收款。承兑银行凭汇票将承兑款项无条件转给销货企业,如果购货企业于汇票到期日未能足额交存票款时,承兑银行除凭票向持票人无条件付款外,对出票人尚未支付的汇票金额按照每天万分之五计收罚息。

采用商业汇票结算方式,可以使企业之间的债权债务关系表现为外在的票据,使商业信用票据化,加强约束力,有利于维护和发展社会主义市场经济。对于购货企业来说,由于可以延期付款,可以在资金暂时不足的情况下及时购进材料物资,保证生产经营顺利进行。对于销货企业来说,可以疏通商品渠道,扩大销售,促进生产。汇票经过承兑,信用较高,可以按期收回货款,防止拖欠,在急需资金时,还可以向银行申请贴现,融通资金,比较灵活。销货企业应根据购货企业的资金和信用情况不同,选用商业承兑汇票或银行承兑汇票;购货企业应加强资金的计划管理,调度好货币资金,在汇票到期以前,将票款送存开户银行,保证按期承付。

以上是对传统的纸质商业汇票的介绍,随着网络技术的发展,中国人民银行于2009年设立并运行电子商业汇票系统,企业可以通过该系统采用电子商业汇票办理结算。电子商业汇票是对纸质商业汇票的继承和发展,其所体现的票据权利义务关系与纸质商业汇票完全一样。但是电子商业汇票以数据电文形式替代原有纸质实物票据,以电子签名取代了实体签章,以网络传输取代人工传递,以计算机录入代替手工书写,实现了出票、流转、兑付等票据业务全过程的完全电子化,票据安全性和交易效率得到了极大提升。

与纸质商业汇票一样,企业使用电子商业汇票,必须遵守《票据法》等相关法律规定,遵循诚实信用的原则,具有真实的交易背景和债权债务关系,并在商业银行开立人民币银行结算账户。电子商业汇票为定日付款票据,付款期限自出票日起至到期日止,最长为一年。

5. 汇兑

汇兑是汇款人委托银行将其款项支付给收款人的结算方式。单位和个人的各种款项的结算,均可使用汇兑结算方式。

汇兑分为信汇、电汇两种。信汇是指汇款人委托银行通过邮寄方式将款项划转给收款人。电汇是指汇款人委托银行通过电报将款项划给收款人。这两种汇兑方式由汇款人根据需要选择使用。汇兑结算方式适用于异地之间的各种款项结算。这种结算方式划拨款项简便、灵活。

企业采用这一结算方式,付款单位汇出款项时,应填写银行印发的汇款凭证,列明收款单位名称、汇款金额及汇款的用途等项目,送达开户银行,委托银行将款项汇往收汇银行。收汇银行将汇款收进单位存款户后,向收款单位发出收款通知。

6. 委托收款

委托收款是收款人委托银行向付款人收取款项的结算方式。无论是单位还是个人都可凭已承兑商业汇票、债券、存单等付款人债务证明办理款项收取同城或异地款项。委托收款还适用于收取电费、电话费等付款人众多、分散的公用事业费等有关款项。

委托收款结算款项划回的方式分为邮寄和电报两种。

企业委托开户银行收款时,应填写银行印制的委托收款凭证和有关的债务证明。在委托收款凭证中写明付款单位的名称、收款单位名称、账号及开户银行,委托收款金额的大小写、款项内容、委托收款凭据名称及附寄单证张数等。企业的开户银行受理委托收款后,将委托收款凭证寄交付款单位开户银行,由付款单位开户银行审核,并通知付款单位。

付款单位收到银行交给的委托收款凭证及债务证明,应签收并在3日之内审查债务证明是否真实,是否是本单位的债务,确认之后通知银行付款。

付款单位应在收到委托收款的通知次日起3日内,主动通知银行是否付款。如果不通知银行,银行视同企业同意付款并在第4日,从单位账户中付出此笔委托收款款项。

付款人在3日内审查有关债务证明后,认为债务证明或与此有关的事项符合拒绝付款的规定,应出具拒绝付款理由书和委托收款凭证及持有的债务证明,向银行提出拒绝付款。

7. 托收承付

托收承付是根据购销合同由收款人发货后委托银行向异地付款人收取款项,由付款人向银行承认付款的结算方式。办理托收承付结算的款项,必须是商品交易,以及因商品交易而产生的劳务供应的款项。代销、寄销、赊销商品的款项,不得办理托收承付结算。

托收承付款项划回方式分为邮寄和电报两种,由收款人根据需要选择使用;收款单位办理托收承付,必须具有商品发出的证件或其他证明。托收承付结算每笔的金额起点为

10 000元。新华书店系统每笔金额起点为1 000元。

采用托收承付结算方式时,购销双方必须签有符合《中华人民共和国合同法》的购销合同,并在合同上写明使用托收承付结算方式。销货企业按照购销合同发货后,填写托收承付凭证,盖章后连同发运证件(包括铁路、航运、公路等运输部门签发运单、运单副本和邮局包裹回执)或其他符合托收承付结算的有关证明和交易单证送交开户银行办理托收手续。

销货企业开户银行接受委托后,将托收结算凭证回联退给企业,作为企业进行会计处理的依据,并将其他结算凭证寄往购货单位开户银行,由购货单位开户银行通知购货单位承认付款。

购货企业在收到托收承付结算凭证和所附单据后,应立即审核是否符合订货合同的规定。按照《支付结算办法》的规定,承付货款分为验单付款与验货付款两种,这在双方签定合同时约定。验单付款是购货企业根据经济合同对银行转来的托收结算凭证、发票账单、托运单及代垫运杂费等单据进行审查无误后,即可承认付款。为了便于购货企业对凭证的审核和筹措资金,结算办法规定承付期为3天,从付款人开户银行发出承付通知的次日算起(承付期内遇法定休假日顺延)。购货企业在承付期内,未向银行表示拒绝付款,银行即视作承付,并在承付期满的次日(法定休假日顺延)上午银行开始营业时,将款项主动从付款人的账户内付出,按照销货企业指定的划款方式,划给销货企业。验货付款是购货企业待货物运达企业,对其进行检验与合同完全相符后才承认付款。为了满足购货企业组织验货的需要,结算办法规定承付期为10天,从运输部门向购货企业发出提货通知的次日算起。承付期内购货企业未表示拒绝付款的,银行视为同意承付,于10天期满的次日上午银行开始营业时,将款项划给收款人。为满足购货企业组织验货的需要,对收付双方在合同中明确规定,并在托收凭证上注明验货付款期限的,银行从其规定。

付款人可以在承付期内向银行提出全部或部分拒绝付款。

购货企业提出拒绝付款时,必须填写"拒绝付款理由书",注明拒付理由,涉及合同的应引证合同上的有关条款。

银行同意部分或全部拒绝付款的,应在拒绝付款理由书上签注意见,并将拒绝付款理由书、拒付证明、拒付商品清单和有关单证邮寄收款人开户银行转交销货企业。

付款人开户银行对付款人逾期支付的款项,根据逾期付款金额和逾期天数,按每天万分之五计算逾期付款赔偿金。逾期付款天数从承付期满日算起。银行审查拒绝付款期间不算作付款人逾期付款,但对无理的拒绝付款而增加银行审查时间的,从承付期满日起计算逾期付款赔偿金。

8. 信用卡

信用卡是指记录持卡人账户相关信息,具备银行授信额度和透支功能,并为持卡人提供相关银行服务的各类介质。根据《商业银行信用卡业务监督管理办法》,商业银行发行的信用卡按照发行对象不同,分为个人卡和单位卡。其中,单位卡按用途分为商务差旅卡和商务采购卡。商务差旅卡,是指商业银行与政府部门、法人机构或其他组织签订合同建立差旅费用报销还款关系,为其工作人员提供日常商务支出和财务报销服务的信用卡。商务采购卡,是指商业银行与政府部门、法人机构或其他组织签订合同建立采购支出报销还款关系,为其提供办公用品、办公事项等采购支出相关服务的信用卡。

凡在中国境内金融机构开立基本存款账户的单位,可以凭中国人民银行核发的开户许可证等证明文件及发卡机构规定的其他资料申办单位卡。单位卡可以申领若干张,持卡人资格由申领单位法定代表人或其委托的代理人书面指定和注销。单位卡账户的资金一律从单位基本存款账户转账存入,不得存取现金,不得将销货收入的款项存入其账户。信用卡销户时,商务采购卡账户余额应当转回其对应的单位结算账户。

发卡银行对持卡人名下的多个信用卡账户授信额度、分期付款总体授信额度、附属卡授信额度、现金提取授信额度、超授信额度用卡服务的最高授信额度等合并管理,设定总授信额度上限。其中商务采购卡的现金提取授信额度应当设置为零。单位指定的持卡人可以在发卡银行核定的信用额度内先用款后还款。对指定持卡人来说,在额度范围内不必预支差旅费便可使用,既方便又安全。对于单位来说,既能灵活运用资金又能实现信用额度的分级管理和控制,有助于减少备用金使用,降低资金成本。

9. 信用证

信用证由开证行根据付款方申请,向收款方开具的具有一定金额、在一定期限内凭规定的单据予以付款的保证,是银行有条件的付款承诺。信用证包括国际信用证和国内信用证。

作为国际贸易中常见的结算工具,按照一般规定,其结算过程如下:付款方按购销合同向开证行提交开证申请并交存保证金;开证行以邮寄或电传方式将开出的信用证发通知行;通知行将信用证转交收款方;收款方收到信用证经审核无误后,即备货装运,将跟单汇票连同信用证一同送交当地议付行;议付行经审核,按票款扣除利息垫付货款,然后议付行将跟单汇票寄交开证行索回垫款;开证行收到跟单汇票后,通知付款方审单付款,赎单提货。在这一过程中,银行作为买卖双方的保证人,代为收款交单,以银行信用代替商业信用,在一定程度上解决了国际贸易中购销双方在付款和交货上存在的风险。

根据《国内信用证结算办法》,国内企业之间具有真实贸易背景的货物和服务贸易也可以采用信用证结算。信用证只限于转账结算,不得支取现金。企业向银行申请开立信用证,应按规定向银行提交开证申请书和贸易合同等,银行可要求申请人交存一定金额的保证金等。

基于互联网技术的发展和应用,各类银行在互联网上也设立了网络银行(也称网上银行、在线银行或电子银行),通过互联网向企业提供账户管理、收款业务、付款业务、信用证业务、贷款业务、投资理财等服务项目。因此企业现在通过网银就可以直接在网络上办理账户查询、对账、转账、理财、电子支付、信用证等各项业务,与通过传统银行网下处理业务相比,企业通过网银处理业务高效快捷方便。

(三) 银行存款的会计处理

为了总括地反映和监督企业银行存款的收支和结存的情况,企业应设置"银行存款"科目进行总分类核算。该科目借方登记银行存款收入的金额,贷方登记银行存款付出的金额,余额在借方表示企业银行存款的结余数额。现将有关业务举例如下:

[例 2-6] 甲公司将现金 1 500 元存入银行,编制会计分录如下:

借:银行存款　　　　　　　　　　　　　　　　　　　　　　1 500
　　贷:库存现金　　　　　　　　　　　　　　　　　　　　　　　1 500

[例 2-7] 甲公司用银行存款交纳税金 6 000 元,编制会计分录如下:

借：应交税费　　　　　　　　　　　　　　　　　　　　6 000
　　　　贷：银行存款　　　　　　　　　　　　　　　　　　　　　6 000

[例2-8]　甲公司用银行存款支付前欠购料款7 500元，编制会计分录如下：
　　借：应付账款　　　　　　　　　　　　　　　　　　　　7 500
　　　　贷：银行存款　　　　　　　　　　　　　　　　　　　　　7 500

　　与现金收付业务一样，企业每日发生的银行存款收付业务也非常频繁，其收入的来源和支出的用途也各不相同。为了能够逐日详细地反映银行存款的收入来源、支出用途和结存情况，以便加强对银行存款的管理，企业应设置银行存款日记账，序时核算银行存款。

　　银行存款日记账应由出纳人员按照业务发生先后，逐日逐项按顺序登记。收付金额应根据审核以后的银行存款收、付款凭证登记，其中将现金送存银行的收入金额，由于不编制银行存款收款凭证，应根据现金付款凭证登记。每日终了应结出余额，月末结出本月收入、付出合计数和月末结存数，并与银行对账单核对相符。

　　银行存款日记账采用三栏式或多栏式，其格式和登记办法，均与现金日记账基本相同。有外币银行存款收付业务的企业，应分别人民币和各种外币设置银行存款日记账进行明细核算。

（四）银行存款的清查

　　为了防止记账错误，保证银行存款账目正确无误，掌握银行存款的实际余额，企业应定期对银行存款进行清查。清查采用核对账目的方法进行，即根据银行送来的对账单与企业的银行存款日记账逐笔核对。如果两者余额不相等，原因有两个：(1)企业或银行记账有差错；(2)存在未达账项。所谓未达账项，是指企业与银行一方已经入账，而另一方因尚未接到有关凭证而未入账的款项。未达账项归纳起来，不外乎有下列四种情况：(1)银行已经收款记账而企业尚未记账的款项；(2)银行已经付款记账而企业尚未记账的款项；(3)企业已经收款记账而银行尚未记账的款项；(4)企业已经付款记账而银行尚未记账的款项。

　　在核对账目中发现未达账项时，应编制"银行存款余额调节表"进行调节。调节后双方余额如果相等，一般说明双方记账没有错误；如果双方余额不相等，则表明记账有差错，就需要进一步查对，找出原因，更正错误的记录。

　　经过调节后的银行存款余额，是企业此时可以动用的银行存款的实有数额。对于银行已经入账而企业尚未入账的未达账项，企业不能根据调节表更正账面记录，一定要待结算凭证收到后再进行会计处理。现举例如下：

[例2-9]　甲公司2×21年12月31日银行存款日记账的余额为5 400 000元，银行转来对账单的余额为8 300 000元。经逐笔核对，发现以下未达账项：

（1）企业送存转账支票6 000 000元，并已登记银行存款增加，但银行尚未记账。

（2）企业开出转账支票4 500 000元，但持票单位尚未到银行办理转账，银行尚未记账。

（3）企业委托银行代收某公司购货款4 800 000元，银行已收妥并登记入账，但企业尚未收到收款通知，尚未记账。

（4）银行代企业支付电话费400 000元，银行已登记企业银行存款减少，但企业未收到银行付款通知，尚未记账。计算结果见表2-2：

表 2-2　　　　　　　　　　　银行存款余额调节表　　　　　　　　　　　单位：元

2×21 年 12 月 31 日

项　目	金　额	项　目	金　额
企业银行存款日记账余额	5 400 000	银行对账单余额	8 300 000
加：银行已收、企业未收款	4 800 000	加：企业已收、银行未收款	6 000 000
减：银行已付、企业未付款	400 000	减：企业已付、银行未付款	4 500 000
调节后的存款余额	9 800 000	调节后的存款余额	9 800 000

企业应定期对银行存款进行检查，如果有确凿证据表明存在银行或其他金融机构的款项已经部分不能收回，或者全部不能收回的，例如，吸收存款的单位已宣告破产，其破产财产不足以清偿的部分，或者全部不能清偿的，应当作为当期损失，冲减银行存款，借记"营业外支出"科目，贷记"银行存款"科目。

三、其他货币资金

（一）其他货币资金的种类

其他货币资金是指企业除库存现金、银行存款以外的其他各项货币资金。其他货币资金就其性质而言，与库存现金和银行存款一样，同属于企业的货币资金，只是存放地点不同，或者有特定的用途，企业不能任意动用。因此，会计上要对其他货币资金单独进行核算。其他货币资金的种类有外埠存款、银行汇票存款、银行本票存款、信用卡存款、信用证保证金存款、存出投资款等，还有存放于第三方支付平台的款项，如存放于支付宝、财付通等的款项。

（二）其他货币资金的会计处理

为了总括地反映和监督企业的各种其他货币资金的增减变动及其结存情况，企业应设置"其他货币资金"科目。该科目的借方登记其他货币资金的增加数，贷方登记其他货币资金的减少数，余额在借方表示企业期末其他货币资金的结余数额。在该科目下，应按照其他货币资金的种类分设"外埠存款""银行汇票""银行本票""信用卡""信用证保证金""存出投资款"等二级科目，并按外埠存款的开户行，银行汇票、银行本票的收款单位，信用卡的开户行等设置明细科目，进行明细核算。

1. 外埠存款

外埠存款是指企业到外地进行临时或零星采购时，汇往采购地银行开立采购专户的存款。

企业将款项汇往外地时，应填写汇款委托书，委托开户银行办理汇款。汇入地银行以汇款单位名义开立临时采购账户，该账户的存款不计利息、只付不收、付完清户，除了采购人员可从中提取少量现金外，一律采用转账结算。

企业将款项委托当地银行汇往采购地开立专户时，应借记"其他货币资金——外埠存款"科目，贷记"银行存款"科目；收到采购人员交来供应单位发票账单等报销凭证时，应借记"原材料""应交税费——应交增值税（进项税额）"等科目，贷记"其他货币资金——外埠存款"科目；完成采购任务，将多余的外埠存款转回当地银行时，应根据银行的收账通知，借记"银行存款"科目，贷记"其他货币资金——外埠存款"科目。现举例如下：

[例 2-10]　①甲公司委托开户银行将 40 000 元采购资金汇往采购地开立采购专

户,编制会计分录如下:

借:其他货币资金——外埠存款　　　　　　　　　　　　40 000
　　贷:银行存款　　　　　　　　　　　　　　　　　　　　　40 000

② 收到采购人员交来采购材料的发票账单,材料价款 30 000 元,增值税额 3 900 元,材料已验收入库,编制会计分录如下:

借:原材料　　　　　　　　　　　　　　　　　　　　　　30 000
　　应交税费——应交增值税(进项税额)　　　　　　　　　　3 900
　　贷:其他货币资金——外埠存款　　　　　　　　　　　　33 900

③ 收到开户银行通知,多余的外埠存款已转回开户银行,编制会计分录如下:

借:银行存款　　　　　　　　　　　　　　　　　　　　　6 100
　　贷:其他货币资金——外埠存款　　　　　　　　　　　　 6 100

2. 银行汇票存款

银行汇票存款是指企业为取得银行汇票,按照规定存入银行的款项。

企业向银行提交"银行汇票委托书"并将款项交存开户银行,取得银行汇票后,根据银行盖章退回的委托书存根联,借记"其他货币资金——银行汇票"科目,贷记"银行存款"科目;企业使用银行汇票支付款项后,应根据发票账单及开户行转来的银行汇票有关副联等凭证,借记"原材料""应交税费——应交增值税(进项税额)"等科目,贷记"其他货币资金——银行汇票"科目;银行汇票使用完毕,应转销"其他货币资金——银行汇票"科目。如有多余款或因汇票超过付款期或其他原因未曾使用而退回款项时,借记"银行存款"科目,贷记"其他货币资金——银行汇票"科目。现举例如下:

[例 2-11] ① 甲公司按规定手续办理取得银行汇票一张,票面金额 50 000 元,编制会计分录如下:

借:其他货币资金——银行汇票　　　　　　　　　　　　50 000
　　贷:银行存款　　　　　　　　　　　　　　　　　　　　50 000

② 用银行汇票购入原材料一批,材料价款 40 000 元,增值税额 5 200 元,材料已验收入库,编制会计分录如下:

借:原材料　　　　　　　　　　　　　　　　　　　　　　40 000
　　应交税费——应交增值税(进项税额)　　　　　　　　　　5 200
　　贷:其他货币资金——银行汇票　　　　　　　　　　　　45 200

③ 将多余额 4 800 元转回银行结算户,编制会计分录如下:

借:银行存款　　　　　　　　　　　　　　　　　　　　　4 800
　　贷:其他货币资金——银行汇票　　　　　　　　　　　　 4 800

3. 银行本票存款

银行本票存款是指企业为取得银行本票,按照规定存入银行的款项。

企业向银行提交"银行本票申请书"并将款项交存银行,取得银行本票后,应根据银行盖章退回的申请书存根联,借记"其他货币资金——银行本票"科目,贷记"银行存款"科目;用银行本票支付款项后,应根据发票账单等有关凭证,借记"原材料""应交税费——应交增值税(进项税额)"等科目,贷记"其他货币资金——银行本票"科目;由于银行本票只办理全额结算,若银行本票金额大于所采购材料应支付金额而形成的多余额,银行不办理多余款退回业务,而由购销双方协商采用现金、支票等方式结清;企业因本票超过付款期等原因交银行退回后,借记"银行存款"科目,贷记"其他货币资金——银行本票"科目。现举例如下:

[例 2-12] ① 甲公司按规定手续取得银行本票一张,金额 10 000 元,编制会计分录如下:

借:其他货币资金——银行本票　　　　　　　　　　　10 000
　　贷:银行存款　　　　　　　　　　　　　　　　　　10 000

② 用银行本票购入办公用品一批,材料价款 8 000 元,增值税额 1 040 元,多余票款由对方单位用现金结清,编制会计分录如下:

借:管理费用　　　　　　　　　　　　　　　　　　　8 000
　　应交税费——应交增值税(进项税额)　　　　　　　1 040
　　库存现金　　　　　　　　　　　　　　　　　　　　960
　　贷:其他货币资金——银行本票　　　　　　　　　10 000

4. 信用卡存款

信用卡存款是指企业为取得信用卡而存入银行信用卡专户的款项。

企业申请办理信用卡时,将款项存入银行办理信用卡后,按信用卡金额,借记"其他货币资金——信用卡"科目,贷记"银行存款"科目;企业用信用卡支付有关费用时,借记"管理费用"等科目,贷记"其他货币资金——信用卡"科目;企业取得信用卡存款的利息收入时,应冲减财务费用,借记"其他货币资金——信用卡"科目,贷记"财务费用"科目;企业信用卡在使用过程中,需要向其账户续存资金的,应借记"其他货币资金——信用卡"科目,贷记"银行存款"科目;企业的持卡人如不需要继续使用信用卡时,应持信用卡主动到发卡银行办理销户,销卡时,信用卡余额转入企业基本存款户,不得提取现金,借记"银行存款"科目,贷记"其他货币资金——信用卡"科目。现举例如下:

[例 2-13] ① 甲公司将 50 000 元备用金交存银行,办理信用卡一张,编制会计分录如下:

借:其他货币资金——信用卡　　　　　　　　　　　50 000
　　贷:银行存款　　　　　　　　　　　　　　　　　50 000

② 用信用卡支付业务办公费 1 000 元,增值税额 130 元,在收到信用卡部发送的账单时,编制会计分录如下:

借:管理费用　　　　　　　　　　　　　　　　　　1 000
　　应交税费——应交增值税(进项税额)　　　　　　　130
　　贷:其他货币资金——信用卡　　　　　　　　　　1 130

如果发生信用卡透支,则可以将透支金额计入"其他应付款"科目。

5. 信用证保证金存款

信用证保证金存款是指采用信用证结算方式的企业为开具信用证而存入银行信用证保证金专户的款项。

企业向银行提交"信用证申请书",将款项交存银行由银行开出信用证后,根据银行盖章退回的"信用证申请书"回单,借记"其他货币资金——信用证保证金"科目,贷记"银行存款"科目;企业收到供货单位信用证结算凭证及所附发票账单时,借记"原材料"

"应交税费——应交增值税(进项税额)"等科目,贷记"其他货币资金——信用证保证金"科目;企业未用完的信用证保证金余额转回银行存款结算户时,借记"银行存款"科目,贷记"其他货币资金——信用证保证金"科目。现举例如下:

[例2-14] ① 甲公司要求银行对供货单位开出信用证,交存银行2 000 000元,编制会计分录如下:

借:其他货币资金——信用证保证金　　　　　　　　　　2 000 000
　　贷:银行存款　　　　　　　　　　　　　　　　　　　　2 000 000

② 收到银行转来的境外销货单位信用证结算凭证以及所附发票账单、海关进口增值税专用缴款书等有关凭证,材料价款1 500 000元,增值税税额为195 000元,材料已验收入库,编制如下会计分录如下:

借:原材料　　　　　　　　　　　　　　　　　　　　　1 500 000
　　应交税费——应交增值税(进项税额)　　　　　　　　　195 000
　　贷:其他货币资金——信用证保证金　　　　　　　　　　1 695 000

③ 未用完的信用证保证金余额,转回银行存款结算户,编制会计分录如下:

借:银行存款　　　　　　　　　　　　　　　　　　　　　305 000
　　贷:其他货币资金——信用证保证金　　　　　　　　　　　305 000

6. 存出投资款

存出投资款是指企业已存入证券公司但尚未进行股票、债券等投资的款项。

企业向证券公司划出资金时,应按实际划出的金额,借记"其他货币资金——存出投资款"科目,贷记"银行存款"科目;购买股票、债券等时,按实际发生的金额,借记"交易性金融资产"等科目,贷记"其他货币资金——存出投资款"科目。现举例如下:

[例2-15] ① 甲公司向证券公司划出资金600 000元,编制会计分录如下:

借:其他货币资金——存出投资款　　　　　　　　　　　　600 000
　　贷:银行存款　　　　　　　　　　　　　　　　　　　　600 000

② 甲公司用存出投资款购买股票600 000元(该股票划分为交易性金融资产),编制会计分录如下:

借:交易性金融资产　　　　　　　　　　　　　　　　　　600 000
　　贷:其他货币资金——存出投资款　　　　　　　　　　　　600 000

除了以上业务外,企业在办理银行承兑汇票时,根据与银行之间的协议,也需要向银行交纳一部分保证金。在办理银行承兑汇票时,交纳保证金的会计处理分录为借记"其他货币资金——※银行承兑汇票保证金"科目,贷记"银行存款——※银行"科目,手续费等有关费用计入财务费用。

(三) 其他货币资金的清查

企业应该加强其他货币资金的清查工作。对于外埠存款应查明采购地开户银行对账单与企业账面结存额是否相符,是否有挪用公款等非法行为发生。对于银行汇票存款和银行本票存款,也应按期核对,以防止银行汇票和银行本票的丢失,并查明其付款的有效期限,防止逾期不能办理结算业务。对于信用卡存款也应该核对其余额,防止存款余额过低发生透支,并检查其具体用途,防止公款私用行为的发生。对于在途货币资金,也应与相关单位核对数额是否相符,以避免期终合并报表或汇总报表编制发生差错。

第二节 应收款项

本章所阐述的应收款项是指企业在日常生产经营过程中发生的各项债权,主要包括应收账款、应收票据、预付账款和其他应收款等。这些应收款项属于流动资产,通常不包括收入准则所定义的重大融资成分,或者根据收入准则规定不考虑不超过一年的合同中的融资成分。

收入准则所定义的重大融资成分是指,当企业将商品的控制权转移给客户的时间与客户实际付款的时间不一致时,如企业以赊销的方式销售商品,或者要求客户支付预付款等,如果各方以在合同中明确(或者以隐含的方式)约定的付款时间为客户或企业就转让商品的交易提供了重大融资利益,比如企业因销售商品而采用分期收款方式形成的长期应收款等。

一、应收账款

(一)应收账款的概念

应收账款是指企业因销售商品、提供劳务等经营活动,应向购货单位或接受劳务单位收取的款项,主要包括企业销售商品或提供劳务等应向有关债务人收取的价款及代购货单位垫付的包装费、运杂费等。

(二)应收账款的确认与计量

应收账款的确认是指对应收账款的范围和入账时间的确定。应收账款的入账时间应结合收入实现的时间进行确认。另外确认应收账款还需要依据一些表明商品或劳务提供过程已经完成、债权债务关系已经成立的书面文件,如购销合同、商品出库单、发票和发运单等。

应收账款一般是在收入实现时按实际发生额计价入账。

(三)应收账款的会计处理

企业为了核算和监督应收账款资金的增减和占用情况,应设置"应收账款"科目进行总分类核算。"应收账款"科目核算企业因销售商品、提供劳务等业务,应向购货单位收取的款项(包括价款和增值税)。其借方反映企业应收的各种款项,贷方反映已收回的应收账款或已结转的坏账损失或转作商业汇票结算方式的应收款项,期末借方余额反映尚未收回的各种应收款项。

"应收账款"科目应按不同的购货单位或接受劳务的单位设置明细科目,进行明细分类核算,详细核算和监督企业应收的各种款项的发生和回收情况。

企业销售商品或提供劳务发生应收账款,在没有商业折扣的情况下,按应收的全部金额入账。企业因销售商品或提供劳务形成应收款项时,借记"应收账款"科目,贷记"主营业务收入""应交税费——应交增值税(销项税额)"等科目。收回应收账款时,按实收金额,借记"银行存款"等科目,贷记"应收账款"科目。如果应收账款改用商业汇票结算,在收到承兑的商业汇票时,按照票面金额,借记"应收票据"科目,贷记"应收账款"科目。

[例2-16] 甲公司销售产品一批,其售价金额为40 000元,适用的增值税率为13%,代购货单位垫付运杂费1 500元。编制会计分录如下:

```
借:应收账款                                          46 700
    贷:主营业务收入                                   40 000
        应交税费——应交增值税(销项税额)              5 200
        银行存款                                       1 500
```

收到货款时,编制会计分录如下:

```
借:银行存款                                          46 700
    贷:应收账款                                      46 700
```

二、应收票据

(一) 应收票据的概念

应收票据是指企业持有的还没有到期、尚未兑现的票据。票据包括支票、银行本票、银行汇票、商业汇票等,但在我国除了商业汇票外,其他票据都是见票即付的票据,可以即刻收款或存入银行成为货币资金,不需要作为应收票据核算。因此,应收票据是指商业汇票。

商业汇票按承兑人不同,分为商业承兑汇票和银行承兑汇票。商业承兑汇票是由银行以外的付款人承兑,可以由付款人签发并承兑,也可以由收款人签发交由付款人承兑的票据。银行承兑汇票是在承兑银行开立存款账户的存款人签发,由开户银行承兑付款的票据。

商业汇票按是否计息,可分为不带息商业汇票和带息商业汇票。不带息商业汇票是指票据到期时,承兑人只按票面金额(即面值)向收款人或被背书人支付款项的票据。带息商业汇票是指票据到期时,承兑人必须按票面金额加上应计利息向收款人或被背书人支付票款的票据。

(二) 应收票据的计量

在我国,商业票据的期限一般较短(6个月),利息金额相对来说不大,用现值记账不但计算麻烦而且其折价还要逐期摊销,过于烦琐。因此,应收票据一般按其面值计价。即企业收到应收票据时,应按照票据的面值入账。但对于带息的应收票据,按照企业会计准则的规定,应于期末(指中期期末和年度终了)按应收票据的票面价值和确定的利率计提利息,计提的利息应增加应收票据的账面价值。

(三) 应收票据的会计处理

企业为了反映和监督应收票据的取得和回收情况,应设置"应收票据"科目进行核算。"应收票据"科目的借方登记应收票据的增加(取得)数,贷方登记应收票据的减少(兑现、贴现等)数,余额在借方表示收款企业所持有的应收票据金额。为了便于管理和分析各种应收票据的具体情况,企业还应设置"应收票据备查簿",逐笔登记商业汇票的种类、号数、出票日期、票面金额、交易合同号和付款人、承兑人、背书人的姓名或单位名称,到期日、背书转让日、贴现日、贴现率和贴现净额,以及收款日和收回金额、退票情况等资料。商业汇票到期结清票款或退票后,应在"应收票据备查簿"中逐笔注销。

1. 不带息应收票据

不带息票据的到期价值等于应收票据的面值。企业销售商品或提供劳务收到商业汇票时,借记"应收票据"科目,贷记"主营业务收入""应交税费——应交增值税(销项税额)"等科目。票据到期收回时,应按票面金额,借记"银行存款"科目,贷记"应收票据"科目。

[例2-17] 甲公司销售一批产品给B公司,货已发出,假定产品的控制权在发出时已转移给B公司,货款40 000元,增值税额为5 200元。按合同约定3个月以后付款,B公司交给甲公司一张不带息3个月到期的银行承兑汇票,面额45 200元。甲公司应编制会计分录如下:

借:应收票据——B公司　　　　　　　　　　　　　　　45 200
　　贷:主营业务收入　　　　　　　　　　　　　　　　　40 000
　　　　应交税费——应交增值税(销项税额)　　　　　　5 200

3个月后应收票据到期,收回款项45 200元,存入银行,应编制会计分录如下:

借:银行存款　　　　　　　　　　　　　　　　　　　　45 200
　　贷:应收票据——B公司　　　　　　　　　　　　　　45 200

2. 带息应收票据

企业收到的带息应收票据,除按照上述原则进行核算外,还应于中期期末和年度终了,按规定计提票据利息,并增加应收票据的账面价值,同时,冲减财务费用。票据利息的计算公式为:

应收票据利息=应收票据票面金额×票面利率×期限

上式中,"利率"一般指年利率;"期限"指签发日至到期日的时间间隔(有效期)。票据的期限,有按月表示和按日表示两种。在实际工作中,为了计算方便,常把一年定为360天。

票据期限按月表示时,应以到期月份中与出票日相同的那一天为到期日。如4月15日签发的一个月票据,到期日应为5月15日。但有两个特例:其一,如果出票日为某月31日,而票据到期的那个月份只有30天,那么这张票据的到期日是该月的30日;其二,如果出票日为某月29日、30日或31日,而票据到期的那个月是2月份,那么这张票据的到期日就是该2月份的最后一天。与此同时,计算利息使用的利率要换算成月利率(年利率÷12)。

票据期限按日表示时,应从出票日起按实际经历天数计算。通常出票日和到期日,只能计算其中的一天,即"算头不算尾"或"算尾不算头"。例如,4月15日签发的90天票据,其到期日应为7月14日[90天-4月份剩余天数-5月份实有天数-6月份实有天数=90-(30-15)-31-30=14]。同时,计算利息使用的利率,要换算成日利率(年利率÷360)。

带息的应收票据到期收回款项时,应按收到的本息,借记"银行存款"科目,按账面余额,贷记"应收票据"科目,按其差额,贷记"财务费用"科目。

[例2-18] 甲公司2×21年10月1日甲公司销售一批产品给A公司,货已发出,产品的控制权在发出时已转移给A公司,发票上注明的销售价款为100 000元,增值税额13 000元。收到A公司交来的商业承兑汇票一张,期限为6个月,票面利率为10%。

(1) 收到票据时,应编制会计分录如下:

借:应收票据　　　　　　　　　　　　　　　　　　113 000
　　贷:主营业务收入　　　　　　　　　　　　　　　　　　100 000
　　　　应交税费——应交增值税(销项税额)　　　　　　13 000

(2) 年度终了(2×21年12月31日),计提票据利息,应编制会计分录如下:

票据利息=113 000×10%×3÷12=2 825(元)

借:应收票据　　　　　　　　　　　　　　　　　　2 825
　　贷:财务费用　　　　　　　　　　　　　　　　　　　2 825

(3) 票据到期收回货款:

票据到期价值=113 000+113 000×10%×6÷12=118 650(元)

借:银行存款　　　　　　　　　　　　　　　　　　118 650
　　贷:应收票据　　　　　　　　　　　　　　　　　　115 825
　　　　财务费用　　　　　　　　　　　　　　　　　　2 825

3. 应收票据转让

应收票据转让是指持票人因偿还前欠货款等原因,将未到期的商业汇票背书后转让给其他单位或个人的业务活动。

背书是指持票人在票据背面签字,签字人成为背书人。企业背书将其持有的商业汇票转让给其他方,也就是将收取该金融资产现金流量的合同权利转移给其他方,这属于金融资产转移。

根据金融资产转移准则,企业需要评估是否终止确认该金融资产,即是否要将该金融资产从其账户和资产负债表内予以转销,这取决于企业是否转移了该金融资产所有权上几乎所有风险和报酬。企业如果是以不附追索权方式出售金融资产,通常就表明企业已将该金融资产所有权上几乎所有风险和报酬转移给了转入方,企业应当终止确认该金融资产。但企业如果采用附追索权方式出售金融资产,则表明企业保留了该金融资产所有权上几乎所有风险和报酬,不应当终止确认该金融资产。

这里追索权,即指汇票到期被拒绝付款或其他法定原因出现时,持票人获请求其前手偿还汇票金额及有关损失和费用的权利。被追索人付清款项后可以向他的前手再追索,直至追索到出票人。票据背书人如果要避免承担这种责任,可在背书时注明不受追索。

因此,企业在结算应付款项时,采用背书转让持有的未到期商业汇票且不附追索权,就符合金融资产终止确认的条件,企业应转销该应收票据的账面价值。反之,如果该背书转让附带追索权,企业会因此要承担因付款方不能到期付款的连带责任,不符合终止确认的条件,则企业不应转销该应收票据的账面价值,直至该票据到期时再处理。

[例2-19]　甲公司将取得的一张金额为45 000元的不带息商业汇票,背书转让给A企业,以抵付其前欠的购货款。假设本业务不附追索权,应编制会计分录如下:

借:应付账款　　　　　　　　　　　　　　　　　　45 000
　　贷:应收票据　　　　　　　　　　　　　　　　　　45 000

如果公司将该票据背书转让给B企业,以购入材料一批,材料价款40 000元,增值税额5 200元,差额部分用银行存款支付。假设本业务附追索权,应编制会计分录如下:

借：在途物资	40 000	
应交税费——应交增值税(进项税额)	5 200	
贷：应收账款		45 000
银行存款		200

4. 应收票据贴现

企业如果出现资金短缺，可以持未到期的商业汇票向银行申请贴现，以解决临时性的资金需要。贴现是指票据持有人将未到期的票据在背书后转让给银行，由银行按票据到期价值扣除贴现日至票据到期日的利息后，将余额付给持票人，作为银行对企业的短期贷款。因此，票据贴现实质上是企业融通资金的一种形式。贴现时，银行计算贴现息的利率称为贴现率，企业从银行获得的票据到期价值扣除贴现息后的货币收入，称为贴现净额。贴现净额的计算公式为：

贴现净额=票据到期价值-贴现息

其中：贴现息=票据到期价值×贴现率×贴现天数

票据到期价值=面值+面值×利率×票据期限

贴现期即从贴现日到到期日的时间间隔。如果票据期限按日表示，应从出票日起按实际经历天数计算。通常出票日和到期日，只计算其中的一天，即"算头不算尾"或"算尾不算头"。票据期限按月表示时，票据的期限不考虑各月份的实际天数多少，应以到期月份中与出票日(承兑日)相同的那一天为到期日。由于票据的票面利率与银行贴现利率的差异及贴现期的影响，票据贴现实收金额与票面金额会产生一定差异，对于这种差异，会计上应作为财务费用处理。

以下以不带息票据为例说明应收票据贴现的核算。企业持未到期的应收票据向银行贴现，应按实际收到的金额，借记"银行存款"科目，按贴现息部分，借记"财务费用"等科目，按商业汇票的票面金额，贷记"应收票据"科目(适用于满足金融资产终止确认条件的情形)或"短期借款"科目(适用于不满足金融资产终止确认条件的情形)。

[例2-20] 2×21年2月18日，甲公司收到B公司出具的一张不带息银行承兑汇票，面值46 800元，期限5个月，假设公司在持有票据2个月时将票据到银行办理了贴现，贴现率为9%。由于贴现的银行承兑汇票不附追索权，因而本项贴现业务符合金融资产终止确认的条件。所作会计处理为：

贴现息=46 800×9%×3÷12=1 053(元)

贴现净额=46 800-1 053=45 747(元)

应编制会计分录如下：

借：银行存款	45 747	
财务费用	1 053	
贷：应收票据		46 800

[例2-21] 假定[例2-20]中甲公司收到的B公司的票据是商业承兑汇票，其他条件同[例2-20]则由于贴现的商业承兑汇票附追索权，因而本项贴现业务不符合金融资产终止确认的条件。应编制会计分录如下：

借：银行存款	45 747
财务费用	1 053

  贷：短期借款　　　　　　　　　　　　　　　　　　　　　　　46 800
  票据到期时，若 B 公司如数付款，则贴现申请人的连带责任解除，应编制会计分录如下：
  借：短期借款　　　　　　　　　　　　　　　　　　　　　　　46 800
   贷：应收票据　　　　　　　　　　　　　　　　　　　　　　46 800
  票据到期时，若 B 公司无力付款，贴现申请人要负连带付款责任，应编制会计分录如下：
  借：短期借款　　　　　　　　　　　　　　　　　　　　　　　46 800
   贷：银行存款　　　　　　　　　　　　　　　　　　　　　　46 800
  同时：
  借：应收账款　　　　　　　　　　　　　　　　　　　　　　　46 800
   贷：应收票据　　　　　　　　　　　　　　　　　　　　　　46 800

三、其他应收款项

（一）预付账款

1. 预付账款的概念与计量

  预付账款，是指企业按照合同规定，预先支付的款项。预付账款按实际付出的金额入账。

  企业生产经营所需的各种材料物资，有些可以根据需要随时购买取得现货，有些则因市场供应和产品生产周期等因素的限制而需要预先订购。有些材料物资尽管也有现货随时供应，但其价格受市场供求关系的影响波动较大，企业为了避免价格风险，把未来所需材料物资的成本控制在目前的水平上，也采用预先订购的方式。但是订购材料物资，购货单位一般需要预付一定比例的货款。对于供货单位而言，预收一部分货款一方面可以在一定程度上减轻流动资金的压力，另一方面可以减少因购货单位违约而带来的损失。因为有些材料物资是为特定购货单位专制的，如果购货单位违约，这些专制的材料物资是难以转售给其他单位的。在购货单位预付一部分货款的情况下，如果购货单位违约，供应单位除可以根据有关法律向购货单位提出索赔外，还可以根据合同没收预付货款。

  预付账款属于企业的短期性债权，企业必须加强对预付账款的管理，严格遵守国家有关结算制度，控制预付账款的范围、比例和期限，减少资金占用，加速资金周转。

2. 预付账款的会计处理

  为了核算和监督预付账款的支出和结算情况，企业应设置"预付账款"科目进行总分类核算。其借方登记企业向供应单位预付的货款，贷方登记企业收到所购材料物资应结转的预付货款，期末借方余额反映企业已向供应单位预付的货款。

  为了核算和监督企业向各个不同供应单位预付货款的具体结算情况，企业还应按照供应单位名称设置明细科目进行明细分类核算。

  企业按购货合同的规定预付货款时，按预付金额借记"预付账款"科目，贷记"银行存款"科目。企业收到预定的货物时，应根据发票账单等列明的应计入购入货物成本的金额，借记"原材料"等科目，按专用发票上注明的增值税，借记"应交税费——应交增值税（进项税额）"科目，按应付的金额，贷记"预付账款"科目；补付货款时，借记"预付账款"科目,贷记"银行存款"科目。退回多付的款项,借记"银行存款"科目,贷记"预付账款"科目。

[例2-22] 甲公司按合同规定预付给购货单位材料款28 000元。甲公司应编制会计分录如下:

借:预付账款 28 000
　　贷:银行存款 28 000

收到材料和专用发票时,材料价款为30 000元,增值税额3 900元,应补付5 900元。甲公司应编制会计分录如下:

借:原材料 30 000
　　应交税费——应交增值税(进项税额) 3 900
　　贷:预付账款 33 900

补付货款时,应编制会计分录如下:

借:预付账款 5 900
　　贷:银行存款 5 900

如果上例中收到材料和专用发票时,材料价款为20 000元,增值税额2 600元,应退回5 400元。甲公司应编制会计分录如下:

借:原材料 20 000
　　应交税费——应交增值税(进项税额) 2 600
　　贷:预付账款 22 600

收到退回多付的货款时:

借:银行存款 5 400
　　贷:预付账款 5 400

预付账款情况不多的企业,也可以将预付的货款直接记入"应付账款"科目的借方。预付货款时,借记"应付账款"科目,贷记"银行存款"科目,收到材料或商品时再予以转销。

通过"应付账款"科目登记预付货款业务,会使应付账款的某些明细科目出现借方余额,在期末编制资产负债表时,"应付账款"所属明细科目有借方余额的,应将这部分借方余额在资产负债表的资产方列示。

(二) 其他应收款

1. 其他应收款的概念与计量

其他应收款是指除应收票据、应收账款、预付账款和应收利息等以外的,企业应收及暂付其他单位和个人的各种款项。其他应收款应按实际发生额计价入账。

其他应收款主要包括:应收的各种赔款、罚款,如因企业财产等遭受意外损失而应向有关保险公司收取的赔款等;应收的出租包装物租金;应向职工收取的各种垫付款项,如为职工垫付的水电费,应由职工负担的医药费、房租费等;存出保证金,如租入包装物支付的押金;其他各种应收、暂付款项。

其他应收款属于企业发生的非购销活动的应收债权。对于这类应收项目,通常应与应收账款和预付账款分开核算,将这类应收项目单独核算,以便会计报表的使用者把这些项目与由于购销业务而发生的应收项目识别清楚。

2. 其他应收款的会计处理

为了反映和监督其他应收款的增减变动和结算情况,企业应设置"其他应收款"科目进行总分类核算。其借方登记企业发生的各项其他应收款,贷方登记企业收到和结转的其他应收款,期末借方余额表示企业应收未收的各项其他应收款。企业还应对其他应收款的项目进行分类,并按不同的债务人设置明细科目进行明细分类核算。

企业发生其他应收款时,按应收金额借记"其他应收款"科目,贷记有关科目。收回各种款项时,借记有关科目,贷记"其他应收款"科目。

[例 2-23] 甲公司以银行存款替职工王某垫付应由其个人负担的医疗费 5 000 元,拟从其工资中扣回。甲公司应编制如下会计分录:

(1) 垫付时:

借:其他应收款——王某　　　　　　　　　　　　　　　5 000
　　贷:银行存款　　　　　　　　　　　　　　　　　　　　　　5 000

(2) 扣款时:

借:应付职工薪酬　　　　　　　　　　　　　　　　　　　5 000
　　贷:其他应收款——王某　　　　　　　　　　　　　　　　　5 000

[例 2-24] 甲公司向丁公司租入包装物一批,以银行存款向丁公司支付押金 10 000 元。甲公司应编制如下会计分录:

借:其他应收款——丁公司　　　　　　　　　　　　　　10 000
　　贷:银行存款　　　　　　　　　　　　　　　　　　　　　　10 000

四、应收款项减值

(一) 信用风险及坏账

对于应收款项,企业如果不能按期收回,那么日常流动资金周转就很可能出现紧张的情况,影响下一个生产经营周期的开展。这种由于债务人不履行约定到期偿付债务而导致企业有可能无法按期收回应收款项,就是企业所面临的信用风险或违约风险。信用风险是伴随应收款项的存在而客观存在的,企业因此就有可能出现坏账,即无法收回的应收款项。

对于坏账的会计处理,有两种核算方法,分别为直接转销法和备抵法。其中,直接转销法是在企业的应收款项实际发生坏账时,比如债务人依法宣告破产且其清算财产不足清偿时,企业才确认相应的坏账损失,并直接转销相应的应收款项;备抵法则要求企业在资产负债表日采用预期信用损失法估计可能发生的坏账损失(即信用损失),同时确认相应的坏账准备,以后实际发生坏账时,再冲销已计提的坏账准备和相应的应收款项。备抵法虽然需要对预期信用损失进行复杂的估计和会计处理,但符合谨慎性的会计信息质量要求,也符合权责发生制的会计基础。

(二) 预期信用损失法

企业会计准则规定应收账款等金融资产的减值采用预期信用损失法。预期信用损失是以发生违约的风险为权重的金融工具信用损失的加权平均值。其中,发生违约的风险为未来发生违约的概率;信用损失是指企业根据合同应收的现金流量与预期收取的现金流量之间的差额(即现金流缺口)的现值。

在这种方法下,资产负债表日企业应对金融资产以未来可能发生的违约事件造成的损失的期望值计量预期信用损失,并计提相应的减值准备。其中对收入准则所规定的不含重大融资成分的或不考虑不超过一年的合同中的融资成分的应收款项等应采用简化处理方法,即始终按照整个存续期内预期信用损失的金额计量其损失准备,比如企业需要评估某客户在相关应收账款整个预计存续期内所有可能发生的违约事件,从而计算该项应收账款的预期信用损失。

在计量时,企业按单项金融资产或金融资产组合评估信用风险。其中,在组合层面上可根据账龄或客户类别等共同风险特征进行分类评估。在不违反企业会计准则相关规定的前提下,企业在计量预期信用损失时可运用简便方法。例如,对于应收账款的预期信用损失,企业可参照历史信用损失经验,编制应收账款逾期天数与固定准备率对照表,即建立逾期风险与应收账款违约损失率的对应关系。比如未逾期为1%;若逾期不到30日为2%;若逾期天数为30-90(不含)日,为3%;若逾期天数为90~180(不含)日,为20%等,以此为基础计算预期信用损失。

如果企业的历史经验表明不同细分客户群体发生损失的情况存在显著差异,那么企业应当对客户群体进行恰当分组,在分组基础上运用上述简便方法。分组的标准可能包括:地理区域、产品类型、客户评级、担保物以及客户类型(如批发和零售客户)。

(三) 应收款项减值的会计处理

为了核算企业应收款项减值的情况,应设置"坏账准备"科目。该账户属于资产备抵科目,贷方登记按期估计的坏账准备数额,借方登记已确认为坏账损失应予转销的应收款项数额。余额通常在贷方,表示已经预提但尚未转销的坏账准备数,在期末资产负债表上列作各项应收款项的减项。

应收款项减值的账务处理主要包括三个方面的内容:

一是期末按一定方法确定应收款项的减值损失,计提坏账准备时,借记"信用减值损失——计提的坏账准备"科目,贷记"坏账准备"科目;转回坏账准备时,做相反的会计分录。

二是实际发生坏账时注销坏账,借记"坏账准备"科目,贷记"应收账款""其他应收款"等科目。如有借贷方差额,则计入"信用减值损失"科目。

三是已确认的坏账又收回,根据收回的数额,借记"应收账款""其他应收款"等科目,贷记"坏账准备"科目,同时借记"银行存款"科目,贷记"应收账款""其他应收款"等科目,或者直接借记"银行存款"科目,贷记"坏账准备"科目。

下面以两个不同类型企业为例,对应收款项减值的核算进行说明。

[例2-25] 甲企业是一家餐饮企业,应收账款余额较小。根据以往的营业经验,并结合当前的市场状况、企业的赊销政策等相关资料,考虑到客户群比较单一,确定每年均按5‰的预期信用损失率为企业应收账款计提坏账准备。甲企业各年应收账款期末余额、坏账转销、坏账收回的有关资料如下:

(1) 2×20年12月31日应收账款余额合计为800 000元,"坏账准备"科目无余额。本年应计提的坏账准备金额=800 000×5‰=4 000(元),应编制会计分录如下:

借:信用减值损失   4 000
  贷:坏账准备   4 000

(2) 2×21年10月20日,企业发现有1 000元的应收账款确实无法收回,按有关规定确认为坏账损失。应编制会计分录如下：

借：坏账准备　　　　　　　　　　　　　　　　　　　　　　　1 000
　　贷：应收账款　　　　　　　　　　　　　　　　　　　　　　　　1 000

(3) 2×21年12月31日，该企业应收账款余额为900 000元。按本年年末应收账款余额应保持的坏账准备金额（即坏账准备的余额）为：900 000×5‰=4 500(元)

年末计提坏账准备前，"坏账准备"科目的贷方余额为：4 000−1 000=3 000(元)

本年度应补提的坏账准备金额为：4 500−3 000=1 500(元)

应编制会计分录如下：

借：信用减值损失　　　　　　　　　　　　　　　　　　　　　1 500
　　贷：坏账准备　　　　　　　　　　　　　　　　　　　　　　　　1 500

(4) 2×22年6月25日，接银行通知，企业上年度已冲销的1 000元坏账又收回，款项已存入银行。应编制会计分录如下：

借：应收账款　　　　　　　　　　　　　　　　　　　　　　　1 000
　　贷：坏账准备　　　　　　　　　　　　　　　　　　　　　　　　1 000
同时，借：银行存款　　　　　　　　　　　　　　　　　　　　1 000
　　　　　贷：应收账款　　　　　　　　　　　　　　　　　　　　　1 000

(5) 2×22年12月31日，企业应收账款余额为600 000元。

本年末坏账准备余额应为：600 000×5‰=3 000(元)

年末计提坏账准备前，"坏账准备"科目的贷方余额为：4 500+1 000=5 500(元)

本年度应冲销多提的坏账准备金额为：5 500−3 000=2 500(元)

应编制会计分录如下：

借：坏账准备　　　　　　　　　　　　　　　　　　　　　　　2 500
　　贷：信用减值损失　　　　　　　　　　　　　　　　　　　　　　2 500

[例2-26]　甲公司是一家制造业企业，其经营地域单一且固定。2×21年年末甲公司应收账款余额合计为30 000 000元，均来自众多小客户。考虑到客户群由众多小客户构成，甲公司根据代表偿付能力的客户共同风险特征对应收账款进行分类。上述应收账款不包含重大融资成分，甲公司对上述应收账款将始终按整个存续期内的预期信用损失计量损失准备。

甲公司使用逾期天数与违约损失率对照表确定该应收账款组合的预期信用损失。对照表以此类应收账款预计存续期的历史违约损失率为基础，并根据前瞻性估计予以调整。在每个资产负债表日，甲公司都将分析前瞻性估计的变动，并据此对历史违约损失率进行调整。公司预测下一年的经济形势将恶化。

甲公司的逾期天数与违约损失率对照表估计如表2-3所示。

表2-3

	未逾期	逾期1~30日	逾期31~60日	逾期61~90日	逾期>90日
违约损失率	0.3%	1.6%	3.6%	6.6%	10.6%

来自众多小客户的应收账款合计30 000 000元，根据逾期天数违约损失率计算其预期信用损失如表2-4所示。

表2-4
单位：元

	账面余额 （A）	违约损失率 （B）	按整个存续期内预期信用损失确认的损失准备 （账面余额×整个存续期预期信用损失率） （C＝A×B）
未逾期	15 000 000	0.3%	45 000
逾期1~30日	7 500 000	1.6%	120 000
逾期31~60日	4 000 000	3.6%	144 000
逾期61~90日	2 500 000	6.6%	165 000
逾期>90日	1 000 000	10.6%	106 000
合计	30 000 000	—	580 000

如表2-4所示，甲公司2×21年12月31日"坏账准备"科目的账面余额应为580 000元，企业需要根据调整前"坏账准备"科目的账面余额，计算本期应入账的金额，编制调整会计分录，予以入账。由于调整分录的入账金额受调整前账面余额的影响，因此可能出现两种情况：

第一，假设调整前"坏账准备"科目的账面余额为贷方500 000元，则本期调整分录的金额应为580 000－500 000＝80 000元。调整分录为：

借：信用减值损失　　　　　　　　　　　　　　　　　　　　　　80 000
　　贷：坏账准备　　　　　　　　　　　　　　　　　　　　　　　　80 000

第二，假设调整前"坏账准备"科目的账面余额为贷方800 000元，则本期调整分录的金额应为580 000－80 000＝－220 000元，此时应转回坏账准备220 000元。调整分录为：

借：坏账准备　　　　　　　　　　　　　　　　　　　　　　　　220 000
　　贷：信用减值损失　　　　　　　　　　　　　　　　　　　　　220 000

第三节

货币资金和应收款项在财务报告中的披露

一、货币资金和应收款项在财务报表中的列示

在资产负债表中，与货币资金和应收款项相关的项目主要有：

1．"货币资金"项目，反映企业库存现金、银行结算户存款、外埠存款、银行汇票存款、银行本票存款、信用卡存款、信用证保证金存款等的合计数。

2．"应收票据"项目，反映资产负债表日以摊余成本计量的、企业因销售商品、提供服务等收到的商业汇票，包括银行承兑汇票和商业承兑汇票。

3．"应收账款"项目，反映资产负债表日以摊余成本计量的、企业因销售商品、提供服务等经营活动应收取的款项。

4．"预付款项"项目，反映企业预付给供应单位的款项。

5．"其他应收款"项目，反映企业包括应收利息、应收股利及其他应收款在内的其他各种应收和暂付的款项。

二、货币资金和应收款项在附注中的披露

1. 企业应当按货币资金种类披露期末余额、上年年末余额等信息,其披露格式如表 2-5 所示。

表 2-5　　　　　　　　　　　　货币资金按种类披露的格式

项　目	期末余额	上年年末余额
库存现金		
银行存款		
其他货币资金		
合　计		

2. 企业应当按应收账款账龄和客户欠款情况披露期末余额、上年年末余额等信息。
(1) 应收账款按账龄披露,其披露格式如表 2-6 所示。

表 2-6　　　　　　　　　　　　应收账款按账龄披露的格式

账龄	期末余额			上年年末余额		
	应收账款	坏账准备	计提比例(%)	应收账款	坏账准备	计提比例(%)
1 年以内(含 1 年)						
1~2 年(含 2 年)						
2~3 年(含 3 年)						
3 年以上						
合　计						

注:应收票据、预付账款、其他应收款的披露,比照应收账款进行。

(2) 按欠款方归集的期末余额前五名的应收账款披露,其披露格式如表 2-7 所示。

表 2-7　　　　　　　按欠款方归集的期末余额前五名的应收账款披露格式

单位名称	期末余额			上年年末余额		
	应收账款	占应收账款合计数的比例(%)	坏账准备	应收账款	占应收账款合计数的比例(%)	坏账准备
客户 1						
……						
其他客户						
合计						

注:应收票据、预付账款、其他应收款的披露,比照应收账款进行披露。

货币资金是企业在生产经营过程中以货币形态存在的资产,是流动性最强的资产,同时也是流动资产的重要组成部分,按其存放地点及用途不同,分为库存现金、银行存款和其他货币资金。现金应在规定的范围内使用,超过库存限额的现金必须及时送存银行。

现金的核算应当设置"库存现金"总账和"现金日记账",由会计人员和出纳人员分别登记,以形成内部牵制。

企业的一切货币收支除了在规定的范围内可以用现金收支以外,其余一律通过银行账户办理转账结算。现行银行转账结算方式主要包括银行汇票、商业汇票、银行本票、支票、汇兑、委托收款、异地托收承付、信用卡和信用证九种。

其他货币资金是指企业除库存现金、银行存款以外的各种货币资金,包括外埠存款、银行汇票存款、银行本票存款、信用卡存款、信用证保证金存款、存出投资款等,应分别设明细账进行核算。

应收款项主要包括应收账款、应收票据、预付账款、其他应收款等。应收账款是指企业在日常的生产经营活动中,因销售商品、提供劳务等业务,应向购货单位或个人收取的款项,通常应按实际发生额计价入账。应收票据是指企业持有的还没有到期、尚未兑现的票据。按承兑人不同,可分为商业承兑汇票和银行承兑汇票;按是否计息,可分为不带息商业汇票和带息商业汇票。预付账款,是指企业按照购货合同或劳务合同规定,预先支付给供货方或提供劳务方的款项,通常按实际付出的金额入账。其他应收款是指除应收票据、应收账款和预付账款以外的,企业应收、暂付其他单位和个人的各种款项,应按实际发生额计价入账。

企业应当在资产负债表日对应收款项采用预期信用损失法来计量当前(资产负债表日)应当确认的减值准备。

1. 现金管理有哪些方面的规定?什么是坐支?为什么企业不能坐支?
2. 企业在银行可以开立哪些账户?每个账户的用途是什么?
3. 银行汇票结算方式与商业汇票结算方式有什么不同?
4. 什么是未达账项?企业对未达账项如何调整?
5. 应收票据的贴现所得如何确定?带有追索权与不带追索权的应收票据贴现,其账务处理有何区别?
6. 预付账款与应收账款的主要区别是什么?
7. 其他应收款包括哪些内容?应如何进行核算?

1. 资料:甲公司2×21年8月有关业务如下:

(1) 3日,出纳员签发现金支票一张,提取现金5 000元。

(2) 8日,厂办人员唐丰出差借款3 000元,财务部门为其签发一张现金支票。

(3) 10日,财务部门分别以现金拨付给一车间和二车间备用金各2 000元,实行定额管理。

(4) 18日,唐丰报销差旅费2 800元,多余现金如数交回。

(5) 25日,一车间报销费用,共支付市内差旅费520元,其他办公费用200元,用现金补足其备用金。

要求：根据上述资料，编制甲公司相关会计分录。

2. 长江企业属于增值税一般纳税人，2×21年2月发生如下经济业务：

（1）委托银行开出银行汇票50 000元，有关手续已办妥，采购员李红持汇票到A市采购材料。

（2）派采购员张择到B市采购材料，委托银行汇款100 000元到B市开立采购专户。

（3）李红在A市采购结束，取得的增值税专用发票上注明的甲材料款为45 000元，增值税税额5 850元，款项共50 850元。企业已用银行汇票支付50 000元，差额850元即采用汇兑结算方式补付，材料已验收入库。

（4）张择在B市的采购结束，取得的增值税专用发票上注明的乙材价款为80 000元，增值税税额10 400元，款项共90 400元，材料已验收入库。同时接到银行多余款收账通知，退回多余款。

（5）企业委托银行开出银行本票20 000元，有关手续已办妥。

（6）企业购买办公用品2 300元，用信用卡付款。收到银行转来的信用卡存款的付款凭证及所附账单，经审核无误。

要求：根据以上经济业务，编制会计分录。

3. 甲企业2×21年11月1日销售一批商品给乙企业，销售收入为50 000元，增值税为6 500元，商品已经发出。乙企业交来一张期限为6个月、票面利率为10%的商业承兑汇票。

要求：编制甲企业收到票据、年终计提票据利息和收回货款的会计分录。

4. 2×21年2月18日，甲公司收到A公司出具的一张不带息商业承兑汇票，面值20 000元，期限5个月，假设企业在持有票据3个月时将票据到银行办理了贴现，年贴现率为9%。要求：

（1）计算贴现所得；

（2）编制下列业务会计分录：

① 贴现的商业承兑汇票不附追索权；

② 贴现的商业承兑汇票附追索权。

5. A公司为一般纳税人，适用的增值税率为13%。2×21年发生如下经济业务：

（1）A公司用银行存款向甲公司预付材料款10 000元。

（2）A公司收到甲公司发来的材料及增值税专用发票，材料价款为20 000元，增值税为2 600元。A公司对材料采用实际成本法核算。

（3）开出转账支票补付甲公司不足材料款。

（4）A公司某生产车间核定的备用金定额为3 000元，以现金拨付。

要求：编制上述经济业务的会计分录。

6. 资料：某公司根据公司客户群的特点和公司经营情况，确定每年均按5‰的预期信用损失率为应收账款计提坏账准备。

第一年末应收账款余额为1 000 000元；

第二年末发生坏账损失10 000元，其中A企业6 000元，B企业4 000元，年末应收账款余额为900 000元；

第三年已冲销的上年B企业应收账款4 000元又收回，年末应收账款余额为1 400 000元。

要求：根据上述经济业务，编制每年的会计分录。

第三章 存货

本章概要

存货是企业一项重要的流动资产。存货区别于固定资产等非流动资产的最基本的特征是企业持有存货的最终目的是为了出售,不论是可供直接出售,如企业的产成品、商品等,还是需进一步加工后才能出售,如原材料等。存货的核算包括存货取得、发出及期末计量。本章首先阐述了存货的概念、分类,然后重点介绍存货取得、发出及期末结存的确认和计量,并以原材料、库存商品和周转材料等为例,对存货的具体核算进行了较为详细的阐述。

学习目的与要求

通过本章学习,应当能够了解并掌握:
1. 存货的概念和分类;
2. 存货取得、发出价值的确定;
3. 按实际成本法和按计划成本法对原材料的核算;
4. 按毛利率法和售价金额核算法对流通业商品存货的核算;
5. 周转材料和库存商品等的核算;
6. 存货的期末计量原则和核算。

第一节 存货的确认和初始计量

一、存货的概念及内容

存货是指企业在日常活动中持有以备出售的产成品或商品、处在加工过程中在产品、在生产过程中或提供劳务过程中耗用的材料物资等。

企业的存货通常包括以下内容:

(1) 原材料,指企业在生产过程中经过加工改变其形态或性质并构成产成品主要实体的各种材料及主要材料、辅助材料、外购半成品(外购件)、修理用备件(备品备件)、包装材料、燃料等。为建造固定资产等各项工程而储备的各种材料,虽然同属于材料,但是由于用于建造固定资产等各项工程,不符合存货的定义,因此不能作为企业存货进行核算。

(2) 在产品,指企业正在制造尚未完工的产品,包括正在各个生产工序加工的产品,和已加工完毕但尚未检验或已检验但尚未办理入库手续的产品。

（3）半成品，指经过一定生产过程并已检验合格交付半成品仓库保管，但尚未制造完工成为产成品，仍需进一步加工的中间产品。

（4）产成品，指工业企业已经完成全部生产过程并验收入库，可以按照合同规定的条件送交订货单位，或者可以作为商品对外销售的产品。企业接受外来原材料加工制造的代制品和为外单位加工修理的代修品，制造和修理完成验收入库后，应视同企业的产成品。

（5）商品，指商品流通企业外购或委托加工完成验收入库用于销售的各种商品。

（6）周转材料，是指企业能够多次使用、逐渐转移其价值但仍保持原有形态不确认为固定资产的材料，如包装物和低值易耗品。其中，包装物指为了包装本企业商品而储备的各种包装容器，如桶、箱、瓶、坛、袋等。其主要作用是盛装、装潢产品或商品。低值易耗品，指不符合固定资产确认条件的各种用具物品，如工具、管理用具、玻璃器皿、劳动保护用品，以及在经营过程中周转使用的容器等。

二、存货的确认条件

某一资产项目，如果要作为存货加以确认，在必须符合存货定义的前提下，同时满足下列两个条件，才能予以确认。

（一）与该存货有关的经济利益很可能流入企业

资产最重要的特征是预期会给企业带来经济利益。如果某一项目预期不能给企业带来经济利益，就不能确认为企业的资产。存货是企业的一项重要的流动资产，因此，对存货的确认，关键是判断是否很可能给企业带来经济利益或所包含的经济利益是否很可能流入企业。

（二）该存货的成本能够可靠地计量

成本或价值能够可靠地计量是资产确认的一项基本条件，存货作为企业资产的组成部分，要予以确认也必须能够对其成本进行可靠地计量，如果存货成本不能可靠地计量，则不能确认为一项存货。

三、存货的初始计量

企业取得存货应当按照成本进行计量。存货成本包括采购成本、加工成本和其他成本三个组成部分。企业存货的取得主要通过外购和自制两个途径，不同来源的存货其成本的构成内容是不一样的。

（一）外购的存货

企业外购存货（如原材料、商品等）的成本由采购成本构成，指物资从采购到入库前发生的全部支出，包括购买价款、相关税费、运输费、装卸费、保险费以及其他可归属于存货采购成本的费用。

1. 购买价款，是指企业购入存货的发票账单上列明的价款，但不包括按规定可以抵扣的增值税进项税额。

2. 相关税费，是指企业购买存货发生的进口关税、消费税、资源税和不能从销项税额中抵扣的增值税进项税额等。

3. 其他可归属于存货采购成本的费用,如企业采购存货过程中发生的仓储费、包装费、运输费、运输途中的合理损耗、入库前的挑选整理费用等。

其中,入库前的挑选整理费用包括挑选整理中发生的人工费等支出以及发生的存货损耗扣除回收的下脚废料价值后的净额。

运输途中的合理损耗是指在运输过程中因商品性质、自然条件及技术设备等因素,所发生的自然的或不可避免的损耗。例如,汽车在运输煤炭、化肥等的过程中自然散落以及易挥发产品在运输过程中的自然挥发。除此之外的均为不合理损耗,不应计入采购成本。

商品流通企业在采购商品过程中发生的运输费、装卸费、保险费以及其他可归属于存货采购成本的费用等进货费用,应当计入所购商品成本。在实务中,企业也可以将发生的运输费、装卸费、保险费以及其他可归属于存货采购成本的费用等进货费用先进行归集,期末,按照所购商品的存销情况分别进行分摊。对于已售商品的进货费用,计入主营业务成本;对于未售商品的进货费用,计入期末存货成本。企业采购商品的进货费用金额较小的,也可在发生时直接计入当期销售费用。

(二) 加工取得的存货

企业通过进一步加工而取得的存货(如产成品、在产品、半成品、委托加工物资等),其成本由采购成本、加工成本和为使存货达到目前场所和状态所发生的其他成本构成。

1. 采购成本,是指加工存货所使用或消耗的原材料的采购成本。
2. 存货的加工成本,由直接人工和制造费用构成。

直接人工,是指企业在生产产品过程中,直接从事产品生产人员的职工薪酬。直接人工和间接人工的划分依据是生产工人是否与所生产的产品直接相关(即可否直接确定其服务的产品对象)。

制造费用,是指企业为生产产品和提供劳务而发生的各项间接费用,包括企业生产部门(如生产车间)管理人员的职工薪酬、折旧费、办公费、水电费、机物料消耗、劳动保护费、季节性和修理期间的停工损失等。

加工成本,如果涉及两种或两种以上存货,能够直接区分的,则应直接计入该存货成本;否则,加工成本应按照合理方法在不同存货之间进行分配计入各存货成本。分配方法一经确定,不得随意变更。

3. 存货的其他成本,是指除采购成本、加工成本以外的,使存货达到目前场所和状态所发生的其他支出。如:可直接认定的产品设计费用、满足资本化条件的与存货有关的借款费用等。

(三) 其他方式取得的存货

1. 投资者投入的存货的成本,应当按照投资合同或协议约定的价值确定,但合同或协议约定价值不公允的除外。在投资合同或协议约定价值不公允的情况下,按照该项存货的公允价值作为其入账价值。

2. 企业通过非货币性资产交换、债务重组、企业合并等方式取得的存货的成本,应当分别按照《企业会计准则第7号——非货币性资产交换》《企业会计准则第12号——债务重组》《企业会计准则第20号——企业合并》等的规定确定。

3. 盘盈存货的成本,应按其重置成本作为入账价值。

需要注意的是,在确定存货成本过程中,下列费用应当在发生时计入为当期损益,不计入存货成本:

1. 非正常消耗的直接材料、直接人工和制造费用。如企业超定额的废品损失以及因自然灾害而发生的非正常消耗,由于这些费用的发生无助于使存货达到目前场所和状态,不应计入存货成本,而应计入当期损益。

2. 仓储费用(不包括在生产过程中为达到下一个生产阶段所必需的费用)。企业在采购入库后发生的储存费用,应计入当期损益。但是,在生产过程中为达到下一个生产阶段所必需的仓储费用则应计入存货成本。如某种酒类产品生产企业为使生产的酒达到规定的产品质量标准,而必须发生的仓储费用,就应计入酒的成本,而不是计入当期损益。

3. 不能归属于使存货达到目前场所和状态的其他支出,其不符合存货的定义和确认条件,应在发生时计入当期损益。

4. 企业采购用于广告营销活动的特定商品,向供应商预付货款未取得商品时,应作为预付账款进行会计处理,待取得相关商品时计入当期损益(销售费用)。企业取得广告营销性质的服务比照该原则进行处理。

第二节 发出存货的计量

一、存货成本流转假设

存货是企业重要的流动资产项目之一,在持续经营条件下,存货通常处于不断的收入、发出的变动状态。从物理形态上看,存货的收入发出表明存货的实体进入或离开库存,这被称为存货的实物流动。从价值形态上看,存货的收入或发出表明存货的成本流入或流出库存,这被称为存货的成本流动。由于会计提供是以货币表示的企业价值信息,因此会计人员关注的是存货实物流动中所蕴含的价值流动,而非存货实物流动本身。但由于存在以下原因使存货成本流动具有一定的复杂性:(1)企业处于持续经营状态下,本期可供使用的存货在期末并不会完全发出,企业通常应保持一定的期末库存;(2)由于市场价格的不确定性,各批次进入企业的存货价格可能存在差异。这就产生了一个问题,在存货不断流入流出的状态下,如何确定发出存货和期末库存存货的成本?

在理论上,存货的成本流转与其实物流转应当一致。即购置存货时所确定的成本应当随着该项存货的销售或耗用而结转。例如,某商品购进成本,第一批100件,单价15元;第二批50件,单价10元;第三批80件,单价11元。本期销售的情况为:共售出120件,其中有80件来自第一批,有30件来自第二批,有10件来自第三批,这样本期销售商品的成本为:80×15+30×10+10×11=1 610(元),销售后库存商品实物为第一批有20件,第二批有20件,第三批有70件。

以上商品的成本流转和实物流转是一致的,但在实际工作中,这种一致的情况非常少见。因为企业的存货进出量很大,存货的品种繁多,存货的单位成本多变,要使各种存货成本流转和实物流转完全一致几乎是不可能的。比较可行的做法是,对存货的成本流动做出某种合理的假设,采用一定的方法将存货成本在发出存货和期末存货之间进行分配,这就是所谓的存货成本流转假设。

如何对存货成本流转进行假设依赖于对存货发出计价目标的定位,存货发出计价的目标主要有:(1)应尽量保持企业资产计价的准确性;(2)应尽量保持企业收益计量的准确性;(3)应尽量保持存货成本流动和实物流动的一致性;(4)存货计价方法的选择应有助于降低企业的税收和增加现金流量。由于这些目标具有一定的内在矛盾性,因此产生了不同的成本流转假设,这些成本流转假设通常只能侧重于某一目标,而不可能实现所有的目标。根据某种存货成本流转的假设,在期末存货与发出存货之间分配成本,就产生了不同的确定发出存货成本的方法,如个别认定法、先进先出法、后进先出法、加权平均法等。

二、发出存货成本的计价方法

存货准则规定,企业在确定发出存货的实际成本时,应当采用先进先出法、加权平均法或者个别计价法。其中加权平均法又分为月末一次加权平均法和移动加权平均法。

企业应当根据各类存货的实物流转方式、企业管理的要求、存货的性质等实际情况,合理地选择发出存货成本的计价方法,以合理确定当期发出存货的实际成本。对于性质和用途相似的存货,应当采用相同的成本计算方法确定发出存货的成本。计价方法一经确定,不得随意变更。

(一)个别计价法

个别计价法,亦称个别认定法、具体辨认法、分批实际法,其特征是注重所发出存货具体项目的实物流转与成本流转之间的联系,逐一辨认各批发出存货和期末存货所属的购进批别或生产批别,分别按其购入或生产时所确定的单位成本作为计算各批发出存货和期末存货的成本。即按每一种存货的实际成本作为计算发出存货成本和期末存货成本的基础。

[例3-1] 甲公司2×21年6月A材料的收入、发出和结存资料如表3-1所示。

表3-1　　　　　　　　　　A材料明细账　　　　　　金额单位:元
　　　　　　　　　　　　　　　　　　　　　　　　计量单位:千克

2×21年		摘要	收入			发出			结存		
月	日		数量	单位成本	金额	数量	单位成本	金额	数量	单位成本	金额
6	1	期初结存							1 000	9	9 000
	2	购入	3 000	10	30 000				4 000		
	9	发出				3 500			500		
	12	购入	4 000	11	44 000				4 500		
	19	发出				3 000			1 500		
	20	购入	2 000	12	24 000				3 500		
	25	发出				1 500			2 000		
	30	本月合计	9 000			8 000			2 000		

假设经过具体辨认,本期发出A材料资料如下:

6月9日共发出3 500千克——500千克是期初结存材料
　　　　　　　　　　　——3 000千克是2日购入材料
6月19日共发出3 000千克——500千克是期初结存材料

——2 500千克是12日购入材料

6月25日共发出1 500千克——1 500千克均是20日购入材料

采用个别计价法,甲公司6月份A材料收入、发出和结存情况如表3-2所示。

表3-2　　　　　　　　A材料明细账(个别计价法)　　　　　　金额单位:元

计量单位:千克

2×21年		摘要	收入			发出			结存		
月	日		数量	单位成本	金额	数量	单位成本	金额	数量	单位成本	金额
6	1	期初结存							1 000	9	9 000
	2	购入	3 000	10	30 000				1 000 3 000	9 10	9 000 30 000
	9	发出				500 3 000	9 10	4 500 30 000	500	9	4 500
	12	购入	4 000	11	44 000				500 4 000	9 11	4 500 44 000
	19	发出				500 2 500	9 11	4 500 27 500	1 500	11	16 500
	20	购入	2 000	12	24 000				1 500 2 000	11 12	16 500 24 000
	25	发出				1 500	12	18 000	1 500 500	11 12	16 500 6 000
	30	本月合计	9 000		98 000	8 000		84 500	1 500 500	11 12	22 500

个别计价法保持了存货的实物流转和成本流转的完全一致,发出存货成本和期末存货成本合理、准确。但这种方法下,存货核算手续比较繁琐,需要对发出和结存存货的批次进行具体认定,尤其是在存货品种繁多的情况下,需要对每一种存货保持详细记录,工作量相当大。此外如果各批次存货具有相似性,企业管理层可以通过操纵存货批次的确定来调节利润。

个别计价法适用于一般不能替代使用的存货以及为特定项目专门购入或制造的存货以及提供劳务的成本,如珠宝、名画等贵重物品。

(二) 先进先出法

先进先出法是以先购入的存货应先发出(销售或耗用)这样一种存货实物流动假设为前提,对发出存货进行计价。根据对存货实物流动的这一假设,先耗用或销售的存货按先入库存货的单位成本计价,后耗用或销售的存货按后入库存货的单位成本计价。先进先出法在定期盘存制和永续盘存制下均可使用。

沿用表3-1资料,采用先进先出法,A材料的收入、发出和结存情况如表3-3所示。

表 3-3　　A 材料明细账(先进先出法)　　金额单位：元　计量单位：千克

2×21年		摘要	收入			发出			结存		
月	日		数量	单位成本	金额	数量	单位成本	金额	数量	单位成本	金额
6	1	期初结存							1 000	9	9 000
	2	购入	3 000	10	30 000				1 000 3 000	9 10	9 000 30 000
	9	发出				1 000 2 500	9 10	9 000 25 000	500	10	5 000
	12	购入	4 000	11	44 000				500 4 000	10 11	5 000 44 000
	19	发出				500 2 500	10 11	5 000 27 500	1 500	11	16 500
	20	购入	2 000	12	24 000				1 500 2 000	11 12	16 500 24 000
	25	发出				1 500	11	16 500	2 000	12	24 000
	30	本月合计	9 000		98 000	8 000		83 000	2 000	12	24 000

先进先出法的存货成本流动假设比较接近实际的存货实物流动，尤其是在存货容易陈旧变质时更是如此。此外，该法由于库存存货是按最近的购货确定的，因而月末存货的实际成本与该种存货的现行成本较为接近，这使资产负债表中的存货成本比较接近现行市场价值。

先进先出法下，企业可以随时结转存货发出成本，同时企业也不能任意选择存货计价来操纵当期利润。但是计算比较繁琐，特别是存货的进出量大并且较为频繁的企业更是如此。而且在该方法下，物价的波动对企业期末存货成本和当期利润会产生递延影响，物价上涨时，会高估期末存货成本和当期利润；反之，物价下降时，则会低估期末存货成本和当期利润。

（三）月末一次加权平均法

月末一次加权平均法，是指以当月全部进货数量加上月初存货数量作为权数，去除当月全部进货成本加上月初存货成本，计算出存货的加权平均单位成本，以此为基础计算当月发出存货成本和月末存货成本的一种方法。计算公式如下：

存货单位成本=（月初结存存货的实际成本+本月各批进货的实际单位成本×本月各批进货的数量）/（月初结存存货数量+本月各批进货数量之和）

本月发出存货的成本=本月发出存货的数量×存货单位成本

月末结存存货成本=月末结存存货的数量×存货单位成本

或：

月末结存存货成本=月末结存存货数量×存货单位成本

本月发出存货成本=月初结存存货成本+本月收入存货成本-月末结存存货成本

沿用表 3-1 资料，采用月末一次加权平均法计算 A 材料的收入、发出和结存情况如表 3-4 所示。

表 3-4　　　　　　　A 材料明细账（月末一次加权平均法）　　　　　金额单位：元
　　　　　　　　　　　　　　　　　　　　　　　　　　　　　　　　计量单位：千克

2×21年		摘要	收入			发出			结存		
月	日		数量	单位成本	金额	数量	单位成本	金额	数量	单位成本	金额
6	1	期初结存							1 000	9	9 000
	2	购入	3 000	10	30 000				4 000		
	9	发出				3 500			500		
	12	购入	4 000	11	44 000				4 500		
	19	发出				3 000			1 500		
	20	购入	2 000	12	24 000				3 500		
	25	发出				1 500			2 000		
	30	本月合计	9 000		98 000	8 000	10.7	85 600	2 000	10.7	21 400

月末加权平均单位成本 =（9 000+98 000）÷（1 000+9 000）= 10.7（元）
本月发出 A 材料成本 = 8 000×10.7 = 85 600（元）
月末结存 A 材料成本 = 9 000+9 800−85 600 = 21 400（元）

月末一次加权平均法简化了日常的成本计算工作，平时工作量较少。但是存货明细账的记录不完整，不能随时提供发出存货和结存存货成本，不利于加强对存货成本的日常管理和控制。

（四）移动加权平均法

移动加权平均法，是指以每次进货的成本加上原有库存存货的成本，除以每次进货数量与原有库存存货的数量之和，据以计算加权平均单位成本，作为下次进货前计算各次发出存货成本的依据。计算公式如下：

每次进货后存货单位成本 =（原有结存存货的实际成本+本次进货的实际成本）/（原有结存存货的数量+本次进货的数量）

本次发出存货的成本 = 本次发出存货的数量×本次发出存货前存货的单位成本

月末结存存货成本 = 月末结存存货的数量×月末存货单位成本

或：月末结存存货成本 = 月初结存存货成本+本月收入存货成本−本月发出存货成本

沿用表 3-1 资料，采用移动平均法计算 A 材料的收入、发出和结存情况如表 3-5 所示。

表 3-5　　　　　　　A 材料明细账（移动加权平均法）　　　　　　金额单位：元
　　　　　　　　　　　　　　　　　　　　　　　　　　　　　　　　计量单位：千克

2×21年		摘要	收入			发出			结存		
月	日		数量	单位成本	金额	数量	单位成本	金额	数量	单位成本	金额
6	1	期初结存							1 000	9	9 000
	2	购入	3 000	10	30 000				4 000	9.75	39 000
	9	发出				3 500	9.75	34 125	500	9.75	4 875
	12	购入	4 000	11	44 000				4 500	10.86	48 875
	19	发出				3 000	10.86	32 580	1 500	10.86	16 295

续表

2×21年		摘要	收入			发出			结存		
月	日		数量	单位成本	金额	数量	单位成本	金额	数量	单位成本	金额
	20	购入	2 000	12	24 000				3 500	11.51	40 295
	25	发出				1 500	11.51	17 265	2 000	11.51	23 030
	30	本月合计	9 000		98 000	8 000		83 970	2 000	11.51	23 030

6月2日购入A材料后的平均单位成本=(9 000+30 000)/(1 000+3 000)=9.75(元)

6月12日购入A材料后的平均单位成本=(4 875+44 000)/(500+4 000)=10.86(元)

6月20日购入A材料后的平均单位成本=(16 295+24 000)/(1500+2 000)=11.51(元)

采用移动加权平均法能够随时计算得到加权平均单位成本,而且计算出的平均单位成本及发出和结存的存货成本比较客观,也使存货的明细账能保持一个完整的记录,有利于企业及时了解存货成本的数据。但是每取得一批存货就要计算一次加权平均单位成本,工作量较大。一般适用于存货取得次数比较少的企业采用。

以上四种存货发出计价方法,虽然有些在计算上比较繁琐,但在实际工作中,随着计算机信息系统在企业中的广泛应用,计算繁琐不再是制约发出存货计价方法选择的因素,因此企业可以根据自身存货管理和核算的需要选择合适的存货发出计价方法。

第三节 原材料

企业的原材料按其经济内容可分为:(1)原料及主要材料;(2)辅助材料;(3)外购半成品(外购件);(4)修理用备件(备品备件);(5)包装材料;(6)燃料等。原材料的日常核算可以按实际成本计价核算,也可以按计划成本计价核算,具体采用哪一种方法,由企业根据具体情况自行决定。

一、原材料按实际成本计价的会计处理

实际成本法,是指存货的收入、发出和结存都按实际发生的成本计价。在这种核算方法下,存货成本始终可以反映其实际成本水平,但由于每次收入存货时的实际单位成本不一样,企业就还需要确定存货的发出计价方法,比如是采用先进先出法还是加权平均法呢？这样对于收发频繁的存货,日常核算工作量就会比较大,因此实际成本法一般比较适合存货收发业务较少的企业。

(一)科目设置

在按实际成本计价核算原材料时,应设置"原材料""在途物资"等科目,以便总括反映企业材料资金增减和占用情况。

"原材料"科目用来核算企业库存的各种材料,该科目的借方登记验收入库材料的实际成本,贷方登记发出材料的实际成本,余额在借方表示月末库存材料的实际成本。该科

目可按材料的保管地点(仓库)、材料的类别、品种和规格等进行明细核算。

"在途物资"科目用来核算企业采用实际成本(或进价)进行材料、商品等物资的日常核算、货款已付尚未验收入库的在途物资的采购成本。该科目的借方登记已支付或已开出承兑商业汇票但尚未验收入库在途物资的实际成本,贷方登记已验收入库材料物资的实际成本,余额在借方表示已支付或已开出承兑商业汇票但尚未验收入库材料的在途物资的实际成本。该科目可按照供应单位和物资品种进行明细核算。

(二) 取得原材料的账务处理

本节示例均假设甲公司为增值税一般纳税人,其所获得的增值税专用发票均在当月可抵扣,并且甲公司的材料存货采用实际成本核算,甲公司在2×21年发生的相关材料业务如以下示例。

1. 外购的原材料

企业外购的原材料,因货款结算方式、采购地点、收款和付款时间等情况不同,账务处理也不同。

(1) 发票等账单与材料同时到达,材料已验收入库。

企业应根据发票账单等凭证,借记"原材料"科目,按当月可抵扣的增值税税额,借记"应交税费——应交增值税(进项税额)"科目,按实际支付或应支付的金额,贷记"银行存款""应付账款""应付票据"等科目。

[例3-2] 甲公司6月2日购入A材料3 000千克,已验收入库,取得增值税专用发票注明价款为30 000元,增值税税额为3 900元,发票等结算凭证已经收到,款项及时通过银行转账支付。甲公司应编制会计分录如下:

借:原材料——A   30 000
  应交税费——应交增值税(进项税额)   3 900
 贷:银行存款   33 900

假设[例3-2]中采购的A材料已经运到,已验收入库,并且发票账单已到,但由于该公司款项暂时不足,尚未支付。甲公司应编制会计分录如下:

借:原材料——A   30 000
  应交税费——应交增值税(进项税额)   3 900
 贷:应付账款   33 900

(2) 发票等账单已到企业,但材料尚未到达或尚未验收入库。

企业应根据发票等账单,借记"在途物资""应交税费——应交增值税(进项税额)"等科目,贷记"银行存款""应付账款""应付票据"等科目;待材料到达、验收入库后,再根据收料单,借记"原材料"科目,贷记"在途物资"科目。

[例3-3] 甲公司在6月5日购入A材料4 000千克,取得的增值税专用发票上注明的价款为40 000元,增值税税额为5 200元,款项已通过银行转账支付,但A材料尚未运到。甲公司应于收到发票等结算凭证时,编制会计分录如下:

借:在途物资——A   40 000
  应交税费——应交增值税(进项税额)   5 200
 贷:银行存款   45 200

6月12日上述A材料到达并验收入库,另外甲公司与运输公司结清运输费用,增值税专用发票上注明的运输费用为 4 000 元,增值税税额为 360 元,款项已用转账支票付讫。甲公司应编制如下会计分录:

借:原材料——A 44 000
　　应交税费——应交增值税(进项税额) 360
　　贷:在途物资——A 40 000
　　　　银行存款 4 360

(3) 材料到达并已验收入库,但发票等账单未到,货款尚未支付。

如果直到月末企业还未收到发票等账单,企业应于月末按货物清单或相关合同协议上的价格暂估入账,根据收料单借记"原材料"科目,贷记"应付账款——暂估应付账款"科目。

下月初再编制红字分录予以冲销,以便下月收到发票账单后,按正常程序处理,借记"原材料""应交税费——应交增值税(进项税额)"等科目,贷记"银行存款""应付账款""应付票据"等科目。

实务中企业也可在实际收到发票等账单的当月再编制红字分录予以冲销,然后按正常程序处理,以减少繁琐的重复工作,特别是发票等账单迟迟不到的情况下。

[例 3-4] 甲公司 6 月 20 日购入 A 材料 2 000 千克,已经运到并验收入库,但发票等结算凭证尚未收到,货款尚未支付。6 月末,A 材料按照暂估价 24 000 元入账,甲公司应编制会计分录如下:

借:原材料——A 24 000
　　贷:应付账款——暂估应付账款 24 000

下月初即 7 月初用红字冲销原暂估入账金额,编制会计分录如下:

借:原材料——A 24 000
　　贷:应付账款——暂估应付账款 24 000

7 月 5 日收到发票等结算凭证,增值税专用发票上注明的价款为 24 000 元,增值税税额为 3 120 元,款项已通过银行转账支付,应编制会计分录如下:

借:原材料——A 24 000
　　应交税费——应交增值税(进项税额) 3 120
　　贷:银行存款 27 120

(4) 采用预付款的方式采购材料。

企业应在预付材料款时,按照实际预付金额,借记"预付账款"科目,贷记"银行存款"等科目;以后材料到达企业验收入库时,根据发票等账单所列的价款、税额等,借记"原材料"科目和"应交税费——应交增值税(进项税额)"科目,贷记"预付账款"科目。

预付款项不足,补付货款借记"预付账款"科目,贷记"银行存款"科目;退回多付的款项,借记"银行存款"科目,贷记"预付账款"科目。

[例 3-5] 甲公司 7 月 12 日根据购销合同需预付 A 材料供应商乙公司材料价款 400 000 元,已通过银行汇出。8 月 5 日收到乙公司发来的 A 材料及增值税专用发票,发票上注明的买价为 600 000 元,增值税 78 000 元,价税合计 678 000 元,A 材料已验收入库。9 月 5 日,用银行存款支付上述 A 材料的余款 278 000 元。甲公司应编制会计分录如下:

7 月 12 日预付款项时:

借：预付账款——乙公司	400 000	
贷：银行存款		400 000

8月5日收到材料时：

借：原材料——A	600 000	
应交税费——应交增值税（进项税额）	78 000	
贷：预付账款——乙公司		678 000

9月5日补付货款时：

借：预付账款——乙公司	278 000	
贷：银行存款		278 000

（5）采购过程中发生材料短缺和毁损的处理。

对于采购途中发生的材料毁损、短缺等，除合理的损耗应当作为其他可归属于存货采购成本的费用计入材料采购成本外，应区别不同情况进行会计处理：

能明确由供应单位、外部运输机构、保险公司或其他过失方负责赔款的损耗，应冲减材料的采购成本，并计入"应付账款""其他应收款"等科目的借方。

尚待查明原因的或者需要报经批准才能转销处理的损耗，比如因遭受意外灾害发生的损失，应冲减材料的采购成本，并计入"待处理财产损溢"科目借方。待查明原因按照企业管理权限报经批准后予以转销，贷记"待处理财产损溢"科目，其中属于应由供应单位、运输机构、保险公司或其他过失方负责赔偿的损耗，借记"应付账款""其他应收款"等科目；属于自然灾害等非常原因造成的损失，应将扣除残料价值和过失方、保险公司赔款后的净损失，借记"营业外支出——非常损失"科目；属于无法收回的其他损失，借记"管理费用"科目。

同时按税法规定，凡外购货物发生非正常损失的，其增值税专用发票上注明的增值税额不得计入当期进项税额，因此，该对应增值税额应计入"应交税费——应交增值税（进项税额转出）"，从而增加所购货物的损耗金额。非正常损失，是指因管理不善造成货物被盗、丢失、霉烂变质，以及因违反法律法规造成货物或者不动产被依法没收、销毁、拆除的情形。

[例3-6] 甲公司10月11日外购B材料一批，采购量为200千克，取得专用发票上注明价款为300 000元，增值税额39 000元，款项已付，材料尚未验收入库，同时运输途中材料被盗20千克，已报警。该批材料已投保（保险费处理略）。甲公司应编制会计分录如下：

借：在途物资——B	300 000	
应交税费——应交增值税（进项税额）	39 000	
贷：银行存款		339 000
借：其他应收款——Y保险公司	33 900	
贷：在途物资——B		30 000
应交税费——应交增值税（进项税额转出）		3 900

B材料验收入库，甲公司根据入库单编制分录如下：

借：原材料——B	270 000	
贷：在途物资——B		270 000

[例3-7] 甲公司10月17日外购C材料一批,采购量为100千克,材料已到但尚未入库,取得专用发票上注明价款为100 000元,增值税额13 000元,款项未付,因途中道路塌方导致材料损失20千克。甲公司应编制会计分录如下:

借:在途物资——C 100 000
　　应交税费——应交增值税(进项税额) 13 000
　贷:应付账款 113 000
借:待处理财产损溢——待处理流动资产损溢 20 000
　贷:在途物资——C 20 000

C材料验收入库,甲公司根据收料单编制分录如下:

借:原材料——C 80 000
　贷:在途物资——C 80 000

该损耗按管理权限报经批准处理后:

借:营业外支出——非常损失 20 000
　贷:待处理财产损溢——待处理流动资产损溢 20 000

2. 投资者投入的原材料

投资者投入的原材料,按照投资合同或协议约定的价值,借记"原材料"科目,按照专用发票上注明的可抵扣的增值税额,借记"应交税费——应交增值税(进项税额)",按照确定的出资额贷记"实收资本"科目或"股本"科目,按照其差额,计入"资本公积"科目。

[例3-8] 2×21年11月27日,甲以其生产的W产品作为投资入股新新公司,甲投资后新新公司股本总额增加为3 000 000元,甲享有的份额确定为10%。投资合同确认W产品的价值为400 000元,新新公司获得W后将作为原材料管理,采用实际成本进行核算。新新公司为增值税一般纳税人,W作为原材料已验收入库,收到的增值税专用发票上注明不含税价款为400 000元,增值税额为52 000元,已认证。

新新公司应编制会计分录如下:

借:原材料——W 400 000
　　应交税费——应交增值税(进项税额) 52 000
　贷:股本——甲 300 000
　　资本公积——股本溢价 152 000

此外,企业如果自制或委托外单位加工原材料,在该材料完工验收入库时,按照其实际生产成本,借记"原材料"科目,贷记"生产成本"科目或"委托加工物资"科目。

(三) 发出原材料的账务处理

采用实际成本核算时,企业可根据自身情况,选择个别认定法、先进先出法、月末一次加权平均法或移动加权平均法计算原材料的发出成本,根据受益对象计入当期损益或相关资产成本。

[例3-9] 假设甲公司A材料发出计价采用先进先出法,沿用表3-3资料,2×21年6月发出的A材料均用于生产车间生产产品所用,甲公司发出A材料时应分别编制会计分录如下:

(1) 6月9日:

借:生产成本——基本生产成本 34 000

贷：原材料——A	34 000
(2) 6月19日：	
借：生产成本——基本生产成本	32 500
贷：原材料——A	32 500
(3) 6月25日：	
借：生产成本——基本生产成本	16 500
贷：原材料——A	16 500

[例3-10] 假设甲公司A材料发出计价采用月末一次加权平均法，沿用表3-4资料，2×21年6月发出的A材料均用于生产车间生产产品所用，甲公司6月30日结转当月发出A材料实际成本时，应编制会计分录如下：

借：生产成本——基本生产成本	85 600
贷：原材料——A	85 600

为了简化核算，企业也可以在月末根据"领料单"或"限额领料单"中领料的部门等进行归类汇总，编制"发料凭证汇总表"，然后据以编制记账凭证并登记总分类账。

现假设甲公司6月30日根据发料凭证汇总表（移动加权平均法），结转当月生产车间领用的A材料实际成本83 970元，应编制会计分录如下：

借：生产成本——基本生产成本	83 970
贷：原材料——A	83 970

二、原材料按计划成本计价的会计处理

（一）计划成本法概述

计划成本法，是指存货的收入、发出和结存都按企业预先制订的计划成本计价，同时将实际成本与计划成本之间的差额，单独设置"材料成本差异"（或"产品成本差异"，下同）科目反映，期末将发出存货和结存存货，由计划成本调整为实际成本。发出存货和结存存货应负担的成本差异，必须按月进行分摊，不得在季末或年末一次分摊。

企业采用计划成本法核算存货时，应当首先为每一品种规格的存货制定科学合理的计划单位成本。企业存货计划成本所包括的组成内容应与存货实际成本的内容相一致。企业应根据正常的供需条件，结合各种存货近期的市场价格水平和技术状况，按供应单位所在地的远近等因素确定可直接归属于存货采购的运杂费（包括运输费、装卸费、保险费、包装费等），以及合理的途中损耗率，制定计划成本。存货的计划成本，一般应列入存货目录中，以便相关人员在日常工作中使用，并且所制定的存货的计划成本应当尽可能地接近实际。除一些特殊情况外，计划单位成本在年度内一般不作调整。

（二）科目设置

在计划成本法下，企业应设置"原材料""材料采购""材料成本差异"总分类科目。

"原材料"科目核算企业原材料收、发、存的计划成本。借方登记验收入库材料的计划成本，贷方登记发出材料的计划成本，余额在借方，表示结存材料的计划成本。本科目可按材料品种种类进行明细核算。

"材料采购"科目核算企业购入材料的实际成本，借方登记企业购入材料的实际成本以及结转的入库材料的节约差异，贷方登记验收入库材料的计划成本以及结转的入库材

料的超支差异,月末借方余额表示已经购入但尚未验收入库在途材料的实际成本。本科目可按供应单位和材料品种进行明细核算。

"材料成本差异"科目核算企业的材料计划成本与实际成本的差额,借方登记入库材料的超支差异以及发出材料应负担的节约差异,贷方登记入库材料的节约差异以及发出材料应负担的超支差异。期末余额可能在借方也可能在贷方,如果在借方,则表示企业结存材料应负担的超支差异;期末余额如果在贷方,则表示企业结存材料应负担的节约差异。本科目可按材料品种种类进行明细核算。

"材料成本差异"账户是存货类账户的调整账户,附加或备抵取决于该账户的期末余额方向。

(三) 取得原材料的账务处理

本节以下示例假设甲公司为增值税一般纳税人,其所获得的增值税专用发票均在当月可抵扣,并且甲公司的材料存货采用计划成本核算,甲公司在2×21年发生的相关材料业务如以下示例。

1. 外购原材料

企业外购的原材料,因货款结算方式、采购地点、收款和付款时间等情况不同,账务处理也不同。

(1) 发票等账单与材料同时到达,材料已验收入库。

企业应先按采购的实际成本借记"材料采购"科目,按允许抵扣的增值税额借记"应交税费——应交增值税(进项税额)",按已支付或应付金额贷记"银行存款""应付账款""应付票据"等科目。

再根据收料单按计划成本借记"原材料"科目,按实际成本贷记"材料采购"科目,按计划成本与实际成本的差异,借记或贷记"材料成本差异"科目。

要注意计划成本法下,购入的材料无论是否已验收入库,都要先通过"材料采购"科目进行核算,以反映企业所购材料的实际成本,从而与"原材料"科目相比较,计算确定材料差异成本。

[例3-11] 甲公司4月2日购入E材料一批,取得的增值税专用发票上注明的价款为50 000元,增值税额为6 500元,发票等结算凭证已经收到,货款已通过银行转账支付。材料已验收入库,该批材料的计划成本为51 000元。应编制会计分录如下:

借:材料采购——E　　　　　　　　　　　　　　　　50 000
　　应交税费——应交增值税(进项税额)　　　　　　 6 500
　贷:银行存款　　　　　　　　　　　　　　　　　　56 500
同时:
借:原材料——E　　　　　　　　　　　　　　　　　51 000
　贷:材料采购——E　　　　　　　　　　　　　　　50 000
　　　材料成本差异——E　　　　　　　　　　　　　 1 000

(2) 发票等账单已到企业,但材料尚未到达或尚未验收入库。

企业应根据发票等账单,按实际成本借记"材料采购"科目,按允许抵扣的增值税额借记"应交税费——应交增值税(进项税额)",按已支付或应付金额贷记"银行存款""应付账款""应付票据"等科目。

待材料到达、验收入库后,再根据收料单,按计划成本借记"原材料"科目,按实际成本贷记"材料采购"科目,按计划成本与实际成本的差异,借记或贷记"材料成本差异"科目。

[例3-12] 甲公司5月15日从乙公司采购E材料一批,取得的增值税专用发票上注明的价款为买价100 000元,增值税13 000元,款项尚未支付,材料尚未入库。应编制会计分录如下:

借:材料采购——E   100 000
  应交税费——应交增值税(进项税额)   13 000
 贷:应付账款   113 000

假设上述E材料于20日验收入库,按收料单所列计划成本98 000元,作如下会计分录:

借:原材料——E   98 000
  材料成本差异——E   2 000
 贷:材料采购——E   100 000

如上述E材料到月底仍未验收入库,其实际成本则保留在"材料采购"科目,成为在途物资。

(3) 材料到达并已验收入库,但发票等账单未到,货款尚未支付。

如果直到月末企业还未收到发票等账单,企业应于月末根据收料单,按计划成本将材料暂估入账,借记"原材料"科目,贷记"应付账款——暂估应付账款"科目。

下月初再编制红字分录予以冲销,以便下月收到发票等账单时,按正常程序处理。

[例3-13] 甲公司6月26日购入E材料,已经运到并验收入库,但发票等结算凭证至月底仍未收到,货款尚未支付。6月末,E材料按照计划成本19 000元入账,甲公司应编制会计分录如下:

借:原材料——E   19 000
 贷:应付账款——暂估应付账款   19 000

下月初即7月初用红字冲销原暂估入账金额,编制会计分录如下:

借:原材料——E   19 000
 贷:应付账款——暂估应付账款   19 000

7月4日收到发票等结算凭证,增值税专用发票上注明的价款为20 000元,增值税税额为2 600元,款项已通过银行转账支付,计划成本为25 000元,甲公司应编制会计分录如下:

借:材料采购——E   20 000
  应交税费——应交增值税(进项税额)   2 600
 贷:银行存款   22 600
借:原材料——E   25 000
 贷:材料采购——E   20 000
  材料成本差异   5 000

企业如果采用预付款方式采购材料,有关预付款项的处理与实际成本核算下的处理相同,取得材料入库等的处理则与本节相同,此处不再赘述。

（4）采购过程中发生材料短缺和毁损的处理。

计划成本法下对于采购途中发生的材料短缺、毁损的处理基本原则和实际成本法下是一样的。

[例3-14] 甲公司10月11日外购B材料一批,采购量为200千克,取得专用发票上注明价款为300 000元,增值税额39 000元,款项已付,材料尚未验收入库,同时运输途中材料被盗20千克,已报警。该批材料已投保(保险费处理略)。甲公司应编制会计分录如下：

借：材料采购——B	300 000
应交税费——应交增值税(进项税额)	39 000
贷：银行存款	339 000
借：其他应收款——某保险公司	33 900
贷：材料采购——B	30 000
应交税费——应交增值税(进项税额转出)	3 900

验收入库,计划成本为260 000元,甲公司根据入库单编制分录如下：

借：原材料——B	260 000
材料成本差异	10 000
贷：材料采购——B	270 000

[例3-15] 甲公司10月17日外购C材料一批,采购量为100千克,材料已到但尚未验收入库,取得增值税专用发票上注明价款为100 000元,增值税额13 000元,款项未付,因途中道路塌方导致材料损失20千克。甲公司应编制会计分录如下：

借：材料采购——C	100 000
应交税费——应交增值税(进项税额)	13 000
贷：应付账款	113 000
借：待处理财产损溢——待处理流动资产损溢	20 000
贷：材料采购	20 000

验收入库,计划成本为81 000元,甲公司根据入库单编制分录如下：

借：原材料——C	81 000
贷：材料采购——C	80 000
材料成本差异	1 000

该损耗按管理权限报经批准处理后：

| 借：营业外支出——非常损失 | 20 000 |
| 贷：待处理财产损溢——待处理流动资产损溢 | 20 000 |

2. 投资者投入的原材料

投资者投入的原材料,验收入库时,按照计划成本,借记"原材料"科目,按照专用发票上注明的可抵扣增值税额,借记"应交税费——应交增值税(进项税额)",按照确定的出资份额贷记"实收资本"科目或"股本"科目,实际超缴资金贷记"资本公积"科目,投资合同或协议约定的价值与计划成本与的差异,借记或贷记"材料成本差异"科目。

[例3-16] 2×21年11月27日,甲以其生产的W产品作为投资入股新新股份有限

公司,甲投资后新新公司股本总额增加为 3 000 000 元,甲享有的份额确定为 10%。投资合同确认 W 产品的价值为 400 000 元,新新公司获得 W 后将作为原材料管理,采用计划成本进行核算。新新公司为增值税一般纳税人,W 作为原材料已验收入库,收到的增值税专用发票上注明不含税价款为 400 000 元,增值税额为 52 000 元,已认证。假定该批 W 材料计划成本为 405 000 元。

新新公司应编制会计分录如下:
借:原材料——W   405 000
  应交税费——应交增值税(进项税额)   52 000
 贷:股本——甲   300 000
   资本公积——股本溢价   152 000
   材料成本差异   5 000

此外,企业如果自制或委托外单位加工原材料,在该材料完工验收入库时,按照其计划成本借记"原材料"科目,按照其实际生产成本贷记"生产成本"科目或"委托加工物资"科目,按两者差额借记或贷记"材料成本差异"科目。

(四)发出原材料的账务处理

在企业采用计划成本对原材料进行日常核算的情况下,企业发出原材料的成本应按计划成本来确定,并根据受益对象计入当期损益或有关资产成本。

材料成本差异应当按月在发出材料和结存材料之间分摊,企业应在月末结转当月发出材料负担的成本差异,从而将发出的材料成本由计划成本调整为实际成本。

发出材料负担的成本差异,如果是超支差异,则借记"生产成本""制造费用""销售费用""管理费用"等科目,贷记"材料成本差异"科目;反之如果是节约差异,则作相反分录。

计算发出材料应负担的成本差异,一般根据本月的材料成本差异率来确定。计算公式如下:

本月材料成本差异率=(月初结存材料的成本差异+本月验收入库材料的成本差异)/(月初结存材料的计划成本+本月验收入库材料的计划成本)×100%

其中,超支额用正号"+"表示,节约额用负号"−"表示,并且本月收入存货的计划成本中不包括暂估入账存货的计划成本。

本月发出材料应负担的成本差异=本月发出存货的计划成本×本月材料成本差异率
月末结存材料应负担的成本差异=月末结存材料的计划成本×材料成本差异率
本月发出材料实际成本=本月发出材料的计划成本+发出材料应负担的成本差异
月末结存材料实际成本=月末结存材料的计划成本+月末结存材料应负担成本差异

如果企业的材料成本差异率各期之间是比较均衡的,也可以采用期初材料成本差异率计算分摊本期的材料成本差异。但年度终了,应对材料成本差异率进行核实调整。

月初材料成本差异率=月初结存材料的成本差异/月初结存材料的计划成本×100%

需要说明的是,材料成本差异率的计算方法一经确定,不得随意变更。如需变更,应在财务报表附注中予以说明。

[例3-17] 甲公司 2×21 年 12 月初"原材料-D"账户的月初余额为 400 000 元,"材料成本差异——D"账户月初贷方余额为 14 000 元。本月购入 D 原材料的计划成本 500 000 元,实际成本为 532 000 元,月末根据领料单按领用部门和用途进行归类汇总数

据如下：

基本生产车间为生产产品领用 D 原材料，计划成本 100 000 元；
生产车间管理部门领用 D 原材料，计划成本 10 000 元；
企业行政管理部门领用 D 原材料，计划成本 40 000 元。

甲公司应编制会计分录如下：

(1) 发出材料时：

借：生产成本——基本生产成本	100 000
制造费用	10 000
管理费用	40 000
贷：原材料——D	150 000

(2) 本月 D 材料成本差异率=(-14 000+32 000)/(400 000+500 000)×100%=2%

生产产品领用 D 材料负担的成本差异=100 000×2%=2 000(元)
车间管理部门领用 D 材料负担的成本差异=10 000×2%=200(元)
行政管理部门领用 D 材料负担的成本差异=40 000×2%=800(元)

借：生产成本——基本生产成本	2 000
制造费用	200
管理费用	800
贷：材料成本差异——D	3 000

将上述会计分录过入"原材料——D"和"材料成本差异——D"账户，并结出余额如下：

原材料——D			
月初余额　400 000			
当月入库　500 000	当月领用　150 000		
月末余额　750 000			

材料成本差异——D			
		月初余额	14 000
当月入库材料超支差异	32 000	当月转出超支差异	3 000
		月末余额	15 000

12 月月末根据以上两个账户的月末余额可以确定月末结存 D 材料的实际成本：

月末结存 D 材料实际成本=750 000+15 000=765 000(元)

采用计划成本法，可以简化存货的日常会计处理工作；此外通过设置合理的计划成本，有利于对采购部门进行考核，促进存货采购成本的降低。所以注重计划成本法这些优点的企业，会采用计划成本法进行存货的日常核算和管理。

第四节　周转材料和委托加工物资

一、周转材料

周转材料是指企业能够多次使用、逐渐转移其价值但仍保持原有形态不确认为固定资产的材料，包括包装物、低值易耗品以及企业（建筑承包商）的钢模板、木模板、脚手架等。

企业应设置"周转材料"科目，核算周转材料的计划成本或实际成本，借方登记验收入库周转材料的实际成本或计划成本，贷方登记领用周转材料的实际成本或计划成本以及周转材料的摊销数，期末借方余额反映企业在库周转材料的计划成本或实际成本以及在用周转材料的摊余价值。

"周转材料"科目可按周转材料的种类，分别"在库""在用""摊销"进行明细核算，企业的包装物、低值易耗品，也可以单独设置"包装物""低值易耗品"科目。

（一）低值易耗品

1. 低值易耗品的范围

低值易耗品是指不能作为固定资产的各种用具物品，如工具、管理用具、玻璃器皿、劳动保护用品及在经营过程中周转使用的包装容器等。这些用品在经营过程中可以多次使用，其价值逐渐转移到有关的成本或费用中去。

低值易耗品和固定资产一样均属于企业的劳动资料，两者有许多相同的性质，比如都可以多次使用而不改变其原有的实物形态，在使用过程中需要进行维修，报废时有一定的残值等。但两者又有不同的性质，低值易耗品通常是价值较低、使用年限较短、容易损坏的物品和设备；而固定资产则是价值较高、使用年限较长的物品和设备。基于这些特点，从重要性考虑，将低值易耗品作为存货进行核算和管理。

为了便于核算和管理，通常将低值易耗品作一定的分类，一般按用途分为以下六类：

（1）一般工具，指生产中常用的工具，如刀具、量具、夹具、装配工具等。

（2）专用工具，指专用于制造某一特定产品，或在某一特定工序上使用的工具，如专用模具等。

（3）替换设备，指容易磨损或为制造不同产品需要替换使用的各种设备，如轧钢用轧辊等。

（4）管理用具，指管理工作中使用的各种家具，如办公用具等。

（5）劳动保护用品，指为了安全生产而发给工人作为劳动保护用的工作服、工作鞋和各种防护用品等。

（6）其他用具，指不属于以上各类的低值易耗品。

2. 低值易耗品的会计处理

为了反映和监督低值易耗品的增减变化及其结存情况，企业应当设置"周转材料——低值易耗品"科目或"低值易耗品"科目，该科目借方登记低值易耗品的增加，贷方登记低值易耗品的减少，期末余额在借方，反映企业期末库存低值易耗品的金额。

低值易耗品可以采用实际成本或计划成本进行日常核算。如果采用计划成本核算，则应将低值易耗品的成本差异与原材料等其他存货的成本差异分别反映。

（1）低值易耗品的取得。

企业采购、自制或委托加工等取得的低值易耗品，比照原材料取得的核算进行处理。

[例3-18] 甲公司2×21年5月11日购入一批劳动保护用品，已验收入库，增值税专用发票注明价款为10 000元，增值税税额为1 300元，发票等结算凭证已经收到，款项及时通过银行转账支付。甲公司对低值易耗品采用实际成本核算，应编制会计分录如下：

借：低值易耗品——劳保　　　　　　　　　　　　　　10 000
　　应交税费——应交增值税(进项税额)　　　　　　　 1 300

  贷：银行存款 11 300
或　借：低值易耗品——劳保(在库) 10 000
   应交税费——应交增值税(进项税额) 1 300
   贷：银行存款 11 300

(2) 低值易耗品的使用。

低值易耗品在使用过程中，价值逐渐减少直至消失，其价值的结转称为摊销，摊销方法有以下两种。

① 一次转销法。即将低值易耗品的成本在领用时一次性全部摊销计入成本费用。这种方法，会计核算简单，一般适用于相对价值较低、使用期限较短的低值易耗品。同时为加强实物管理，在领用时应当在备查簿上登记该低值易耗品相关情况，报废时同样应当在备查簿上进行登记。

② 分次摊销法。即将低值易耗品的成本在预计使用期限内分若干次摊销计入成本费用。这种方法，会计核算复杂，但是可以保证实物流转和成本流转的一致性，适用于相对价值较高、使用期限较长的低值易耗品。

到底采用哪种成本摊销方法，通常由企业根据周转材料的性质或金额来确定，比如可以设置重要性金额，超过重要性金额的采用分次摊销法，否则采用一次转销法。

[**例 3-19**]　承[例 3-19]，现假设 2×21 年 5 月 15 日甲公司基本生产车间领用劳动保护用品，根据个别计价法确定其实际成本为 8 000 元，采用一次转销法摊销。应编制会计分录如下：

借：制造费用 8 000
 贷：低值易耗品——劳保 8 000

此时应当在备查簿上进行该低值易耗品领用情况的登记。

[**例 3-20**]　承[例 3-19]，现假设 2×21 年 5 月 15 日甲公司基本生产车间领用劳动保护用品，根据个别计价法确定其实际成本为 8 000 元，采用分次摊销法分两次进行摊销。应编制会计分录如下：

(1) 领用时：

借：低值易耗品——劳保(在用) 8 000
 贷：低值易耗品——劳保(在库) 8 000

(2) 第一次领用时摊销其价值的一半：

借：制造费用 4 000
 贷：低值易耗品——劳保(摊销) 4 000

(3) 2×22 年 5 月 15 日使用期满报废，摊销其价值的另一半：

借：制造费用 4 000
 贷：低值易耗品——劳保(摊销) 4 000

同时：

借：低值易耗品——劳保(摊销) 8 000
 贷：低值易耗品——劳保(在用) 8 000

（二）包装物

1. 包装物的范围

包装物是为包装本企业产品而储备的各种包装容器，如桶、箱、瓶、坛、袋等。

但是，下列各项在会计上不作为包装物进行核算：

（1）各种包装材料，如纸、绳、铁丝等，这类一次性使用的包装材料作为材料进行核算；

（2）用于储存和保管产品、材料而不对外出售的包装物，这类包装物应按其价值大小和使用年限的长短，分别作为固定资产或低值易耗品进行核算；

（3）计划上单独列作企业商品的自制包装物，这类包装物应作为库存商品进行核算。

2. 包装物的会计处理

为了反映和监督包装物的增减变化及其结存情况，企业应当设置"周转材料——包装物"科目或"包装物"科目，该科目借方登记包装物的增加，贷方登记包装物的减少，期末余额在借方，反映企业期末库存包装物的金额。

包装物可以采用实际成本或计划成本进行日常核算。如果采用计划成本核算，则应将包装物的成本差异与原材料等其他存货的成本差异分别反映。

（1）包装物的取得。

企业采购、自制或委托加工等取得的包装物，比照原材料取得的核算进行处理。

[例3-21] 甲公司2×21年5月13日购入一批玻璃瓶，已验收入库，增值税专用发票注明价款为20 000元，增值税税额为2 600元，发票等结算凭证已经收到，款项尚未支付。甲公司对包装物采用实际成本核算。应编制会计分录如下：

借：包装物——玻璃瓶　　　　　　　　　　　　　　　20 000
　　应交税费-应交增值税(进项税额)　　　　　　　　2 600
　　贷：应付账款——乙　　　　　　　　　　　　　　　　　22 600

（2）包装物的使用。

与低值易耗品一样，包装物的成本在使用时要进行摊销，其中一次转销法一般适用于价值较小、使用期限较短或一次性消耗的包装物；分次摊销法一般适用于可供多次反复使用的包装物。

① 生产领用包装物。

包装物用于包装产品并作为产品组成部分的，应根据生产领用包装物的成本借记"生产成本"科目，贷记"包装物"科目。

② 包装物随同商品出售并单独计价。

包装物随同商品出售并单独计价时，实际上就是包装物的出售。在会计核算上，包装物出售同原材料出售的处理相同，按出售包装物的成本借记"其他业务成本"科目，贷记"包装物"科目。

③ 包装物随同商品出售但不单独计价。

随同商品发出包装物主要是为了确保销售商品的质量或提供良好的销售服务。因此，应将这部分包装物的成本作为企业发生的销售费用，借记"销售费用"账户，贷记"包装物"账户。

④ 出租、出借包装物。

对于企业可以周转使用的包装物,可以采用出租或出借方式向客户提供必要的配套服务。以出租方式提供包装物时,要求客户支付包装物的租金,租金收入应当作为其他业务收入,同时,包装物的成本摊销计入其他业务成本;以出借方式提供包装物时,只要求客户将完好的包装物按期归还,实际上是无偿使用,此时,包装物的成本摊销应计入销售费用。

[例3-22] 2×21年5月23日,甲公司基本生产车间为生产X产品而领用玻璃瓶一批,根据先进先出法确定其实际成本5 200元,采用一次转销法摊销其成本。应编制会计分录如下:
借:生产成本——基本生产车间(X)　　　　　　　　　　　　　5 200
　　贷:包装物——玻璃瓶　　　　　　　　　　　　　　　　　　　5 200

[例3-23] 2×21年5月24日,甲公司销售X产品时,领用玻璃瓶一批,不单独计价。根据先进先出法确定其实际成本500元,采用一次转销法摊销其成本。应编制会计分录如下:
借:销售费用　　　　　　　　　　　　　　　　　　　　　　　　500
　　贷:包装物——玻璃瓶　　　　　　　　　　　　　　　　　　　500

二、委托加工物资

委托外单位加工完成的存货,以实际耗用的原材料或者半成品、加工费、运输费、装卸费等费用以及按照规定应计入成本的税金,作为实际成本。委托加工业务在会计处理上主要包括拨付加工物资、支付加工费用和税金、收回加工物资和剩余物资等几个环节,委托加工物资应设置"委托加工物资"科目核算,其借方登记发出委托加工物资的成本、支付的加工费、往返运杂费和相关税金等,贷方登记收回委托加工物资应结转的成本,如有余额在借方,表示尚未完成的委托加工物资的成本。

(一) 拨付委托加工物资

企业发给外单位加工的物资,按实际成本借记"委托加工物资"科目,贷记"原材料"或"库存商品"等科目。按计划成本或售价核算的,还应同时结转材料成本差异或商品进销差价。

(二) 支付加工费、运杂费等

企业支付的加工费、应负担的运杂费、增值税等,借记"委托加工物资"科目、"应交税费——应交增值税(进项税额)"等科目,贷记"银行存款"等科目。如委托方属于小规模纳税人,其支付的增值税不能抵扣,应计入委托加工物资的成本。

(三) 缴纳的消费税

需要缴纳消费税的委托加工物资,其由受托方代收代交的消费税,委托方应分别以下情况处理:

1. 委托加工的物资收回后直接用于销售的,委托方应将受托方代收代交的消费税计入委托加工物资的成本,借记"委托加工物资"科目,贷记"银行存款""应付账款"等科目。

2. 委托加工的物资收回后用于连续生产应税消费品的,委托方应按准予抵扣的受托方代收代交的消费税额不应计入委托加工物资成本,而是准予抵扣,委托方借记"应交税费——应交消费税"科目,贷记"银行存款""应付账款"等科目。

（四）加工完成后收回加工物资

加工完成验收入库的物资和剩余物资,按照加工收回物资的实际成本和剩余物资的实际成本,借记"库存商品""原材料"等科目,贷记"委托加工物资"科目。

采用计划成本或售价核算的,按计划成本或售价借记"原材料"或"库存商品"科目,按实际成本贷记"委托加工物资"科目,按实际成本与计划成本之间的差额借记或贷记"材料成本差异"或贷记"商品进销差价"科目。

[例3-24] 2×21年10月23日乙公司委托丙公司将甲材料加工为成品(均不属于应税消费品),发出甲材料成本为100 000元。一个月后加工完成,乙公司转账支付加工费等合计20 000元(不含税),增值税额2600元,验收入成品仓库以备将来出售。乙公司按照实际成本对存货进行日常核算。乙公司应编制会计分录如下:

(1) 发出委托加工材料：
借：委托加工物资　　　　　　　　　　　　　　　100 000
　　贷：原材料——甲材料　　　　　　　　　　　　　　100 000
(2) 支付加工费用：
借：委托加工物资　　　　　　　　　　　　　　　 20 000
　　应交税费——应交增值税(进项税额)　　　　　　2 600
　　贷：银行存款　　　　　　　　　　　　　　　　　 22 600
(3) 加工完成后收回物资：
借：库存商品　　　　　　　　　　　　　　　　　120 000
　　贷：委托加工物资　　　　　　　　　　　　　　　120 000

第五节 库存商品

一、库存商品的内容

库存商品是指企业完成全部生产过程并已验收入库、合乎标准规格和技术条件,可以按照合同规定的条件送交订货单位,或可以作为商品对外销售的产品以及外购或委托加工完成验收入库用于销售的各种商品。

库存商品具体包括库存产成品、外购商品、存放在门市部准备出售的商品、发出展览的商品、寄存在外的商品、接受来料加工制造的代制品和为外单位加工修理的代修品等。已完成销售手续但购买单位在月末未提取的产品,不应作为企业的库存商品,而应作为代管商品处理,单独设置"代管商品"备查簿进行登记。

二、库存商品的会计处理

企业应设置"库存商品"科目,借方登记验收入库的库存商品成本,贷方登记发出的库存商品成本,期末余额在借方,反映期末结存库存商品的成本。

(一) 库存商品的入库和发出

库存商品一般按实际成本进行核算。产成品的收入、发出和销售,平时只记数量不记金额;月末计算入库产成品的实际成本;对发出和销售的产成品,可以采用先进先出法、加权平均法或者个别计价法确定其实际成本。

产品种类比较多的企业,也可以按计划成本进行日常核算,并需要设置"产品成本差异"科目,该账户性质和结构与"材料成本差异"账户相同。

1. 验收入库

企业采用实际成本核算的,当产品完成生产并验收入库时,应按实际成本,借记"库存商品"科目,贷记"生产成本——基本生产成本"科目。

[例 3-25] 甲公司"商品入库汇总表"记载,2×21 年 5 月已验收入库 A 产品 100 件,实际单位成本 150 元,共计 15 000 元;B 产品 80 件,实际单位成本 200 元,共计 16 000 元。甲公司应编制会计分录:

借:库存商品——A 产品　　　　　　　　　　　　　　　　15 000
　　　　　　——B 产品　　　　　　　　　　　　　　　　16 000
　贷:生产成本——基本生产成本(A 产品)　　　　　　　　15 000
　　　　　　——基本生产成本(B 产品)　　　　　　　　　16 000

2. 发出商品

企业销售商品在确认收入并结转销售成本时,借记"主营业务成本"科目,贷记"库存商品"科目。

[例 3-26] 甲公司 5 月末汇总发出商品,其中已实现销售 A 产品有 50 件,B 产品有 30 件。甲公司对库存商品采用月末一次加权平均法计算发出成本,A 产品实际单位成本 160 元,B 产品实际单位成本 210 元。甲公司结转当月 A 产品和 B 产品销售成本。甲公司应编制会计分录:

借:主营业务成本　　　　　　　　　　　　　　　　　　14 300
　贷:库存商品——A 产品　　　　　　　　　　　　　　　 8 000
　　　　　　——B 产品　　　　　　　　　　　　　　　　6 300

(二) 库存商品其他核算方法

商品流通企业的库存商品还可以采用售价金额法和毛利率法进行日常核算。

1. 库存商品采用售价金额法核算

采用售价金额核算法,平时对商品的购进、加工收回、销售均按售价记账,售价与进价的差额通过"商品进销差价"科目核算,期末计算进销差价率,从而计算本期已销商品应分摊的进销差价,并据以调整本期销售成本。

销售商品应分摊的进销差价,按下列公式计算:

商品进销差价率=(期初库存商品进销差价+本期购入商品进销差价)÷(期初库存商品售价+本期购入商品售价)×100%

本期销售商品应分摊的商品进销差价=本期商品销售收入×商品进销差价率

本期销售商品的实际成本=本期商品销售收入-本期销售商品应分摊的商品进销差价

期末结存商品成本=期初库存商品的进价成本+本期购进商品的进价成本-本期销售

商品的实际成本

企业的商品进销差价率各期之间比较均衡的,也可以采用上期商品进销差价率计算分摊本期销售商品应分摊的商品进销差价。企业无论采用当期商品进销差价率还是上期商品进销差价率计算分摊商品进销差价,均应在年度终了,对商品进销差价进行核实调整。

[例 3-27] 乙公司对商品采用售价金额核算法。2×21 年 10 月初库存商品的进价成本为 300 000 元,售价总额为 360 000 元;本月购进商品进价成本为 500 000 元,售价总额为 640 000 元;本月商品销售收入 750 000 元。以上均为不含税价,且均已用银行存款结算完毕。本例会计处理忽略增值税。乙公司编制会计分录如下:

(1) 本月购进商品验收入库,按售价入账:

借:库存商品　　　　　　　　　　　　　　　　　640 000
　　贷:银行存款　　　　　　　　　　　　　　　　　500 000
　　　　商品进销差价　　　　　　　　　　　　　　　140 000

(2) 确认本月商品销售收入,并按售价结转销售成本:

借:银行存款　　　　　　　　　　　　　　　　　750 000
　　贷:主营业务收入　　　　　　　　　　　　　　　750 000
借:主营业务成本　　　　　　　　　　　　　　　750 000
　　贷:库存商品　　　　　　　　　　　　　　　　　750 000

(3) 月末,计算销售商品应分摊的商品进销差价:

商品进销差价率=(60 000+140 000)/(360 000+640 000)×100%=20%

已销商品应分摊的进销差价=750 000×20%=150 000(元)

借:商品进销差价　　　　　　　　　　　　　　　150 000
　　贷:主营业务成本　　　　　　　　　　　　　　　150 000

本月销售商品的实际成本=750 000-150 000=600 000(元)

月末结存商品成本=300 000+500 000-600 000=200 000(元)

对于商品零售企业(如商店、超市等),由于经营商品的种类、品种、规格等繁多,而且商品都要按零售价格标价,采用其他成本计算方法均较困难,因此广泛采用这一方法。

2. 库存商品采用毛利率法核算

毛利率法是根据当期销售净额乘以上期实际(或当期计划)毛利率匡算当期销售毛利,并计算当期发出存货成本和期末存货成本的一种方法。其计算公式如下:

销售净额=商品销售收入-销售退回与折让

毛利率=销售毛利÷销售净额×100%

当期销售毛利=当期销售净额×毛利率

当期销售成本=当期销售净额-当期销售毛利

期末结存存货成本=期初存货成本+当期购货成本-当期销售成本

[例 3-28] 丙公司 2×21 年 7 月初某种商品成本为 1 500 000 元,本月购货 850 000 元,销货 1 210 000 元,销售退回与折让合计 10 000 元,上季度该种商品毛利率为 25%。该商品当月销售成本估算如下:

本月销售净额=1 210 000-10 000=1 200 000(元)

当月估计的销售毛利=1 200 000×25%=300 000(元)
当月销售成本=1 200 000-300 000=900 000(元)
月末存货成本=1 500 000+850 000-900 000=1 450 000(元)

对于商品批发企业,毛利率法是常用的计算本期商品销售成本和期末库存商品成本的方法。这类企业,若按照每种商品计算并结转销售成本,工作量较为繁重,而且商品批发企业的同类商品毛利率大致相同,采用这种存货计价方法也比较接近实际。

采用这种方法,商品销售成本按照商品大类销售额计算,在大类商品账上结转成本,计算手续简便。商品明细账平时只记数量,不计金额,每季末的最后一个月再根据月末结存数量,可以按照最近的进价先计算月末结存存货成本,然后再计算该季度的商品销售成本,用该季度的商品销售成本减去前两个月已经结转的成本,计算第三个月应结转的销售成本,从而对前两个月用毛利率计算的成本进行调整。

毛利率法只是对存货价值的近似估计,无法替代对存货的实地盘点和实际成本计价,因此一般不能适用于年度财务报告。

第六节 存货的清查和期末计量

一、存货的清查

存货清查通常采用实地盘点的方法,即通过盘点确定各种存货的实际库存数,再与账面结存数核对。由于存货种类繁多、收发频繁,在日常收发过程中可能发生计量错误、计算错误、自然损耗,还可能发生损坏变质以及贪污、盗窃等情况,从而造成账实不符,形成存货的盘盈、盘亏。

企业在财产清查中查明的各种存货盘盈、盘亏和毁损情况,应填写存货盘点报告(如实存账存对比表),于期末前查明原因,并根据企业的管理权限,经股东大会或董事会或经理(厂长)会议或类似机构批准后,在期末结账前处理完毕。盘盈或盘亏的存货,如在期末结账前尚未经批准,应在对外提供财务报告时先按上述规定进行处理,并在财务报表附注中说明。如果以后批准处理的金额与已处理的金额不一致,应按其差额调整会计报表相关项目的年初数。

核算存货的盘盈盘亏及毁损,应当通过"待处理财产损溢"科目处理,在该科目借方登记存货的盘亏、毁损金额及盘盈的转销金额,贷方登记存货的盘盈金额及盘亏的转销金额,期末处理完毕后,"待处理财产损溢"科目应无余额。

1. 存货盘盈

盘盈的存货,按盘盈存货的估计成本或计划成本借记"原材料""库存商品"等科目,贷记"待处理财产损溢"科目。存货的盘盈按管理权限报经批准后处理时,一般冲减管理费用。

[例3-29] 甲公司2×21年6月底在财产清查中发现盘盈E材料50千克,估计单位成本40元,经查属于材料收发计量方面的错误。甲公司应编制如下会计分录:

(1) 批准处理前：
借：原材料 2 000
　　贷：待处理财产损溢 2 000
(2) 批准处理后：
借：待处理财产损溢 2 000
　　贷：管理费用 2 000

2. 存货盘亏

盘亏、毁损的存货，按其成本借记"待处理财产损溢"科目，贷记"原材料""库存商品"等科目。材料、库存商品采用计划成本（或售价）核算的，还应同时结转成本差异（或商品进销差价）。已计提存货跌价准备的，还应当同时结转存货跌价准备。

同时税法规定，存货发生非正常损失的，与之相关的原先已确认的进项税额不得抵扣，应于当期全部转出，因此，按该对应税额借记"待处理财产损溢"科目，贷记"应交税费——应交增值税（进项税额转出）"科目。非正常损失，是指因管理不善造成货物被盗、丢失、霉烂变质，以及因违反法律法规造成货物或者不动产被依法没收、销毁、拆除的情形。

盘亏、毁损的存货，按管理权限报经批准处理时，应先按残料价值、可以收回的保险赔偿和过失人的赔偿，借记"原材料""其他应收款"等科目，其余净损失，属于一般经营损失的部分，借记"管理费用"科目，属于自然灾害等非常损失的部分，借记"营业外支出"；最后贷记"待处理财产损溢"科目。

[例3-30] 甲公司2×21年12月底在财产清查中，发现盘亏一批外购A材料1 000千克，实际成本为10 000元，相关进项税额为1 300元。经查系管理不善而造成的丢失，属于一般经营损失。甲公司应编制如下会计分录：

(1) 批准处理前：
借：待处理财产损溢 11 300
　　贷：原材料 10 000
　　　　应交税费——应交增值税（进项税额转出） 1 300
(2) 批准处理后：
借：管理费用 11 300
　　贷：待处理财产损溢 11 300

[例3-31] 甲公司2×21年12月底在财产清查中，发现一批Y产品霉烂变质，账面价值为40 000元。当期产品的生产成本总额为500 000元，其中所耗用的外购材料成本为250 000元，该材料适用13%增值税税率。经查，系管理不善导致的产品毁损。甲公司应编制会计分录：

(1) 批准处理前：
损失产品成本中所耗外购货物购进额=40 000×(250 000÷500 000)=20 000(元)
应转出进项税额=20 000×13%=2 600(元)
借：待处理财产损溢 42 600
　　贷：库存商品 40 000
　　　　应交税费——应交增值税（进项税额转出） 2 600

(2) 批准处理后：
借：管理费用　　　　　　　　　　　　　　　　　　　　　42 600
　　贷：待处理财产损溢　　　　　　　　　　　　　　　　　　　42 600

[例 3-32]　2×21 年 8 月因所在地区发生水灾，甲公司仓库中一批材料被毁，实际成本为 100 000 元，相关进项税额为 13 000 元。根据已签订的保险合同条款，应由保险公司负责赔偿 70 000 元。甲公司应编制会计分录：

(1) 批准处理前：
借：待处理财产损溢　　　　　　　　　　　　　　　　　　100 000
　　贷：原材料　　　　　　　　　　　　　　　　　　　　　　100 000

(2) 批准处理后：
借：其他应收款　　　　　　　　　　　　　　　　　　　　 70 000
　　营业外支出——非常损失　　　　　　　　　　　　　　　 30 000
　　贷：待处理财产损溢　　　　　　　　　　　　　　　　　　100 000

二、存货的期末计价

（一）存货期末计量原则

资产负债表日，存货应当按照成本与可变现净值孰低计量。

成本与可变现净值孰低，是指对期末存货按照成本与可变现净值两者中较低者进行计量的方法。即当存货成本低于可变现净值时，存货按成本计量；当存货成本高于可变现净值时，存货按可变现净值计量，此时应当计提存货跌价准备，并计入当期损益。

存货成本是指期末存货的实际成本。如果企业在存货日常核算中采用计划成本法、售价金额核算法等简化核算方法，则成本应为调整后的实际成本。

存货的可变现净值，是指在日常活动中，存货的估计售价减去至完工时估计将要发生的成本、估计的销售费用以及相关税费后的金额。

要注意的是，可变现净值是指存货的预计未来净现金流量而不是存货的售价或合同价。企业预计的销售存货现金流量，并不完全等于存货的可变现净值。存货在销售过程中可能发生的销售费用和相关税费，以及为达到预定可销售状态还可能发生的加工成本等相关支出，构成现金流入的抵减项目。企业预计的销售存货现金流量，扣除这些抵减项目后，才能确定存货的可变现净值。

成本与可变现净值孰低计量的理论依据主要是使存货符合资产的定义，体现了谨慎性的要求。当存货的可变现净值下跌至成本以下时，表明该存货会给企业带来的未来经济利益低于其账面成本，因而应将这部分损失从资产价值中扣除，计入当期损益。否则，存货的可变现净值低于成本时，如果仍然以其成本计量，就会出现虚计资产的现象。

（二）存货的减值迹象

当企业存货存在下列情形之一的，通常表明存货的可变现净值低于成本，应计提存货跌价准备：

(1) 该存货的市场价格持续下跌，并且在可预见的未来无回升的希望；
(2) 企业使用该项原材料生产的产品的成本大于产品的销售价格；
(3) 企业因产品更新换代，原有库存原材料已不适应新产品的需要，而该原材料的市

场价格又低于账面成本;

(4) 企业所提供的商品或劳务过时或消费者偏好改变而使市场的需求发生变化,导致市场价格逐渐下跌;

(5) 其他足以证明该项存货实质上已发生减值的情形。

如果存货出现下列情形之一的,则通常表明存货的可变现净值为零,此种情形下应核销该存货成本:

(1) 已霉烂变质的存货;

(2) 已过期且无转让价值的存货;

(3) 生产中已不再需要,并且已无使用价值和转让价值的存货;

(4) 其他足以证明已无使用价值和转让价值的存货。

(三) 可变现净值的确定方法

1. 确定存货可变现净值时应考虑的因素

企业在确定存货的可变现净值时,应当以取得的确凿证据为基础,并且考虑持有存货的目的、资产负债表日后事项的影响等因素。

(1) 应当以取得确凿证据为基础。

这里所讲的确凿证据,是指对确定存货的可变现净值有直接影响的客观证明。

① 存货的采购成本、加工成本和其他成本及以其他方式取得的存货的成本,应当以取得的外来原始凭证、生产成本账簿记录等作为确凿证据。

② 产成品或商品的市场销售价格、与产成品或商品相同或类似商品的市场销售价格、销售方提供的有关资料等。

(2) 应当考虑持有存货的目的。

由于企业持有存货的目的不同,确定存货可变现净值的计算方法也不同。如用于出售的存货和用于继续加工的存货,其可变现净值的计算就不相同。因此,企业在确定存货的可变现净值时,应当考虑持有存货的目的。企业持有存货的目的,通常可以分为:

① 持有以备出售,如商品、产成品,其中又分为有合同约定的存货和没有合同约定的存货;

② 将在生产过程或提供劳务过程中耗用,如材料等。

(3) 应当考虑资产负债表日后事项等的影响。

在确定资产负债表日存货的可变现净值时,应当考虑:

① 以资产负债表日取得最可靠的证据估计的售价为基础并考虑持有存货的目的;

② 资产负债表日后发生的事项为资产负债表日存在状况提供进一步证据,以表明资产负债表日存在的存货价值发生变动的事项。

2. 存货可变现净值的确定

对于企业持有的各类存货,在确定其可变现净值时,企业应当区别不同情况确定。

(1) 没有销售合同约定的直接用于出售的存货,如产成品、商品等,其可变现净值应当为产成品或商品的一般销售价格(即市场销售价格)减去估计的销售费用和相关税费等后的金额。以上不包括用于出售的材料。

[例3-33] 甲公司主要生产切割机,为增值税一般纳税人,本例中切割机的价格均为不含税价格。2×21年12月31日,甲公司结存切割机16台,单位成本为30 000元,总

成本为 480 000 元,此时切割机的市场销售价格为每台 31 000 元。甲公司没有签订该切割机的销售合同。

分析: 由于甲公司没有就该切割机签订销售合同,因此,在这种情况下,计算切割机的可变现净值应以一般销售价格 496 000 元(31 000×16)作为计量基础。

(2) 为执行销售合同或者劳务合同而持有的存货,其可变现净值应当以存货合同价格为基础,减去估计的销售费用和相关税费等后的金额确定。

如果企业销售合同所规定的标的物还没有生产出来,但持有专门用于该标的物生产的原材料,其可变现净值也应当以合同价格作为计算基础。

特别要注意的是,如果企业持有的同一项存货数量多于销售合同订购的数量,超出合同部分的存货应当以一般销售价格为基础计算其可变现净值。也就是同一项存货应该区分合同订购存货和合同外存货,分别确定其可变现净值,并与其相对应的成本进行比较,从而分别确定存货跌价准备的计提或转回金额。

[例 3-34] 2×21 年 8 月 7 日,甲公司与乙公司签订了一份不可撤销的销售合同,双方约定,2×22 年 1 月 17 日,甲公司应按每台 33 000 元的价格(不含增值税)向乙公司提供切割机 10 台。

假设 2×21 年 12 月 31 日,甲公司结存切割机 10 台,单位成本为 30 000 元,总成本为 300 000 元,而此时切割机的市场销售价格为每台 31 000 元。

分析: 根据甲公司与乙公司签订的销售合同规定,该批切割机的销售价格已由销售合同约定,并且其库存数量等于销售合同约定的数量,因此,在这种情况下,计算切割机的可变现净值应以销售合同约定的价格 330 000 元(33 000×10)作为计量基础,即估计售价为 330 000 元。

[例 3-35] 2×21 年 8 月 7 日,甲公司与乙公司签订了一份不可撤销的销售合同,双方约定,2×22 年 1 月 17 日,甲公司应按每台 33 000 元的价格(不含增值税)向乙公司提供切割机 10 台。

现假设 2×21 年 12 月 31 日,甲公司结存切割机 16 台,单位成本为 30 000 元,总成本为 480 000 元,而此时切割机的市场销售价格为每台 31 000 元。

分析: 甲公司年末结存的切割机一共有 16 台,而销售合同约定的数量是 10 台,因此这种情况下,切割机的可变现净值应区分为有合同约定的和没有合同约定的进行计算。

其中 10 台切割机的可变现净值应以销售合同约定的价格 330 000 元(33 000×10)作为计量基础,其余 6 台切割机的可变现净值应以市场一般销售价格 186 000 元(31 000×6)作为计量基础。

[例 3-36] 2×21 年 8 月 7 日,甲公司与乙公司签订了一份不可撤销的销售合同,双方约定,2×22 年 1 月 17 日,甲公司应按每台 33 000 元的价格(不含增值税)向乙公司提供切割机 10 台。

现假设至 2×21 年 12 月 31 日,由于资金问题甲公司尚未能生产该批切割机,但已持有专门用于生产该批 10 台机器的原材料——钢材,其结存成本为 200 000 元,市场销售价格总额为 180 000 元。而此时切割机的市场销售价格为每台 31 000 元。

分析: 根据甲公司与乙公司签订的销售合同,甲公司该批切割机的销售价格已由销售合同规定,虽然甲公司还未生产,但持有专门用于生产该批机器的原材料——钢材,且可生产的机器的数量不大于销售合同订购的数量。在这种情况下,计算该批钢材的可变现净值时应以销售合同中切割机的约定销售价格 330 000 元(33 000×10)作为计量基础。

(3)用于出售的材料等,应当以市场价格减去估计的销售费用和相关税费等后的金额作为其可变现净值。这里的市场价格是指材料等的市场销售价格。

[例 3-37] 2×22 年甲公司根据市场需求的变化,决定停止生产切割机。为减少不必要的损失,决定将原材料中专门用于生产切割机的外购原材料——钢材全部对外出售,2×22 年 12 月 31 日钢材结存成本为 400 000 元。据市场调查,钢材的市场销售价格为 380 000 元。

分析:由于甲公司已决定不再生产切割机,在这种情况下,结存钢材的可变现净值不能再以切割机的销售价格作为其计量基础,而应按钢材自身的市场销售价格 380 000 元作为计量基础。

(4)需要经过加工的材料存货,如原材料、在产品、委托加工材料等,应当以所生产的产成品的估计售价减去至完工时估计将要发生的成本、估计的销售费用和相关税费后的金额,确定其可变现净值。

由于持有该材料的目的是用于生产产成品,而不是出售,该材料存货的价值将体现在用其生产的产成品上。因此,在对需要经过加工的材料存货进行期末计量时,需要以其生产的产成品的可变现净值与该产成品的成本进行比较。如果该产成品的可变现净值高于其成本,则该材料应当按照其成本计量;如果材料价格的下降表明产成品的可变现净值低于成本,则该材料应当按其可变现净值计量。

[例 3-38] 2×21 年 12 月 31 日,甲公司结存原材料——钢材的实际成本为 200 000 元,可生产 10 台切割机,结存钢材的市场销售价格总额为 180 000 元。

由于钢材市场销售价格下降,市场上用该钢材生产的切割机的市场销售价格也发生了相应下降,由 330 000 元降为 320 000 元。切割机的生产成本为 300 000 元,将钢材加工成切割机尚需投入成本 100 000 元,估计销售费用及相关税费为 11 000 元。

分析:2×21 年 12 月 31 日,结存钢材的成本高于其市场价格,但其是否要计提跌价准备关键取决于其相关产成品是否存在减值。

第一步,计算用该原材料所生产的产成品的可变现净值:
切割机的可变现净值=切割机估计售价-估计销售费用及相关税费
　　　　　　　　=320 000-11 000=309 000(元)

第二步,将用该原材料所生产的产成品的可变现净值与其成本进行比较:
切割机的可变现净值为 309 000 元,高于切割机的成本 300 000 元,即钢材价格的下降并没有导致切割机的可变现净值低于其成本。在这种情况下,虽然结存钢材的成本高于其市场价格,但是由于用该钢材生产的最终产品并没有发生减值,因此结存的钢材也不应计提存货跌价准备,2×21 年 12 月 31 日钢材仍应按其成本 200 000 元进行计量。

[例 3-39] 2×21 年 12 月 31 日,甲公司结存原材料——钢材的实际成本为 200 000 元,可生产 10 台切割机,结存钢材的市场销售价格总额为 180 000 元。

现假设由于钢材市场销售价格下降,市场上用该钢材生产的切割机的市场销售价格也发生了相应下降,由 330 000 元降为 310 000 元。切割机的生产成本为 300 000 元,将钢材加工成切割机尚需投入成本 100 000 元,估计销售费用及相关税费为 11 000 元。

分析: 2×21年12月31日,结存钢材的成本高于其市场价格,其是否要计提跌价准备关键取决于其相关产成品是否存在减值。

第一步,计算用该原材料所生产的产成品的可变现净值:

切割机的可变现净值=切割机估计售价-估计销售费用及相关税费
$$=310\,000-11\,000=299\,000(元)$$

第二步,将用该原材料所生产的产成品的可变现净值与其成本进行比较:

切割机的可变现净值为299 000元比其成本300 000元低,即钢材价格的下降表明切割机的可变现净值低于其成本,因此钢材应当按可变现净值计量。

第三步,计算该原材料的可变现净值,并确定其期末价值:

钢材的可变现净值=切割机的售价总额-将钢材加工成切割机尚需投入的成本-估计销售费用及相关税费=310 000-100 000-11 000=199 000(元)

由于钢材的可变现净值为199 000元,小于钢材成本200 000元,因此钢材的期末价值应按其可变现净值199 000元计量。

(四) 存货跌价准备的会计处理

为了反映和监督存货跌价准备的计提、转回和转销情况,企业应当设置"存货跌价准备"科目,贷方登记计提的存货跌价准备金额,借方登记因发出存货等而结转的存货跌价准备金额和转回的存货跌价准备金额,期末余额在贷方,反映企业已计提但尚未转销的存货跌价准备。该账户是存货类账户的备抵账户,计提的准备越多,存货的价值就越少。

同时企业应设置"资产减值损失"科目,核算企业计提的各类资产减值准备所形成的损失,但不包括金融资产形成的信用减值损失。借方登记存货等资产发生的减值损失,贷方登记存货等资产以后又转回的价值。期末,应将本科目余额转入"本年利润"科目,结转后该科目无余额。

1. 存货跌价准备的计提

在资产负债表日,企业比较存货的成本与可变现净值确定应有的跌价准备金额,然后与"存货跌价准备"科目已有余额进行比较,若应提数大于已提数,则按两者差额增加计提的准备金额,借记"资产减值损失"科目,贷记"存货跌价准备"科目。

存货准则说明了三种存货成本与可变现净值的比较方式。

(1) 企业通常应当按照单个存货项目计提存货跌价准备。即企业应当将每个存货项目的成本与其可变现净值逐一进行比较,按较低者计量存货。

单个存货项目比较要求企业应当根据管理的要求及存货的特点,明确规定存货项目的确定标准。比如,将某一型号和规格的材料作为一个存货项目、将某一品牌和规格的商品作为一个存货项目,等等。

(2) 对于数量繁多、单价较低的存货,可以将这些存货分成若干类别来比较成本和可变现净值,每个存货类别均取较低者确定该类存货价值。

(3) 与在同一地区生产和销售的产品系列相关、具有相同或类似最终用途或目的,且难以将其与该产品系列的其他项目区别开来进行估价的存货,可以合并计提跌价准备。

存货具有类似目的或最终用途,并在同一地区生产和销售,意味着所处的经济环境、法律环境、市场环境等相同,具有相同的风险和报酬。因此,可以对存货进行合并计提存货跌价准备。比如某服装制造公司根据季节的变化、消费者偏好的改变决定进行季节大清货,所有各种款式的服装均按 200 元 3 件出售。在这种情况下,就需将这些服装合并起来确定其可变现净值。

2. 存货跌价准备的转回

如果以前减记存货价值的影响因素已经消失,则减记的金额应当予以恢复,应在原已计提的存货跌价准备金额内转回,转回的金额以将存货跌价准备的已有余额冲减至零为限。

这里强调当期导致存货价值恢复和存货跌价准备转回的因素,应是以前导致减记该存货价值的影响因素,如果不是同样的影响因素,则不允许在当期将该存货跌价准备转回。

因此企业在资产负债表日,应在原已计提的存货跌价准备金额内,按存货恢复的价值,借记"存货跌价准备"科目,贷记"资产减值损失"科目。

在核算存货跌价准备的转回时,转回的存货跌价准备与计提该准备的存货项目或类别应当存在直接对应关系。

3. 存货跌价准备的结转

存货已计提跌价准备,后续企业出售其中部分存货,则在结转销售成本时,应同时按出售比例结转其已计提的存货跌价准备,借记"存货跌价准备"科目,贷记"主营业务成本"、"其他业务成本"等科目。对于因其他原因转出或核销的存货,如债务重组、非货币性交换或者盘亏毁损等而减少的存货,也应结转相应的存货跌价准备。

如果存货跌价准备是按存货类别计提的,应当按照转出存货的成本占转出前该类别存货成本的比例结转相应的存货跌价准备。

[例 3-40] 甲公司按照单项存货计提存货跌价准备。有关产品的相关资料如下。

1. 自 2×21 年 4 月份以来,甲公司的 A 产品和 B 产品的市场价格出现持续下跌,此种情形下,甲公司在 2×21 年 6 月 30 日结存 A 产品 10 台和 B 产品 5 台,实际单位成本分别为 30 000 元和 46 000 元。相应的可变现净值分别为 280 000 元和 270 000 元。假设"存货跌价准备"科目余额为 0。

分析:2×21 年 6 月 30 日,A 产品结存成本为 300 000 元,比可变现净值 280 000 元高,应计提存货跌价准备 20 000 元。B 产品结存成本为 230 000 元,比可变现净值 290 000 元低,无需计提存货跌价准备。

甲公司编制会计分录如下:

借:资产减值损失——A 产品　　　　　　　　　　　　　　　20 000
　　贷:存货跌价准备——A 产品　　　　　　　　　　　　　　　　20 000

在该资产负债表日,甲公司 A 产品和 B 产品的账面价值分别为 280 000 元和 230 000 元,分别是按可变现净值和成本计量的。

2. 2×21 年 7 月 10 日,假设甲公司一共出售 5 台 A 产品,剩余 5 台。每台售价 31 000 元(不含税),应确认收入,适用的增值税税率为 13%,货款未收到。

甲公司应编制会计分录如下:

借:应收账款　　　　　　　　　　　　　　　　　　　　　　181 350
　　贷:主营业务收入　　　　　　　　　　　　　　　　　　　　155 000

应交税费——应交增值税（销项税额）　　　　　　　　　26 350
　　借：主营业务成本　　　　　　　　　　　　　　　　　　　140 000
　　　　存货跌价准备——A产品　　　　　　　　　　　　　　 10 000
　　　贷：库存商品——A产品　　　　　　　　　　　　　　　 150 000

3. 由于A产品市场价格没有恢复正常价格，甲公司综合评判后决定暂停A产品销售。但该产品市场价格从2×21年11月开始有所回升，2×21年12月31日甲公司根据相关情形确定A产品的可变现净值为148 000元。

分析： 2×21年末A产品可变现净值148 000元，成本为150 000元，其成本高于可变现净值，因此跌价准备应有金额为2 000元，而跌价准备已有金额为10 000元，则应在原已计提的存货跌价准备金额10 000元内，按恢复的价值8 000元转回跌价准备。甲公司编制会计分录如下：

　　借：存货跌价准备——A产品　　　　　　　　　　　　　　8 000
　　　贷：资产减值损失——A产品　　　　　　　　　　　　　 8 000

在该资产负债表日，甲公司"库存商品——A产品"账户余额为150 000元，"存货跌价准备——A产品"账户余额为2 000元，结存A产品的账面价值为148 000元，是按可变现净值计量的。

4. 虽然该产品在2×22年市场价格保持持续上涨，但甲公司认为A产品价格仍然没有恢复正常价格，因此还是暂停A产品的销售。在2×22年6月30日，甲公司根据相关情形确定结存A产品的可变现净值为200 000元。

分析： 2×22年6月30日可变现净值为200 000元，成本为150 000元，其可变现净值已经超过成本50 000元，跌价准备账户余额应为零，甲公司需全额转回原已计提的存货跌价准备金额2 000元。甲公司编制会计分录如下：

　　借：存货跌价准备——A产品　　　　　　　　　　　　　　2 000
　　　贷：资产减值损失——A产品　　　　　　　　　　　　　 2 000

在该资产负债表日，甲公司"库存商品——A产品"账户余额为150 000元，"存货跌价准备——A产品"账户余额为零，结存A产品的账面价值为150 000元，是按其成本计量的。

[例3-41] 2×22年12月31日，甲公司结存自制半成品成本为350 000元，市场价格出现持续下跌。预计加工完成该产品尚需发生加工费用110 000元，预计产成品的销售价格（不含税）为500 000元，估计销售费用为60 000元。假定该库存自制半成品原已计提的存货跌价准备为5 000元，不考虑其他因素的影响。

分析： 2×22年12月31日，甲公司产成品可变现净值=预计产成品的销售价格-预计销售费用=500 000-60 000=440 000（元），对应产成品生产成本为460 000元（350 000+110 000），产成品可变现净值低于其生产成本，因此相关产成品发生跌价损失，此时应考虑该自制半成品的跌价问题。

该结存自制半成品可变现净值=预计产成品的销售价格-预计加工完成尚需成本-预计销售费用=500 000-110 000-60 000=330 000（元），而其成本为350 000元。因为自制半成品可变现净值低于成本，跌价准备应有余额为20 000元，已有余额为5 000元，所以2×22年12月31日该自制半成品应计提存货跌价准备15 000元（20 000-5 000）。

甲公司编制会计分录如下：
借：资产减值损失——自制半成品　　　　　　　　　　　15 000
　　贷：存货跌价准备——自制半成品　　　　　　　　　　　　15 000

第七节
存货在财务报告中的披露

一、存货在财务报表中的列示

在资产负债表中，"存货"项目，反映企业期末在库、在途和在加工中的各项存货的账面价值，包括各种材料、商品、在产品、半成品、包装物、低值易耗品、发出商品等。

二、存货在附注中的披露

企业应当按照存货类别列示存货上年年末余额、期末余额，以及对应的跌价准备的上年年末余额、期末余额及本期计提、转回或转销额等信息，其披露格式如表3-6和表3-7所示。企业还应披露确定可变现净值的具体依据及本期转回或转销存货跌价准备的原因等信息。

表3-6　　　　　　　　　　　存货的披露格式

项目	期末余额			上年年末余额		
	账面余额	跌价准备	账面价值	账面余额	跌价准备	账面价值
原材料						
在产品						
库存商品						
周转材料						
……						
合　计						

表3-7　　　　　　　　　存货跌价准备的披露格式

项目	上年年末余额	本期增加		本期减少		期末余额
		本期计提	其他增加	转回数	转销及其他	
原材料						
在产品						
库存商品						
周转材料						
……						
合　计						

本章小结

存货是指企业在日常活动中持有以备出售的产成品或商品、处在生产过程中的在产品、在生产过程或提供劳务过程中耗用的材料和物料等。确认存货应以法定的所有权为标准,而不能以存货的存放地点为标准。

原材料的日常核算可以按照实际成本法,也可按计划成本法计价核算。原材料按实际成本计价核算时,材料的收、发、存均按实际成本计价,初始取得时按成本计量,发出存货可按个别计价法、先进先出法、加权平均法计价。原材料按计划成本核算时,原材料的收、发、存均按计划成本计价核算,月末通过对材料成本差异的分摊调整,将发出材料的计划成本调整为实际成本。

企业的周转材料包括包装物和低值易耗品,取得周转材料的核算可以比照原材料,发出周转材料时,其成本摊销方法有一次转销法和分次摊销法。

委托加工物资的核算包括拨付委托加工物资、支付加工费及相关税费以及加工完成收回加工物资等方面。

库存商品的日常核算可以按实际成本,也可以按计划成本。商品流通企业商品的核算可以采用进价核算法、售价金额核算法,也可以采用毛利率法。

存货应当定期进行实地盘点,并及时处理各种盘盈和盘亏。存货的期末计价采用成本与可变现净值孰低法,当存货的可变现净值低于成本时,应计提相应的存货跌价准备。

复习思考题

1. 不同来源的存货是如何进行初始计量的?
2. 发出存货的计价方法有哪些?各种方法的优缺点是什么?
3. 存货的可变现净值是怎样确定的?
4. 确定发出周转材料的成本有哪几种方法?

练习题

1. 甲公司对存货采用永续盘存制并按实际成本计价,2×21 年 6 月份 A 商品的收发变动资料如下表所示:

项　　目	数量/千克	实际单位成本/元
月初结存	100	10
6 月 3 日购货	300	12
6 月 10 日销货	200	
6 月 12 日购货	500	10.5
6 月 15 日销货	400	
6 月 22 日购货	150	11
6 月 28 日销货	200	

要求：根据上表资料分别采用先进先出法、月末一次加权平均法、移动加权平均法计算该月发出商品成本和月末库存商品成本。

2. 乙公司为增值税一般纳税人，原材料按实际成本计价，2×22年12月发生以下经济业务：

（1）购买甲种原材料一批，取得增值税专用发票上注明价款20 000元，增值税额2 600元，以银行存款支付，材料尚未运到。

（2）购买乙种原材料一批，取得的增值税专用发票上注明价款30 000元，增税税额3 900元，材料验收入库，款项尚未支付。

（3）购买的甲种材料运到并验收入库。

（4）购买丙种材料一批，合同价40 000元，材料验收入库。月末结算凭证尚未到达，按暂估价40 000元入账。

（5）下月初购进丙种材料的结算凭证到达，增值税专用发票上注明价款40 000元，增值税税额5 200元，以银行存款支付。

（6）根据乙种材料发料凭证汇总表，生产车间为生产产品领用15 000元，管理部门领用4 000元。

要求：根据以上经济业务，编制会计分录。

3. 甲公司为增值税一般纳税人，适用的增值税率为13%，采用计划成本法进行材料的日常核算。2×22年12月，月初结存A材料的计划成本为201 100元，月初"材料成本差异"科目贷方余额为4 600元。A材料的单位计划成本为305元/千克。12月甲公司发生的经济业务如下：

（1）12月4日，购入原材料1 000千克，取得增值税专用发票，价款300 000元，增值税39 000元，另发生运杂费等2 000元（不考虑与运费有关的税金问题）。各种款项已经支付，材料尚未运达。

（2）12月8日，所购材料到达且验收入库的实际数量为980千克，短缺20千克，经查属于合理损耗。

（3）12月18日，发出A材料600千克用于产品生产。

要求：编制甲公司材料采购、入库、领用的会计分录。

4. 甲企业2×22年12月发生下列业务：

（1）出租全新包装物一批，实际成本为1 000元，租金每月300元，租期2个月，收取押金800元。该包装物价值采用一次摊销法。（相关税费略）

（2）低值易耗品采用一次摊销法进行摊销，企业管理部门本月初领用新的低值易耗品200件，单位实际成本10元；月末报废时有残料20元收回入库。

要求：

（1）编制出租包装物时、收取包装物押金时、每月收取租金的会计分录；

（2）编制低值易耗品领用时、报废时的会计分录。

5. 甲企业2×22年5月委托乙企业加工一批原材料（属应税消费品），原材料成本50 000元，支付加工费4 000元（不含增值税），消费税率为10%，甲、乙企业均为一般纳税人，增值税率为13%。材料加工完成验收入库，加工费等已经支付。甲企业按实际成本对原材料进行日常核算。

要求：分别进行甲企业加工收回材料后继续生产应税消费品和直接用于销售两种情况下相关的账务处理。

6. 某批发企业 2×22 年 7 月 1 日 A 库存商品结存 300 000 元，本月购进该商品成本 600 000 元，本月该商品销售收入 800 000 元，发生销售退回 50 000 元，上月该商品毛利率为 15%。

要求：采用毛利率法计算 7 月份已销商品成本和库存商品成本。

7. 丙公司 2×22 年年末 C 商品的实际成本为 80 000 元，可变现净值为 78 000 元；假定该商品的实际成本不变，2×23 年 6 月 30 日，该商品的预计可变现净值为 74 000 元；2×23 年 12 月 31 日该商品的预计可变现净值为 77 500 元；2×24 年 6 月 30 日，该商品的预计可变现净值为 80 500 元。

要求：计算该商品各期末应计提或转回的存货跌价准备并进行相应的账务处理。

第四章　固定资产

本章概要

固定资产是企业一项重要资产,是企业重要的劳动手段,代表着企业的生产能力。固定资产核算是否正确,不仅影响到资产负债表所反映信息的真实性,而且还关系到利润表所反映信息的质量。固定资产核算涉及确认、初始计量、折旧、后续支出、处置等问题。本章首先介绍了固定资产的概念、性质和分类,并在此基础上介绍了不同取得方式下固定资产入账价值的构成;其次,介绍了固定资产折旧和后续支出的核算;最后介绍了固定资产处置。

学习目的与要求

通过本章的学习,应当能够了解并掌握:
1. 固定资产的概念、性质和分类;
2. 不同取得方式下固定资产入账价值的构成及核算;
3. 固定资产折旧的性质、影响因素和折旧方法及其核算;
4. 固定资产后续支出的核算;
5. 固定资产处置和清查的核算。

第一节　固定资产的确认和初始计量

一、固定资产的定义与确认

（一）固定资产的定义

固定资产是指同时具有下列特征的有形资产:(1) 为生产商品提供劳务、出租或经营管理而持有的;(2) 使用寿命超过一个会计年度。

从固定资产的定义看,固定资产具有以下三个特征:

(1) 固定资产是为生产商品、提供劳务、出租或经营管理而持有的。

企业持有固定资产的目的意味着这些资产是企业的劳动工具或手段,而不是直接用于出售的产品。其中"出租"的固定资产,是指对外出租的机器设备类固定资产,不包括以经营租赁方式出租的房产建筑物,后者属于企业的投资性房地产,不属于固定资产。

(2) 固定资产使用寿命超过一个会计年度。

固定资产的使用寿命，是指企业使用固定资产的预计期间，或者该固定资产所能生产产品或提供劳务的数量。如自用房屋建筑物的使用寿命表现为其预计使用年限；发电设备则可以按其预计发电量估计其使用寿命；汽车或飞机等可按其预计行驶里程估计其使用寿命。

（3）固定资产为有形资产。

固定资产具有实物特征，这一特征将固定资产与无形资产区别开来。有些无形资产可能同时符合固定资产的其他特征，如企业为生产商品、提供劳务而持有专利权，其使用寿命也超过一个会计年度，但是由于其没有实物形态，所以不属于固定资产。

（二）固定资产的确认

某项资产要确认为固定资产，首先要符合固定资产定义，其次应当同时满足以下两个条件：（1）与该固定资产有关的经济利益很可能流入企业；（2）该固定资产的成本能可靠地计量。

企业在判断时，除了要看是否满足固定资产定义和确认条件外，还需要考虑重要性和成本效益原则等。

例如工业企业所持有的工具、用具、备品备件、维修设备等资产，施工企业所持有的模板、挡板、架料等周转材料，以及地质勘探企业所持有的管材等，这些资产也满足固定资产定义和确认条件，但通常数量多、单价低，因此考虑到重要性和成本效益原则，在实务中通常确认为存货，作为低值易耗品核算。而企业（民用航空运输）的高价周转件等，应当确认为固定资产。

对于构成固定资产的各组成部分，如果各自具有不同使用寿命或者以不同方式为企业提供经济利益，适用不同折旧率或折旧方法的，各组成部分实际上是以独立的方式为企业提供经济利益时，企业应当分别将各组成部分确认为单项固定资产。例如，飞机的发动机，如果其与飞机机身具有不同的使用寿命，适用不同折旧率或折旧方法，则企业应当将其确认为单项固定资产。

（三）固定资产的分类

为了有效管理固定资产和合理进行会计核算，企业有必要对固定资产进行适当分类。

1. 按固定资产经济用途分类

按固定资产的经济用途分类，可分为生产经营用固定资产和非生产经营用固定资产。

（1）生产经营用固定资产，是指直接服务于企业生产、经营过程的各种固定资产，如生产经营用的房屋、建筑物、机器、设备、器具、工具等。

（2）非生产经营用固定资产，是指不直接服务于生产、经营过程的各种固定资产，如职工宿舍、食堂、娱乐活动等使用的房屋、设备和其他固定资产等。

按照固定资产的经济用途分类，可以反映和监督企业生产经营用固定资产和非生产经营用固定资产之间，以及生产经营用各类固定资产之间的组成和变化情况，借以考核和分析企业固定资产的利用情况，促使企业合理地配备固定资产，充分发挥其效用。

2. 按固定资产的经济用途和使用情况综合分类

采用这一分类方法，可把企业的固定资产分为七大类：

（1）生产经营用固定资产。

（2）非生产经营用固定资产。

（3）租出固定资产，指在经营性租赁方式下出租给外单位使用的固定资产。

（4）不需用固定资产。

（5）未使用固定资产。

（6）土地，指过去已经估价单独入账的土地。因征地而支付的补偿费，应计入与土地有关的房屋、建筑物的价值内，不单独作为土地价值入账。企业取得的土地使用权不能确认为固定资产而应确认为无形资产。

由于企业的经营性质不同，经营规模各异，对固定资产的分类不可能完全一致，也没有必要强求统一，企业可根据各自的具体情况和经营管理、会计核算的需要进行分类。

企业制定的固定资产目录、分类方法、每类或每项固定资产的预计使用年限、预计净残值、折旧方法等，应当编制成册，并按照管理权限，经股东大会或董事会，或经理（厂长）会议或类似机构批准，按照法律、行政法规的规定报送有关各方备案，同时备置于企业所在地，以供投资者等有关各方查询。企业已经确定并对外报送，或备置于企业所在地的有关固定资产目录、分类方法、估计净残值、预计使用年限、折旧方法等，一经确定不得随意变更，如需变更，仍然应当按照上述程序，经批准后报送有关各方备案，并在会计报表附注中予以说明。

二、固定资产的初始计量

固定资产应按照成本进行初始计量。其成本应包括企业为购建某项固定资产达到预定可使用状态前所发生的一切合理的、必要的支出。这些支出既有直接发生的，如购置固定资产的价款、运杂费、包装费和安装成本等；也有间接发生的，如应分摊的借款利息、外币借款折算差额以及应分摊的其他间接费用等。由于固定资产的来源渠道不同，其价值构成的具体内容也有所不同。

为了反映企业固定资产的增减变动情况，企业应设置"固定资产"科目、"在建工程"科目和"工程物资"科目进行总分类核算。

"固定资产"科目核算企业所持有的固定资产原价。其借方登记企业增加的固定资产原价，贷方登记企业减少的固定资产原价，期末借方余额反映企业期末持有的固定资产原价。同时，企业应设置"固定资产登记簿"和"固定资产卡片"，按固定资产类别、使用部门和每项固定资产进行明细核算。

"在建工程"科目核算企业基建、更新改造等在建工程发生的各种支出。其借方反映企业发生的各种在建工程的支出，贷方反映企业已达到预定可使用状态的在建工程成本，期末借方余额反映企业尚未达到预定可使用状态的在建工程成本。可按"建筑工程""安装工程""在安装设备""待摊支出"以及单项工程等进行明细核算。

"工程物资"科目核算企业为在建工程准备的各种物资的成本，包括工程用材料、尚未安装的设备以及为生产准备的工器具等，这里"工器具"指企业生产经营中使用的各种工具和器具，如锻造用的锻模、热处理箱、工具台、各种仪器等。借方登记企业购入工程物资的成本，贷方登记领用工程物资的成本，期末借方余额反映企业为在建工程准备的结存各种物资的成本。可按"专用材料""专用设备""工器具"等进行明细核算。

(一) 外购固定资产

企业外购固定资产的成本,包括购买价款、相关税费、使固定资产达到预定可使用状态前所发生的可归属于该项资产的运输费、装卸费、安装费和专业人员服务费等。其中,相关税费不包括按照现行增值税制度规定,可以从销项税额中抵扣的增值税进项税额。

企业购入固定资产包括动产和不动产。不动产,是指不能移动或者移动后会引起性质、形状改变的财产,包括建筑物、构筑物等。其中建筑物,包括住宅、商业营业用房、办公楼等可供居住、工作或者进行其他活动的建造物;构筑物,包括道路、桥梁、隧道、水坝等建造物。而动产是指机器、机械、运输工具以及其他与生产经营有关的设备、工具、器具等有形资产。

外购固定资产是否达到预定可使用状态,需要根据具体情况进行分析判断。如果购入后不需安装调试就可使用,则应认为购入后即可达到预定可使用状态;如果购入后只有在安装调试达到设计要求或合同规定的标准,该项固定资产才可使用,那么这时才意味着该固定资产达到预定可使用状态。

1. 外购固定资产

企业购入固定资产,如果不需要安装就可以直接交付使用,则其会计处理较为简单,按买价、包装费、运杂费、保险费、相关税费等确定取得成本,借记"固定资产"科目,按可以抵扣的增值税进项税额,借记"应交税费——应交增值税(进项税额)",贷记"银行存款""应付账款""应付票据"等科目。

[例4-1] 甲公司为增值税一般纳税人(下同)。2×22年8月10日甲公司购入一台设备,增值税专用发票注明价款2 000 000元,增值税额为260 000元,另发生运输费并取得增值税专用发票,注明运输价格50 000元,增值税额4 500元,该设备不需要安装就可使用。所有款项已用银行存款付清。甲公司应编制会计分录如下:

借:固定资产 2 050 000
　　应交税费——应交增值税(进项税额) 264 500
　贷:银行存款 2 314 500

[例4-2] 2×22年4月23日甲公司购进一幢大楼,该大楼购入即可用于公司办公,甲公司取得增值税专用发票,注明大楼价格为1 00 000 000,增值税额为9 000 000元。以上款项已用银行存款支付。甲公司应编制会计分录如下:

借:固定资产——办公楼 100 000 000
　　应交税费——应交增值税(进项税额) 9 000 000
　贷:银行存款 109 000 000

企业购入固定资产,如果需要经过安装后才能交付使用,则其购入成本以及之后发生的安装调试费等均先通过"在建工程"科目核算,待安装完毕达到预定可使用状态时,再由"在建工程"科目转入"固定资产"科目。

[例4-3] 2×22年9月10日甲公司购入一台设备,增值税专用发票上注明价款为200 000元,增值税额为26 000元。该设备需要安装调试后才能使用,甲公司为此发生安装调试费并取得增值税专用发票,注明价款为20 000元,增值税额为1800元。以上款项均已用银行存款支付。甲公司应编制会计分录如下:

(1)购入时:

```
借：在建工程                                           200 000
    应交税费——应交增值税(进项税额)                    26 000
    贷：银行存款                                       226 000
```
(2) 发生安装调试费时：
```
借：在建工程                                            20 000
    应交税费——应交增值税(进项税额)                     1 800
    贷：银行存款                                        21 800
```
(3) 设备安装调试完毕交付使用时：
```
借：固定资产                                           220 000
    贷：在建工程                                       220 000
```

2. 一次性购入多项没有单独标价的资产

在实际工作中，企业有时以一笔款项购入多项没有单独标价的资产。如果这些资产均符合固定资产的定义，并满足固定资产的确认条件，则应将各项资产单独确认为固定资产，并按各项固定资产公允价值的比例对总成本进行分配，分别确定各项固定资产的成本。如果以一笔款项购入的多项资产中还包括固定资产以外的其他资产，也应按类似的方法予以处理。

[例 4-4] 2×22 年 3 月 13 日甲公司从丁公司一次性购入了两台型号不同的设备，1 号机床和 2 号机床，不需安装，取得的增值税专用发票上注明的价款为 10 000 000 元，增值税额为 1 300 000 元，另支付运输费 100 000 元，增值税额为 9 000 元，全部以银行存款转账支付。假设 1 号机床和 2 号机床的公允价值分别为 5 500 000 元和 5 000 000 元。甲公司应进行如下账务处理：

(1) 将采购成本在 1 号机床和 2 号机床之间分配，成本分配如表 4-1 所示。

表 4-1　　　　　　　　　　设备采购成本分配表　　　　　　　　　　单位：元

分配对象	公允价值	占公允价值总额比例	应分配的采购成本
机床 1 号	5 500 000	52.38%	5 290 380
机床 2 号	5 000 000	47.62%	4 809 620
合计	10 500 000	100%	10 100 000

(2) 根据以上采购成本分配表的数据，甲公司应编制如下会计分录：
```
借：固定资产——机床 1 号                             5 290 380
           ——机床 2 号                             4 809 620
    应交税费——应交增值税(进项税额)                 1 309 000
    贷：银行存款                                    11 409 000
```

在上例中涉及的两项资产均有公允价值，但如果上例中只有一项资产的公允价值是可以确定的，如 1 号机床，那该如何确定各自的取得成本呢？这时可以先按照公允价值确定 1 号机床的取得成本为 5 500 000 元，剩余 4 600 000 元则作为 2 号机床的取得成本。

3. 购买固定资产的价款超过正常信用条件延期支付

企业购买固定资产通常在正常信用条件期限内付款，但也会发生超过正常信用条件购买固定资产的情况，如采用分期付款方式购买固定资产，且合同中规定的付款期限比较长,超过正常信用条件。在这种情况下,该类购货合同实质上具有融资性质,购入资产的成本不能按照应付款确定,必须考虑货币时间价值,选择恰当的折现率进行折现,以应付价款的现值为基础确定其初始成本。选用折现率时,应当考虑当前市场货币时间价值和延期付款债务的特定风险,该折现率实质上是销售企业的必要报酬率。

现值与应付价款之间的差额作为未确认的融资费用,并在信用期间内按照实际利率法进行摊销,符合借款费用资本化条件的,应当计入固定资产成本,否则计入当期损益,确认为财务费用。

购入固定资产时,按应付价款的现值,借记"固定资产"或"在建工程"科目;按应支付的金额,贷记"长期应付款"科目;按其差额,借记"未确认融资费用"科目。

"未确认融资费用"科目是"长期应付款"科目的备抵科目,借方反映未确认融资费用的形成金额,贷方反映未确认融资费用的分期摊销金额,期末余额在借方,表示企业未确认融资费用的摊余价值。

[**例 4-5**] 2×22 年 1 月 1 日,甲公司从乙公司购入一台不需安装的激光设备。按照合同约定,甲公司采用分期付款方式支付价款,该设备价款共计 600 000 元,分三次在 2×22 年至 2×24 年的 3 年期间平均支付,付款日期为每年 12 月 31 日。乙公司该项货物销售的增值税纳税义务在合同约定的收款日期发生,并开具增值税专用发票提交给甲公司,增值税税率 13%。甲公司按照合同的约定,如期分三次用银行存款支付了上述款项。假定折现率为 8%。甲公司应编制会计分录如下:

(1) 2×22 年 1 月 1 日应付价款的现值为:

(600 000/3)×(P/A,8%,3)=200 000×2.577 1=515 420(元)

未确认融资费用=600 000-515 420=84 580(元)

借:固定资产——激光设备　　　　　　　　　　　　　515 420
　　未确认融资费用　　　　　　　　　　　　　　　　 84 580
　贷:长期应付款　　　　　　　　　　　　　　　　　　600 000

(2) 确定付款期间未确认融资费用的分摊额:

第一年应确认的融资费用=(600 000-84 580)×8%=515 420×8%=41 233.6(元)

第二年应确认的融资费用=(515 420+41 233.6-200 000)×8%=28 532.29(元)

第三年应确认的融资费用=84 580-41 233.6-28 532.29=14 814.11(元)

(3) 2×22 年 12 月 31 日:

借:财务费用　　　　　　　　　　　　　　　　　　　41 233.6
　贷:未确认融资费用　　　　　　　　　　　　　　　　41 233.6
借:长期应付款　　　　　　　　　　　　　　　　　　200 000
　　应交税费——应交增值税(进项税额)　　　　　　　26 000
　贷:银行存款　　　　　　　　　　　　　　　　　　　226 000

(4) 2×23 年 12 月 31 日:

借:财务费用　　　　　　　　　　　　　　　　　　　28 532.29
　贷:未确认融资费用　　　　　　　　　　　　　　　　28 532.29
借:长期应付款　　　　　　　　　　　　　　　　　　200 000
　　应交税费——应交增值税(进项税额)　　　　　　　26 000

贷：银行存款　　　　　　　　　　　　　　　　　　　　　226 000

(5) 2×24 年 12 月 31 日：

借：财务费用　　　　　　　　　　　　　　　　　　　　　14 814.11
　　贷：未确认融资费用　　　　　　　　　　　　　　　　　14 814.11
借：长期应付款　　　　　　　　　　　　　　　　　　　　200 000
　　应交税费——应交增值税(进项税额)　　　　　　　　　　26 000
　　贷：银行存款　　　　　　　　　　　　　　　　　　　　226 000

(二) 自行建造固定资产

自行建造固定资产的成本，由建造该项资产达到预定可使用状态前所发生的必要支出所构成，包括工程用物资成本、人工成本、缴纳的相关税费、应予资本化的借款费用以及应分摊的间接费用等。但企业为建造固定资产通过出让方式取得土地使用权而支付的土地出让金不计入在建工程成本，应确认为无形资产(土地使用权)。

所建造的工程已达到预定可使用状态，但尚未办理竣工决算的，应当自达到预定可使用状态之日起，根据工程预算、造价或者工程实际成本等，按暂估价值转入固定资产，并按规定计提固定资产折旧。待以后办理了竣工决算手续后再调整原来的暂估价值，但不需要调整原已计提的折旧额。

企业自行建造固定资产包括自营建造和出包建造两种方式，发生的在建工程成本均通过"在建工程"科目核算，工程完工达到预定可使用状态时，再从"在建工程"科目转入"固定资产"科目。

1. 自营方式建造固定资产

以自营方式建造固定资产，企业需要自行组织工程物资采购、自行组织施工人员从事工程施工，其成本应当按照实际发生的材料、人工和机械施工费等计量。

企业为建造固定资产准备的各种物资，应当按照实际支付的买价、运输费、保险费等作为实际成本，确认为工程物资，并按照各种专项物资的种类进行明细核算。工程完工后，剩余的工程物资转为本企业存货的，按其实际成本或计划成本进行结转。建设期间发生的工程物资盘亏、报废及毁损，减去残料价值以及保险公司、过失人等赔款后的净损失，计入所建工程项目的成本；盘盈的工程物资或处置净收益，冲减所建工程项目的成本。工程完工后发生的工程物资盘盈、盘亏、报废、毁损计入当期损益。

自营建造中领用各种工程物资、原材料或库存商品时，应按其实际成本转入在建工程成本，所应负担的职工薪酬、辅助生产部门为之提供的水、电、修理、运输等劳务，以及其他必要支出等也应计入在建工程成本。

[例 4-6] 甲公司 2×22 年 4 月 13 日，开始自行建造大型设施，购入为工程准备的各种物资，增值税专用发票上注明的价格为 600 000 元，增值税额为 78 000 元，已用银行存款支付，全部用于工程建设。领用生产用原材料 A 一批，实际成本为 300 000 元。工程建设期间发生工程人员职工薪酬 200 000 元，辅助生产部门为工程提供水电等劳务 50 000 元。此外用银行存款支付安装费，取得增值税专用发票注明安装费为 50 000 元，增值税税额 4 500 元。2×23 年 1 月 13 日设施工程完工并达到预定可使用状态。甲公司应编制会计分录如下：

(1) 购入工程物资时：

借：工程物资 600 000
　　应交税费——应交增值税(进项税额) 78 000
　　贷：银行存款 678 000
(2) 工程领用全部工程物资时：
借：在建工程 600 000
　　贷：工程物资 600 000
(3) 工程领用原先购入的原材料时：
借：在建工程 300 000
　　贷：原材料——A 300 000
(4) 分配工程人员薪酬时：
借：在建工程 200 000
　　贷：应付职工薪酬 200 000
(5) 辅助生产部门为工程提供水电等劳务时：
借：在建工程 50 000
　　贷：生产成本——辅助生产成本 50 000
(6) 支付工程发生的安装费时：
借：在建工程 50 000
　　应交税费——应交增值税(进项税额) 4 500
　　贷：银行存款 54 500
(7) 固定资产的完工成本＝600 000＋300 000＋200 000＋50 000＋50 000
　　　　　　　　　　＝1 200 000(元)
借：固定资产 1 200 000
　　贷：在建工程 1 200 000

2. 出包方式建造固定资产

企业的新建、改建、扩建等建设项目，通常采用出包方式。在出包方式下，企业通过招标方式将工程项目发包给建造承包商，企业要与建造承包商签订建造合同，企业负责筹集资金和组织管理工程建设；建造承包商(即施工企业)则负责具体的建筑工程和安装工程施工任务。

以出包方式建造的固定资产，其成本由建造该项固定资产达到预定可使用状态前所发生的必要支出构成，一般包括在企业与建造承包商结算的工程价款中。

[例4-7] 甲公司为增值税一般纳税人，发生如下相关经济业务。

(1) 2×22年1月6日，将一小型仓库的建造工程出包给乙公司(增值税一般纳税人)承建，合同已签并预先支付50万元工程款。

借：预付账款 500 000
　　贷：银行存款 500 000

(2) 2×22年7月5日按工程进度和合同规定向乙公司结算进度款，并取得乙公司开具的增值税专用发票，注明工程款60万元和增值税税额5.4万元，甲公司补付15.4万元。

借：在建工程 600 000
　　应交税费——应交增值税(进项税额) 54 000

贷：银行存款　　　　　　　　　　　　　　　　　　　　　　154 000
　　　　预付账款　　　　　　　　　　　　　　　　　　　　　　500 000

(3) 2×23年1月9日，收到乙公司工程结算单和增值税专用发票，甲公司补付工程款50万元和增值税税额4.5万元。工程完工达到预定可使用状态。

　　借：在建工程　　　　　　　　　　　　　　　　　　　　　　500 000
　　　　应交税费——应交增值税(进项税额)　　　　　　　　　　　45 000
　　贷：银行存款　　　　　　　　　　　　　　　　　　　　　　545 000
　　借：固定资产　　　　　　　　　　　　　　　　　　　　　1 100 000
　　贷：在建工程　　　　　　　　　　　　　　　　　　　　　1 100 000

(三) 投资者投入的固定资产

在办理了固定资产移交手续之后，企业应按投资合同或协议约定的价值作为取得该项固定资产的成本，但投资合同或协议约定价值不公允的除外。在投资合同或协议约定价值不公允的情况下，按照该项固定资产的公允价值作为入账价值。

[例4-8] 甲公司2×22年7月6日收到乙公司投入的设备一台，投资合同约定该固定资产按评估价值200 000元(不含税)确认，甲公司收到乙公司开具的增值税专用发票上注明价款为200 000元，增值税税额为26 000元。假设乙公司在甲公司注册资本中所占份额为226 000元。

甲公司应编制会计分录如下：

　　借：固定资产　　　　　　　　　　　　　　　　　　　　　　200 000
　　　　应交税费——应交增值税(进项税额)　　　　　　　　　　　26 000
　　贷：实收资本　　　　　　　　　　　　　　　　　　　　　　226 000

如果以上价税合计额，超过乙公司在甲公司注册资本中所占份额，则超过部分应当计入资本公积。

(四) 租入的固定资产

企业在生产经营过程中，由于生产经营的临时性或季节性需要，或出于资金等方面的考虑，对于生产经营所需的固定资产可以采用租赁的方式取得。

根据《企业会计准则第21号——租赁》，租赁是指在一定期间内，出租人将资产的使用权让与承租人以获取对价的合同。在合同开始日，企业应当评估合同是否为租赁或者包含租赁。如果合同中一方让渡了在一定期间内控制一项或多项已识别资产使用的权利以换取对价，则该合同为租赁或者包含租赁。

对于租赁，承租人的会计处理分两种情况。

1. 采用统一的会计处理模型。

在租赁期开始日，对所有租赁均确认使用权资产和租赁负债，但选择进行简化处理的短期租赁和低价值资产租赁除外。

使用权资产，其初始计量按照成本进行，包括：(1) 租赁负债的初始计量金额；(2) 在租赁期开始日或之前支付的租赁付款额，存在租赁激励的，扣除已享受的租赁激励相关金额；(3) 承租人发生的初始直接费用；(4) 承租人为拆卸及移除租赁资产、复原租赁资产所在场地或将租赁资产恢复至租赁条款约定状态预计将发生的成本。

在租赁期开始日后,其后续计量按照成本模式进行,计提折旧,并确定其是否发生减值,以及对已识别的减值损失进行会计处理。

2. 简化处理。

对于短期租赁和低价值资产租赁,承租人可以选择不确认使用权资产和租赁负债。

短期租赁,是指在租赁期开始日,租赁期不超过12个月的租赁。包含购买选择权的租赁不属于短期租赁。

低价值资产租赁,是指单项租赁资产为全新资产时价值较低的租赁。低价值资产租赁的判定仅与资产的绝对价值有关(通常为全新状态下绝对价值不超过4万元),不受承租人规模、性质或其他情况影响。承租人转租或预期转租租赁资产的,原租赁不属于低价值资产租赁。

作出该选择的承租人,应当将短期租赁和低价值资产租赁的租赁付款额,在租赁期内各个期间按照承租人的受益模式,以直线法或其他系统合理的方法计入相关资产成本或当期损益。

(五) 其他方式取得的固定资产

通过非货币性资产交换、债务重组、企业合并等方式取得的固定资产,应当分别按照《企业会计准则第7号——非货币性资产交换》《企业会计准则第12号——债务重组》《企业会计准则第20号——企业合并》等准则的规定确定其初始成本。

盘盈的固定资产,作为前期会计差错处理。经查明确属于企业所有的,在按照管理权限报经批准处理前,应先通过"以前年度损益调整"科目核算。

(六) 存在弃置义务的固定资产

对于特殊行业的特定固定资产,确定其初始入账成本时,还应考虑弃置费用。弃置费用通常是指根据国家法律和行政法规、国际公约等规定,企业承担的环境保护和生态恢复等义务所确定的支出,如核电站核设施等的弃置和恢复环境义务。这种由于环境污染整治等所形成的弃置义务是企业在购建该类固定资产时就可以预见到的,如果其义务的履行很可能导致经济利益流出企业,并且其金额能够可靠计量,那么就要确认该弃置义务所形成的预计负债,而不是在弃置费用实际发生时才反映该义务。

由于弃置费用的实际发生与固定资产的取得通常间隔时间较长,因此需要考虑货币时间价值,企业应当将弃置费用按照现值计算计入固定资产成本,同时确定相应的预计负债。其后在固定资产的使用寿命内按照实际利率法,即按照预计负债的各期期初摊余成本和实际利率计算利息,计入当期财务费用。

要注意的是,一般企业的固定资产发生的报废清理费用不属于弃置费用,应当在实际发生时作为固定资产处置费用处理。

[例4-9] 经国家审批,甲公司计划建造一个核电站,其主体设备核反应堆将会对当地的生态环境产生一定的影响。根据法律规定,企业应在该项设备使用期满后将其拆除,并对造成的污染进行整治。2×22年1月1日,该项设备建造完成并交付使用,建造成本共30 000 000 000元。预计使用寿命40年,预计弃置费用为3 000 000 000元。假定折现率(即为实际利率)为8%。甲公司应编制会计分录如下:

(1) 计算已完工的固定资产的成本:

核反应堆属于特殊行业的特定固定资产,确定其成本时应考虑弃置费用。

2×22 年 1 月 1 日,弃置费用的现值 = 3 000 000 000×(P/F,8%,40)

= 3 000 000 000×0.046 03

= 138 090 000(元)

固定资产成本 = 30 000 000 000 + 138 090 000 = 30 138 090 000(元)

借:固定资产——核反应堆　　　　　　　　　30 138 090 000

　　贷:在建工程　　　　　　　　　　　　　　　　30 000 000 000

　　　　预计负债——弃置费用　　　　　　　　　　　　138 090 000

甲公司确认预计负债后,应当按照实际利率法计算确定该项负债每年的利息费用。

(2)计算第 1 年应负担的利息 = 138 090 000×8% = 11 047 200(元),编制会计分录如下:

借:财务费用　　　　　　　　　　　　　　　11 047 200

　　贷:预计负债　　　　　　　　　　　　　　　　11 047 200

(3)计算第 2 年应负担的利息 = (138 090 000 + 11 047 200)×8% = 11 930 976(元),编制会计分录如下:

借:财务费用　　　　　　　　　　　　　　　11 930 976

　　贷:预计负债　　　　　　　　　　　　　　　　11 930 976

以后年度的会计处理略。

第二节 固定资产的折旧

固定资产的后续计量主要包括固定资产折旧的计提、减值损失的确定,以及后续支出的计量。其中,固定资产的减值应当按照《企业会计准则第 8 号——资产减值》处理。本节主要讲解固定资产折旧的计提。

一、固定资产折旧的性质

企业固定资产能够长期参加生产经营而仍保持其原有的实物形态,但其价值将随着固定资产使用而逐渐转移到生产的产品成本中去,或构成了企业的费用。固定资产折旧从性质上看,是固定资产由于损耗而转移到产品成本或构成企业费用的那一部分价值。固定资产损耗分为有形损耗和无形损耗两种。有形损耗是指固定资产在使用过程中由于使用和自然力的影响而引起的使用价值和价值的损失;无形损耗是指由于科学技术的进步等引起的固定资产价值上的损失。为了将固定资产的成本分配到各个受益期,实现收入和费用的正确配比,从而通过收入而获得补偿,企业需要在固定资产的有效使用年限内计提一定数额的折旧费用。

固定资产折旧是指在固定资产预计使用寿命内,按照一定的方法对应计提折旧总额进行的系统合理分摊。其中,应计提折旧总额指应当计提折旧的固定资产原价扣除其预计净残值后的余额,如果已对固定资产计提减值准备,还应当扣除已计提的固定资产减值准备累计金额。

从本质上讲，折旧也是一种费用，只不过这一费用没有在计提期间付出实实在在的货币资金，但这种费用是前期已经发生的支出，而这种支出的收益在资产投入使用后的有效使用期内实现。正确计提折旧，是正确计算产品成本、费用的一个前提条件，也是保证固定资产再生产正常进行的必要措施。

二、计提固定资产折旧的范围

确定固定资产折旧的范围，一是要从空间范围上确定哪些固定资产应当提取折旧，哪些固定资产不应当提取折旧；二是要从时间范围上确定应提折旧的固定资产什么时间开始提取折旧，什么时间停止提取折旧。

企业应对所有固定资产计提折旧，但下列情况例外：

（1）已提足折旧仍继续使用的固定资产。

（2）按规定单独计价作为固定资产入账的土地。

已达到预定可使用状态的固定资产，如果尚未办理竣工决算的，应当按照估计价值暂估入账，并计提折旧；待办理了竣工决算手续后，再按照实际成本调整原来的暂估价值，但不需要调整原已计提的折旧额。

从计提固定资产折旧的时间范围来看，企业一般应当按月计提折旧，当月增加的固定资产，当月不提折旧，从下月起计提折旧；当月减少的固定资产，当月照提折旧，从下月起不提折旧。固定资产提足折旧后，不管能否继续使用，均不再提取折旧；提前报废的固定资产，也不再补提折旧。所谓提足折旧是指已经提足该项固定资产的应计提折旧额。

三、计提固定资产折旧应考虑的因素

（一）固定资产原价

计算固定资产折旧的基数一般为取得固定资产的原始成本，即固定资产的账面原价。

（二）固定资产的预计净残值

固定资产的预计净残值是指假定固定资产预计使用寿命已满并处于使用寿命终了时的预期状态，企业目前从该项资产处置中获得的扣除预计处置费用后的净额。固定资产预计净残值与固定资产原价的比率叫固定资产的预计净残值率。

（三）固定资产减值准备

如果已对固定资产计提减值准备，还应当扣除已计提的固定资产减值准备累计金额。固定资产计提减值准备后，应当在剩余使用寿命内根据调整后的固定资产账面价值（固定资产账面余额扣减累计折旧和累计减值准备后的金额）和预计净残值，重新计算确定折旧率和折旧额。

（四）固定资产的使用寿命

使用寿命是指固定资产预期使用的期限，有些固定资产的使用寿命也可以用该资产所能生产的产品或提供的服务的数量来表示。企业在确定固定资产的使用寿命时，主要应当考虑下列因素：

（1）该资产的预计生产能力或实物产量。

(2) 该资产的预计有形损耗和无形损耗,固定资产的有形损耗,指设备使用中发生磨损,房屋建筑物发生自然侵蚀等;固定资产的无形损耗,指因新技术的出现而使现有的资产技术水平相对陈旧、市场需求变化使产品过时等。

(3) 法律或者类似规定对资产使用的限制。

固定资产使用寿命的长短,直接影响各期应计提折旧额的计算,企业应在考虑上述因素的基础上,结合不同固定资产的性质、消耗方式、所处环境等因素,作出合理的职业判断。在相同环境条件下,对于同样的固定资产的预计使用寿命应具有相同的预期。

四、固定资产折旧的方法

企业可选用的折旧方法包括年限平均法、工作量法、双倍余额递减法和年数总和法等,企业应当根据与固定资产有关的经济利益的预期消耗方式,合理选择折旧方法。由于收入可能受到投入、生产过程、销售等因素的影响,这些因素与固定资产有关经济利益的预期消耗方式无关,因此,企业不应以包括使用固定资产在内的经济活动所产生的收入为基础进行折旧。

(一) 年限平均法

年限平均法也称直线法,是指将固定资产应计提折旧额均衡地分摊到固定资产预计使用年限内的一种方法。其计算公式如下:

年折旧额=(固定资产原价-预计净残值)/预计使用年限

年折旧率=年折旧额/原价×100%

在实际工作中,为了便于计算折旧,每月应计提的折旧额一般是根据固定资产原价乘以月折旧率计算确定的,固定资产折旧率是一定时期内固定资产应计提折旧额与固定资产原价之比,其计算公式如下:

年折旧率=(1-预计净残值率)/预计使用年限×100%

月折旧率=年折旧率÷12

月折旧额=固定资产原价×月折旧率

[例4-10] 某项固定资产原价为400 000元,预计可使用15年,预计净残值率5%。则:

年折旧率=(1-5%)/15×100%=6.3%

月折旧率=6.3%÷12=0.53%

月折旧额=400 000×0.53%=2 120(元)

上述计算的折旧率是按个别固定资产单独计算的,称为个别折旧率,即某项固定资产在一定期间的折旧额与该项固定资产原价的比率。此外,还可采用分类折旧率。

分类折旧率是指固定资产分类折旧额与该类固定资产原价的比率。采用这种方法,应先把性质、结构和使用年限相近的固定资产归为一类,再按类计算平均折旧率,用该类折旧率对该类固定资产计提折旧。如将房屋建筑物划分为一类,将机械设备划分为一类等。采用分类折旧率计算,方法简单,但准确性不如个别折旧率。

采用年限平均法计算固定资产折旧虽然比较简便,但它也存在一些明显的局限性。首先,当固定资产各期提供的经济利益相似,各期应分摊相同的折旧费用,这时采用年限平均法计算折旧是合理的。但是,如果固定资产提供的经济利益在各年限不同,采用年限平均法则不能反映固定资产的实际使用情况,提取的折旧额与固定资产有关的经济利益的预期消耗方式也会不相符。其次,固定资产在不同的使用年限发生的维修费用也不一样,固定资产的维修费用将随着其使用时间的延长而不断增大,而年限平均法也没有考虑这一因素。

(二) 工作量法

工作量法是指按每期固定资产完成的实际工作数量计提每期折旧额的一种方法,这里工作量可以是行驶里程、飞行小时或开工机器工时等,其计算公式如下:

单位工作量折旧额=固定资产原价×(1-预计净残值率)/预计总工作量

某项固定资产月折旧额=该项固定资产当月完成的工作量×单位工作量折旧额

[例 4-11] 某运输用大货车原价为 300 000 元,预计总行驶里程为 500 000 公里,其报废时的残值率为 5%,本月行驶 6 000 公里。该大货车的月折旧额计算如下:

单位里程折旧额=300 000×(1-5%)/500 000=0.57(元/公里)

本月应提折旧额=6 000×0.57=3 420(元)

工作量法一般适用于便于记录工作量的运输设备和企业的大型设备等,这种方法弥补了平均年限法只考虑使用时间,不考虑使用强度的缺点。

(三) 加速折旧法

加速折旧法也称为快速折旧法或递减折旧法,其特点是在固定资产预计使用寿命的前期多提折旧,后期则少提折旧,从而相对加快折旧的速度,以使固定资产成本在估计使用寿命期内加快得到补偿。目前允许采用的加速折旧法主要包括双倍余额递减法和年数总和法两种。

1. 双倍余额递减法

双倍余额递减法,是指在不考虑固定资产预计净残值的情况下,根据每期期初固定资产原价减去累计折旧后的余额和双倍的直线法折旧率计提的一种方法。计算公式如下:

年折旧率=2÷预计使用年限×100%

年折旧额=(固定资产原价-累计折旧)×年折旧率

月折旧额=年折旧额÷12

注意,以上公式中的年为折旧年度,不是会计年度,而是以固定资产开始计提折旧的月份算起 12 个月为一个折旧年度,比如甲公司在 2×21 年 9 月 15 日取得某项固定资产,从 2×21 年 10 月开始计提折旧,其第一个折旧年度从 2×21 年 10 月开始至 2×22 年 9 月结束,以后的折旧年度以此类推。

双倍余额递减法下,由于每年年初固定资产净值没有扣除预计净残值,因此,如果一直这样计提折旧,就会出现使用寿命到期时固定资产的账面折余价值与它的预计净残值不相等。为了解决这样的矛盾,最终需要将预计净残值放进去考虑折旧,一般在其折旧年限到期前两年内,采用直线法将固定资产净值扣除预计净残值后的余额平均摊销。

[例 4-12] 甲公司某项固定资产的原价为 20 000 元,预计使用年限为 5 年,预计净残值 200 元。按双倍余额递减法计算折旧,每个折旧年度的折旧额计算如下:

双倍直线折旧率=2/5×100%=40%

第一年应提的折旧额=20 000×40%=8 000(元)

第二年应提的折旧额=(20 000-8 000)×40%=4 800(元)

第三年应提的折旧额=(20 000-8 000-4 800)×40%=2 880(元)

第四年、第五年的年折旧额=(20 000-8 000-4 800-2 880-200)÷2=2 060(元)

注意,由于折旧年限为5年,按规定从第四年起开始改用直线法计提折旧。

2. 年数总和法

年数总和法又称年限合计法,是将固定资产的原价减去净残值后的余额乘以一个逐年递减的分数来计提每年的折旧额,这个分数的分子代表年初固定资产尚可使用的年数,分母代表各年预计尚可使用年数的年数总和。其计算公式如下:

年折旧率=年初尚可使用年数÷各年预计尚可使用年数的年数总和×100%

年折旧额=(固定资产原价-预计净残值)×年折旧率

月折旧额=年折旧额÷12

注意,以上公式中的年也是折旧年度。

[例4-13] 甲公司2×22年9月15日购置一台不需安装即可投入使用的设备。该设备确认为固定资产,原价为755 000元,预计使用寿命为5年,预计净残值为5 000元。甲公司采用年数总和法计提折旧。

该设备每一个折旧年度应计提的折旧额如下:

第1年计提折旧额:(755 000-5 000)×5/15=250 000(元)

第2年计提折旧额:(755 000-5 000)×4/15=200 000(元)

第3年计提折旧额:(755 000-5 000)×3/15=150 000(元)

第4年计提折旧额:(755 000-5 000)×2/15=100 000(元)

第5年计提折旧额:(755 000-5 000)×1/15=50 000(元)

因此,该设备每一个会计年度应计提的折旧额如下:

2×22年度计提折旧额:250 000/12×3=62 500(元)

2×23年度计提折旧额:250 000/12×9+200 000/12×3=237 500(元)

2×24年度计提折旧额:200 000/12×9+150 000/12×3=187 500(元)

2×22年度计提折旧额:150 000/12×9+100 000/12×3=137 500(元)

2×23年度计提折旧额:100 000/12×9+50 000/12×3=87 500(元)

2×24年度计提折旧额:50 000/12×9=37 500(元)

五、固定资产折旧的会计处理

企业固定资产累计提取的折旧额应在"累计折旧"科目核算,该科目属于"固定资产"科目的备抵调整科目。贷方反映企业计提的折旧额,借方反映企业因出售、盘亏、毁损以及其他原因而核销的固定资产折旧额,期末贷方余额反映企业现有固定资产已计提折旧的累计额。

企业按月计提固定资产折旧,并根据其用途计入相关资产的成本或者当期损益。例如,企业生产车间所使用的固定资产,其计提的折旧应计入制造费用;管理部门所使用的固定资产,其计提的折旧应计入管理费用;销售部门所使用的固定资产,其计提的折旧应计入销售费用;经营租出的固定资产,其计提的折旧额应计入其他业务成本;未使用固定资产,其计提的折旧额应计入管理费用;自行建造固定资产过程中使用的固定资产,其计提的折旧应计入在建工程;自行开发无形资产过程中使用的固定资产,其计提的折旧应计入研发支出。

[例4-14] 甲公司固定资产按年限平均法计提折旧,根据2×22年5月初已有固定资产,计算的5月份折旧情况如下:

基本生产车间厂房折旧100 000元,机器设备折旧160 000元。

辅助生产车间厂房折旧80 000元,机器设备折旧120 000元。

管理部门房屋建筑物折旧190 000元,运输工具折旧60 000元。

销售部门房屋建筑物折旧80 000元,运输工具折旧70 000元。

5月份甲公司固定资产增减变动情况如下:当月辅助生产车间新购置一台设备,原价为2 000 000元,预计使用寿命8年,预计净残值20 000元。当月销售部门报废一台运输卡车,原价150 000元,使用寿命8年,预计净残值2 000元。

甲公司2×22年5月应编制会计分录如下:

借:制造费用——基本生产车间	260 000
——辅助生产车间	200 000
管理费用	250 000
销售费用	150 000
贷:累计折旧	860 000

[例4-14]中,虽然甲公司固定资产在5月份发生增减变动,但当月新购置的设备,当月不计提折旧,应从2×22年6月开始计提折旧;当月报废的卡车,当月继续计提折旧,应从2×22年6月停止计提折旧。因此,5月份应计提的折旧额就是5月初已有固定资产应该计提的折旧额,既不需要增加也不需要减少折旧额的计提。

固定资产使用寿命、预计净残值和折旧方法一经确定,不得随意变更。但是在固定资产使用过程中,其所处的经济环境、技术环境以及其他环境有可能对固定资产使用寿命和预计净残值产生较大影响,或者也可能致使与固定资产有关的经济利益的预期消耗方式发生重大改变。因此企业至少应当于每年年度终了,对固定资产使用寿命、预计净残值和折旧方法进行复核。固定资产使用寿命、预计净残值和折旧方法的改变应作为会计估计变更,按照《企业会计准则第28号——会计政策、会计估计变更和差错更正》处理。

第三节
固定资产的后续支出

固定资产的后续支出,是指固定资产在使用过程中发生的更新改造支出、维护修理支出等。企业的固定资产在投入使用后,由于各个组成部分耐用程度不同或者使用条件不同,往往会发生固定资产的局部损坏,或者原有性能或状态不再能满足使用需要,因此就需要对现有固定资产进行维护修理以保持固定资产的正常运转和使用,或者进行改建、扩建或者改良以提高固定资产的使用效能和适应新技术发展的需要。

这些后续支出,满足固定资产确认条件的,应当计入固定资产成本;不满足固定资产确认条件的,应当在发生时直接计入当期损益。

一、资本化的后续支出

企业对固定资产进行改建、扩建或改良,通常是为提高固定资产的使用性能或者延长固定资产的使用寿命,从而预期能为企业增加未来经济利益的流入,因此这类更新改造的支出符合固定资产确认条件的,应当予以资本化处理,在发生时计入固定资产成本。

企业对固定资产进行定期检修而发生的大修理支出,如果符合固定资产确认条件的也应予以资本化处理。

首先企业应将该固定资产的原价、已计提的累计折旧和减值准备转销,将固定资产的账面价值转入在建工程,并从下月开始停止计提折旧。如有被替换的部分,应同时将被替换部分的账面价值从该固定资产原账面价值中扣除。然后将发生的后续支出,计入在建工程。最后在固定资产更新改造完工并达到预定可使用状态时,再从在建工程转为固定资产,并按重新确定的使用寿命、预计净残值和折旧方法计提折旧。

[例 4-15] 乙公司为增值税一般纳税人,2×11 年 1 月份,购入一艘邮轮总计花费 100 000 000 元(含动力系统设备),动力系统设备当时的购价为 6 000 000 元,乙公司未将该动力系统设备单独作为一项固定资产进行核算。

2×19 年年初,乙公司为提高邮轮工作性能及延长使用寿命,决定更换原有的动力系统设备。乙公司购入功能更为先进的动力系统设备,取得的增值税专用发票上注明价款为 8 000 000 元,增值税税额为 1 040 000 元,已支付;另支付拆装费用并取得增值税专用发票,注明安装费 110 000 元,增值税税额 9 900 元。假定邮轮的年折旧率为 5%,不考虑预计净残值的影响,替换下的旧动力系统设备报废且无残值收入。乙公司应编制会计分录如下:

(1) 2×19 年年初将该更新部件的邮轮账面价值转入在建工程:

该邮轮已计提的累计折旧金额 = 100 000 000×5%×8 = 40 000 000(元)

借:在建工程——更新	60 000 000
累计折旧	40 000 000
贷:固定资产——邮轮	100 000 000

(2) 2×19 年年初核销旧动力系统设备的账面价值:

旧动力系统设备的账面价值 = 6 000 000 - 6 000 000×5%×8 = 3 600 000(元)

借:营业外支出——非流动资产处置损失	3 600 000
贷:在建工程——更新	3 600 000

(3) 购入新动力系统设备:

借:工程物资——新动力系统设备	8 000 000
应交税费——应交增值税(进项税额)	1 040 000
贷:银行存款	9 040 000

(4) 领用新动力系统设备:

借:在建工程——更新	8 000 000
贷:工程物资——新动力系统设备	8 000 000

(5) 支付拆装费用:

借:在建工程——更新	110 000

应交税费——应交增值税(进项税额)		9 900
贷：银行存款		119 900

（6）动力系统设备更新完毕达到预定可使用状态：

更新后邮轮的入账价值=60 000 000+8 000 000+110 000-3 600 000=64 510 000(元)

　　借：固定资产——邮轮　　　　　　　　　　　　　　　　64 510 000
　　　　贷：在建工程——更新　　　　　　　　　　　　　　　　64 510 000

二、费用化的后续支出

固定资产投入使用后，会发生磨损和破旧，企业需要对固定资产进行必要的维护修理，以保证固定资产的正常使用和运转，充分发挥固定资产应有的工作性能，这类维护修理支出一般不会增加企业未来经济利益的流入。

因此，企业发生的这类固定资产日常修理支出以及不满足资本化条件的更新改造支出等，应当予以费用化处理，在发生时直接计入当期损益。但与存货的生产和加工相关的固定资产的修理费用按照存货成本确定原则进行处理。

[例4-16]　甲公司为增值税一般纳税人。2×22年5月25日，管理部门使用的设备发生日常修理支出，并取得增值税专用发票，注明修理费30 000元，增值税税额3 900元，已用银行存款转账支付。甲公司应编制如下会计分录：

　　借：管理费用　　　　　　　　　　　　　　　　　　　　　30 000
　　　　应交税费——应交增值税(进项税额)　　　　　　　　　　3 900
　　　　贷：银行存款　　　　　　　　　　　　　　　　　　　　33 900

第四节　固定资产的处置

企业在生产经营过程中，对那些不适用或不需用的固定资产，可以出售转让。对那些由于使用而不断磨损直至最终报废，或由于技术进步等原因发生提前报废，或由于遭受自然灾害等非常损失发生毁损的固定资产应及时进行清理。企业也可能因对外投资、债务重组、非货币性交易等而转出固定资产。以上这些都属于固定资产的处置，此时通常意味着固定资产的终止确认。

一、固定资产终止确认的条件

固定资产满足下列条件之一的，应当予以终止确认：

1. 该固定资产处于处置状态。固定资产处置包括固定资产的出售、转让、报废或毁损、对外投资、非货币性资产交换、债务重组等。处于处置状态的固定资产不再用于生产商品、提供劳务、出租或经营管理，因此不再符合固定资产的定义，应予终止确认。

2. 该固定资产预期通过使用或处置不能产生经济利益。固定资产的确认条件之一是"与该固定资产有关的经济利益很可能流入企业"，如果一项固定资产预期通过使用或处置不能产生经济利益，那么它就不再符合固定资产的定义和确认条件，应予终止确认。

二、固定资产处置的会计处理

企业划归为持有待售类别的固定资产,其出售、转让,按照持有待售非流动资产及处置组的相关规定进行会计处理。未划归为持有待售类别的固定资产,进行处置时,通过"固定资产清理"科目归集所发生的处置损益。

"固定资产清理"科目,核算企业因出售、报废、毁损、对外投资、非货币性资产交换、债务重组等原因转出的固定资产价值,以及在清理过程中发生的清理费用和清理收入等。该科目借方反映被处置固定资产的账面价值、清理费用等;贷方反映出售价款、残料价值、变价收入以及赔偿等;期末余额反映尚未清理完毕的固定资产清理净损益。

"资产处置损益"是损益类科目,核算企业出售划分为持有待售的非流动资产(金融工具、长期股权投资和投资性房地产除外,下同)或处置组(子公司和业务除外)时确认的处置利得或损失,以及处置未划分为持有待售的非流动资产而产生的处置利得或损失。债务重组中因处置非流动资产产生的利得或损失和非货币性资产交换中换出非流动资产产生的利得或损失也在该科目核算。

企业处置固定资产,其会计处理一般经过以下五个步骤:

第一步,固定资产转入清理。固定资产转入清理时,按固定资产账面价值,借记"固定资产清理"科目,按已计提的累计折旧,借记"累计折旧"科目,按已计提的减值准备,借记"固定资产减值准备"科目,按固定资产账面余额,贷记"固定资产"科目。

第二步,发生的清理费用。固定资产清理过程中发生的有关费用以及应支付的相关税费(如土地增值税),借记"固定资产清理"科目,贷记"银行存款""应交税费"等科目。

第三步,出售收入和残料等的处理。企业获得出售固定资产的价款、残料价值和变价收入等,按实际出售价款以及残料变价收入等,借记"银行存款""原材料"等科目,贷记"固定资产清理""应交税费——应交增值税(销项税额)"等科目。

第四步,保险赔偿的处理。企业计算或收到应由保险公司或过失人赔偿的损失,借记"其他应收款""银行存款"等科目,贷记"固定资产清理"科目。

第五步,清理净损益的处理。固定资产清理完成后,计算得出的处置净损益应区分不同情况处理:

(1)属于因正常出售、转让原因产生的利得或损失应从"固定资产清理"科目转入"资产处置损益"科目。

(2)属于因已丧失使用功能等而报废产生的利得或损失,应从"固定资产清理"科目转入"营业外收入"或"营业外支出"科目。

(3)属于因自然灾害发生毁损等非正常原因而报废清理产生的利得或损失,也应从"固定资产清理"科目转入"营业外收入"或"营业外支出"科目。

[例4-17] 2×22年10月19日甲公司出售自建的一座仓库,原价为1 000 000元,已提折旧650 000元,并未计提减值准备。甲公司开具的增值税专用发票注明出售价格为400 000元,增值税税额为36 000元,已通过银行收回款项。此外以银行存款支付场地清理费,取得增值税专用发票,注明清理费10 000,增值税税额为1 300元。其他税费忽略不计。甲公司应编制会计分录如下:

(1)核销固定资产的账面价值:

借:固定资产清理		350 000
累计折旧		650 000
贷:固定资产		1 000 000

(2) 收到出售价款:

借:银行存款		436 000
贷:固定资产清理		400 000
应交税费——应交增值税(销项税额)		36 000

(3) 支付清理费用:

借:固定资产清理		10 000
应交税费——应交增值税(进项税额)		1 300
贷:银行存款		11 300

(4) 结转固定资产出售利得:

借:固定资产清理		40 000
贷:资产处置损益		40 000

[**例 4-18**] 2×22 年 10 月 30 日,甲公司一台设备使用期满经批准报废,设备原价 550 000 元,已提折旧 545 000 元,未计提减值准备。在清理过程中,以银行存款支付清理费用 15 000 元,未取得增值税专用发票。拆除的残料作价 8 000 元,由仓库收作维修材料。甲公司应编制会计分录如下:

(1) 核销固定资产账面价值:

借:固定资产清理		5 000
累计折旧		545 000
贷:固定资产		550 000

(2) 支付清理费用:

借:固定资产清理		15 000
贷:银行存款		15 000

(3) 残余材料入库:

借:原材料		8 000
贷:固定资产清理		8 000

(4) 结转固定资产报废净损失:

借:营业外支出——非流动资产报废		12 000
贷:固定资产清理		12 000

三、持有待售固定资产

企业持有固定资产是出于生产商品、提供劳务、出租或经营管理的目的,其使用寿命持续超过一个会计年度,但是如果企业不再通过其持续使用来获取经济利益流入,而主要通过出售收回其账面价值,那根据《企业会计准则第 42 号——持有待售的非流动资产、处置组和终止经营》,应当将该固定资产划分为持有待售类别。

其他的非流动资产持有待售的处理比照本章节持有待售固定资产的处理进行。

（一）持有待售类别的分类

如果同时满足下列两个条件，企业应当将固定资产划分为持有待售类别：

（1）可立即出售。根据类似交易中出售此类资产或处置组的惯例，在当前状况下即可立即出售，这意味着企业应当具有在当前状态下出售该非流动资产或处置组的意图和能力。为了符合类似交易中出售此类资产或处置组的惯例，企业应当在出售前做好相关准备，例如，按照惯例允许买方在报价和签署合同前对资产进行尽职调查等。

（2）出售极可能发生。即企业已经就一项出售计划作出决议且获得确定的购买承诺，预计出售将在一年内完成。如果有规定要求企业相关权力机构或者监管部门批准后方可出售的，应当已经获得批准。这里"确定的购买承诺"，是指企业与其他方签订的具有法律约束力的购买协议，该协议包含交易价格、时间和足够严厉的违约惩罚等重要条款，使协议出现重大调整或者撤销的可能性极小。

这里"出售"包括具有商业实质的非货币性资产交换，同样地如果企业以固定资产作为换出资产进行债务重组，也可能符合划分为持有待售类别的条件。"非流动资产"包括固定资产在内的所有非流动资产，"处置组"是指在一项交易中作为整体通过出售或其他方式一并处置的一组资产以及在该交易中转让的与这些资产直接相关的负债。

如果企业的固定资产满足以上持有待售类别条件，但仍在使用而产生零星收入，此种情况下，企业仍应其划分为持有待售类别，因为在这种情况下，通过使用该固定资产而收回的价值，相对于通过出售而收回的价值是微不足道的。

在对持有待售固定资产进行分类时，需要注意一些特殊情况：

（1）延长一年期限的例外条款。有些情况下，可能由于发生一些企业无法控制的原因导致出售未能在一年内完成。如果涉及的出售是关联方交易，不允许放松一年期限条件。如果涉及的出售不是关联方交易，且有充分证据表明企业仍然承诺出售非流动资产或处置组，允许放松一年期限条件，企业可以继续将固定资产划分为持有待售类别。企业无法控制的原因包括：

① 意外设定条件。买方或其他方意外设定导致出售延期的条件，企业针对这些条件已经及时采取行动，且预计能够自设定导致出售延期的条件起一年内顺利化解延期因素，那么即使出售无法在最初一年内完成，企业仍然可以维持原持有待售类别的分类。

② 发生罕见情况。因发生罕见情况，比如因不可抗力引发的情况、宏观经济形势发生急剧变化等不可控情况导致未能在一年内完成出售，企业在最初一年内已经针对这些新情况采取必要措施且重新满足了持有待售类别的划分条件，那么即使原定的出售计划无法在最初一年内完成，企业仍然可以维持原持有待售类别的分类。

（2）企业专为转售而取得固定资产，如果在取得日满足"预计出售将在一年内完成"的规定条件，且短期（通常为3个月）内很可能满足持有待售类别的其他划分条件，那么企业也应当在取得日将其划分为持有待售类别。

（3）企业从持有待售的处置组移除部分资产或负债后，处置组中剩余资产或负债新组成的处置组仍然满足持有待售类别划分条件的，企业应当将新组成的处置组划分为持有待售类别，否则应当将满足持有待售类别划分条件的固定资产等非流动资产单独划分为持有待售类别。

除这些特殊情况外，如果企业持有待售的固定资产不再满足持有待售类别划分条件的,则不应当继续将其划分为持有待售类别。

此外企业要特别注意区别持有待售资产、拟结束使用资产和暂停使用资产。企业不应当将拟结束使用而非出售的固定资产划分为持有待售类别,因为企业对这些固定资产的使用实质上几乎贯穿了其整个经济使用寿命期,其账面价值并非主要通过出售收回,而是主要通过持续使用收回,比如使用期满报废的固定资产或遭受毁损不再使用的固定资产等。对于暂时停止使用的固定资产,企业不应当认为其拟结束使用,也不应当将其划分为持有待售类别。

(二) 持有待售类别的计量

持有待售类别的计量分为初始计量和后续计量,具体包括划分为持有待售类别前的计量、划分为持有待售类别时的计量和划分为持有待售类别后的计量。

1. 划分为持有待售类别前的计量

企业将固定资产首次划分为持有待售类别前,应当按照相关会计准则计量固定资产的账面价值。比如,按照《企业会计准则第 4 号——固定资产》,对固定资产计提折旧;按照《企业会计准则第 8 号——资产减值》,在资产负债表日判断固定资产是否存在可能发生减值的迹象,从而考虑是否对固定资产进行减值测试等处理。对于拟出售的非流动资产或处置组,企业应当在划分为持有待售类别前考虑进行减值测试。

2. 划分为持有待售类别时的计量

持有待售固定资产在初始计量时,如果其账面价值低于其公允价值减去出售费用后的净额,企业不需要对其账面价值进行调整;如果其账面价值高于公允价值减去出售费用后的净额,则应当将账面价值减记至公允价值减去出售费用后的净额,减记的金额确认为资产减值损失,计入当期损益,同时计提持有待售资产减值准备。

具体来说,持有待售的固定资产公允价值,如果企业已经获得确定的购买承诺,应当参考交易价格确定,交易价格应当考虑可变对价、非现金对价、应付客户对价等因素的影响。如果企业尚未获得确定的购买承诺,例如对于专为转售而取得的,企业应当对其公允价值作出估计,优先使用市场报价等可观察输入值。

出售费用是企业发生的可以直接归属于出售资产或处置组的增量费用,包括为出售发生的特定法律服务、评估咨询等中介费用,也包括相关的消费税、城市维护建设税、土地增值税和印花税等,但不包括财务费用和所得税费用。有些情况下,公允价值减去出售费用后的净额可能为负值,持有待售的固定资产的账面价值应当以减记至零为限。

对于在取得日划分为持有待售类别的固定资产,企业应当在初始计量时比较假定其不划分为持有待售类别情况下的初始计量金额和公允价值减去出售费用后的净额,以两者孰低计量。除企业合并中取得的非流动资产或处置组外,由以公允价值减去出售费用后的净额作为持有待售固定资产初始计量金额而产生的差额,应当计入当期损益。

3. 划分为持有待售类别后的计量

企业在资产负债表日重新计量持有待售的固定资产时,其账面价值高于公允价值减去出售费用后的净额的,应当将账面价值减记至公允价值减去出售费用后的净额,减记的金额确认为资产减值损失,计入当期损益,同时计提持有待售资产减值准备。

后续资产负债表日持有待售的固定资产公允价值减去出售费用后的净额增加的,以前减记的金额应当予以恢复,并在划分为持有待售类别后确认的资产减值损失金额内转回,转回金额计入当期损益。划分为持有待售类别前确认的资产减值损失不得转回。

持有待售的固定资产不应计提折旧。

4. 不再继续划分为持有待售类别的计量

固定资产因不再满足持有待售类别划分条件而不再继续划分为持有待售类别或非流动资产从持有待售的处置组中移除时,应当按照以下两者孰低计量。

(1)划分为持有待售类别前的账面价值,按照假定不划分为持有待售类别情况下本应确认的折旧、摊销或减值等进行调整后的金额。

(2)可收回金额。

由此产生的差额计入当期损益,可以通过"资产减值损失"科目进行会计处理。这样处理的结果是,原来划分为持有待售的非流动资产或处置组重新分类后的账面价值,与其从未划分为持有待售类别情况下的账面价值相一致。

(三) 持有待售类别的终止确认

企业终止确认持有待售的固定资产,应当将尚未确认的利得或损失计入当期损益。

(四) 持有待售固定资产的会计处理

企业设置"持有待售资产"科目,该科目核算持有待售的非流动资产和持有待售的处置组中的资产,可按照资产类别进行明细核算。本科目期末借方余额,反映企业持有待售的非流动资产和持有待售的处置组中资产的账面余额。

企业将相关非流动资产或处置组划分为持有待售类别时,按各类资产的账面价值或账面余额,借记本科目,按已计提的累计折旧、累计摊销等,借记"累计折旧""累计摊销"等科目,按各项资产账面余额,贷记"固定资产""无形资产""长期股权投资""应收账款""商誉"等科目,非流动资产已计提减值准备的,还应同时结转已计提的减值准备。

"持有待售资产减值准备"科目,核算适用本准则计量规定的持有待售的非流动资产和持有待售的处置组计提的允许转回的资产减值准备和商誉的减值准备,可按照资产类别进行明细核算。初始计量或资产负债表日,持有待售的非流动资产或处置组中的资产发生减值的,按应减记的金额,借记"资产减值损失"科目,贷记本科目。后续资产负债表日持有待售的非流动资产或处置组中的资产减值转回的,按允许转回的金额,借记本科目,贷记"资产减值损失"科目。本科目期末贷方余额,反映企业已计提但尚未转销的持有待售资产减值准备。

[例4-19] 甲公司计划将一套生产用设备出售给丁公司,该设备原价为2 000 000元,截至2×22年11月30日已计提折旧980 000元,未计提减值准备。双方于2×22年12月5日签订了设备转让合同,预计将于2×23年1月5日完成转让,转让价格为850 000元,此外还将支付20 000元的出售费用。不考虑税收影响。

假定该设备于签订合同日符合划分为持有待售类别的条件。2×22年12月5日,甲公司对该设备计提12月份折旧20 000元,并经减值测试发生减值200 000元。

2×22年12月31日经测试,该持有待售资产没有发生减值。双方于2×23年1月5日完成转让。

甲公司应编制会计分录如下:

(1) 2×22年12月5日,首次将该设备划分为持有待售类别前,计提折旧和减值时:

借：制造费用	20 000	
贷：累计折旧		20 000
借：资产减值损失	200 000	
贷：固定资产减值准备		200 000

此时该设备在划分为持有待售类别前的账面价值为 800 000 元。

(2) 2×22 年 12 月 5 日将该设备划分为持有待售类别时：

借：固定资产减值准备	200 000	
累计折旧	1 000 000	
持有待售资产——固定资产	800 000	
贷：固定资产		2 000 000

此时，该持有待售资产的公允价值减去出售费用后的净额为 83 万元，高于其账面价值，所以甲公司不需要对其账面价值进行调整，即不需计提持有待售资产减值准备。

(3) 2×22 年 12 月 31 日减值测试时：

经测试，该持有待售资产没有发生减值，不需计提持有待售资产减值准备。

(4) 2×23 年 1 月 5 日完成转让时：

借：资产处置损益	20 000	
贷：银行存款		20 000
借：银行存款	850 000	
贷：持有待售资产——固定资产		800 000
资产处置损益		50 000

第五节 固定资产的清查

固定资产是企业重要的资产之一，单位价值较高、使用期限较长，为了保证固定资产核算的真实性和完整性，企业应当健全制度并加强管理，定期或者至少于每年年末对固定资产进行清查盘点。清查中发现固定资产存在的盘盈、盘亏，应当填制固定资产盘盈盘亏报告表，并应当及时查明原因，按照规定程序报批处理。

一、固定资产的盘盈

在财产清查中盘盈的固定资产，根据《企业会计准则第 28 号——会计政策、会计估计变更和差错更正》的规定，应当作为重要的前期差错进行会计处理。

盘盈的固定资产，在按管理权限报经批准处理前，应先通过"以前年度损益调整"科目核算，按照重置成本确定其入账价值，借记"固定资产"科目，贷记"以前年度损益调整"科目。

[例 4-20] 2×22 年 1 月 10 日甲公司在财产清查过程中发现，一台生产设备尚未入账，重置成本为 200 000 元。假定甲公司按净利润的 10% 提取法定盈余公积，不考虑相关税费及其他因素的影响。甲公司应编制如下会计分录：

(1) 发生固定资产盘盈时：
借：固定资产   200 000
    贷：以前年度损益调整   200 000
(2) 结转为留存收益时：
借：以前年度损益调整   200 000
    贷：盈余公积——法定盈余公积   20 000
        利润分配——未分配利润   180 000

二、固定资产的盘亏

在财产清查中盘亏的固定资产，在按管理权限报经批准处理前，应先通过"待处理财产损溢"科目核算。企业应及时办理固定资产注销手续，按盘亏固定资产的账面价值，借记"待处理财产损溢"科目，按已计提折旧，借记"累计折旧"科目，按已计提减值准备，借记"固定资产减值准备"科目，按固定资产的原价，贷记"固定资产"科目。同时根据增值税现行规定，属于非正常损失（因管理不善造成货物被盗、丢失或被依法没收、拆除等）的购进有形动产和不动产在之前确认的进项税额不得从销项税额中抵扣，应借记"待处理财产损溢"科目，贷记"应交税费——应交增值税（进项税额转出）"科目，该不得抵扣的进项税额=有形动产净值×适用税率，或者=已抵扣进项税额×不动产净值率。这里固定资产净值，是指企业按照财务会计制度计提折旧后计算的固定资产净值。

盘亏的固定资产经批准转销时，借记"营业外支出"科目，贷记"待处理财产损溢"科目。

[例 4-21] 2×24 年 12 月 10 日甲公司为一般纳税人，适用增值税率为 13%。在财产清查过程中，发现盘亏一台机器，其原价 100 000 元，已计提折旧 40 000 元。

甲公司编制会计分录如下：
(1) 发生固定资产盘亏时：
借：待处理财产损溢   60 000
    累计折旧   40 000
    贷：固定资产   100 000
(2) 转出不得抵扣的进项税额时：
不得抵扣的进项税额=60 000×13%=7800(元)
借：待处理财产损溢   7800
    贷：应交税费——应交增值税（进项税额转出）   7800
(3) 经批准转销时：
借：营业外支出   67 800
    贷：待处理财产损溢   67 800

第六节 固定资产在财务报告中的披露

一、固定资产在财务报表中的列示

在资产负债表中,与固定资产相关的项目主要有:

1."持有待售资产"项目,反映资产负债表日划分为持有待售类别的非流动资产及划分为持有待售类别的处置组中的流动资产和非流动资产的期末账面价值。

2."固定资产"项目,反映资产负债表日企业固定资产的期末账面价值和企业尚未清理完毕的固定资产清理净损益。

3."在建工程"项目,反映资产负债表日企业尚未达到预定可使用状态的在建工程的期末账面价值和企业为在建工程准备的各种物资的期末账面价值。

4."使用权资产"项目,反映资产负债表日承租人企业持有的使用权资产的期末账面价值。

二、固定资产在附注中的披露

企业应当分类列示固定资产的账面原值、累计折旧、减值准备累计金额以及账面价值的期初余额、期末余额和本期增减变动情况,其披露格式如表 5-2 所示。

表 5-2 固定资产的披露格式

项　目	房屋及建筑物	机器设备	……………	电子设备	其他设备	合计
一、账面原值						
1. 上年年末余额						
2. 本期增加金额						
3. 本期减少金额						
4. 期末余额						
二、累计折旧						
1. 上年年末余额						
2. 本期增加金额						
3. 本期减少金额						
4. 期末余额						
三、减值准备						
1. 上年年末余额						
2. 本期增加金额						
3. 本期减少金额						
4. 期末余额						
四、账面价值						
1. 期末账面价值						
2. 上年年末账面价值						

企业应当参照固定资产的披露,分项分类列示使用权资产、在建工程、工程物资期末余额、上年年末余额等信息。

此外企业应当披露固定资产等资产划分为持有待售资产的原因、期末余额、上年年末余额、公允价值、预计处置费用及预计处置时间等信息。

本章小结

固定资产是企业生产经营过程中的重要劳动资料。一般来说,生产经营用的劳动资料,使用年限在1年以上,单位价值相对较高,就应列为固定资产;否则,应列为低值易耗品。

企业取得的固定资产,主要包括外购的固定资产、自行建造的固定资产等。企业购入的固定资产,有些不需要安装即可投入使用,有些则需要安装后才能使用。企业购入不需安装的固定资产,原始价值应根据实际支付的买价和包装费、运杂费等确认;企业购入需要安装的固定资产,在安装过程中发生的实际安装费也应计入固定资产原价。

固定资产折旧,是指在固定资产使用寿命内,按照确定的方法对应计折旧额进行的系统分摊。企业应当根据固定资产的性质和使用情况,合理确定固定资产的使用寿命和预计净残值,并根据与固定资产有关的经济利益预期消耗方式,合理选择固定资产折旧方法。可选择的折旧方法包括年限平均法、工作量法、双倍余额递减法和年数总和法。固定资产折旧方法一经选定,不得随意变更。

固定资产的后续支出是指固定资产在使用过程中发生的更新改造支出、修理费用等。固定资产的后续支出的确认原则与初始确认固定资产的原则相同,满足固定资产确认条件的后续支出,应当计入固定资产成本;不满足固定资产确认条件的后续支出,应当在发生时计入当期损益。

此外,企业由于出售、报废毁损、对外投资、债务重组、非货币性资产交换以及盘亏等原因减少固定资产,也应及时进行账务处理。企业因固定资产处置而减少的固定资产,除盘亏外均应通过"固定资产清理"科目进行核算。企业盘盈的固定资产,应通过以前年度损益调整处理。

复习思考题

1. 什么是固定资产?其具有哪些特征?
2. 如何确定固定资产的初始计量成本?
3. 影响固定资产折旧的因素有哪些?
4. 什么是固定资产的后续支出?如何处理?
5. 固定资产确认的条件是什么?终止确认的条件是什么?

练习题

1. 甲公司为增值税一般纳税人，2×22年开始自制生产设备一台，当年发生如下业务：

（1）购入为工程准备的各种物资，取得的增值税专用发票价款4 000 000元，增值税额520 000元，该款项系用向银行借入长期借款支付的；

（2）领用工程物资3 500 000元；

（3）发生应付工程人员职工薪酬136 800元；

（4）企业辅助生产车间为工程提供有关劳务支出23 110元；

（5）支付与工程有关的其他费用95 000元，未取得增值税专用发票；

（6）剩余工程物资按实际成本转入企业原材料；

（7）工程期间应付长期借款利息370 000元，该利息满足资本化条件；

（8）工程完工交付使用。

要求：根据上述业务，编制有关会计分录。

2. 乙公司2×22年1月1日从天空公司购入一台大型机器作为固定资产使用，该机器已收到并开始安装。购货合同约定，大型机器的总价款为10 000 000元，分3年支付，2×22年12月31日支付4 500 000元，2×23年12月31日支付3 500 000元，2×24年12月31日支付2 000 000元。该机器于2×22年年末安装完毕并投入使用。假定该公司3年期银行借款年利率为6%。不考虑相关税费。

要求：根据上述业务，为乙公司编制有关会计分录。

3. 甲公司为一般纳税人，发生如下经济业务。

（1）2×21年12月10日从乙公司购入一台生产设备，无需安装即可使用，取得增值税专用发票，不含税价为300万元，增值税额为39万元。另支付相关运输费用取得增值税专用发票列明不含税价2 000元，增值税额为180元。

（2）该固定资产预计使用年限为10年，预计净残值率为2%，采用直线法按月计提折旧。

（3）2×22年12月11日甲公司请乙公司对该设备进行定期保养维护，根据乙公司开来的增值税专用发票支付不含税价2 000元和增值税260元。

（4）甲公司因更新设备，2×24年6月10日将该固定资产以180万元（不含税）出售给丙公司，增值税率为13%，价税均已存入银行。

要求：根据以上资料为甲公司编制相应的会计分录。

4. 丙公司2×22年6月10日购入一项固定资产，原价为600 000元，预计净残值为25 000元，预计使用年限5年。

要求：分别采用年限平均法、双倍余额递减法和年数总和法计算该项固定资产每年的折旧额。

5. 2×22年6月30日，甲公司一台生产用升降机械出现故障，经检修发现其中的电动机磨损严重，需要更换。该升降机械购买于2×21年6月30日，甲公司已将其整体作为一项固定资产进行了确认，原价400 000元（其中的电动机在2×18年6月30日的市场价格为85 000元），预计净残值为0，预计使用年限为10年，采用年限平均法计提折旧。为继续使用该升降机械并提高工作效率,甲公司决定对其进行改造,为此购买了一台更大功率的电动机替代原电动机。新购置电动机的专用发票列明价款为 82 000 元,增值税税额为 10 660 元,款项已通过银行转账支付;改造过程中,辅助生产车间发生了劳务支出 15 000 元。假定原电动机磨损严重,没有任何价值,不考虑其他相关税费。

要求:为甲公司编制相应的会计分录。

6. 丁公司有一台设备,因使用期满经批准报废。该设备原价为 220 000 元,累计已提折旧 140 000,已计提减值准备为 2 200 元。在清理过程中,以银行存款支付清理费用 2 000 元,未取得增值税专用发票;残料变卖,开具增值税专用发票列明价款 8 000 元,增值税额 1 040 元,已收存银行。不考虑其他税费。

要求:为该公司编制相应的会计分录。

第五章 无形资产

本章概要

无形资产是企业重要的非货币性资产。随着经济的发展,无形资产在企业资产中所占的比重越来越大,并在企业经营中发挥着越来越重要的作用,所以加强对无形资产的会计核算和信息披露就显得非常重要。无形资产的会计问题主要涉及无形资产的确认、计量、摊销、处置等。本章首先介绍了无形资产的概念、内容及分类;其次,介绍了无形资产的初始确认和不同取得方式下无形资产的核算;最后,介绍了无形资产摊销和处置的核算。

学习目的与要求

通过本章学习,应当能够了解并掌握:
1. 无形资产的性质、内容及分类;
2. 无形资产的初始确认和取得的核算;
3. 无形资产摊销的核算;
4. 无形资产处置的核算。

第一节 无形资产的确认和初始计量

一、无形资产的定义及其基本特征

无形资产,是指企业拥有或者控制的没有实物形态的可辨认非货币性资产。相对于其他资产,无形资产具有以下三个特征:

(一) 无形资产不具有实物形态

无形资产通常表现为某种权利、某项技术,通过其自身所具有的独有技术等优势为企业带来未来经济利益,它们看不见,摸不着,不具有实物形态。比如,土地使用权、非专利技术等。

需要注意的是,某些无形资产的存在有赖于实物载体。比如,计算机软件需要存储在磁盘中,但这并不改变无形资产本身不具有实物形态的特性。在确定一项包含无形和有形要素的资产是属于固定资产,还是属于无形资产时,需要通过判断来加以确定,通常以哪个要素更重要作为判断的依据。例如,计算机控制的机械工具没有特定计算机软件就不能运行时,则说明该软件是构成相关硬件不可缺少的组成部分,则该软件应作为固定资产处理;如果计算机软件不是相关硬件正常运行不可缺少的组成部分,则该软件应作为无形资产核算。

(二) 无形资产具有可辨认性

要作为无形资产进行核算,该资产必须是能够区别于其他资产可单独辨认的。符合以下条件之一的,则认为其具有可辨认性:

(1) 能够从企业中分离或者划分出来,并能单独用于出售或转让等,而不需要同时处置在同一获利活动中的其他资产,则说明无形资产可以辨认。某些情况下无形资产可能需要与有关的合同一起用于出售、转让等,这种情况下也视为可辨认无形资产。

(2) 产生于合同性权利或其他法定权利,无论这些权利是否可以从企业或其他权利和义务中转移或者分离。如一方通过与另一方签订特许权合同而获得的特许使用权,通过法律程序申请获得的商标权、专利权等。

通常企业拥有的专利权、商标权、土地使用权、著作权、特许权、非专利技术等都是可辨认的无形资产。那么商誉呢?它不具有实物形态,也不属于货币性资产。但是如果从可辨认性角度考虑,商誉通常是与企业整体价值联系在一起的,也就是商誉无法从企业中单独分离出来用于出售或转让,缺乏可辨认性,因此它不构成企业的无形资产。企业合并中形成的商誉由企业合并准则作规范。

(三) 无形资产属于非货币性资产

货币性资产是指企业持有的货币资金和将以固定或可确定的金额收取的资产,否则就是非货币性资产。无形资产由于没有发达的交易市场,一般不容易转化成现金,在持有过程中为企业带来未来经济利益的情况不确定,不属于以固定或可确定的金额收取的资产,因此属于非货币性资产。

二、无形资产的内容

常见的无形资产包括专利权、非专利技术、商标权、著作权、特许权、土地使用权等。

(一) 专利权

专利权,是指国家专利主管机关依法授予发明创造专利申请人,对其发明创造在法定期限内所享有的专有权利,包括发明专利权、实用新型专利权和外观设计专利权。

(二) 非专利技术

非专利技术,也称专有技术。它是指不为外界所知、在生产经营活动中已采用了的、不享有法律保护的、可以带来经济效益的各种技术和诀窍。

其中,工业专有技术是指在生产上已经采用,仅限于少数人知道,不享有专利权或发明权的生产、装配、修理、工艺或加工方法的技术知识;商业贸易专有技术,指具有保密性质的市场情报、原材料价格情报以及用户、竞争对象的情况的有关知识;管理专有技术,指生产组织的经营方式、管理方法、培训职工方法等保密知识。非专利技术并不是专利法的保护对象,非专利技术用自我保密的方式来维持其独占性,具有经济性、机密性和动态性等特点。

（三）商标权

商标是用来辨认特定的商品或劳务的标记。商标权指专门在某类指定的商品或产品上使用特定的名称或图案的权利。根据我国商标法的规定，经商标局核准注册的商标为注册商标，包括商品商标、服务商标、集体商标和证明商标；商标注册人享有商标专用权，受法律保护。

（四）著作权

著作权又称版权，指作者对其创作的文学、科学和艺术作品依法享有的某些特殊权利。著作权包括作品署名权、发表权、修改权和保护作品完整权，还包括复制权、发行权、出租权、展览权、表演权、放映权、广播权、信息网络传播权、摄制权、改编权、翻译权、汇编权以及应当由著作权人享有的其他权利。

（五）特许权

特许权，又称经营特许权、专营权，指企业在某一地区经营或销售某种特定商品的权利或是一家企业接受另一家企业使用其商标、商号、技术秘密等的权利。通常有两种形式，一种是由政府机构授权，准许企业使用或在一定地区享有经营某种业务的特权，如水、电、邮电通信等专营权、烟草专卖权等等；另一种指企业之间依照签订的合同，有限期或无限期使用另一家企业的某些权利，如连锁店分店使用总店的名称等。

（六）土地使用权

土地使用权，指国家准许某企业在一定期间内对国有土地享有开发、利用、经营的权利。以缴纳土地出让金等方式外购、投资者投入等方式取得的土地使用权，符合无形资产确认条件的应作为无形资产核算。

三、无形资产的确认条件

某项资产要确认为无形资产，首先要符合无形资产定义，其次应当同时满足以下两个条件才能加以确认：（1）与该无形资产有关的经济利益很可能流入企业；（2）该无形资产的成本能可靠地计量。

企业在判断无形资产产生的经济利益是否很可能流入时，应当对无形资产在预计使用寿命内可能存在的各种经济因素作出合理而又稳健的估计，并且应当有明确证据支持。比如，企业是否有足够的人力资源、高素质的管理团队、相关的硬件设备、相关的原材料等来配合无形资产来为企业创造经济利益。同时还要关注一些外界因素的影响，如是否存在相关的新技术、新产品冲击等。

成本能够可靠计量是资产确认的一项基本条件。一些高科技领域的高科技人才，假定其与企业签订了服务合同，且合同规定其在一定期限内不能为其他企业提供服务。在这种情况下，虽然这些高科技人才的知识在规定的期限内预期能够为企业创造经济利益，但由于这些高科技人才的知识难以准确或合理辨认，特别是为形成这些知识所发生的支出难以计量，从而不能作为企业的无形资产加以确认。

四、无形资产的初始计量

无形资产通常是按实际成本计量，即以取得无形资产并使之达到预定用途而发生的全部支出,作为无形资产的成本。对于不同来源取得的无形资产,其初始成本构成不尽相同。

为了核算企业无形资产增减变动情况,企业应设置"无形资产"科目核算,借方反映企业取得的无形资产成本,贷方反映无形资产因处置等而减少的无形资产成本,期末借方余额反映企业期末持有的无形资产成本,本科目可按无形资产项目进行明细核算。

(一) 外购的无形资产

外购的无形资产,其成本包括购买价款、相关税费以及直接归属于使该项资产达到预定用途所发生的其他支出,包括使无形资产达到预定用途所发生的专业服务费用、测试无形资产是否能够正常发挥作用的费用等。

但要注意以下各项不包括在无形资产的初始成本中:

(1) 按照现行增值税制度规定,可以从销项税额中抵扣的增值税进项税额。

(2) 为引入新产品进行宣传发生的广告费、管理费用及其他间接费用。

(3) 在无形资产达到预定用途之前发生的其他经营活动的支出,如果该经营活动并非是无形资产达到预定用途必不可少的,则有关经营活动的支出应于发生时计入当期损益,而不构成无形资产的成本。

(4) 在无形资产已经达到预定用途以后发生的相关支出,比如在形成预定经济规模之前发生的初始运作损失。

此外,如果购买无形资产的价款超过正常信用条件延期支付,实际上具有融资性质的,如采用分期付款方式购买无形资产,则无形资产的初始成本应为购买价款的现值。其会计处理与同样方式下购买固定资产的处理相同,现值与应付价款之间的差额作为未确认的融资费用,并在付款期间内按照实际利率法确认为利息费用,计入当期损益。

[例5-1] 甲公司2×21年1月23日购入一项专利技术,取得的增值税专用发票上注明的价格为600 000元,增值税税额为36 000元,款项已通过银行转账支付。

甲公司应编制的会计分录如下:

借:无形资产——专利技术　　　　　　　　　　　　　　　600 000
　　应交税费——应交增值税(进项税额)　　　　　　　　　36 000
　　贷:银行存款　　　　　　　　　　　　　　　　　　　　　　636 000

(二) 投资者投入的无形资产

投资者投入的无形资产成本,应当按照投资合同或协议约定的价值确定。在投资合同或协议约定价值不公允的情况下,应按公允价值作为无形资产初始成本入账。

[例5-2] 甲公司与乙公司协议商定,乙公司以其非专利技术投资于甲公司。按该技术的市场公允价值,双方在投资合同中约定该技术价值为200万元(不含税)。2×21年2月23日,甲公司取得的增值税专用发票上注明的价格为200万元,增值税税额为12万元。乙公司在甲公司的注册资本的对应份额即为212万元。

甲公司应编制会计分录如下:

借:无形资产——非专利技术　　　　　　　　　　　　　2 000 000
　　应交税费——应交增值税(进项税额)　　　　　　　　120 000
　　贷:实收资本　　　　　　　　　　　　　　　　　　　　　2 120 000

如果以上价税合计额,超过乙公司在甲公司注册资本中所占份额,则超过部分应当计入资本公积。

（三）其他方式取得的无形资产

如非货币性资产交换、债务重组、政府补助、企业合并取得的无形资产，应当分别按照《企业会计准则第 7 号——非货币性资产交换》《企业会计准则第 12 号——债务重组》《企业会计准则第 16 号——政府补助》《企业会计准则第 20 号——企业合并》确定其初始成本及核算。

（四）土地使用权的处理

企业取得的土地使用权通常应按照取得时所支付的价款及相关税费确认为无形资产。以后将土地使用权用于自行开发建造厂房等地上建筑物时，土地使用权仍单独作为无形资产进行核算，不应计入地上建筑物等固定资产成本。

但下列情况除外：

（1）房地产开发企业取得的土地使用权用于建造对外出售的房屋建筑物，相关的土地使用权应当计入所建造的房屋建筑物成本。

（2）企业外购的房屋建筑物，实际支付的价款中包括土地以及建筑物的价值，则应当对支付的价款按照合理的方法（如公允价值比例）在土地和地上建筑物之间进行分配；如果确实无法在地上建筑物与土地使用权之间进行合理分配的，应当全部作为固定资产核算。

企业以后如果改变土地使用权的用途，将其用于出租或资本增值目的时，应将其转为投资性房地产核算。

[例 5-3] 2×22 年 4 月 10 日，甲公司购入一块土地的使用权，取得的增值税专用发票上注明的价格为 3 000 万元，增值税税额为 270 万元，款项已通过银行转账支付。甲公司通过招标，与丙公司签订合同，由丙公司负责在该土地上建造厂房。为简化处理，本例省略建造厂房过程中发生的各种支出。2×22 年 12 月 20 日，该厂房完工并达到预定可使用状态，该厂房在建造过程中发生的资本化支出合计为 4 800 万元，不包含土地使用权成本。

甲公司应编制会计分录如下：

（1）2×22 年 4 月 10 日取得土地使用权时：

借：无形资产——土地使用权　　　　　　　　　　　　　　30 000 000
　　应交税费——应交增值税（进项税额）　　　　　　　　 2 700 000
　　贷：银行存款　　　　　　　　　　　　　　　　　　　32 700 000

（2）2×22 年 12 月 20 日厂房达到预定可使用状态时：

借：固定资产——厂房　　　　　　　　　　　　　　　　　48 000 000
　　贷：在建工程——厂房　　　　　　　　　　　　　　　 48 000 000

注意，这里土地使用权虽然用于厂房的建造，但厂房完工后，该土地使用权仍单独作为无形资产核算，并没有计入该厂房的取得成本。

第二节 内部研究开发支出的确认和计量

通常情况下,企业内部产生的无形资产不确认为无形资产,如内部产生的品牌、报刊名等,主要是因为在形成品牌等的过程中,所发生的各项支出与支出所形成的结果之间不能形成一一对应的关系,有时支出的结果本身也具有很大的不确定性,比如企业进行内部研究开发所发生的各项支出。可能研究开发能够最终形成一项无形资产,给企业在未来带来经济利益,也可能毫无结果。因此内部研究开发所发生的各项支出可以资本化,也可以费用化。基于以上考虑,对于内部研究开发所发生的各项支出无形资产准则没有全部费用化或者资本化,而是将企业的内部研发活动区分为研究阶段和开发阶段,并作具体分析判断是费用化还是资本化。

一、研究阶段和开发阶段的划分

(一) 研究阶段

研究阶段是指为获取新的技术和知识等进行的有计划的调查,研究阶段是探索性的,为进一步开发活动进行资料及相关方面的准备,已进行的研究活动将来是否会转入开发、开发后是否会形成无形资产等均具有较大的不确定性。

比如,意在获取知识而进行的活动,研究成果或其他知识的应用研究、评价和最终选择,材料、设备、产品、工序、系统或服务替代品的研究,新的或经改进的材料、设备、产品、工序、系统或服务的可能替代品的配制、设计、评价和最终选择等,均属于研究活动。

由于研究能否在未来形成成果有很大的不确定性,企业也无法证明其研究活动一定能够形成带来未来经济利益的无形资产,因此研究阶段的有关支出在发生时应当费用化,计入当期损益。

(二) 开发阶段

开发阶段是指在进行商业性生产或使用前,将研究成果或其他知识应用于某项计划或设计,以生产出新的或具有实质性改进的材料、装置、产品等。开发活动主要包括:生产前或使用前的原型和模型的设计、建造和测试;含新技术的工具、夹具、模具和冲模的设计;不具有商业性生产经济规模的试生产设施的设计、建造和运营;新的或改造的材料、设备、产品、工序、系统或服务所选定的替代品的设计、建造和测试等。

开发阶段相对于研究阶段而言,开发阶段应当是已完成研究阶段的工作,在很大程度上具备了形成一项新产品或新技术的基本条件。此时如果企业能够证明开发阶段的支出满足资本化条件,则所发生的开发支出可进行资本化处理。

二、开发阶段相关支出资本化的条件

开发阶段的支出,同时满足下列条件的,才能予以资本化:

（一）完成该无形资产以使其能够使用或出售在技术上具有可行性

判断无形资产的开发在技术上是否具有可行性，应当以目前阶段的成果为基础，并提供相关证据和材料，证明企业进行开发所需的技术条件等已经具备，基本上不存在技术上的障碍或其他不确定性。比如，企业已经完成了全部计划、设计和测试活动，这些活动是使资产能够达到设计规划书中的功能、特征和技术所必需的活动或经过专家鉴定等。

（二）具有完成该无形资产并使用或出售的意图

企业的管理当局应能够说明其持有拟开发无形资产的目的，并具有完成该项无形资产开发并使其能够使用或出售的可能性。

（三）无形资产产生经济利益的方式

企业应能够证明运用该无形资产生产的产品存在市场或无形资产自身存在市场，无形资产将在内部使用的，应当证明其有用性。

（四）有足够的技术、财务资源和其他资源支持，以完成该无形资产的开发，并有能力使用或出售该无形资产

企业能够证明可以取得无形资产开发所需的技术、财务和其他资源，以及获得这些资源的相关计划。如在企业自有资金不足以提供支持的情况下，是否存在外部其他方面的资金支持，如银行等机构愿意为该无形资产的开发提供所需资金的声明等来证实。企业也应证明有能力使用或出售该无形资产以取得收益。

（五）归属于该无形资产开发阶段的支出能够可靠计量

企业对于开发活动发生的支出应单独核算，如发生的开发人员的工资、材料费等，在企业同时从事多项开发活动的情况下，所发生的支出同时用于支持多项开发活动的，应按照一定的标准在各项开发活动之间进行分配，无法明确分配的，应予费用化计入当期损益，不计入开发活动的成本。

三、内部开发形成的无形资产的计量

从时间上看，内部开发形成的无形资产，其成本仅包括从满足资本化条件的时点开始至无形资产达到预定用途前发生的支出总和，对于同一项无形资产在开发过程中达到资本化条件之前已经费用化计入当期损益的支出不再进行调整。

从构成上看，内部开发形成的无形资产，其成本由可直接归属于该资产的创造、生产并使该资产能够以管理层预定的方式运作的所有必要支出组成。

可直接归属于该资产的成本包括：开发该无形资产时耗费的材料、劳务成本、注册费、在开发该无形资产过程中使用的其他专利权和特许权的摊销，以及按照借款费用的处理原则可资本化的利息支出，以及为使该无形资产达到预定用途前所发生的其他费用。

在开发无形资产过程中发生的除上述可直接归属于无形资产开发活动的其他销售费用、管理费用等间接费用、无形资产达到预定用途前发生的可辨认的无效和初始运作损失、为运行该无形资产发生的培训支出等不构成无形资产的开发成本。

四、内部研发支出的会计处理

企业内部研究和开发无形资产，其在研究阶段的支出全部费用化，计入当期损益（管

理费用);开发阶段的支出符合条件的才能资本化,不符合资本化条件的计入当期损益(管理费用)。如果确实无法区分研究阶段的支出和开发阶段的支出,应将其所发生的研发支出全部费用化,计入当期损益。

企业需要设置"研发支出"科目,该科目借方反映企业发生的各项研究开发支出,贷方反映应予资本化计入无形资产成本的支出及费用化计入当期损益的支出,期末借方余额反映企业正在进行无形资产研究开发项目满足资本化条件的支出。该科目应按研究开发项目,分别"费用化支出""资本化支出"进行明细核算。

(1) 企业自行开发无形资产发生的研发支出,未满足资本化条件的,借记"研发支出——费用化支出"科目,满足资本化条件的,借记"研发支出——资本化支出"科目,按可以抵扣的增值税借记"应交税费——应交增值税(进项税额)",贷记"原材料""银行存款""应付职工薪酬"等科目。

(2) 企业购买正在进行中的研究开发项目,应按确定的金额,借记"研发支出——资本化支出"科目,贷记"银行存款"等科目。以后发生的研发支出,应当比照上述企业自行开发发生的研发支出的规定进行处理。

(3) 未满足资本化条件的研发支出,期末应从"研发支出——费用化支出"科目转入"管理费用——研发费用"科目。

(4) 研究开发项目达到预定用途形成无形资产的,应按"研发支出——资本化支出"科目的余额,借记"无形资产"科目,贷记"研发支出——资本化支出"科目。

[例 5-4] 甲公司 2×21 年 1 月 4 日自行研究开发一项新产品专利技术,在研究开发过程中发生材料费 8 000 000 元、人工工资 5 000 000 元,以及支付其他支出 3 000 000 元,支付可抵扣的增值税 180 000 元,其中,符合资本化条件的支出为 11 000 000 元,到当年 12 月 31 日该专利技术尚未达到预定用途。2×22 年该研发项目继续,共发生可资本化的支出为 12 000 000 元,其中用于材料为 5 000 000 元,用于人工为 6 000 000 元,其他为 1 000 000 元,并于 2×22 年 7 月 10 日达到预定用途。

甲公司应编制会计分录如下:

(1) 2×21 年发生相关支出时:

借:研发支出——费用化支出　　　　　　　　　　　　　5 000 000
　　　　　　——资本化支出　　　　　　　　　　　　　11 000 000
　　应交税费——应交增值税(进项税额)　　　　　　　　180 000
　贷:原材料　　　　　　　　　　　　　　　　　　　　8 000 000
　　　应付职工薪酬　　　　　　　　　　　　　　　　　5 000 000
　　　银行存款　　　　　　　　　　　　　　　　　　　3 180 000

(2) 2×21 年年末:

借:管理费用——研发费用　　　　　　　　　　　　　　5 000 000
　贷:研发支出——费用化支出　　　　　　　　　　　　5 000 000

假设甲公司仅有该项研发项目。此时,在 2×21 年 12 月 31 日的资产负债表上,在资产方应列示"开发支出"项目期末余额为 11 000 000 元;在利润表中列示"研发费用"本期金额为 5 000 000 元。

(3) 2×22 年发生相关支出时:

借：研发支出——资本化支出　　　　　　　　　　　　12 000 000
　　贷：原材料　　　　　　　　　　　　　　　　　　　5 000 000
　　　　应付职工薪酬　　　　　　　　　　　　　　　　6 000 000
　　　　银行存款　　　　　　　　　　　　　　　　　　1 000 000
(4) 2×22年7月10日：
借：无形资产——专利权　　　　　　　　　　　　　　23 000 000
　　贷：研发支出——资本化支出　　　　　　　　　　 23 000 000

第三节　无形资产的后续计量

一、无形资产后续计量的原则

无形资产在初始确认和计量后，在其使用期间内，应以原始成本减去累计摊销额和累计减值准备后的余额计量。无形资产的减值按资产减值准则处理，本节主要讲无形资产的摊销。

无形资产累计摊销额的确定，基础是估计其使用寿命。企业应当于取得无形资产时分析判断其使用寿命。无形资产的使用寿命如为有限的，应当估计该使用寿命的年限或者构成使用寿命的产量等类似计量单位数量；无法预见无形资产为企业带来未来经济利益期限的，应当视为使用寿命不确定的无形资产。

只有使用寿命有限的无形资产才需要在估计的使用寿命内采用系统合理的方法进行摊销，对于使用寿命不确定的无形资产则不需要摊销。

（一）无形资产使用寿命的影响因素

无形资产的使用寿命包括法定寿命和经济寿命两个方面。有些无形资产的使用寿命受法律、规章或合同的限制，称为法定寿命，如我国法律规定发明专利权有效期为20年，商标权的有效期为10年。有些无形资产如永久性特许经营权、非专利技术等的寿命则不受法律或合同的限制。经济寿命是指无形资产可以为企业带来经济利益的年限。由于受技术进步、市场竞争等因素的影响，无形资产的经济寿命往往短于法定寿命，因此，在估计无形资产的使用寿命时，应当综合考虑各方面相关因素的影响，合理确定无形资产的使用寿命。

通常估计无形资产使用寿命应考虑的主要因素有：该资产通常的产品寿命周期，以及可获得的类似资产使用寿命的信息；技术、工艺等方面的现实情况及对未来发展的估计；以该资产生产的产品或服务的市场需求情况；现在或潜在的竞争者预期采取的行动；为维持该资产产生未来经济利益的能力预期的维护支出及企业预计支付有关支出的能力；对该资产的控制期限，对该资产使用的法律或类似限制，如特许使用期间、租赁期间等；与企业持有的其他资产使用寿命的关联性等。

（二）无形资产使用寿命的确定

源自合同性权利或其他法定权利取得的无形资产，其使用寿命不应超过合同性权利或其他法定权利的期限。但如果企业使用无形资产的预期期限短于合同性权利或其他法定权利规定的期限的，则应当按照企业预期使用的期限确定其使用寿命。

如企业以支付土地出让金方式取得一块土地50年的使用权，如果企业准备持续持有，在50年期间内没有计划出售，该项土地使用权预期为企业带来未来经济利益的期间为50年。再如企业取得一项专利技术，法律保护期间为20年，企业预计运用该专利生产的产品在未来15年内会为企业带来经济利益。就该项专利技术，第三方向企业承诺在5年内以其取得之日公允价值的60%购买该专利权，从企业管理层目前的持有计划来看，准备在5年内将其出售给第三方，该专利技术应在企业持有其5年内摊销。

如果合同性权利或其他法定权利能够在到期时因续约等延续，当有证据表明企业续约不需要付出重大成本时，续约期才能够包括在使用寿命的估计中。例如，有证据表明合同性权利或法定权利将被重新延续，如果在延续之前需要第三方同意，则还需有第三方将会同意的证据；有证据表明为获得重新延续所必需的所有条件与企业的未来经济利益相比不具有重要性。如果企业在延续无形资产持有期间时付出的成本与预期流入企业的未来经济利益相比具有重要性，则从本质上来看是企业获得了一项新的无形资产。

没有明确的合同或法律规定的无形资产，企业应当综合各方面情况，如聘请相关专家进行论证或与同行业的情况进行比较以及企业的历史经验等，来确定无形资产为企业带来未来经济利益的期限，如果经过这些努力确实无法合理确定无形资产为企业带来经济利益期限，再将其作为使用寿命不确定的无形资产。如企业通过公开拍卖取得一项出租车运营许可，按照所在地规定，以现有出租运营许可为限，不再授予新的运营许可，而且在旧的出租车报废以后，其运营许可可用于新的出租车。企业估计在有限的未来，将持续经营出租车行业。对于该运营许可，其为企业带来未来经济利益的期限从目前情况看无法可靠估计，应视为使用寿命不确定的无形资产。

企业至少应当于每年年度终了，对无形资产的使用寿命进行复核，如果有证据表明无形资产的使用寿命不同于以前的估计，如由于合同的续约或无形资产应用条件的改善，延长了无形资产的使用寿命，对于使用寿命有限的无形资产应改变其摊销年限，并按照会计估计变更进行处理。

如企业使用的某项非专利技术，原预计使用寿命为5年，使用至第2年年末，该企业计划再使用2年即不再使用，因此企业应在第2年年末变更该项无形资产的使用寿命，并按照会计估计变更进行处理。

对于使用寿命不确定的无形资产，企业应当在每个会计期末复核其使用寿命，如果有证据表明其使用寿命是有限的，应当按照会计估计变更处理，估计其使用寿命并按照使用寿命有限的无形资产的处理原则进行处理。

二、使用寿命有限的无形资产

使用寿命有限的无形资产，应在其预计的使用寿命内采用系统合理的方法对应摊销金额进行摊销。其中应摊销金额是指无形资产的成本扣除预计残值后的金额。已计提减值准备的无形资产，还要扣除已计提的减值准备金额。

（一）摊销期和摊销方法

企业对无形资产按月计提摊销，自其可供使用时（即其达到预定用途）开始至终止确认时止。即无形资产摊销的起始和停止日期为：当月增加的无形资产，当月开始摊销；当月减少的无形资产，当月不再摊销。

在无形资产的使用寿命内系统地分摊其应摊销金额，有多种方法，如直线法、产量法等。企业选择的无形资产摊销方法，应当能够反映与该项无形资产有关的经济利益的预期消耗方式，并一致地运用于不同会计期间。例如，受技术陈旧因素影响较大的专利权和专有技术等无形资产，可采用类似固定资产加速折旧的方法进行摊销；有特定产量限制的特许经营权或专利权，应采用产量法进行摊销。无法可靠确定其预期消耗方式的，应当采用直线法进行摊销。

（二）残值的确定

无形资产的残值一般为零，除非有第三方承诺在无形资产使用寿命结束时愿意以一定的价格购买该项无形资产，或者存在活跃的市场，通过市场可以得到无形资产使用寿命结束时的残值信息，并且从目前情况看，在无形资产使用寿命结束时，该市场还可能存在的情况下，可以预计无形资产的残值。

（三）摊销的会计处理

企业应设置"累计摊销"科目，核算对使用寿命有限的无形资产计提的摊销金额。该科目贷方反映企业按月计提无形资产的摊销，借方反映企业处置无形资产时应结转的累计摊销额，期末贷方余额，反映企业无形资产的累计摊销额。

无形资产的摊销金额一般应当计入当期损益。如果某项无形资产包含的经济利益通过所生产的产品或其他资产实现的，其摊销金额应当计入相关资产的成本。例如，一项专门用于生产某种产品的专利技术，其摊销金额应构成所生产产品成本的一部分，计入该产品的制造费用。非房地产企业取得土地使用权并用于自行开发建造厂房等建筑物的情况下，建造期间的土地使用权摊销金额应计入在建工程。

[例5-5] 由[例5-3]可知，甲公司于2×22年4月10日购入一块土地的使用权，取得成本为3 000万元。2×22年12月20日，在这块地上由丙公司承建的厂房达到预定可使用状态，成本为4 800万元。

现假设该土地使用权的使用年限为50年，厂房使用年限为20年，两者都没有净残值，均采用直线法分别计提摊销和折旧。

甲公司应编制会计分录如下：

(1) 2×22年4月30日计提摊销：

借：在建工程——土地使用权摊销　　　　　　　　　　　　　　　50 000
　　贷：累计摊销　　　　　　　　　　　　　　　　　　　　　　　50 000

在厂房建造期内，每月均作以上计提摊销的分录。

(2) 2×22年12月31日计提摊销：

借：制造费用——土地使用权摊销　　　　　　　　　　　　　　　50 000
　　贷：累计摊销　　　　　　　　　　　　　　　　　　　　　　　50 000

(3) 2×23年1月31日分别计提折旧和摊销：

借：制造费用——厂房折旧　　　　　　　　　　　　　　　　　　200 000
　　贷：累计折旧　　　　　　　　　　　　　　　　　　　　　　　200 000

借：制造费用——土地使用权摊销　　　　　　　　　　　　50 000
　　贷：累计摊销　　　　　　　　　　　　　　　　　　　　　　50 000

三、使用寿命不确定的无形资产

根据可获得的情况判断，有确凿证据表明无法合理估计其使用寿命的无形资产，才能作为使用寿命不确定的无形资产，不能随意判断使用寿命不确定的无形资产。

对于使用寿命不确定的无形资产，在持有期间内不需要摊销，如果期末重新复核后仍为不确定的，则应当在每个会计期末进行减值测试。其减值测试的方法按照资产减值的原则进行处理，如表明已发生减值，则需要计提减值准备，借记"资产减值损失"科目，贷记"无形资产减值准备"科目。

[例5-6] 2×21年3月10日，甲公司内部自行研发的产品配方作为非专利技术已经达到预定用途，累计发生研究支出为50 000元，累计发生可资本化的开发支出为120 000元。甲公司经多方调查，根据产品生命周期、市场竞争等方面情况的综合判断，该非专利技术将在不确定的期间内为企业带来经济利益，因此该产品配方应确认为使用寿命不确定的无形资产。

甲公司应编制如下会计分录：
2×21年3月10日，该非专利技术达到预定用途时：
借：无形资产——配方　　　　　　　　　　　　　　　　　120 000
　　贷：研发支出——资本化支出　　　　　　　　　　　　　　120 000

2×21年12月31日，甲公司对该非专利技术按照资产减值准则进行减值测试，经测试该产品配方没有发生减值，同时复核其使用寿命，发现其使用寿命仍然是不确定的。因此，该资产负债表日不需要计提减值，同时后续期间也不需要计提摊销。

第四节
无形资产的处置和报废

一、无形资产的出售

企业将无形资产出售，表明企业放弃无形资产的所有权，企业应转销无形资产的账面价值，并在满足收入准则规定的确认标准的情况下，将所取得的价款与该无形资产账面价值的差额计入当期损益。

出售无形资产时，应按实际收到或应收的金额，借记"银行存款"等科目；按已计提的累计摊销额，借记"累计摊销"科目；按已计提减值准备，借记"无形资产减值准备"科目；按其账面余额，贷记"无形资产"科目；按增值税销项税额，贷记"应交税费——应交增值税（销项税额）"科目；按其差额，贷记或借记"资产处置损益"科目。

[例5-7] 2×21年8月10日甲公司将拥有的一项非专利技术出售，开具的增值税专用发票上列明价格为2 000 000元，增值税税额为120 000元，价款已转入甲公司银行账户。该专利权的账面余额为8 000 000元，累计摊销额为5 000 000元。

甲公司应编制会计分录如下：

借：银行存款		2 120 000
累计摊销		5 000 000
资产处置损益		1 000 000
贷：无形资产——非专利技术		8 000 000
应交税费——应交增值税（销项税额）		120 000

二、无形资产的出租

企业拥有或控制的无形资产，大多属于我国民法典规定的知识产权。知识产权是权利人依法就下列客体享有的专有的权利：① 作品；② 发明、实用新型、外观设计；③ 商标；④ 地理标志；⑤ 商业秘密；⑥ 集成电路布图设计；⑦ 植物新品种；⑧ 法律规定的其他客体。因此企业出租无形资产，也就是企业作为出租人授予其他方知识产权许可，适用收入准则确认相应的出租收入和出租成本。但需要注意，企业出租土地使用权，则应按投资性房地产准则的规定转换为投资性房地产进行会计处理。

出租无形资产时，按实际收到或应收的金额，借记"银行存款"等科目，按取得的租金收入贷记"其他业务收入"科目，按增值税额，贷记"应交税费——应交增值税（销项税额）"科目；摊销出租无形资产的成本并发生与转让有关的各种费用支出时，借记"其他业务成本"科目，贷记"累计摊销"等科目。

[例 5-8] 2×21 年 3 月 1 日甲公司将一项商标权使用权转让给其他企业使用，该商标每月摊销额为 65 000 元，出租合同规定，承租方每销售一件印有该商标的产品，必须付给出租方 5 元商标使用费（不含税），每月月末根据当月销售数量结算甲公司的出租收入。假定承租方 2×21 年 3 月该产品共销售 2 万件，甲公司开具增值税专用发票，列明的商标使用权价格为 100 000 元，增值税税额为 6 000 元。

甲公司应编制会计分录如下：

(1) 3 月取得出租商标权收入时：

借：银行存款	106 000
贷：其他业务收入	100 000
应交税费——应交增值税（销项税额）	6 000

(2) 3 月按月摊销时：

借：其他业务成本	65 000
贷：累计摊销	65 000

三、无形资产的报废

如果无形资产预期不能为企业带来未来经济利益，不再符合无形资产的定义，应将其转销。如该无形资产已被其他新技术所替代，不能为企业带来经济利益；再如无形资产不再受到法律保护，且不能给企业带来经济利益等。

无形资产预期不能为企业带来经济利益的，应按已计提的累计摊销额，借记"累计摊销"科目；已计提减值准备的，借记"无形资产减值准备"科目；按其账面余额，贷记"无形资产"科目；按其差额，借记"营业外支出"科目。

[例 5-9] 丁公司的某项专利技术,其账面余额为 500 000 元,摊销期限为 10 年,采用直线法进行摊销,已摊销了 6 年,假定该项专利权的残值为 0,计提的减值准备为 120 000 元,今年用其生产的产品没有市场,应予转销。丁公司应编制会计分录如下:

```
借:累计摊销                           300 000
    无形资产减值准备                    120 000
    营业外支出——处置无形资产损失         80 000
    贷:无形资产——专利权                        500 000
```

第五节 无形资产在财务报告中的披露

一、无形资产在财务报表中的列示

在资产负债表中,与无形资产相关的项目主要有:
(1)"无形资产"项目,反映企业各项无形资产的期末可收回金额。
(2)"开发支出"项目,反映企业开发无形资产过程中能够资本化形成无形资产成本的支出部分。
(3)"持有待售资产"项目,反映资产负债表日划分为持有待售类别的非流动资产及划分为持有待售类别的处置组中的流动资产和非流动资产的期末账面价值。

在利润表中,与无形资产相关的项目为"研发费用"项目,反映企业进行研究与开发过程中发生的费用化支出,以及计入管理费用的自行开发无形资产的摊销。

二、无形资产在附注中的披露

(1)企业应当分类披露无形资产账面原值、累计摊销、减值准备累计金额以及账面价值的上年年末余额、期末余额和本期增减变动情况等信息,其披露格式如表 6-1 所示。

表 6-1 无形资产的披露格式

项 目	专有技术	特许使用权	……………	土地使用权	合计
一、账面原值					
1. 上年年末余额					
2. 本期增加金额					
3. 本期减少金额					
4. 期末余额					
二、累计摊销					
1. 上年年末余额					
2. 本期增加金额					
3. 本期减少金额					
4. 期末余额					
三、减值准备					

续表

项　目	专有技术	特许使用权	……………	土地使用权	合计
1. 上年年末余额					
2. 本期增加金额					
3. 本期减少金额					
4. 期末余额					
四、账面价值					
1. 期末账面价值					
2. 上年年末账面价值					

（2）企业应当分项披露开发支出上年年末余额、期末余额和本期增减变动情况，其披露格式如表6-2所示，并应当披露资本化开始时点、资本化的具体依据、截至期末的研发进度等信息。

表6-2　　　　　　　　　　开发支出的披露格式

项目	上年年末余额	本期增加	本期减少		期末余额
			确认为无形资产	计入当期损益	
开发项目1					
……………					
其他					
合计					

本章小结

无形资产，是指企业拥有或者控制的没有实物形态的可辨认非货币性资产。企业的无形资产主要包括专利权、商标权、土地使用权、著作权、特许权和非专利技术等。

无形资产通常按实际成本计量，即以取得无形资产并使之达到预定用途而发生的全部支出作为无形资产的成本。

外购无形资产的成本包括购买价款、相关税费以及直接归属于使该项资产达到预定用途所发他支出。

企业可以通过自行进行研究开发取得无形资产，以其开发成本作为入账价值。对于企业自行进行的研究开发项目，应区分研究阶段与开发阶段分别进行核算。研究阶段的支出应当于发生时计入当期损益（管理费用）。开发阶段的支出满足资本化条件的，才能确认为无形资产。

无形资产的摊销应区分使用寿命有限的无形资产和使用寿命不确定的无形资产。只有使用寿命有限的无形资产才需要在估计的使用寿命内采用系统合理的方法进行摊销，对于使用寿命不确定的无形资产则不需要摊销。

无形资产的处置主要是指无形资产出售、对外出租、报废等。出售无形资产时，应将所取得的价款与该无形资产账面价值的差额计入当期损益，同时注销无形资产的账面价值并确定资产处置利得或损失。出租无形资产转让的是使用权，收取的租金收入通常确认为其他业务收入。

无形资产如果未来无法为企业带来经济利益时,应将无形资产予以报废,终止确认。

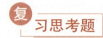复习思考题

1. 什么是无形资产?其具有哪些特征?
2. 说明不同来源取得的无形资产其初始成本是如何确定的?
3. 如何划分研究阶段和开发阶段?各阶段发生的支出应如何进行会计处理?
4. 使用寿命有限的无形资产应该如何进行摊销处理?
5. 无形资产处置应该如何进行会计处理?

练习题

1. 甲企业 2×22 年发生如下业务:

(1) 2×22 年 4 月 4 日,该企业以银行存款 15 000 000 元购入一项土地使用权(不考虑相关税费)。该土地使用年限为 30 年。

(2) 2×22 年 5 月 8 日,该企业利用上述外购的土地使用权,自行开发建造仓库。仓库于 2×23 年 10 月达到预定可使用状态,累计所发生的必要支出 2 000 000 元(不包含土地使用权)。该仓库预计使用寿命为 20 年,预计净残值为 100 000 元,并采用年限平均法计提折旧。

要求:

(1) 编制该企业 2×22 年购入该项土地使用权及摊销的会计分录。

(2) 计算该企业 2×22 年 12 月 31 日该项土地使用权的账面价值。

(3) 分析上述土地使用权是否应转入该仓库的建造成本;并计算 2×23 年该企业自行开发建造的仓库应计提的折旧额。

2. 乙企业发生如下业务:

(1) 2×21 年 3 月,该企业研发部门准备研究开发一项专有技术。在研究阶段,企业为了研究成果的应用研究、评价等,以银行存款支付了相关费用 7 000 000 元。(不考虑相关税费)

(2) 2×21 年 8 月,上述专有技术研究成功,转入开发阶段。当年 8 月到 10 月间企业将研究成果应用于该项专有技术的设计,直接发生的研发人员工资、材料费,以及相关设备折旧费等分别为 12 000 000 元、8 000 000 元和 3 000 000 元,同时以银行存款支付了其他相关费用 1 100 000 元。以上开发支出均满足开发支出资本化的确认条件。(不考虑相关税费)

(3) 2×21 年 10 月,上述专有技术的研究开发项目达到预定用途,形成无形资产。该企业预计该专有技术的预计使用年限为 10 年。

(4) 2×22 年 6 月,该专有技术预期不能为该企业带来经济利益,经批准将其予以转销。

要求：

(1) 编制该企业 2×21 年研究开发专有技术的有关会计分录。

(2) 计算该企业研究开发的专有技术 2×21 年末累计摊销的金额。

(3) 编制该企业该项专有技术 2×22 年 6 月予以转销的会计分录。

3. 乙公司为增值税一般纳税人，2×21 年 1 月 4 日购入一项专利权，取得增值税专用发票，用银行存款支付不含税价 200 000 元和增值税 12 000 元，该专利权的有效期限 10 年，无残值。买入 3 年后，将其使用权转让给丁公司，转让期 2 年，按年收费 50 000 元（不含税）。买入 5 年后，又将其所有权转让给丙公司，收取价款 120 000 元（不含税）。无形资产适用增值税税率 6%，对该无形资产未计提减值准备。

要求：根据以上经济业务，分别编制购入专利权、持有期间按月计提摊销、转让使用权、转让所有权的会计分录。

第六章 投资性房地产及其他资产

本章概要

房地产是土地和房屋及其权属的总称。在我国,土地归国家或集体所有,企业只能取得土地使用权。企业持有的房地产除了用作自身管理、生产经营活动场所和对外出售外,也可以将房地产用于赚取租金或增值收益的活动,此时企业持有这类房地产的目的和作为固定资产和无形资产核算的房地产完全不同,应该单独作为一类资产加以规范。本章主要介绍了这类投资性房地产的概念和范围,以及投资性房地产的确认、初始计量、后续计量、转换和处置的会计核算。本章同时也讲解了长期待摊费用、商誉等其他资产的核算。

学习目的与要求

通过本章学习,应当能够了解并掌握:
1. 投资性房地产的概念和范围;
2. 投资性房地产的确认条件;
3. 投资性房地产的初始计量和后续计量;
4. 投资性房地产转换和处置的核算;
5. 长期待摊费用、商誉等其他资产的核算。

第一节 投资性房地产的概述

一、投资性房地产的概念及特征

投资性房地产是指为赚取租金或资本增值,或者两者兼有而持有的房地产。

作为投资性房地产应具备以下特征:

(1) 持有投资性房地产的目的是为赚取租金或资本增值,或两者兼有。投资性房地产产生的现金流量在很大程度上独立于企业的其他资产,因此会计核算应将其与自用房地产区分。

(2) 能够单独计量和出售。

二、投资性房地产的范围

投资性房地产主要包括已出租的土地使用权、持有并准备增值后转让的土地使用权和已出租的建筑物。

(一) 已出租的土地使用权

已出租的土地使用权是指企业通过出让和转让方式取得的、以经营租赁方式出租的土地使用权。企业取得的土地使用权通常包括在一级市场上以交纳土地出让金的方式取得的土地使用权,也包括在二级市场上接受其他单位转让的土地使用权。对于经营租赁方式租入的土地使用权再转租给其他单位的,不能确认为投资性房地产。

(二) 已出租的建筑物

已出租的建筑物是指企业拥有产权的、以经营租赁方式出租的建筑物,包括自行建造或开发活动完成后用于出租的建筑物。

企业以经营租赁方式租入再转租的建筑物不属于投资性房地产。例如,甲企业与乙企业签订了一项经营租赁合同,乙企业将其持有产权的一栋办公楼出租给甲企业,为期5年。甲企业一开始将该办公楼装修后用于自行经营餐馆。2年后,由于连续亏损,甲企业将餐馆转租给丙公司,以赚取租金差价。这种情况下,对于甲企业而言,该栋楼不属于其投资性房地产。对于乙企业而言,则属于其投资性房地产。

一般应自租赁协议规定的租赁期开始日起,经营租出的建筑物才属于已出租的建筑物。租赁期开始日,是指承租人有权行使其使用租赁资产权利的日期。

需要注意的是,在通常情况下,对企业持有以备经营出租的空置建筑物或在建建筑物,如董事会或类似机构作出书面决议,明确表明将其用于经营租出且持有意图短期内不再发生变化的,即使尚未签定租赁协议,也应视为投资性房地产。这里的空置建筑物,是指企业新购入、自行建造或开发完成但尚未使用的建筑物,以及不再用于日常生产经营活动且经整理后达到可经营出租状态的建筑物。

企业将建筑物出租,按租赁协议向承租人提供的相关辅助服务在整个协议中不重大的,应当将该建筑物确认为投资性房地产。比如,企业将办公楼出租并向承租人提供保安、维修等辅助服务。

(三) 持有并准备增值后转让的土地使用权

持有并准备增值后转让的土地使用权,是指企业取得的、准备增值后转让的土地使用权。如企业发生转产或厂址搬迁,部分土地使用权停止自用,管理层决定继续持有这部分土地使用权,待其增值后转让以赚取增值收益。这类土地使用权很可能给企业带来资本增值收益,符合投资性房地产的定义。

企业依法取得土地使用权后,应当按照国有土地有偿使用合同或建设用地批准书规定的期限动工开发建设。但如果土地使用者依法取得土地使用权后,未经原批准用地的人民政府同意,超过规定期限未动工开发建设的建设用地则属于闲置土地。按照国家有关规定认定的闲置土地,不属于持有并准备增值的土地使用权,也就不属于投资性房地产。

此外,自用房地产和作为存货的房地产不属于投资性房地产项目。

自用房地产指为生产商品、提供劳务或者经营管理而持有的房地产,比如企业用于产品生产的厂房、用于经营管理的办公楼、营业用的土地使用权等,应分别列入企业的"固定资产"和"无形资产"科目核算。自用房地产的特征在于服务于企业自身的生产经营活动,其价值将随着房地产的使用而逐渐转移到企业的产品或服务中去,通过销售商品或提供服务为企业带来经济利益,在生产现金流量的过程中与企业持有的其他资产密切相关。如企业拥有并自行经营的旅馆饭店,其经营目的主要是通过提供客房服务赚取服务收入,则该旅馆饭店不确认为投资性房地产,而应当属于企业自用房地产。

作为存货的房地产指房地产开发公司在正常经营过程中销售的或为销售而正在开发的商品房和土地。这部分房地产属于房地产开发企业的存货,其生产、销售构成企业的主营业务活动,产生的现金流量也与企业的其他资产密切相关。从事房地产开发的企业依法取得的,用于开发后出售的土地使用权,属于房地产开发企业的存货,即使房地产开发企业决定待增值后再转让其开发的土地,也不得将其确认为投资性房地产。

在实务中,存在某项房地产部分自用或作为存货出售、部分用于赚取租金或资本增值的情形。如该项投资性房地产不同用途部分能够单独计量和出售,应当分别确认为固定资产或无形资产或存货和投资性房地产。

第二节 投资性房地产的确认和初始计量

一、投资性房地产的确认条件

将某个项目确认为投资性房地产,首先应当符合投资性房地产的定义,其次要同时满足投资性房地产的两个确认条件:

(1)与该投资性房地产相关的经济利益很可能流入企业;

(2)该投资性房地产的成本能够可靠地计量。

对已出租的土地使用权、已出租的建筑物,其作为投资性房地产的确认时点一般应为租赁协议规定的租赁期开始日,即土地使用权、建筑物进入出租状态、开始赚取租金的日期。

但对企业持有以备经营出租的空置建筑物或在建建筑物,如董事会或类似机构作出书面决议,明确表明将其用于经营租出且持有意图短期内不再发生变化的,即使尚未签定租赁协议,也应视为投资性房地产。这里的空置建筑物,是指企业新购入、自行建造或开发完成但尚未使用的建筑物,以及不再用于日常生产经营活动且经整理后达到可经营出租状态的建筑物。

对持有并准备增值后转让的土地使用权,其作为投资性房地产的确认时点为企业将自用土地使用权停止自用,准备增值后转让的日期。

二、投资性房地产的初始计量

投资性房地产应当按照成本进行初始计量。投资性房地产的成本可参照"固定资产"和"无形资产"等初始成本计量的相关要求确定。

企业应设置"投资性房地产"科目,该科目核算投资性房地产的价值,包括采用成本模式计量的投资性房地产和采用公允价值模式计量的投资性房地产。借方登记投资性房地产的增加,贷方登记投资性房地产的减少,期末借方余额,如采用成本模式计量的反映企业投资性房地产成本,如采用公允价值模式计量的,反映企业投资性房地产的公允价值。投资性房地产采用成本模式计量的,企业应当按照投资性房地产类别和项目进行明细核算;投资性房地产采用公允价值模式计量的,企业应当按照投资性房地产类别和项目并分别"成本"和"公允价值变动"进行明细核算。

(一) 外购方式取得的投资性房地产

外购的房地产,只有在购入的同时开始出租,才能作为投资性房地产加以确认,其成本包括购买价款、可以计入成本的相关税费和可直接归属于该资产的其他支出。

[例6-1] 甲公司是一家商贸企业,为了拓展经营规模,2×21年3月1日以银行存款购得位于繁华商业区的一层商务用楼,并进行招租。该层商务楼的买价为600万元,相关税费为30万元。假设不考虑增值税,甲公司采用成本模式进行后续计量。

该商务楼的入账成本=买价+相关税费=600+30=630(万元)

甲公司应编制会计分录如下:

借:投资性房地产——商务楼   6 300 000
　　贷:银行存款   6 300 000

[例6-2] 沿用[例6-1],假设甲公司拥有的投资性房地产符合采用公允价值计量模式的条件,采用公允价值模式进行后续计量。

甲公司应编制会计分录如下:

借:投资性房地产——成本(商务楼)   6 300 000
　　贷:银行存款   6 300 000

(二) 自行建造方式取得的投资性房地产

企业自行建造或开发活动完成后用于出租的房地产属于投资性房地产。只有在自行建造或开发活动完成的同时开始出租,才能将自行建造或开发完成的房地产确认为投资性房地产。自行建造的投资性房地产,其成本由建造该项资产达到预定可使用状态前发生的必要支出构成,包括土地开发费、建筑成本、安装成本、应予资本化的借款费用、支付的其他费用和分摊的间接费用等。建造过程中发生的非正常性损失,直接计入当期损益,不计入建造成本。

[例6-3] 乙公司是一家建筑公司,为了降低经营风险,于2×21年1月1日开始自行建造一幢办公楼,拟用于招租。工程于2×21年1月1日开工,2×22年2月达到预定可使用状态。建造工程发生人工费600万元,投入工程物资7 000万元。假设不考虑增值税,乙公司采用成本模式进行后续计量。

该商务楼的入账成本=600+7 000=7 600(万元)

乙公司应编制会计分录如下:

(1) 工程领用物资:

借:在建工程——办公楼   70 000 000

贷：工程物资　　　　　　　　　　　　　　　　　　　70 000 000
　（2）分配工程人员工资：
　　借：在建工程——办公楼　　　　　　　　　　　　　　 6 000 000
　　贷：应付职工薪酬　　　　　　　　　　　　　　　　　 6 000 000
　（3）工程完工：
　　借：投资性房地产——办公楼　　　　　　　　　　　　76 000 000
　　贷：在建工程　　　　　　　　　　　　　　　　　　　76 000 000
　　上例中，如采用公允价值模式计量，应当按照确定的成本，借记"投资性房地产——成本（办公楼）"，贷记"在建工程"。

（三）投资者投入的投资性房地产

对于企业的投资者以投资性房地产进行投资的，企业在办理了投资性房地产移交手续之后，应按投资合同或协议约定的价值作为投资性房地产的入账价值，但合同或协议约定价值不公允的除外。

[例 6-4] 甲公司是一家商贸企业，2×21 年 4 月 1 日接受丁公司以一项土地使用权进行投资，该土地使用权在丁公司的账面价值为 4 000 万元，双方协议以评估价为投入资产的入账价值。经评估，该土地使用权的公允价值为 4 500 万元。甲公司取得该土地使用权后，拟于适当时机转让。假设不考虑增值税，甲公司采用成本模式进行后续计量。

该土地使用权的入账成本＝双方协议价＝4 500（万元）

甲公司应编制会计分录如下：
　　借：投资性房地产——土地使用权　　　　　　　　　　45 000 000
　　贷：实收资本——丁公司　　　　　　　　　　　　　　45 000 000

（四）非投资性房地产转换为投资性房地产

非投资性房地产转换为投资性房地产，实质上是因房地产用途发生改变而对房地产进行的重新分类。房地产转换的计量将在本章第五节"投资性房地产的转换和处置"中进行介绍。

如果是债务重组、非货币性资产交换等方式取得的投资性房地产，应按照《企业会计准则第 7 号——非货币性资产交换》《企业会计准则第 12 号——债务重组》准则的规定进行处理。

第三节　投资性房地产的后续计量

企业在资产负债表日对投资性房地产的后续计量模式有两种：成本模式和公允价值模式。企业通常应当采用成本模式对投资性房地产进行计量，如果有确凿证据表明投资性房地产的公允价值能够持续可靠地取得，也可以采用公允价值模式对投资性房地产进行后续计量。但是，同一企业只能采用一种模式对所有投资性房地产进行后续计量，不得同时采用两种计量模式。

一、采用成本模式计量的投资性房地产

在成本模式下,应当按照固定资产或无形资产的有关规定,对投资性房地产进行后续计量。因此,需要设置"投资性房地产累计折旧(摊销)"科目,反映按期(月)计提的折旧或进行的摊销。投资性房地产应按期(月)计提的折旧或进行的摊销,借记"其他业务成本"等科目,贷记"投资性房地产累计折旧(摊销)";取得的租金收入,借记"银行存款"等科目,贷记"其他业务收入"等科目。

投资性房地产存在减值迹象的,还应当按照资产减值的有关规定进行处理,需设置"投资性房地产减值准备"科目。投资性房地产经减值测试后确定发生减值的,应当计提减值准备,借记"资产减值损失"科目,贷记"投资性房地产减值准备"科目。已经计提减值准备的投资性房地产,其减值损失在以后的会计期间不得转回。

[例 6-5] 甲公司 2×21 年 7 月 1 日接受 B 公司投入的一项土地使用权,双方协议价为 5 000 万元。甲公司取得该土地后,拟于适当时机转让。该土地使用权的法定有效期为 50 年,甲公司决定采用成本模式对该土地使用权进行后续计量。

根据投资性房地产准则,甲公司所接受的土地使用权符合投资性房地产的确认条件,应单独作为"投资性房地产"核算,其价值的摊销应参照《企业会计准则第 6 号——无形资产》的相关规定进行处理。

该投资性房地产的入账成本=双方协议价=5 000(万元)

2×21 年的摊销额=5 000÷50×6/12=50(万元)

其摊销应编制会计分录如下:

借:其他业务成本　　　　　　　　　　　　　　　　　　500 000
　　贷:投资性房地产累计摊销　　　　　　　　　　　　　　500 000

[例 6-6] 甲公司 2×21 年 4 月 1 日购入一幢写字楼,用于对外出租。该办公楼的买价为 3 000 万元,应计入成本的相关税费为 50 万元,预计使用寿命 20 年,预计净残值为 20 万元,甲公司采用直线法提取折旧。该办公楼的年租金为 400 万元,于每年末收取。该写字楼于 2×21 年 6 月底达到可供出租状态,自 2×21 年 7 月 1 日开始出租,甲公司决定采用成本模式对该办公楼进行后续计量。假设不考虑增值税。

根据投资性房地产准则,甲公司所购写字楼符合投资性房地产的确认条件,应单独作为"投资性房地产"核算,其后续会计处理应按照固定资产准则的相关规定进行处理。

该投资性房地产的入账成本=3 000+50=3 050(万元)

2×21 年的折旧额=(3 050−20)÷20×6/12=75.75(万元)

甲公司应编制会计分录如下:

2×21 年末收取租金时

借:银行存款　　　　　　　　　　　　　　　　　　　2 000 000
　　贷:其他业务收入　　　　　　　　　　　　　　　　　2 000 000

2×21 年提取折旧时

借:其他业务成本　　　　　　　　　　　　　　　　　　757 500
　　贷:投资性房地产累计折旧　　　　　　　　　　　　　　757 500

二、采用公允价值模式计量的投资性房地产

我国企业会计准则规定投资性房地产后续计量通常应当采用成本模式,只有符合规定条件的,可以采用公允价值模式。企业只有存在确凿证据表明投资性房地产的公允价值能够持续可靠取得,才可以采用公允价值模式对投资性房地产进行后续计量。企业一旦选择采用公允价值计量模式就应当对其所有投资性房地产均采用公允价值模式进行后续计量。

(一)采用公允价值模式的前提条件

采用公允价值模式进行后续计量的投资性房地产应当同时满足下列条件:

(1)投资性房地产所在地有活跃的房地产交易市场。这里所讲的所在地,通常是指投资性房地产所在的城市,对于大中城市,应当具体化为投资性房地产所在的城区。

(2)企业能够从活跃的房地产交易市场上取得同类或类似房地产的市场价格及其他相关信息,从而对投资性房地产的公允价值作出合理的估计。

投资性房地产的公允价值是指市场参与者在计量日发生的有序交易中,出售一项资产所能收到或者转移一项负债所需支付的价格。确定投资性房地产的公允价值时,应当参照活跃市场上同类或类似房地产的现行市场价格(市场公开报价);无法取得同类或类似房地产现行市场价格的,应当参照活跃市场上同类或类似房地产的最近交易价格,并考虑交易情况、交易日期、所在区域等因素,从而对投资性房地产的公允价值作出合理的估计;也可以基于预计未来获得的租金收益和相关现金流量的现值计量。"同类或类似"的房地产,对建筑物而言,是指所处地理位置和地理环境相同、性质相同、结构类型相同或近、新旧程度相同或相近、可使用状况相同或相近的建筑物;对土地使用权而言,是指同一位置区域、所处地理环境相同或相近、可使用状况相同或相近的土地。

(二)采用公允价值模式计量的会计处理

企业采用公允价值模式进行后续计量的,不对投资性房地产计提折旧或进行摊销,应当以资产负债表日投资性房地产的公允价值为基础调整其账面余额,公允价值与其账面余额之间的差额计入当期损益。

企业应设置"公允价值变动损益"科目,核算企业交易性金融资产、交易性金融负债,以及采用公允价值模式计量的投资性房地产等公允价值变动形成的应计入当期损益的利得或损失。资产负债表日,投资性房地产的公允价值高于其账面余额的差额,借记"投资性房地产——公允价值变动"科目,贷记"公允价值变动损益"科目;投资性房地产的公允价值低于其账面余额的差额,作相反的账务处理。期末,应将本科目余额转入"本年利润"科目,结转后本科目无余额。

[例6-7] 甲公司为从事房地产经营开发的企业。2×21年8月,甲公司与B公司签订租赁协议,约定将甲公司开发的一栋精装修的写字楼于开发完成的同时开始租赁给B公司使用,租赁期8年。当年10月1日,该写字楼开发完成并开始起租,写字楼的造价为8 000万元。2×21年12月31日,该写字楼的公允价值为8 200万元。甲公司采用公允价值计量模式。

甲公司应编制会计分录如下:

(1) 2×21 年 10 月 1 日，甲公司开发完成写字楼并出租：
借：投资性房地产——成本 80 000 000
　　贷：开发成本 80 000 000
(2) 2×21 年 12 月 31 日，按公允价值调整账面价值：
借：投资性房地产——公允价值变动 2 000 000
　　贷：公允价值变动损益 2 000 000

三、投资性房地产后续计量模式的变更

采用公允价值模式计量，期末投资性房地产的公允价值与其账面价值不一致，就会产生公允价值变动损益，企业会计准则规定因公允价值变动产生的损益要计入当期损益，这就有可能为个别企业进行盈余管理留下操纵的空间。为保证会计信息的可比性，企业对投资性房地产的计量模式一经确定，不得随意变更。已采用公允价值模式计量的投资性房地产，不得从公允价值模式转为成本模式。存在确凿证据表明投资性房地产的公允价值能够持续可靠取得、且能够满足采用公允价值模式条件的情况下，才允许企业对投资性房地产从成本模式计量变更为公允价值模式计量。从成本模式转为公允价值模式的，应当作为会计政策变更处理，将计量模式变更时公允价值与账面价值的差额，调整期初留存收益。

[例 6-8]　2×21 年，甲公司已在 2×20 年将一栋写字楼对外出租，采用成本模式进行后续计量。2×21 年 1 月 1 日，假设甲公司持有的投资性房地产满足采用公允价值模式条件，甲公司决定采用公允价值模式对该写字楼进行后续计量。2×21 年 1 月 1 日，该写字楼的原价为 13 500 万元，已提折旧 405 万元，账面价值为 13 095 万元，公允价值为 14 500 万元。甲公司按净利润的 10% 提取盈余公积，不考虑相关税费的影响。应编制会计分录如下：

借：投资性房地产——成本 145 000 000
　　投资性房地产——累计折旧 4 050 000
　　贷：投资性房地产 135 000 000
　　　　利润分配——未分配利润 12 645 000
　　　　盈余公积 1 405 000

第四节　投资性房地产的后续支出

与固定资产后续支出的处理原则一样，投资性房地产的后续支出，满足投资性房地产确认条件的，予以资本化；不满足投资性房地产确认条件的，予以费用化。

(一) 资本化的后续支出

与投资性房地产有关的后续支出，满足投资性房地产确认条件的，应当计入投资性房地产成本。例如，企业为了提高投资性房地产的使用效能，往往需要对投资性房地产进行

改建、扩建而使其更加坚固耐用,或者通过装修而改善其室内装潢,改扩建或装修支出满足确认条件的,应当将其资本化。企业对某项投资性房地产进行改扩建等再开发且将来仍作为投资性房地产的,在再开发期间应继续将其作为投资性房地产,再开发期间不计提折旧或摊销。

[例 6-9] 2×21 年 3 月,甲企业与乙企业的一项厂房经营租赁合同即将到期。该厂房按照成本模式进行后续计量,原价为 2 000 万元,已计提折旧 600 万元。为了提高厂房的租金收入,甲企业决定在租赁期满后对厂房进行改扩建,并与丙企业签订了经营租赁合同,约定自改扩建完工时将厂房出租给丙企业。3 月 15 日,与乙企业的租赁合同到期,厂房随即进入改扩建工程。12 月 10 日,厂房改扩建工程完工,共发生支出 150 万元,即日按照租赁合同出租给丙企业。假设甲企业采用成本计量模式,不考虑相关税费。

本例中,改扩建支出属于资本化的后续支出,应当计入投资性房地产的成本。

甲企业编制会计分录如下:

(1) 2×21 年 3 月 15 日,投资性房地产转入改扩建工程:

借:投资性房地产——厂房(在建)   14 000 000
  投资性房地产累计折旧   6 000 000
  贷:投资性房地产——厂房   20 000 000

(2) 2×21 年 3 月 15 日—12 月 10 日:

借:投资性房地产——厂房(在建)   1 500 000
  贷:银行存款等   1 500 000

(3) 2×21 年 12 月 10 日,改扩建工程完工:

借:投资性房地产——厂房   15 500 000
  贷:投资性房地产——厂房(在建)   15 500 000

(二) 费用化的后续支出

与投资性房地产有关的后续支出,不满足投资性房地产确认条件的,应当在发生时计入当期损益。例如,企业对投资性房地产进行日常维护发生一些支出。企业在发生投资性房地产费用化的后续支出时,借记"其他业务成本"等科目,贷记"银行存款"等科目。

第五节 投资性房地产的转换和处置

一、投资性房地产的转换

(一) 投资性房地产的转换形式及转换日

房地产的转换,是因房地产用途发生改变而对房地产进行的重新分类。这里所说的房地产转换是针对房地产用途发生改变而言,而不是后续计量模式的转变。企业有确凿证据表明房地产的用途发生改变,且满足下列条件之一的,应当将投资性房地产转换为其他资产或者将其他资产转换为投资性房地产:

(1) 投资性房地产开始自用,即将投资性房地产转为固定资产或无形资产。投资性房地产开始自用是指企业将原来用于赚取租金或资本增值的房地产改为用于生产商品、提供劳务或者经营管理。在此种情况下,转换日为房地产达到自用状态,企业开始将其用于生产商品、提供劳务或者经营管理的日期。

(2) 作为存货的房地产改为出租,通常指房地产开发企业将其持有的开发产品以经营租赁的方式出租,存货相应地转换为投资性房地产。在此种情况下,转换日为房地产的租赁期开始日。租赁期开始日,是指承租人有权行使其使用租赁资产权利的日期。

(3) 自用建筑物停止自用改为出租,即企业将原本用于生产商品、提供劳务或者经营管理的房地产改用于出租,固定资产相应地转换为投资性房地产。在此种情况下,转换日为租赁期开始日。

(4) 自用土地使用权停止自用改用于赚取租金或资本增值,即企业将原本用于生产商品、提供劳务或者经营管理的土地使用权改用于赚取租金或资本增值,该土地使用权相应地由无形资产转换为投资性房地产。在此种情况下,转换日为企业停止将该项土地使用权用于生产商品、提供劳务或经营管理且管理当局作出房地产转换决议的日期。

(5) 房地产企业将用于经营出租的房地产重新开发用于对外销售,从投资性房地产转为存货。在这种情况下,转换日为租赁期满,企业董事会或类似机构作出书面决议明确表明将其重新开发用于对外销售的日期。

(二) 房地产转换的会计处理

1. 成本模式计量下的投资性房地产转换

(1) 非投资性房地产转换为投资性房地产。

非投资性房地产转换为投资性房地产主要包括作为存货的房地产改为出租、自用建筑物或土地使用权停止自用改为出租、自用土地使用权停止自用改用于资本增值等。

企业将作为存货的房地产转换为采用成本模式计量的投资性房地产,应当按该项存货在转换日的账面价值,借记"投资性房地产"科目,原已计提跌价准备的,借记"存货跌价准备"科目,按其账面余额,贷记"开发产品"等科目。

企业将自用土地使用权或建筑物转换为以成本模式计量的投资性房地产时,应当按该项建筑物或土地使用权在转换日的原价、累计折旧、减值准备等,分别转入"投资性房地产""投资性房地产累计折旧(摊销)""投资性房地产减值准备"科目;按其账面余额,借记"投资性房地产"科目,贷记"固定资产"或"无形资产"科目;按已计提的折旧或摊销,借记"累计折旧"或"累计摊销"科目,贷记"投资性房地产累计折旧(摊销)"科目;原已计提减值准备的,借记"固定资产减值准备"或"无形资产减值准备"科目,贷记"投资性房地产减值准备"科目。

[例6-10] 甲企业是从事房地产开发业务的企业,2×21年3月10日,甲企业与乙企业签订了租赁协议,将其开发的一栋写字楼出租给乙企业使用,租赁期开始日为2×21年4月15日。2×21年4月15日,该写字楼的账面余额55 000万元,未计提存货跌价准备。

甲企业应编制会计分录如下:

借:投资性房地产——写字楼　　　　　　　　　　　550 000 000
　　贷:开发产品　　　　　　　　　　　　　　　　　　　550 000 000

[例6-11] 甲企业拥有一栋办公楼,用于本企业总部办公。2×21年3月10日,甲企业与乙企业签订了经营租赁协议,将这栋办公楼集体出租给乙企业使用,租赁期开始日为

2×21年4月15日，为期5年。2×21年4月15日，这栋办公楼的账面余额55 000万元，已计提折旧300万元。

甲企业应编制会计分录如下：

借：投资性房地产——写字楼　　　　　　　　　　　　　550 000 000
　　累计折旧　　　　　　　　　　　　　　　　　　　　　3 000 000
　　贷：固定资产　　　　　　　　　　　　　　　　　　　550 000 000
　　　　投资性房地产累计折旧　　　　　　　　　　　　　　3 000 000

(2) 投资性房地产转换为非投资性房地产。

投资性房地产转换为非投资性房地产主要包括企业将投资性房地产转换为自用房地产、投资性房地产转换为存货。

企业将投资性房地产转换为自用房地产时，应当按该项投资性房地产在转换日的账面余额、累计折旧、减值准备等，分别转入"固定资产""累计折旧""固定资产减值准备"等科目；按投资性房地产的账面余额，借记"固定资产"或"无形资产"科目，贷记"投资性房地产"科目；按已计提的折旧或摊销，借记"投资性房地产累计折旧（摊销）"科目，贷记"累计折旧"或"累计摊销"科目；原已计提减值准备的，借记"投资性房地产减值准备"科目，贷记"固定资产减值准备"或"无形资产减值准备"科目。

企业将投资性房地产转换为存货时，应当按照该项房地产在转换日的账面价值，借记"开发产品"科目，按照已计提的折旧或摊销，借记"投资性房地产累计折旧（摊销）"科目，原已计提减值准备的，借记"投资性房地产减值准备"科目，按其账面余额，贷记"投资性房地产"科目。

[例6-12] 2×21年9月1日，甲企业将出租在外的厂房收回，开始用于本企业生产商品。该项房地产在转换前采用成本模式计量，其账面价值为2 800万元，其中，原价5 000万元，累计已提折旧2 200万元。

甲企业应编制会计分录如下：

借：固定资产　　　　　　　　　　　　　　　　　　　　50 000 000
　　投资性房地产累计折旧　　　　　　　　　　　　　　　22 000 000
　　贷：投资性房地产——厂房　　　　　　　　　　　　　50 000 000
　　　　累计折旧　　　　　　　　　　　　　　　　　　　22 000 000

2. 公允价值模式计量下的投资性房地产转换

(1) 非投资性房地产转换为投资性房地产。

非投资性房地产转换为投资性房地产主要包括作为存货的房地产改为出租、自用建筑物或土地使用权停止自用改为出租、自用土地使用权停止自用改用于资本增值等。

企业将作为存货的房地产转换为采用公允价值模式计量的投资性房地产，应当按该项房地产在转换日的公允价值，借记"投资性房地产——成本"科目，原已计提跌价准备的，借记"存货跌价准备"科目；按其账面余额，贷记"开发产品"等科目。同时，转换当日的公允价值小于原账面价值的，其差额借记当期损益（公允价值变动损益）；转换当日的公允价值大于原账面价值的，其差额贷记"其他综合收益"科目，计入所有者权益。以后当该项投资性房地产处置时，因转换计入其他综合收益的部分应转入当期损益。

企业将自用房地产转换为采用公允价值模式计量的投资性房地产，应当按该项土地使用权或建筑物在转换日的公允价值,借记"投资性房地产——成本"科目,原已计提的累计摊销或累计折旧,借记"累计摊销"或"累计折旧"科目;原已计提减值准备的,借记"无形资产减值准备""固定资产减值准备"科目;按其账面余额,贷记"固定资产"或"无形资产"等科目。同时,转换当日的公允价值小于原账面价值的,按其差额借记"公允价值变动损益";转换当日的公允价值大于原账面价值的,按其差额贷记"其他综合收益"科目。以后当该项投资性房地产处置时,因转换计入其他综合收益的部分应转入当期损益。

[例6-13] 甲企业是从事房地产开发业务的企业,2×21年3月10日,甲企业与乙企业签订了租赁协议,将其开发的一栋写字楼出租给乙企业使用,租赁期开始日为2×21年4月15日。2×21年4月15日,该写字楼的账面余额45 000万元,公允价值为47 000万元。2×21年12月31日,该项投资性房地产的公允价值为48 000万元。

甲企业应编制会计分录如下:

① 2×21年4月15日:

借:投资性房地产——成本　　　　　　　　　　　　　　470 000 000
　　贷:开发产品　　　　　　　　　　　　　　　　　　450 000 000
　　　　其他综合收益　　　　　　　　　　　　　　　　 20 000 000

② 2×21年12月31日:

借:投资性房地产——公允价值变动　　　　　　　　　　 10 000 000
　　贷:公允价值变动损益　　　　　　　　　　　　　　 10 000 000

[例6-14] 甲企业拥有一栋办公楼,用于本企业总部办公。由于原办公楼处于商业繁华地段,甲企业准备将其出租,以赚取租金收入。2×21年2月,甲企业完成搬迁工作,原办公楼停止自用。2×21年3月10日,甲企业与乙企业签订了经营租赁协议,将这栋办公楼集体出租给乙企业使用,租赁期开始日为2×21年4月15日,为期5年。2×21年4月15日,这栋办公楼的账面余额55 000万元,已计提折旧300万元,公允价值为50 000万元。

2×21年4月15日,甲企业应编制会计分录如下:

借:投资性房地产——成本　　　　　　　　　　　　　　500 000 000
　　公允价值变动损益　　　　　　　　　　　　　　　　 47 000 000
　　累计折旧　　　　　　　　　　　　　　　　　　　　　3 000 000
　　贷:固定资产　　　　　　　　　　　　　　　　　　550 000 000

(2) 投资性房地产转为非投资性房地产。

投资性房地产转换为非投资性房地产主要包括企业将投资性房地产转换为自用房地产、投资性房地产转换为存货。

企业将采用公允价值模式计量的投资性房地产转换为自用房地产时,应当以其转换当日的公允价值作为自用房地产的入账价值,公允价值与原账面价值的差额计入当期损益(公允价值变动损益)。转换日,按该项投资性房地产的公允价值,借记"固定资产"或"无形资产"科目,按该项投资性房地产的成本,贷记"投资性房地产——成本"科目,按该项投资性房地产的累计公允价值变动,贷记或借记"投资性房地产——公允价值变动"科目,按其差额,贷记或借记"公允价值变动损益"科目。

企业将采用公允价值模式计量的投资性房地产转换为存货时,应当以其转换当日的公允价值作为存货的入账价值,公允价值与原账面价值的差额计入当期损益。转换日,按该项投资性房地产的公允价值，借记"开发产品"等科目，按该项投资性房地产的成本，贷记"投资性房地产——成本"科目；按该项投资性房地产的累计公允价值变动，贷记或借记"投资性房地产——公允价值变动"科目；按其差额，贷记或借记"公允价值变动损益"科目。

[例6-15] 2×21年9月1日，甲企业将出租在外的厂房收回，开始用于本企业生产商品，转换日公允价值为4 800万元。该项房地产在转换前采用公允价值模式计量，原账面价值为4 750万元，其中，成本为4 500万元，公允价值变动为增值250万元。

甲企业应编制会计分录如下：

借：固定资产	48 000 000
贷：投资性房地产——成本	45 000 000
——公允价值变动	2 500 000
公允价值变动损益	500 000

二、投资性房地产的处置

当投资性房地产被处置，或者永久退出使用且预计不能从其处置中取得经济利益时，应当终止确认该项投资性房地产。企业可通过对外出售或转让方式处置投资性房地产，对于那些由于使用而不断磨损直至最终报废，或者由于遭受自然灾害等非正常损失发生毁损的投资性房地产也应当及时进行清理。企业出售、转让、报废投资性房地产或者发生投资性房地产毁损时，应当将处置收入扣除其账面价值和相关税费后的金额计入当期损益（将实际收到的处置收入计入其他业务收入，所处置投资性房地产的账面价值计入其他业务成本）。

（一）采用成本模式计量的投资性房地产的处置

采用成本模式后续计量的投资性房地产，所计提的投资性房地产减值准备和累计折旧、累计摊销，在处置时应一并转销。处置按成本模式进行后续计量的投资性房地产时，应按实际收到的金额，借记"银行存款"等科目，贷记"其他业务收入"科目、"应交税费——应交增值税（销项税额）"科目；按该项投资性房地产的账面价值，借记"其他业务成本"科目，按其账面余额，贷记"投资性房地产"科目；按照已计提的折旧或摊销，借记"投资性房地产累计折旧（摊销）"科目；原已计提减值准备的，借记"投资性房地产减值准备"科目。

[例6-16] 甲企业于2×21年12月11日以500万元的价格对外转让一处房产。该房产系甲企业于2×19年12月1日以400万元的价格购入，用于对外出租，采用成本计量模式进行后续计量，购入时该房产的预计使用年限为20年，假定无残值，甲企业采用直线法提取折旧，增值税税率9%，其他税费略。

甲企业应编制会计分录如下：

该房地产已提折旧=（400-0）÷20×2=40（万元）
该房地产出售时的账面价值=400-40=360（万元）

借：银行存款	5 450 000
贷：其他业务收入	5 000 000
应交税费——应交增值税（销项税额）	450 000
借：其他业务成本	3 600 000

投资性房地产累计折旧　　　　　　　　　　　　　　　　　　400 000
　　贷：投资性房地产　　　　　　　　　　　　　　　　　　　　　4 000 000

（二）采用公允价值模式计量的投资性房地产的处置

处置按公允价值模式计量的投资性房地产，应按实际收到的金额，借记"银行存款"等科目，贷记"其他业务收入"科目、"应交税费——应交增值税（销项税额）"科目；按该项投资性房地产的账面余额，借记"其他业务成本"科目，按其成本，贷记"投资性房地产——成本"科目，按其累计公允价值变动，借记或贷记"投资性房地产——公允价值变动"科目，同时结转投资性房地产累计公允价值变动。若存在原转换日计入其他综合收益的金额，也一并结转。

[例6-17]　甲企业为一家房地产开发企业，2×21年3月10日，甲企业与乙企业签订了租赁协议，将其开发的一栋写字楼出租给乙企业使用，租赁期开始日为2×21年4月15日。2×21年4月15日，该写字楼的账面余额45 000万元，公允价值为47 000万元。2×21年12月31日，该项投资性房地产的公允价值为48 000万元，2×22年6月10日租赁期满，企业收回该项投资性房地产，并以55 000万元出售，出售款项已收讫。假设甲企业采用公允价值模式计量，增值税税率9%，其他税费略。甲企业应编制会计分录如下：

(1) 2×21年4月15日，存货转为投资性房地产：
借：投资性房地产——成本　　　　　　　　　　　　　　　　470 000 000
　　贷：开发产品　　　　　　　　　　　　　　　　　　　　　　450 000 000
　　　　其他综合收益　　　　　　　　　　　　　　　　　　　　 20 000 000

(2) 2×21年12月31日，公允价值变动：
借：投资性房地产——公允价值变动　　　　　　　　　　　　 10 000 000
　　贷：公允价值变动损益　　　　　　　　　　　　　　　　　　 10 000 000

(3) 2×22年6月10日，收回并出售投资性房地产：
借：银行存款　　　　　　　　　　　　　　　　　　　　　　599 500 000
　　贷：其他业务收入　　　　　　　　　　　　　　　　　　　　550 000 000
　　　　应交税费——应交增值税（销项税额）　　　　　　　　　 49 500 000
借：其他业务成本　　　　　　　　　　　　　　　　　　　　480 000 000
　　贷：投资性房地产——成本　　　　　　　　　　　　　　　　470 000 000
　　　　　　　　　　——公允价值变动　　　　　　　　　　　　 10 000 000

同时，将投资性房地产累计公允价值变动损益转入其他业务成本。
借：公允价值变动损益　　　　　　　　　　　　　　　　　　 10 000 000
　　贷：其他业务成本　　　　　　　　　　　　　　　　　　　　 10 000 000

将转换时原计入其他综合收益的部分转入其他业务成本
借：其他综合收益　　　　　　　　　　　　　　　　　　　　 20 000 000
　　贷：其他业务成本　　　　　　　　　　　　　　　　　　　　 20 000 000

第六节 其他资产

其他资产是指除流动资产、长期投资、固定资产、无形资产等以外的各项资产,主要包括长期性质的待摊费用、商誉和其他长期资产等。

一、长期待摊费用

长期待摊费用是指企业已经发生但应由本期和以后各期负担的分摊期限在1年以上的各项费用,如租入固定资产发生的改良支出、装修支出等。

企业发生的长期待摊费用,按实际发生的金额,借记"长期待摊费用"科目,贷记"银行存款""原材料"等科目。摊销时,借记"销售费用""制造费用""管理费用"等科目,贷记"长期待摊费用"科目。长期待摊费用的期末余额,反映企业尚未摊销的各项长期待摊费用的摊余价值。长期待摊费用应按费用的种类设置明细账,进行明细核算。

[例6-18] 甲公司2×21年3月1日租入一台低价值生产设备,租赁期为2年,对该租入设备采用简化处理,不确认使用权资产。为适应生产要求,委托丁公司进行改良,取得的增值税专用发票注明的价格为48 000元,增值税税额为2 880元,已全部用银行存款支付。

甲公司应编制会计分录如下:
(1) 以银行存款支付改良工程款时:

借:长期待摊费用——租入固定资产改良支出   48 000
    应交税费——应交增值税(进项税额)   2 880
  贷:银行存款   50 880

(2) 在租赁期内每月摊销时:

每月摊销额 48 000÷2÷12 = 2 000(元)

借:制造费用   2 000
  贷:长期待摊费用——租入固定资产改良支出   2 000

二、商誉

随着我国市场经济体制的建立和完善,现代企业制度的建立以及证券市场的发展,采用企业合并来实现自身战略发展目标的企业越来越多。《企业会计准则第20号——企业合并》对企业合并处理时产生的商誉进行了规范。

(一) 商誉的确认和初始计量

企业合并,是指将两个或者两个以上单独的企业合并形成一个报告主体的交易或事项。企业合并分为同一控制下的企业合并和非同一控制下的企业合并。同一控制下的企业合并,是指参与合并的企业在合并前后均受同一方或相同的多方最终控制且该控制并非暂时性的合并。从广义上讲,同属国家国有资产监督管理部门管理的国有企业之间的并购均属于同一控制下的企业合并。非同一控制下的企业合并,是指参与合并的各方在合并前后不受同一方或相同的多方最终控制的合并。其特点是:企业合并大多是出自企业自愿的行为;交易过程中各方处于自身利益的考虑会进行激烈的讨价还价,交易以公允价值为基础,作价相对公平合理。

企业对非同一控制下的企业合并应采用购买法进行账务处理。购买法将企业合并看成是一个企业购买另一个企业的交易行为,因此,被合并企业净资产入账时应采用公允价值。购买方对合并成本大于合并中取得的被购买方可辨认净资产公允价值份额的差额,也即购买溢价,应当确认为商誉。

[例6-19] 甲公司以银行存款14 000万元作为合并对价对乙公司进行吸收合并,购买日乙公司持有资产的情况如下:

	账面价值	公允价值
固定资产	6 000万元	8 000万元
无形资产	4 000万元	6 000万元
长期借款	3 000万元	3 000万元
净资产	7 000万元	11 000万元

甲公司应编制会计分录如下:

借:固定资产　　　　　　　　　　　　　　80 000 000
　　无形资产　　　　　　　　　　　　　　60 000 000
　　商誉　　　　　　　　　　　　　　　　30 000 000
　贷:长期借款　　　　　　　　　　　　　　30 000 000
　　　银行存款　　　　　　　　　　　　　140 000 000

《企业会计准则第20号——企业合并》规定购买方对合并成本小于合并中取得的被购买方可辨认净资产公允价值份额的差额,首先要对取得的被购买方各项可辨认资产、负债及或有负债的公允价值以及合并成本的计量进行复核,经过复核后合并成本仍小于合并中取得的被购买方可辨认净资产公允价值份额的,其差额应当计入当期损益。

(二) 商誉的后续计量

商誉的后续计量不需要摊销,但至少应当在每年年度终了进行减值测试。因此初始确认后的商誉,应当以其成本扣除累计减值后的金额计量。

企业在对商誉进行减值测试时,由于商誉难以独立于其他资产为企业单独产生现金流量,因此,应当自合并日起将商誉的账面价值按照合理的方法分摊至相关的资产组,难以分摊至相关资产组的,应当将其分摊至相关的资产组组合,这些资产组或资产组组合应当是能够从企业合并的协同效应中受益的资产组或资产组组合。商誉减值测试的具体处理见第八章相关章节。

第七节

投资性房地产及其他资产在财务报告中的披露

一、投资性房地产及其他资产在财务报表中的列示

在资产负债表中,与投资性房地产及其他资产相关的项目主要有:
(1)"投资性房地产"项目,反映资产负债表日企业持有的投资性房地产账面价值。
(2)"长期待摊费用"项目,反映资产负债表日企业尚未进行摊销的各项费用金额。
(3)"商誉"项目,反映资产负债表日企业的商誉的期末账面价值。

二、投资性房地产及其他资产在附注中的披露

(1)对于采用成本计量模式的投资性房地产,企业应当分类列示其账面原值、累计折旧、减值准备累计金额以及账面价值的上年年末余额、期末余额和本期增减变动情况,披露格式参见第五章固定资产。

对于采用公允价值计量模式的投资性房地产,企业应当分类列示其上年年末余额、期末余额和本期增减变动情况,其披露格式如表6-1所示。

表6-1　　投资性房地产公允价值模式后续计量的披露格式

	房屋及建筑物	土地使用权
上年年末余额		
公允价值变动		
期末余额		

(2)对于长期待摊费用,企业应当分类列示其上年年末余额、期末余额和本期增减变动情况,其披露格式如表6-2所示。

表6-2　　长期待摊费用的披露格式

项　目	上年年末余额	本期增加	本期摊销	其他减少	期末余额
装修费					
……					
其他					
合计					

(3)对于商誉,企业应当按照被投资单位或项目列示其上年年末余额、期末余额和本期增减变动情况,以及减值准备的上年年末余额、期末余额和本期增减变动情况,并披露商誉减值测试过程、参数及商誉减值损失的确认方法。

本章小结

投资性房地产,是指为赚取租金或资本增值,或两者兼有而持有的房地产。

投资性房地产应当按照成本进行初始确认和计量。投资性房地产的后续计量有成本和公允价值两种计量模式,通常应当采用成本模式计量,满足特定条件的情况下也可以采用公允价值模式计量。但是,同一企业只能采用一种模式对所有投资性房地产进行后续计量,不得同时采用两种计量模式。企业投资性房地产的计量模式一经确定,不得随意变更。

采用成本模式计量的投资性房地产的核算与固定资产、无形资产基本相同;采用公允价值模式计量的投资性房地产的核算期末不计提折旧或进行摊销,而是在资产负债表日以投资性房地产的公允价值为基础调整其账面价值,新公允价值与原账面价值的差额记入"公允价值变动损益"账户。

投资性房地产的转换是指因房地产用途发生改变而对房地产进行重新分类。企业必须有确凿证据表明房地产用途发生改变,才能将房地产按用途进行转换。企业应根据不同的转换方式进行相关会计处理。

长期待摊费用是指企业已经发生但应由本期和以后各期负担的分摊期限在1年以上的各项费用,如租入固定资产发生的改良支出、装修支出等。

购买方对合并成本大于合并中取得的被购买方可辨认净资产公允价值份额的差额,即购买溢价应当确认为商誉。商誉后续计量不需要摊销,但至少应当在每年年度终了进行减值测试。

复习思考题

1. 举例说明投资性房地产的范围。
2. 举例说明哪些房地产不属于投资性房地产。
3. 投资性房地产的初始计量应遵循什么原则?
4. 投资性房地产采用成本模式进行后续计量和采用公允价值进行后续计量有何不同?
5. 投资性房地产采用公允价值计量条件是什么?

练习题

1. 2×21年1月,甲企业从其他单位购入一块土地的使用权,并在该块土地上开始自行建造三栋厂房。2×21年6月,甲企业预计厂房即将完工,与乙公司签订了经营租赁合同,将其中的一栋厂房租赁给乙公司使用。租赁合同约定,该厂房于完工(达到预定可使用状态)时开始起租。2×21年11月5日,三栋厂房同时完工(达到预定可使用状态)。该块土地使用权的成本为600万元;三栋厂房的造价均为1 000万元,能够单独出售。假定甲公司对投资性房地产采用成本模式计量。假定不考虑相关税费的影响。

要求:为甲企业进行相关账务处理。

2. 2×21年6月，甲企业打算搬迁至新建办公楼，由于原办公楼处于商业繁华地段，甲企业准备将其出租，以赚取租金收入。2×21年10月，甲企业完成搬迁工作，原办公楼停止自用。2×21年12月，甲企业与乙企业签订了经营租赁协议，将这栋办公楼出租给乙企业使用，租赁期开始日为2×22年1月1日，为期5年。2×22年1月1日，这栋办公楼原价50 000万元，已计提折旧14 250万元，公允价值为35 000万元。甲企业采用公允价值模式计量。假定不考虑相关税费的影响。

要求：为甲企业进行相关账务处理。

3. 甲企业将其出租的一栋写字楼确认为投资性房地产，采用成本模式计量。租赁期届满后，甲企业将该栋写字楼出售给乙公司，合同价款30 000万元，乙公司已用银行存款付清。出售时，该栋写字楼的成本为28 000万元，已提折旧3 000万元。假定不考虑相关税费的影响。

要求：为甲企业进行相关的账务处理。

4. 甲公司将其出租的一栋写字楼确认为投资性房地产，采用公允价值模式计量。租赁期届满后，甲公司将该栋写字楼出售给乙公司，合同价款为150 000 000元，乙公司已用银行存款付清。出售时，该栋写字楼的成本为120 000 000元，公允价值变动为借方余额10 000 000元。假定不考虑相关税费的影响。

要求：为甲企业进行相关的账务处理。

第七章 对外投资

本章概要

投资是企业为了获得收益或实现资本增值向被投资单位投放资金的经济行为。本章主要介绍因金融工具形成的投资。金融工具是指形成一个企业的金融资产,并形成其他单位的金融负债或权益性工具的合同。由金融工具形成的金融资产属于企业资产的重要组成部分,主要包括:库存现金、银行存款、应收账款、应收票据、其他应收款项、股权投资、债权投资、衍生工具形成的资产等。其中货币资金和应收款项的会计处理见第二章"货币资金和应收款项",本章主要介绍交易性金融资产、债权投资、其他债权投资、其他权益工具投资、长期股权投资等对外投资形成的金融资产。

学习目的与要求

通过本章学习,应当能够了解并掌握:
1. 以公允价值计量且其变动计入当期损益的金融资产的核算;
2. 以摊余成本计量的金融资产的核算;
3. 以公允价值计量且其变动计入其他综合收益的金融资产的核算;
4. 长期股权投资成本法和权益法的核算;
5. 投资转换的处理。

第一节 金融资产概述

一、金融工具的概念

金融工具是指形成一方的金融资产(债权投资、股权投资)并形成其他方的金融负债或权益工具的合同。金融工具包括金融资产、金融负债和权益工具。

实务中的金融工具合同通常采用书面形式。非合同的资产和负债不属于金融工具。例如,应交所得税是企业按照税收法规规定承担的义务,不是以合同为基础的义务,因此不符合金融工具定义。

金融资产由《企业会计准则第22号——金融工具确认和计量》规范,但金融资产中的长期股权投资由《企业会计准则第2号——长期股权投资》规范,本章所讲述的金融资产不包括长期股权投资。

二、金融资产的构成

金融资产,是指企业持有的现金、其他方的权益工具以及符合下列条件之一的资产:

(1) 从其他方收取现金或其他金融资产的合同权利。

例如,企业的银行存款、应收账款、应收票据和贷款等均属于金融资产,而预付账款则不属于金融资产。

(2) 在潜在有利条件下,与其他方交换金融资产或金融负债的合同权利。

例如,企业持有的看涨期权或看跌期权等。

[例7-1] 2×21年1月31日,丙上市公司的股票价格为113元。甲公司与乙公司签订6个月后结算的期权合同。合同规定:甲公司以每股4元的期权费买入6个月后执行价格为115元的丙公司股票的看涨期权。2×21年7月31日,如果丙公司股票的价格高于115元,则行权对甲公司有利,甲公司将选择执行该期权。

本例中,甲公司享有在潜在有利条件下与乙公司交换金融资产的合同权利,应当确认一项衍生金融资产。

(3) 将来须用或可用企业自身权益工具进行结算的非衍生工具合同,且企业根据该合同将收到可变数量的自身权益工具。权益工具是指能证明拥有企业在扣除所有负债后的资产中的剩余权益的合同,比如普通股、认股权证等。

[例7-2] 甲公司为上市公司,2×21年2月1日,为回购其普通股股份,与乙公司签订合同,并向其支付100万元现金。根据合同,乙公司将于2×21年6月30日向甲公司交付与100万元等值的甲公司普通股。甲公司可获取的普通股的具体数量以2×21年6月30日甲公司的股价确定。

本例中,甲公司收到的自身普通股的数量随着其普通股市场价格的变动而变动。在这种情况下,甲公司应当确认一项金融资产。

(4) 将来须用或可用企业自身权益工具进行结算的衍生工具合同,但以固定数量的自身权益工具交换固定金额的现金或其他金融资产的衍生工具合同除外。

[例7-3] 甲公司于2×21年2月1日向乙公司支付5 000元购入以自身普通股为标的的看涨期权。根据该期权合同,甲公司有权以每股100元的价格向乙公司购入甲公司普通股1 000股,行权日为2×22年6月30日。在行权日,期权将以甲公司普通股净额结算。假设行权日甲公司普通股的每股市价为125元,则期权的公允价值为25 000元,则甲公司会收到200股(25 000/125)自身普通股对看涨期权进行净额结算。

期权合同属于将来须用公司自身权益工具进行结算的衍生工具合同,由于合同约定以甲公司的普通股净额结算期权的公允价值,而非按照每股100元的价格全额结算1 000股甲公司股票,因此不属于"以固定数量的自身权益工具交换固定金额的现金"。在这种情况下,甲公司应当将该看涨期权确认为一项衍生金融资产。

三、金融资产的分类

(一) 分类的标准

1. 企业管理金融资产的业务模式

企业管理金融资产的业务模式,是指企业如何管理其金融资产以产生现金流量。业务模式决定企业所管理金融资产现金流量的来源是收取合同现金流量、出售金融资产还是两者兼有。

（1）以收取合同现金流量为目标的业务模式。

在以收取合同现金流量为目标的业务模式下，企业管理金融资产旨在通过在金融资产存续期内收取合同付款来实现现金流量，而不是通过持有并出售金融资产产生整体回报。

即使企业在金融资产的信用风险增加时为减少信用损失而将其出售，金融资产的业务模式仍然可能是以收取合同现金流量为目标的业务模式。

（2）以收取合同现金流量和出售金融资产为目标的业务模式。

在同时以收取合同现金流量和出售金融资产为目标的业务模式下，企业的关键管理人员认为收取合同现金流量和出售金融资产对于实现其管理目标而言都是不可或缺的。相对于以收取合同现金流量为目标的业务模式，此业务模式涉及的出售通常频率更高、金额更大。

（3）其他业务模式。

如果企业管理金融资产的业务模式不是以收取合同现金流量为目标，也不是以收取合同现金流量和出售金融资产为目标，则该企业管理金融资产的业务模式是其他业务模式。在这种情况下，企业管理金融资产的目标是通过出售金融资产以实现现金流量。即使企业在持有金融资产的过程中会收取合同现金流量，因为收取合同现金流量对实现该业务模式目标来说只是附带性质的活动。

2. 金融资产的合同现金流量特征

金融资产的合同现金流量特征，是指金融工具合同约定的、反映相关金融资产经济特征的现金流量属性。如果一项金融资产在特定日期产生的合同现金流量仅为对本金和以未偿付本金金额为基础的利息的支付（符合"本金加利息的合同现金流量特征"），则该金融资产的合同现金流量特征与基本借贷安排相一致。

在基本借贷安排中，利息的构成要素中最重要的通常是货币时间价值和信用风险的对价。

（二）金融资产的具体分类

1. 以摊余成本计量的金融资产

金融资产同时符合下列条件的，应当分类为以摊余成本计量的金融资产：

（1）企业管理该金融资产的业务模式是以收取合同现金流量为目标；

（2）该金融资产的合同条款规定，在特定日期产生的现金流量，仅为对本金和以未偿付本金金额为基础的利息的支付。

例如，普通债券的合同现金流量是到期收回本金及按约定利率在合同期间按时收取固定或浮动利息。在没有其他特殊安排的情况下，普通债券通常可能符合本金加利息的合同现金流量特征。如果企业管理该债券的业务模式是以收取合同现金流量为目标，则该债券可以分类为以摊余成本计量的金融资产。

2. 以公允价值计量且其变动计入其他综合收益的金融资产

金融资产同时符合下列条件的，应当分类为以公允价值计量且其变动计入其他综合收益的金融资产：

（1）企业管理该金融资产的业务模式既以收取合同现金流量为目标又以出售该金融资产为目标；

（2）该金融资产的合同条款规定，在特定日期产生的现金流量，仅为对本金和以未偿付本金金额为基础的利息的支付。

例如，普通债券的合同现金流量是到期收回本金及按约定利率在合同期间按时收取固定或浮动利息。在没有其他特殊安排的情况下，普通债券通常可能符合本金加利息的合同现金流量特征。如果企业管理该债券的业务模式是既以收取合同现金流量为目标又以出售该金融资产为目标，则该债券可以分类为以公允价值计量且其变动计入其他综合收益的金融资产。

3. 以公允价值计量且其变动计入当期损益的金融资产

企业分类为以摊余成本计量的金融资产和以公允价值计量且其变动计入其他综合收益的金融资产之外的金融资产（通常以出售金融资产为目标），应当分类为以公允价值计量且其变动计入当期损益的金融资产。例如，企业持有的股票、基金、可转换债券，如果以出售为目标，通常应当分类为以公允价值计量且其变动计入当期损益的金融资产：

此外，在初始确认时，如果能够消除或显著减少会计错配，企业可以将金融资产指定为以公允价值计量且其变动计入当期损益的金融资产。该指定一经作出，不得撤销。

（三）金融资产分类的特殊规定

权益工具投资一般不符合本金加利息的合同现金流量特征，因此应当分类为以公允价值计量且其变动计入当期损益的金融资产。然而在初始确认时，企业可以将非交易性权益工具投资指定为以公允价值计量且其变动计入其他综合收益的金融资产，并按照规定确认股利收入。该指定一经做出，不得撤销。企业投资其他上市公司股票或者非上市公司股权的，都可能属于这种情形。

金融资产或金融负债满足下列条件之一的，表明企业持有该金融资产或承担该金融负债的目的是交易性的：

（1）取得相关金融资产或承担相关金融负债的目的，主要是为了近期出售或回购。

（2）相关金融资产或金融负债在初始确认时属于集中管理的可辨认金融工具组合的一部分，且有客观证据表明近期实际存在短期获利模式。

（3）相关金融资产或金融负债属于衍生工具。

只有不符合上述条件的非交易性权益工具投资才可以进行该指定。

第二节

以公允价值计量且其变动计入当期损益的金融资产

一、以公允价值计量且其变动计入当期损益的金融资产的计量

以公允价值计量且其变动计入当期损益的金融资产的计量包括初始计量和后续计量。

（一）以公允价值计量且其变动计入当期损益的金融资产的初始计量

以公允价值计量且其变动计入当期损益的金融资产初始确认时，应按公允价值计量，相关交易费用应当直接计入当期损益。

其中，交易费用，是指可直接归属于购买、发行或处置金融工具的增量费用。增量费用是指企业没有发生购买、发行或处置相关金融工具的情形就不会发生的费用，包括支付给代理机构、咨询机构、券商、证券交易所、政府有关部门等的手续费、佣金、相关税费以及其他必要支出，不包括债券溢价、折价、融资费用、内部管理成本和持有成本等与交易不直接相关的费用。

企业在取得以公允价值计量且其变动计入当期损益的金融资产所支付的价款中包含已宣告但尚未发放的现金股利或已到付息期但尚未领取的债券利息，应当单独确认为应收项目，不构成以公允价值计量且其变动计入当期损益的金融资产的初始投资成本。

（二）以公允价值计量且其变动计入当期损益的金融资产的后续计量

以公允价值计量且其变动计入当期损益的金融资产的后续计量包括两方面的内容，一是持有期间获得的现金股利或债券利息的计量；二是资产负债表日公允价值变动的计量。

1. 资产持有期间获得的现金股利或债券利息的计量

企业持有以公允价值计量且其变动计入当期损益的交易性金融资产，在持有期间应当按合同规定计算确定应获得的债券利息或收到被投资单位发放的现金股利，确认为投资收益。

2. 资产负债表日公允价值变动的计量

在资产负债表日，企业应当对以公允价值计量且其变动计入当期损益的金融资产按照资产负债表日的公允价值进行再计量，将资产负债表日公允价值与其原账面余额的差额直接计入当期损益。

需要注意的是，由于以公允价值计量且其变动计入当期损益的金融资产的价值变动计入当期损益，所以不存在期末资产减值的计量问题。

二、以公允价值计量且其变动计入当期损益的金融资产的会计处理

以公允价值计量且其变动计入当期损益的金融资产的会计处理，着重于该金融资产与金融市场的紧密结合性，反映该类金融资产相关市场变量变化对其价值的影响，进而对企业财务状况和经营成果的影响。

（一）科目设置

以公允价值计量且其变动计入当期损益的金融资产的核算，一般需要设置以下科目：

（1）"交易性金融资产"科目，核算企业分类为以公允价值计量且其变动计入当期损益的金融资产。属资产类科目，分别设置"成本""公允价值变动"进行明细核算。本科目期末借方余额，反映企业持有的交易性金融资产的公允价值。

（2）"公允价值变动损益"科目，属损益类科目，核算以公允价值计量且其变动计入当期损益的金融资产等因公允价值变动形成的应计入当期损益的利得和损失，期末余额应转入"本年利润"科目，结转后无余额。

（3）"投资收益"科目，属损益类科目，核算企业对外投资所获得的收益或发生的损

失。借方登记投资所发生的损失,贷方登记投资所发生的收益,期末余额应转入"本年利润"科目,结转后无余额。

(二) 账务处理

(1) 企业取得以公允价值计量且其变动计入当期损益的金融资产,按其公允价值借记"交易性金融资产——成本"科目,按发生的交易费用,借记"投资收益"科目,按已到付息期但尚未领取的利息或已宣告但尚未发放的现金股利,借记"应收利息""应收股利"科目,按实际支付的金额,贷记"银行存款"等科目。

(2) 以公允价值计量且其变动计入当期损益的金融资产持有期间收到被投资单位发放的现金股利,或在资产负债表日按分期付息、一次还本债券投资的票面利率计算的利息,或上述股利或利息已宣告但未发放,借记"银行存款"、"应收股利"或"应收利息"等科目,贷记"投资收益"科目。

(3) 资产负债表日,以公允价值计量且其变动计入当期损益的金融资产的公允价值高于其账面余额的差额,借记"交易性金融资产——公允价值变动"科目,贷记"公允价值变动损益"科目;公允价值低于其账面余额的差额作相反的会计分录。

(4) 出售以公允价值计量且其变动计入当期损益的金融资产,应按实际收到的金额,借记"银行存款"等科目,按该金融资产的账面余额,贷记"交易性金融资产——成本",贷记或借记"交易性金融资产——公允价值变动"等科目,按其差额,贷记或借记"投资收益"科目。

[例7-4] 甲公司发生以下股票投资业务,请分析后为甲公司编制相应会计分录。

(1) 甲公司在2×21年5月3日购入乙公司每股面值1元的普通股股票10 000股,每股价格11.10元,另付相关交易费用1 100元,一并以银行存款支付(假设不考虑其他相关税费)。乙公司已在2×21年4月25日宣告分派现金股利,每10股派现金1元,并定于2×21年5月22日起按5月19日的股东名册支付现金股利。甲公司持有该股票仅以出售为目标,根据金融资产分类标准将该项股票投资分类为以公允价值计量且其变动记入当期损益的金融资产。

分析: 甲公司在乙公司已宣告分派现金股利后的5月3日购入乙公司普通股股票,其实际支付的价款中包含了乙公司已宣告但尚未发放的现金股利,这部分现金股利不应计入该金融资产的初始计量成本,而应单独确认为应收股利。如果是宣告分派股票股利的,投资方持有的股票数量会因此增加,但不影响投资总成本,投资方不需要作会计分录,仅于实际收到股票股利时作备查登记。

借:交易性金融资产——乙公司股票(成本)　　　　110 000
　　应收股利——乙公司　　　　　　　　　　　　　1 000
　　投资收益　　　　　　　　　　　　　　　　　　1 100
　　贷:银行存款　　　　　　　　　　　　　　　　　　　112 100

(2) 甲公司在2×21年5月22日收到乙公司已宣告的现金股利。

借:银行存款　　　　　　　　　　　　　　　　　　1 000
　　贷:应收股利——乙公司　　　　　　　　　　　　　　1 000

(3) 甲公司持有的乙公司股票在2×21年6月30日的公允价值为每股10元。

分析: 根据该金融资产的后续计量要求,应将其账面余额从初始的公允价值110 000

元,调整为该资产负债表日的公允价值 100 000 元,因此应按差额 10 000 元调整减少。

  借:公允价值变动损益   10 000
    贷:交易性金融资产——乙公司股票(公允价值变动)   10 000

(4) 甲公司持有的乙公司股票在 2×21 年 12 月 31 日的公允价值为每股 13 元。

分析: 根据该金融资产的后续计量要求,应将其账面余额从上个资产负债表日的公允价值 100 000 元,调整为该资产负债表日的公允价值 130 000 元,因此应按差额 30 000 元调整增加。

  借:交易性金融资产——乙公司股票(公允价值变动)   30 000
    贷:公允价值变动损益   30 000

(5) 2×22 年 3 月 22 日乙公司宣告分派 2×21 年度现金股利,每 10 股 2 元。

分析: 甲公司因此应获得乙公司分配的现金股利共计 2 000 元。

  借:应收股利——乙公司   2 000
    贷:投资收益   2 000

(6) 甲公司在 2×21 年 4 月 15 日收到乙公司已宣告的现金股利。

  借:银行存款   2 000
    贷:应收股利——乙公司   2 000

(7) 甲公司在 2×22 年 5 月 6 日将持有的乙公司股票出售一半,也就是 5 000 股,合计出售价款为 90 000 元(假设不考虑其他相关税费),款项已到账。

  借:银行存款   90 000
    贷:交易性金融资产——乙公司股票(成本)   55 000
      交易性金融资产——乙公司股票(公允价值变动) 10 000
      投资收益   25 000

[例 7-5] 甲公司发生有关债券投资业务,请分析后为甲公司编制相应会计分录。

(1) 甲公司在 2×21 年 1 月 3 日购入丁公司债券,支付价款为 105 000 元(包含已到付息期但尚未领取的半年利息 2 000 元),另支付交易费用 1 500 元(假设不考虑其他相关税费)。该笔债券在 2×20 年 1 月 1 日发行,面值总额为 100 000 元,3 年期,年利率为 4%,利息每半年末支付一次,到期一次还本。甲公司持有该债券仅以出售为目标,因此根据金融资产分类标准将该项债券投资分类为以公允价值计量且其变动记入当期损益的金融资产。

分析: 甲公司实际支付的价款中包含丁公司已到付息期但尚未支付的利息 4 500 元,这部分利息不应计入该金融资产的初始计量成本,而应单独确认为应收利息。

  借:交易性金融资产——丁公司债券(成本)   103 000
    应收利息——丁公司   2 000
    投资收益   1 500
    贷:银行存款   106 500

(2) 甲公司在 2×21 年 2 月 2 日收到上述丁公司 2×20 年的半年利息。

  借:银行存款   2 000
    贷:应收利息——丁公司   2 000

(3) 2×21 年 6 月 30 日,甲公司持有的丁公司债券公允价值为 100 000 元。

  借:公允价值变动损益   3 000

贷：交易性金融资产——丁公司债券（公允价值变动）　　　　　　3 000
　（4）2×21年6月30日，丁公司应支付半年的利息，但甲公司没有收到。
　　借：应收利息——丁公司　　　　　　　　　　　　　　　　　　2 000
　　　贷：投资收益　　　　　　　　　　　　　　　　　　　　　　2 000
　（5）甲公司在2×21年7月6日将持有的丁公司债券全部出售，合计出售价款为90 000元（假设不考虑其他相关税费），款项已到账。
　　借：银行存款　　　　　　　　　　　　　　　　　　　　　　 90 000
　　　　交易性金融资产——丁公司债券（公允价值变动）　　　　　 3 000
　　　　投资收益　　　　　　　　　　　　　　　　　　　　　　 12 000
　　　贷：交易性金融资产——丁公司债券（成本）　　　　　　　　103 000
　　　　　应收利息　　　　　　　　　　　　　　　　　　　　　　2 000

第三节　以摊余成本计量的金融资产

一、以摊余成本计量的金融资产的计量

（一）以摊余成本计量的金融资产的初始计量

以摊余成本计量的金融资产初始确认时，应当按照取得时的公允价值计量，相关交易费用应当计入初始确认金额。如果实际支付的价款中包括的已到付息期但尚未领取的债券利息，应单独确认为应收项目。

（二）以摊余成本计量的金融资产的后续计量

以摊余成本计量的金融资产的后续计量应当采用实际利率法，按摊余成本计量。摊余成本，是指以摊余成本计量的金融资产的初始确认金额经下列调整后的结果确定：(1) 扣除已偿还的本金；(2) 加上或减去采用实际利率法将该初始确认金额与到期日金额之间的差额进行摊销形成的累计摊销额；(3) 扣除计提的累计信用减值准备（仅适用于金融资产）。

实际利率法，是指计算金融资产或金融负债的摊余成本以及将利息收入或利息费用分摊计入各会计期间的方法。实际利率，是指将金融资产或金融负债在预计存续期的估计未来现金流量，折现为该金融资产账面余额（不考虑减值）或该金融负债摊余成本所使用的利率。

二、以摊余成本计量的金融资产的会计处理

以摊余成本计量的金融资产的会计处理主要应解决该金融资产实际利率的计算、摊余成本的确定、持有期间的收益确认及将其处置时损益的处理。

（一）科目设置

银行存款、应收账款、应收票据、其他应收款等以摊余成本计量的金融资产的核算见

第二章"货币资金和应收款项",本章以摊余成本计量的金融资产仅限于《企业会计准则第22号——金融工具确认和计量》所规范的债权投资,需要设置"债权投资"科目,核算企业以摊余成本计量的债权投资的账面余额。本科目可按债权投资的类别和品种,分别"成本""利息调整""应计利息"等进行明细核算。

（二）账务处理

1. 企业取得的以摊余成本计量的债权投资,应按该投资的面值,借记"债权投资——成本"科目,按支付的价款中包含的已宣告但尚未领取的利息,借记"应收利息"科目,按实际支付的金额,贷记"银行存款"等科目,按其差额,借记或贷记"债权投资——利息调整"科目。

2. 资产负债表日,以摊余成本计量的债权投资为分期付息、一次还本债券投资的,应按票面利率计算确定的应收未收利息,借记"应收利息"科目,按该金融资产摊余成本和实际利率计算确定的利息收入,贷记"投资收益"科目,按其差额,借记或贷记"债权投资——利息调整"科目。

以摊余成本计量的债权投资为一次还本付息债券投资的,应按票面利率计算确定的应收未收利息,借记"债权投资——应计利息"科目,按该金融资产摊余成本和实际利率计算确定的利息收入,贷记"投资收益"科目,按其差额,借记或贷记"债权投资——利息调整"科目。

3. 到期收回或出售以摊余成本计量的债权投资,应按实际收到的金额,借记"银行存款"等科目,按其账面余额,贷记"债权投资——成本、应计利息"科目,贷记或借记"债权投资——利息调整"科目,按其差额,贷记或借记"投资收益"科目。已计提信用减值准备的,还应同时结转信用减值准备。

[例7-6] 2×18年1月1日,甲公司支付价款1 500万元(含交易费用)从活跃市场上购入乙公司5年期债券,面值1 875万元,票面利率4.72%,按年支付利息(每年年末支付88.5万元),本金最后一次支付。甲公司根据其管理该债券的业务模式和该债券的合同现金流量特征,将该债券分类为以摊余成本计量的金融资产。

假定不考虑所得税、减值损失等因素,计算该债券的实际利率r。

$88.5×(1+r)^{-1}+88.5×(1+r)^{-2}+88.5×(1+r)^{-3}+88.5×(1+r)^{-4}+(88.5+1\,875)×(1+r)^{-5}=1\,500$(万元)

采用插值法,计算得出$r=10\%$。

由此可编制表7-1。

表7-1　　　　　　　　　　　　　利息计算表　　　　　　　　　　　　单位:万元

年份	期初摊余成本 (a)	实际利息 ($b=a×10\%$)	现金流入 ($c=$面值$×4.72\%$)	期末摊余成本 ($d=a+b-c$)
2×18年	1 500	150	88.5	1 561.5
2×19年	1 561.5	156.15	88.5	1 629.15
2×20年	1 629.15	162.92	88.5	1 703.57
2×21年	1 703.57	170.36	88.5	1 785.43
2×22年	1 785.43	178.07*	1 875+88.5	0

*尾数调整：1 875−1 785.43+88.5=178.07(万元)

根据上述数据,甲公司应编制会计分录如下:

(1) 2×18年1月1日,购入债券:

借:债权投资——乙公司债券(成本)   18 750 000
  贷:银行存款   15 000 000
    债权投资——乙公司债券(利息调整)   3 750 000

(2) 2×18年12月31日,确认实际利息收入、收到票面利息等:

借:应收利息   885 000
  债权投资——乙公司债券(利息调整)   615 000
  贷:投资收益   1 500 000
借:银行存款   885 000
  贷:应收利息   885 000

(3) 2×19年12月31日,确认实际利息收入、收到票面利息等:

借:应收利息   885 000
  债权投资——乙公司债券(利息调整)   676 500
  贷:投资收益   1 561 500
借:银行存款   885 000
  贷:应收利息   885 000

(4) 2×20年12月31日,确认实际利息收入、收到票面利息等:

借:应收利息   885 000
  债权投资——乙公司债券(利息调整)   744 200
  贷:投资收益   1 629 200
借:银行存款   885 000
  贷:应收利息   885 000

(5) 2×21年12月31日,确认实际利息、收到票面利息等:

借:应收利息   885 000
  债权投资——乙公司债券(利息调整)   818 600
  贷:投资收益   1 703 600
借:银行存款   885 000
  贷:应收利息   885 000

(6) 2×22年12月31日,确认实际利息、收到票面利息和本金等:

借:应收利息   885 000
  债权投资——乙公司债券(利息调整)   895 700
  贷:投资收益   1 780 700
借:银行存款   885 000
  贷:应收利息   885 000
借:银行存款等   18 750 000
  贷:债权投资——乙公司债券(成本)   18 750 000

[例7-7] 2×18年1月1日,甲公司支付价款1 500元(含交易费用)从活跃市场上购入乙公司5年期债券,面值1 875元,票面利率4.72%,到期一次支付利息和本金,且利

息不是以复利计算。甲公司根据其管理该债券的业务模式和该债券的合同现金流量特征,将该债券分类为以摊余成本计量的金融资产,且不考虑所得税、减值损失等因素。

甲公司购买的债券实际利率计算如下:

$(88.5+88.5+88.5+88.5+88.5+1875)\times(1+r)^{-5}=1\,500(万元)$

$r=9.05\%$

由此可编制表 7-2。

表 7-2　　　　　　　　　　　　　利息计算表　　　　　　　　　　　　　单位:万元

年份	期初摊余成本 (a)	实际利息 $(b=a\times 9.05\%)$	现金流入 (c)	期末摊余成本 $(d=a+b-c)$
2×18 年	1 500	135.75	0	1 635.75
2×19 年	1 635.75	148.04	0	1 783.79
2×20 年	1 783.79	161.43	0	1 945.22
2×21 年	1 945.22	176.04	0	2 121.26
2×22 年	2 121.26	196.24 *	1 875+88.5×5	0

* 尾数调整:2 317.5−2 121.26=196.24(万元)

根据上述数据,甲公司应编制会计分录如下:

(1) 2×18 年 1 月 1 日,购入债券:

借:债权投资——乙公司债券(成本)　　　　　　　　　　　18 750 000
　　贷:银行存款　　　　　　　　　　　　　　　　　　　　　15 000 000
　　　　债权投资——乙公司债券(利息调整)　　　　　　　　3 750 000

(2) 2×18 年 12 月 31 日,确认实际利息收入、收到票面利息等:

借:债权投资——乙公司债券(应计利息)　　　　　　　　　885 000
　　债权投资——乙公司债券(利息调整)　　　　　　　　　　472 500
　　贷:投资收益　　　　　　　　　　　　　　　　　　　　　1 357 500

(3) 2×19 年 12 月 31 日,确认实际利息收入、收到票面利息等:

借:债权投资——乙公司债券(应计利息)　　　　　　　　　885 000
　　债权投资——乙公司债券(利息调整)　　　　　　　　　　595 400
　　贷:投资收益　　　　　　　　　　　　　　　　　　　　　1 480 400

(4) 2×20 年 12 月 31 日,确认实际利息收入、收到票面利息等:

借:债权投资——乙公司债券(应计利息)　　　　　　　　　885 000
　　债权投资——乙公司债券(利息调整)　　　　　　　　　　729 300
　　贷:投资收益　　　　　　　　　　　　　　　　　　　　　1 614 300

(5) 2×21 年 12 月 31 日,确认实际利息、收到票面利息等:

借:债权投资——乙公司债券(应计利息)　　　　　　　　　885 000
　　债权投资——乙公司债券(利息调整)　　　　　　　　　　875 400
　　贷:投资收益　　　　　　　　　　　　　　　　　　　　　1 760 400

(6) 2×22 年 12 月 31 日,确认实际利息、收到票面利息和本金等:

借:债权投资——乙公司债券(应计利息)　　　　　　　　　885 000

　　　　债权投资——乙公司债券(利息调整)　　　　　　　　1 077 400
　　　　　贷：投资收益　　　　　　　　　　　　　　　　　　　　1 962 400
　　借：银行存款　　　　　　　　　　　　　　　　　　　　　23 175 000
　　　　　贷：债权投资——乙公司债券(成本)　　　　　　　　　18 750 000
　　　　　　　债权投资——乙公司债券(应计利息)　　　　　　　4 425 000

第四节 以公允价值计量且其变动计入其他综合收益的金融资产

一、以公允价值计量且其变动计入其他综合收益的金融资产的计量

(一) 以公允价值计量且其变动计入其他综合收益的金融资产的初始计量

企业在取得以公允价值计量且其变动计入其他综合收益的金融资产时，应当按照取得时的公允价值计量，相关交易费用应当计入初始确认金额。

企业在取得以公允价值计量且其变动计入其他综合收益的金融资产时所支付的价款中包含已宣告但尚未发放的现金股利或已到付息期但尚未领取的债券利息，应当单独确认为应收项目，不构成以公允价值计量且其变动计入其他综合收益的金融资产的初始投资成本。

(二) 以公允价值计量且其变动计入其他综合收益的金融资产的后续计量

1. 分类为以公允价值计量且其变动计入其他综合收益的金融资产

(1) 持有期间获得的债券利息的计量。

采用实际利率法计算的该金融资产的利息，计入当期损益。该类金融资产计入各期损益的金额应当视同与其一直按摊余成本计量而计入各期损益的金额相等。

(2) 资产负债表日公允价值变动的计量。

分类为以公允价值计量且其变动计入其他综合收益的金融资产，资产负债表日以公允价值计量，公允价值变动所产生的利得或损失，除减值损失或利得和汇兑损益之外，均应当计入其他综合收益，直至该金融资产终止确认或被重分类。

该金融资产终止确认时，之前计入其他综合收益的累计利得或损失应当从其他综合收益中转出，计入当期损益。

2. 指定为以公允价值计量且其变动计入其他综合收益的非交易性权益工具投资

(1) 持有期间获得股利的计量。

对于指定为以公允价值计量且其变动计入其他综合收益的非交易性权益工具投资，持有期间获得的股利只有在同时符合下列条件时，才能确认股利收入并计入当期损益：① 企业收取股利的权利已经确立；② 与股利相关的经济利益很可能流入企业；③ 股利的金额能够可靠计量。

持有期间获得的其他相关的利得和损失(包括汇兑损益)均应计入其他综合收益，且后续不得转入当期损益。

(2) 资产负债表日公允价值变动的计量。

对于指定为以公允价值计量且其变动计入其他综合收益的金融资产,资产负债表日以公允价值计量,公允价值变动所产生的利得或损失,均应计入其他综合收益,且后续不得转入当期损益。

当其终止确认时,之前计入其他综合收益的累计利得或损失应当从其他综合收益中转出,计入留存收益。

二、以公允价值计量且其变动计入其他综合收益的金融资产的会计处理

(一) 科目设置

以公允价值计量且其变动计入其他综合收益的金融资产的核算,一般需要设置以下科目:

(1)"其他债权投资",本科目核算企业分类为以公允价值计量且其变动计入其他综合收益的金融资产。本科目可按金融资产类别和品种,分别"成本""利息调整""公允价值变动"等进行明细核算。

(2)"其他权益工具投资",本科目核算企业指定为以公允价值计量且其变动计入其他综合收益的非交易性权益工具投资。本科目可按其他权益工具投资的类别和品种,分别"成本""公允价值变动"等进行明细核算。

(3)"其他综合收益"科目,核算企业以公允价值计量且其变动计入其他综合收益的金融资产公允价值变动而形成的应计入所有者权益的利得或损失等。本科目可设置"其他债权投资公允价值变动""其他权益工具投资公允价值变动"等进行明细核算。

(二) 账务处理

1. 分类为以公允价值计量且其变动计入其他综合收益的金融资产

(1)企业取得以公允价值计量且其变动计入其他综合收益的金融资产,应按该金融资产投资的面值,借记"其他债权投资——成本"科目,按支付的价款中包含的已宣告但尚未领取的利息,借记"应收利息"科目,按实际支付的金额,贷记"银行存款"等科目,按其差额,借记或贷记"其他债权投资——利息调整"科目。

(2)资产负债表日,以公允价值计量且其变动计入其他综合收益的金融资产为分期付息、一次还本债券投资的,应按票面利率计算确定的应收未收利息,借记"应收利息"科目,按债券的摊余成本和实际利率计算确定的利息收入,贷记"投资收益"科目,按其差额,借记或贷记"其他债权投资——利息调整"科目。

以公允价值计量且其变动计入其他综合收益的金融资产为一次还本付息债券投资的,应按票面利率计算确定的应收未收利息,借记"其他债权投资——应计利息"科目,按债券的摊余成本和实际利率计算确定的利息收入,贷记"投资收益"科目,按其差额借记或贷记"其他债权投资——利息调整"科目。

(3)资产负债表日,以公允价值计量且其变动计入其他综合收益的金融资产的公允价值高于其账面余额的差额,借记"其他债权投资——公允价值变动"科目,贷记"其他综合收益——其他债权投资公允价值变动"科目;公允价值低于其账面余额的差额作相反的会计分录。

(4)出售以公允价值计量且其变动计入其他综合收益的金融资产,应按实际收到的金额,借记"银行存款"等科目,按其账面余额,贷记"其他债权投资——成本、应计利息"

科目,贷记或借记"其他债权投资——公允价值变动、利息调整"科目;应按其他综合收益中转出的公允价值累计变动额,借记或贷记"其他综合收益——其他债权投资公允价值变动"科目;应按从其他综合收益转出的信用减值准备累计金额,贷记借记"其他综合收益——信用减值准备",按其差额,贷记或借记"投资收益"科目。

2. 指定为以公允价值计量且其变动计入其他综合收益的非交易性权益工具投资

(1) 企业取得指定为以公允价值计量且其变动计入其他综合收益的非交易性权益工具投资,应按该投资的公允价值与交易费用之和,借记"其他权益工具投资——成本"科目,按支付的价款中包含的已宣告但尚未发放的现金股利,借记"应收股利"科目,按实际支付的金额,贷记"银行存款"等科目。

(2) 资产负债表日,指定为以公允价值计量且其变动计入其他综合收益的非交易性权益工具投资的公允价值高于其账面余额的差额,借记"其他权益工具投资——公允价值变动"科目,贷记"其他综合收益——其他权益工具投资公允价值变动"科目;公允价值低于其账面余额的差额作相反的会计分录。

(3) 出售指定为以公允价值计量且其变动计入其他综合收益的非交易性权益工具投资,应按实际收到的金额,借记"银行存款"等科目,按其账面余额,贷"其他权益工具投资——成本、公允价值变动"科目,按应从其他综合收益中转出的公允价值累计变动额,借记或贷记"其他综合收益——其他权益工具投资公允价值变动"科目,按其差额,贷记或借记"盈余公积""利润分配——未分配利润"等科目。

[例 7-8] 2×21 年 1 月 1 日甲公司支付价款 514.122 万元(含交易费用)购入丙公司发行的 3 年期公司债券,该公司债券的票面总金额为 500 万元,票面利率 4%,实际利率为 3%,利息每年年末支付,本金到期支付。甲公司根据其管理该债券的业务模式和该债券的合同现金流量特征,将该债券分类为以公允价值计量且其变动计入其他综合收益的金融资产。2×21 年 12 月 31 日,该债券的公允价值为 500.047 万元。2×22 年 12 月 31 日,该债券的公允价值为 510 万元。2×23 年 1 月 15 日通过上海证券交易所出售了乙公司债券,取得价款 516 万元。

假定无交易费用和其他因素的影响,甲公司应编制会计分录如下:
(1) 2×21 年 1 月 1 日,购入债券:
初始确认金额=5 141 220(元)
借:其他债权投资——丙公司债券(成本)　　　　　　　　　　5 000 000
　　　　　　　　——丙公司债券(利息调整)　　　　　　　　　141 220
　贷:银行存款　　　　　　　　　　　　　　　　　　　　　　5 141 220

(2) 2×21 年 12 月 31 日,收到债券利息、确认公允价值变动:
实际利息收入=514.122×3%=15.423 66(万元)
年末摊余成本=514.122+15.423 66-20=509.545 66(万元)
本年末累计公允价值变动=500.047-509.545 66=-9.498 66(万元)
借:应收利息　　　　　　　　　　　　　　　　　　　　　　　200 000
　贷:投资收益　　　　　　　　　　　　　　　　　　　　　　154 236.6
　　　其他债权投资——丙公司债券(利息调整)　　　　　　　　45 763.4
借:银行存款　　　　　　　　　　　　　　　　　　　　　　　200 000

贷：应收利息　　　　　　　　　　　　　　　　　　　　　　　　　　200 000
　借：其他综合收益——其他债权投资公允价值变动　　　　　　　　　94 986.6
　　贷：其他债权投资——丙公司债券(公允价值变动)　　　　　　　　94 986.6
(3) 2×22年12月31日,收到债券利息、确认公允价值变动：
实际利息收入=509.545 66×3%=15.286 37(万元)
年末摊余成本=509.545 66+15.286 37-20=504.832 03(万元)
本年末累计公允价值变动=510-504.832 03=5.167 97(万元)
本年公允价值变动=5.167 97-(-9.498 66)=14.666 63(万元)
　借：应收利息　　　　　　　　　　　　　　　　　　　　　　　　　200 000
　　贷：投资收益　　　　　　　　　　　　　　　　　　　　　　　　152 863.7
　　　　其他债权投资——丙公司债券(利息调整)　　　　　　　　　　47 136.3
　借：银行存款　　　　　　　　　　　　　　　　　　　　　　　　　200 000
　　贷：应收利息　　　　　　　　　　　　　　　　　　　　　　　　200 000
　借：其他债权投资——丙公司债券(公允价值变动)　　　　　　　　146 666.3
　　贷：其他综合收益——其他债权投资公允价值变动　　　　　　　　146 666.3
(4) 2×23年1月15日出售了乙公司债券：
　借：银行存款　　　　　　　　　　　　　　　　　　　　　　　　 5 160 000
　　　其他综合收益——其他债权投资公允价值变动　　　　　　　　　51 679.7
　　贷：其他债权投资——成本　　　　　　　　　　　　　　　　　 5 000 000
　　　　　　　　　　——公允价值变动　　　　　　　　　　　　　　51 679.7
　　　　　　　　　　——利息调整　　　　　　　　　　　　　　　　48 320.3
　　　　投资收益　　　　　　　　　　　　　　　　　　　　　　　　111 679.7

[例7-9] 甲公司于2×21年8月15日购入乙公司股票100 000股,每股市价20元,手续费3 000元。甲公司持有的乙公司股份占乙公司有表决权股份的0.5%。初始确认时,甲公司将其指定为以公允价值计量且其变动计入其他综合收益的非交易性权益工具投资。

甲公司至2×21年12月31日仍持有该股票,该股票当时的市价为21元。

2×22年5月9日,乙公司宣告发放现金股利4 000万元。

2×22年5月13日,甲公司收到乙公司发放的现金股利。

2×22年6月10日,甲公司将该股票售出,售价为每股21.5元,另支付交易费用2 000元。假定不考虑其他因素,甲公司应编制会计分录如下：

(1) 2×21年8月15日,购入股票：
　借：其他权益工具投资——乙公司股票(成本)　　　　　　　　　 2 003 000
　　贷：银行存款　　　　　　　　　　　　　　　　　　　　　　　 2 003 000
(2) 2×21年12月31日,确认股票价格变动：
　借：其他权益工具投资——乙公司股票(公允价值变动)　　　　　　 97 000
　　贷：其他综合收益　　　　　　　　　　　　　　　　　　　　　　97 000
(3) 2×22年5月9日,确认应收现金股利：
　借：应收股利　　　　　　　　　　　　　　　　　　　　　　　　 200 000
　　贷：投资收益　　　　　　　　　　　　　　　　　　　　　　　 200 000

(4) 2×22 年 5 月 13 日,收到现金股利:

借:银行存款　　　　　　　　　　　　　　　　200 000
　贷:应收股利　　　　　　　　　　　　　　　　　200 000

(5) 2×22 年 6 月 10 日,出售股票:

借:银行存款　　　　　　　　　　　　　　　　2 148 000
　贷:其他权益工具投资——乙公司股票(成本)　　2 003 000
　　　　　　　　　　——乙公司股票(公允价值变动)　97 000
　　盈余公积——法定盈余公积　　　　　　　　　　4 800
　　利润分配——未分配利润　　　　　　　　　　　43 200
借:其他综合收益　　　　　　　　　　　　　　　97 000
　贷:盈余公积——法定盈余公积　　　　　　　　　9 700
　　利润分配——未分配利润　　　　　　　　　　　87 300

第五节

金融资产的减值

一、金融资产减值概述

现行会计准则对金融工具的减值采用"预期信用损失法"。在预期信用损失法下,减值准备的计提不以减值的实际发生为前提,而是以未来可能的违约事件造成的损失的期望值来计量当前(资产负债表日)应当确认的减值准备。

(一)预期信用损失

预期信用损失,是指以发生违约的风险为权重的金融工具信用损失的加权平均值。"发生违约的风险"可以理解为发生违约的概率。

信用损失,是指企业按照原实际利率折现的、根据合同应收的所有合同现金流量与预期能收取的所有现金流量之间的差额(现金流缺口)的现值。根据现值的定义,即使企业能够全额收回合同约定的金额,但如果收款时间晚于合同规定的时间,也会产生信用损失。

在估计现金流量时,企业应当考虑金融工具在整个预计存续期的所有合同条款(如提前还款、展期、看涨期权或其他类似期权等)。企业所考虑的现金流量应当包括出售所持担保品获得的现金流量,以及属于合同条款组成部分的其他信用增级所产生的现金流量。

企业通常能够可靠估计金融工具的预计存续期。在极少数情况下,金融工具预计存续期无法可靠估计的,企业在计算确定预期信用损失时,应当基于该金融工具的剩余合同期间。

(二)适用减值规定的金融工具

如果一项金融工具可能受到该工具发行方、担保方或者其他相关方(如被担保方)信用风险的影响而造成企业未来现金流量的减少或者流出,且根据会计准则相关规定,该影响后果不能计入企业当期损益中,则该工具应当适用关于金融工具减值的规定。

适用范围包括分类为以摊余成本计量的金融资产、分类为以公允价值计量且其变动计入其他综合收益的金融资产,还包括租赁应收款、合同资产、财务担保合同以及某些金融负债或者企业做出的贷款承诺等。因此对于本章企业所持有的债务工具,作为债权投资或者其他债权投资,都适用预期信用损失法进行减值处理,而交易性金融资产和其他权益工具投资则不适用,也即不需要考虑减值。

（三）金融工具减值的三阶段

按照准则相关规定,可以将金融工具发生信用减值的过程分为三个阶段,对于不同阶段的金融工具的减值有不同的会计处理方法:

1. 信用风险自初始确认后未显著增加（第一阶段）

对于处于该阶段的金融工具,企业应当按照未来12个月的预期信用损失计量损失准备,并按其账面余额(未扣除减值准备)和实际利率计算利息收入。

2. 信用风险自初始确认后已显著增加但尚未发生信用减值（第二阶段）

对于处于该阶段的金融工具,企业应当按照该工具整个存续期的预期信用损失计量损失准备,并按其账面余额和实际利率计算利息收入。

3. 初始确认后发生信用减值（第三阶段）

对于处于该阶段的金融工具,企业应当按照该工具整个存续期的预期信用损失计量损失准备,但对利息收入的计算不同于处于前两阶段的金融资产。对于已发生信用减值的金融资产,企业应当按其摊余成本(账面余额减已计提减值准备,也即账面价值)和实际利率计算利息收入。

金融工具减值规定不仅包括以摊余成本计量的金融资产(含应收款项)和以公允价值计量且其变动计入其他综合收益的金融资产,还包括租赁应收款、合同资产、财务担保合同等。

上述三阶段的划分,适用于购买或源生时未发生信用减值的金融工具。对于购买或源生时已发生信用减值的金融资产,企业应当仅将初始确认后整个存续期内预期信用损失的变动确认为损失准备,并按其摊余成本和经信用调整的实际利率计算利息收入。

（四）对信用风险显著增加的评估

1. 一般原则

企业应当在每个资产负债表日评估金融工具信用风险自初始确认后是否已显著增加,其判断标准为比较金融工具在初始确认时所确定的预计存续期内的违约概率和该工具在资产负债表日所确定的预计存续期内的违约概率的高低。

信用风险评估以单项金融工具为基础,但对于某些金融工具,企业如果在单项工具层面无法以合理成本获得关于信用风险显著增加的充分证据,那么可以在金融工具组合基础上评估信用风险是否显著增加。为了合理评估组合的信用风险,企业可按照共同信用风险特征,将金融工具分为不同组别,这些共同信用风险特征包括:(1)金融工具类型;(2)信用风险评级;(3)担保物类型;(4)初始确认日期;(5)剩余合同期限;(6)借款人所处行业;(7)借款人所处地理位置;(8)贷款抵押率。

企业为评估信用风险变化而确定的金融工具组合,可能会随着单项资产层面以及组合层面的信用风险相关信息的可获得性的变化而变化。例如,如果由于企业信息系统的建设,过去无法获得的个人信用的变化信息现在变为可获得,企业就应当从以组合为基础的评估变更为以单项工具为基础的评估。

2. 特殊情形

出于简化会计处理、兼顾现行实务的考虑，准则规定了两类特殊情形，在这两类情形下，企业无需就金融工具初始确认时的信用风险与资产负债表日的信用风险进行比较分析。

第一类为在资产负债表日具有较低信用风险的金融工具，企业可以直接做出该工具的信用风险自初始确认后未显著增加的假定，从而可以按照未来12个月的预期信用损失的金额计量其损失准备。企业对该类进行简化处理有选择权。

第二类为收入准则所规定的、不含重大融资成分的应收款项和合同资产，企业应当始终按照整个存续期内预期信用损失的金额计量其损失准备。企业对该类进行简化处理没有选择权。

此外，准则还允许企业做出会计政策选择，对包含重大融资成分的应收款项、合同资产和租赁应收款（可分别对应收款项、合同资产和应收租赁款做出不同的会计政策选择），始终按照相当于整个存续期内预期信用损失的金额计量其损失准备。

（五）金融资产已发生信用减值的证据

当对金融资产预期未来现金流量具有不利影响的一项或多项事件发生时，该金融资产成为已发生信用减值的金融资产，其证据包括下列可观察信息：

（1）发行方或债务人发生重大财务困难；

（2）债务人违反合同，如偿付利息或本金违约或逾期等；

（3）债权人出于与债务人财务困难有关的经济或合同考虑，给予债务人在任何其他情况下都不会做出的让步；

（4）债务人很可能破产或进行其他财务重组；

（5）发行方或债务人财务困难导致该金融资产的活跃市场消失；

（6）以大幅折扣购买或源生一项金融资产，该折扣反映了发生信用损失的事实。

二、金融资产减值的会计处理

（一）科目设置

（1）"信用减值损失"，本科目核算企业计提的各项金融工具减值准备所形成的预期信用损失。

（2）"债权投资减值准备"，本科目核算企业以摊余成本计量的债权投资以预期信用损失为基础计提的损失准备。

（3）"其他综合收益——信用减值准备"，本明细科目核算分类为以公允价值计量且其变动计入其他综合收益的金融资产以预期信用损失为基础计提的损失准备。

（二）账务处理

1. 减值准备的计提和转回

企业应当在资产负债表日计算金融资产预期信用损失。如果该预期信用损失大于该金融资产当前减值准备的账面金额，企业应当将其差额确认为减值损失，借记"信用减值损失"科目，贷记"债权投资减值准备"或"其他综合收益"等科目；如果资产负债表日计算的预期信用损失小于该金融资产当前减值准备的账面金额(例如,从按照整个存续期预期信用损失计量损失准备转为按照未来12个月预期信用损失计量损失准备时,可能出现这一情况),则应当将差额确认为减值利得,做相反的会计分录。

2. 已发生信用损失金融资产的核销

企业实际发生信用损失,认定相关金融资产无法收回,经批准予以核销的,应当根据批准的核销金额,借记"债权投资减值准备"等科目,贷记相应的资产科目。

[例7-10] 甲公司2×21年度对乙公司债券投资业务的相关资料如下:

(1) 2×21年1月1日,甲公司以银行存款900万元购入乙公司当日发行的5年期公司债券,作为债权投资核算,该债券面值总额为1 000万元,票面年利率为5%,每年年末支付利息,到期一次偿还本金,但不得提前赎回。甲公司该债券投资的实际年利率为7.47%。

(2) 2×21年12月31日,甲公司收到乙公司支付的债券利息50万元。当日,甲公司认为该债券信用风险自初始确认以来并未显著增加,应按12个月内预期信用损失计量损失准备,损失准备金额为135.75万元。

假定不考虑其他因素,甲公司应编制会计分录如下:

(1) 2×21年1月1日:

借:债权投资——成本　　　　　　　　　　　　　　　　10 000 000
　　贷:银行存款　　　　　　　　　　　　　　　　　　　　9 000 000
　　　　债权投资——利息调整　　　　　　　　　　　　　　1 000 000

(2) 2×21年12月31日:

借:应收利息　　　　　　　　　　　　　　(10 000 000×5%) 500 000
　　债权投资——利息调整　　　　　　　　　　　　　　　　172 300
　　贷:投资收益　　　　　　　　　　　　(9 000 000×7.47%) 672 300
借:银行存款　　　　　　　　　　　　　　　　　　　　　　500 000
　　贷:应收利息　　　　　　　　　　　　　　　　　　　　　500 000
借:信用减值损失　　　　　　　　　　　　　　　　　　　1 357 500
　　贷:债权投资减值准备　　　　　　　　　　　　　　　　1 357 500

[例7-11] 甲公司于2×21年12月15日购入一项公允价值为1 000万元的债务工具,分类为以公允价值计量且其变动计入其他综合收益的金融资产。该工具合同期限为10年,年利率为5%,本例假定实际利率也为5%。初始确认时,甲公司已经确定其不属于购入或源生的已发生信用减值的金融资产。

2×21年12月31日,由于市场利率变动,该债务工具的公允价值跌至950万元。甲公司认为,该工具的信用风险自初始确认后并无显著增加,应按12个月内预期信用损失计量损失准备,损失准备金额为30万元。为简化起见,本例不考虑利息。

2×22年1月1日,甲公司决定以当日的公允价值950万元,出售该债务工具。甲公司应编制会计分录如下:

(1) 购入该工具时:

借:其他债权投资——成本　　　　　　　　　　　　　　10 000 000
　　贷:银行存款　　　　　　　　　　　　　　　　　　　10 000 000

(2) 2×21年12月31日：

借：其他综合收益——其他债权投资公允价值变动　　　　500 000
　　贷：其他债权投资——公允价值变动　　　　　　　　　　　　500 000
借：信用减值损失　　　　　　　　　　　　　　　　　　300 000
　　贷：其他综合收益——信用减值准备　　　　　　　　　　　　300 000

甲公司在其2×21年年度财务报表中披露了该工具的累计减值30万元。

(3) 2×22年1月1日：

借：银行存款　　　　　　　　　　　　　　　　　　　9 500 000
　　投资收益　　　　　　　　　　　　　　　　　　　　200 000
　　其他综合收益——信用减值准备　　　　　　　　　　300 000
　　其他债权投资——公允价值变动　　　　　　　　　　500 000
　　贷：其他综合收益——其他债权投资公允价值变动　　　　　　500 000
　　　　其他债权投资——成本　　　　　　　　　　　　　　　　10 000 000

第六节 长期股权投资

一、长期股权投资的概述

股权投资，又称权益性投资，是指通过付出现金或非现金资产等取得被投资单位的股份或股权。投资企业取得被投资单位的股权，相应地享有被投资单位净资产的有关份额，通过被投资单位分得现金股利或利润以及被投资单位增值后出售等获利。

股权投资基于投资合同、协议等约定，会形成投资方的金融资产，而对被投资单位，其所接受的来自投资方的出资会形成所有者权益，因此，按照《企业会计准则第22号——金融工具确认和计量》的界定，股权投资一方面形成投资方的金融资产，另一方面形成被投资单位的权益工具，原则上属于金融工具。根据投资方在投资后对被投资单位能够施加影响的程度，企业会计准则将股权投资区分为应当按照金融工具确认和计量准则进行核算和应当按照长期股权投资准则进行核算两种情况。其中，属于长期股权投资准则规范的股权投资，主要包括三个方面：

（一）对子公司投资

投资方能够对被投资单位实施控制的权益性投资，即对子公司投资。

控制，是指投资方拥有对被投资单位的权力，通过参与被投资单位的相关活动而享有可变回报，并且有能力运用对被投资单位的权力影响其回报金额。

（二）对合营企业投资

投资方与其他合营方一同对被投资单位实施共同控制且对被投资单位的净资产享有权利的权益性投资，即对合营企业投资。

共同控制，是指按照相关约定对某项安排所共有的控制，并且该安排的相关活动必须经过分享控制权的参与方一致同意后才能决策。

在判断是否存在共同控制时,应当首先判断所有参与方或参与方组合是否集体控制该安排,其次再判断该安排相关活动的决策是否必须经过这些集体控制该安排的参与方一致同意。

(三) 对联营企业投资

投资方对被投资单位具有重大影响的权益性投资,即对联营企业投资。

重大影响,是指对一个企业的财务和经营政策有参与决策的权力,但并不能够控制或者与其他方一起共同控制这些政策的制定。实务中,较为常见的重大影响体现为在被投资单位的董事会或类似权力机构中派有代表,通过在被投资单位财务和经营决策制定过程中的发言权实施重大影响。投资方直接或通过子公司间接持有被投资单位20%以上但低于50%的表决权股份时,一般认为对被投资单位具有重大影响。

企业应设置"长期股权投资"科目核算企业持有的长期股权投资,并按照被投资单位进行明细核算。长期股权采用权益法的,分别"投资成本""损益调整""其他综合收益""其他权益变动"进行明细核算。

二、长期股权投资的初始计量

(一) 对子公司投资的初始计量

企业形成对子公司投资,可以是企业自己发起或和其他方一起发起出资成立子公司,也可以通过控股合并形成对子公司投资。其中企业自己发起设立子公司,长期股权投资成本为企业实际出资额,会计处理相对简单,不予赘述。而企业通过控股合并形成对子公司投资,其初始投资成本应当遵循企业合并会计准则的规定,分别同一控制下的企业合并与非同一控制下的企业合并进行确定。其中,企业合并是指将两个或者两个以上单独的企业合并形成一个报告主体的交易或事项。

1. 同一控制下控股合并形成的对子公司长期股权投资

同一控制下的企业合并,是指参与合并的各方在合并前后均受同一方或相同的多方最终控制,且该控制并非暂时性的。其中同一方是指母公司或有关主管单位;相同的多方是根据投资者的合同或协议约定的投资各方。暂时性一般是指合并前后均在1年以内,非暂时性是指合并前后均应超过1年。对于同一控制下的企业合并,从能够对参与合并各方在合并前及合并后均实施最终控制的一方来看,最终控制方在企业合并前及合并后能够控制的资产并没有发生变化。合并方通过企业合并形成的对被合并方的长期股权投资,其成本代表的是在被合并方账面所有者权益中享有的份额。

(1) 合并方以支付现金、转让非现金资产或承担债务方式作为合并对价的,应当在合并日按照所取得的被合并方在最终控制方合并财务报表中的净资产的账面价值的份额作为长期股权投资的初始投资成本。被合并方在合并日的净资产账面价值为负数的,长期股权投资成本按零确定,同时在备查簿中予以登记。

长期股权投资初始投资成本与支付的现金、转让的非现金资产以及所承担债务账面价值之间的差额,应当调整资本公积(资本溢价或股本溢价);资本公积(资本溢价或股本溢价)不足冲减的,调整留存收益。合并日是指取得被合并方控制权的日期。

[例7-12] 某企业集团内一子公司甲公司以账面价值为2 000万元(成本2 200万

元、累计摊销200万元)、公允价值为3 200万元的无形资产作为对价,取得同一集团内另外一家企业B公司60%的股权。合并日B公司在集团合并财务报表中的净资产账面价值为3 000万元。

甲公司在合并日应确认对B公司的长期股权投资,初始投资成本为应享有B公司在集团合并财务报表中的净资产账面价值的份额,应编制会计分录如下:

借:长期股权投资——B公司　　　　　　　　　　　　　　18 000 000
　　资本公积——股本溢价　　　　　　　　　　　　　　　2 000 000
　　累计摊销　　　　　　　　　　　　　　　　　　　　　2 000 000
　　　贷:无形资产　　　　　　　　　　　　　　　　　　　　22 000 000

若甲公司资本公积不足冲减,则冲减其盈余公积和未分配利润。

(2) 合并方以发行权益性工具作为对价的,应按所取得的被合并方在最终控制方合并财务报表中的净资产的账面价值的份额作为长期股权投资的初始投资成本,按照发行股份的面值总额作为股本。长期股权投资初始投资成本与所发行股份面值总额之间的差额调整资本公积(资本溢价或股本溢价),资本公积(资本溢价或股本溢价)不足冲减的,调整留存收益。

[例7-13] 甲公司和乙公司均属于A公司下的两个子公司,2×21年5月,甲公司发行600万股普通股(每股面值1元)作为对价从A公司取得乙公司60%的股权,合并日乙公司在集团合并财务报表中的净资产账面价值为1 300万元。

甲公司应编制会计分录如下:

借:长期股权投资——乙公司　　　　　　　　　　　　　　7 800 000
　　　贷:股本　　　　　　　　　　　　　　　　　　　　　6 000 000
　　　　　资本公积——股本溢价　　　　　　　　　　　　　1 800 000

(3) 通过多次交易分步取得同一控制下被投资单位的股权,并最终形成企业合并的,应当判断多次交易是否属于"一揽子交易"。不属于"一揽子交易"的,在合并日,根据合并后应享有被合并方净资产在最终控制方合并财务报表中的账面价值的份额,确定长期股权投资的初始投资成本。合并日长期股权投资的初始投资成本,与达到合并前的长期股权投资账面价值加上合并日进一步取得股份新支付对价的账面价值之和的差额,调整资本公积(资本溢价或股本溢价),资本公积不足冲减的,冲减留存收益。

(4) 合并方为企业合并发生的审计、法律服务、评估咨询等中介费用以及其他相关管理费用,应于发生时计入当期损益;合并方作为合并对价发行的权益性工具或债务性工具的交易费用,应当计入权益性工具或债务性工具的初始确认金额。

2. 非同一控制下控股合并形成的对子公司长期股权投资

非同一控制下的企业合并是指参与合并的各方在合并前后不属于同一方或相同的多方最终控制的情况下进行的合并。该种合并是非关联的企业之间进行的,以市价为基础,交易作价相对公平合理。

(1) 购买方应当按照确定的企业合并成本作为长期股权投资的初始投资成本。企业合并成本包括购买方付出的资产、发生或承担的负债、发行的权益性证券的公允价值之和。付出资产公允价值与账面价值的差额计入合并当期损益。

(2) 企业通过多次交易分步实现非同一控制下企业合并的,在编制个别财务报表时,应当按照原持有的股权投资的账面价值加上新增投资成本之和,作为对子公司投资的初始投资成本。

(3)合并方为企业合并发生的审计、法律服务、评估咨询等中介费用以及其他相关管理费用,应于发生时计入当期损益;购买方作为合并对价发行的权益性工具或债务性工具的交易费用,应当计入权益性工具或债务性工具的初始确认金额。

[例7-14] 甲公司以所拥有的一栋房产作为对价,自乙企业的控股股东手中购入乙公司70%的股权,作为合并对价的房屋,其账面原值为9 000万元,已提折旧为2 000万元,其目前市场价格为12 000万元。另发生相关费用共计600万元(假设已全部用银行存款支付)。假定合并前甲公司与乙公司不存在任何关联方关系。

分析: 本例中因甲公司与乙公司在合并前不存在任何关联方关系,应作为非同一控制下的控股合并处理。合并成本为购买方在购买日为取得对被购买方的控制权而付出的资产、发生或承担的负债以及发行的权益性证券的公允价值,因此本例中长期股权投资的初始投资成本为12 000万元。

甲公司应编制会计分录如下:

借:固定资产清理　　　　　　　　　　　　　　　　70 000 000
　　累计折旧　　　　　　　　　　　　　　　　　　20 000 000
　　贷:固定资产　　　　　　　　　　　　　　　　　　　　90 000 000
借:长期股权投资——乙公司　　　　　　　　　　120 000 000
　　贷:固定资产清理　　　　　　　　　　　　　　　　　70 000 000
　　　　资产处置损益　　　　　　　　　　　　　　　　　50 000 000
借:管理费用　　　　　　　　　　　　　　　　　　 6 000 000
　　贷:银行存款　　　　　　　　　　　　　　　　　　　 6 000 000

(二)对联营企业、合营企业投资的初始计量

(1)以支付现金(广义)取得的长期股权投资,应当按照实际支付的购买价款作为长期股权投资的初始投资成本,包括与取得长期股权投资直接相关的费用、税金及其他必要支出。

但所支付价款中包含的被投资单位已宣告但尚未发放的现金股利或利润应作为应收项目(应收股利)核算,不构成取得长期股权投资的成本。

[例7-15] 甲公司于2×21年2月10日自公开市场中买入乙公司20%的股份,实际支付价款80 000 000元。在购买过程中支付手续费等相关费用1 000 000元。甲公司取得该部分股权后能够对乙公司施加重大影响。假定甲公司取得该项投资时,乙公司已宣告但尚未发放现金股利,甲公司按其持股比例计算确定可分得300 000元。

甲公司按照实际支付的购买价款扣减应收未收的现金股利后的余额作为取得的长期股权投资的成本,甲公司应编制会计分录如下:

借:长期股权投资——乙公司(投资成本)　　　　　80 700 000
　　应收股利——乙公司　　　　　　　　　　　　　　　300 000
　　贷:银行存款　　　　　　　　　　　　　　　　　　　81 000 000

(2)以发行权益性证券方式取得的长期股权投资,其成本为所发行权益性证券的公允价值。

为发行权益性证券支付给有关证券承销机构等的手续费、佣金等与权益性证券发行直接相关的费用,不构成取得长期股权投资的成本。该部分费用应自权益性证券的溢价发行收入中扣除(冲减"资本公积——股本溢价"),权益性证券的溢价收入不足冲减的,应依次冲减盈余公积和未分配利润。

[**例7-16**] 甲上市公司以增发股票1 000万股的方式取得丙公司25%的股份,甲公司股票的发行价为每股4.5元。则取得丙公司25%的长期股权投资的初始投资成本为4 500万元(1 000×4.5)。为增发该部分股份,甲公司向证券承销机构等支付了40万元的佣金和手续费。应编制会计分录如下:

借:长期股权投资——丙公司(投资成本)　　　　　　45 000 000
　　贷:股本　　　　　　　　　　　　　　　　　　　10 000 000
　　　　资本公积——股本溢价　　　　　　　　　　　35 000 000

发行权益性证券过程中支付的佣金和手续费,应冲减权益性证券的溢价发行收入:

借:资本公积——股本溢价　　　　　　　　　　　　　400 000
　　贷:银行存款　　　　　　　　　　　　　　　　　　400 000

(3)通过非货币性资产交换和债务重组取得的长期股权投资,其初始投资成本应当按照《企业会计准则第7号——非货币性资产交换》和《企业会计准则第12号——债务重组》确定。

企业无论以何种方式取得长期股权投资,取得投资时,对于投资成本中包含的被投资单位已经宣告但尚未发放的现金股利或利润,应作为应收项目单独核算,不构成取得长期股权投资的初始投资成本。

三、长期股权投资的后续计量

企业取得的长期股权投资,在确定其初始投资成本后,持续持有期间,视对被投资单位的影响程度等情况的不同,应分别采用成本法及权益法进行核算。

(一) 长期股权投资的成本法

1. 成本法的定义及适用范围

成本法,是指投资按成本计价的方法。长期股权投资的成本法适用于企业持有的、能够对被投资单位实施控制的长期股权投资。

2. 成本法的核算

采用成本法核算的长期股权投资,核算方法如下:

(1)初始投资或追加投资时,按照初始投资或追加投资时的成本增加长期股权投资的账面价值。

(2)被投资单位宣告分派的现金股利或利润中,投资企业按应享有的部分,确认为当期投资收益。

投资企业在确认自被投资单位应分得的现金股利或利润后,应当考虑长期股权投资是否发生减值。在判断该类长期股权投资是否存在减值迹象时,应当关注长期股权投资的账面价值是否大于享有被投资单位净资产(包括相关商誉)账面价值的份额等情况。出现类似情况时,企业应当按照《企业会计准则第8号——资产减值》的规定对长期股权投资进行减值测试,可收回金额低于长期股权投资账面价值的,应当计提减值准备。

（3）子公司将未分配利润或盈余公积直接转增股本（实收资本），且未向投资方提供等值现金股利或利润的选择权时，母公司并没有获得收取现金股利或者利润的权力，这通常属于子公司自身权益结构的重分类，母公司不应确认相关的投资收益。

[例7-17] 甲公司于2×21年4月10日自非关联方处取得乙公司60%股权，成本为12 000 000元，相关手续于当日完成，并能够对乙公司实施控制。2×22年3月6日，乙公司宣告分派现金股利，甲公司按照持股比例可取得100 000元，乙公司于2×22年3月12日实际分派现金股利。不考虑相关税费等其他因素的影响。

甲公司应编制会计分录如下：

借：长期股权投资——乙公司	12 000 000
贷：银行存款	12 000 000
借：应收股利	100 000
贷：投资收益	100 000
借：银行存款	100 000
贷：应收股利	100 000

进行上述处理后，如相关长期股权投资存在减值迹象的，应当进行减值测试。

（二）长期股权投资的权益法

1. 权益法的定义及其适用范围

权益法，是指投资以初始投资成本计量后，在投资持有期间根据投资企业享有被投资单位所有者权益的份额的变动对投资的账面价值进行调整的方法。

投资企业对被投资单位具有共同控制或重大影响的长期股权投资，即对合营企业投资及对联营企业投资，应当采用权益法核算。

2. 权益法的核算程序

长期股权投资核算采用权益法的，应当分别"投资成本""损益调整""其他综合收益""其他权益变动"进行明细核算。

采用权益法核算的长期股权投资，会计处理主要包括以下两个方面：

一是初始投资或追加投资时，首先按照初始投资或追加投资时的成本增加长期股权投资的账面价值。然后比较长期股权投资的初始投资成本与投资时应享有的被投资单位可辨认净资产公允价值的份额，前者大于后者的，不调整长期股权投资账面价值；前者小于后者的，应当按照二者之间的差额调增长期股权投资的账面价值，同时计入取得投资当期损益（营业外收入）。

二是持有投资期间，随着被投资单位所有者权益的变动相应调整增加或减少长期股权投资的账面价值，并分别以下情况处理：对于因被投资单位实现净损益和其他综合收益而产生的所有者权益的变动，投资方应当按照应享有的份额，增加或减少长期股权投资的账面价值，同时确认投资损益和其他综合收益；对于被投资单位宣告分派的利润或现金股利计算应分得的部分，相应减少长期股权投资的账面价值；对于被投资单位除净损益、其他综合收益以及利润分配以外的因素导致的其他所有者权益变动，相应调整长期股权投资的账面价值，同时确认资本公积（其他资本公积）。

（1）初始投资成本的调整。

投资企业取得对联营企业或合营企业的投资以后，对于取得投资时投资成本与应享有被投资单位可辨认净资产公允价值份额之间的差额,应区别情况分别处理。

① 初始投资成本大于取得投资时应享有被投资单位可辨认净资产公允价值份额的,该部分差额是投资方在取得投资过程中通过作价体现出的与所取得股权份额相对应的商誉价值,这种情况下不要求对长期股权投资的成本进行调整。

② 初始投资成本小于取得投资时应享有被投资单位可辨认净资产公允价值份额的,两者之间的差额体现为双方在交易作价过程中转让方的让步,该部分经济利益流入应作为收益处理,计入取得投资当期的营业外收入,同时调整增加长期股权投资的账面价值。

[例7-18] A公司以2 000万元取得B公司30%的股权,取得投资时被投资单位可辨认净资产的公允价值为6 000万元。如A公司能够对B公司施加重大影响,则A公司应采用权益法核算。

本例A公司在B公司可辨认净资产中所享有的份额为1 800万元(6 000×30%),长期股权投资的入账价值仍为2 000万元,应编制会计分录如下:

借:长期股权投资——B公司(投资成本)　　　　　20 000 000
　贷:银行存款　　　　　　　　　　　　　　　　　　20 000 000

如投资时B公司可辨认净资产的公允价值为7 000万元,A公司在B公司可辨认净资产中所享有的份额为2 100万元(7 000×30%),长期股权投资的入账价值应为2 100万元,应编制会计分录如下:

借:长期股权投资——B公司(投资成本)　　　　　20 000 000
　贷:银行存款　　　　　　　　　　　　　　　　　　20 000 000
借:长期股权投资——B公司(投资成本)　　　　　 1 000 000
　贷:营业外收入　　　　　　　　　　　　　　　　　 1 000 000

(2) 投资损益的确认。

投资企业取得长期股权投资后,应当根据应享有或应承担被投资单位实现的净利润或发生的净亏损的份额(法规或章程规定不属于投资企业的净损益除外),调整长期股权投资的账面价值,并确认为当期投资损益。如为应享有收益的份额,应编制会计分录如下:

借:长期股权投资——××单位(损益调整)
　贷:投资收益

如为应承担的亏损份额,则做相反的会计分录。

在确认应享有或应承担被投资单位实现的净利润或发生的净亏损时,在被投资单位账面净利润的基础上,应考虑以下因素的影响进行适当调整:

一是被投资单位采用的会计政策及会计期间与投资企业不一致的,应按投资企业的会计政策及会计期间对被投资单位的财务报表进行调整,在此基础上确定被投资单位的损益。

二是以取得投资时被投资单位固定资产、无形资产的公允价值为基础计提的折旧额或摊销额,以及以投资企业取得投资时的公允价值为基础计算确定的资产减值准备金额等对被投资单位净利润的影响。

被投资单位个别利润表中的净利润是以其持有的资产、负债账面价值为基础持续计算的,而投资企业在取得投资时,是以被投资单位有关资产、负债的公允价值为基础确定投资成本,长期股权投资的投资收益所代表的是被投资单位资产、负债在公允价值计量的情况下在未来期间通过经营产生的损益中归属于投资企业的部分。取得投资时有关资产、负债的公允价值与其账面价值不同的,未来期间,在计算归属于投资企业应享有的净利润或应承担的净亏损时,应以投资时被投资单位有关资产对投资企业的成本即取得投资时的公允价值为基础计算确定,从而产生了需要对被投资单位账面净利润进行调整的情况。

投资方在对被投资单位的净利润进行调整时,应考虑重要性原则,不具有重要性的项目可不予调整。投资企业无法合理确定取得投资时被投资单位各项可辨认资产、负债等公允价值的,或者投资时被投资单位可辨认资产、负债的公允价值与账面价值之间的差额不具有重要性的,或是其他原因导致无法取得对被投资单位净利润进行调整所需资料的,可以按照被投资单位的账面净利润为基础,经调整未实现内部交易损益后,计算确认投资收益。

[例7-19] 甲公司于2×21年1月10日购入乙公司30%的股份,购买价款为4 950万元,并自取得投资之日起派人参与乙公司的生产经营决策。取得投资当日,乙公司可辨认净资产公允价值为13 500万元,除下表所列项目外,乙公司其他资产、负债的公允价值与账面价值相同。

表7-3 单位:万元

项目	账面原价	已提折旧或摊销	公允价值	乙公司预计使用年限	甲公司取得投资后剩余使用年限
存货	1 125		1 575		
固定资产	2 700	450	3 600	20	16
无形资产	1 575	315	1 800	10	8
合计	5 400	765	6 975		

假定乙公司于2×21年实现净利润1 000.5万元,其中在甲公司取得投资时的账面存货有80%对外出售。甲公司与乙公司的会计年度及采用的会计政策相同。固定资产、无形资产均按直线法提取折旧或摊销,预计净残值均为0。

甲公司在确定其应享有的投资收益时,应在乙公司实现净利润的基础上,根据取得投资时乙公司有关资产的账面价值与其公允价值差额的影响进行调整(假定不考虑所得税影响):

存货账面价值与公允价值的差额应调减的利润=(1 575-1 125)×80%=360(万元)

固定资产账面价值与公允价值的差额应调减的利润=3 600÷16-2 700÷20=90(万元)

无形资产账面价值与公允价值的差额应调减的利润=1 800÷8-1 575÷10=67.5(万元)

调整后的净利润=1 000.5-360-90-67.5=483(万元)

甲公司应享有份额=483×30%=144.9(万元)

甲公司确认投资收益的会计分录如下:

借：长期股权投资——乙公司损益调整　　　　　　　　　　　　　1 449 000
　　　　贷：投资收益　　　　　　　　　　　　　　　　　　　　　　　　　1 449 000

　　三是对于投资方或纳入投资方合并财务报表范围的子公司与其联营企业及合营企业之间发生的未实现内部交易损益应予抵销。即投资方与联营企业及合营企业之间发生的未实现内部交易损益,按照应享有的比例计算归属于投资方的部分,应当予以抵销,在此基础上确认投资损益。投资方与被投资单位发生的内部交易损失,按照资产减值准则等规定属于资产减值损失的,应当全额确认。

　　未实现内部交易损益的抵销,应当分别顺流交易和逆流交易进行会计处理。顺流交易是指投资方向其联营企业或合营企业投出或出售资产。逆流交易是指联营企业或合营企业向投资方出售资产。未实现内部交易损益体现在投资方或其联营企业、合营企业持有的资产账面价值中的,在计算确认投资损益时应予抵销。

　　① 对于投资方向联营企业或合营企业投出或出售资产的顺流交易,在该交易存在未实现内部交易损益的情况下(即有关资产未对外部独立第三方出售或未被消耗),投资方在采用权益法计算确认应享有联营企业或合营企业的投资损益时,应抵销该未实现内部交易损益的影响,同时调整对联营企业或合营企业长期股权投资的账面价值。投资方因投出或出售资产给其联营企业或合营企业而产生的损益中,应仅限于确认归属于联营企业或合营企业其他投资方的部分。

　　[例 7-20]　甲公司持有乙公司 20%有表决权的股份,能够对乙公司施加重大影响。2×21 年 9 月,甲公司将其账面价值为 8 000 000 元的商品以 12 000 000 元的价格出售给乙公司,乙公司将取得的商品作为管理用固定资产,预计使用寿命为 10 年,净残值为 0。假定甲公司取得该项投资时,乙公司各项可辨认资产、负债的公允价值与其账面价值相同,两者在以前期间未发生过内部交易。乙公司 2×21 年实现净利润为 20 000 000 元。不考虑相关税费等其他因素影响。

　　甲公司在该项交易中实现利润 4 000 000 元,其中的 800 000 元(4 000 000×20%)是针对本公司持有的对联营企业的权益份额,在采用权益法计算确认投资损益时应予抵销,同时应考虑相关固定资产折旧对损益的影响,甲公司应编制会计分录如下:

　　甲公司应确认的损益=(20 000 000-4 000 000+4 000 000÷10÷12×3)×20%
　　　　　　　　　　=3 220 000(元)

　　借：长期股权投资——乙公司(损益调整)　　　　　　　　　　　3 220 000
　　　　贷：投资收益　　　　　　　　　　　　　　　　　　　　　　　　　3 220 000

　　② 对于联营企业或合营企业向投资方投出或出售资产的逆流交易,比照上述顺流交易处理。

　　[例 7-21]　甲公司持有乙公司 20%有表决权股份,能够对乙公司施加重大影响。2×21 年 8 月,乙公司将其成本为 9 000 000 元的某商品以 15 000 000 元的价格出售给甲公司,甲公司将取得的商品作为存货。至 2×21 年 12 月 31 日,甲公司仍未对外出售该存货。乙公司 2×21 年实现净利润 48 000 000 元。假定甲公司取得该项投资时,乙公司各项可辨认资产、负债的公允价值与其账面价值相同,两者在以前期间未发生过内部交易。假定不考虑相关税费等其他因素影响。

　　甲公司在按照权益法确认应享有乙公司 2×21 年净损益时,应编制会计分录如下:

甲公司应确认的损益=(48 000 000-6 000 000)×20%=8 400 000(元)

借：长期股权投资——乙公司（损益调整）　　　　　　　8 400 000
　　贷：投资收益　　　　　　　　　　　　　　　　　　　　　　8 400 000

应当说明的是，投资方与其联营企业及合营企业之间发生的无论是顺流交易还是逆流交易产生的未实现内部交易损失，其中属于所转让资产发生减值损失的，有关未实现内部交易损失不应予以抵销。

此时投资方与联营、合营企业之间发生投出或出售资产的交易，该资产构成业务的，应当按照《企业会计准则第20号——企业合并》《企业会计准则第33号——合并财务报表》的有关规定进行会计处理。

（3）超额亏损的确认。

长期股权投资准则规定，投资企业确认应分担被投资单位发生的损失，原则上应以长期股权投资及其他实质上构成对被投资单位净投资的长期权益减记至零为限，投资企业负有承担额外损失义务的除外。

投资企业在确认应分担被投资单位发生的亏损时，具体应按照以下顺序处理：

首先，减记长期股权投资的账面价值。

其次，在长期股权投资的账面价值减记至零的情况下，对于未确认的投资损失，考虑除长期股权投资以外，账面上是否有其他实质上构成对被投资单位净投资的长期权益项目，如果有则应以其他长期权益的账面价值为限，继续确认投资损失，冲减长期应收项目等的账面价值。这里所讲"其他实质上构成对被投资单位净投资的长期权益"通常是指长期应收项目。比如，企业对被投资单位的长期债权，该债权没有明确的清收计划、且在可预见的未来期间不准备收回的，实质上构成对被投资单位的净投资，但不包括投资企业与被投资单位之间因销售商品、提供劳务等日常活动所产生的长期债权。

最后，经过上述处理，按照投资合同或协议约定，投资企业仍需要承担额外损失弥补等义务的，应按预计将承担的义务金额确认预计负债，计入当期投资损失。

企业在实务操作过程中，在发生投资损失时，应借记"投资收益"科目，贷记"长期股权投资——损益调整"科目。在长期股权投资的账面价值减记至零以后，考虑其他实质上构成对被投资单位净投资的长期权益，继续确认的投资损失，应借记"投资收益"科目，贷记"长期应收款"科目；因投资合同或协议约定导致投资企业需要承担额外义务的，按照或有事项准则的规定，对于符合确认条件的义务，应确认为当期损失，同时确认预计负债，借记"投资收益"科目，贷记"预计负债"科目。除上述情况仍未确认的应分担被投资单位的损失外，应在账外备查登记。

在确认了有关的投资损失以后，被投资单位于以后期间实现盈利的，应按以上相反顺序分别减记账外备查登记的金额、已确认的预计负债、恢复其他长期权益及长期股权投资的账面价值，同时确认投资收益。即应当按顺序分别借记"预计负债""长期应收款""长期股权投资"科目，贷记"投资收益"科目。

[例7-22]　甲企业持有乙企业40%的股权，能够对乙企业施加重大影响。2×21年12月31日投资的账面价值为2 000万元。假定取得投资时点被投资单位各资产公允价值等于账面价值，双方采用的会计政策、会计期间相同。乙企业2×22年度的亏损额为6 000万元，当年度甲企业应分担损失2 400万元，甲企业账上仍有应收乙企业的长期应收

款800万元，该款项从目前情况看，没有明确的清偿计划（并非产生于商品购销等日常活动），甲公司应编制会计分录如下：

借：投资收益　　　　　　　　　　　　　　　　　　　　　　20 000 000
　　贷：长期股权投资——乙企业（损益调整）　　　　　　　　20 000 000
借：投资收益　　　　　　　　　　　　　　　　　　　　　　 4 000 000
　　贷：长期应收款——乙企业　　　　　　　　　　　　　　　 4 000 000

[例7-23]　接[例7-22]，乙企业2×23年实现净利润4 000万元。

分析： 乙企业2×23年实现净利润4 000万元，甲企业应享有的1 600万元，首先弥补上年度进一步确认的投资损失400万元，其余1 200万确认投资收益，因此当年记入"投资收益"科目的金额为1 600万元。

甲公司应编制会计分录如下：

借：长期应收款——乙企业　　　　　　　　　　　　　　　　 4 000 000
　　贷：投资收益　　　　　　　　　　　　　　　　　　　　　 4 000 000
借：长期股权投资——乙企业（损益调整）　　　　　　　　　　12 000 000
　　贷：投资收益　　　　　　　　　　　　　　　　　　　　　12 000 000

（4）被投资单位分配现金股利或利润的处理。

按照权益法核算的长期股权投资，投资企业自被投资单位取得的现金股利或利润，应抵减长期股权投资的账面价值。在被投资单位宣告分派现金股利或利润时，借记"应收股利"科目，贷记"长期股权投资（损益调整）"科目。

[例7-24]　2×21年年初，甲公司对乙公司投资占乙公司表决权资本的40%，对乙公司财务和经营能够产生重大影响，采用权益法核算长期股权投资。2×21年乙公司实现净利润160万元，甲公司按照投资时被投资单位可辨认资产的公允价值为基础，对被投资单位的净利润进行调整后的净利润为150万元，2×22年5月10日乙公司宣告分配2×21年现金股利30万，2×22年5月26日，甲公司收到乙公司现金股利12万元。

分析： 2×22年5月10日乙公司宣告分配2×21年现金股利30万，甲公司按应享有的股利，确认"应收股利"12万元，同时相应冲减"长期股权投资——××公司（损益调整）"科目12万元。

甲公司应编制会计分录如下：

2×21年乙公司实现净利润：

借：长期股权投资——乙公司（损益调整）　　　　　　　　　　600 000
　　贷：投资收益　　　　　　　　　　　　　　　　　　　　　　600 000

2×22年5月10日：

借：应收股利——乙公司　　　　　　　　　　　　　　　　　　120 000
　　贷：长期股权投资——乙公司（损益调整）　　　　　　　　　120 000

2×22年5月26日：

借：银行存款　　　　　　　　　　　　　　　　　　　　　　　120 000
　　贷：应收股利——乙公司　　　　　　　　　　　　　　　　　120 000

（5）被投资单位其他综合收益变动的处理。

被投资单位其他综合收益发生变动的，投资方应当按照归属于本企业的部分，相应调整长期股权投资的账面价值,同时增加或减少其他综合收益。

[**例7-25**] 甲公司持有乙公司30%的股份,能够对乙公司施加重大影响。当期乙公司因持有其他债权投资公允价值增加计入其他综合收益的金额为20 000 000元,除该事项外,乙公司当期实现的净利润为80 000 000元。假定甲公司与乙公司适用的会计政策、会计期间相同,两者在当期及以前期间未发生任何内部交易,投资时乙公司各项可辨认资产、负债的公允价值与其账面价值相同。不考虑相关税费等其他因素影响。

甲公司应编制会计分录如下:

借:长期股权投资——乙公司(损益调整)   24 000 000
     ——乙公司(其他综合收益)   6 000 000
 贷:投资收益   24 000 000
   其他综合收益   6 000 000

(6) 被投资单位所有者权益的其他变动的处理。

采用权益法核算时,投资企业对于被投资单位除净损益、其他综合收益以及利润分以外所有者权益的其他变动,应按照持股比例与被投资单位所有者权益的其他变动计算的归属于本企业的部分,相应调整长期股权投资的账面价值,同时增加或减少资本公积(其他资本公积)。被投资单位除净损益、其他综合收益以及利润分配以外的所有者权的其他变动,主要包括:被投资单位接受其他股东的资本性投入、被投资单位发行可分离交易的可转换公司债券中包含的权益成分、以权益结算的股份支付等。

[**例7-26**] A企业持有B企业30%的股份,能够对B企业施加重大影响。B企业为上市公司,当期B企业的母公司给予B公司捐赠2 000万元,该捐赠实质上属于资本性投入,B公司将其计入资本公积(股本溢价)。不考虑其他因素,A企业应编制会计分录如下:

A企业在确认应享有被投资单位所有者权益的其他变动=2 000×30%=600(万元)

借:长期股权投资——B企业(其他权益变动)   6 000 000
 贷:资本公积——其他资本公积   6 000 000

(7) 股票股利的处理。

被投资单位分派的股票股利,投资企业不作账务处理,但应于除权日注明所增加的股数,以反映股份的变化情况。

四、长期股权投资的减值

长期股权投资在按照规定进行核算确定其账面价值的基础上,如果存在减值迹象的,应当按照《企业会计准则第8号——资产减值》的规定确定其可收回金额及应予计提的减值准备,长期股权投资的减值准备在提取以后,不允许转回。

五、长期股权投资的处置

企业处置长期股权投资时,应相应结转与所售股权相对应的长期股权投资的账面价值,出售所得价款与处置长期股权投资账面价值之间的差额,应确认为处置损益。

采用权益法核算的长期股权投资,原计入其他综合收益或资本公积(其他资本公积)中的金额,在处置时亦应进行结转,将与所出售股权相对应的部分在处置时自其他综合收益或资本公积转入当期损益或留存收益。

[例7-27] 甲公司对丙公司发生如下股权投资业务,在投资前甲公司和丙公司无任何关联,在投资后也不存在内部交易。

(1) 2×21年6月1日甲公司以银行存款3 000万元购入丙公司有表决权的股份30%,对丙公司具有重大影响。投资时,丙公司可辨认净资产的公允价值为9 000万元,丙公司可辨认净资产公允价值与账面价值相等。根据准则分析后,甲公司编制会计分录如下(假设不考虑相关税费)。

借: 长期股权投资——丙公司(成本)   30 000 000
 贷: 银行存款   30 000 000

享有丙公司可辨认净资产公允价值的份额=9 000×30%=2 700(万元),小于初始成本,因此不需要调整初始投资成本。

(2) 2×21年丙公司实现净利润1 000万元。根据准则分析后,甲公司编制会计分录如下(假设不考虑相关税费)。

借: 长期股权投资——丙公司(损益调整)   3 000 000
 贷: 投资收益   3 000 000

(3) 2×22年3月10号丙公司宣告发放现金股利500万元,并宣告资本公积500万元将转增股本。根据准则分析后,甲公司编制会计分录如下(假设不考虑相关税费)。

借: 应收股利   1 500 000
 贷: 长期股权投资——丙公司(损益调整)   1 500 000

注意:丙公司资本公积转增资本,无论是宣告时还是已办妥增资手续,其所有者权益都不会有变动,甲公司因此不需要作任何账务处理,仅在增资完毕时注明所增加的股数即可。

(4) 2×22年4月15号丙公司发放现金股利500万元。根据准则分析后,甲公司编制会计分录如下(假设不考虑相关税费)。

借: 银行存款   1 500 000
 贷: 应收股利   1 500 000

(5) 2×22年丙公司因其他债权投资公允价值下降确认其他综合收益净减少200万元。根据准则分析后,甲公司编制会计分录如下(假设不考虑相关税费)。

借: 其他综合收益   600 000
 贷: 长期股权投资——丙公司(其他综合收益)   600 000

(6) 2×22年丙公司其他股东增加资本性投入使得甲公司享有的丙公司权益份额增加50万元。根据准则分析后,甲公司编制会计分录如下(假设不考虑相关税费)。

借: 长期股权投资——丙公司(其他权益变动)   500 000
 贷: 资本公积——其他资本公积   500 000

(7) 2×22年丙公司发生亏损2 000万元。根据准则分析后,甲公司编制会计分录如下(假设不考虑相关税费)。

借: 投资收益   6 000 000
 贷: 长期股权投资——丙公司(损益调整)   6 000 000

(8) 2×23年甲公司因业务发展调整,将持有的丙公司股票全数出售,取得价款为3 140万元,已悉数到账。根据准则分析后,甲公司编制会计分录如下(假设不考虑相关税费)。

① 借:银行存款　　　　　　　　　　　　　　　31 400 000
　　　长期股权投资——丙公司(其他综合收益)　　600 000
　　　　　　　　——丙公司(损益调整)　　　　4 500 000
　　贷:长期股权投资——丙公司(成本)　　　　　30 000 000
　　　　　　　　——丙公司(其他权益变动)　　　500 000
　　　　投资收益　　　　　　　　　　　　　　　6 000 000
② 借:资本公积——其他资本公积　　　　　　　　500 000
　　贷:投资收益　　　　　　　　　　　　　　　500 000
　　借:投资收益　　　　　　　　　　　　　　　600 000
　　贷:其他综合收益　　　　　　　　　　　　　600 000

第七节　投资转换

一、金融资产的重分类

(一) 金融资产重分类的原则

企业改变其管理金融资产的业务模式时,应当按照规定对所有受影响的相关金融资产进行重分类。

企业对金融资产进行重分类,应当自重分类日起采用未来适用法进行相关会计处理,不得对以前已经确认的利得、损失(包括减值损失或利得)或利息进行追溯调整。

重分类日,是指导致企业对金融资产进行重分类的业务模式发生变更后的首个报告期间的第一天。例如,甲上市公司决定于2×21年3月22日改变其管理某金融资产的业务模式,则重分类日为2×21年4月1日(即下一个季度会计期间的期初)。乙上市公司决定于2×21年10月15日改变其管理某金融资产的业务模式,则重分类日为2×22年1月1日。

以下情形不属于业务模式变更:
(1) 企业持有特定金融资产的意图改变。
(2) 金融资产特定市场暂时性消失从而暂时影响金融资产出售。
(3) 金融资产在企业具有不同业务模式的各部门之间转移。

需要注意的是,如果企业管理金融资产的业务模式没有发生变更,而金融资产的条款发生变更但未导致终止确认的,不允许重分类。如果金融资产条款发生变更导致金融资产终止确认的,不涉及重分类问题,企业应当终止确认原金融资产,同时按照变更后的条款确认一项新金融资产。

(二) 金融资产重分类的计量

1. 以摊余成本计量的金融资产的重分类

(1) 企业将一项以摊余成本计量的金融资产重分类为以公允价值计量且其变动计入

当期损益的金融资产的,应当按照该资产在重分类日的公允价值进行计量。原账面价值与公允价值之间的差额计入当期损益。

(2) 企业将一项以摊余成本计量的金融资产重分类为以公允价值计量且其变动计入其他综合收益的金融资产的,应当按照该金融资产在重分类日的公允价值进行计量。原账面价值与公允价值之间的差额计入其他综合收益。

[例 7-28]　2×20 年 10 月 15 日,甲银行以公允价值 500 万元购入一项债券投资,并按规定将其分类为以摊余成本计量的金融资产,该债券的账面余额为 500 万元。2×21 年 10 月 15 日,甲银行变更了其管理债券投资组合的业务模式,其变更符合重分类的要求,因此,甲银行于 2×22 年 1 月 1 日将该债券从以摊余成本计量的金融资产重分类为以公允价值计量且其变动计入当期损益的金融资产。2×22 年 1 月 1 日,该债券的公允价值为 490 万元,已确认的减值准备为 6 万元。假设不考虑该债券的利息收入。甲银行会计处理如下:

重分类前应编制会计分录:

借:债权投资——成本　　　　　　　　　　　　　　5 000 000
　　贷:银行存款　　　　　　　　　　　　　　　　　　　5 000 000
借:信用减值损失　　　　　　　　　　　　　　　　　60 000
　　贷:债权投资减值准备　　　　　　　　　　　　　　　60 000

重分类日应编制会计分录:

借:交易性金融资产　　　　　　　　　　　　　　　4 900 000
　　债权投资减值准备　　　　　　　　　　　　　　　60 000
　　公允价值变动损益　　　　　　　　　　　　　　　40 000
　　贷:债权投资　　　　　　　　　　　　　　　　　　　5 000 000

假定甲银行于 2×22 年 1 月 1 日将该债券从以摊余成本计量的金融资产重分类为以公允价值计量且其变动计入其他综合收益的金融资产。甲银行重分类日应编制会计分录如下:

借:其他债权投资　　　　　　　　　　　　　　　　4 900 000
　　债权投资减值准备　　　　　　　　　　　　　　　60 000
　　其他综合收益——金融资产重分类计入其他综合收益的金额　　40 000
　　贷:债权投资　　　　　　　　　　　　　　　　　　　5 000 000

2. 以公允价值计量且其变动计入其他综合收益的金融资产的重分类

(1) 企业将一项以公允价值计量且其变动计入其他综合收益的金融资产重分类为以摊余成本计量的金融资产的,应当将之前计入其他综合收益的累计利得或损失转出,调整该金融资产在重分类日的公允价值,并以调整后的金额作为新的账面价值,即视同该金融资产一直以摊余成本计量。

(2) 企业将一项以公允价值计量且其变动计入其他综合收益的金融资产重分类为以公允价值计量且其变动计入当期损益的金融资产的,应当继续以公允价值计量该金融资产。同时,企业应当将之前计入其他综合收益的累计利得或损失从其他综合收益转入当期损益。

[例 7-29]　2×20 年 10 月 15 日,甲银行以公允价值 500 万元购入一项债券投资,并

按规定将其分类为以公允价值计量且其变动计入其他综合收益的金融资产,该债券的账面余额为 500 万元。2×21 年 10 月 15 日,甲银行变更了其管理债券投资组合的业务模式,其变更符合重分类的要求,因此,甲银行于 2×22 年 1 月 1 日将该债券从以公允价值计量且其变动计入其他综合收益的金融资产重分类为以摊余成本计量的金融资产。2×22 年 1 月 1 日,该债券的公允价值为 490 万元,已确认的减值准备为 6 万元。假设不考虑利息收入。甲银行的会计处理如下:

重分类前应编制会计分录:

借:其他债权投资——成本　　　　　　　　　　　　　　　　5 000 000
　　贷:银行存款　　　　　　　　　　　　　　　　　　　　　5 000 000
借:信用减值损失　　　　　　　　　　　　　　　　　　　　　60 000
　　贷:其他综合收益——信用减值准备　　　　　　　　　　　60 000
借:其他综合收益——其他债权投资公允价值变动　　　　　　100 000
　　贷:其他债权投资——公允价值变动　　　　　　　　　　　100 000

重分类日应编制会计分录:

借:债权投资——成本　　　　　　　　　　　　　　　　　　5 000 000
　　其他债权投资——公允价值变动　　　　　　　　　　　　100 000
　　其他综合收益——信用减值准备　　　　　　　　　　　　60 000
　　贷:其他债权投资——成本　　　　　　　　　　　　　　5 000 000
　　　　其他综合收益——其他债权投资公允价值变动　　　　100 000
　　　　债权投资减值准备　　　　　　　　　　　　　　　　60 000

假定甲银行于 2×22 年 1 月 1 日将该债券从以公允价值计量且其变动计入其他综合收益的金融资产重分类为交易性金融资产。重分类日应编制会计分录:

借:交易性金融资产　　　　　　　　　　　　　　　　　　　4 900 000
　　其他债权投资——公允价值变动　　　　　　　　　　　　100 000
　　其他综合收益——信用减值准备　　　　　　　　　　　　60 000
　　公允价值变动损益　　　　　　　　　　　　　　　　　　40 000
　　贷:其他债权投资——成本　　　　　　　　　　　　　　5 000 000
　　　　其他综合收益——其他债权投资公允价值变动　　　　100 000

3. 以公允价值计量且其变动计入当期损益的金融资产的重分类

(1) 企业将一项以公允价值计量且其变动计入当期损益的金融资产重分类为以摊余成本计量的金融资产的,应当以其在重分类日的公允价值作为新的账面余额。

(2) 企业将一项以公允价值计量且其变动计入当期损益的金融资产重分类为以公允价值计量且其变动计入其他综合收益的金融资产的,应当继续以公允价值计量该金融资产。

[例 7-30] 2×20 年 10 月 15 日,甲银行以公允价值 500 万元购入一项债券投资,并按规定将其分类为以公允价值计量且其变动计入当期损益的金融资产,该债券的账面余额为 500 万元。2×21 年 10 月 15 日,甲银行变更了其管理债券投资组合的业务模式,其变更符合重分类的要求,因此,甲银行于 2×22 年 1 月 1 日将该债券从以公允价值计量且其变动计入当期损益的金融资产重分类为以摊余成本计量的金融资产。2×22 年 1 月 1

日，该债券的公允价值为490万元，假设不考虑利息收入。甲银行的会计处理如下：

重分类前应编制会计分录：

借：交易性金融资产——成本　　　　　　　　　　　　　　　5 000 000
　　贷：银行存款　　　　　　　　　　　　　　　　　　　　　　5 000 000
借：公允价值变动损益　　　　　　　　　　　　　　　　　　　　100 000
　　贷：交易性金融资产——公允价值变动　　　　　　　　　　　　100 000

重分类日应编制会计分录：

借：债权投资　　　　　　　　　　　　　　　　　　　　　　　4 900 000
　　贷：交易性金融资产　　　　　　　　　　　　　　　　　　　4 900 000

假定甲银行于2×22年1月1日将该债券从以公允价值计量且其变动计入当期损益的金融资产重分类为其他债权投资。2×22年1月1日，该债券的公允价值为490万元，假设不考虑利息收入。甲银行重分类日应编制会计分录：

借：其他债权投资　　　　　　　　　　　　　　　　　　　　　4 900 000
　　贷：交易性金融资产　　　　　　　　　　　　　　　　　　　4 900 000

二、长期股权投资核算方法的转换

（一）权益法转换为成本法

因追加投资原因导致对联营企业或合营企业的投资转变为对子公司投资的，长期股权投资账面价值的调整应当按照本节关于长期股权投资初始计量的有关规定处理。

（二）成本法转换为权益法

因处置投资等原因导致对被投资单位由能够实施控制转为具有重大影响或者与其他投资方一起实施共同控制的，首先应按处置投资的比例结转应终止确认的长期股权投资成本。

然后，比较剩余长期股权投资的成本与按照剩余持股比例计算原投资时应享有被投资单位可辨认净资产公允价值的份额，前者大于后者的，不调整长期股权投资的账面价值；前者小于后者的，在调整长期股权投资成本的同时，调整留存收益。

对于原取得投资时至处置投资时（转为权益法核算）之间被投资单位实现净损益中投资方应享有的份额，应调整长期股权投资的账面价值，同时，对于原取得投资时至处置投资当期期初被投资单位实现的净损益（扣除已宣告发放的现金股利和利润）中应享有的份额，调整留存收益，对于处置投资当期期初至处置投资之日被投资单位实现的净损益中享有的份额，调整当期损益；对于被投资单位其他综合收益变动中应享有的份额，在调整长期股权投资账面价值的同时，应当计入其他综合收益；除净损益、其他综合收益和利润分配外的其他原因导致被投资单位其他所有者权益变动中应享有的份额，在调整长期股权投资账面价值的同时，应当计入资本公积（其他资本公积）。

[例7-31]　甲公司原持有乙公司60%的股权，能够对乙公司实施控制。2×21年11月6日，甲公司对乙公司的长期股权投资账面价值为15 000 000元，未计提减值准备，甲公司将其持有的对乙公司长期股权投资中的1/3出售给非关联方，取得价款9 000 000元，当日被投资单位可辨认净资产公允价值总额为40 000 000元。相关手续于当日完成，甲公司不再对乙公司实施控制，但具有重大影响。甲公司原取得乙公司60%股权时，乙公司可辨认净资产公允价值总额为22 500 000元（假定公允价值与账面价值相同）。自甲公

司取得对乙公司长期股权投资后至部分处置投资前,乙公司实现净利润12 500 000元。其中,自甲公司取得投资日至2×21年年初实现净利润10 000 000元。假定乙公司一直未进行利润分配,也未发生其他计入资本公积的交易或事项。甲公司按净利润的10%提取法定盈余公积。不考虑相关税费等其他因素影响。

甲公司应编制会计分录如下:

(1) 确认长期股权投资处置损益:

借:银行存款　　　　　　　　　　　　　　　　　　　　9 000 000
　　贷:长期股权投资——乙公司　　　　　　　　　　　　　5 000 000
　　　　投资收益　　　　　　　　　　　　　　　　　　　　4 000 000

(2) 调整长期股权投资账面价值:

剩余长期股权投资的账面价值为10 000 000元,与原投资时应享有被投资单位可辨认净资产公允价值份额之间的差额1 000 000元(10 000 000−22 500 000×40%)为商誉,该部分商誉的价值不需要对长期股权投资的成本进行调整。处置投资以后按照持股比例计算享有被投资单位自购买日至处置投资当期期初之间实现的净损益为4 000 000元(10 000 000×40%),应调整增加长期股权投资的账面价值,同时调整留存收益;处置期初至处置日之间实现的净损益1 000 000元,应调整增加长期股权投资的账面价值,同时计入当期投资收益。

借:长期股权投资——乙公司(损益调整)　　　　　　　 5 000 000
　　贷:盈余公积——法定盈余公积　　　　　　　　　　　　 400 000
　　　　利润分配——未分配利润　　　　　　　　　　　　 3 600 000
　　　　投资收益　　　　　　　　　　　　　　　　　　　 1 000 000

三、金融资产和长期股权投资的转换

(一) 金融资产转换为权益法核算的长期股权投资

投资方原持有的对被投资单位不具有控制、共同控制或重大影响的按照金融资产进行会计处理的权益性投资,因追加投资等原因导致持股比例上升,能够对被投资单位施加共同控制或重大影响的,在转按权益法核算时,投资方应当按其确定的原权益性投资的公允价值加上为取得新增投资而应支付对价的公允价值,作为改按权益法核算的初始投资成本。原持有的股权投资分类为以公允价值计量且其变动计入当期损益的金融资产,其公允价值与账面价值之间的差额应当转入改按权益法核算的当期损益;原持有的股权投资指定为以公允价值计量且其变动计入其他综合收益的非交易性权益工具投资的,其公允价值与账面价值之间的差额以及原计入其他综合收益的累计公允价值变动应当直接转入留存收益。然后,比较上述计算所得的初始投资成本,与按照追加投资后全新的持股比例计算确定的应享有被投资单位在追加投资日可辨认净资产公允价值份额之间的差额,前者大于后者的,不调整长期股权投资的账面价值;前者小于后者的,差额应调整长期股权投资的账面价值,并计入当期营业外收入。

[例7-32] 2×21年2月,甲公司以9 000 000元现金自非关联方处取得乙公司10%的股权,将其作为以公允价值计量且其变动计入当期损益的金融资产。2×23年1月2日,甲公司又以18 000 000元的现金自另一非关联方处取得乙公司15%的股权,相关手续

于当日完成。当日,乙公司可辨认净资产公允价值总额为 120 000 000 元,甲公司对乙公司的以公允价值计量且其变动计入当期损益的金融资产的公允价值 15 000 000 元。取得该部分股权后,甲公司能够对乙公司施加重大影响,对该项股权投资转为采用权益法核算。不考虑相关税费等其他因素影响。

分析: 甲公司原持有 10%股权的公允价值为 15 000 000 元,为取得新增投资而支付对价的公允价值为 18 000 000 元,因此甲公司对乙公司 25%股权的初始投资成本为 33 000 000 元。甲公司对乙公司新持股比例为 25%,应享有乙公司可辨认净资产公允价值的份额为 30 000 000 元(120 000 000 元×25%)。由于初始投资成本(33 000 000 元)大于应享有乙公司可辨认净资产公允价值的份额(30 000 000 元),因此,甲公司无须调整长期股权投资的成本。

2×23 年 1 月 2 日,甲公司应编制会计分录如下:

借:长期股权投资——乙公司——投资成本　　　　　　　33 000 000
　　贷:交易性金融资产　　　　　　　　　　　　　　　　15 000 000
　　　　银行存款　　　　　　　　　　　　　　　　　　　18 000 000

(二)权益法核算的长期股权投资转换为金融资产

原持有的对被投资单位具有共同控制或重大影响的长期股权投资,因部分处置等原因导致持股比例下降,不能再对被投资单位实施共同控制或重大影响的,应按照金融工具准则相关内容对剩余股权进行会计处理,其在丧失共同控制或重大影响之日的公允价值与账面价值之间的差额计入当期损益。原采用权益法核算的相关其他综合收益应当在终止采用权益法核算时,采用与被投资单位直接处置相关资产或负债相同的基础进行会计处理,因被投资方除净损益、其他综合收益和利润分配以外的其他所有者权益变动而确认的所有者权益,应当在终止采用权益法核算时全部转入当期损益。

[例 4-33] 甲公司持有乙公司 30%的有表决权股份,能够对乙公司施加重大影响,对该股权投资采用权益法核算。2×21 年 10 月,甲公司将该项投资中的 60%出售给非关联方,取得价款 32 000 000 元。相关手续于当日完成。甲公司无法再对乙公司施加重大影响,将剩余股权投资转为以公允价值计量且其变动计入当期损益的金融资产。出售时,该项长期股权投资的账面价值为 48 000 000 元,其中投资成本 39 000 000 元,损益调整为 4 500 000 元,其他综合收益为 3 000 000 元(为被投资单位其他债权投资的累计公允价值变动),除净损益、其他综合收益和利润分配外的其他所有者权益变动为 1 500 000 元;剩余股权的公允价值为 21 000 000 元。不考虑相关税费等其他因素影响。

甲公司应编制会计分录如下:

(1)确认有关股权投资的处置损益。

借:银行存款　　　　　　　　　　　　　　　　　　　　　　32 000 000
　　贷:长期股权投资——乙公司——投资成本　23 400 000(39 000 000×60%)
　　　　　　　　　　　　　　　　——损益调整　 2 700 000(4 500 000×60%)
　　　　　　　　　　　　　　　　——其他综合收益 1 800 000(3 000 000×60%)
　　　　　　　　　　　　　　　　——其他权益变动　 900 000(1 500 000×60%)
　　　　投资收益　　　　　　　　　　　　　　　　　　　　　 3 200 000

(2) 由于终止采用权益法核算,将原确认的相关其他综合收益全部转入当期损益。

借:其他综合收益　　　　　　　　　　　　　　　3 000 000
　　贷:投资收益　　　　　　　　　　　　　　　　　　3 000 000

(3) 由于终止采用权益法核算,将原计入资本公积的其他所有者权益变动全部转入当期损益。

借:资本公积——其他资本公积　　　　　　　　　　1 500 000
　　贷:投资收益　　　　　　　　　　　　　　　　　　1 500 000

(4) 剩余股权投资转为交易性金融资产,当日公允价值为21 000 000元,账面价值为19 200 000元,两者差异应计入当期投资收益。

借:交易性金融资产　　　　　　　　　　　　　　21 000 000
　　贷:长期股权投资——乙公司——投资成本　　　　15 600 000
　　　　　　　　　　　　　　　　　——损益调整　　　　1 800 000
　　　　　　　　　　　　　　　　　——其他综合收益　　1 200 000
　　　　　　　　　　　　　　　　　——其他权益变动　　　600 000
　　　　投资收益　　　　　　　　　　　　　　　　　　1 800 000

(三) 成本法核算的长期股权投资转换为金融资产

原持有对被投资单位具有控制的长期股权投资,因部分处置等原因导致持股比例下降,不再对被投资单位实施控制、共同控制或重大影响的,应按照金融资产的相关内容进行会计处理,在丧失控制权之日的公允价值与账面价值之间的差额计入当期投资收益。

[例 4-34] 甲公司持有乙公司60%的有表决权股份,能够对乙公司实施控制,对该股权投资采用成本法核算。2×21年8月,甲公司将该项投资中的80%出售给非关联方,取得价款90 000 000元,相关手续于当日完成。甲公司无法再对乙公司实施控制,也不能施加共同控制或重大影响,将剩余股权投资分类为以公允价值计量且其变动计入当期损益的金融资产。出售时,该项长期股权投资的账面价值为90 000 000元,剩余股权投资的公允价值为22 000 000元。不考虑相关税费等其他因素影响。

甲公司应编制会计分录如下:

(1) 确认有关股权投资的处置损益。

借:银行存款　　　　　　　　　　　　　　　　　90 000 000
　　贷:长期股权投资——乙公司　　　　　　72 000 000(90 000 000×80%)
　　　　投资收益　　　　　　　　　　　　　　　　18 000 000

(2) 剩余股权投资转为以公允价值计量且其变动计入当期损益的金融资产,当天公允价值为22 000 000元,账面价值为18 000 000元,两者差异应计入当期投资收益。

借:交易性金融资产　　　　　　　　　　　　　　22 000 000
　　贷:长期股权投资——乙公司　　　　　　　　　　18 000 000
　　　　投资收益　　　　　　　　　　　　　　　　　4 000 000

(四) 金融资产转换为成本法核算的长期股权投资

因追加投资原因导致原持有的分类为以公允价值计量且其变动计入当期损益的金融资产,或指定为以公允价值计量且其变动计入其他综合收益的非交易性权益工具投资转变为对子公司投资的,长期股权投资账面价值的调整应当按照本章关于长期股权投资初始计量的有关规定处理。

第八节 对外投资在财务报告中的披露

一、对外投资在财务报表中的列示

在资产负债表中,与对外投资相关的项目主要有:

(1)"交易性金融资产"项目,反映资产负债表日企业分类为以公允价值计量且其变动计入当期损益的金融资产,以及企业持有的指定为以公允价值计量且其变动计入当期损益的金融资产的期末账面价值。

(2)"债权投资"项目,反映资产负债表日企业以摊余成本计量的长期债权投资的期末账面价值。

(3)"其他债权投资"项目,反映资产负债表日企业分类为以公允价值计量且其变动计入其他综合收益的长期债权投资的期末账面价值。

(4)"其他权益工具投资"项目,反映资产负债表日企业指定为以公允价值计量且其变动计入其他综合收益的非交易性权益工具投资的期末账面价值。

(5)"长期股权投资"项目,反映企业持有的对子公司、联营企业和合营企业的长期股权投资。

二、对外投资在附注中的披露

(1)企业应当按交易性金融资产类别披露期末余额、上年年末余额等信息,其披露格式如表7-4所示。

表7-4　　　　　　　　　　交易性金融资产的披露格式

类　别	期末余额	上年年末余额
权益工具投资		
债务工具投资		
衍生工具		
其他		
合计		

(2)企业应当按债权投资项目披露期末余额、上年年末余额等信息,其披露格式如表7-5所示。

表 7-5　　　　　　　　　　　　债权投资的披露格式

项　目	期末余额	上年年末余额
1		
2		
3		
合计		

注：其他债权投资、其他权益工具投资的披露，比照债权投资进行披露。

3. 企业应当按被投资单位披露长期股权投资的期末余额、上年年末余额等信息，其披露格式如表 7-6 所示。

表 7-6　　　　　　　　　　　　长期股权投资的披露格式

被投资单位	上年年末余额	本期增减变动	期末余额	减值准备期末余额
1				
2				
3				
合计				

本章小结

本章所讨论的金融资产分为以公允价值计量且其变动计入当期损益的金融资产、以摊余成本计量的金融资产；以公允价值计量且其变动计入其他综合收益的金融资产及长期股权投资。

分类为以摊余成本计量的金融资产应同时符合下列条件：(1) 企业管理该金融资产的业务模式是以收取合同现金流量为目标；(2) 该金融资产的合同条款规定，在特定日期产生的现金流量，仅为对本金和以未偿付本金金额为基础的利息的支付。

分类为以公允价值计量且其变动计入其他综合收益的金融资产应当同时符合下列条件：(1) 企业管理该金融资产？的业务模式既以收取合同现金流量为目标又以出售该金融资产为目标；(2) 该金融资产的合同条款规定，在特定日期产生的现金流量，仅为对本金和以未偿付本金金额为基础的利息的支付。

企业分类为以摊余成本计量的金融资产和以公允价值计量且其变动计入其他综合收益的金融资产之外的金融资产（通常以出售金融资产为目标），应当分类为以公允价值计量且其变动计入当期损益的金融资产。例如，企业持有的下列投资产品通常应分类为以公允价值计量且其变动计入当期损益的金融资产：股票、基金、可转换债券。

此外，在初始确认时，如果能够消除或显著减少会计错配，企业可以将金融资产指定为以公允价值计量且其变动计入当期损益的金融资产。该指定一经作出，不得撤销。

权益工具投资一般不符合本金加利息的合同现金流量特征，因此应当分类为以公允价值计量且其变动计入当期损益的金融资产。然而在初始确认时，企业可以将非交易性权益工具投资指定为以公允价值计量且其变动计入其他综合收益的金融资产，并按照规定确认股利收入。该指定一经做出，不得撤销。

长期股权投资包括企业持有的对其子公司、合营公司和联营公司的权益性投资。长期股权投资的核算方法有成本法和权益法两种方法。在成本法下,长期股权投资以取得股权时的成本计价,投资后所获得的被投资单位净利润的分配额确认投资收益。权益法,指投资最初以投资成本计价,以后根据投资企业享有被投资单位所有者权益份额的变动对投资的账面价值进行调整的方法。我国企业会计准则规定,投资企业对子公司投资,采用成本法核算。对被投资单位具有共同控制或重大影响的长期股权投资采用权益法核算。

1. 以公允价值计量且其变动计入当期损益的金融资产核算时应设置哪些科目?如何进行核算?
2. 债权投资的特点是什么?如何进行核算?
3. 如何确定长期股权投资的初始成本?
4. 何谓长期股权投资的成本法和权益法?两者在核算上有何不同?
5. 其他权益工具投资与交易性金融资产在核算上有何不同?

1. 甲股份有限公司2×21年发生了如下有关金融资产业务:

2×21年3月1日,购入丁上市公司股票100万股,每股5元,总价款500万元;此外支付了相关税费1万元。

2×21年5月10日,丁公司宣告分配现金股利,每股0.5元;6月3日收到现金股利50万元。

2×21年6月30日,该股票收盘价为4.8元。

2×21年9月30日,甲公司出售丁公司股票20万股,收到价款160万元。

2×21年12月31日,每股收盘价为6元。

要求:

(1) 假设甲公司将上述股票作为交易性金融资产,请对2×21年该交易性金融资产进行账务处理(假设每半年末对股票按公允价值计量)。

(2) 假设甲公司将上述股票作为其他权益工具投资,请对2×21年该其他权益工具投资进行账务处理(假设每半年末对股票按公允价值计量)。

2. A公司于2×21年1月2日从证券市场上购入B公司于同日发行的债券,该债券4年期、票面年利率为5%、每年1月5日支付上年度的利息,到期日为2×22年1月1日,到期日一次归还本金和最后一次利息。A公司购入债券的面值为2 000万元,实际支付价款为1 910.7万元,另支付相关费用20万元。购入债券的实际利率为6%,假定按年计提利息。A公司根据其管理该债券的业务模式和该债券的合同现金流量特征,将该债券分类为以摊余成本计量的金融资产,且不考虑所得税、减值损失等因素。

要求：编制 A 公司从 2×21 年 1 月 1 日至 2×22 年 1 月 1 日上述有关业务的会计分录。

3. 2×21 年 1 月 1 日，甲公司购入乙公司当日发行的一批 5 年期债券，面值 5 000 万元，实际支付价款为 4 639.52 万元（包含交易费用 9.52 万元），票面利率为 10%，每年末支付利息，到期一次归还本金。甲公司根据管理该项金融资产的业务模式及合同现金流量特征，将其分类为以公允价值计量且其变动计入其他综合收益的金融资产。初始确认时确定的实际利率为 12%。

该债券 2×21 年末、2×22 年末和 2×23 年末的公允价值分别为：5 000 万元、4 900 万元和 4 800 万元。甲公司基于该债务工具发行方的信用评级等信息，判断该工具自初始确认后信用风险始终比较低，因此选择按 12 个月的预期信用损失计量损失准备，在 2×21 年末和 2×22 年末损失准备计提金额均为 0，但工具发行方在 2×23 年信用评级出现下调，甲公司因此在 2×23 年末计提损失准备金额 200 万元。2×24 年 1 月 6 日，甲公司决定以当日的公允价值 4 730.99 万元，出售该债务工具。（假设不考虑其他相关税费）

要求：根据以上资料，为甲公司编制相关会计分录（金额以万元表示）。

4. 资料：

（1）甲公司 2×21 年 1 月 1 日从证券市场上购入丙公司发行在外 30% 的股份准备长期持有，从而对丙公司能够施加重大影响，实际支付款项 2 000 万元，另支付相关税费 10 万元。

2×21 年 1 月 1 日，丙公司可辨认净资产公允价值为 6 600 万元，除一台管理用设备外，其他资产的公允价值与账面价值相等。该设备 2×21 年 1 月 1 日的账面价值为 400 万元，公允价值为 520 万元，采用年限平均法计提折旧，预计尚可使用年限为 10 年，预计净残值为 0。

（2）2×21 年 12 月 31 日丙公司其他债权投资的公允价值上升 200 万元。

（3）2×21 年丙公司实现净利润 510 万元。

（4）2×22 年 3 月 10 日，丙公司宣告分派现金股利 100 万元。

（5）2×22 年 3 月 25 日，收到现金股利。

（6）2×22 年丙公司实现净利润 612 万元，除此之外，所有者权益未发生其他变动。

假设不考虑所得税等其他因素。

要求：根据资料为甲公司编制相关会计分录。

5. 甲股份有限公司（以下简称甲公司）2×20 年度至 2×22 年度与长期股权投资相关的业务如下：

（1）2×20 年 1 月 1 日，甲公司以一块土地使用权作为对价，取得了乙公司 30% 的股权，对乙公司的财务和经营决策具有重大影响。该土地使用权的账面余额为 3 000 万元，累计摊销 200 万元，账面价值为 2 800 万元，公允价值为 4 000 万元。当日，乙公司的所有者权益为 3 600 万元，其中股本为 3 200 万元，资本公积为 200 万元，盈余公积为 200 万元。投资日，乙公司除办公楼的账面价值 8 000 万元与其公允价值 8 500 万元有较大差异外，其余资产、负债的账面价值与其公允价值变化不大。该办公楼剩余折旧年限为 20 年，预计净残值为 0，按直线法计提折旧。

（2）2×20 年 9 月，甲公司将其成本为 300 万元的某项商品以 500 万元的价格出售给了乙公司，乙公司将取得的商品作为存货管理，当期对外出售 80%。

（3）2×20 年度，乙公司实现净利润 3 000 万元，除此之外没有其他所有者权益的活动。

（4）2×21 年 4 月，乙公司宣告分配利润 700 万元，并于当月发放完毕。

(5) 2×21年度,乙公司发生净亏损2 000万元;由于其他债权投资业务增加其他综合收益400万元,上年从甲公司购入的商品全部对外售出。

(6) 2×21年12月31日,甲公司对乙公司投资出现减值的迹象,甲公司在综合考虑各有关因素的基础上,估计对乙公司投资的可收回金额为3 950万元。

(7) 2×22年1月25日,甲公司将其在乙公司的投资全部对外转让,转让价款3 880万元,相关股权手续已办妥,转让价款已收存银行(不考虑转让过程发生的相关税费)。

要求:

(1) 指出甲公司对乙公司投资应采取何种核算方法?

(2) 编制与甲公司乙公司长期股权投资有关的会计分录(假定不考虑相关税费)。("长期股权投资"写出明细科目;答案中的金额单位用万元表示)

第八章 资产减值

> **本章概要**
>
> 资产是企业过去的交易或者事项形成的、由企业拥有或者控制的、预期会给企业带来经济利益的资源。资产的主要特征之一是它必须能够为企业带来经济利益的流入,如果资产不能够为企业带来经济利益或者带来的经济利益低于其账面价值,那么,该资产就不能再予确认,或者不能再以原账面价值予以确认,否则不符合资产的定义,也无法反映资产的实际价值,其结果会导致企业资产虚增和利润虚增。因此,当企业资产的可收回金额低于其账面价值时,即表明资产发生了减值,企业应当确认资产减值损失。本章首先介绍了资产可能发生减值迹象的认定,资产可收回金额的计量和资产减值损失的确定原则,然后介绍了资产组的认定方法及其减值的处理,最后介绍了商誉减值的会计处理。

> **学习目的与要求**
>
> 通过本章学习,应当能够了解并掌握:
> 1. 资产可能发生减值迹象的认定;
> 2. 资产可收回金额的计量和资产减值损失的确定原则;
> 3. 单项资产减值的核算;
> 4. 资产组的认定方法及其减值的核算;
> 5. 商誉减值的核算。

第一节 资产减值的判断

一、资产减值的概念及其范围

资产减值是指资产的可收回金额低于其账面价值。这里资产包括单项资产和资产组。

企业所有资产在发生减值时,原则上都应当对发生的减值损失及时加以确认和计量。因此,资产减值包括所有资产的减值。但由于不同资产的特性不同,其减值会计处理有所不同,所适用的具体准则也有所不同。比如存货、采用公允价值后续计量的投资性房地产、由金融工具确认和计量准则所规范的金融资产的减值等,分别适用存货、投资性房地产、金融工具确认和计量等相应会计准则。资产减值准则主要规范了企业的非流动资产的减值会计问题,具体包括以下资产的减值:对子公司、联营企业和合营企业的长期股权投资;采用成本模式进行后续计量的投资性房地产;固定资产;在建工程、工程物资、使用权资产、生产性生物资产;无形资产;商誉以及探明石油天然气矿区权益和井及相关设施等。

二、资产减值的迹象

企业应当在资产负债表日判断资产是否存在可能发生减值的迹象。对于存在减值迹象的资产应当进行减值测试,计算可收回金额。可收回金额低于账面价值的,应当按照可收回金额低于账面价值的金额计提减值准备。判断资产是否存在可能发生减值的迹象,主要可从企业外部信息来源和企业内部信息来源两方面入手。

从企业外部信息来源来看,资产减值迹象包括:

(1)资产的市价当期大幅度下跌,其跌幅明显高于因时间的推移或者正常使用而预计的下跌;

(2)企业经营所处的经济、技术或者法律等环境以及资产所处的市场在当期或者将在近期发生重大变化,从而对企业产生不利影响;

(3)市场利率或者其他市场投资报酬率在当期已经提高,从而影响企业计算资产预计未来现金流量现值的折现率,导致资产可收回金额大幅度降低。

从企业内部信息来源看,资产减值迹象包括:

(1)有证据表明资产已经陈旧过时或者其实体已经损坏;

(2)资产已经或者将被闲置终止使用或者计划提前处置;

(3)企业内部报告的证据表明资产的经济绩效已经低于或者将低于预期,如资产所创造的净现金流量或者实现的营业利润(或者亏损)远远低于(或者高于)预计金额等,资产在建造或者收购时所需的现金支出远远高于最初的预算、资产在经营或维护中所需的现金支出远远高于最初的预算。

需要说明的是,上述列举的资产减值迹象并不能穷尽所有的减值迹象,企业应根据实际情况来认定资产可能发生减值的迹象。因企业合并所形成的商誉和使用寿命不确定的无形资产,无论是否存在减值迹象,每年都应当进行减值测试。另外,对于尚未达到预定用途的开发无形资产,由于其价值具有较大的不确定性,也应每年进行减值测试。

第二节
资产减值损失的确认和计量

资产存在可能发生减值迹象的,应当估计其可收回金额,然后将所估计的资产可收回金额与账面价值比较,以确定资产是否发生了减值,以及是否需要计提资产减值准备并确认相应的减值损失。

一、估计资产可收回金额的基本方法

在估计资产可收回金额时,原则上应当以单项资产为基础,如果企业难以对单项资产的可收回金额进行估计的,应当以该资产所属的资产组为基础确定资产组的可收回金额。

资产的可收回金额应当根据资产的公允价值减去处置费用后的净额与资产预计未来现金流量的现值两者之间较高者确定。因此,要估计资产的可收回金额,通常需要同时估计该资产的公允价值减去处置费用后的净额和资产预计未来现金流量的现值,但在下列情况下,可以有例外或者做特殊考虑:

(1) 资产的公允价值减去处置费用后的净额与资产预计未来现金流量的现值,只要有一项超过了资产的账面价值,就表明资产没有发生减值,不需要再估计另一项金额。

(2) 没有确凿证据或者理由表明,资产预计未来现金流量现值显著高于其公允价值减去处置费用后的净额的,可以将资产的公允价值减去处置费用后的净额视为资产的可收回金额。企业持有待售的资产往往属于这种情况,即该资产在持有期间(处置之前)所产生的现金流量可能很少,其最终取得的未来现金流量往往就是资产的处置净收入,在这种情况下,以资产公允价值减去处置费用后的净额作为其可收回金额是适宜的,因为资产的未来现金流量现值不大会显著高于其公允价值减去处置费用后的净额。

(3) 资产的公允价值减去处置费用后的净额如果无法可靠估计的,应当以该资产预计未来现金流量的现值作为可收回金额。

二、资产的公允价值减去处置费用后净额的确定

资产的公允价值减去处置费用后的净额,通常反映的是资产如果被出售或者处置时可以收回的净现金收入。其中,资产的公允价值是指市场参与者在计量日发生的有序交易中,出售一项资产所能收到的价格;处置费用是指可以直接归属于资产处置的增量成本,包括与资产处置有关的法律费用、相关税费、搬运费以及为使资产达到可销售状态所发生的直接费用等,但是财务费用和所得税费用等不包括在内。

企业在估计资产的公允价值减去处置费用后的净额时,应当按照下列顺序进行:

首先,应当根据公平交易中资产的销售协议价格减去可直接归属于该资产处置费用的金额确定资产的公允价值减去处置费用后的净额。这是估计资产的公允价值减去处置费用后的净额的最佳方法,企业应当优先采用这一方法。但是在实务中,企业的资产往往都是内部持续使用的,取得资产的销售协议价格并不容易,为此,需要采用其他方法估计资产的公允价值减去处置费用后的净额。

其次,在资产不存在销售协议但存在活跃市场的情况下,应当根据该资产的市场价格减去处置费用后的金额确定。资产的市场价格通常应当按照资产的买方出价确定。如果难以获得资产在估计日的买方出价的,企业可以以资产最近的交易价格作为其公允价值减去处置费用后的净额的估计基础,其前提是资产的交易日和估计日之间,有关经济、市场环境等没有发生重大变化。

最后,在既不存在资产销售协议又不存在资产活跃市场的情况下,企业应当以可获取的最佳信息为基础,根据在资产负债表日如果处置资产,熟悉情况的交易双方自愿进行公平交易愿意提供的交易价格减去资产处置费用后的金额,估计资产的公允价值减去处置费用后的净额。在实务中,该金额可以参考同行业类似资产的最近交易价格或者结果进行估计。

如果企业按照上述要求仍然无法可靠估计资产的公允价值减去处置费用后的净额的,应当以该资产预计未来现金流量的现值作为其可收回金额。

三、资产预计未来现金流量现值的确定

资产预计未来现金流量的现值,应当按照资产在持续使用过程中和最终处置时所产生的预计未来现金流量,选择恰当的折现率对其进行折现后的金额加以确定。预计资产未来现金流量的现值,主要应考虑以下三个方面的因素:(1)资产的预计未来现金流量;(2)资产的使用寿命;(3)折现率。其中,资产使用寿命的预计与固定资产、无形资产准则等规定的使用寿命预计方法相同。故而,此处重点阐述资产未来现金流量和折现率的预计方法。

(一) 资产未来现金流量的预计

1. 预计资产未来现金流量的基础

为了预计资产未来现金流量,企业管理层应当在合理和有依据的基础上对资产剩余使用寿命内整个经济状况进行最佳估计,并将资产未来现金流量的预计,建立在经企业管理层批准的最近财务预算或者预测数据之上。出于数据可靠性和便于操作等方面的考虑,建立在该预算或者预测基础上的预计现金流量最多涵盖5年,企业管理层如能证明更长的期间是合理的,可以涵盖更长的期间。

如果资产未来现金流量的预计还包括最近财务预算或者预测期之后的现金流量,企业应当以该预算或者预测期之后年份稳定的或者递减的增长率为基础进行估计。但是,企业管理层如能证明递增的增长率是合理的,可以以递增的增长率为基础进行估计,所使用的增长率除了企业能够证明更高的增长率是合理的之外,不应当超过企业经营的产品、市场、所处的行业或者所在国家或者地区的长期平均增长率,或者该资产所处市场的长期平均增长率。在恰当、合理的情况下,该增长率可以是零或者负数。

在经济环境经常变化的情况下,资产的实际现金流量与预计数往往会有出入,而且预计资产未来现金流量时的假设也有可能发生变化,因此,企业管理层每次在预计资产未来现金流量时,应当首先分析以前期间现金流量预计数与现金流量实际数出现差异的情况,以评判当期现金流量预计所依据的假设的合理性。通常情况下,企业管理层应当确保当期现金流量预计所依据的假设与前期实际结果相一致。

2. 资产预计未来现金流量应当包括的内容

预计的资产未来现金流量应当包括下列内容:

(1)各项资产持续使用过程中预计产生的现金流入。

(2)为实现资产持续使用过程中产生的现金流入所必需的预计现金流出(包括为使资产达到预定可使用状态所发生的现金流出)。该现金流出应当是可直接归属于或者可通过合理和一致的基础分配到资产中的现金流出,后者通常是指那些与资产直接相关的间接费用。

对于在建工程、开发过程中的无形资产等,企业在预计其未来现金流量时,应当包括预期为使该类资产达到预定可使用(或者可销售状态)而发生的全部现金流出数。

(3)资产使用寿命结束时,处置资产所收到或者支付的净现金流量。该现金流量应当是在公平交易中,熟悉情况的交易双方自愿进行交易时,企业预期可从资产的处置中获取或者支付的、减去预计处置费用后的金额。

3. 预计资产未来现金流量应当考虑的因素

(1) 以资产的当前状况为基础预计资产未来现金流量。

企业资产在使用过程中有时会因为改良、重组等原因而发生变化,因此,在预计资产未来现金流量时,企业应当以资产的当前状况为基础,不应当包括与将来可能会发生的、尚未作出承诺的重组事项或者与资产改良有关的预计未来现金流量。

(2) 预计资产未来现金流量不应当包括筹资活动和所得税收付产生的现金流量。

企业预计的资产未来现金流量,不应当包括筹资活动产生的现金流入或者流出以及与所得税收付有关的现金流量。现金流量的预计必须建立在税前基础上,这样可以有效避免在资产未来现金流量现值的计算过程中可能出现的重复计算问题,以保证现值计算的正确性。

(3) 对通货膨胀因素的考虑应当和折现率相一致。

在考虑通胀因素的问题上,资产预计未来现金流量的预计和折现率的预计,应保持一致。如果折现率考虑了因一般通货膨胀而导致的物价上涨影响因素,资产预计未来现金流量也应予以考虑;反之,如果折现率没有考虑因一般通货膨胀而导致的物价上涨影响因素,资产预计未来现金流量也应剔除这一影响因素。

(4) 涉及内部转移价格的需要作调整。

在一些企业集团中,出于集团整体战略发展的考虑,内部转移价格很可能与市场交易价格不同,在这种情况下,为了如实测算企业资产的价值,不应简单地以内部转移价格为基础预计资产未来现金流量,而应当采用在公平交易中企业管理层能够达成的最佳的未来价格估计数进行预计。

4. 资产未来现金流量预计的方法

预计资产未来现金流量,通常应当根据资产未来每期最有可能产生的现金流量进行预测。它使用的是单一的未来每期预计现金流量和单一的折现率计算资产未来现金流量的现值。但如果影响资产未来现金流量的因素较多,不确定性较大,使用单一的现金流量可能并不能如实反映资产创造现金流量的实际情况。在这种情况下,如果采用期望现金流量法更为合理的,企业应当采用期望现金流量法预计资产未来现金流量,即根据未来每一期间各种可能发生的现金流量及其对应发生的概率计算各期的期望值,该期望值就是预计的该资产在未来每一期间的现金流量。

[例8-1] 甲公司拥有一项固定资产,该固定资产剩余使用年限为3年。假定利用固定资产生产的产品受市场行情波动影响大,该公司预计该固定资产未来3年每年的现金流量情况如表8-1所示。

表8-1　　　　各年现金流量概率分布及发生情况　　　　单位:万元

年份	产品行情好 (30%的可能性)	产品行情一般 (60%的可能性)	产品行情差 (10%的可能性)
第1年	150	100	50
第2年	80	50	20
第3年	20	10	0

根据表8-1提供的情况,企业可计算该固定资产每年的预计未来现金流量如下:

第一年的预计未来现金流量（期望现金流量）= 150×30% + 100×60% + 50×10% = 110（万元）

第二年的预计未来现金流量（期望现金流量）= 80×30% + 50×60% + 20×10% = 56（万元）

第三年的预计未来现金流量（期望现金流量）= 20×30% + 10×60% + 0×10% = 12（万元）

（二）折现率的预计

为了达到资产减值测试的目的，计算资产未来现金流量现值所使用的折现率，应当反映当前市场货币时间价值和资产特定风险的税前利率，该折现率是企业在购置或者投资资产时所要求的必要报酬率。如果企业在预计资产的未来现金流量时已经对资产特定风险的影响作了调整，折现率的估计不需要考虑这些特定风险。如果用于估计折现率的基础是税后，应当将其调整为税前的折现率，以便于与资产未来现金流量的估计基础相一致。

企业确定折现率，应当首先以该资产的市场利率为依据。如果该资产的市场利率无法从市场上获得，可以使用替代利率估计折现率。在估计替代利率时，企业应当充分考虑资产剩余使用寿命期间的货币时间价值和其他相关因素，比如资产未来现金流量金额及其时间的预计离散程度、资产内在不确定性的定价等，如果资产预计未来现金流量已经对这些因素作了有关调整的，应当予以剔除。

替代利率可以根据企业加权平均资金成本、增量借款利率或者其他相关市场借款利率作适当调整后确定。调整时，应当考虑与资产预计现金流量有关的特定风险以及其他有关货币风险和价格风险等。

企业在估计资产未来现金流量现值时，通常应当使用单一的折现率。但是，如果资产未来现金流量的现值对未来不同期间的风险差异或者利率的期限结构反应敏感，企业应当在未来各不同期间采用不同的折现率。

（三）资产未来现金流量现值的预计

在预计资产的未来现金流量和折现率的基础上，企业将该资产的预计未来现金流量按照预计折现率在预计期限内予以折现后，即可确定该资产未来现金流量的现值。公式如下：

资产未来现金流量的现值 $PV = \sum [第t年预计资产未来现金流量 NCF_t / (1+折现率 R)^t]$

［例8-2］ 甲公司2×18年年末对一艘远洋运输船只进行减值测试，该船舶账面价值1.6亿元，预计尚可使用年限8年。该船舶的公允价值减去处置费用后的净额难以确定，因此，企业需要通过计算其未来现金流量的现值确定资产的可收回金额。假定公司起初购置船舶所用资金为银行长期借款，借款年利率15%，公司认为15%是该资产的最低必要报酬率，已考虑了与该资产有关的货币时间价值和特定风险。因此在计算未来现金流量现值时，使用15%作为折现率（税前）。

根据资产减值准则的规定，在2×18年年末预计资产未来现金流量时，应当以资产当时的状况为基础，不应考虑与该资产改良有关的预计未来现金流量。具体现金流量折现见表8-2：

表 8-2　　　　　　　　　　　　　　　　　　　　　　　　　　　单位：万元

年　份	预计未来现金流量 （不包括改良的影响金额）	以折现率为 15%的 折现系数	预计未来现金 流量的现值
2×19	2 500	0.869 6	2 174
2×20	2 460	0.756 1	1 860
2×21	2 380	0.657 5	1 565
2×22	2 360	0.571 8	1 349
2×23	2 390	0.497 2	1 188
2×24	2 470	0.432 3	1 068
2×25	2 500	0.375 9	940
2×26	2 510	0.326 9	821
合计	——	——	10 965

2×18 年年末，该船舶的账面价值为 16 000 万元，而其可收回金额为 10 965 万元，船舶的账面价值高于其可收回金额，因此，甲公司应确认减值损失 5 035 万元，并计提相应的资产减值准备。

四、资产减值损失的会计处理

（一）资产减值损失的确认

企业对资产进行减值测试并确定可收回金额后，再与该资产的账面价值进行比较。资产的账面价值是指资产成本扣减累计折旧或累计摊销和累计减值准备后的金额。如果该资产的可收回金额低于其账面价值，说明该资产发生了减值，企业应当将资产的账面价值减记至可收回金额，减记的金额确认为资产减值损失，计入当期损益，同时计提相应的资产减值准备。

这样，企业当期确认的减值损失反映在利润表中，而计提的资产减值准备作为相关资产的备抵项目，反映在资产负债表中，从而夯实企业资产价值，避免利润虚增，如实反映企业的财务状况和经营成果。

考虑到固定资产、无形资产、商誉等资产发生减值后，一方面价值回升的可能性比较小，通常属于永久性减值；另一方面从会计信息谨慎性要求考虑，为了避免确认资产重估增值和操纵利润，资产减值损失一经确认，在以后会计期间不得转回。

资产减值损失确认后，已发生减值的资产，其折旧或者摊销应当在未来期间作相应调整，也就是该资产在预计剩余使用寿命期内，按照调整后的资产账面价值（扣除预计净残值）计提折旧或摊销。比如，固定资产计提了减值准备后，固定资产账面价值将根据计提的减值准备相应抵减，因此，固定资产在以后期间计提折旧时，应当以新的固定资产账面价值为基础计提折旧。

（二）资产减值损失的账务处理

为了正确核算企业确认的资产减值损失和计提的资产减值准备，企业应当设置"资产减值损失"科目和各类资产减值准备科目。

"资产减值损失"科目，借方反映各类资产在当期确认的资产减值金额；贷方反映期末转入"本年利润"科目的金额,结转后该科目无余额。该科目可按照发生减值的资产类别进行明细核算。

"固定资产减值准备""在建工程减值准备""投资性房地产减值准备""无形资产减值准备""商誉减值准备""长期股权投资减值准备""生物性生物资产减值准备"等科目,贷方反映每期计提的减值准备,借方反映各资产被处置等时同时予以转销的准备额,期末余额在贷方,反映企业已计提但尚未转销的减值准备额。该科目可按照各资产项目进行明细核算。

当企业确定资产发生减值,应当根据所确认的资产减值金额,借记"资产减值损失"科目,贷记"固定资产减值准备""在建工程减值准备""投资性房地产减值准备""无形资产减值准备""商誉减值准备""长期股权投资减值准备""生物性生物资产减值准备"等科目。以后企业发生资产处置、对外投资、以非货币性资产交换方式换出、在债务重组中抵偿债务等情况,同时符合资产终止确认条件的,企业应当将相关资产减值准备予以转销。

[例8-3] 2×18年12月31日,甲公司发现2×15年12月12日购入的一项具有专利技术的生产设备,由于在市场上出现类似的专利技术,该设备存在减值的迹象,因此甲公司对该设备进行减值测试。如果该设备准备出售,市场上有第三方愿意以2 200 000元的销售净价收购该设备;如果继续使用该设备,预计尚可使用6年,未来6年的现金流量分别为500 000元、480 000元、460 000元、440 000元、420 000元,第6年现金流量及使用寿命结束时预计处置带来现金流量为380 000元;假设折现率为5%。假设2×18年年末该设备账面原价为3 000 000元,已计提折旧为500 000元,已计提减值准备为200 000元。

2×18年12月31日,甲公司对该设备减值处理如下:

(1) 该设备账面价值=原值-折旧-已计提资产减值
   = 3 000 000-500 000-200 000
   = 2 300 000(元)

(2) 确定该设备可收回金额。

① 预计销售净价为2 200 000元。

② 根据预计未来现金流量、设定的折现率和预计剩余使用寿命计算该设备预计未来现金流量的现值,见表8-3。

表8-3　　　　　　预计未来现金流量现值计算表　　　　　　单位:元

年 份	预计未来现金流量	折现率	期数	折现系数	现值
2×19	500 000	5%	1	0.952 4	476 190
2×20	480 000	5%	2	0.907 0	435 360
2×21	460 000	5%	3	0.863 8	397 348
2×22	440 000	5%	4	0.822 7	361 988
2×23	420 000	5%	5	0.783 5	329 070
2×24	380 000	5%	6	0.746 2	283 556
合计					2 283 522

③ 确定该设备的可收回金额。

该设备预计未来现金流量现值为 2 283 522 元,销售净价为 2 200 000 元,因此取两者中较高者 2 283 522 元作为该设备的可收回金额。

(3) 该设备的账面价值高于其可收回金额,因此确定该设备发生减值。

资产减值损失=账面价值-可收回金额=2 300 000-2 283 522=16 478(元)

甲公司应编制会计分录如下:

借:资产减值损失——固定资产减值损失　　　　　　　　16 478
　　贷:固定资产减值准备　　　　　　　　　　　　　　　　　　16 478

[例8-4] 2×21 年 1 月 10 日甲公司购入一台生产设备,原价为 3 010 000 元,预计使用年限为 10 年,预计净残值为 10 000,采用年限平均法计提折旧。2×21 年 12 月 31 日,该固定资产有减值迹象,经减值测试预计可收回金额为 2 400 000 元。该固定资产计提减值准备后尚可使用年限为 5 年,预计净残值为 6 000,折旧方法不变。甲公司应编制会计分录如下:

(1) 购入后每月计提折旧时:

月折旧额=(3 010 000-10 000)/120=25 000(元)

借:制造费用　　　　　　　　　　　　　　　　　　　　　25 000
　　贷:累计折旧　　　　　　　　　　　　　　　　　　　　　　25 000

(2) 2×21 年 12 月 31 日减值测试时:

该设备账面价值=3 010 000-25 000×11=2 735 000(元)

该设备可收回金额为 2 400 000 元

资产减值损失=2 735 000-2 400 000=335 000(元)

借:资产减值损失　　　　　　　　　　　　　　　　　　　335 000
　　贷:固定资产减值准备　　　　　　　　　　　　　　　　　　335 000

(3) 从 2×22 年 1 月开始每月计提折旧时:

月折旧额=(2 400 000-6 000)/60=39 900(元)

借:制造费用　　　　　　　　　　　　　　　　　　　　　39 900
　　贷:累计折旧　　　　　　　　　　　　　　　　　　　　　　39 900

第三节　资产组和商誉减值的处理

资产减值准则规定,有迹象表明一项资产可能发生减值的,企业应当以单项资产为基础估计其可收回金额。但在企业难以对单项资产的可收回金额进行估计的,应当以该资产所属的资产组为基础确定资产组的可收回金额。资产组是指企业可以认定的最小资产组合,其产生的主要现金流入应当基本上独立于其他资产或资产组产生的现金流入。

一、资产组的认定

资产组的认定,应当以资产组产生的主要现金流入是否独立于其他资产或者资产组的现金流入为依据。因此,资产组能否独立产生现金流入是认定资产组的最关键因素。

企业应当考虑企业管理层管理生产经营活动的方式（如是按照生产线、业务种类还是按照地区或者区域等）和对资产的持续使用或者处置的决策方式等。

企业的某一生产线、营业网点、业务部门等，如果能够独立于其他部门或者单位等创造收入、产生现金流量，或者其创造的收入和现金流入绝大部分独立于其他部门或者单位的，并且属于可认定的最小的资产组合的，通常应将该生产线、营业网点、业务部门等认定为一个资产组。

几项资产的组合生产的产品（或者其他产出）存在活跃市场的，无论这些产品或者其他产出是用于对外出售还是仅供企业内部使用，均表明这几项资产的组合能够独立创造现金流入，应当将这些资产的组合认定为资产组。

[例 8-5] 某矿业公司拥有一个煤矿，与煤矿的生产和运输相配套，建有一条专用铁路。该铁路除非报废出售，其在持续使用中，难以脱离煤矿相关的其他资产而产生单独的现金流入，因此，企业难以对专用铁路的可收回金额进行单独估计，专用铁路和煤矿其他相关资产必须结合在一起，成为一个资产组，以估计该资产组的可收回金额。

资产组一经确定，各个会计期间应当保持一致，不得随意变更。如需变更，企业管理层应当证明该变更是合理的，并在附注中说明。

二、资产组可收回金额和账面价值的确定

资产组账面价值的确定基础应当与其可收回金额的确定方式相一致，否则若两者在不同的基础上进行估计和比较，就难以正确估算资产组的减值损失。

资产组的可收回金额应当按照该资产组的公允价值减去处置费用后的净额与其预计未来现金流量的现值两者之间较高者确定。资产组的账面价值包括可直接归属于资产组和可以合理和一致地分摊至资产组的资产账面价值，通常不应当包括已确认负债的账面价值，但如不考虑该负债金额就无法确认资产组可收回金额的除外。这是为了与资产组可收回金额的确定基础相一致。

资产组在处置时如要求购买者承担一项负债（如环境恢复负债等），该负债金额已经确认并计入相关资产账面价值，而且企业只能取得包括上述资产和负债在内的单一公允价值减去处置费用后的净额的，为了比较资产组的账面价值和可收回金额，在确定资产组的账面价值及其预计未来现金流量的现值时，应当将已确认的负债金额从中扣除。

[例 8-6] 丁公司在某山区经营一座有色金属矿山，根据规定公司在矿山完成开采后应当将该地区恢复原貌，恢复费用主要为山体表层复原费用（比如恢复植被等）。因为山体表层必须在矿山开发前被挖走，因此，公司在山体表层被挖走后，确认了一项预计负债，并计入矿山成本，假定其金额为 500 万元。2×21 年 12 月 31 日，随着开采进展，公司发现矿山中的有色金属储量远低于预期，因此，公司对该矿山进行了减值测试。考虑到矿山的现金流量状况，整座矿山被认定为一个资产组。该资产组在 2×21 年年末的账面价值为 1 000 万元（包括确认的恢复山体原貌的预计负债）。矿山组如 2×21 年 12 月 31 日对外出售，买方愿意出价 820 万元（包括恢复山体原貌成本，即已扣减这一成本因素），预计处置费用为 20 万元，因此该矿山的公允价值减去处置费用后的净额为 800 万元。矿山的预计未来现金流量的现值为 1 200 万元，不包括恢复费用。

该例中，资产组的公允价值减去处置费用后的净额为 800 万元，该金额已经考虑了恢

复费用。资产组预计未来现金流量的现值在考虑了恢复费用后为700万元。因此,该资产组的可收回金额为800万元。资产组的账面价值在扣除了已确认的恢复原貌预计负债后的金额为500万元。这样,资产组的可收回金额大于其账面价值,所以,资产组没有发生减值,不必确认减值损失。

三、资产组减值损失的会计处理

资产组减值测试的原理和单项资产是一致的。根据减值测试的结果,资产组包括资产组组合的可收回金额如低于其账面价值的,应当确认相应的减值损失。减值损失金额应当按照下列顺序进行分摊:(1)抵减分摊至资产组中商誉的账面价值;(2)根据资产组中除商誉之外的其他各项资产的账面价值所占比重,按比例抵减其余各项资产的账面价值。

以上资产账面价值的抵减,应当作为各单项资产(包括商誉)的减值损失处理,计入当期损益。抵减后的各资产的账面价值不得低于以下三者之中最高者:该资产的公允价值减去处置费用后的净额(如可确定的)、该资产预计未来现金流量的现值(如可确定的)和零。因此而导致的未能分摊的减值损失金额,应当按照相关资产组中其余各项资产的账面价值所占比重进行分摊。

[例8-7] 2×21年12月31日,甲公司在对资产进行减值测试时,某资产组很可能发生了减值。已知该资产组组合包括固定资产A、B和一项负债,其中固定资产A账面价值为200万元、固定资产B账面价值为300万元,负债账面价值为60万元,扣除负债后净资产账面价值为440万元。

甲公司经调研分析后确定该资产组的公允价值减去处置费用后的净额为400万元,未来现金流量现值为420万元。即该资产组的可收回金额为420万元。因资产组的账面价值440万元高于其可收回金额,应计提固定资产减值准备20万元。按照规定,应将减值损失按照该资产组内固定资产的账面价值所占比重,分摊到该资产组内的各项固定资产。具体分摊过程见表8-4:

表8-4　　　　　　　　　　资产减值损失分摊表　　　　　　　　　　单位:万元

资产组合	分摊减值损失前账面价值	分摊比例	分摊的减值损失	分摊减值损失后账面价值
固定资产A	200	40%	(8)	192
固定资产B	300	60%	(12)	288
小计	500	100%	(20)	480
负债	(60)			(60)
合计	440		(20)	420

根据表8-4分摊数据,甲公司应编制会计分录如下:
借:资产减值损失——固定资产A　　　　　　　　　　80 000
　　　　　　　　——固定资产B　　　　　　　　　　120 000
　　贷:固定资产减值准备——固定资产A　　　　　　80 000
　　　　　　　　　　　——固定资产B　　　　　　120 000

四、涉及总部资产的减值损失的会计处理

总部资产实质上是指本身不能单独产生现金流量(除非管理层决定将其处置),而只能与其他资产或资产组组合在一起,才能产生现金流量的资产。《企业会计准则第8号——资产减值》第20条明确指出,企业总部资产包括企业集团或其事业部的办公楼、电子数据处理设备等资产,总部资产的显著特征是难以脱离其他资产或者资产组产生独立的现金流入,而且其账面价值难以完全归属于某一资产组。总部资产通常难以单独进行减值测试,从这一点上看,总部资产与商誉有点类似,需要结合其他相关资产组或者资产组组合进行减值测试。在资产负债表日,如果有迹象表明某项总部资产可能发生减值,企业应当计算确定该总部资产所归属的资产组或者资产组组合的可收回金额,然后将其与相应的账面价值相比较,据以判断是否需要确认减值损失。资产组组合是指由若干个资产组组成的最小资产组组合,包括资产组或者资产组组合,以及按合理方法分摊的总部资产部分。企业在对某一资产组进行减值测试时,应当先认定所有与该资产组相关的总部资产,再根据相关总部资产能否按照合理和一致的基础分摊至该资产组分别情况处理。

(1)对于相关总部资产能够按照合理和一致的基础分摊至该资产组的部分,应当将该部分总部资产的账面价值分摊至该资产组,再据以比较该资产组的账面价值(包括已分摊的总部资产的账面价值部分)和其可收回金额,并按照前述有关资产组的减值损失处理顺序和方法处理。

[例8-8] 乙公司在A、B、C三地拥有三家分公司,这三家分公司的经营活动由一个总部负责运作。由于A、B、C三家分公司均能产生独立于其他分公司的现金流入,所以该公司将这三家分公司确定为三个资产组。2×21年12月1日,公司经营所处的技术环境发生了重大不利变化,出现减值迹象,需要进行减值测试。假设总部资产的账面价值为200万元,能够按照各资产组账面价值的比例进行合理分摊,A、B、C分公司和总部资产的使用寿命均为20年。减值测试时,A、B、C三个资产组的账面价值分别为320万元、160万元和320万元。假定乙公司计算确定A分公司资产的可收回金额为420万元,B分公司资产的可收回金额为160万元,C分公司资产的可收回金额为380万元。乙公司进行相关资产减值测试如下。

第一步,将总部资产分配至各资产组:

由于各资产组的使用寿命相同,可直接按其账面价值分配总部资产,各资产组应分配总部资产金额=总部资产×该项资产组账面价值/∑各资产组账面价值之和。

总部资产应分配给A资产组的数额=200×320/800=80(万元)

总部资产应分配给B资产组的数额=200×160/800=40(万元)

总部资产应分配给C资产组的数额=200×320/800=80(万元)

第二步,分配后各资产组的账面价值如下:

A资产组的账面价值=320+80=400(万元)

B资产组的账面价值=160+40=200(万元)

C资产组的账面价值=320+80=400(万元)

第三步,比较各资产组的账面价值和可收回金额,进行减值测试:

A资产组的账面价值400万元,可收回金额420万元,没有发生减值;

B 资产组的账面价值 200 万元,可收回金额 160 万元,发生减值 40 万元;

C 资产组的账面价值 400 万元,可收回金额 380 万元,发生减值 20 万元。

第四步,将各资产组的减值额在总部资产和各资产组之间分配:

B 资产组减值额 40 万元:

分配给总部资产的部分为 40×40/200=8(万元)

分配给 B 资产组本身的部分为 40×160/200=32(万元)

C 资产组减值额 20 万元:

分配给总部资产的部分为 20×80/400=4(万元)

分配给 C 资产组本身的部分为 20×320/400=16(万元)

综上,A 资产组没有发生减值,B 资产组发生减值 32 万元,C 资产组发生减值 16 万元,总部资产发生减值 12 万元。乙公司应编制会计分录如下:

借:资产减值损失——B 资产组资产　　　　　　　　　　　　320 000

　　　　　　——C 资产组资产　　　　　　　　　　　　　　160 000

　　　　　　——总部资产　　　　　　　　　　　　　　　　120 000

　　贷:固定资产、无形资产等减值准备——B 资产组资产　　320 000

　　　　固定资产、无形资产等减值准备——C 资产组资产　　160 000

　　　　总部有关资产科目　　　　　　　　　　　　　　　　120 000

(2) 对于相关总部资产难以按照合理和一致的基础分摊至该资产组的,应当按照下列步骤处理:

首先,在不考虑相关总部资产的情况下,估计和比较资产组的账面价值和可收回金额,并按照前述有关资产组减值损失处理顺序和方法处理。

其次,认定由若干个资产组组成的最小的资产组组合,该资产组组合应当包括所测试的资产组与可以按照合理和一致的基础将该总部资产的账面价值分摊其上的部分。

最后,比较所认定的资产组组合的账面价值(包括已分摊的总部资产的账面价值部分)和其可收回金额,并按照前述有关资产组减值损失的处理顺序和方法处理。

五、商誉的减值测试及会计处理

企业合并形成的商誉,无论是否存在减值迹象,至少应当在每年年度终了进行减值测试。由于商誉不能独立于其他资产产生现金流量,其减值测试必须结合与其相关的资产组或资产组组合,即能够从企业合并协同效应中受益的资产组或资产组组合,这就要求企业在合并日起应当将合并产生的商誉分摊至相关的资产组或相关的资产组组合。对于已经分摊商誉的资产组或资产组组合,不论资产组或资产组组合是否存在可能发生减值的迹象,每年都应当通过比较包含商誉的资产组或资产组组合的账面价值与其可收回金额进行减值测试。

在对包含商誉的相关资产组或者资产组组合进行减值测试时,如与商誉相关的资产组或者资产组组合存在减值迹象的,应当按照下列步骤处理:

首先,对不包含商誉的资产组或者资产组组合进行减值测试,计算可收回金额,并与相关账面价值相比较,确认相应的减值损失。

其次,再对包含商誉的资产组或者资产组组合进行减值测试,比较这些相关资产组或者资产组组合的账面价值(包括所分摊的商誉的账面价值部分)与其可收回金额,如相关资产组或者资产组组合的可收回金额低于其账面价值的,应当确认相应的减值损失。

减值损失金额应当先抵减分摊至资产组或者资产组组合中的商誉的账面价值,再根据资产组或者资产组组合中除商誉之外的其他各项资产的账面价值所占比重,按比例抵减其他各项资产的账面价值。相关减值损失的处理顺序和方法与前述有关资产组减值损失的处理顺序和方法相一致。

[例8-9] 假定甲公司在2×21年1月1日以2 500万元对非同一控制的B公司进行吸收合并。购买日B公司可辨认净资产的公允价值为2 000万元,甲公司在财务报表确认商誉500万元。假定合并取得的B公司的全部资产是产生未来现金流量的最小资产组组合。2×21年12月31日该资产组的账面价值为3 000万元,甲公司确定该资产组的可收回金额为2 000万元。

分析: 由于该资产组的可收回金额为2 000万元,包含了商誉的资产组账面价值为3 500万元,因此发生资产减值1 500万元。首先应确认商誉减值损失500万元,余下的1 000万元分配给其他的可辨认资产。甲公司应编制会计分录如下:

借:资产减值损失　　　　　　　　　　　　　　　　　　15 000 000
　　贷:商誉减值准备　　　　　　　　　　　　　　　　　 5 000 000
　　　　相关资产减值准备　　　　　　　　　　　　　　　10 000 000

"相关资产减值准备"的金额按照各项资产账面价值在可辨认资产账面价值中所占比例进行分配。

第四节　资产减值在财务报告中的披露

一、资产减值在财务报表中的列示

在资产负债表中,各类资产减值准备的期末余额,不作单独列示,通常直接从相关资产价值中抵减。

在利润表中,与资产减值相关的项目为"资产减值损失",该项目反映企业在一定会计期间所确认的各类资产减值损失的本期发生额,包括本章涉及的固定资产、无形资产、长期股权投资、商誉等非流动资产,以及存货等的减值损失,但不包括由《企业会计准则第22号——金融工具确认和计量》所规范的金融资产的减值损失。

二、资产减值在附注中的披露

(1)企业应当分类披露资产减值准备的上年年末余额、期末余额和本期增减变动情况。

(2)企业应当分类披露资产减值损失本期发生额、上期发生额,其披露格式如表8-5所示。

表 8-5 资产减值损失的披露格式

项　目	本期发生额	上期发生额
一、存货跌价损失		
二、长期股权投资减值损失		
三、投资性房地产减值损失		
三、固定资产减值损失		
四、无形资产减值损失		
……………		
合计		

本章小结

本章资产减值主要指固定资产、无形资产、商誉等非流动资产的减值。除了商誉和使用寿命不确定的无形资产外,其他资产只有在出现减值迹象的情况下,才进行减值测试。企业应当根据资产公允价值减去处置费用后的净额和资产预计未来现金流量的现值两者孰高来确定资产可收回金额。在单项资产的可收回金额无法确定时,企业应当认定资产组,并以资产组为基础进行减值测试。涉及总部资产的,也要结合相关的资产组或者资产组组合进行减值测试。在涉及因企业合并而形成的商誉的情况下,企业应当认定与商誉相关的资产组或者资产组组合,并以此为基础进行减值测试。

复习思考题

1. 资产发生减值的迹象主要包括哪些?企业应当如何进行判断?
2. 为什么要引入资产组的概念,并以此为基础来确认减值损失?
3. 资产组的认定应当遵循什么原则?企业应当如何认定资产组?
4. 企业以资产组为基础进行减值测试时,应当如何确认相关资产的减值损失?
5. 商誉的减值测试有何特殊之处?对于商誉应当如何进行减值测试?

练习题

1. 2×19 年 1 月 1 日,甲公司外购 XYZ 无形资产,实际支付的价款为 120 万元。根据相关法律规定,XYZ 无形资产的有效年限为 10 年,已使用一年。甲公司估计 XYZ 无形资产预计使用年限为 6 年,预计净残值为零。2×20 年 12 月 31 日,由于与 XYZ 无形资产相关的经济因素发生不利变化,致使 XYZ 无形资产发生价值减损。甲公司据此估计其可收回金额为 25 万元。2×22 年 12 月 31 日,甲公司发现,导致 XYZ 无形资产在 2×20 年发生减值损失的不利经济因素已全部消失,估计 XYZ 无形资产的可收回金额为 40 万元。假设不考虑所得税及其他相关税费的影响,无形资产的预计使用年限保持不变。

要求:为甲公司 2×19 年—2×22 年该无形资产的取得、按月摊销、减值编制会计分录。

2. 某公司在 A、B、C 三地拥有三家分公司,其中,C 分公司是上年吸收合并的公司。由于 A、B、C 三家分公司均能产生独立于其他分公司的现金流入,所以该公司将这三家分公司确定为三个资产组。2×22 年 12 月 1 日,企业经营所处的技术环境发生了重大不利变化,出现减值迹象,需要进行减值测试。减值测试时,C 分公司资产组的账面价值为 520 万元(含合并商誉为 20 万元)。该公司计算 C 分公司资产组的可收回金额为 400 万元。假定 C 分公司资产组中包括甲设备、乙设备和一项无形资产。其账面价值分别为 250 万元、150 万元和 100 万元。假定 C 资产组中各项资产的预计使用寿命相同。

要求:计算商誉、甲设备、乙设备和无形资产应计提的减值准备并编制有关会计分录。

第九章　流动负债

本章概要

企业生产经营所需的资金,除了来自投资人之外,还需要通过举债来获得。负债按其流动性可分为流动负债和非流动负债。本章主要介绍流动负债的确认、计量,以及短期借款、应付款项、应付职工薪酬、应交税费等主要流动负债的核算。

学习目的与要求

通过本章学习,应当能够了解并掌握:
1. 流动负债的性质与分类;
2. 应付票据与应付账款的核算;
3. 职工薪酬的内容及应付职工薪酬的核算;
4. 应交增值税、应交消费税、应交资源税等的核算;
5. 短期借款的取得、付息与偿还的核算;
6. 其他应付款、预收账款、应付利息、应付股利等流动负债的核算。

第一节　流动负债概述

一、流动负债的概念

负债是指企业过去的交易或者事项形成的,预期会导致经济利益流出企业的现时义务。负债按其流动性进行分类,可分为流动负债和非流动负债。

流动负债是指企业预计在一个正常营业周期中清偿,或者主要为交易目的而持有,或者自资产负债表日起一年内(含1年)到期应予清偿,或者企业无权自主地将清偿推迟至资产负债表日后一年以上的负债。流动负债主要包括短期借款、应付票据、应付账款、预收账款、应付职工薪酬、应交税费、应付利息、应付股利、其他应付款等。

确认流动负债的目的,主要是将其与流动资产进行比较,反映企业的短期偿债能力。短期偿债能力是债权人非常关心的财务指标,在资产负债表上必须将流动负债与非流动负债分别列示。

二、流动负债的分类

流动负债按不同的标准可分为不同的类别,以满足不同的需要。

(一) 按照产生原因及形成过程分类

流动负债按照产生原因及形成过程进行分类,可分为以下三类:

(1) 融资活动形成的流动负债,是指企业从银行或其他金融机构筹集资金形成的流动负债,主要是短期借款和应付的借款利息;

(2) 经营过程中形成的流动负债,是指企业在正常的生产经营活动中形成的流动负债,主要有应付票据、应付账款、应交税费等;

(3) 利润分配中形成的流动负债,是指企业在对利润进行分配时形成的应付给投资者的利润,主要是应付股利等。

(二) 按照应付金额是否确定分类

流动负债按照应付金额是否确定进行分类,可分为以下两类:

(1) 应付金额可以确定的流动负债,是指有确切的债权人和偿付日期并有确切的偿付金额的流动负债,主要包括短期借款、应付票据、应付职工薪酬、应交税费等;

(2) 应付金额需要估计的流动负债,是指没有确切的债权人和偿付日期,或有确切的债权人和偿付日期但其偿付金额需要估计的流动负债,主要包括没有取得结算凭证的应付账款等。

(三) 流动负债按照偿付手段分类

流动负债按照偿付手段进行分类,可分为以下两类:

(1) 货币性流动负债,是指需要以货币资金偿还的流动负债,主要包括短期借款、应付票据、应付账款、应付职工薪酬、应交税费、应付利息、应付股利、其他应付款等;

(2) 非货币性流动负债,是指不需要用货币资金来偿还的流动负债,如预收账款等。

三、流动负债的计量

负债是企业应在未来偿付的债务,从理论上讲负债应按未来应偿付金额的现值计量。但是,由于流动负债偿付的时间一般不超过 1 年,未来应付金额与其现值相差不多,按重要性原则的要求,不考虑货币的时间价值对流动负债的影响,未来应付金额与其现值的差额可忽略不计。因此,流动负债应按未来应付金额入账。

第二节 应付账款和应付票据

一、应付账款

应付账款是指企业因购买商品、材料或接受劳务供应等业务而应付给供应单位的款项。这是购销双方在购销活动中由于取得物资与支付货款在时间上不一致而产生的负债。

（一）应付账款入账价值和入账时间的确定

1. 应付账款的入账价值

应付账款按将来应付金额入账，而不按将来应付金额的现值入账。因为应付账款一般期限较短，现值和将来应付金额相差很小。如果形成一笔应付账款时附带现金折扣的，应付账款入账金额应按应付金额的总额入账，即不需要扣除现金折扣，企业在以后实际偿付账款时将获得的现金折扣冲减财务费用。

2. 应付账款的入账时间

应付账款入账时间的确定，应以取得相关商品控制权为标志。但在实际工作中，应区别下列情况分别处理：

（1）在物资和发票账单同时到达的情况下，要区分两种情况处理：如果物资验收入库的同时支付货款的，则不通过"应付账款"科目核算；如果物资验收入库后仍未付款的，则按发票账单登记入账。

（2）在物资和发票账单未同时到达的情况下，也要区分两种情况处理：在发票账单已到，物资未到的情况下，未能及时支付货款时，应当直接根据发票账单金额，记入有关物资的成本和"应付账款"；在物资已到，发票账单未到也无法确定实际购货成本的情况下，在月度终了，需要按照所购物资和应付债务暂估入账，下月初再用红字予以冲回，待发票账单到达后再进行账务处理。

（二）应付账款的会计处理

企业应设置"应付账款"科目核算应付供应单位的款项。其贷方登记企业应付的金额，借方登记已支付或已转销或转作应付票据的金额，贷方余额反映企业尚未支付的应付账款。"应付账款"科目应按供货单位设置明细账进行明细分类核算。

[**例9-1**] 甲公司2×21年1月20日向D公司购买的材料已到，并验收入库，增值税专用发票上注明材料价款1 500 000元，增值税额为195 000元，该货款于2月10日付清。甲企业应编制会计分录如下：

（1）1月20日：

借：原材料　　　　　　　　　　　　　　　　　　　　　　　1 500 000
　　应交税费——应交增值税(进项税额)　　　　　　　　　　　 195 000
　　贷：应付账款——D公司　　　　　　　　　　　　　　　　　　　　　1 695 000

（2）2月10日：

借：应付账款——D公司　　　　　　　　　　　　　　　　　　1 695 000
　　贷：银行存款　　　　　　　　　　　　　　　　　　　　　　　　　1 695 000

上例中，如果所购材料已经验收入库，但是发票账单未到，应编制会计分录如下：

（1）1月20日材料验收入库时可暂不作分录；

（2）1月31日发票账单未到，按暂估价入账，假定暂估价为1 480 000元：

借：原材料　　　　　　　　　　　　　　　　　　　　　　　1 480 000
　　贷：应付账款——D公司　　　　　　　　　　　　　　　　　　　　　1 480 000

（3）2月1日，用红字冲销上笔业务：

借：原材料　　　　　　　　　　　　　　　　　　　　　　　1 480 000

贷：应付账款——D公司　　　　　　　　　　　　　| 1 480 000 |

(4) 等到发票账单到达企业后，按发票账单上所列材料价款和增值税金额进行账务处理。

应付账款一般在较短期限内支付，但有些应付账款由于债权单位撤销或其他原因，而无法支付或无需支付的应付账款应计入营业外收入，借记"应付账款"科目，贷记"营业外收入"科目。

二、应付票据

应付票据是由出票人签发、委托付款人在指定日期应该无条件支付给收款人或者持票人的票据款项。它通常是因为企业购买材料、商品和接受劳务供应等而开出、承兑的商业汇票。应付票据和应付账款虽然都是因商品交易而引起的负债，都属于流动负债性质，但应付票据具有商业汇票作为延期付款的证明，有确切的兑付日期，并有合法的票据作保证。

（一）应付票据的分类

商业汇票按照承兑人的不同，可分为商业承兑汇票和银行承兑汇票两种。其中，商业承兑汇票是由收款人或付款人签发，并由付款人承兑，为收款人或被背书人所持有的商业汇票；银行承兑汇票是由收款人或承兑申请人签发，由承兑申请人向其开户银行申请承兑，经银行审查同意承兑的商业汇票。申请银行承兑所支付的手续费应列作财务费用。商业汇票按照是否带息，分为带息票据和不带息票据两种。

由于商业汇票付款期限不超过一年，因此应付票据不需要按到期值的现值入账，均按照开出承兑的商业汇票面值入账。

（二）应付票据的会计处理

企业应设置"应付票据"科目，核算采用商业汇票结算方式的应付金额。其贷方登记企业开出、承兑汇票或者以承兑汇票抵付货款的金额以及应计的利息，借方登记票据到期支付的金额，贷方余额反映尚未到期的应付票据本息。

企业还应当设置"应付票据备查簿"，详细登记每一应付票据的种类、号数、签发日期、到期日、票面利率、合同交易号、收款人姓名或单位名称，以及付款日期和金额等情况。应付票据到期结清时，应当在备查簿内逐笔注销。

企业应区分带息应付票据和不带息应付票据进行核算。

1. 不带息应付票据

不带息应付票据，其面值就是票据到期时的应付金额。

企业开出汇票结算时，借记"材料采购""应交税费——应交增值税（进项税额）"等科目，贷记"应付票据"科目。

2. 带息应付票据

企业开出的如为带息商业汇票，通常应于期末对尚未支付的应付票据计提利息，借记"财务费用"科目，贷记"应付票据"科目。

商业承兑汇票到期，如企业无力支付票款，应将应付票据的账面余额转入应付账款。银行承兑汇票到期，如企业无力支付票款，承兑银行除凭票向持票人无条件支付票款外，对出票人尚未支付的汇票金额转作逾期贷款处理,并按一定的利率计收利息。企业接到银行转来的有关凭证,借记"应付票据"科目,贷记"短期借款"科目。

[例9-2] 乙公司2×21年11月1日购买原材料一批,价税合计1 695 000元,增值税税率13%,乙公司出具了一张面值为1 695 000元、期限为3个月、年利率为10%的商业承兑汇票。材料已验收入库。应编制会计分录如下:

(1) 2×21年11月1日乙公司签发商业承兑汇票时:

借:原材料　　　　　　　　　　　　　　　　　　　　　1 500 000
　　应交税费——应交增值税(进项税额)　　　　　　　　195 000
　贷:应付票据　　　　　　　　　　　　　　　　　　　1 695 000

(2) 2×21年12月31日,计算2个月的应付利息:

借:财务费用　　　　　　　　　　　　　　　　　　　　　28 250
　贷:应付票据　　　　　　　　　　　　　　　　　　　　　28 250

(3) 2×22年2月1日,到期支付票据本息:

借:应付票据　　　　　　　　　　　　　　　　　　　　1 723 250
　　财务费用　　　　　　　　　　　　　　　　　　　　　 14 125
　贷:银行存款　　　　　　　　　　　　　　　　　　　1 737 375

第三节 应交税费

企业作为商品的生产者和经营者,必须按税法规定履行纳税义务。目前,企业应交纳的税费主要有:增值税、消费税、企业所得税、资源税、土地增值税、环境保护税、城镇土地使用税、房产税、车船税、印花税、耕地占用税、城市维护建设税、教育费附加等。各种税费由于征管办法、计税(费)基础、计税(费)方法不完全相同,会计处理方法也不尽一致。

为了反映企业各种税费的计算和交纳情况,应设置"应交税费"科目。该科目的贷方登记企业应当交纳的各种税费,借方登记企业实际已经交纳的各种税费,期末余额一般在贷方,反映企业应交未交的各种税费,期末余额如果在借方,反映企业多交或尚未抵扣的税费。在"应交税费"科目下,还应当按各种税费项目设置明细科目,进行明细分类核算。此外,企业代扣代交的个人所得税,也通过本科目核算。而企业交纳的印花税、耕地占用税等不需要预计应交数的税金,不通过"应交税费"科目核算。

一、应交增值税

(一) 增值税概述

1. 增值税概念及增值税纳税人

增值税是以商品和劳务、应税行为在流转过程中形成的增值额作为计税依据而征收的一种流转税。按照我国现行增值税制度的规定,在我国境内销售货物、加工修理修配劳务、服务、无形资产和不动产(以下简称销售货物)以及进口货物的企业、单位和个人为增值税的纳税人。其中,"服务"是指提供交通运输服务、建筑服务、邮政服务、电信服务、金融服务、现代服务、生活服务。

根据纳税人年应税销售额的大小及会计核算水平的健全程度,增值税纳税人分为一般纳税人和小规模纳税人。

一般纳税人是指年应税销售额超过财政部、国家税务总局规定标准的增值税纳税人。

小规模纳税人是指年应税销售额未超过规定标准,并且会计核算不健全、不能够提供准确税务资料的增值税纳税人。

2. 一般计税方法

增值税的一般计税方法,是先按当期销售额和适用的税率计算出销项税额,然后以该销项税额对当期购进项目支付的税款(即进项税额)进行抵扣,从而间接计算出当期的增值税应纳税额。其计算公式为:当期应交增值税税额=当期销项税额-当期进项税额。

(1)销项税额,是指纳税人销售货物时按照不含税销售额和增值税税率计算并收取的增值税税额。其中,不含税销售额是指纳税人销售货物向购买方收取的全部价款和价外费用,但不包括收取的增值税销项税额。

其计算公式为:销项税额=不含税销售额×增值税税率。

增值税税率分为13%、9%、6%和零税率。其中,销售货物、劳务、有形动产租赁服务或者进口货物,适用税率为13%;销售交通运输、邮政、基础电信、建筑、不动产租赁服务,销售不动产,转让土地使用权,销售或者进口农产品等货物,适用税率为9%;销售无形资产、增值电信服务以及其他服务,适用税率为6%;出口货物、劳务或者境内单位和个人跨境销售服务、无形资产、不动产,税率为零。

(2)进项税额,是指纳税人购进货物、加工修理修配劳务、服务、无形资产或者不动产,支付或者负担的增值税税额。应当凭合法有效凭证进行抵扣。

准予从销项税额中抵扣的进项税额包括但不限于下列:

① 从销售方取得的增值税专用发票上注明的增值税税额。

② 从海关取得的海关进口增值税专用缴款书上注明的增值税税额。

③ 购进农产品,按照农产品收购发票或者销售发票上注明的农产品买价和扣除率计算的进项税额,现行扣除率为9%或10%。

④ 从境外单位或者个人购进服务、无形资产或者不动产,自税务机关或者扣缴义务人取得的解缴税款的完税凭证上注明的增值税额。

除以上规定外,准予从销项税额中抵扣的进项税额还有一些其他规定,本节不予赘述。

如果纳税人取得的增值税扣税凭证不符合法律、行政法规或者国家税务总局有关规定的,其进项税额不得从销项税额中抵扣,只能计入购进货物、加工修理修配劳务、服务、无形资产或者不动产的成本。

当期销项税额小于当期进项税额不足抵扣时,当期未能抵扣的进项税额可以结转下期继续抵扣。

3. 简易计税方法

增值税的简易计税方法是按照不含税销售额与征收率计算增值税应纳税额,不得抵扣进项税额。其计算公式:当期增值税应纳税额=当期不含税销售额×征收率。现行简易计税方法的增值税征收率为3%或5%。

如果纳税人采用不含税销售额和应纳税额合并定价方法,则应将含税销售额还原为不含税销售额,还原公式为:不含税销售额=含税销售额/(1+征收率)。

一般纳税人计算增值税大多采用一般计税方法,发生特定应税销售行为时,也可以选择简易计税方式计税,但不得抵扣进项税额。小规模纳税人一般采用简易计税方法。

(二) 一般纳税人的会计处理

1. 科目设置

为了核算企业应交增值税的发生、抵扣、交纳、退税及转出等情况,一般纳税人应当在"应交税费"科目下设置"应交增值税""未交增值税""预交增值税""待认证进项税额""待转销项税额""增值税留抵税额""简易计税""转让金融商品应交增值税""代扣代交增值税""待抵扣进项税额"等明细科目。

(1) "应交增值税"明细科目,核算一般纳税人进项税额、销项税额抵减、已交税金、转出未交增值税、减免税款、出口抵减内销产品应纳税额、销项税额、出口退税、进项税额转出、转出多交或未交增值税等情况。

该明细科目下应设置以下专栏:

① "进项税额"专栏,记录企业购进货物、加工修理修配劳务、服务、无形资产或不动产而支付或负担的、准予从当期销项税额中抵扣的增值税额。支付的进项税额,用蓝字登记;因销售折让、中止或者退回而收回的增值税额(即应冲销的进项税额),用红字登记。

② "销项税额抵减"专栏,记录企业按照现行增值税制度规定因扣减销售额而减少的销项税额。

③ "已交税金"专栏,记录企业当月已交纳的应交增值税额。

④ "减免税款"专栏,记录企业按现行增值税制度规定准予减免的增值税额。

⑤ "出口抵减内销产品应纳税额"专栏,记录实行"免、抵、退"办法的企业按规定计算的出口货物的进项税抵减内销产品应纳税额的金额。

⑥ "转出未交增值税"专栏,记录企业月末转出当月应交未交的增值税额。

⑦ "销项税额"专栏,记录企业销售货物应收取的增值税额;客户退回已销售货物时应冲销的销项税额,用红字登记。

⑧ "出口退税"专栏,记录企业出口货物、加工修理修配劳务、服务、无形资产按规定退回的增值税额。

⑨ "进项税额转出"专栏,记录企业购进货物、加工修理修配劳务、服务、无形资产或不动产等发生非正常损失以及其他原因而不应该从销项税额中抵扣、按规定转出的进项税额。

⑩ "转出多交增值税"专栏,记录企业月末转出当月多交的增值税额。

(2) "未交增值税"明细科目,核算企业月末从"应交增值税"或"预交增值税"明细科目转入的当月应交未交或多交或预交的增值税额,以及当月交纳以前期间未交的增值税额。

(3) "预交增值税"明细科目,核算企业转让不动产、提供不动产经营租赁服务、提供建筑服务、采用预收款方式销售自行开发的房地产项目等,以及其他按现行增值税制度规定应预交的增值税额。

(4) "待认证进项税额"明细科目,核算企业由于未经认证或确认而不得从当期销项税额中抵扣的进项税额。

(5)"待转销项税额"明细科目,核算企业销售货物,已确认相关收入或利得,但尚未发生增值税纳税义务而应于以后期间确认为销项税额的增值税额。

(6)"简易计税"明细科目,核算企业采用简易计税方法发生的增值税计提、扣减、预缴和缴纳等业务。

(7)"转让金融商品应交增值税"明细科目,核算企业转让金融商品发生的增值税额。

(8)"代扣代交增值税"明细科目,核算企业购进在境内未设经营机构的境外单位或个人在境内的应税行为代扣代缴的增值税。

(9)"待抵扣进项税额"明细科目,核算企业已取得增值税扣税凭证,按规定准予以后期间从销项税额中抵扣的进项税额。

2. 取得货物、接受劳务等的账务处理

(1)企业购进货物、加工修理修配劳务、服务、无形资产或者不动产,按应计入相关成本费用或资产的金额,借记"材料采购""在途物资""原材料""库存商品""生产成本""无形资产""固定资产""管理费用"等科目,按可抵扣增值税额,借记"应交税费——应交增值税(进项税额)"科目,按应付或实际支付的金额,贷记"应付账款""应付票据""银行存款"等科目。

企业购进农产品,按照农产品收购发票或者销售发票上注明的农产品买价和适用的扣除率计算的进项税额,借记"应交税费——应交增值税(进项税额)"科目,按农产品买价扣除进项税额后的差额,借记"材料采购""在途物资""原材料""库存商品"等科目,按照应付或实际支付的价款,贷记"应付账款""应付票据""银行存款"等科目。

[例9-3] 甲公司为增值税一般纳税人,适用的增值税税率为13%,原材料按实际成本核算,销售商品价格为不含增值税的公允价格。2×21年6月份发生交易或事项以及相关的会计分录如下:

① 5日,购入原材料一批,增值税专用发票上注明的价款为100 000元,增值税税额为13 000元,材料尚未到达,全部款项已用银行存款支付。

借:在途物资　　　　　　　　　　　　　　　　　　　　100 000
　　应交税费——应交增值税(进项税额)　　　　　　　　 13 000
　　贷:银行存款　　　　　　　　　　　　　　　　　　　113 000

② 10日,收到5日购入的原材料并验收入库,同日,与运输公司结清运输费用,增值税专用发票上注明的运输费用为4 000元,增值税税额为360元,运输费用和增值税税额已用转账支票付讫。

借:原材料　　　　　　　　　　　　　　　　　　　　　104 000
　　应交税费——应交增值税(进项税额)　　　　　　　　　　360
　　贷:银行存款　　　　　　　　　　　　　　　　　　　 4 360
　　　 在途物资　　　　　　　　　　　　　　　　　　　100 000

③ 购入农产品一批,农产品收购发票上注明的买价为250 000元,适用的扣除率为9%,货物尚未到达,价款已用银行存款支付。

进项税额=购买价款×扣除率=250 000×9%=22 500(元)

借:在途物资	227 500	
应交税费——应交增值税(进项税额)	22 500	
贷:银行存款		250 000

④25日,公司管理部门委托外单位修理办公设备,取得对方开具的增值税专用发票上列明的修理费为10 000元,增值税税额为1 300元,款项已用银行存款支付。

借:管理费用	10 000	
应交税费——应交增值税(进项税额)	1 300	
贷:银行存款		11 300

需要注意的是,一般纳税人购入货物等不能取得增值税专用发票等扣税凭证的,支付的增值税应计入所购货物或劳务、服务等的成本,借记"材料采购""在途物资""原材料""管理费用"等科目,贷记"银行存款"等科目。

现假设上例④,25日甲公司管理部门委托外单位修理办公设备,取得对方开具的增值税普通发票,列明的修理费为10 300元,款项已用银行存款支付。甲公司应编制会计分录:

借:管理费用	10 300	
贷:银行存款		10 300

(2)企业购进的货物等已到达并验收入库,但尚未收到增值税扣税凭证并未付款的,应在月末按货物清单或相关合同协议上的价格将购进货物暂估入账,但不需要将增值税的进项税额暂估入账。

下月初,用红字冲销原暂估入账金额,待取得相关增值税扣税凭证后,按应计入相关成本费用或资产的金额,借记"原材料""库存商品""固定资产""无形资产"等科目,按可抵扣的增值税额,借记"应交税费——应交增值税(进项税额)"科目,按应付或实际支付的金额,贷记"应付账款""应付票据""银行存款"等科目。

[例9-4] 2×21年6月30日,甲公司购进原材料一批已验收入库,但尚未收到增值税扣税凭证,款项也未支付。随货同行的材料清单列明的原材料销售价格为200 000元。甲公司应编制如下会计分录:

借:原材料	200 000	
贷:应付账款		200 000

下月初,用红字冲销原暂估入账金额:

借:原材料	200 000	
贷:应付账款		200 000

7月10日,取得相关增值税专用发票上注明的价款为200 000元,增值税税额为26 000元,增值税专用发票已经认证,全部款项以银行存款支付。甲公司应编制如下会计分录:

借:原材料	200 000	
应交税费——应交增值税(进项税额)	26 000	
贷:银行存款		226 000

(3)企业购进货物后发生退回或折让的,应区别不同情况进行处理。如果企业对购

货尚未进行会计处理就发生退回或折让,则无论货物是否入库,应将取得的增值税扣税凭证退还销售方注销或重新开具。如果企业对购货已根据增值税扣税凭证进行了会计处理,之后发生退回或折让,则企业应按规定要求销售方开具红字专用发票。企业根据红字发票,借记"应付账款"等科目,贷记"应交税费——应交增值税(进项税额)""原材料"等科目。

(4) 企业原先购进货物等时,已将相应的增值税额计入进项税额或待抵扣进项税额,但该货物以后改变用途(如用于简易计税方法的计税项目、免征增值税项目、非增值税应税项目等),或以后发生非正常损失,按照规定该增值税额不得从销项税额中抵扣的,企业应将该增值税额作核销处理。借记"待处理财产损溢"、"应付职工薪酬"等科目,贷记"应交税费——应交增值税(进项税额转出)"或"应交税费——待抵扣进项税额"科目。

[例 9-5] 2×21 年 6 月份,甲公司发生进项税额转出事项如下:

① 10 日,库存材料因管理不善发生火灾损失,材料实际成本为 10 000 元,购入时确认的进项税额为 1 300 元。

借:待处理财产损溢——待处理流动资产损溢　　　　　　　11 300
　　贷:原材料　　　　　　　　　　　　　　　　　　　　　　10 000
　　　　应交税费——应交增值税(进项税额转出)　　　　　　 1 300

② 18 日,领用一批外购原材料用于集体福利,该批原材料的实际成本为 50 000 元,相关增值税专用发票上注明的增值税额为 6 500 元。

借:应付职工薪酬——非货币性福利　　　　　　　　　　　　56 500
　　贷:原材料　　　　　　　　　　　　　　　　　　　　　　50 000
　　　　应交税费——应交增值税(进项税额转出)　　　　　　 6 500

(5) 企业购进货物时取得扣税凭证,当即能认定按规定该进项税额不得从销项税额中抵扣,比如所购货物是用于简易计税方法的计税项目、免征增值税项目、集体福利或个人消费等。这种情况,企业可以将不可抵扣的进项税额,借记相关成本费用或资产科目,贷记"银行存款""应付账款"等科目。或者也可以先计入进项税额,再做进项税额转出处理。

[例 9-6] 2×21 年 5 月 23 日,甲公司外购一批粽子 2 000 只作为福利发放给销售员工,取得的增值税专用发票上注明的价款为 8 000 元,增值税额为 1 040 元,以银行存款支付了上述款项。甲公司根据增值税现行规定认定该进项税额不得抵扣。甲公司编制会计分录如下:

借:销售费用　　　　　　　　　　　　　　　　　　　　　　 9 040
　　贷:应付职工薪酬　　　　　　　　　　　　　　　　　　　 9 040
借:应付职工薪酬　　　　　　　　　　　　　　　　　　　　　 9 040
　　贷:银行存款　　　　　　　　　　　　　　　　　　　　　 9 040

3. 销售等业务的账务处理

(1) 企业销售货物。

企业应当按应收或已收的金额,借记"应收账款""应收票据""银行存款"等科目,按取得的收入等金额,贷记"主营业务收入""其他业务收入""固定资产清理"等科目,按现行增值税制度规定计算的销项税额或采用简易计税方法计算的应纳增值税额,贷记"应交税费——应交增值税(销项税额)"或"应交税费——简易计税"科目。

企业销售货物等发生销售退回的,应根据收回的增值税专用发票或按规定开具的红字增值税专用发票作相反的会计分录。

按照企业会计准则确认收入或利得的时点早于按照现行增值税制度确认增值税纳税义务发生时点的,应将相关增值税额记入"应交税费——待转销项税额"科目,待实际发生纳税义务时再转入"应交税费——应交增值税(销项税额)"或"应交税费——简易计税"科目。

按照增值税制度确认增值税纳税义务发生时点早于按照企业会计准则确认收入或利得的时点的,应将应纳增值税额,借记"应收账款"等科目,贷记"应交税费——应交增值税(销项税额)"或"应交税费——简易计税"科目,按照企业会计准则确认收入或利得时,应按不含增值税的金额确认收入。

[例9-7] 承[例9-3],2×21年6月份,甲公司发生与销售相关的交易或事项如下:

① 15日,销售产品一批,开具增值税专用发票上注明的价款为600 000元,增值税税额为78 000元,提货单和增值税专用发票已交给客户,款项尚未收到。

  借:应收账款   678 000
   贷:主营业务收入   600 000
     应交税费——应交增值税(销项税额)   78 000

要注意,对于一般纳税人,如果销售时开具增值税普通发票,也仍然需要确认销项税额。

现假设上例①,15日甲公司向最终消费者销售产品一批,开具增值税普通发票,注明价款为600 000元,增值税额为78 000元,提货单和增值税普通发票已交给客户,款项尚未收到。甲公司应编制会计分录:

  借:应收账款   678 000
   贷:主营业务收入   600 000
     应交税费——应交增值税(销项税额)   78 000

② 28日,为外单位代加工货物500个,每个收取加工费100元,已加工完成。开具增值税专用发票上注明的价款为50 000元,增值税税额为6 500元,款项已收到并存入银行。

  借:银行存款   56 500
   贷:主营业务收入   50 000
     应交税费——应交增值税(销项税额)   6 500

(2) 视同销售。

视同销售需要交纳增值税的事项包括:企业将自产或委托加工的货物用于非应税项目或集体福利或个人消费;将自产、委托加工、购买的货物作为投资提供给其他单位或个体工商户,或者分配给股东或投资者,或者无偿赠送给其他单位或个人等。在这些情况下,企业应当根据视同销售的具体内容,按照现行增值税规定计算的增值税额(或采用简易法计算的应纳增值税额),借记"长期股权投资""应付职工薪酬""应付股利""营业外支出"等科目,贷记"应交税费——应交增值税(销项税额)"或"应交税费——简易计税"科目。非货币形式,按市场公允价值确定销售额。

[例9-8] 2×21年6月份,甲公司发生的视同销售交易或事项如下:

① 10日,以公司生产的产品对外捐赠,该批产品的实际成本为180 000元,售价为200 000元,开具的增值税专用发票上注明的增值税税额为26 000元。

公司以自产产品对外捐赠应交的增值税销项税额=200 000×13%=26 000(元)

借:营业外支出　　　　　　　　　　　　　　　　　　　　206 000
　　贷:库存商品　　　　　　　　　　　　　　　　　　　　　180 000
　　　　应交税费——应交增值税(销项税额)　　　　　　　　　26 000

② 25日,甲公司用一批原材料对外进行长期股权投资。该批原材料实际成本为500 000元,双方协商不含税价值为600 000元,开具的增值税专用发票上注明的增值税税额为78 000元。

公司对外投资原材料增值税销项税额=600 000×13%=78 000(元)

借:长期股权投资　　　　　　　　　　　　　　　　　　　678 000
　　贷:其他业务收入　　　　　　　　　　　　　　　　　　　600 000
　　　　应交税费——应交增值税(销项税额)　　　　　　　　　78 000

同时,

借:其他业务成本　　　　　　　　　　　　　　　　　　　500 000
　　贷:原材料　　　　　　　　　　　　　　　　　　　　　　500 000

4. 交纳增值税

企业交纳当月应交的增值税,借记"应交税费——应交增值税(已交税金)"科目,贷记"银行存款"科目;企业交纳以前期间未交的增值税,借记"应交税费——未交增值税"科目,贷记"银行存款"科目。

[例9-9] 2×21年6月30日,假设甲公司用银行存款交纳当月增值税税款20 000元,甲公司应编制会计分录如下:

借:应交税费——应交增值税(已交税金)　　　　　　　　　20 000
　　贷:银行存款　　　　　　　　　　　　　　　　　　　　　20 000

5. 月末转出当月多交增值税或当月未交增值税

月末,企业应当将当月应交未交或多交的增值税自"应交增值税"明细科目转入"未交增值税"明细科目。对于当月应交未交的增值税,借记"应交税费——应交增值税(转出未交增值税)"科目,贷记"应交税费——未交增值税"科目;对于当月多交的增值税,借记"应交税费——未交增值税"科目,贷记"应交税费—应交增值税(转出多交增值税)"科目。

[例9-10] 2×21年6月30日,假设甲公司将尚未交纳的6月份增值税税款113 140元进行结转。甲公司应编制会计分录如下:

借:应交税费——应交增值税(转出未交增值税)　　　　　113 140
　　贷:应交税费——未交增值税　　　　　　　　　　　　　113 140

7月份,甲公司交纳6月份未交增值税113 140元时,编制如下会计分录

借:应交税费——未交增值税　　　　　　　　　　　　　　113 140
　　贷:银行存款　　　　　　　　　　　　　　　　　　　　113 140

(三) 小规模纳税人的会计处理

小规模纳税人只需在"应交税费"科目下设置"应交增值税"明细科目,该明细科目不再设置增值税专栏。"应交税费——应交增值税"科目贷方登记应交纳的增值税,借方登记已交纳的增值税;期末贷方余额,反映尚未交纳的增值税;期末借方余额,反映多交纳的增值税。

小规模纳税人购进货物、服务、无形资产或不动产等,按照应付或实际支付的全部款项(包括支付的增值税额),借记"材料采购""在途物资""原材料""库存商品"等科目,贷记"应付账款""应付票据""银行存款"等科目。

小规模纳税人销售货物时,应按全部价款(包括应交的增值税额),借记"银行存款"等科目,按不含税的销售额,贷记"主营业务收入"等科目,按应交增值税额,贷记"应交税费——应交增值税"科目。

[例9-11] 丁企业为增值税小规模纳税人,适用增值税征收率为3%,原材料按实际成本核算。该企业2×21年6月发生经济交易如下:购入原材料一批,取得增值税专用发票上注明的价款为50 000元,增值税税额为6 500元,款项以银行存款支付,材料已验收入库。销售产品一批,开具的增值税普通发票上注明的货款(含税)为82 400元,款项已存入银行。用银行存款交纳增值税2 000元。丁企业应编制会计分录如下:

(1) 购入原材料:

借:原材料　　　　　　　　　　　　　　　　　　　　　　56 500
　　贷:银行存款　　　　　　　　　　　　　　　　　　　　　56 500

(2) 销售产品:

不含税销售额=含税销售额/(1+征收率)=82 400/(1+3%)=80 000(元)
应纳增值税=不含税销售额×征收率=80 000×3%=2 400(元)

借:银行存款　　　　　　　　　　　　　　　　　　　　　82 400
　　贷:主营业务收入　　　　　　　　　　　　　　　　　　　80 000
　　　　应交税费——应交增值税　　　　　　　　　　　　　　2 400

(3) 交纳增值税:

借:应交税费——应交增值税　　　　　　　　　　　　　　2 000
　　贷:银行存款　　　　　　　　　　　　　　　　　　　　　2 000

(四) 差额征税的会计处理

根据财政部和国家税务总局营改增试点政策的规定,对于企业发生的某些业务(金融商品转让、经纪代理服务、融资租赁和融资性售后回租业务、一般纳税人提供客运场站服务、试点纳税人提供旅游服务、选择简易计税方法提供建筑服务等)无法通过抵扣机制避免重复征税的,应采用差额征税方式计算交纳增值税。

1. 企业按规定相关成本费用允许扣减销售额的账务处理

按现行增值税制度规定,企业发生相关成本费用允许扣减销售额的,发生成本费用时,按应付或实际支付的金额,借记"主营业务成本"等科目,贷记"应付账款""应付票据""银行存款"等科目。待取得增值税扣税凭证且纳税义务发生时,按照允许抵扣的税额,借记"应交税费——应交增值税(销项税额抵减)"或"应交税费——简易计税"科目(小规模纳税人应借记"应交税费——应交增值税"科目),贷记"主营业务成本"等科目。

[例9-12] 某旅行社为增值税一般纳税人,生活服务的增值税税率为6%,其应交增值税采用差额征税方式核算。2×21年7月份,该旅行社为乙公司提供职工境内旅游服务,向乙公司收取含税价款424 000元,其中增值税24 000元,全部款项已收妥入账。旅行社以银行存款支付其他接团旅游企业的旅游费用和其他单位相关费用共计318 000元,其中,因允许扣减销售额而减少的销项税额为18 000元。该旅行社应编制会计分录如下:

(1) 支付住宿费等旅游费用:

借:主营业务成本　　　　　　　　　　　　　　　　318 000
　　贷:银行存款　　　　　　　　　　　　　　　　　318 000

(2) 根据增值税扣税凭证抵减销项税额,并调整成本:

借:应交税费——应交增值税(销项税额抵减)　　　18 000
　　贷:主营业务成本　　　　　　　　　　　　　　　18 000

上述分录(1)(2)可合并编制会计分录如下:

借:主营业务成本　　　　　　　　　　　　　　　　300 000
　　应交税费——应交增值税(销项税额抵减)　　　　18 000
　　贷:银行存款　　　　　　　　　　　　　　　　　318 000

(3) 确认旅游服务收入:

借:银行存款　　　　　　　　　　　　　　　　　　424 000
　　贷:主营业务收入　　　　　　　　　　　　　　　400 000
　　　　应交税费——应交增值税(销项税额)　　　　24 000

2. 企业转让金融商品按规定以盈亏相抵后的余额作为销售额

按现行增值税制度规定,企业实际转让金融商品,月末如产生转让收益,则按应纳税额,借记"投资收益"等科目,贷记"应交税费——转让金融商品应交增值税"科目;如产生转让损失,则可结转下月抵扣税额,借记"应交税费——转让金融商品应交增值税"科目,贷记"投资收益"等科目。交纳增值税时,应借记"应交税费——转让金融商品应交增值税"科目,贷记"银行存款"科目。年末,"应交税费——转让金融商品应交增值税"科目如有借方余额,则借记"投资收益"等科目,贷记"应交税费——转让金融商品应交增值税"科目。

[例9-13] 2×21年6月23日,甲公司将持有的交易性金融资产(为购入的乙公司股票)全部出售,该金融资产购入时支付价款为200万元(不包含交易费用),现出售价款为350万元,款项已到甲公司存款账户。甲公司对该笔金融商品转让按6%的增值税率计算纳税义务如下:

甲公司转让金融商品应交增值税 = (350-200)÷(1+6%)×6% = 1 415 094.34(元)

借:投资收益　　　　　　　　　　　　　　　　　　1 415 094.34
　　贷:应交税费——转让金融商品应交增值税　　　　1 415 094.34

二、应交消费税

现行消费税的计征有从价定率、从量定额、复合计税(既从价定率又从量定额)三种征收方法。采取从价定率方法征收的消费税,以不含增值税的销售额为税基,按照税法规定的税率计算。企业的销售收入包含增值税的,应将其换算为不含增值税的销售额。采取从量定额计征的消费税,根据按税法确定的企业应税消费品的数量和单位应税消费品应缴纳的消费税计算确定。采取复合计税方法征收的消费税,由按照不含增值税的销售额和适用的税率计算的消费税加上按照应税消费品的数量和单位消费税额计算的消费税合计确定。

企业应在"应交税费"科目下设置"应交消费税"明细科目,核算应交消费税的发生和交纳情况。该科目贷方登记应交纳的消费税,借方登记已交纳的消费税和待抵扣的消费税,期末贷方余额,反映企业尚未交纳的消费税,期末借方余额,反映企业多交纳的消费税。

"税金及附加"科目,核算企业发生的各种税费,期末结转本年利润科目后没有余额。

1. 销售应税消费品

企业销售应税消费品应交的消费税,应借记"税金及附加"科目,贷记"应交税费——应交消费税"科目。

[例9-14] 2×21年7月甲公司销售所生产的产品,价款2 000 000元(不含增值税),开具的增值税专用发票上注明的增值税税额为260 000元,适用的消费税税率为10%,款项已存入银行。甲公司应编制如下会计分录:

(1) 取得价款和税款时:

借:银行存款 2 260 000
　　贷:主营业务收入 2 000 000
　　　　应交税费——应交增值税(销项税额) 260 000

(2) 计算应交纳的消费税:

应纳消费税额=2 000 000×10%=200 000(元)

借:税金及附加 200 000
　　贷:应交税费——应交消费税 200 000

2. 自产自用应税消费品

企业将生产的应税消费品用于在建工程等非生产机构时,按规定应交纳的消费税,借记"在建工程"等科目,贷记"应交税费——应交消费税"科目。

[例9-15] 2×21年7月甲公司下设的职工食堂享受企业提供的补贴,本月领用自产产品一批,该产品的账面成本10 000元,市场销售价格20 000元,适用的增值税税率为13%、消费税税率为10%。甲公司应编制如下会计分录:

借:应付职工薪酬——非货币性福利 22 600
　　贷:主营业务收入 20 000
　　　　应交税费——应交增值税(销项税额) 2 600

借:税金及附加 2 000
　　贷:应交税费——应交消费税 2 000

同时,

借:主营业务成本 10 000
　　贷:库存商品 10 000

[例9-16] 2×21年7月乙公司在建工程领用自产产品,成本为100 000元,按市场

销售价值计算,应纳消费税5 000元。不考虑其他相关税费。乙公司应编制如下会计分录:

　　借:在建工程　　　　　　　　　　　　　　　　　　　　　105 000
　　　贷:库存商品　　　　　　　　　　　　　　　　　　　　　　100 000
　　　　　应交税费——应交消费税　　　　　　　　　　　　　　　　5 000

3. 委托加工应税消费品

企业如有应交消费税的委托加工物资,一般应由受托方代收代缴税款。委托加工物资收回后,直接用于销售的,应将受托方代收代缴的消费税计入委托加工物资的成本,借记"委托加工物资"等科目,贷记"应付账款""银行存款"等科目;委托加工物资收回后用于连续生产应税消费品的,按规定准予抵扣的,应按已由受托方代收代缴的消费税,借记"应交税费——应交消费税"科目,贷记"应付账款""银行存款"等科目,待以后用委托加工的应税消费品生产出应纳消费税的产品销售时,再交纳消费税。具体处理参见第三章委托加工物资的核算。

4. 进口应税消费品

企业进口应税物资在进口环节应交的消费税,计入该项物资的成本,借记"材料采购""原材料""库存商品""固定资产"等科目,贷记"银行存款"科目。

[例9-17]　2×21年7月甲公司从国外进口一批需要交纳消费税的材料A,不含税价格为2 000 000元,进口环节需要交纳的消费税为200 000元,材料已经验收入库,款项已用银行存款支付。不考虑其他税费。甲公司应编制如下会计分录:

　　借:原材料——A　　　　　　　　　　　　　　　　　　　2 200 000
　　　贷:银行存款　　　　　　　　　　　　　　　　　　　　　2 200 000

三、其他应交税费

其他应交税费是指除上述应交税费以外的其他各种应上交国家的税费,包括应交资源税、应交环境保护税、应交城市维护建设税、应交土地增值税、应交所得税、应交房产税、应交土地使用税、应交车船税、应交教育费附加、应交个人所得税等。企业应当在"应交税费"科目下设置相应的明细科目进行核算,贷方登记应交纳的有关税费,借方登记已交纳的有关税费,期末贷方余额,反映企业尚未交纳的有关税费。

(一)应交资源税

资源税是对在我国境内(包括我国管辖的其他海域内)开发应税资源的单位和个人征收的税,征税范围为开采或者生产应税产品销售以及开采或者生产应税产品自用,如果企业开采或者生产应税产品自用于连续生产应税产品的,则无需缴纳资源税。计征方法包括从价计税和从量计税。

对外销售应税产品应交纳的资源税,应借记"税金及附加"科目,贷记"应交税费——应交资源税"科目;自产自用应税产品视同销售,应交纳的资源税,应借记"生产成本""制造费用"等科目,贷记"应交税费——应交资源税"科目。

[例9-18]　2×21年11月丙公司开采的资源税应税矿产品,本期对外销售4 000吨,用于自己产品生产1 000吨(非连续生产应税产品),税法规定每吨矿产品应交资源税5元。丙公司应编制会计分录如下:

(1) 确定对外销售的矿产品的应交资源税：
企业对外销售的应税产品应交的资源税=4 000×5=20 000(元)

借：税金及附加　　　　　　　　　　　　　　　　　　　20 000
　　贷：应交税费——应交资源税　　　　　　　　　　　　　　20 000

(2) 确定自用应税矿产品的应交资源税：
企业自产自用的矿产品应交的资源税=1 000×5=5 000(元)

借：生产成本　　　　　　　　　　　　　　　　　　　　 5 000
　　贷：应交税费——应交资源税　　　　　　　　　　　　　　 5 000

(3) 交纳资源税：

借：应交税费——应交资源税　　　　　　　　　　　　　25 000
　　贷：银行存款　　　　　　　　　　　　　　　　　　　　 25 000

(二) 应交城市维护建设税

城市维护建设税是以当期缴纳的增值税和消费税为计税依据征收的一种税。其纳税人为交纳增值税和消费税的单位和个人。

计算公式：应纳税额=(应缴纳的增值税+应缴纳的消费税)×适用税率

企业按规定计算出应交纳的城市维护建设税，借记"税金及附加"等科目，贷记"应交税费——应交城市维护建设税"科目。交纳城市维护建设税时，借记"应交税费——应交城市维护建设税"科目，贷记"银行存款"科目。

[例9-19] 假设甲公司2×21年12月实际缴纳增值税420 000元、消费税200 000元，适用的城市维护建设税税率为7%。甲公司应编制如下会计分录：

(1) 确定应交城市维护建设税：
应交的城市维护建设税=(420 000+200 000)×7%=43 400(元)

借：税金及附加　　　　　　　　　　　　　　　　　　　43 400
　　贷：应交税费——应交城市维护建设税　　　　　　　　　 43 400

(2) 用银行存款交纳城市维护建设税：

借：应交税费——应交城市维护建设税　　　　　　　　　43 400
　　贷：银行存款　　　　　　　　　　　　　　　　　　　　 43 400

(三) 应交教育费附加

教育费附加是以增值税、消费税纳税人实缴税额为依据征收的一种专项附加费。地方教育费附加是经财政部同意，省级地方人民政府对其行政区域内缴纳增值税、消费税的单位和个人，按照其实际缴纳增值税、消费税税额为依据征收的一种地方性专项附加费。

企业按规定计算出应交纳的教育费附加，借记"税金及附加"等科目，贷记"应交税费——应交教育费附加""应交税费——应交地方教育附加"科目。

[例9-20] 甲公司按税法规定计算，2×21年12月应交纳教育费附加18 600元，应交地方教育费附加12 400元。款项已经用银行存款支付。甲公司应编制会计分录如下：

(1) 确定应交的教育费附加及地方教育附加：

借：税金及附加　　　　　　　　　　　　　　　　　　　31 000

　　　　贷：应交税费——应交教育费附加　　　　　　　　　　　　　　　　18 600
　　　　　　　　　　——应交地方教育附加　　　　　　　　　　　　　　　　12 400
　　（2）交纳教育费附加：
　　　　借：应交税费——应交教育费附加　　　　　　　　　　　　　　　　18 600
　　　　　　　　　　——应交地方教育附加　　　　　　　　　　　　　　　　12 400
　　　　贷：银行存款　　　　　　　　　　　　　　　　　　　　　　　　　　31 000

（四）应交土地增值税

土地增值税是对有偿转让国有土地使用权、地上的建筑物及其附着物产权（以下简称转让房地产）并取得土地增值额的单位和个人征收的一种税。

土地增值税按照转让房地产所取得的增值额和规定的税率计算征收。转让房地产的增值额是转让收入减去税法规定扣除项目金额后的余额，其中，转让收入包括货币收入、实物收入和其他收入；扣除项目主要包括取得土地使用权所支付的金额、开发土地的成本及费用、新建房及配套设施的成本及费用、与转让房地产有关的税金、旧房及建筑物的评估价格、财政部确定的其他扣除项目等。土地增值税采用四级超率累进税率，其中最低税率为30%，最高税率为60%。

企业对房地产核算方法不同，企业应交土地增值税的账务处理也有所区别。

企业转让的土地使用权连同地上建筑物及其附着物一并在"固定资产"科目核算的，转让时，借记"固定资产清理"科目，贷记"应交税费——应交土地增值税"科目；如果土地使用权在"无形资产"科目核算的，借记"银行存款""累计摊销""无形资产减值准备"科目，按应交的土地增值税，贷记"应交税费——应交土地增值税"科目，贷记"无形资产"科目，按其差额借记或贷记"资产处置损益"科目，若涉及增值税的，还应进行相应的处理，贷记"应交税费——应交增值税"科目。

房地产开发经营企业出售房地产应交纳的土地增值税，借记"税金及附加"科目，贷记"应交税费——应交土地增值税"科目。

交纳土地增值税时，借记"应交税费——应交土地增值税"科目，贷记"银行存款"科目。

[例9-21]　甲公司2×21年11月对外转让一栋厂房，根据税法规定计算的应交土地增值税为500 000元。甲公司应编制如下会计分录：

（1）确定应交土地增值税：
借：固定资产清理　　　　　　　　　　　　　　　　　　　　　　　　　500 000
　　贷：应交税费——应交土地增值税　　　　　　　　　　　　　　　　　500 000
（2）用银行存款交纳土地增值税：
借：应交税费——应交土地增值税　　　　　　　　　　　　　　　　　　500 000
　　贷：银行存款　　　　　　　　　　　　　　　　　　　　　　　　　　500 000

（五）应交房产税、城镇土地使用税、车船税

房产税是对在城市、县城、建制镇和工矿区的房产征收的一种税，由产权所有人缴纳。房产自用的，以房产原值一次减除损耗价值后的余值为房产税的计税依据；房产出租的，以房产租金收入为房产税的计税依据。

城镇土地使用税是以城市、县城、建制镇、工矿区范围内使用土地的单位和个人为纳

税人征收的一种税,以其实际占用的土地面积和适用的税额计算征收。

车船税是以车辆、船舶(简称车船)为课征对象,向车船的所有人或者管理人征收的一种税,对应税车船实行定额税率。

企业按规定计算的应交房产税、城镇土地使用税、车船税,借记"税金及附加"科目,贷记"应交税费——应交房产税""应交税费——应交城镇土地使用税""应交税费——应交车船税"科目。

[例9-22] 2×21年12月甲公司按税法规定应交纳房产税240 000元、车船税40 000元、城镇土地使用税50 000元。该企业应编制如下会计分录:

(1) 确定应交纳的上述税金:

借:税金及附加	330 000
贷:应交税费——应交房产税	240 000
——应交车船税	40 000
——应交城镇土地使用税	50 000

(2) 用银行存款交纳上述税金:

借:应交税费——应交房产税	240 000
——应交车船税	40 000
——应交城镇土地使用税	50 000
贷:银行存款	330 000

(六) 应交环境保护税

企业按规定计算出应交纳的环境保护税,借记"税金及附加"等科目,贷记"应交税费——应交环境保护税"科目。交纳环境保护税时,借记"应交税费——环境保护税"科目,贷记"银行存款"科目。

(七) 应交所得税

企业所得税是企业以其生产经营所得和其他所得为依据交纳的税种,现行企业所得税法定税率为25%。

企业所得税按应纳税所得额和税率计算,计算公式为:

应纳所得税额=应纳税所得额×适用的企业所得税税率

企业按照资产负债表债务法计算确定所得税额,借记"所得税费用"科目,按照应纳所得税额贷记"应交税费——应交所得税"科目,借记或贷记"递延所得税资产"科目,贷记或借记"递延所得税负债"科目。

(八) 应交个人所得税

企业职工按规定应交纳的个人所得税通常由企业代扣代缴。企业按规定计算的代扣代缴的职工个人所得税,借记"应付职工薪酬"科目,贷记"应交税费——应交个人所得税"科目;企业交纳个人所得税时,借记"应交税费——应交个人所得税"科目,贷记"银行存款"等科目。

[例9-23] 2×21年11月甲公司结算本月应付职工工资总额5 000 000元,按税法规定代扣代缴的职工个人所得税共计750 000元,以及代扣代缴的医疗保险费、基本养老保险费、住房公积金等共计300 000元,实发工资3 950 000元。甲公司应编制如下会计分录:

（1）企业确定代扣的个人所得税、社会保险费等：
借：应付职工薪酬——工资　　　　　　　　　　　　　1 050 000
　　贷：应交税费——应交个人所得税　　　　　　　　　　　750 000
　　　　其他应付款——社会保险费等　　　　　　　　　　　300 000
（2）企业代职工交纳个人所得税、代职工交纳社会保险费及公积金等：
借：应交税费——应交个人所得税　　　　　　　　　　　　750 000
　　其他应付款——社会保险费等　　　　　　　　　　　　300 000
　　贷：银行存款　　　　　　　　　　　　　　　　　　　1 050 000
（3）企业支付职工工资时：
借：应付职工薪酬——工资　　　　　　　　　　　　　3 950 000
　　贷：银行存款　　　　　　　　　　　　　　　　　　3 950 000

（九）耕地占用税、车辆购置税、印花税

耕地占用税是对在我国境内占用耕地建设建筑物、构筑物或者从事其他非农业建设的单位和个人，按照实际占用的耕地面积和规定税额一次性征收的税种。企业按规定缴纳的耕地占用税，借记"在建工程"等科目，贷记"银行存款"科目。

车辆购置税是对在我国境内购置汽车、有轨电车、汽车挂车、排气量超过一百五十毫升的摩托车的单位和个人，一次性征收的税种。企业购置应税车辆，按规定缴纳的车辆购置税，借记"固定资产"科目，贷记"银行存款"科目。

印花税是对订立、领受在我国境内具有法律效力的应税凭证，或者在我国境内进行证券交易的单位和个人征收的一种税。企业缴纳的印花税，借记"税金及附加"科目，贷记"银行存款"科目。

第四节　应付职工薪酬

一、职工的概念

职工，是指与企业订立劳动合同的所有人员，含全职、兼职和临时职工，也包括虽未与企业订立劳动合同但由企业正式任命的人员。具体而言包括以下人员：

一是与企业订立劳动合同的所有人员，含全职、兼职和临时职工；

二是未与企业订立劳动合同，但由企业正式任命的企业治理层和管理层人员，如董事会成员、监事会成员等；

三是在企业的计划和控制下，虽未与企业订立劳动合同或未由其正式任命，但向企业所提供服务与职工所提供服务类似的人员，也属于职工的范畴，包括通过企业与劳务中介公司签订用工合同而向企业提供服务的人员。

二、职工薪酬的概念及分类

职工薪酬，是指企业为获得职工提供的服务或解除劳动关系而给予的各种形式的报

酬或补偿。职工薪酬包括短期薪酬、离职后福利、辞退福利和其他长期职工福利。企业提供给职工配偶、子女、受赡养人、已故员工遗属及其他受益人等的福利,也属于职工薪酬。

(一) 短期薪酬

短期薪酬,是指企业在职工提供相关服务的年度报告期间结束后十二个月内需要全部予以支付的职工薪酬,因解除与职工的劳动关系给予的补偿除外。短期薪酬具体包括:

(1)职工工资、奖金、津贴和补贴,是指按照构成工资总额的计时工资、计件工资、支付给职工的超额劳动报酬和增收节支的劳动报酬、为补偿职工特殊或额外的劳动消耗和因其他特殊原因支付给职工的津贴,以及为保证职工工资水平不受物价影响支付给职工的物价补贴等。其中,企业按照短期奖金计划向职工发放的奖金属于短期薪酬,按照长期奖金计划向职工发放的奖金属于其他长期职工福利。

(2)职工福利费,是指企业向职工提供的生活困难补助、丧葬补助费、抚恤费、职工异地安家费、防暑降温费等职工福利支出。

(3)医疗保险费、工伤保险费和生育保险费等社会保险费,是指企业按照国家规定的基准和比例计算,向社会保险经办机构缴纳的医疗保险费、工伤保险费和生育保险费。

(4)住房公积金,是指企业按照国家规定的基准和比例计算,向住房公积金管理机构缴存的住房公积金。

(5)工会经费和职工教育经费,是指企业为了改善职工文化生活、为职工学习先进技术和提高文化水平和业务素质,用于开展工会活动和职工教育及职业技能培训等相关支出。

(6)短期带薪缺勤,是指职工虽然缺勤但企业仍向其支付报酬的安排,包括年休假、病假、婚假、产假、丧假、探亲假等。长期带薪缺勤属于其他长期职工福利。

(7)短期利润分享计划,是指因职工提供服务而与职工达成的基于利润或其他经营成果提供薪酬的协议。长期利润分享计划属于其他长期职工福利。

(8)其他短期薪酬,是指除上述薪酬以外的其他为获得职工提供的服务而给予的短期薪酬。

(二) 离职后福利

离职后福利,是指企业为获得职工提供的服务而在职工退休或与企业解除劳动关系后,提供的各种形式的报酬和福利,短期薪酬和辞退福利除外。

离职后福利计划,是指企业与职工就离职后福利达成的协议,或者企业为向职工提供离职后福利制定的规章或办法等。企业应当将离职后福利计划分类为设定提存计划和设定受益计划。其中,设定提存计划,是指向独立的基金缴存固定费用后,企业不再承担进一步支付义务的离职后福利计划;设定受益计划,是指除设定提存计划以外的离职后福利计划。

(三) 辞退福利

辞退福利,是指企业在职工劳动合同到期之前解除与职工的劳动关系,或者为鼓励职工自愿接受裁减而给予职工的补偿。

(四) 其他长期职工福利

其他长期职工福利,是指除短期薪酬、离职后福利、辞退福利之外所有的职工薪酬,包括长期带薪缺勤、长期残疾福利、长期利润分享计划等。

三、应付职工薪酬的科目设置

企业应当设置"应付职工薪酬"科目,核算应付职工薪酬的计提、结算、使用等情况。该科目的贷方登记已分配计入有关成本费用项目的职工薪酬的数额,借方登记实际发放职工薪酬的数额,包括扣还的款项等;该科目期末贷方余额,反映企业应付未付的职工薪酬。

"应付职工薪酬"科目应当按照"工资""职工福利费""非货币性福利""社会保险费""住房公积金""工会经费""职工教育经费""带薪缺勤""利润分享计划""设定提存计划""设定受益计划义务""辞退福利"等职工薪酬项目设置明细账进行明细核算。

四、短期薪酬

企业应当在职工为其提供服务的会计期间,将实际发生的短期薪酬确认为负债,并计入当期损益,或计入其他会计准则要求或允许的资产成本。

(一) 货币性短期薪酬

职工的工资、奖金、津贴和补贴,医疗保险费、工伤保险费和生育保险费等社会保险费,住房公积金、工会经费、职工教育经费和大部分的职工福利费一般属于货币性短期薪酬。

企业应当根据职工提供服务情况和工资标准计算应计入职工薪酬的工资总额,按照受益对象计入当期损益或相关资产成本,借记"生产成本""制造费用""管理费用"等科目,贷记"应付职工薪酬"科目。发放时,借记"应付职工薪酬",贷记"银行存款"等科目。

企业为职工缴纳的医疗保险费、工伤保险费、生育保险费等社会保险费和住房公积金,以及按规定提取的工会经费和职工教育经费,应当在职工为其提供服务的会计期间,根据规定的计提基础和计提比例计算确定相应的职工薪酬金额,并确认企业的应付职工薪酬义务,同时按照受益对象计入当期损益或相关资产成本。

其中:(1) 医疗保险费、工伤保险费、生育保险费和住房公积金,企业应当按照国务院、所在地政府规定的标准,计量应付职工薪酬义务和应计入成本费用的薪酬金额。(2) 工会经费和职工教育经费,企业应当分别按照职工工资总额的2%和1.5%的计提标准,计量应付职工薪酬(工会经费、职工教育经费)义务金额和应计入成本费用的薪酬金额;从业人员技术要求高、培训任务重、经济效益好的企业,可根据国家相关规定,按照职工工资总额的2.5%计量应计入成本费用的职工教育经费。

企业承担的职工福利费,应当根据福利费实际发生额计入发生当期损益或相关资产成本。

[例9-24] 2×21年6月,甲公司当月应发工资1 560万元,其中:生产部门直接生产人员工资1 000万元;生产部门管理人员工资200万元;公司管理部门人员工资360万元。

根据所在地政府规定,公司分别按照职工工资总额的10%和8%计提医疗保险费和住房公积金,缴纳给当地社会保险经办机构和住房公积金管理机构。公司分别按照职工工资总额的2%和1.5%计提工会经费和职工教育经费。不考虑工伤保险费和生育保险费。

应计入生产成本的职工薪酬金额 = 1 000 + 1 000 × (10% + 8% + 2% + 1.5%) = 1 215 (万元)

应计入制造费用的职工薪酬金额=200+200×(10%+8%+2%+1.5%)=243(万元)
应计入管理费用的职工薪酬金额=360+360×(10%+8%+2%+1.5%)=437.4(万元)
应编制会计分录如下:

借:生产成本——基本生产成本	12 150 000
制造费用	2 430 000
管理费用	4 374 000
贷:应付职工薪酬——工资	15 600 000
——医疗保险费	1 560 000
——住房公积金	1 248 000
——工会经费	312 000
——职工教育经费	23 4000

(二) 短期带薪缺勤

对于职工带薪缺勤,企业应当根据其性质及职工享有的权利,分为累积带薪缺勤和非累积带薪缺勤两类。企业应当对累积带薪缺勤和非累积带薪缺勤分别进行会计处理。如果带薪缺勤属于长期带薪缺勤的,企业应当作为其他长期职工福利处理。

(1) 累积带薪缺勤,是指带薪权利可以结转下期的带薪缺勤,本期尚未用完的带薪缺勤权利可以在未来期间使用。企业应当在职工提供了服务从而增加了其未来享有的带薪缺勤权利时,确认与累积带薪缺勤相关的职工薪酬,并以累积未行使权利而增加的预期支付金额计量。确认累积带薪缺勤时,借记"管理费用"等科目,贷记"应付职工薪酬——带薪缺勤——短期带薪缺勤——累积带薪缺勤"科目。

[例9-25] 甲公司共有2 000名职工,从2×21年1月1日起,该公司实行累积带薪缺勤制度,该制度规定,每个职工每年可享受5个工作日带薪年休假,未使用的年休假只能向后结转一个公历年度,超过1年未使用的权利作废,在职工离开企业时也无权获得现金支付;职工休年假时,首先使用当年可享受的权利,再从上年结转的带薪年休假中扣除。

2×21年12月31日,甲公司预计2×22年有1 900名职工将享受不超过5天的带薪午休假,剩余100名职工每人将平均享受6天半年休假,假定这100名职工全部为总部各部门经理,该公司平均每名职工每个工作日工资为300元。不考虑其他相关因素。

甲公司在2×21年12月31应当预计由于职工累积未使用的带薪年休假权利而导致的预期将支付的工资负债,即相当于150天(100×1.5)的年休假工资金额45 000元(150×300)。

2×21年12月31日,应编制会计分录如下:

借:管理费用	45 000
贷:应付职工薪酬——累积带薪缺勤	45 000

甲公司除了确认2×21年12个月的正常工资费用以外,还在2×21年额外确认了100名职工1.5天休假期的工资费用45 000元。

如果2×22年,这100名职工均未享受累积未使用的带薪年休假,则冲回上年度确认的费用:

借:应付职工薪酬——累积带薪缺勤	45 000
贷:管理费用	45 000

（2）非累积带薪缺勤，是指带薪权利不能结转下期的带薪缺勤，本期尚未用完的带薪缺勤权利将予以取消，并且职工离开企业时也无权获得现金支付。我国企业职工休婚假、产假、丧假、探亲假、病假期间的工资通常属于非累积带薪缺勤。由于职工提供服务本身不能增加其能够享受的福利金额，企业在职工未缺勤时不应当计提相关费用和负债。为此，企业应当在职工实际发生缺勤的会计期间确认与非累积带薪缺勤相关的职工薪酬。

企业确认职工享有的与非累积带薪缺勤权利相关的薪酬，视同职工出勤确认的当期损益或相关资产成本。通常情况下，与非累积带薪缺勤相关的职工薪酬已经包括在企业每期向职工发放的工资等薪酬中，因此，不必额外作相应的账务处理。

（三）短期利润分享计划

短期利润分享计划同时满足下列条件的，企业应当确认相关的应付职工薪酬，并计入当期损益或相关资产成本：

（1）企业因过去事项导致现在具有支付职工薪酬的法定义务或推定义务；

（2）因利润分享计划所产生的应付职工薪酬义务能够可靠估计。

属于下列三种情形之一的，视为义务金额能够可靠估计：① 在财务报告批准报出之前企业已确定应支付的薪酬金额；② 该利润分享计划的正式条款中包括确定薪酬金额的方式；③ 过去的惯例为企业确定推定义务金额提供了明显证据。

企业在计量利润分享计划产生的应付职工薪酬时，应当反映职工因离职而有得到利润分享计划支付的可能性。如果企业预期在职工为其提供相关服务的年度报告期间结束后12个月内，不需要全部支付利润分享计划产生的应付职工薪酬，该利润分享计划应当适用其他长期职工福利的有关规定。

[例9-26] 甲公司于2×21年年初制订和实施了一项短期利润分享计划，以对公司管理层进行激励。该计划规定，公司全年的净利润指标为1 000万元，如果在公司管理层的努力下完成的净利润超过1 000万元，公司管理层将可以分享超过1 000万元净利润部分的10%作为额外报酬。假定至2×21年12月31日，甲公司全年实际完成净利润1 500万元。假定不考虑离职等其他因素，则甲公司管理层按照利润分享计划可以分享利润50万元[（1 500-1 000）×10%]作为其额外的薪酬。

2×21年12月31日，甲公司应编制会计分录如下：

借：管理费用　　　　　　　　　　　　　　　　　　　　500 000
　　贷：应付职工薪酬——利润分享计划　　　　　　　　　　500 000

[例9-27] 丙公司有一项职工利润分享计划，要求丙公司将其至2×21年12月31日止会计年度的税前利润的指定比例支付给在2×21年7月1日至2×22年6月30日为丙公司提供服务的职工，奖金于2×22年6月30日支付。2×21年12月31日止财务年度的税前利润为2 000万元人民币。如果丙公司在2×21年7月1日至2×22年6月30日期间没有职工离职，则当年的利润分享支付总额为税前利润的3%。

2×21年12月31日，丙公司估计职工离职将使支付额降低至税前利润的2.5%（其中，直接参加生产的职工享有1%，总部管理人员享有1.5%），不考虑个人所得税影响。

根据职工有权分享利润的服务期间，丙公司应以2×21年度税前利润的50%为基数，计算确认负债和成本及费用，金额为250 000元（20 000 000×50%×2.5%）。对于余下的利润分享金额，应在2×22年职工有权分享利润的服务期间予以确认，即在2×22年上半年度末确认。丙公司编制分录如下：

　　借：生产成本　　　　　　　　　　　　　　　　　　　　100 000
　　　　管理费用　　　　　　　　　　　　　　　　　　　　150 000
　　　　贷：应付职工薪酬——利润分享计划　　　　　　　　　　　　250 000

2×22年6月30日，丙公司的职工离职使其应支付的利润分享金额调整为2×21年度税前利润的2.8%（直接参加生产的职工享有1.1%，总部管理人员享有1.7%）。

2×22年6月30日，丙公司应首先确认余下的利润分享金额，其中包括估计金额与实际支付金额之间的差额调整额。因此丙公司合计确认余下的利润分享额为310 000元（20 000 000×2.8%-250 000）。其中，计入生产成本的利润分享额为120 000元（20 000 000×1.1%-100 000）；计入管理费用的利润分享额为190 000元（20 000 000×1.7%-150 000）。丙公司按期支付奖金。丙公司编制分录如下：

　　借：生产成本　　　　　　　　　　　　　　　　　　　　120 000
　　　　管理费用　　　　　　　　　　　　　　　　　　　　190 000
　　　　贷：应付职工薪酬——利润分享计划　　　　　　　　　　　　310 000
　　借：应付职工薪酬——利润分享计划　　　　　　　　　　　560 000
　　　　贷：银行存款　　　　　　　　　　　　　　　　　　　　560 000

（四）非货币性福利

企业向职工提供非货币性福利的，应当按照公允价值计量。公允价值不能可靠取得的，可以采用成本计量。企业向职工提供的非货币性福利，应当分别情况处理：

（1）企业以其生产的产品作为非货币性福利提供给职工的，应当按照该产品的公允价值和相关税费，计量应计入成本费用的职工薪酬金额，相关收入的确认、销售成本的结转和相关税费的处理，与正常商品销售相同。以外购商品作为非货币性福利提供给职工的，应当按照该商品的公允价值和相关税费计入成本费用。

需要注意的是，在以自产产品或外购商品发放给职工作为福利的情况下，企业在进行账务处理时，应当先通过"应付职工薪酬"科目归集当期应计入成本费用的非货币性薪酬金额。

企业以其自产产品作为非货币性福利发放给职工的，应当根据受益对象，按照该产品的公允价值计入相关资产成本或当期损益，同时确认应付职工薪酬，借记"管理费用""生产成本""制造费用"等科目，贷记"应付职工薪酬——非货币性福利"科目。

[例9-28]　甲公司为一家彩电生产企业，共有职工220名，2×21年2月，公司以其生产的成本为8 000元的液晶彩电作为福利发放给公司每名职工。该型号液晶彩电的售价为每台10 000元，甲公司适用的增值税税率为13%。假定220名职工中190名为直接参加生产的职工，30名为总部管理人员。甲公司应编制会计分录如下：

彩电的增值税销项税额=220×10 000×13%=286 000（元）
非货币性福利金额=220×10 000+286 000=2 486 000（元）

（1）公司决定发放职工福利时：
　　借：生产成本　　　　　　　　　　　　　　　　　　　　2 147 000
　　　　管理费用　　　　　　　　　　　　　　　　　　　　339 000
　　　　贷：应付职工薪酬——非货币性福利　　　　　　　　　　　2 486 000

(2) 实际发放时：

借：应付职工薪酬——非货币性福利　　　　　　　　　　2 486 000
　　贷：主营业务收入　　　　　　　　　　　　　　　　　　　　　2 200 000
　　　　应交税费——应交增值税(销项税额)　　　　　　　　　　 286 000
借：主营业务成本　　　　　　　　　　　　　　　　　　　1 760 000
　　贷：库存商品　　　　　　　　　　　　　　　　　　　　　　　1 760 000

(2) 企业将拥有的房屋等资产无偿提供给职工使用的，应当根据受益对象，将住房每期应计提的折旧计入相关资产成本或当期损益，同时确认应付职工薪酬。

借记"管理费用""生产成本""制造费用"等科目，贷记"应付职工薪酬——非货币性福利"科目，并且同时借记"应付职工薪酬——非货币性福利"科目，贷记"累计折旧"科目。

租赁住房等资产供职工无偿使用的，应当根据受益对象，将每期应付的租金计入相关资产成本或当期损益，并确认应付职工薪酬，借记"管理费用""生产成本""制造费用"等科目，贷记"应付职工薪酬——非货币性福利"科目。

[例9-29]　2×21年甲公司为总部各部门经理级别以上职工提供自建单位宿舍免费使用，同时为副总裁以上高级管理人员每人租赁一套住房。该公司总部共有部门经理以上职工60名，每人提供一间单位宿舍免费使用，假定每间单位宿舍每月计提折旧1 000元；该公司共有副总裁以上高级管理人员10名，公司为其每人租赁一套公寓，公司支付公寓的月租金10 000元。甲公司每月应编制会计分录如下：

借：管理费用　　　　　　　　　　　　　　　　　　　　　　60 000
　　贷：应付职工薪酬——非货币性福利(宿舍)　　　　　　　　　　60 000
借：应付职工薪酬——非货币性福利(宿舍)　　　　　　　　60 000
　　贷：累计折旧　　　　　　　　　　　　　　　　　　　　　　　60 000
借：管理费用　　　　　　　　　　　　　　　　　　　　　 100 000
　　贷：应付职工薪酬——非货币性福利(租赁公寓)　　　　　　　100 000
借：应付职工薪酬——非货币性福利(租赁公寓)　　　　　 100 000
　　贷：银行存款　　　　　　　　　　　　　　　　　　　　　　 100 000

五、离职后福利

离职后福利计划，是指企业与职工就离职后福利达成的协议，或者企业为向职工提供离职后福利制定的规章或办法等。企业应当按照企业承担的风险和义务情况，将离职后福利计划分类为设定提存计划和设定受益计划两种类型。

(一) 设定提存计划

设定提存计划，是指企业向单独主体(如基金等)缴存固定费用后，不再承担进一步支付义务的离职后福利计划。

设定提存计划的会计处理比较简单，因为企业在每一期间的义务取决于该期间将要存的金额。因此，在计量义务或费用时不需要精算假设，通常也不存在精算利得或损失。

企业应在资产负债表日确认为换取职工在会计期间内为企业提供的服务而应付给设定提存计划的提存金，并作为一项费用计入当期损益或相关资产成本。

[**例 9-30**] 乙公司根据所在地政府规定,按照职工工资总额的 12%计提基本养老保险费,缴存当地社会保险经办机构。2×21 年 7 月份,乙公司缴存的基本养老保险费,应计入生产成本的金额为 96 000 元,应计入制造费用的金额为 18 000 元,应计入管理费用的金额为 24 000 元,应计入销售费用的金额为 12 000 元。乙公司应编制如下会计分录:

借:生产成本——基本生产成本　　　　　　　　　　　96 000
　　制造费用　　　　　　　　　　　　　　　　　　　18 000
　　管理费用　　　　　　　　　　　　　　　　　　　24 000
　　销售费用　　　　　　　　　　　　　　　　　　　12 000
　　贷:应付职工薪酬——设定提存计划——基本养老保险费　150 000

(二) 设定受益计划

设定受益计划,是指除设定提存计划以外的离职后福利计划。当企业负有下列义务时,该计划就是一项设定受益计划:计划福利公式不仅仅与提存金金额相关,且要求企业在资产不足以满足该公式的福利时提供进一步的提存金;或者通过计划间接地或直接地对提存金的特定回报作出担保。

企业对设定受益计划的会计处理通常包括下列四个步骤:

第一步,确定设定受益计划义务的现值和当期服务成本。

企业应当根据预期累计福利单位法,采用无偏且相互一致的精算假设对有关人口统计变量和财务变量等作出估计,计量设定受益计划所产生的义务,并确定相关义务的归属期间。企业应当根据资产负债表日与设定受益计划义务期限和币种相匹配的国债或活跃市场上的高质量公司债券的市场收益率确定折现率,将设定受益计划所产生的义务予以折现,以确定设定受益计划义务的现值和当期服务成本。

第二步,确定设定受益计划净负债或净资产。

设定受益计划存在资产的,企业应当将设定受益计划义务的现值减去设定受益计划资产公允价值所形成的赤字或盈余确认为一项设定受益计划净负债或净资产。计划资产包括长期职工福利基金持有的资产、符合条件的保险单等,但不包括企业应付但未付给独立主体的提存金、由企业发行并由独立主体持有的任何不可转换的金融工具。

设定受益计划存在盈余的,企业应当以设定受益计划的盈余和资产上限两项的孰低者计量设定受益计划净资产。其中,资产上限,是指企业可从设定受益计划退款或减少未来向独立主体缴存提存金而获得的经济利益的现值。

第三步,确定应当计入当期损益的金额。

报告期末,企业应当在损益中确认的设定受益计划产生的职工薪酬成本包括服务成本、设定受益净负债或净资产的利息净额。除非其他相关会计准则要求或允许职工福利成本计入资产成本,企业应当将服务成本和设定受益净负债或净资产的利息净额计入当期损益。

服务成本包括当期服务成本、过去服务成本和结算利得或损失。

第四步,确定应当计入其他综合收益的金额。

企业应当将重新计量设定受益计划净负债或净资产所产生的变动计入其他综合收益,并且在后续会计期间不允许转回至损益,但企业可以在权益范围内转移这些在其他综合收益中确认的金额。

重新计量设定受益计划净负债或净资产所产生的变动包括下列部分：（1）精算利得或损失，即由于精算假设和经验调整导致之前所计量的设定受益计划义务现值的增加或减少。（2）计划资产回报，扣除包括在设定受益净负债或净资产的利息净额中的金额。（3）资产上限影响的变动，扣除包括在设定受益计划净负债或净资产的利息净额中的金额。

六、辞退福利

企业向职工提供辞退福利的，应当在企业不能单方面撤回因解除劳动关系计划或裁减建议所提供的辞退福利时、企业确认涉及支付辞退福利的重组相关的成本或费用时两者孰早日，确认辞退福利产生的职工薪酬负债，并计入当期损益。

企业应当按照辞退计划条款的规定，合理预计并确认辞退福利产生的职工薪酬负债，并具体考虑下列情况：

（1）对于职工没有选择权的辞退计划，企业应当根据计划条款规定拟解除劳动关系的职工数量、每一职位的辞退补偿等确认职工薪酬负债。

（2）对于自愿接受裁减建议的辞退计划，由于接受裁减的职工数量不确定，企业应当根据《企业会计准则第13号——或有事项》规定，预计将会接受裁减建议的职工数量，根据预计的职工数量和每一职位的辞退补偿等确认职工薪酬负债。

（3）对于辞退福利预期在其确认的年度报告期间期末后12个月内完全支付的辞退福利，企业应当适用短期薪酬的相关规定。

（4）对于辞退福利预期在年度报告期间期末后12个月内不能完全支付的辞退福利，企业应当适用其他长期职工福利的相关规定。

[例9-31]　甲公司为一家家用电器制造企业，2×21年10月，为了能够在下一年度顺利实施转产，甲公司管理层制订了一项辞退计划，拟从2×22年2月1日起，企业将以职工自愿方式，辞退其平面直角系列彩电生产车间的职工。

辞退计划的详细内容均已与职工沟通，并达成一致意见。辞退计划已于2×21年12月20日经董事会正式批准，并将于下一个年度内实施完毕。计划的详细内容如表9-1所示。

表9-1　　　　　　　甲公司2×2年辞退计划一览表　　　　　　金额单位：万元

所属部门	职位	辞退数量	工龄（年）	每人补偿
彩电车间	车间主任 副主任	10	1-10	10
			11-20	20
			21-30	30
彩电车间	一般技工	120	1-10	5
			11-20	15
			21-30	25
小计		130		

假定在本例中，对于彩电车间主任和副主任级别、工龄在11—20年的职工，接受辞退的各种数量及发生概率如表9-2所示：

表 9-2　　车间主任和副主任级别、工龄在 11—20 年的职工接受辞退人数估计表

接受辞退的职工数量	发生概率	最佳估计数
0	0	0
1	3%	0.03
2	5%	0.1
3	5%	0.15
4	20%	0.8
5	15%	0.75
6	25%	1.5
7	8%	0.56
9	12%	1.08
10	7%	0.7
合计	100%	5.67

甲公司应确认该职级的辞退福利金额为 1 134 000 元(5.67×200 000),编制会计分录如下:

借:管理费用　　　　　　　　　　　　　　　　　　　　1 134 000
　　贷:应付职工薪酬——辞退福利　　　　　　　　　　　　　　　1 134 000

七、其他长期职工福利

企业向职工提供的其他长期职工福利,符合设定提存计划条件的,应当按照设定提存计划的有关规定进行会计处理。企业向职工提供的其他长期职工福利,符合设定受益计划条件的,企业应当按照设定受益计划的有关规定,确认和计量其他长期职工福利净负债或净资产。

在报告期末,企业应当将其他长期职工福利产生的职工薪酬成本确认为下列组成部分:

(1)服务成本。
(2)其他长期职工福利净负债或净资产的利息净额。
(3)重新计量其他长期职工福利净负债或净资产所产生的变动。

为了简化相关会计处理,上述项目的总净额应计入当期损益或相关资产成本。

第五节　其他流动负债

一、短期借款

短期借款是企业向银行或其他金融机构等借入的期限在一年以下(含一年)的各种款项。企业应设置"短期借款"科目,核算借入的期限在一年以内(含一年)的各种借款,并

按债权银行设置明细账,按借款种类进行明细核算。其贷方登记企业借入的款项(本金),借方登记企业已归还的款项(本金),贷方余额反映企业尚未归还的短期借款。

短期借款一般是企业为维持正常的生产经营所需的资金或者是为抵偿某项债务而借入的资金,所以,短期借款的利息应作为一项筹资费用计入损益,在会计核算上应区别情况加以处理。

(1) 如果借款利息按月支付,或到期和本金一并支付,且金额不大时,可以直接计入财务费用。借记"财务费用"科目,贷记"银行存款"科目。

(2) 如果借款利息按期(如季度、半年度)支付,或到期和本金一并支付,且金额较大时,为了正确计算各期盈亏,可以采用预提的办法,按月预提计入当期损益。预提时,借记"财务费用"科目,贷记"应付利息"科目;在实际支付时,按已经预提的利息金额借记"应付利息"科目,按实际支付的利息金额与已经预提利息金额的差额(即尚未提取部分)借记"财务费用"科目,按实际支付的利息金额贷记"银行存款"科目。

[例9-32] 甲公司2×21年4月1日向工商银行借入期限为三个月的借款3 000 000元,年利率为12%,每月末计提利息,到期还本付息。甲公司应编制会计分录如下:

(1) 4月1日借款时:

借:银行存款 3 000 000
　贷:短期借款——工商银行 3 000 000

(2) 分别在4月末、5月末计提短期借款利息时:

借:财务费用 30 000
　贷:应付利息——工商银行 30 000

(3) 6月30日还本付息时:

借:短期借款——工商银行 3 000 000
　　应付利息——工商银行 60 000
　　财务费用 30 000
　贷:银行存款 3 090 000

二、预收账款

预收账款是指企业按照合同规定预收的款项。预收账款在合同规定的相应义务没有履行以前应该确认为企业的一项负债,这项负债今后要用商品、服务或劳务等偿付。

企业可设置"预收账款"科目,核算预收账款的情况。其贷方登记企业预收的金额,借方登记企业完成合同规定的义务时确认的预收账款的减少,贷方余额反映期末预收账款实有数。"预收账款"科目应按对方单位设置明细账进行明细分类核算。

[例9-33] 2×21年2月26日乙公司与丙公司签订一份经营性出租挖掘机的合同,按约定乙公司将在2×21年第二季度初提供5台挖掘机给丙公司,租期为3个月,每月不含税租金20 000元,并约定于签订日2月26日丙公司预付1个月定金20 000元。乙公司应编制会计分录如下:

(1) 2×21年2月26日,乙公司已通过银行收到定金:

借:银行存款 20 000
　贷:预收账款——丙公司 20 000

(2) 4月1日给丙公司发出5台挖掘机,并于4月末开出当月租金的增值税专用发票,不含税价为20 000元,增值税2 600元。余款丙公司补付。

  借:预收账款——丙公司   22 600
    贷:其他业务收入   20 000
      应交税费——应交增值税(销项税额)   2 600
  借:银行存款   2 600
    贷:预收账款——丙公司   2 600

后续处理略。

预收账款业务不多的企业,可以不设置"预收账款"科目,而将预收的货款通过"应收账款"科目来处理,这种方法能够完整地反映购销双方的结算情况。在编制资产负债表时,应将"应收账款"有关明细科目的贷方余额之和填在"预收账款"项目中。

三、应付股利

应付股利是企业经股东大会或类似机构决议确定分配的现金股利或利润。企业实现的利润,扣除按税法规定计算、交纳所得税后,形成企业的净利润,这部分净利润除了必要的提留外,还应在投资者之间进行分配。

企业应设置"应付股利"科目核算应付给各投资者的现金股利或利润。其贷方登记应付给投资者的现金股利或利润,借方登记实际支付的金额,贷方余额反映企业应付而未付的现金股利或利润。"应付股利"科目应按投资人设置明细账进行明细分类核算。企业分配的股票股利,不通过"应付股利"科目核算。

企业根据通过的股利或利润分配方案,按应付给投资者的现金股利,借记"利润分配"科目,贷记"应付股利"科目;实际支付时,借记"应付股利"科目,贷记"银行存款"等科目。

四、应付利息

企业为核算其按照合同约定应支付的各类利息,如分期付息到期还本的长期借款、企业债券等应支付的利息,应设置"应付利息"科目,并按债权人进行明细核算。该科目期末贷方余额反映企业按照合同约定应支付但尚未支付的利息。

企业采用合同利率计算确定利息费用时,应按合同利率计算确定应付利息的金额,借记"在建工程""制造费用""财务费用""研发支出"等科目,贷记"应付利息"科目。

企业采用实际利率计算确定利息费用时,应按摊余成本和实际利率计算确定的利息费用,借记"在建工程""制造费用""财务费用""研发支出"等科目,按合同利率计算确定的应付未付利息的金额,贷记"应付利息"科目,按其差额,借记或贷记"长期借款——利息调整""应付债券——利息调整"等科目。合同利率与实际利率差额较小的,也可以采用合同利率计算确定利息费用。

实际支付利息时,借记"应付利息"科目,贷记"银行存款"等科目。

五、其他应付款

其他应付款是指除了前述各种应付款项以外的,企业应付、暂收其他单位或个人的款项。包括:简化处理的短期租赁和低价值资产租赁应付的租金;应付租入包装物的租金;

职工未按期领取的薪酬;存入保证金(如收取的包装物押金等);应付、暂收所属单位、个人的款项;其他应付、暂收款项等。

企业应设置"其他应付款"科目核算各种应付、暂收其他单位及个人的款项,并根据对方单位或个人设置明细账进行明细分类核算。

发生的各种应付、暂收款项,应借记"银行存款""管理费用"等科目,贷记"其他应付款"科目;支付时,借记"其他应付款"科目,贷记"银行存款"等科目。

[例 9-34] 甲公司从 2×21 年 1 月 1 日起,以租赁方式租入管理用办公设备一批,每月租金 10 000 元,每季末支付。对该低价值资产租赁,不确认使用权资产,采用简化处理,按月确认租赁费用。3 月 31 日,甲公司收到账单并以银行存款支付,增值税专用发票上列明的不含税租金 30 000 元,增值税额为 3 900 元。甲公司应编制会计分录如下:

(1) 分别在 1 月末和 2 月末计提租赁费用时:
借:管理费用　　　　　　　　　　　　　　　　　　　　　10 000
　　贷:其他应付款——租金　　　　　　　　　　　　　　　　10 000

(2) 3 月 31 日支付租金和增值税:
借:其他应付款　　　　　　　　　　　　　　　　　　　　20 000
　　管理费用　　　　　　　　　　　　　　　　　　　　　10 000
　　应交税费——应交增值税(进项税额)　　　　　　　　　 3 900
　　贷:银行存款　　　　　　　　　　　　　　　　　　　　33 900

[例 9-35] 丙公司出租包装物,收到押金 10 000 元,存入银行。出租期满,对方企业按约定退回包装物,丙公司也按约定退回包装物押金。丙公司应编制会计分录如下:

(1) 收到押金时:
借:银行存款　　　　　　　　　　　　　　　　　　　　　10 000
　　贷:其他应付款——存入保证金　　　　　　　　　　　　10 000

(2) 退回押金时:
借:其他应付款——存入保证金　　　　　　　　　　　　　10 000
　　贷:银行存款　　　　　　　　　　　　　　　　　　　　10 000

六、交易性金融负债

(一) 交易性金融负债的内容

根据《企业会计准则第 22 号——金融工具确认和计量》,以公允价值计量且其变动计入当期损益的金融负债,包括交易性金融负债和指定为以公允价值计量且其变动计入当期损益的金融负债。

金融负债满足下列条件之一的,表明企业承担该金融负债的目的是交易性的:

(1) 承担相关金融负债的目的,主要是为了近期回购。

(2) 相关金融负债在初始确认时属于集中管理的可辨认金融工具组合的一部分,且有客观证据表明近期实际存在短期获利模式。

(3) 相关金融负债属于衍生工具。但符合财务担保合同定义的衍生工具以及被指定为有效套期工具的衍生工具除外。

此外,在初始确认时,为了提供更相关的会计信息,企业可以将金融负债指定为以公允价值计量且其变动计入当期损益的金融负债,但该指定应当满足下列条件之一:① 能够消除或显著减少会计错配。② 根据正式书面文件载明的企业风险管理或投资策略,以公允价值为计量基础对金融负债组合或金融资产和金融负债组合进行管理和业绩评价,并在企业内部以此为基础向关键管理人员报告。该指定一经做出,不得撤销。

(二) 交易性金融负债的会计处理

企业核算其承担的交易性金融负债,应设置"交易性金融负债"科目,并按照交易性金融负债类别,分别通过"本金""公允价值变动"进行明细核算。企业持有的指定为以公允价值计量且其变动计入当期损益的金融负债,也在该科目核算。交易性金融负债公允价值变动形成的利得或损失,除与套期会计有关外,应当计入当期损益。

[例 9-36] 2×21 年 7 月 1 日,甲公司经批准在全国银行间债券市场公开发行 10 亿元人民币短期融资券,期限为 1 年,票面年利率 5.58%,每张面值为 100 元,到期一次还本付息。所募集资金主要用于公司购买生产经营所需的原材料及配套件等。公司将该短期融资券指定为以公允价值计量且其变动计入当期损益的金融负债。假定不考虑发行短期融资券相关的交易费用以及企业自身信用风险变动。2×21 年 12 月 31 日,该短期融资券市场价格每张 120 元(不含利息);2×22 年 6 月 30 日,该短期融资券到期兑付完成。甲公司应编制会计分录如下:

(1) 2×21 年 7 月 1 日,发行短期融资券:

借:银行存款　　　　　　　　　　　　　　　　1 000 000 000
　　贷:交易性金融负债　　　　　　　　　　　　　　1 000 000 000

(2) 2×21 年 12 月 31 日,年末确认公允价值变动和利息费用:

借:公允价值变动损益　　　　　　　　　　　　　200 000 000
　　贷:交易性金融负债　　　　　　　　　　　　　　200 000 000
借:财务费用　　　　　　　　　　　　　　　　　 27 900 000
　　贷:应付利息　　　　　　　　　　　　　　　　　 27 900 000

(3) 2×22 年 6 月 30 日,短期融资券到期偿付:

借:财务费用　　　　　　　　　　　　　　　　　 27 900 000
　　贷:应付利息　　　　　　　　　　　　　　　　　 27 900 000
借:交易性金融负债　　　　　　　　　　　　　　1 200 000 000
　　应付利息　　　　　　　　　　　　　　　　　　 55 800 000
　　贷:银行存款　　　　　　　　　　　　　　　　　1 055 800 000
　　　　公允价值变动损益　　　　　　　　　　　　　 200 000 000

第六节　流动负债在财务报告中的披露

一、流动负债在财务报表中的列示

在资产负债表中,与流动负债相关的项目主要有:

(1)"短期借款"项目,反映资产负债表日企业借入尚未归还的1年期以下(含1年)的各种借款。

(2)"交易性金融负债"项目,反映资产负债表日企业承担的交易性金融负债,以及企业持有的直接指定为以公允价值计量且其变动计入当期损益的金融负债的期末账面价值。

(3)"应付票据"项目,反映资产负债表日以摊余成本计量的、企业因购买材料、商品和接受服务等开出、承兑的商业汇票,包括银行承兑汇票和商业承兑汇票。

(4)"应付账款"项目,反映资产负债表日以摊余成本计量的、企业因购买材料、商品和接受服务等经营活动应支付的款项。

(5)"预收款项"项目,反映资产负债表日企业预收客户等的账款。

(6)"应付职工薪酬"项目,反映资产负债表日企业根据有关规定应付给职工的工资、职工福利、社会保险费、住房公积金、工会经费、职工教育经费、非货币性福利、辞退福利等各种薪酬。

(7)"应交税费"项目,反映企业按照税法规定计算应交纳的各种税费。

(8)"其他应付款"项目,应根据"应付利息""应付股利""其他应付款"科目的期末余额合计数填列。

(9)"持有待售负债"项目,反映资产负债表日处置组中与划分为持有待售类别的资产直接相关的负债的期末账面价值。

二、流动负债在附注中的披露

(1)企业应当按借款条件分类列示短期借款的上年年末余额、期末余额等信息,其披露格式如表9-3所示。此外对于重要的逾期借款,还应按借款单位列示借款期末余额、借款利率、逾期时间、逾期利率。

表9-3   短期借款的披露格式

借款条件	期末余额	上年年末余额
质押借款		
抵押借款		
保证借款		
信用借款		
合　计		

(2)企业应当分类列示交易性金融负债的上年年末余额、期末余额。

(3)企业应当分类列示应付票据上年年末余额、期末余额等信息,其披露格式如表9-4所示。

表9-4   应付票据的披露格式

种类	期末余额	上年年末余额
商业承兑汇票		
银行承兑汇票		
合计		

（4）企业应当披露应付账款、预收款项上年年末余额、期末余额等信息。

（5）企业应当按薪酬类别列示应付职工薪酬上年年末余额、本期增加金额、本期减少金额及期末余额，其披露格式如表9-5、表9-6、表9-7所示。

表 9-5　　　　　　　　　　　　　　应付职工薪酬的披露格式

项　目	上年年末余额	本期增加	本期减少	期末余额
短期薪酬				
离职后福利-设定提存计划				
辞退福利				
一年内到期的其他福利				
合计				

表 9-6　　　　　　　　　　　　　　　短期薪酬的披露格式

项　目	上年年末余额	本期增加	本期减少	期末余额
工资、奖金、津贴和补贴				
职工福利费				
社会保险费				
住房公积金				
工会经费和职工教育经费				
短期带薪缺勤				
其他				
合计				

表 9-7　　　　　　　　　　　　　　设定提存计划的披露格式

项　目	上年年末余额	本期增加	本期减少	期末余额
基本养老保险				
失业保险费				
企业年金缴费				
合计				

（6）企业应当按税种列示应交税费上年年末余额、期末余额，其披露格式如表9-8所示。

表 9-8　　　　　　　　　　　　　　应交税费的披露格式

项　目	期末余额	上年年末余额
增值税		
企业所得税		
个人所得税		
城市维护建设税		
教育费附加		
其他税费		
合计		

（7）企业应当按款项性质列示其他应付款上年年末余额、期末余额；按类别列示应付利息上年年末余额、期末余额；按投资者或股东列示应付股利上年年末余额、期末余额。

本章小结

负债是由于过去的交易或事项形成的，预期会导致经济利益流出企业的现时义务。负债按其流动性，可以分为流动负债和非流动负债。流动负债是指1年以内或超过1年的一个营业周期内需要偿付的债务。流动负债按其应付金额是否确定，可分为应付金额确定的流动负债、应付金额需视经营情况而定的流动负债和应付金额需予以估计的流动负债；流动负债按形成的方式，可分为融资活动形成的流动负债、经营活动形成的流动负债以及收益分配中形成的流动负债。流动负债主要包括短期借款、应付票据、应付账款、预收账款、应付职工薪酬、应交税费、应付股利、应付利息、其他应付款等等。

短期借款是企业向银行或其他金融机构等借入的期限在一年以下(含一年)的各种款项。企业发生的短期借款利息既可以按月支付，也可以按月预提、到期支付。

应付票据指应付商业汇票，商业汇票按承兑人的不同有商业承兑汇票和银行承兑汇票。出具票据时，带息票据和不带息票据都必须按票面金额记作负债。应付票据的利息按期计算，并增加应付票据的账面价值。

应交税费是指企业根据国家税法规定计算的应缴纳的各种税费。企业应缴纳的各种税金包括增值税、消费税、企业所得税、资源税、土地增值税、城市维护建设税、房产税、土地使用税、车船税等等。

应付职工薪酬，是指企业为获得职工提供的服务或解除劳动关系而应支付给职工的各种形式的报酬或补偿。职工薪酬包括短期薪酬、离职后福利、辞退福利和其他长期职工福利。

交易性金融负债是以公允价值计量且其变动计入当期损益的金融负债。

复习思考题

1. 什么叫流动负债,它有哪些分类？
2. 应付账款的入账时间和入账金额如何确定？
3. 简述应付账款和应付票据的主要区别？
4. 小规模纳税人和一般纳税人在增值税核算方面有什么特点？
5. 应交增值税如何计算？如何进行会计处理？
6. 应交消费税如何计算？如何进行会计处理？
7. 应交城市维护建设税如何计算？如何进行会计处理？
8. 教育费附加如何计算？如何进行会计处理？
9. 短期借款如何核算？
10. 应付职工薪酬包括哪些内容？如何进行会计处理？

练习题

1. 某企业 2×21 年 1 月 1 日向银行借款 1 200 000 元,期限 9 个月,年利率 8%,该借款到期后按期如数归还,利息分月预提,按季支付。

要求:编制借入款项、按月预提利息、按季支付利息和到期归还本金的会计分录。

2. 甲公司为增值税一般纳税企业,原材料按实际成本核算,适用的增值税税率为 13%,2×21 年 9 月发生如下经济业务:

(1)购入一批原材料,增值税专用发票上注明的材料价款为 600 万元,增值税额为 78 万元,贷款已付,材料已验收入库。

(2)建造职工食堂领用生产用原材料 30 万元,该批材料原购进时的进项税 3.9 万元。

(3)购进免税农产品一批,买价为 300 万元,已用银行存款支付,材料已到达并验收入库。该免税农产品按规定可抵扣 9%。

(4)购入一台设备,增值税专用发票上记载的设备价款为 100 万元,增值税税额为 13 万元,款项已由银行存款支付。

(5)销售商品一批,销售收入为 1 000 万元(不含税),增值税税额为 130 万元货款尚未收到。

要求:根据上述资料,编制有关会计分录(为简化核算,不考虑城市维护建设税、土地增值税和教育费附加等)。

3. 长江公司 2×21 年 11 月份的工资总额为 220 000 元,其中,产品生产工人工资 120 000 元,无形资产研发人员工资 50 000 元,行政管理部门人员工资 30 000 元,产品销售人员工资 20 000 元。该企业按工资总额的 8% 计提住房公积金,按工资总额的 16% 计提社会保险费,按工资总额 2%、2.5% 的比例计提工会经费和职工教育经费。

要求:编制相关业务的会计分录。

4. 甲公司为增值税一般纳税人,适用的增值税税率为 13%。2×21 年 12 月甲公司董事会决定将本公司生产的产品作为元旦福利发放给公司管理人员。该批产品的成本为 80 万元,市场销售价格为 100 万元(不含增值税)。不考虑其他相关税费。

要求:编制相关业务的会计分录。

第十章 非流动负债

> **本章概要**
>
> 企业为了维持正常的生产经营或为了固定资产建设项目,往往需要举借长期债务。从银行取得长期借款和发行公司债券是企业长期负债(即非流动负债)的主要形式。借款和发行债券都需要发生借款费用,本章主要介绍长期借款和应付债券的核算方法和借款费用的处理原则。企业在生产经营活动中会面临诉讼、债务担保、产品质量保证等具有较大不确定性的经济事项,这些具有不确定性的或有事项可能会对企业的财务状况和经营成果产生较大影响,本章介绍了或有事项确认、计量或披露问题。

> **学习目的与要求**
>
> 通过本章学习,应当能够了解并掌握:
> 1. 金融负债的概念及分类;
> 2. 非流动负债的特点;
> 3. 长期借款的核算;
> 4. 应付债券的核算;
> 5. 或有事项和预计负债的核算;
> 6. 借款费用的概念和内容、借款费用的核算。

第一节 非流动负债概述

一、金融负债的概念及分类

(一) 金融负债的概念

金融负债,是指企业符合下列条件之一的负债:

(1) 向其他方交付现金或其他金融资产的合同义务。

(2) 在潜在不利条件下,与其他方交换金融资产或金融负债的合同义务。

(3) 将来须用或可用企业自身权益工具进行结算的非衍生工具合同,且企业根据该合同将交付可变数量的自身权益工具。

(4) 将来须用或可用企业自身权益工具进行结算的衍生工具合同,但以固定数量的自身权益工具交换固定金额的现金或其他金融资产的衍生工具合同除外。

（二）金融负债分类

除下列各项外，企业应当将金融负债分类为以摊余成本计量的金融负债：

（1）以公允价值计量且其变动计入当期损益的金融负债，包括交易性金融负债（含属于金融负债的衍生工具）和指定为以公允价值计量且其变动计入当期损益的金融负债。

（2）不符合终止确认条件的金融资产转移或继续涉入被转移金融资产所形成的金融负债。

（3）不属于上述（1）或（2）情形的财务担保合同，以及不属于上述（1）情形的、以低于市场利率贷款的贷款承诺。

企业对金融负债的分类一经确定，不得变更。

金融负债中属于流动负债部分的内容在第九章"流动负债"介绍，本章主要讲解以摊余成本计量的金融负债。

二、非流动负债的内容及特点

（一）非流动负债的内容

非流动负债，也称为长期负债，是指偿还期在1年以上或者超过1年的一个营业周期以上的债务，既包括属于金融负债的长期借款、应付债券等，也包括或有事项形成的预计负债等。

（二）非流动负债的特点

非流动负债的结算期较长，因而成为企业筹集长期资金的一种重要形式。非流动负债除具有负债的共同特征外，与流动负债相比，还具有债务金额大，偿还期限长，可以分期偿还等特点。

企业在设立后，筹集长期资金的方式主要有两种，一是由投资者追加投资，二是举借偿还期较长的非流动负债。与投资者追加投资相比，举借非流动负债的优点是：

（1）举借非流动负债不会影响企业原有的资本结构，有利于保持原有投资者控制企业的权力。

（2）在企业投资利润率大于借款利率时，举借非流动负债可以增加投资者回报。

（3）由于非流动负债上的利息支出除资本化以外的，可以作为正常的费用从利润总额中扣减，而分给投资者的利润或股利只能从税后利润中支付，因此举借债务具有节税的作用。

举借长期债务也有不足之处：举借长期债务具有一定的财务风险。因为企业需承担固定的利息费用，并且需安排足够的资金以偿还本金和利息。一旦企业经营状况不好，不能及时支付本金和利息，则债权人有权向法院提出申请，迫使债务人破产，所以企业举债经营应慎重。

第二节 长期借款

一、长期借款概述

长期借款是指企业向银行或其他金融机构借入的期限在一年以上（不含一年）的各种借款，一般用于固定资产的购建、改扩建工程、大修理工程、对外投资以及为了保持长期经营能力等方面。它是企业长期负债的重要组成部分，必须加强管理与核算。

由于长期借款的使用关系到企业的生产经营规模和效益，企业除了要遵守有关的贷款规定、编制借款计划并要有不同形式的担保外，还应监督借款的使用、按期支付长期借款的利息以及按规定的期限归还借款本金等。因此，长期借款会计处理的基本要求是反映和监督企业长期借款的借入、借款利息的结算和借款本息的归还情况，促使企业遵守信贷纪律、提高信用等级，同时也要确保长期借款发挥效益。

二、长期借款的会计处理

（一）科目设置

企业应通过"长期借款"科目，核算长期借款的借入、归还等情况。该科目可按照贷款单位和贷款种类设置明细账，分别"本金""利息调整"等进行明细核算。该科目的贷方登记长期借款本息的增加额，借方登记本息的减少额，贷方余额表示企业尚未偿还的长期借款。

（二）账务处理

1. 取得长期借款

企业借入长期借款，应按实际收到的金额，借记"银行存款"科目，贷记"长期借款——本金"科目；如存在差额，还应借记"长期借款——利息调整"科目。

2. 计提利息

在资产负债表日，企业应按长期借款的摊余成本和实际利率计算确定的长期借款的利息费用，借记"在建工程""制造费用""管理费用""财务费用""研发支出"等科目，按借款本金和合同利率计算确定的应付未付利息，贷记"应付利息"科目，按其差额，贷记"长期借款——利息调整"科目。

实际利率与合同利率差异较小的，也可以采用合同利率计算确定利息费用。长期借款按合同利率计算确定利息费用的，借记"在建工程""制造费用""管理费用""财务费用""研发支出"等科目，贷记"应付利息"科目。

3. 归还长期借款

企业归还长期借款，按归还的长期借款本金，借记"长期借款——本金"科目，贷记"银行存款"科目；按归还的利息，借记"应付利息"科目，贷记"银行存款"科目。存在利息调整余额的，借记"在建工程""制造费用""财务费用""研发支出"等科目，贷记"长期借款——利息调整"科目。

[**例10-1**] 甲公司为建造一幢厂房,2×21年1月1日借入期限为两年的长期专门借款2 000 000元,款项已存入银行。借款利率为9%,每年付息一次,期满后一次还清本金。2×21年年初,以银行存款支付工程价款共计1 200 000元,2×22年年初又以银行存款支付工程费用800 000元。该厂房于2×22年8月底完工,达到预定可使用状态。假定不考虑闲置专门借款资金存款的利息收入或者投资收益。编制会计分录如下:

(1) 2×21年1月1日,取得借款时:

借:银行存款　　　　　　　　　　　　　　　　　2 000 000
　　贷:长期借款　　　　　　　　　　　　　　　　　2 000 000

(2) 2×21年年初,支付工程款时:

借:在建工程　　　　　　　　　　　　　　　　　1 200 000
　　贷:银行存款　　　　　　　　　　　　　　　　　1 200 000

(3) 2×21年12月31日,计算2×21年应计入工程成本的利息时:

借款利息 = 2 000 000×9% = 180 000(元)

借:在建工程　　　　　　　　　　　　　　　　　　180 000
　　贷:应付利息　　　　　　　　　　　　　　　　　　180 000

(4) 2×21年12月31日,支付借款利息时:

借:应付利息　　　　　　　　　　　　　　　　　　180 000
　　贷:银行存款　　　　　　　　　　　　　　　　　　180 000

(5) 2×22年年初,支付工程款时:

借:在建工程　　　　　　　　　　　　　　　　　　800 000
　　贷:银行存款　　　　　　　　　　　　　　　　　　800 000

(6) 2×22年8月底,建造的厂房达到预定可使用状态,该期应计入工程成本的利息为120 000元(2 000 000×9%÷12×8)。

借:在建工程　　　　　　　　　　　　　　　　　　120 000
　　贷:应付利息　　　　　　　　　　　　　　　　　　120 000

同时:

借:固定资产　　　　　　　　　　　　　　　　　2 300 000
　　贷:在建工程　　　　　　　　　　　　　　　　　2 300 000

(7) 2×22年12月31日,计算2×22年9—12月应计入财务费用的利息为60 000元(2 000 000×9%÷12×4)。

借:财务费用　　　　　　　　　　　　　　　　　　60 000
　　贷:应付利息　　　　　　　　　　　　　　　　　　60 000

(8) 2×22年12月31日支付借款利息时:

借:应付利息　　　　　　　　　　　　　　　　　　180 000
　　贷:银行存款　　　　　　　　　　　　　　　　　　180 000

(9) 2×23年1月1日到期还本时:

借:长期借款　　　　　　　　　　　　　　　　　2 000 000
　　贷:银行存款　　　　　　　　　　　　　　　　　2 000 000

第三节 应付债券

一、应付债券概述

（一）应付债券的性质

企业可以依照法定程序，以对外发行债券的形式筹集资金。债券是依照法定程序发行的、约定在一定期限内还本付息的一种有价证券。应付债券是企业发行债券筹措资金而形成的一种非流动负债，属于金融负债。

债券的票面上一般都载明以下内容：(1) 企业名称；(2) 债券面值；(3) 票面利率；(4) 还本期限和还本方式；(5) 利息的支付方式；(6) 债券的发行日期等。

企业债券发行价格的高低一般取决于债券票面金额、债券票面利率、发行当时的市场利率以及债券期限的长短等因素。债券发行有面值发行、溢价发行和折价发行三种情况。假设其他条件不变，债券的票面利率高于同期银行存款利率时，可按超过债券面值的价格发行，称为溢价发行。溢价是企业以后各期多付利息而事先得到的补偿。如果债券的票面利率低于同期银行存款利率，可按低于债券面值的价格发行，称为折价发行。折价是企业以后各期少付利息而预先给投资者的补偿。如果债券的票面利率与同期银行存款利率相同，可按票面价格发行，称为面值发行。溢价或折价是发行债券企业在债券存续期内对利息费用的一种调整。

（二）应付债券的分类

企业发行的债券，可以按不同的方式进行分类。在很多情况下，债券的种类不同，其会计处理也不相同。

1. 按偿还本金的方式分类

(1) 一次还本债券：全部在一个固定的到期日偿还本金的债券。

(2) 分期还本债券：按不同的到期日分期偿还本金的债券。

2. 按支付利息的方式分类

(1) 到期一次付息债券：在到期日支付全部利息的债券。

(2) 分期付息债券：每隔一段时期支付一次利息的债券。例如，每半年付一次息，或每年付一次息。

3. 按可否转换为发行企业股票分类

(1) 可转换债券：可按一定条件转换为发行企业普通股股票的债券。

(2) 不可转换债券：不能转换为发行企业普通股股票的债券。

企业应设置"应付债券"科目，并在该科目下设置"面值""利息调整""应计利息"等明细科目，核算应付债券发行、计提利息、还本付息等情况。该科目贷方登记应付债券的本金和利息，借方登记归还的债券本金和利息，期末贷方余额表示企业尚未偿还的长期债券。企业应当设置"企业债券备查簿"，详细登记企业债券的票面金额、债券票面利率、还本付息期限与方式、发行总额、发行日期和编号、委托代售单位、转换股份等资料。企业债券到期兑付,在备查簿中应予注销。

应付债券分一般公司债券和可转换公司债券两类。

二、一般公司债券

(一) 公司债券的发行

无论是按面值发行,还是溢价发行或折价发行,均按债券面值记入"应付债券"科目的"面值"明细科目,实际收到的款项与面值的差额,记入"利息调整"明细科目。企业发行债券时,按实际收到的款项,借记"银行存款""库存现金"等科目,按债券票面价值,贷记"应付债券——面值"科目,按实际收到的款项与票面价值之间的差额,贷记或借记"应付债券——利息调整"科目。

(二) 利息调整的摊销

利息调整应在债券存续期间内采用实际利率法进行摊销。实际利率法,是指按照应付债券的实际利率计算其摊余成本及各期利息费用的方法。实际利率,是指将应付债券在债券存续期间的未来现金流量,折现为该债券当前账面价值所使用的利率。

资产负债表日,对于分期付息、一次还本的债券,企业应按应付债券的摊余成本和实际利率计算确定的债券利息费用,借记"在建工程""制造费用""财务费用"等科目,按票面利率计算确定的应付未付利息,贷记"应付利息"科目,按其差额,借记或贷记"应付债券——利息调整"科目。

对于一次还本付息的债券,应于资产负债表日按摊余成本和实际利率计算确定的债券利息费用,借记"在建工程""制造费用""财务费用"等科目,按票面利率计算确定的应付未付利息,贷记"应付债券——应计利息"科目,按其差额,借记或贷记"应付债券——利息调整"科目。

(三) 债券的偿还

企业发行的债券通常分为到期一次还本付息或一次还本、分期付息两种。采用一次还本付息方式的,企业应于债券到期支付债券本息时,借记"应付债券——面值、应计利息"科目,贷记"银行存款"科目。采用一次还本、分期付息方式的,在每期支付利息时,借记"应付利息"科目,贷记"银行存款"科目;债券到期偿还本金并支付最后一期利息时,借记"应付债券——面值""在建工程""财务费用""制造费用"等科目,贷记"银行存款"科目,按借贷双方之间的差额,借记或贷记"应付债券——利息调整"科目。

[例10-2] 2×21年7月1日,乙公司发行三年期、到期时一次还本付息、年利率为8%(不计复利)、面值总额为80 000 000元的债券,该债券按面值发行。发行债券所筹资金用于建造固定资产,2×22年12月31日工程完工。2×24年7月1日债券到期,乙公司用银行存款支付债券本息。乙公司应编制会计分录如下:

(1) 2×21年7月1日发行债券时:

借:银行存款　　　　　　　　　　　　　　　　　　　　　　80 000 000
　　贷:应付债券——面值　　　　　　　　　　　　　　　　　　　80 000 000

(2) 2×21年12月31日计算利息费用时:

借:在建工程　　　　　　　　　　　　　　　　　　　　　　　3 200 000

贷：应付债券——应计利息		3 200 000

(3) 2×22 年 12 月 31 日计算利息费用时：

借：在建工程	6 400 000	
贷：应付债券——应计利息		6 400 000

(4) 2×23 年 12 月 31 日计算利息费用时：

借：财务费用	6 400 000	
贷：应付债券——应计利息		6 400 000

(5) 2×24 年 6 月 30 日计算利息费用时：

借：财务费用	3 200 000	
贷：应付债券——应计利息		3 200 000

(6) 2×24 年 7 月 1 日还本付息时：

借：应付债券——面值	80 000 000	
应付债券——应计利息	19 200 000	
贷：银行存款		99 200 000

[**例 10-3**] 2×18 年 12 月 31 日，甲公司经批准发行 5 年期一次还本、分期付息的公司债券 20 000 000 元，债券利息在每年 12 月 31 日支付，票面利率为年利率 6%。假定债券发行时的市场利率为 5%。

甲公司该批债券实际发行价格为：

20 000 000×(P/F,5%,5)+20 000 000×6%×(P/A,5%,5)

= 20 000 000×0.7835+20 000 000×6%×4.3295 = 20 865 400（元）

甲公司根据上述资料，采用实际利率法和摊余成本计算确定的利息费用，如表 10-1 所示。

表 10-1　利息费用一览表　　　　　　　　　　　　　　　单位：元

付息日期	支付利息	利息费用	摊销的利息调整	应付债券摊余成本
2×18 年 12 月 31 日				20 865 400
2×19 年 12 月 31 日	1 200 000	1 043 270	156 730	20 708 670
2×20 年 12 月 31 日	1 200 000	1 035 433.50	164 566.50	20 544 103.50
2×21 年 12 月 31 日	1 200 000	1 027 205.18	172 794.82	20 371 308.68
2×22 年 12 月 31 日	1 200 000	1 018 565.43	181 434.57	20 189 874.11
2×23 年 12 月 31 日	1 200 000	1 010 125.89 *	189 874.11	20 000 000

*尾数调整。

根据表 10-1 的资料，甲公司应编制会计分录如下：

(1) 2×18 年 12 月 31 日发行债券时：

借：银行存款	20 865 400	
贷：应付债券——面值		20 000 000
应付债券——利息调整		865 400

(2) 2×19 年 12 月 31 日计算利息费用和支付利息时：

借：财务费用等	1 043 270	
应付债券——利息调整	156 730	

贷：应付利息　　　　　　　　　　　　　　　　　　　　　1 200 000
　　借：应付利息　　　　　　　　　　　　　　　　　　　　　　1 200 000
　　　贷：银行存款　　　　　　　　　　　　　　　　　　　　　1 200 000
　(3) 2×20 年 12 月 31 日计算利息费用时：
　　借：财务费用等　　　　　　　　　　　　　　　　　　　1 035 433.50
　　　应付债券——利息调整　　　　　　　　　　　　　　　　164 566.50
　　　贷：应付利息　　　　　　　　　　　　　　　　　　　　　1 200 000
　(4) 2×21 年 12 月 31 日计算利息费用时：
　　借：财务费用等　　　　　　　　　　　　　　　　　　　1 027 205.18
　　　应付债券——利息调整　　　　　　　　　　　　　　　　172 794.82
　　　贷：应付利息　　　　　　　　　　　　　　　　　　　　　1 200 000
　(5) 2×22 年 12 月 31 日计算利息费用时：
　　借：财务费用等　　　　　　　　　　　　　　　　　　　1 018 565.43
　　　应付债券——利息调整　　　　　　　　　　　　　　　　181 434.57
　　　贷：应付利息　　　　　　　　　　　　　　　　　　　　　1 200 000
　(6) 2×23 年 12 月 31 日计算最后一期利息费用并归还债券本金时：
　　借：财务费用等　　　　　　　　　　　　　　　　　　　1 010 125.89
　　　应付债券——利息调整　　　　　　　　　　　　　　　　189 874.11
　　　应付债券——面值　　　　　　　　　　　　　　　　　20 000 000
　　　贷：银行存款　　　　　　　　　　　　　　　　　　　　21 200 000

三、可转换公司债券

　　可转换债券是指可以在一定期间之后，按规定的转换比率或转换价格转换为发行企业股票的债券。由于可转换债券具有债务工具与权益工具的双重性质，因此可转换债券可能被分类为复合金融工具。

　　对于复合金融工具，发行方应于初始确认时将各组成部分分别分类为金融负债、权益工具。企业发行的一项非衍生工具同时包含金融负债成分和权益工具成分的，应于初始计量时先确定金融负债成分的公允价值（包括其中可能包含的非权益性嵌入衍生工具的公允价值），再从复合金融工具公允价值中扣除负债成分的公允价值，作为权益工具成分的价值。

　　企业发行的可转换公司债券，既含有负债成分又含有权益成分，应当在初始确认时将其包含的负债成分和权益成分进行分拆，将负债成分确认为应付债券，将权益成分确认为其他权益工具。在进行分拆时，应当先对负债成分的未来现金流量进行折现确定负债成分的初始确认金额，再按发行价格总额扣除负债成分初始确认金额后的金额确定权益成分的初始确认金额。发行可转换公司债券发生的交易费用，应当在负债成分和权益成分之间按照各自的相对公允价值进行分摊。

　　我国发行可转换公司债券采取记名式无纸化发行方式。企业发行的可转换公司债券在"应付债券"科目下设置"可转换公司债券"明细科目核算。

　　企业应按实际收到的款项，借记"银行存款"等科目，按可转换公司债券包含的负债成分面值,贷记"应付债券——可转换公司债券(面值)"科目,按权益成分的公允价值,贷记"其他权益工具",按借贷双方之间的差额,借记或贷记"应付债券——可转换公司债券(利息调整)"科目。在可转换债券转换时,应终止确认负债成分,并将其确认为权益。原来的权益成分仍旧保留为权益(从权益的一个项目结转到另一个项目,如从"其他权益工具"转入"资本公积——资本溢价或股本溢价")。可转换债券转换时不产生损益。

[例10-4] 甲公司经批准于2×21年1月1日按面值发行5年期一次还本,按年付息的可转换公司债券400 000 000元,款项已收存银行,债券票面年利率为6%。债券发行1年后可转换为普通股股票,初始转股价按债券面值每100元转10股,股票面值为每股1元。假定2×22年1月1日债券持有人将持有的可转换公司债券全部转换为普通股股票,甲公司发行可转换公司债券时二级市场上与之类似的没有附带转换权的债券市场利率为9%。该可转换公司债券发生的利息费用不符合资本化条件。

甲公司应编制会计分录如下:

(1) 2×21年1月1日发行可转换公司债券时:

借:银行存款　　　　　　　　　　　　　　　　　　　400 000 000
　　应付债券——可转换公司债券(利息调整)　　　　　46 687 200
　　贷:应付债券——可转换公司债券(面值)　　　　　　400 000 000
　　　　其他权益工具——可转换公司债券　　　　　　　46 687 200

可转换公司债券负债成分的公允价值为:
400 000 000×(P/F,9%,5)+400 000 000×6%×(P/A,9%,5)
= 400 000 00×0.649 9+400 000 000×6%×3.889 7=353 312 800(元)

可转换公司债券权益成分的公允价值为:
400 000 000−353 312 800=46 687 200(元)

(2) 2×21年12月31日确认利息费用时:

借:财务费用　　　　　　　　　　　　　　　　　　　31 798 152
　　贷:应付利息　　　　　　　　　　　　　　　　　　24 000 000
　　　　应付债券——可转换公司债券(利息调整)　　　　7 798 152

确认利息费用为:353 312 800×9%=31 798 152(元)
确认应付利息为:400 000 000×6%=24 000 000(元)
确认利息调整为:31 798 152−24 000 000=7 798 152(元)

(3) 2×21年12月31日支付利息时:

借:应付利息　　　　　　　　　　　　　　　　　　　24 000 000
　　贷:银行存款　　　　　　　　　　　　　　　　　　24 000 000

(4) 2×22年1月1日债券持有人行使转换权时:

转换的股份数为:400 000 000/10=40 000 000(股)

借:应付债券——可转换公司债券(面值)　　　　　　　400 000 000
　　其他权益工具——可转换公司债券　　　　　　　　　46 687 200
　　贷:股本　　　　　　　　　　　　　　　　　　　　40 000 000
　　　　应付债券——可转换公司债券(利息调整)　　　　38 889 048
　　　　资本公积——股本溢价　　　　　　　　　　　　367 798 152

第四节 其他长期负债

一、长期应付款

长期应付款,是指企业除长期借款和应付债券以外的其他各种长期应付款项,包括以分期付款方式购入固定资产发生的应付款项等。

企业应设置"长期应付款"科目,核算企业除长期借款和应付债券以外的其他各种长期应付款项的增减变动情况。该科目贷方登记发生的长期应付款项本金和利息,借方登记归还的长期应付款项本金和利息,期末贷方余额表示企业应付未付的长期应付款项。该科目可按长期应付款的种类和债权人进行明细核算。

企业购买资产有可能延期支付有关价款。如果延期支付的购买价款超过正常信用条件,实质上具有融资性质的,所购资产的成本应当以延期支付购买价款的现值为基础确定。实际支付的价款与购买价款的现值之间的差额,应当在信用期间内采用实际利率法进行摊销,计入相关资产成本或当期损益。具体来说,企业购入资产超过正常信用条件延期付款实质上具有融资性质时,应按购买价款的现值,借记"固定资产""在建工程"等科目,按应支付的价款总额,贷记"长期应付款"科目,按其差额,借记"未确认融资费用"科目。

二、预计负债

企业在生产经营活动中会面临诉讼、债务担保、产品质量保证等具有较大不确定性的经济事项,这些具有不确定性的或有事项可能会对企业的财务状况和经营成果产生较大影响。企业应当提前考虑或有事项可能会给企业带来的风险,及时确认、计量或披露相关信息,如果符合负债的定义及确认条件应当及时予以确认。

(一)或有事项的含义及特征

《企业会计准则第13号——或有事项》规定:或有事项,是指过去的交易或者事项形成的,其结果须由某些未来事项的发生或不发生才能决定的不确定事项。常见的或有事项主要包括:未决诉讼或未决仲裁、债务担保、产品质量保证、承诺、亏损合同、重组义务、环境污染整治等。

与企业其他的业务和事项相比,或有事项具有以下三个特征:

1. 或有事项由过去的交易或事项形成

或有事项作为一种不确定事项,是由企业过去的交易或者事项形成,这是指或有事项的现存状况是过去交易或者事项引起的客观存在。

2. 或有事项的结果具有不确定性

或有事项结果的不确定性表现为两层含义:一是或有事项的结果是否发生具有不确定性,比如企业因销售产品而提供的质量保证,未来是否会发生经济利益的流出取决于在规定的质量保证期间内是否会提供产品维修、产品退换等服务;二是或有事项的结果预计将发生,但是发生的具体时间或金额具有不确定性。

3. 或有事项的结果须由未来事项的发生或不发生来决定

或有事项的结果只能由未来不确定事项的发生或不发生才能决定。比如甲企业为外单位提供债务担保,该担保最终是否会导致企业履行担保责任,将取决于被担保方的未来经营状况和偿债能力。如果被担保方未来期间财务状况良好,能够偿还到期债务,则甲企业作为担保人不会承担任何连带责任;而未来如果被担保方财务状况恶化,到期无力偿还债务,则甲企业将承担债务的连带责任,代被担保方偿还债务。

(二) 预计负债的含义及确认条件

1. 预计负债的确认条件

预计负债是一种时间或金额不确定的负债。与企业的其他负债相比,预计负债的不确定性要远远超过其他负债。根据《企业会计准则第13号——或有事项》的规定,预计负债的确认需要同时满足以下三个条件:

(1) 由过去的交易或事项形成一项现时义务,该现时义务是法定义务或推定义务;
(2) 履行该义务很可能导致经济利益流出企业;
(3) 该义务的金额能够可靠地估计。

其中,法定义务,是指由法律产生的义务,比如企业因购买材料而形成的应付账款等。而推定义务是指法定义务以外的义务,该义务来自企业过去的惯例、对外公告、承诺而且其结果是已经形成了企业未来履行该义务的合理预期。比如某石油公司具有对因开发油井造成的环境污染进行治理的现时义务,该义务已经形成了合理的预期,因而该石油公司应当在开发新的油井时确认该现时义务产生的预计负债。

履行或有事项相关义务导致经济利益流出的可能性,通常按照一定的概率区间加以判断。一般情况下,发生的概率分为以下几个层次:基本确定、很可能、可能、极小可能。其中,"基本确定"是指,发生的可能性大于95%但小于100%;"很可能"是指,发生的可能性大于50%但小于或等于95%;"可能"是指,发生的可能性大于5%但小于或等于50%;"极小可能"是指,发生的可能性大于0但小于或等于5%。"很可能导致经济利益流出企业"意味着企业履行义务并流出经济利益的可能性超过50%。

为反映因或有事项确认的预计负债,企业单独设置"预计负债"科目进行核算。

2. 预计负债的计量

预计负债应当按照履行相关现时义务所需支出的最佳估计数进行初始计量。由于或有事项的不定性,决定了预计负债的计量金额,应当有赖于估计。该金额是由企业的会计管理人员依据类似交易的经验进行判断所确定的。

具体来说,最佳估计数的确定方法包括以下几种情形。

(1) 企业为履行该义务所需支出存在一个连续范围,而且在该范围内各种结果发生的可能性相同。在此情况下,最佳估计数按照该连续范围的中间值加以确定。

[例10-5] 2×21年12月1日,甲公司因合同违约而被乙公司起诉。2×21年12月31日,甲公司尚未接到人民法院的判决。甲公司预计,最终的法律判决很可能对公司不利。假定预计将要支付的赔偿金额为1 000 000元至1 600 000元的某一金额,而且这个区间内每个金额的可能性都大致相同。

在这种情况下,甲公司应在2×21年12月31日的资产负债表中确认一项预计负债,

金额为:(1 000 000+1 600 000)÷2= 1 300 000(元)

甲公司应编制会计分录如下：

借：营业外支出——赔偿支出——乙公司　　　　　　　　1 300 000
　　贷：预计负债——未决诉讼——乙公司　　　　　　　　　　　1 300 000

（2）企业为履行该义务所需支出不存在连续范围，或者该范围内各种结果发生的可能性不同。在此情况下，还需要进一步区分该义务涉及的是单个项目还是多个项目。

① 对于单个项目，最佳估计数按最可能发生金额确定。

[例10-6] 2×21年10月2日，乙公司涉及一起诉讼案。2×21年12月31日，乙公司尚未接到人民法院的判决。在咨询了公司的法律顾问后，乙公司认为：胜诉的可能性为40%，败诉的可能性为60%；如果败诉，需要赔偿1 000 000元。

在这种情况下，乙公司在2×21年12月31日资产负债表中应确认的预计负债金额应为最可能发生的金额，即1 000 000元。

乙公司应编制会计分录如下：

借：营业外支出——赔偿支出　　　　　　　　　　　　　1 000 000
　　贷：预计负债——未决诉讼　　　　　　　　　　　　　　　　1 000 000

② 对于多个项目，最佳估计数按照各种可能结果及相关概率计算期望值加以确定。

[例10-7] 丙公司是生产并销售A产品的企业，2×21年度第一季度共销售A产品30 000件，销售收入为90 000 000元。根据公司的产品质量保证条款，该产品售出后一年内，如发生正常质量问题，公司将负责免费维修。根据以前年度的维修记录，如果发生较小的质量问题，发生的维修费用为销售收入的1%；如果发生较大的质量问题，发生的维修费用为销售收入的2%。根据公司质量部门的预测，本季度销售的产品中，80%不会发生质量问题；15%可能发生较小质量问题；5%可能发生较大质量问题。

根据上述资料，2×21年第一季度末丙公司应确认的预计负债金额为：
90 000 000×(0×80%+1%×15%+2%×5%)= 225 000(元)

应编制会计分录如下：

借：销售费用——产品质量保证——A产品　　　　　　　　225 000
　　贷：预计负债——产品质量保证——A产品　　　　　　　　　225 000

（3）在预计负债的计量中，如果未来发生支出的时间超过一年，则企业还应当考虑货币时间价值，按照未来发生现金流量的现值对预计负债进行计量。企业计算未来现金流量使用的折现率应当选择反映当前货币市场水平的税前利率。在以后期间的资产负债表日，企业还应当将预计负债的现值金额随着时间的推移而进行重新计量。

（4）预计负债计量过程中应当注意的其他问题。

① 未来事项的影响。对于企业能够合理预计将要发生的未来事项（比如法律、技术方面的变化），如果对预计负债的结算金额产生影响，企业应当在计量预计负债时予以考虑。

② 预计将发生的补偿。对于企业在履行预计负债产生的义务过程中可能从第三方得到的补偿金额，只有在企业收到该补偿金额的可能性基本确定时，才可以将该补偿金额单独确认为一项资产，而且确认的资产金额不得超过确认的预计负债的金额。比如甲公司的车辆发生交通肇事预计赔偿的金额为10万元，能够基本确定收到保险公司的赔偿金

额为9万元,则甲公司应当将预计赔偿金额确认为预计负债,而将基本确定能够得到的补偿单独确认为一项资产。

[例10-8] 2×21年12月31日,乙公司因或有事项而确认了一笔金额为500 000元的预计负债;同时,乙公司因该或有事项基本确定可从甲保险公司获得200 000元的赔偿。

乙公司应编制会计分录如下:
① 借:营业外支出　　　　　　　　　　　　　　　　　　500 000
　　　贷:预计负债　　　　　　　　　　　　　　　　　　　　500 000
② 借:其他应收款　　　　　　　　　　　　　　　　　　200 000
　　　贷:营业外支出　　　　　　　　　　　　　　　　　　　200 000

本例中,乙公司应分别确认一项金额为500 000元的预计负债和一项金额为200 000元的资产,而不能只确认一项金额为300 000元(500 000-200 000)的预计负债。同时,乙公司所确认的补偿金额200 000元未超过所确认的负债的账面价值500 000元。

(5)预计负债账面价值的复核。企业应当在每个资产负债表日对已确认预计负债的账面价值进行复核。如果有确凿证据表明该账面价值不能真实地反映当前最佳估计数的,则应当按照当前最新的最佳估计数对预计负债的账面价值进行调整。

(三)或有负债和或有资产

1. 或有负债

或有负债,是指过去的交易或事项形成的潜在义务,其存在须通过未来不确定事项的发生或不发生予以证实;或过去的交易或事项形成的现时义务,履行该义务不是很可能导致经济利益流出企业或该义务的金额不能可靠计量。

或有负债无论是潜在义务还是现时义务,均不符合负债的确认条件(不能记账),因而不能在财务报表中予以确认,但应当按照相关规定在财务报表附注中披露有关信息,包括或有负债的种类及其形成原因、经济利益流出不确定性的说明、预计产生的财务影响以及获得补偿的可能性等。

2. 或有资产

或有资产,是指过去的交易或者事项形成的潜在资产,其存在须通过未来不确定事项的发生或不发生予以证实。

或有资产也不符合资产确认条件(不能记账),因而也不能在财务报表中确认。企业通常不应当披露或有资产,但或有资产很可能给企业带来经济利益的,应当披露其形成的原因、预计产生的财务影响等。

3. 或有负债和或有资产转化为预计负债(负债)和资产

随着时间的推移和事态的进展,或有负债对应的潜在义务可能转化为现时义务,原来不是很可能导致经济利益流出的现时义务也可能被证实将很可能导致企业流出经济利益,并且现时义务的金额也能够可靠计量。如符合预计负债确认条件,应将其确认为负债。类似地,或有资产对应的潜在权利也可能随着相关因素的改变而发生变化,其对应的潜在资产最终是否能够流入企业会逐渐变得明确,如果某一时点企业基本确定能够收到这项潜在资产并且其金额能够可靠计量,应当将其确认为企业的资产。

第五节 借款费用

一、借款费用的概念及内容

借款通常有一般借款和专门借款。专门借款应当有明确的专门用途,即为购建或者生产某项符合资本化条件的资产而专门借入的款项,通常应有标明专门用途的借款合同。一般借款是指除专门借款以外的其他借款。

借款费用是指因借款而发生的利息及其他相关成本,通常包括借款利息、折价或溢价的摊销、辅助费用以及因外币借款而发生的汇兑差额等。

(1)借款利息。借款利息是指企业向银行或其他金融机构借入资金时发生的利息费用,或是企业发行债券的利息费用等。

(2)借款的溢、折价摊销。借款的溢、折价摊销是指企业对企业所发行的债券的溢价或折价的每期摊销费用。

(3)借款的辅助费用。借款的辅助费用是因借款而发生的辅助费用包括手续费、佣金、印刷费等费用。

(4)外币借款的汇兑差额。由于汇率的变动导致的外币借款本金、利息产生的与记账本位币金额的差额。

对于企业发生的权益性融资费用,不应包括在借款费用中。例如某企业发生了借款手续费20万元,发行公司债券佣金200万元,发行公司股票佣金400万元,借款利息4 000万元。其中,借款手续费20万元、发行公司债券佣金200万元和借款利息4 000万元均属于借款费用。但是,发行公司股票属于公司股权性融资性质,不属于借款范畴,相应地,所发生的佣金400万元也不属于借款费用范畴,不应作为借款费用进行会计处理。

二、借款费用的确认

(一)借款费用的确认原则

借款费用的确认主要解决的是将每期发生的借款费用资本化并计入相关资产的成本,还是将有关借款费用费用化并计入当期损益的问题。根据借款费用准则的规定,借款费用确认的基本原则是:企业发生的借款费用,可直接归属于符合资本化条件的资产的购建或者生产的,应当予以资本化,计入相关资产成本;其他借款费用,应当在发生时根据其发生额确认为费用,计入当期损益。

符合资本化条件的资产,是指需要经过相当长时间的购建或者生产活动才能达到预定可使用或者可销售状态的固定资产、投资性房地产和存货等资产。

符合资本化条件的存货,主要包括房地产开发企业开发的用于对外出售的房地产开发产品、企业制造的用于对外出售的大型机器设备等。这类存货通常需要经过相当长时间的建造或者生产过程,才能达到预定可销售状态。其中,"相当长时间"是指为资产的购建或者生产所必需的时间,通常为一年以上(含一年)。如果由于人为或者故意等非正常因素导致资产的购建或者生产时间相当长的,该资产不属于符合资本化条件的资产。企业购入即可使用的资产,或者购入后需要安装但所需安装时间较短的资产,或者需要建造或者生产但所需建造或者生产时间较短的资产,均不属于符合资本化条件的资产。

企业只有发生在资本化期间内的有关借款费用,才允许资本化,资本化期间的确定是借款费用确认和计量的重要前提。借款费用资本化期间,是指从借款费用开始资本化时点到停止资本化时点的期间,但不包括借款费用暂停资本化的期间。

(二) 借款费用开始资本化的时点

借款费用允许开始资本化必须同时满足三个条件,即资产支出已经发生、借款费用已经发生、为使资产达到预定可使用或者可销售状态所必要的购建或者生产活动已经开始。

1. 资产支出已经发生

资产支出已经发生是指企业已经发生了支付现金、转移非现金资产或者承担带息债务形式所发生的支出。支付现金是指用货币资金支付固定资产的购建支出。转移非现金资产是指企业将自己的非现金资产直接用于固定资产的建造安装。承担带息债务是指企业为了购买工程用材料等而承担的带息应付款项(如带息应付票据)。

2. 借款费用已经发生

借款费用已经发生,是指企业已经发生了因购建或者生产符合资本化条件的资产而专门借入款项的借款费用或者所占用的一般借款的借款费用。例如某企业于2×21年1月1日为建造一幢建设期为2年的厂房从银行专门借入款项5 000万元,当日开始计息。在2×21年1月1日即应当认为借款费用已经发生。

3. 为使资产达到预定可使用或者可销售状态所必要的购建或者生产活动已经开始

为使资产达到预定可使用或者可销售状态所必要的购建或者生产活动已经开始,是指符合资本化条件的资产的实体建造或者生产工作已经开始,例如主体设备的安装、厂房的实际开工建造等。它不包括仅仅持有资产但没有发生为改变资产形态而进行的实质上的建造或者生产活动。

企业只有在上述三个条件同时满足的情况下,有关借款费用才可开始资本化,只要其中有一个条件没有满足,借款费用就不能开始资本化。

(三) 借款费用暂停资本化的时间

符合资本化条件的资产在购建或者生产过程中发生非正常中断且中断时间连续超过3个月的,应当暂停借款费用的资本化。中断的原因必须是非正常中断,属于正常中断的,相关借款费用仍可资本化。

例如某企业于2×21年1月1日利用专门借款开工兴建一幢办公楼,支出已经发生,因此借款费用从当日起开始资本化。工程预计于2×22年3月完工。2×21年5月15日,由于工程施工发生了安全事故,导致工程中断,直到9月10日才复工。该中断就属于非正常中断,因此,上述专门借款在5月15日至9月10日间所发生的借款费用不应资本化,而应作为财务费用计入当期损益。

非正常中断,通常是由于企业管理决策上的原因或者其他不可预见的原因等所导致的中断。比如,企业因与施工方发生了质量纠纷,或者工程、生产用料没有及时供应,或者资金周转发生了困难,或者施工、生产发生了安全事故,或者发生了与资产购建、生产有关的劳动纠纷等原因,导致资产购建或者生产活动发生中断,均属于非正常中断。

非正常中断与正常中断显著不同。正常中断通常仅限于因购建或者生产符合资本化条件的资产达到预定可使用或者可销售状态所必要的程序,或者事先可预见的不可抗力因素导致的中断。比如,某些工程建造到一定阶段必须暂停下来进行质量或者安全检查,检查通过后才可继续下一阶段的建造工作,这类中断是在施工前可以预见的,而且是工程建造必须经过的程序,属于正常中断。某些地区的工程在建造过程中,由于可预见的不可抗力因素(如雨季或冰冻季节等原因)导致施工出现停顿,也属于正常中断。

例如某企业在北方某地建造某工程期间,遇上冰冻季节(通常为6个月),工程施工因此中断,待冰冻季节过后方能继续施工。由于该地区在施工期间出现较长时间的冰冻为正常情况,由此导致的施工中断是可预见的不可抗力因素导致的中断,属于正常中断。在正常中断期间所发生的借款费用可以继续资本化,计入相关资产的成本。

(四) 借款费用停止资本化的时点

购建或者生产符合资本化条件的资产达到预定可使用或者可销售状态时,借款费用应当停止资本化。

所谓购建或者生产符合资本化条件的资产达到预定可使用或者可销售状态,可从下列几个方面进行判断:

(1) 符合资本化条件的资产的实体建造(包括安装)或者生产工作已经全部完成或者实质上已经完成。

(2) 所购建或者生产的符合资本化条件的资产与设计要求、合同规定或者生产要求相符或者基本相符,即使有极个别与设计、合同或者生产要求不相符的地方,也不影响其正常使用或者销售。

(3) 继续发生在所购建或生产的符合资本化条件的资产上的支出金额很少或者几乎不再发生。

所购建或者生产的资产如果分别建造、分别完工的,企业应当区别情况界定借款费用停止资本化的时点。

所购建或者生产的符合资本化条件的资产的各部分分别完工,且每部分在其他部分继续建造或者生产过程中可供使用或者可对外销售,且为使该部分资产达到预定可使用或可销售状态所必要的购建或者生产活动实质上已经完成的,应当停止与该部分资产相关的借款费用的资本化,因为该部分资产已经达到了预定可使用或者可销售状态。

如果企业购建或者生产的资产的各部分分别完工,但必须等到整体完工后才可使用或者对外销售的,应当在该资产整体完工时停止借款费用的资本化。在这种情况下,即使各部分资产已经完工,也不能够认为该部分资产已经达到了预定可使用或者可销售状态,企业只能在所购建固定资产整体完工时,才能认为资产已经达到了预定可使用或者可销售状态,借款费用方可停止资本化。

三、借款费用的计量

(一) 借款利息资本化金额的确定

在借款费用资本化期间内,每一会计期间的利息(包括折价或溢价的摊销)资本化金额,应当按照下列规定确定:

（1）为购建或者生产符合资本化条件的资产而借入专门借款的,应当以专门借款当期实际发生的利息费用,减去将尚未动用的借款资金存入银行取得的利息收入或进行暂时性投资取得的投资收益后的金额确定。

（2）为购建或者生产符合资本化条件的资产而占用了一般借款的,企业应当根据累计资产支出超过专门借款部分的资产支出加权平均数乘以所占用一般借款的资本化率,计算确定一般借款应予资本化的利息金额。资本化率应当根据一般借款加权平均利率计算确定。

（3）每一会计期间的利息资本化金额,不应当超过当期相关借款实际发生的利息金额。

企业在确定每期利息(包括折价或溢价的摊销)资本化金额时,应当首先判断符合资本化条件的资产在购建或者生产过程所占用的资金来源,如果所占用的资金是专门借款资金,则应当在资本化期间内,根据每期实际发生的专门借款利息费用,确定应予资本化的金额。在企业将闲置的专门借款资金存入银行取得利息收入或者进行暂时性投资获取投资收益的情况下,企业还应当将这些相关的利息收入或者投资收益从资本化金额中扣除,以如实反映符合资本化条件的资产的实际成本。

企业在购建或者生产符合资本化条件的资产时,如果专门借款资金不足,占用了一般借款资金的,或者企业为购建或者生产符合资本化条件的资产并没有借入专门借款,而占用的都是一般借款资金,则企业应当根据为购建或者生产符合资本化条件的资产而发生的累计资产支出超过专门借款部分的资产支出加权平均数乘以所占用一般借款的资本化率,计算确定一般借款应予资本化的利息金额。资本化率应当根据加权平均利率计算确定。如果符合资本化条件的资产的购建或者生产没有借入专门借款,则应以累计资产支出加权平均数为基础计算所占用的一般借款利息资本化金额。即企业占用一般借款资金购建或者生产符合资本化条件的资产时,一般借款的借款费用的资本化金额的确定应当与资产支出相挂钩。

[例10-9] 2×21年7月1日,甲企业为建造厂房从银行取得3年期借款1 200万,年利率为6%,每年末付息,到期还本。借入款项存入银行。工程于2×22年底达到预定可使用状态。2×21年10月1日,用银行存款支付工程价款600万元开始厂房的建造,该项专门借款在2×21年第三季度的利息收入为12万元,第四季度的利息收入为6万元。则甲企业确认2×21年借款费用的资本化金额如下:

分析：该项专门借款资本化时点为2×21年10月1日,资本化期间:2×21年10月1日至2×22年年底。

2×21年借款费用的资本化金额：1 200×6%×3/12-6=12(万元)
2×21年借款费用的费用化金额：1 200×6%×3/12-12=6(万元)
2×21年年末应编制会计分录如下：

借：在建工程   120 000
  财务费用   60 000
  银行存款   180 000
 贷：应付利息   360 000

[例10-10] 某企业为构建某项固定资产分别于2×21年1月1日专门借款4 000万

元,期限3年,年利率为8%,利息按年支付;2×21年7月1日专门借款4 000万元,期限5年,年利率为10%,利息按年支付。

建造工程于2×21年1月1日动工兴建,全部工程采用出包方式建造,分别于2×21年1月1日、7月1日和10月1日支付工程进度款3 000万元、6 000万元和2 000万元。借款不足部分将使用上年的一般借款和发行债券款支付。其中一般借款为4 000万元,借款期限为2×20年12月1日至2×23年12月1日,年利率6%,按年支付。2×20年1月1日发行公司债券20 000万元,期限5年,年利率8%,按年支付利息。

该工程于2×21年12月31日完工达到预定使用状态。专门借款资金在闲置期间均用于固定收益的短期债券投资,月收益率为0.5%。

根据以上资料,计算应予以资本化的利息费用如下:

① 专门借款费用资本化金额。

专门借款费用资本化金额=专门借款当期实际发生的利息费用-闲置资金投资收益
=4 000×8%+4 000×10%×6/12-1 000×0.5%×6
=490(万元)

② 一般借款费用资本化金额。

一般借款费用资本化金额
=累计资产支出超过专门借款部分的资产支出加权平均数×所占用一般借款的资本化率

其中:

累计资产支出超过专门借款部分的资产支出加权平均数
=(9 000-8 000)×6/12+2 000×3/12=1 000(万元)

一般借款费用资本化率=(4 000×6%+20 000×8%)/(4 000+20 000)=7.67%

一般借款费用资本化金额=1 000×7.67%=76.7(万元)

一般借款费用费用化金额=4 000×6%+20 000×8%-76.7=1763.3(万元)

③ 建造该项固定资产应予资本化费用。

建造该项固定资产应予资本化费用
=专门借款费用资本化金额+一般借款费用资本化金额
=490+76.7=566.7(万元)

2×21年年末应编制会计分录如下:

借:在建工程	5 667 000
财务费用	17 633 000
银行存款	300 000
贷:应付利息	23 600 000

(二) 借款辅助费用资本化金额的确定

辅助费用是企业为了安排借款而发生的必要费用,包括借款手续费(如发行债券手续费)、佣金等。如果企业不发生这些费用,就无法取得借款,因此辅助费用是企业借入款项所付出的一种代价,是借款费用的有机组成部分。

对于企业发生的专门借款辅助费用,在所购建或者生产的符合资本化条件的资产达到预定可使用或者可销售状态之前发生的,应当在发生时根据其发生额予以资本化;在所购建或者生产的符合资本化条件的资产达到预定可使用或者可销售状态之后所发生的,应当在发生时根据其发生额确认为费用,计入当期损益。上述资本化或计入当期损益的辅助费用的发生额,是指根据《企业会计准则第22号——金融工具确认和计量》,按照实际利率法所确定的金融负债交易费用对每期利息费用的调整额。借款实际利率与合同利率差异较小的,也可以采用合同利率计算确定利息费用。一般借款发生的辅助费用,也应当按照上述原则确定其发生额并进行处理。

(三) 外币专门借款汇兑差额资本化金额的确定

当企业为购建或者生产符合资本化条件的资产所借入的专门借款为外币借款时,由于企业取得外币借款日、使用外币借款日和会计结算日往往并不一致,而外汇汇率又在随时发生变化,因此,外币借款会产生汇兑差额。相应地,在借款费用资本化期间内,为购建固定资产而专门借入的外币借款所产生的汇兑差额,是购建固定资产的一项代价,应当予以资本化,计入固定资产成本。出于简化核算的考虑,借款费用准则规定,在资本化期间内,外币专门借款本金及其利息的汇兑差额,应当予以资本化,计入符合资本化条件的资产的成本。而除外币专门借款之外的其他外币借款本金及其利息所产生的汇兑差额应当作为财务费用,计入当期损益。

第六节 非流动负债在财务报告中的披露

一、非流动负债在财务报表中的列示

在资产负债表中,与非流动负债相关的项目主要有:
(1)"长期借款"项目,反映企业借入尚未归还的1年期以上(不含1年)的各种借款。
(2)"应付债券"项目,反映企业发行的尚未偿还的各种长期债券的本息。
(3)"长期应付款"项目,反映资产负债表日企业除长期借款和应付债券以外的其他各种长期应付款项的期末账面价值。
(4)"预计负债"项目,反映企业预计负债的期末余额。

二、非流动负债在附注中的披露

(1) 企业应当按长期借款的类别披露期末余额、上年年末余额等信息,其披露格式如表10-2所示。

表 10-2　　　　　　　　　长期借款分类披露的格式

	期末余额	上年年末余额
质押借款		
抵押借款		
保证借款		
信用借款		
合计		

（2）企业应当按应付债券的项目披露期末余额、上年年末余额等信息，其披露格式如表 10-3 所示。

表 10-3　　　　　　　　　　　应付债券分项目披露的格式

项目	期末余额	上年年末余额
项目 1		
项目 2		
—	—	—
合计		

此外还按应付债券名称分别列示其面值、发行日期、债券期限、发行金额、期初余额、期末余额和本期增减变动情况；按应披露预计负债的种类、形成原因、期初期末的变动情况，以及未来经济利益流出不确定的说明等。

企业还应在附注中披露与长期负债有关的借款费用的处理方法和处理依据，使会计报表使用者获得充分详细的信息。

本章小结

非流动负债包括长期借款、应付债券、其他长期负债和预计负债等。

长期借款会计处理的基本要求是反映和监督企业长期借款的借入、借款利息的结算和借款本息的归还情况。企业发行公司债券筹集资金，实际收到的款项与债券面值的差额，应当采用实际利率法在债券存续期间进行摊销，分别计入财务费用或相关资产成本。企业发行可转换公司债券筹集资金，应当在初始确认时将包含的负债成分和权益成分进行分拆，将负债成分确认为应付债券，将权益成分确认为其他权益工具。长期应付款包括以分期付款方式购入固定资产发生的应付款项等。预计负债反映企业预计负债的期末余额。

企业发生的借款费用，只有可直接归属于符合资本化条件的资产的购建或者生产的，才应当予以资本化，计入相关资产成本。否则，所发生的借款费用应当计入当期损益。企业发生的借款费用，只有在资本化期间内发生的部分才允许资本化。借款费用资本化金额的计算，应当区分所占用借款属于专门借款还是一般借款：为购建或者生产符合资本化条件的资产而借入专门借款的，借款费用资本化金额的计算应当以专门借款当期实际发生的利息费用，减去将尚未动用的借款资金存入银行取得的利息收入或进行暂时性投资取得的投资收益后的金额确定，为购建或者生产符合资本化条件的资产而占用了一般借款的，借款费用资本化金额的计算应当根据累计资产支出超过专门借款部分的资产支出加权平均数乘以所占用一般借款的资本化率计算确定。

复习思考题

1. 金融负债有何特征？如何分类？
2. 发行一般公司债券实际收到的款项与面值的差额，应当如何进行处理？

3. 发行的可转换公司债券，在初始确认时怎样将其包含的负债成分和权益成分进行分拆？

4. 什么是预计负债？核算的内容有哪些？金额如何确定？

5. 借款费用包括的内容有哪些？借款费用资本化条件有哪些？

6. 借款费用的确认原则是什么？

7. 如何确定借款利息的资本化金额？

练习题

1. 甲公司为建造一幢厂房，2×21年1月1日借入期限为三年的长期专门借款4 000 000元，款项已存入银行。借款利率为9%，每年末付息一次，期满后一次还清本金。2×21年初，以银行存款支付工程价款共计2 400 000元，2×22年年初又以银行存款支付工程费用1 600 000元。该厂房于2×22年10月底完工，达到预定可使用状态。假定不考虑闲置专门借款资金存款的利息收入或者投资收益。

要求：根据上述业务编制有关会计分录。

2. 2×18年7月1日，乙公司发行三年期、到期时一次还本付息、年利率为6%（不计复利）、发行面值总额为50 000 000元的债券，该债券按面值发行。发行债券所筹资金用于建造固定资产，2×19年12月31日工程完工。2×21年7月1日债券到期，企业用银行存款支付债券本息。

要求：编制乙公司的有关会计分录。

3. 2×21年1月1日，丙公司经批准发行5年期一次还本、分期付息的公司债券40 000 000元，债券利息在每年12月31日支付，票面利率为年利率5%。假定债券发行时的市场利率为6%。

要求：编制丙公司的有关会计分录。

4. 丁公司经批准于2×21年1月1日按面值发行5年期一次还本的可转换公司债券800 000 000元，款项已收存银行，债券票面年利率为8%，利息按年支付。债券发行1年后可转换为普通股股票，初始转股价按债券面值每100元转10股，股票面值为每股1元。假定2×22年1月1日债券持有人将持有的可转换公司债券全部转换为普通股股票，丁公司发行可转换公司债券时二级市场上与之类似的没有附带转换权的债券市场利率为10%。

要求：编制丁公司的有关会计分录。

5. 2×22年12月1日，甲公司因合同违约而被乙公司起诉。2×22年12月31日，甲公司尚未接到人民法院的判决。甲公司预计，最终的法律判决很可能对公司不利。假定预计将要支付的赔偿金额为4 000 000元至4 600 000元之间的某一金额，而且这个区间内每个金额的可能性都大致相同。

要求：编制甲公司的有关会计分录。

6. 甲公司2×21年1月1日采用出包的方式建造一栋厂房，预期两年完工。

（1）经批准，甲公司在2×21年1月1日为该项目发行面值20 000万元，期限3年，分期付息、一次还本,不得提前赎回的债券,票面利率为7%(与实际利率一致)。甲公司将建造期间未使用的闲置资金对外投资,取得固定收益,月收益率为0.3%。

(2)为建造厂房甲公司还占用一笔一般借款:2×21年1月1日,借入款项8 000万元,期限3年,年利率6%。

(3)甲公司分别于2×21年1月1日、2×21年7月1日、2×22年1月1日、2×22年7月1日支付工程进度款15 000万元、5 000万元、4 000万元和2 000万元。

(4)2×22年12月31日该厂房达到预定可使用状态。

本题所涉及利息均为每年年末计提,次年1月1日支付。假定全年按照360天计算,每月按照30天计算。

要求:(1)编制发行债券时会计分录。

(2)计算2×21年予以资本化和费用化利息金额并写出相关分录。

(3)计算2×22年予以资本化和费用化利息金额并写出相关分录。

第十一章 所有者权益

本章概要

所有者权益是指企业资产扣除负债后由所有者享有的剩余权益,包括所有者投入的资本、直接计入所有者权益的利得和损失、留存收益等。本章首先分析所有者权益的性质和分类,其次分别介绍实收资本、资本公积、其他权益工具和留存收益等所有者权益各个组成部分的性质及其会计处理方法。

学习目的与要求

通过本章学习,应当能够了解并掌握:
1. 所有者权益的概念、性质和内容;
2. 实收资本及其增减变动的核算;
3. 其他权益工具的概念及核算;
4. 资本公积的性质及核算;
5. 其他综合收益的性质及核算;
6. 盈余公积的计提、使用及其核算;
7. 未分配利润的性质及核算。

第一节 所有者权益概述

一、企业组织形式

按照企业的组织形式,企业可以分为独资企业、合伙企业和公司三种类型。

(一)独资企业

独资企业,是指企业的所有者权益归业主一人独有的企业。在独资企业里,由于企业的业主对企业债务负无限清偿责任,故所有者权益也称为业主权益。虽然从法律形式上看,独资企业拥有的财产和对外承担的债务,与业主个人另外拥有的财产和所负的债务没有什么区别,但是在会计上,仍把独资企业视为一个独立的会计主体,单独予以处理。

独资企业具有以下特征:
(1)独资企业是法律上的自然人企业,而不是法人企业;

(2) 独资企业只有一个业主,既是企业的经营者,又是企业的所有者;
(3) 独资企业的业主享有独资企业的经营利润,对企业承担无限责任。

(二)合伙企业

合伙企业,是由各合伙人订立合伙协议,共同出资、合伙经营、共享收益、共担风险,并对合伙企业债务承担无限连带责任的营利性组织。在合伙企业中,所有者权益属于合伙人共有,合伙人的出资额可以大小不等,利润按照出资额的多少或合伙协议规定分配。通常,合伙人对企业的债务负无限连带责任,而不受出资额的限制。合伙企业的所有者权益按照合伙人分设账户,分别反映每个合伙人的投资、提款及其权益余额情况。

合伙企业具有以下特征:
(1) 合伙企业是一个会计主体,但不是法人主体;
(2) 合伙人共同拥有企业的财产;
(3) 合伙人均拥有相互代理权;
(4) 合伙人对合伙企业债务负有全部清偿的责任,而不受其投资额的限制。

(三)公司

公司是由许多投资者集资创办的法人企业,在法律上具有独立性。公司是企业法人,有独立的法人财产,享有法人财产权。公司以其全部财产对公司的债务承担责任。公司的两种主要形式是有限责任公司和股份有限公司。有限责任公司的股东以其出资额为限对公司承担责任,公司以其全部资产对公司的债务承担责任。股份有限公司的全部资本分为等额股份,股东以其所持股份为限对公司承担责任,公司以其全部资产对公司的债务承担责任。

公司制企业有如下特点:
(1) 出资者可以为多人;
(2) 投资者各自以出资额或所持股份为限承担有限责任。

企业须根据以上各种形式的特点、要求,选择决定合适的企业组织形式。不同的组织形式对资产和负债的会计处理并无重大影响,但涉及所有者权益方面的会计处理却大不相同。其中公司制企业是目前应用最广泛的企业组织形式。所以,本章就有限责任公司和股份有限公司两种公司制组织形式,分别介绍所有者权益的具体核算。

二、所有者权益的性质

所有者权益是指企业资产扣除负债后由所有者享有的剩余权益。公司的所有者权益又称之为股东权益。与负债相比,两者存在明显的区别,主要表现为:

(一)对象不同

负债是企业对债权人负担的经济责任;所有者权益是企业对投资人负担的经济责任。

(二)性质不同

负债是在企业经营或其他事项中发生的债务,是债权人对其债权所享有的法定权力;所有者权益是投资者对投入的资本及其运用这些资本所产生的盈余(或亏损)所享有的权利。

(三) 偿还期限不同

负债一般有明确的偿还期限，负债到期，企业有法定的偿还义务；所有者权益一般只有在企业解散清算时，其破产财产在偿付了破产费用、债权人债务等以后，如有剩余财产，才可能还给投资者，在企业持续经营情况下，投资者一般不能收回投资。

(四) 享有的权利不同

债权人只享有收回债务本金和利息的权利，而无权参与企业的收益分配；所有者权益有收益分配权，并依其享有的股权份额，依法参与企业的经营管理。

(五) 风险程度不同

由于债权人享有按期收取利息，到期收回本金的权利，不分担债务人企业的经营风险，所以其风险程度相对较小；而所有者权益在经营过程中其金额在不断发生变化，企业赚取的收益会增加所有者权益，企业发生的亏损会减少所有者权益，投资者既有分享收益的权利，也有分担亏损的责任，因而风险程度较高。

所有者权益根据其核算的内容和要求，可分为实收资本（股本）、其他权益工具、资本公积、其他综合收益、盈余公积和未分配利润等部分。其中，盈余公积和未分配利润统称为留存收益。

第二节 实收资本

一、实收资本的概念和核算要求

实收资本是指企业按照章程规定或合同、协议约定，接受投资者投入企业的资本。实收资本的构成比例或股东的股份比例，是确定所有者在企业所有者权益中份额的基础，也是企业进行利润或股利分配的主要依据。

我国《市场主体登记管理条例》规定，除法律、行政法规或者国务院决定另有规定外，市场主体的注册资本或者出资额实行认缴登记制，以人民币表示。出资方式应当符合法律、行政法规的规定，并且公司股东、非公司企业法人出资人、农民专业合作社（联合社）成员不得以劳务、信用、自然人姓名、商誉、特许经营权或者设定担保的财产等作价出资。

我国《公司法》规定，股东可以用货币出资，也可以用实物、知识产权、土地使用权等可以用货币估价并可以依法转让的非货币财产作价出资；但是，法律、行政法规规定不得作为出资的财产除外。企业应当对作为出资的非货币财产评估作价，核实财产，不得高估或者低估作价。法律、行政法规对评估作价有规定的，从其规定。股东应当按期足额缴纳公司章程中规定的各自所认缴的出资额。股东以货币出资的，应当将货币出资足额存入有限责任公司在银行开设的账户；以非货币财产出资的，应当依法办理其财产权的转移手续。股东不按照前款规定缴纳出资的，除应当向公司足额缴纳外，还应当向已按期足额缴纳出资的股东承担违约责任。企业收到所有者投入企业的资本后，应根据有关原始凭证（如投资清单、银行通知单等），分别不同的出资方式进行会计处理。

为了反映和监督投资者投入资本的增减变动情况,企业必须按规定进行实收资本的核算。由于企业组织形式不同,对所有者投入资本的会计核算方法也不同。除股份有限公司外,其他各类企业应通过"实收资本"科目核算,股份有限公司通过"股本"科目核算。

二、实收资本的会计处理

(一) 有限责任公司实收资本

有限责任公司是指由一定数量的股东共同出资组成,股东仅就自己的出资额对公司的债务承担有限责任的公司。有限责任公司的股东不限于自然人,也可以是法人和政府。但其股东的数量有上限,有限责任公司的股东应在 50 个以下。有限责任公司对公司的资本不分为等额股份,不对外公开募集股份,不能发行股票。公司股东以其出资额承担有限责任,并享受相应的权益。公司股份的转让有严格的限制,如需转让,应在其他股东同意的条件下方可进行。按我国《公司法》的规定,可以设立一人有限责任公司。一人有限责任公司是指只有一个自然人股东或者一个法人股东的有限责任公司。

有限责任公司投入资本的核算通过"实收资本"科目,该科目属于所有者权益类科目,其贷方反映实收资本的增加,借方反映按照法定程序减少注册资本的数额,期末贷方余额反映企业实际拥有的资本数额。该科目可按投资者设置明细账,分别反映各投资者投入资本的情况。

具体核算时,有限责任公司投资者投入的资本还应按照不同情况处理:如果是新设立的有限责任公司,投资者按照有关公司章程、合同的规定投入公司的资本,应全部记入"实收资本"科目;有限责任公司增资扩股时,如有新的投资者加入,新投资者交纳的出资额大于按约定比例计算的在公司注册资本中所占的份额部分,应作为资本溢价,记入"资本公积"科目。

[例 11-1] 甲、乙、丙共同投资设立 A 有限责任公司,注册资本为 2 000 000 元,按照章程规定,甲、乙、丙持股比例分别为 60%、25% 和 15%。A 公司已如期收到各投资者一次性缴足的款项。A 有限责任公司应编制会计分录如下:

借:银行存款　　　　　　　　　　　　　　　　　　　　　　2 000 000
　　贷:实收资本——甲　　　　　　　　　　　　　　　　　1 200 000
　　　　　　　　——乙　　　　　　　　　　　　　　　　　　500 000
　　　　　　　　——丙　　　　　　　　　　　　　　　　　　300 000

[例 11-2] 甲有限责任公司于设立时接受乙公司投入不需要安装的机器设备一台。合同约定该设备价值为 1 000 000 元,增值税进项税额 130 000 元(由投资方支付税款,并提供或开具增值税专用发票,该进项税额允许抵扣)。经约定,甲有限责任公司接受乙公司的投入资本为 1 130 000 元,全部作为实收资本。合同约定的固定资产价值与公允价值相符,不考虑其他因素。甲有限责任公司应编制会计分录如下:

借:固定资产　　　　　　　　　　　　　　　　　　　　　　1 000 000
　　应交税费——应交增值税(进项税额)　　　　　　　　　　130 000
　　贷:实收资本——乙公司　　　　　　　　　　　　　　　1 130 000

[例 11-3] A 有限责任公司于设立时收到 B 公司作为资本投入的原材料一批,该批材料投资合同约定价值为 200 000 元,增值税进项税额为 26 000 元。B 公司已开具增值

税专用发票。经约定，A有限责任公司接受B公司的投入资本为226 000元，全部作为实收资本。假设合同约定的价值与公允价值相符，该进项税额允许抵扣，不考虑其他因素，A有限责任公司应编制会计分录如下：

借：原材料　　　　　　　　　　　　　　　　　　　　　　　200 000
　　应交税费——应交增值税（进项税额）　　　　　　　　　 26 000
　　贷：实收资本——B公司　　　　　　　　　　　　　　　　　　　　226 000

（二）股份有限公司实收资本

股份有限公司是指由一定数量的股东共同出资组成，股东仅就自己的出资额对公司的债务承担有限责任的公司。它与有限责任公司的重要区别就是，公司的资本总额平分为金额相等的股份，并通过公开发行股票向社会筹集资金。同时，公司的股份可以自由转让，股票可以在社会上公开交易、转让，但不能退股。股份有限公司彻底实现了所有权与经营权的分离，因此，具有筹资便利、风险分散、资本流动性好等优点。

股份有限公司设立有两种方式，即发起式和募集式。发起式设立的特点是公司的股份全部由发起人认购，不向发起人之外的任何人募集股份；募集式设立的特点是公司股份除发起人认购外，还可以采用向其他法人或自然人发行股票的方式进行募集。公司设立方式不同，筹集资本的风险也不同。发起式设立公司，其所需资本由发起人一次认足，一般不会发生设立公司失败的情况，因此，其筹资风险小。社会募集股份，其筹资对象广泛，在资本市场不景气或股票的发行价格不恰当的情况下，有发行失败（即股票未被全部认购）的可能，因此，其筹资风险大。按照有关规定，发行失败损失由发起人负担，包括承担筹建费用、公司筹建过程中的债务和对认股人已缴纳的股款支付银行同期存款利息等责任。

股份有限公司发行的股票，通过"股本"科目进行核算，其股本应该等于在核定的股本总额范围内发行股票的面值。股票发行价格可以等于票面金额，也可以超过票面金额（溢价发行），但不得低于票面金额。溢价发行股票时，股份公司应当将相当于股票面值的部分记入"股本"科目，其余部分在扣除发行手续费、佣金等发行费用后记入"资本公积"科目。

[例11-4] 某公司委托华夏证券公司代理发行普通股20 000 000股，每股面值1元，按每股5.6元的价格发行。公司与受托单位约定，按发行收入的2%收取手续费，从发行收入中扣除。假设该股票发行成功，股款已划入发行公司的银行账户。

收到股款金额为：20 000 000×5.6×(1-2%)=109 760 000（元）

应记入"资本公积"科目的金额为：109 760 000-20 000 000=89 760 000（元）

应编制会计分录如下：

借：银行存款　　　　　　　　　　　　　　　　　　　　　109 760 000
　　贷：股本　　　　　　　　　　　　　　　　　　　　　　　　　20 000 000
　　　　资本公积——股本溢价　　　　　　　　　　　　　　　　　89 760 000

三、实收资本增减变动的会计处理

我国《市场主体登记管理条例》规定，市场主体变更登记事项应当自作出变更决议、决定或者法定变更事项发生之日起30日内向登记机关申请变更登记。市场主体变更登记事项属于依法须经批准的,申请人应当在批准文件有效期内向登记机关申请变更登记。我国《公司法》也规定,公司增加或者减少注册资本,应当依法向公司登记机关办理变更登记。公司增加注册资本的,有限责任公司股东认缴新增资本的出资和股份有限公司的股东认购新股,应当分别依照《公司法》设立有限责任公司缴纳出资和设立股份有限公司缴纳股款的有关规定执行。公司法定公积金转增为注册资本的,留存的该项公积金不少于转增前公司注册资本的25%。公司需要减少注册资本时,必须编制资产负债表及财产清单,而且公司应当自作出减少注册资本决议之日起十日内通知债权人,并于三十日内在报纸上公告。

(一) 实收资本增加

1. 企业增加资本的一般途径

企业增加资本的途径一般有三条:一是接受投资者(包括原企业所有者和新投资者)投入。企业接受投资者投入的资本,借记"银行存款""固定资产""无形资产""长期股权投资"等科目,贷记"实收资本"或"股本"等科目。二是将资本公积转为实收资本或者股本。应借记"资本公积——资本溢价"或"资本公积——股本溢价"科目,贷记"实收资本"或"股本"科目。三是将盈余公积转为实收资本。应借记"盈余公积"科目,贷记"实收资本"或"股本"科目。这里要注意的是,资本公积和盈余公积均属所有者权益,转为实收资本或者股本时,企业如为独资企业的,核算比较简单,直接结转即可;如为股份有限公司和有限责任公司的,应在原投资者所持股份同比例增加各股东的股权。

[例 11-5] 甲、乙、丙三人共同投资设立 A 有限责任公司,原注册资本为 4 000 000 元,甲、乙、丙分别出资 500 000 元、2 000 000 元和 1 500 000 元。为扩大经营规模,经批准,A 公司注册资本扩大为 5 000 000 元,甲、乙、丙按照原出资比例分别追加 125 000 元、500 000 元和 375 000 元。A 公司如期收到甲、乙、丙追加的现金投资。A 公司应编制会计分录如下:

```
借:银行存款                           1 000 000
    贷:实收资本——甲                     125 000
            ——乙                     500 000
            ——丙                     375 000
```

[例 11-6] 承[例 11-5],因扩大经营规模需要,经批准,A 公司按原出资比例将资本公积 1 000 000 元转增资本。A 公司应编制会计分录如下:

```
借:资本公积                           1 000 000
    贷:实收资本——甲                     125 000
            ——乙                     500 000
            ——丙                     375 000
```

[例 11-7] 承[例 11-5]因扩大经营规模需要,经批准,A 公司按原出资比例将盈余公积 1 000 000 元转增资本。A 公司应编制会计分录如下:

```
借:盈余公积                           1 000 000
    贷:实收资本——甲                     125 000
            ——乙                     500 000
            ——丙                     375 000
```

2. 股份有限公司发放股票股利

股份有限公司采用发放股票股利实现增资的,在发放股票股利时,按照股东原来持有的股数分配,如股东所持股份按比例分配的股利不足一股时,应采用恰当的方法处理。例如,股东会决议按股票面额的10%发放股票股利时(假定新股发行价格及面额与原股相同),对于所持股票不足10股的股东,将会发生不能领取一股的情况。在这种情况下,有两种方法可供选择,一是将不足一股的股票股利改为现金股利,用现金支付;二是由股东相互转让,凑为整股。股东大会批准的利润分配方案中分配的股票股利,应在办理增资手续后,借记"利润分配"科目,贷记"股本"科目。

3. 可转换公司债券持有人行使转换权利

可转换公司债券持有人行使转换权利,将其持有的债券转换为股票,按可转换公司债券的余额,借记"应付债券——可转换公司债券(面值、利息调整)"科目,按其权益成分的金额,借记"其他权益工具"科目,按股票面值和转换的股数计算的股票面值总额,贷记"股本"科目,按其差额,贷记"资本公积——股本溢价"科目。

4. 企业将重组债务转为资本

企业将重组债务转为资本的,应按重组债务的账面余额,借记"应付账款"等科目,按债权人因放弃债权而享有本企业股份的面值总额,贷记"实收资本"或"股本"科目,按股份的公允价值总额与相应的实收资本或股本之间的差额,贷记或借记"资本公积——资本溢价"或"资本公积——股本溢价"科目,按其差额计入当期损益。

5. 以权益结算的股份支付的行权

以权益结算的股份支付换取职工或其他方提供服务的,应在行权日,按根据实际行权情况确定的金额,借记"资本公积——其他资本公积"科目,按应计入实收资本或股本的金额,贷记"实收资本"或"股本"科目。

(二) 实收资本减少

企业实收资本减少的原因大体有两种,一是资本过剩;二是企业发生重大亏损而需要减少实收资本。企业因资本过剩而减资,一般要发还股款。有限责任公司和一般企业发还投资的会计处理比较简单,按法定程序报经批准减少注册资本的,借记"实收资本"科目,贷记"库存现金""银行存款"等科目。

股份有限公司由于采用的是发行股票的方式筹集股本,发还股款时,则要回购发行的股票,发行股票的价格与股票面值可能不同,回购股票的价格也可能与发行价格不同,会计处理较为复杂。股份有限公司采用收购本公司股票方式减资的,通过"库存股"科目核算回购股份的金额。股份有限公司因减少注册资本而回购本公司股份的,应按实际支付的金额,借记"库存股"科目,贷记"银行存款"等科目。注销库存股时,应按股票面值和注销股数计算的股票面值总额,借记"股本"科目,按注销库存股的账面余额,贷记"库存股"科目,按其差额,冲减股票发行时原记入资本公积的溢价部分,借记"资本公积——股本溢价"科目,回购价格超过上述冲减"股本"及"资本公积——股本溢价"科目的部分,应依次借记"盈余公积""利润分配——未分配利润"等科目;如回购价格低于回购股份所对应的股本,所注销库存股的账面余额与所冲减股本的差额作为增加股本溢价处理,按回购股份所对应的股本面值,借记"股本"科目,按注销库存股的账面余额,贷记"库存股"科目,按其差额,贷记"资本公积——股本溢价"科目。

[例 11-8] 甲股份有限公司截至 2×21 年 12 月 31 日共发行股票 100 000 000 股,面值为 1 元,资本公积(股本溢价)30 000 000 元,盈余公积 40 000 000 元。经股东大会批准,甲公司以现金回购本公司股票 20 000 000 股并注销。假定甲公司按每股 2 元回购股票,不考虑其他因素,甲公司应编制会计分录如下:

(1) 回购本公司股票时:

库存股的成本 = 20 000 000×2 = 40 000 000(元)

借:库存股　　　　　　　　　　　　　　　　　　　　　40 000 000
　　贷:银行存款　　　　　　　　　　　　　　　　　　　　　40 000 000

(2) 注销本公司股票时:

借:股本　　　　　　　　　　　　　　　　　　　　　　20 000 000
　　资本公积——股本溢价　　　　　　　　　　　　　　　20 000 000
　　贷:库存股　　　　　　　　　　　　　　　　　　　　　40 000 000

[例 11-9] 承[例 11-8],假定甲公司按每股 3 元回购股票,其他条件不变,应编制会计分录如下:

(1) 回购本公司股票时:

库存股的成本 = 20 000 000×3 = 60 000 000(元)

借:库存股　　　　　　　　　　　　　　　　　　　　　60 000 000
　　贷:银行存款　　　　　　　　　　　　　　　　　　　　　60 000 000

(2) 注销本公司股票时:

借:股本　　　　　　　　　　　　　　　　　　　　　　20 000 000
　　资本公积——股本溢价　　　　　　　　　　　　　　　30 000 000
　　盈余公积　　　　　　　　　　　　　　　　　　　　10 000 000
　　贷:库存股　　　　　　　　　　　　　　　　　　　　　60 000 000

[例 11-10] 承[例 11-8],假定甲公司按每股 0.9 元回购股票,其他条件不变,应编制会计分录如下:

(1) 回购本公司股票时:

库存股的成本 = 20 000 000×0.9 = 18 000 000(元)

借:库存股　　　　　　　　　　　　　　　　　　　　　18 000 000
　　贷:银行存款　　　　　　　　　　　　　　　　　　　　　18 000 000

(2) 注销本公司股票时:

借:股本　　　　　　　　　　　　　　　　　　　　　　20 000 000
　　贷:库存股　　　　　　　　　　　　　　　　　　　　　18 000 000
　　　　资本公积——股本溢价　　　　　　　　　　　　　　2 000 000

第三节

其他权益工具和资本公积

一、其他权益工具

（一）权益工具

权益工具是指能证明拥有某个企业在扣除所有负债后的资产中的剩余权益的合同。在同时满足下列条件的情况下，企业应当将发行的金融工具分类为权益工具：

（1）该金融工具应当不包括交付现金或其他金融资产给其他方，或在潜在不利条件下与其他方交换金融资产或金融负债的合同义务；

（2）将来须用或可用企业自身权益工具结算该金融工具。如为非衍生工具，该金融工具应当不包括交付可变数量的自身权益工具进行结算的合同义务；如为衍生工具，企业只能通过以固定数量的自身权益工具交换固定金额的现金或其他金融资产结算该金融工具。

（二）其他权益工具

其他权益工具是指企业发行的除普通股以外的归类为权益工具的各种金融工具。如企业发行的分类为权益工具的优先股等。

（三）其他权益工具的会计处理

如果企业有其他权益工具，则需要在所有者权益类科目中增设"其他权益工具"科目核算该类业务。企业发行优先股收到的价款登记在该科目的贷方，可转换优先股转换为普通股的账面价值登记在该科目的借方，贷方余额反映发行在外的优先股账面价值。

[例11-11] 某公司发行归类于权益工具的可转换优先股1 800 000股，实际收到价款2 520 000元。应编制会计分录如下：

借：银行存款　　　　　　　　　　　　　　　　　　　　2 520 000
　　贷：其他权益工具——优先股　　　　　　　　　　　　　　2 520 000

二、资本公积

（一）资本公积的概述

资本公积是企业收到投资者的超出其在企业注册资本（或股本）中所占份额的投资等。资本公积包括资本溢价（或股本溢价）和其他资本公积等。

资本溢价（或股本溢价）是企业收到投资者的超出其在企业注册资本（或股本）中所占份额的投资。形成资本溢价（或股本溢价）的原因有溢价发行股票、投资者超额缴入资本等。

其他资本公积，是指除资本溢价（或股本溢价）项目以外所形成的资本公积。

（二）资本公积的会计处理

为了核算企业资本公积的增减变动情况，企业应设置"资本公积"科目。该科目的贷方核算企业资本公积增加数额,借方核算企业资本公积减少数额,期末贷方余额为企业资本公积结余数额。资本公积一般应设置"资本(或股本)溢价""其他资本公积"明细科目进行明细核算。

1. 资本溢价或股本溢价

(1) 资本溢价。

除股份有限公司外的其他类型的企业,在企业创立时,投资者认缴的出资额与注册资本一致,一般不会产生资本溢价,出资者认缴的出资额全部记入"实收资本"科目。但在企业重组并有新的投资者加入时,常常会出现资本溢价。这是因为,在企业正常经营过程中投入的资金虽然与企业创立时投入的资金在数量上一致,但其获利能力却不一致。企业创立时,要经过筹建、试生产经营、为产品寻找市场、开辟市场等过程,从投入资金到取得投资回报,中间需要许多时间,并且这种投资具有风险性,在这个过程中资本利润率很低。而企业进行正常生产经营后,在正常情况下,资本利润率要高于企业初创阶段。而这高于初创阶段的资本利润率是初创时必要的垫支资本带来的,企业创办者为此付出了代价。因此,相同数量的投资,由于出资时间不同,其对企业的影响程度不同,由此而带给投资者的权利也不同,往往早期出资带给投资者的权利要大于后期出资带给投资者的权利。所以,新加入的投资者要付出大于原有投资者的出资额,才能取得与原有投资者相同的投资比例。另外,不仅原投资者原有投资从质量上发生了变化,就是从数量上也可能发生变化,这是因为企业经营过程中实现利润的一部分留在企业,形成留存收益,而留存收益也属于投资者权益,但其未转入实收资本。新加入的投资者如与原投资者共享这部分留存收益,也要求其付出大于原有投资者的出资额,才能取得与原有投资者相同的投资比例。投资者投入的资本中按其投资比例计算的出资额部分,应记入"实收资本"科目,大于部分应记入"资本公积"科目。

[例11-12] 甲有限责任公司注册资本3 000 000元,由A、B、C三位股东各出资1 000 000元设立。一年后,为扩大经营规模,经批准,甲有限责任公司注册资本增加到4 000 000元。此时又有投资者D有意参加该企业,并表示愿意出资1 800 000元,而仅占该企业股份的25%。甲有限责任公司已收到该现金投资,应编制会计分录如下:

借:银行存款　　　　　　　　　　　　　　　　　　　1 800 000
　　贷:实收资本——D　　　　　　　　　　　　　　　　1 000 000
　　　　资本公积——资本溢价　　　　　　　　　　　　　800 000

(2) 股本溢价。

股份有限公司是以发行股票的方式筹集股本的,股票可按面值发行,也可按溢价或折价发行,但我国目前不允许折价发行股票。由于股东按其所持股份享有权利和承担义务,为了反映和便于计算各股东所持股份占全部股本的比例,股本总额应按股票的面值与股份总数的乘积计算。在采用面值发行股票的情况下,发行股票取得的收入,应全部记入"股本"科目;在采用溢价发行股票的情况下,发行股票取得的收入,相当于股票面值的部分记入"股本"科目,超出股票面值的溢价收入记入"资本公积"科目。委托证券商代理发行股票而支付的手续费、佣金等,应从溢价发行收入中扣除,企业应按扣除手续费、佣金后的数额记入"资本公积"科目。与其他类型企业不同的是,股份有限公司在成立时可能会溢价发行股票,因而在成立之初,就可能会产生股本溢价。

[例11-13] 甲股份有限公司委托某证券公司代理发行普通股10 000 000股,每股面值1元,每股发行价格5元,双方约定,按发行收入的3%收取手续费,从发行收入中扣除。假定收到的股款已存入银行。甲股份有限公司应编制会计分录如下:

借:银行存款　　　　　　　　　　　　　　　　48 500 000
　贷:股本　　　　　　　　　　　　　　　　　　　10 000 000
　　　资本公积——股本溢价　　　　　　　　　　　38 500 000

2. 其他资本公积

其他资本公积,是指除资本溢价(或股本溢价)项目以外所形成的资本公积。

(1) 以权益结算的股份支付。

以权益结算的股份支付换取职工或其他方提供服务的,应按照确定的金额,记入"管理费用"等科目,同时增加资本公积(其他资本公积)。在行权日,应按实际行权的权益工具数量计算确定的金额,借记"资本公积——其他资本公积"科目,按计入实收资本或股本的金额,贷记"实收资本"或"股本"科目,并将其差额记入"资本公积——资本溢价"或"资本公积——股本溢价"。

(2) 采用权益法核算的长期股权投资。

长期股权投资采用权益法核算的,被投资单位除净损益、其他综合收益和利润分配以外的所有者权益的其他变动,投资企业按持股比例计算应享有的份额,应当增加或减少长期股权投资的账面价值,同时增加或减少资本公积(其他资本公积)。当处置采用权益法核算的长期股权投资时,应当将原记入资本公积(其他资本公积)的相关金额转入投资收益(除不能转入损益的项目外)。

3. 资本公积转增资本

按照《公司法》的规定,公司可以将资本公积用于转增公司资本。经股东大会或类似机构决议用资本公积转增资本,并办理完毕相关的资本公积转增资本手续之后,公司应冲减资本公积,同时按照转增前的实收资本(或股本)的结构或比例,将转增的金额记入"实收资本"(或"股本")科目下各所有者的明细分类账。

第四节 其他综合收益和留存收益

一、其他综合收益

其他综合收益,是指企业根据其他会计准则规定未在当期损益中确认的各项利得和损失。包括以后会计期间不能重分类进损益的其他综合收益和以后会计期间满足规定条件时将重分类进损益的其他综合收益两类。

不能重分类进损益的其他综合收益项目,主要包括:

(1) 重新计量设定受益计划变动额;

(2) 权益法下不能转损益的其他综合收益;

(3) 其他权益工具投资公允价值变动;

（4）企业自身信用风险公允价值变动。

将重分类进损益的其他综合收益，主要包括：
（1）权益法下可转损益的其他综合收益；
（2）其他债权投资公允价值变动；
（3）金融资产重分类计入其他综合收益的金额；
（4）其他债权投资信用减值准备；
（5）现金流量套期储备；
（6）外币财务报表折算差额。

其他综合收益的会计处理已在相关章节介绍，本章不再赘述。

二、留存收益的组成及其用途

留存收益是指企业从历年实现的利润中提取或形成的留存于企业的内部积累。留存收益来源于企业在生产经营活动中所实现的净利润。它与实收资本和资本公积的区别在于，实收资本和资本公积主要来源于企业的资本投入，而留存收益则来源于企业的资本增值。留存收益主要包括盈余公积和未分配利润两类。

（一）盈余公积

1. 盈余公积的形成

根据《公司法》等有关法规的规定，企业当年实现的净利润，一般应当按照如下顺序进行分配：

（1）提取法定公积金。公司制企业的法定公积金按照税后利润的10%的比例提取（非公司制企业也可按照超过10%的比例提取），在计算提取法定盈余公积的基数时，不应包括企业年初未分配利润。公司法定公积金累计额为公司注册资本的50%以上时，可以不再提取法定公积金。

公司的法定公积金不足以弥补以前年度亏损的，在提取法定公积金之前，应当先用当年利润弥补亏损。

（2）提取任意公积金。公司从税后利润中提取法定公积金后，经股东会或者股东大会决议，还可以从税后利润中提取任意公积金。非公司制企业经类似权力机构批准，也可提取任意盈余公积。

（3）向投资者分配利润或股利。公司弥补亏损和提取公积金后所余税后利润，有限责任公司股东按照实缴的出资比例分取红利，但是，全体股东约定不按照出资比例分取红利的除外；股份有限公司按照股东持有的股份比例分配，但股份有限公司章程规定不按持股比例分配的除外。

股东会、股东大会或者董事会违反规定，在公司弥补亏损和提取法定公积金之前向股东分配利润的，股东必须将违反规定分配的利润退还公司。公司持有的本公司股份不得分配利润。

盈余公积是指企业按照规定从净利润中提取的各种积累资金。公司制企业的盈余公积分为法定盈余公积和任意盈余公积。两者的区别就在于其各自计提的依据不同。前者以国家的法律或行政规章为依据提取；后者则由企业自行决定提取。

2. 盈余公积的用途

企业提取盈余公积主要可以用于以下几个方面：

（1）弥补亏损。企业发生亏损时，应由企业自行弥补。弥补亏损的渠道主要有三条：一是用以后年度税前利润弥补。按照现行制度规定，企业发生亏损时，可以用以后五年内实现的税前利润弥补，即税前利润弥补亏损的期间为五年。二是用以后年度税后利润弥补。企业发生的亏损经过五年期间未弥补足额的，尚未弥补的亏损应用所得税后的利润弥补。三是以盈余公积弥补亏损。企业以提取的盈余公积弥补亏损时，应当由公司董事会提议，并经股东大会批准。

（2）转增资本。企业将盈余公积转增资本时，必须经股东大会决议批准。在实际将盈余公积转增资本时，要按股东原有持股比例结转。企业提取的盈余公积，无论是用于弥补亏损，还是用于转增资本，只不过是在企业所有者权益内部作结构上的调整，比如企业以盈余公积弥补亏损时，实际是减少盈余公积留存的数额，以此抵补未弥补亏损的数额，并不引起企业所有者权益总额的变动；企业以盈余公积转增只是盈余公积结存的数额，但同时增加企业实收资本或股本的数额，也并不引起所有者权益总额的变动。

（3）扩大企业生产经营。盈余公积的用途，并不是指其实际占用形态，提取盈余公积也并不是单独将这部分资金从企业资金周转过程中抽出。企业盈余公积的结存数，实际只表现为企业所有者权益的组成部分，表明企业生产经营资金的一个来源而已。其形成的资金可能表现为一定的货币资金，也可能表现为一定的实物资产，如存货和固定资产等，随同企业的其他来源所形成的资金进行循环周转，用于企业的生产经营。

3. 盈余公积的会计处理

为了反映和监督企业盈余公积的提取形成和使用等增减变动情况，企业应设置"盈余公积"科目，并且分别"法定盈余公积""任意盈余公积"明细科目进行明细核算。该科目贷方登记企业按规定提取的盈余公积，借方登记企业用盈余公积弥补亏损或转增资本等而减少的盈余公积数额，期末贷方余额表示企业提取尚未转出的盈余公积结存数。

（1）提取盈余公积。

企业按规定提取盈余公积时，应当按照提取的各项盈余公积金额，借记"利润分配——提取法定盈余公积、提取任意盈余公积"科目，贷记"盈余公积——法定盈余公积、任意盈余公积"科目。

[例11-14] 甲股份有限公司本年实现净利润6 000 000元，年初未分配利润为0。经股东大会批准，按当年净利润的10%提取法定盈余公积。假定不考虑其他因素，应编制会计分录如下：

借：利润分配——提取法定盈余公积　　　　　　　　　600 000
　　贷：盈余公积——法定盈余公积　　　　　　　　　　　600 000

（2）用盈余公积弥补亏损。

用盈余公积弥补亏损时，应借记"盈余公积"科目，贷记"利润分配——盈余公积补亏"科目。

[例11-15] 经股东大会批准，甲股份有限公司用以前年度提取的盈余公积弥补当年亏损，当年弥补亏损的数额为680 000元。假定不考虑其他因素，应编制会计分录如下：

借：盈余公积　　　　　　　　　　　　　　　　　　　　　　680 000
　　贷：利润分配——盈余公积补亏　　　　　　　　　　　　　　680 000

（3）用盈余公积转增资本（或股本）。

用盈余公积转增资本时，应按照实际用于转增的盈余公积金额，借记"盈余公积"科目，贷记"实收资本"或"股本"科目。

[例11-16]　因扩大经营规模需要，经股东大会批准，乙股份有限公司将盈余公积500 000元转增资本。假定不考虑其他因素，应编制会计分录如下：

借：盈余公积　　　　　　　　　　　　　　　　　　　　　　500 000
　　贷：股本　　　　　　　　　　　　　　　　　　　　　　　500 000

（二）未分配利润

未分配利润是企业留待以后年度进行分配的结存利润，也是企业所有者权益的组成部分。相对于所有者权益的其他部分来讲，企业对于未分配利润的使用分配有较大的自主权。从数量上来讲，未分配利润是期初未分配利润，加实现的净利润，减去提取的各种盈余公积和分出利润后的余额。

为了反映历年累积的未分配利润情况，企业应设置"利润分配"科目，并根据利润分配的具体内容设置"提取法定盈余公积""提取任意盈余公积""应付现金股利或利润""转作股本的股利""盈余公积补亏""未分配利润"等进行明细核算。

企业期末结转利润时，应将各损益类科目的余额转入"本年利润"科目，结平各损益类科目。结转后"本年利润"的贷方余额为当期实现的净利润，借方余额为当期发生的净亏损。年度终了，应将本年收入和支出相抵后结出的本年实现的净利润或净亏损，转入"利润分配——未分配利润"科目。同时，将"利润分配"科目所属的其他明细科目的余额，转入"利润分配——未分配利润"明细科目。结转后，"利润分配——未分配利润"明细科目的贷方余额，就是未分配利润的金额；如出现借方余额，则表示未弥补亏损的金额。"利润分配"科目所属的其他明细科目应无余额。

企业如果在当年发生亏损，应当将本年发生的亏损自"本年利润"科目转入"利润分配——未分配利润"科目，借记"利润分配——未分配利润"科目，贷记"本年利润"科目。这样，企业以前年度的未分配利润减少，结转后"利润分配——未分配利润"科目如果出现借方余额，即为未弥补亏损的数额。对于该未弥补亏损可以用以后年度实现的税前利润进行弥补，但弥补期限不得超过5年。当企业将实现的利润弥补以前年度亏损时，企业需将当年实现的利润自"本年利润"科目的借方转入"利润分配——未分配利润"科目的贷方，"利润分配——未分配利润"科目的贷方发生额与"利润分配——未分配利润"科目的借方余额自然抵补。所以，以当年实现的净利润弥补以前年度结转的未弥补亏损时，实际上并不需要进行专门的账务处理。

[例11-17]　甲公司在2×18年发生亏损3 000 000元。在年度终了时，企业应结转本年发生的亏损，编制会计分录如下：

借：利润分配——未分配利润　　　　　　　　　　　　　　3 000 000
　　贷：本年利润　　　　　　　　　　　　　　　　　　　　3 000 000

假定2×19年至2×23年，该公司每年均实现利润600 000元。按规定公司在发生亏损后的五年内可以税前利润弥补亏损。假设不考虑其他因素，该公司在2×19年至2×23

年均可用税前利润弥补亏损。所以,该公司在2×19年至2×23年的年度终了时,应编制会计分录如下:

借:本年利润　　　　　　　　　　　　　　　　　　　　　　600 000
　　贷:利润分配——未分配利润　　　　　　　　　　　　　　　　600 000

第五节　所有者权益在财务报告中的披露

一、所有者权益在财务报表中的列示

在资产负债表中,与所有者权益相关的项目主要有:
(1)"实收资本(或股本)"项目,反映企业各投资者实际投入的资本(或股本)总额。
(2)"其他权益工具"项目,反映资产负债表日企业发行在外的除普通股以外分类为权益工具的金融工具的期末账面价值。
(3)"资本公积"项目,反映企业资本公积的期末余额。
(4)"库存股"项目,反映企业持有尚未转让或注销的本公司股份金额。
(5)"其他综合收益"项目,反映企业其他综合收益的期末余额。
(6)"盈余公积"项目,反映企业盈余公积的期末余额。
(7)"未分配利润"项目,反映企业尚未分配的利润。

同时,企业还应当编制所有者权益变动表。在本年增减变动金额项目中应当单独列示反映下列信息的项目:
(1)综合收益。
(2)所有者投入和减少资本。
(3)利润分配。
(4)所有者权益内部结转。

二、所有者权益在附注中的披露

需要说明的是,所有者权益变动表采用文字和数字描述相结合的方式进行披露,因此,在一般企业报表附注中就不再披露与所有者权益有关的其他信息。

所有者权益是指企业资产扣除负债后由所有者享有的剩余权益,可分为实收资本(或股本)、资本公积、其他权益工具、其他综合收益、盈余公积和未分配利润等部分。实收资本(或股本)是指投资者按照企业章程的规定或合同、协议的约定,投入企业的资本。实收资本(或股本)的构成比例通常是确定所有者在企业所有者权益中所占份额的依据,也是企业进行利润或股利分配的主要依据。资本公积是企业收到投资者的超出其在企业注

册资本(或股本)中所占份额的投资,包括资本溢价(或股本溢价)和其他资本公积。其他权益工具反映企业发行在外的除普通股以外分类为权益工具的金融工具的期末账面价值。其他综合收益反映直接计入所有者权益的利得和损失。留存收益是指企业从历年实现的利润中提取或形成的留存于企业的内部积累,来源于企业在生产经营活动中所实现的净利润,主要包括盈余公积和未分配利润。

1. 什么是所有者权益?所有者权益与负债的区别有哪些?
2. 股份有限公司的设立方式有哪些?其各自的特点是什么?
3. 股东投入资本的形式有哪些?
4. 资本公积的来源是什么?
5. 什么是直接计入所有者权益的利得和损失?
6. 企业提取的盈余公积主要的用途有哪些?

1. A 有限责任公司由甲、乙、丙三位股东各自出资 100 万元设立。设立时的实收资本为 300 万元。经过三年的经营,该企业留存收益为 150 万元。为扩大规模,经批准,A 公司注册资本增加到 400 万元。丁投资者愿意加入该公司,并表示愿意出资 180 万元,而仅占该公司股份的 25%。

要求:为 A 公司编制相应的会计分录。

2. 2×21 年 1 月 1 日,某股份有限公司资产负债表中股东权益各项目年初余额为股本 3 000 万元,资本公积 4 000 万元,盈余公积 400 万元,未分配利润 2 000 万元。2×21 年公司发生相关业务资料如下:

(1) 经股东大会批准,宣告发放 2×20 年度现金股利 1 500 万元。
(2) 经股东大会批准已履行相应增资手续,将资本公积 3 000 万元转增股本。
(3) 经批准增资扩股。委托证券公司发行普通股 400 万股,每股面值 1 元,每股发行价 6 元,按照发行价的 3% 向证券公司支付相关发行费用(不考虑增值税)。

要求:根据上述资料,不考虑其他因素,编制相应的会计分录。

3. B 股份有限公司截至 2×22 年 12 月 31 日共发行股票 30 000 万股,面值为 1 元,资本公积(股本溢价)600 万元,盈余公积 400 万元。经股东大会批准,B 公司以现金回购本公司股票 300 万股并注销。(1) 假定 B 公司按每股 4 元回购股票;(2) 假定 B 公司按每股 0.9 元回购股票。

要求:不考虑其他因素,为 B 公司编制相应的会计分录。

4. 长江公司 2×21 年实现净利润 5 000 万元。该公司董事会提出以下议案:

(1) 利润分配方案:提取法定盈余公积金 500 万元,分配现金股利 2 000 万元,分配股票股利 2 000 万元(分配 2 000 万股,每股面值 1 元)。

（2）以 2×21 年 12 月 31 日的总股本 10 000 万股为基数，使用资本公积中的股票发行溢价转增股本，每 10 股转增 3 股，计 3 000 万股。

2×22 年 3 月 5 日该公司召开股东大会，审议董事会提出的议案，决定将全部现金股利改为股票股利，其余利润分配方案及资本公积转增股本方案保持不变。股东大会通过的上述方案于 2×22 年 3 月 10 日实施。

要求：根据上述资料编制上述相关业务的会计分录。

第十二章 收入、费用和利润

本章概要

收入是企业获取利润的源泉,费用是企业获取利润过程中付出的代价,利润是企业经营的最终成果,企业实现的净利润要按照一定的程序进行分配。本章首先介绍了收入的概念,根据2017版收入准则的内容介绍了收入确认和计量原则,以及收入的核算;然后介绍营业成本、期间费用及所得税费用的基本内容和核算方法;最后介绍利润形成和利润分配的基本原理和核算方法。

学习目的与要求

通过本章学习,应当能够了解并掌握:
1. 收入的概念、收入确认和计量原则;
2. 一般交易和特定交易的核算;
3. 费用的概念和核算;
4. 生产成本的核算;
5. 期间费用的内容及其核算;
6. 利润的概念及其构成;
7. 其他收益、营业外收支的核算;
8. 所得税会计的基本原理;
9. 利润分配的核算。

第一节 收 入

一、收入概述

在市场经济条件下,追求利润最大化已成为企业经营的主要目标之一。收入是利润的来源,因此,获取收入是企业日常经营活动中最主要的目标之一,通过获得的收入补偿为此而发生的支出,以获得一定的利润。

(一) 收入的概念

我国《企业会计准则第14号——收入》对收入的定义是:企业在日常活动中形成的、会导致所有者权益增加的、与所有者投入资本无关的经济利益的总流入。其中,"日常活动"是指企业为完成其经营目标所从事的经常性活动以及与之相关的其他活动。例如,工业企业制造并销售产品、商品流通企业销售商品、咨询公司提供咨询服务、软件公司为客户开发软件、安装公司提供安装服务、建筑企业提供建造服务等,均属于企业的日常活动;日常活动所形成的经济利益的流入应当确认为收入。

本章适用于企业通过与客户之间的合同取得的收入。客户,是指与企业订立合同以向该企业购买其日常活动产出的商品并支付对价的一方,因此不涉及企业对外出租资产收取的租金、进行债权投资收取的利息、进行股权投资取得的现金股利、保险合同取得的保费收入等。企业以存货换取客户的存货、固定资产、无形资产以及长期股权投资等,按照本章进行会计处理;其他非货币性资产交换,按照相关准则的规定进行会计处理。企业处置固定资产、无形资产等,在确定处置时点以及计量处置损益时,按照本章的有关规定进行处理。除非特别说明,本章所称商品,既包括商品,也包括服务。

(二) 收入的分类

按照企业经营业务的主次分类,可以将收入分为主营业务收入和其他业务收入。

1. 主营业务收入

不同行业其主营业务收入所包括的内容也不同:工业企业的主营业务收入包括销售商品、自制半成品、代制品、代修品、提供工业性作业等所取得的收入;商品流通企业的主营业务收入主要包括销售商品所取得的收入;酒店业的主营业务收入主要包括客房收入、餐饮收入等。主营业务收入一般占企业营业收入的比重较大,对企业的经济效益产生较大的影响。

2. 其他业务收入

其他业务收入主要包括转让技术取得的收入、销售材料取得的收入、包装物出租收入等。其他业务收入一般占企业营业收入的比重较小。

(三) 关于收入确认的原则

企业确认收入的方式应当反映其向客户转让商品的模式,收入的金额应当反映企业因转让这些商品而预期有权收取的对价金额。

企业应当在履行了合同中的履约义务,即在客户取得相关商品控制权时确认收入。取得相关商品控制权,是指能够主导该商品的使用并从中获得几乎全部的经济利益,也包括有能力阻止其他方主导该商品的使用并从中获得经济利益。

取得商品控制权同时包括下列三项要素:

一是能力,即客户必须拥有现时权利,能够主导该商品的使用并从中获得几乎全部经济利益。

二是主导该商品的使用。客户有能力主导该商品的使用,是指客户有权使用该商品,或者能够允许或阻止其他方使用该商品。

三是能够获得几乎全部的经济利益。商品的经济利益,是指该商品的潜在现金流量,既包括现金流入的增加,也包括现金流出的减少。

二、收入的确认和计量

收入的确认和计量大致分为五步:第一步,识别与客户订立的合同;第二步,识别合同中的单项履约义务;第三步,确定交易价格;第四步,将交易价格分摊至各单项履约义务;第五步,履行各单项履约义务时确认收入。其中,第一步、第二步和第五步主要与收入的确认有关,第三步和第四步主要与收入的计量有关。

(一) 识别与客户订立的合同

本章所称合同,是指双方或多方之间订立有法律约束力的权利义务的协议。合同包括书面形式、口头形式以及其他形式(如隐含于商业惯例或企业以往的习惯做法中等)。

企业与客户之间的合同同时满足下列五项条件的,企业应当在履行了合同中的履约义务,即在客户取得相关商品控制权时确认收入:一是合同各方已批准该合同并承诺将履行各自义务;二是该合同明确了合同各方与所转让商品相关的权利和义务;三是该合同有明确的与所转让商品相关的支付条款;四是该合同具有商业实质,即履行该合同将改变企业未来现金流量的风险、时间分布或金额;五是企业因向客户转让商品而有权取得的对价很可能收回。

企业在进行上述判断时,需要注意以下三点:

一是合同约定的权利和义务是否具有法律约束力,需要根据企业所处的法律环境和实务操作进行判断。

二是合同具有商业实质,是指履行该合同将改变企业未来现金流量的风险、时间分布或金额。

三是企业在评估其因向客户转让商品而有权取得的对价是否很可能收回时,仅应考虑客户到期时支付对价的能力和意图(即客户的信用风险)。企业预期很可能无法收回全部合同对价时,应当判断其原因是客户的信用风险还是企业向客户提供了价格折让所致。提供价格折让的,应当在估计交易价格时进行考虑。

对于不符合上述五项条件的合同,企业只有在不再负有向客户转让商品的剩余义务(例如,合同已完成或取消),且已向客户收取的对价(包括全部或部分)无须退回时,才能将已收取的对价确认为收入;否则,应当将已收取的对价作为负债进行会计处理。其中,企业向客户收取无须退回的对价的,应当在已经将该部分对价所对应的商品的控制权转移给客户,并已经停止向客户转让额外的商品,且也不再负有此类义务时;或者,相关合同已经终止时,将该部分对价确认为收入。

[例12-1] 甲房地产开发公司与乙公司签订合同,向其销售一栋建筑物,合同价款为100万元。该建筑物的成本为60万元,乙公司在合同开始日即取得了该建筑物的控制权。根据合同约定,乙公司在合同开始日支付了5%的保证金5万元,并就剩余95%的价款与甲公司签订了不附追索权的长期融资协议,如果乙公司违约,甲公司可重新拥有该建筑物,即使收回的建筑物不能涵盖所欠款项的总额,甲公司也不能向乙公司索取进一步的赔偿。

乙公司计划在该建筑物内开设一家餐馆。但是,在该建筑物所在的地区,餐饮行业面临激烈的竞争,且乙公司缺乏餐饮行业的经营经验。

本例中,乙公司计划以该餐馆产生的收益偿还甲公司的欠款,除此之外并无其他的经济来源,乙公司也未对该笔欠款设定任何担保。如果乙公司违约,甲公司虽然可重新拥有该建筑物,但即使收回的建筑物不能涵盖所欠款项的总额,甲公司也不能向乙公司索取进一步的赔偿。因此,甲公司对乙公司还款的能力和意图存在疑虑,认为该合同不满足合同价款很可能收回的条件。甲公司应当将收到的5万元确认为一项负债。

(二) 识别合同中的单项履约义务

履约义务,是指合同中企业向客户转让可明确区分商品的承诺。

下列情况下,企业应当将向客户转让商品的承诺作为单项履约义务:一是企业向客户转让可明确区分商品的承诺;二是企业向客户转让一系列实质相同且转让模式相同的、可明确区分商品的承诺。

1. 企业向客户转让可明确区分商品的承诺

企业向客户承诺的商品同时满足下列两项条件的,应当作为可明确区分的商品:

(1) 客户能够从该商品本身或从该商品与其他易于获得资源一起使用中受益,即该商品本身能够明确区分。

当客户能够使用、消耗或以高于残值的价格出售商品,或者以能够产生经济利益的其他方式持有商品时,表明客户能够从该商品本身获益。其他易于获得的资源,是指企业单独销售的商品,或者客户已经从企业获得的资源或从其他交易或事项中获得的资源。

(2) 企业向客户转让该商品的承诺与合同中其他承诺可单独区分,即转让该商品的承诺在合同中是可明确区分的。

企业确定了商品本身能够明确区分后,还应当在合同层面继续评估转让该商品的承诺是否与合同中其他承诺彼此之间可明确区分。下列情形通常表明企业向客户转让商品的承诺与合同中的其他承诺不可单独区分:

一是企业需提供重大的服务以将该商品与合同中承诺的其他商品进行整合,形成合同约定的某个或某些组合产出转让给客户。

例如,企业为客户建造写字楼的合同中,企业向客户提供的单项商品可能包括砖头、水泥、人工等,虽然这些单项商品本身都能够使客户获益(如客户可将这些建筑材料以高于残值的价格出售,也可以将其与其他建筑商提供的材料或人工等资源一起使用),但是,在该合同下,乙公司向客户承诺的是为其建造一栋办公楼,而并非提供这些砖头、水泥和人工等,乙公司需提供重大的服务将这些单项商品进行整合,以形成合同约定的一项组合产出(即写字楼)转让给客户。因此,在该合同中,砖头、水泥和人工等商品彼此之间不能单独区分。企业应将合同中承诺的所有商品和服务,作为单一履约义务进行会计处理。

二是该商品将对合同中承诺的其他商品予以重大修改或定制。

即实质上每一项商品将被整合在一起以生产合同约定的组合产出。

例如,企业承诺向客户提供其开发的一款现有软件,并提供安装服务,但是企业在安装过程中需要在该软件现有基础上对其进行定制化的重大修改,为该软件增加重要的新功能,以使其能够与客户现有的信息系统相兼容。在这种情况下,转让软件的承诺与提供定制化重大修改的承诺在合同层面是不可明确区分的。

三是该商品与合同中承诺的其他商品具有高度关联性。即合同中承诺的每一单项商品均受到合同中其他商品的重大影响。合同中包含多项商品时,如果企业无法通过单独交付其中的某一单项商品而履行其合同承诺,可能表明合同中的这些商品会受到彼此的重大影响。

例如,企业承诺为客户设计一种实验性的新产品并负责生产10个样品,企业在生产和测试样品的过程中需要对产品的设计进行不断的修正,导致已生产的样品均可能需要进行不同程度的返工。当企业预计由于设计的不断修正,大部分或全部拟生产的样品均可能需要进行一些返工时,在不对生产造成重大影响的情况下,由于提供设计服务与提供样品生产服务产生的风险不可分割,客户没有办法选择仅购买设计服务或者仅购买样品生产服务,因此,企业提供的设计服务和生产样品的服务是不断交替反复进行的,两者高度关联,在合同层面是不可明确区分的。

2. 企业向客户转让一系列实质相同且转让模式相同的、可明确区分商品的承诺

当企业向客户连续转让某项承诺的商品时,如每天提供类似劳务的长期劳务合同等,如果这些商品属于实质相同且转让模式相同的一系列商品,企业应当将这一系列商品作为单项履约义务。其中,转让模式相同,是指每一项可明确区分的商品均满足在某一时段内履行履约义务的条件,且采用相同方法确定其履约进度。

例如,企业向客户提供2年的酒店管理服务,具体包括保洁、维修、安保等,但没有具体的服务次数或时间的要求,尽管企业每天提供的具体服务不一定相同,但是企业每天对于客户的承诺都是相同的,即按照约定的酒店管理标准,随时准备根据需要为其提供相关服务,因此,企业每天提供的该酒店管理服务符合"实质相同"的条件。

(三) 确定交易价格

交易价格,是指企业因向客户转让商品而预期有权收取的对价金额。企业代第三方收取的款项(例如增值税)以及企业预期将退还给客户的款项,应当作为负债进行会计处理,不计入交易价格。合同标价并不一定代表交易价格,企业应当根据合同条款,并结合以往的习惯做法等确定交易价格。

1. 可变对价

企业与客户的合同中约定的对价金额可能会因折扣、价格折让、返利、退款、奖励积分、激励措施、业绩奖金、索赔等因素而变化。此外,企业有权收取的对价金额,将根据一项或多项或有事项的发生而收取不同对价金额的合同,也属于可变对价的情形,例如,企业售出商品但允许客户退货时,由于企业有权收取的对价金额将取决于客户是否退货,因此该合同的交易价格是可变的。

(1) 可变对价最佳估计数的确定。

企业应当按照期望值或最可能发生金额确定可变对价的最佳估计数。期望值,是按照各种可能发生的对价金额及相关概率计算确定的金额。当企业拥有大量具有类似特征的合同,并据此估计合同可能产生多个结果时,按照期望值估计可变对价金额通常是恰当的。

[例12-2] 甲公司生产和销售洗衣机。2×21年3月,甲公司向零售商乙公司销售1 000台洗衣机,每台价格为2 000元,合同价款合计200万元。同时,甲公司承诺,在未来6个月内,如果同类洗衣机售价下降,则按照合同价格与最低售价之间的差额向乙公司支付差价。甲公司根据以往执行类似合同的经验,预计未来6个月内,不降价的概率为50%;每台降价200元的概率为40%;每台降价500元的概率为10%。假定上述价格均不包含增值税。

本例中,甲公司认为期望值能够更好地预测其有权获取的对价金额。假定不考虑下述有关"计入交易价格的可变对价金额的限制"要求,甲公司估计交易价格为每台1 870元(2 000×50%+1 800×40%+1 500×10%)。

最可能发生金额是一系列可能发生的对价金额中最可能发生的单一金额,即合同最可能产生的单一结果。当合同仅有两个可能结果(例如,企业能够达到或不能达到某业绩奖金目标)时,按照最可能发生金额估计可变对价金额可能是恰当的。

[例12-3] 甲公司为其客户建造一栋厂房,合同约定的价款为100万元,但是,如果甲公司不能在合同签订之日起的120天内竣工,则须支付10万元罚款,该罚款从合同价款中扣除。甲公司对合同结果的估计如下:工程按时完工的概率为90%,工程延期的概率为10%。

本例中,由于该合同涉及两种可能结果,甲公司认为按照最可能发生金额能够更好地预测其有权获取的对价金额。因此,甲公司估计的交易价格为100万元,即为最可能发生的单一金额。

(2)计入交易价格的可变对价金额的限制(上限)。

企业按照期望值或最可能发生金额确定可变对价金额之后,计入交易价格的可变对价金额还应该满足限制条件,即包含可变对价的交易价格,应当不超过在相关不确定性消除时,累计已确认的收入极可能不会发生重大转回的金额。其中,"极可能"发生的概率应远高于"很可能(即可能性超过50%)",但不要求达到"基本确定(即可能性超过95%)";在评估收入转回金额的比重时,应同时考虑合同中包含的固定对价和可变对价。企业应当将满足上述限制条件的可变对价的金额,计入交易价格。

[例12-4] 2×21年1月1日,甲公司与乙公司签订合同,向其销售A产品。合同约定,当乙公司在2×21年的采购量不超过2 000件时,每件产品的价格为80元,当乙公司在2×21年的采购量超过2 000件时,每件产品的价格为70元。乙公司在第一季度的采购量为150件,甲公司预计乙公司全年的采购量不会超过2 000件。2×21年4月,乙公司因完成产能升级而增加了原材料的采购量,第二季度共向甲公司采购A产品1 000件,甲公司预计乙公司全年的采购量将超过2 000件,因此,全年采购量适用的产品单价均将调整为70元。

本例中,2×21年第一季度,甲公司根据以往经验估计乙公司全年的采购量将不会超过2 000件,甲公司按照80元的单价确认收入,满足在不确定性消除之后(即乙公司全年的采购量确定之后),累计已确认的收入将极可能不会发生重大转回的要求,因此,甲公司在第一季度确认的收入金额为12 000元(80×150)。2×21年第二季度,甲公司对交易价格进行重新估计,由于预计乙公司全年的采购量将超过2 000件,按照70元的单价确认收入,才满足极可能不会导致累计已确认的收入发生重大转回的要求。因此,甲公司在第二季度确认收入68 500元[70×(1 000+150)-12 000]。

2. 合同中存在的重大融资成分

当企业将商品的控制权转移给客户的时间与客户实际付款的时间不一致时,如企业以赊销的方式销售商品,或者要求客户支付预付款等,如果各方以在合同中明确(或者以隐含的方式)约定的付款时间为客户或企业就转让商品的交易提供了重大融资利益,则合同中即包含了重大融资成分。对此,企业在确定交易价格时,应当对已承诺的对价金额作出调整,以剔除货币时间价值的影响,也就是要按照假定客户在取得商品控制权时即以现金支付的应付金额(即,现销价格)确定交易价格。

3. 非现金对价

非现金对价包括实物资产、无形资产、股权、客户提供的广告服务等。客户支付非现金对价的，通常情况下，企业应当按照非现金对价在合同开始日的公允价值确定交易价格。非现金对价公允价值不能合理估计的，企业应当参照其承诺向客户转让商品的单独售价间接确定交易价格。

4. 应付客户对价

企业在向客户转让商品的同时，需要向客户或第三方支付对价的，除为了自客户取得其他可明确区分商品的款项外，应当将该应付对价冲减交易价格，并在确认相关收入与支付（或承诺支付）客户对价二者孰晚的时点冲减当期收入。这里的应付客户对价还包括可以抵减应付企业金额的相关项目金额，如优惠券、兑换券等。

（四）将交易价格分摊至各单项履约义务

合同中包含两项或多项履约义务的，企业应当在合同开始日，按照各单项履约义务所承诺商品的单独售价的相对比例，将交易价格分摊至各单项履约义务。单独售价，是指企业向客户单独销售商品的价格。企业在类似环境下向类似客户单独销售某商品的价格，应作为该商品的单独售价。单独售价无法直接观察的，企业应当综合考虑其能够合理取得的全部相关信息，采用市场调整法、成本加成法、余值法等方法合理估计单独售价。企业在估计单独售价时，应当最大限度地采用可观察的输入值，并对类似情况采用一致的估计方法。

市场调整法，是指企业根据某商品或类似商品的市场售价，考虑本企业的成本和毛利等进行适当调整后的金额，确定其单独售价的方法。

成本加成法，是指企业根据某商品的预计成本加上其合理毛利后的金额，确定其单独售价的方法。

余值法，是指企业根据合同交易价格减去合同中其他商品可观察单独售价后的余额，确定某商品单独售价的方法。企业在商品近期售价波动幅度巨大，或者因未定价且未曾单独销售而使售价无法可靠确定时，可采用余值法估计其单独售价。

[例12-5] 甲公司与客户签订合同，向其销售 A、B、C 三件产品，合同价款为 10 000 元。A、B、C 产品的单独售价分别为 5 000 元、2 500 元和 7 500 元，合计 15 000 元。上述价格均不包含增值税。

本例中，根据上述交易价格分摊原则，A 产品应当分摊的交易价格为 3 333 元（5 000÷15 000×10 000），B 产品应当分摊的交易价格为 1 667 元（2 500÷15 000×10 000），C 产品应当分摊的交易价格为 5 000 元（7 500÷15 000×10 000）。

（五）履行每一单项履约义务时确认收入

企业应当在履行了合同中的履约义务，即客户取得相关商品控制权时确认收入。企业将商品的控制权转移给客户，首先判断履约义务是否满足在某一时段内履行的条件，如不满足则该履约义务属于在某一时点履行的履约义务。对于在某一时段内履行的履约义务，企业应当选取恰当的方法来确定履约进度；对于在某一时点履行的履约义务，企业应当综合分析控制权转移的迹象，判断其转移时点。

1. 在某一时段内履行的履约义务

（1）在某一时段内履行履约义务的条件。

满足下列条件之一的,属于在某一时段内履行的履约义务(相关收入在履约义务履行期间内确认):

① 客户在企业履约的同时即取得并消耗企业履约所带来的经济利益

企业在履约过程中是持续地向客户转移企业履约所带来经济利益的,该履约义务属于在某一时段内履行的履约义务。例如,对于保洁服务等一些服务类合同而言,企业在履行履约义务(即提供保洁服务)的同时,客户即取得并消耗了企业履约所带来的经济利益。

② 客户能够控制企业履约过程中在建的商品

企业在履约过程中在建的商品包括在产品、在建工程、尚未完成的研发项目、正在进行的服务等,由于客户控制了在建的商品,客户在企业提供商品的过程获得其利益,因此,该履约义务属于在某一时段内履行的履约义务,应当在该履约义务履行的期间内确认收入。

[例12-6] 企业与客户签订合同,在客户拥有的土地上按客户的设计要求为客户建造厂房,在建造过程中客户有权修改厂房设计并与企业共同协商设计变更后的价款,客户每月末按当月的工程进度的完工百分比向企业支付工程款,如果客户中止合同,已完成的厂房归客户所有。

本例中,企业为客户建造厂房,该厂房位于客户的土地上,客户中止合同时已建造的厂房归客户所有,这些均表明客户在该厂房建造过程中能够控制在建的厂房,符合在一段时间内履行的履约义务的第二种情形,因此企业提供的该建造服务属于在某一时段内履行的履约义务,且应当在提供该服务的期间内确认收入。

③ 企业履约过程中所产出的商品具有不可替代用途,且该企业在整个合同期间内有权就累计至今已完成的履约部分收取款项

一是商品具有不可替代用途。具有不可替代用途,是指因合同限制或实际可行性限制,企业不能轻易地将商品用于其他用途。

二是企业在整个合同期间内有权就累计至今已完成的履约部分收取款项。有权就累计至今已完成的履约部分收取款项,是指在由于客户或其他方原因终止合同的情况下,企业有权就累计至今已完成的履约部分收取能够补偿其已发生成本和合理利润的款项,并且该权利具有法律约束力。

[例12-7] 甲公司与乙公司签订合同,针对乙公司的实际情况和面临的具体问题,为改善其业务流程提供咨询服务,并出具专业的咨询意见。双方约定,甲公司仅需要向乙公司提交最终的咨询意见,而无须提交任何其在工作过程中编制的工作底稿和其他相关资料;在整个合同期间内,如果乙公司单方面终止合同,乙公司需要向甲公司支付违约金,违约金的金额等于甲公司已发生的成本加上15%的毛利率,该毛利率与甲公司在类似合同中能够赚取的毛利率大致相同。

本例中,在合同执行过程中,由于乙公司无法获得甲公司已经完成工作的工作底稿和其他任何资料,假设在执行合同的过程中,因甲公司无法履约而需要由其他公司来继续提供后续咨询服务并出具咨询意见时,其需要重新执行甲公司已经完成的工作,表明乙公司并未在甲公司履约的同时即取得并消耗了甲公司履约所带来的经济利益。然而,由于该咨询服务是针对乙公司的具体情况而提供的,甲公司无法将最终的咨询意见用作其他用途,表明其具

有不可替代用途;此外,在整个合同期间,如果乙公司单方面终止合同,甲公司根据合同条款可以主张其已发生的成本及合理利润,表明甲公司在整个合同期间内有权就累计至今已完成的履约部分收取款项。因此,甲公司向乙公司提供的咨询服务属于在某一时段内履行的履约义务,甲公司应当在其提供服务的期间内按照适当的履约进度确认收入。

(2) 在某一时段内履行的履约义务的收入确认。

对于在某一时段内履行的履约义务,企业应当在该段时间内按照履约进度确认收入,但是,履约进度不能合理确定的除外。企业应当考虑商品的性质,采用产出法或投入法确定恰当的履约进度,并且在确定履约进度时,应当扣除那些控制权尚未转移给客户的商品。企业按照履约进度确认收入时,通常应当在资产负债表日按照合同的交易价格总额乘以履约进度扣除以前会计期间累计已确认的收入后的金额,确认为当期收入。

① 产出法。产出法是根据已转移给客户的商品对于客户的价值确定履约进度,通常可采用实际测量的完工进度、评估已实现的结果、已达到的里程碑、时间进度、已完工或交付的产品等产出指标确定履约进度。实务中,为便于操作,当企业向客户开具发票的对价金额与向客户转让增量商品价值直接相一致时,企业直接按照发票对价金额确认收入也是一种恰当的产出法。

[例12-8] 2×21年8月1日,甲公司与客户签订合同,为该客户拥有的一条铁路更换100根铁轨,合同价格为100万元(不含税价)。截至2×21年12月31日,甲公司共更换铁轨60根,剩余部分预计在2×22年3月31日之前完成。该合同仅包含一项履约义务,且该履约义务满足在某一时段内的履行的条件。假定不考虑其他情况。

本例中,甲公司提供的更换铁轨的服务属于在某一时段内履行的履约义务,甲公司按照已完成的工作量占预计总工作量的比例确定履约进度。因此,截至2×21年12月31日,该合同的履约进度为60%(60/100),甲公司应确认的收入为60万元(100×60%)。

② 投入法。投入法是根据企业为履行履约义务的投入确定履约进度,通常可采用投入的材料数量、花费的人工工时或机器工时、发生的成本和时间进度等投入指标确定履约进度。当企业从事的工作或发生的投入是在整个履约期间内平均发生时,企业也可以按照直线法确认收入。

③ 成本法。实务中,企业通常按照累计实际发生的成本占预计总成本的比例(即,成本法)确定履约进度,累计实际发生的成本包括企业向客户转移商品过程中所发生的直接成本和间接成本。

每一资产负债表日,企业应当对履约进度进行重新估计,该变化应当作为会计估计变更进行会计处理。

对于在某一时段内履行的履约义务,只有当其履约进度能够合理确定时,才应当按照履约进度确认收入。当履约进度不能合理确定时,企业已经发生的成本预计能够得到补偿的,应当按照已经发生的成本金额确认收入,直到履约进度能够合理确定为止。

2. 在某一时点履行的履约义务

对于不属于在某一时段内履行的履约义务,应当属于在某一时点履行的履约义务,企业应当在客户取得相关商品控制权时点确认收入。在判断控制权是否转移时,企业应当考虑下列五个迹象:

(1) 企业就该商品享有现时收款权利,即客户就该商品负有现时付款义务。

（2）企业已将该商品的法定所有权转移给客户，即客户已拥有该商品的法定所有权。如果企业仅仅是为了确保到期收回货款而保留商品的法定所有权，那么企业拥有的该权利通常不会对客户取得对该商品的控制权构成障碍。

（3）企业已将该商品实物转移给客户，即客户已占有该商品实物。客户占有了某项商品实物并不意味着其就一定取得了该商品的控制权，反之亦然。

例如委托代销安排。这一安排是指委托方和受托方签订代销合同或协议，委托受托方向终端客户销售商品。受托方没有获得对该商品控制权的，受托方应当在商品销售后，按合同或协议约定的方法计算确定的手续费确认收入。

例如售后代管商品安排。售后代管商品是指根据企业与客户签订的合同，企业已经就销售的商品向客户收款或取得了收款权利，但是直到在未来某一时点将该商品交付给客户之前，企业仍然继续持有该商品实物的安排。在售后代管商品安排下，除了应当考虑客户是否取得商品控制权的迹象之外，还应当同时满足下列四项条件，才表明客户取得了该商品的控制权：一是该安排必须具有商业实质，例如，该安排是应客户的要求而订立的；二是属于客户的商品必须能够单独识别，例如，将属于客户的商品单独存放在指定地点；三是该商品可以随时应客户要求交付给客户；四是企业不能自行使用该商品或将该商品提供给其他客户。

（4）企业已将该商品所有权上的主要风险和报酬转移给客户，即客户取得该商品所有权上的主要风险和报酬。例如，企业将产品销售给客户，并承诺提供后续维护服务的安排中，销售产品和提供维护服务均构成单项履约义务，企业将产品销售给客户之后，虽然仍然保留了与后续维护服务相关的风险，但是由于维护服务构成单项履约义务，所以该保留的风险并不影响企业已将产品所有权上的主要风险和报酬转移给客户的判断。

（5）客户已接受该商品。当商品通过了客户的验收，通常表明客户已接受该商品。客户验收通常有两种情况：一是企业向客户转让商品时，能够客观地确定该商品符合合同约定的标准和条件，客户验收只是一项例行程序，不会影响企业判断客户取得该商品控制权的时点；二是企业向客户转让商品时，无法客观地确定该商品是否符合合同规定的条件，在客户验收之前，企业不能认为已经将该商品的控制权转移给了客户，企业应当在客户完成验收并接受该商品时才能确认收入。实务中，定制化程度越高的商品，越难以证明客户验收仅仅是一项例行程序。

需要强调的是，在上述五个迹象中，并没有哪一个或哪几个迹象是决定性的，企业应当根据合同条款和交易实质进行分析，综合判断其是否将商品的控制权转移给客户以及何时转移的，从而确定收入确认的时点。此外，企业应当从客户的角度进行评估，而不应当仅考虑企业自身的看法。

三、合同成本

（一）合同履约成本

企业为履行合同可能会发生各种成本，企业在确认收入的同时应当对这些成本进行分析，属于存货、固定资产、无形资产范围的，应当按照相关准则的要求进行会计处理；不属于存货、固定资产、无形资产范围且同时满足下列条件的，应当作为合同履约成本确认为一项资产：

（1）该成本与一份当前或预期取得的合同直接相关。预期取得的合同应当是企业能够明确识别的合同，例如，现有合同续约后的合同、尚未获得批准的特定合同等。

与合同直接相关的成本包括：

① 直接人工。例如，支付给直接为客户提供所承诺服务的人员的工资、奖金等。

② 直接材料。例如，为履行合同耗用的原材料、辅助材料、构配件、零件、半成品的成本和周转材料的摊销及租赁费用等。

③ 制造费用或类似费用。例如，与组织和管理生产、施工、服务等活动发生的费用，包括管理人员的职工薪酬、劳动保护费、固定资产折旧费及修理费、物料消耗、取暖费、水电费、办公费、差旅费、财产保险费、工程保修费、排污费、临时设施摊销费等。

④ 明确由客户承担的成本以及仅因该合同而发生的其他成本。例如，支付给分包商的成本、机械使用费、设计和技术援助费用、施工现场二次搬运费、生产工具和用具使用费、检验试验费、工程定位复测费、工程点交费用、场地清理费等。

（2）该成本增加了企业未来用于履行（或持续履行）履约义务的资源。

（3）该成本预期能够收回。

[例12-9] 甲公司与乙公司签订合同，为乙公司信息中心提供管理服务，合同期限为5年。在向乙公司提供服务之前，甲公司设计并搭建了一个信息技术平台供其内部使用，该信息技术平台由相关的硬件和软件组成。甲公司需要提供设计方案，将该信息技术平台与乙公司现有的信息系统对接，并进行相关测试。该平台并不会转让给乙公司，但是，将用于向乙公司提供服务。甲公司为该平台的设计、购买硬件和软件以及信息中心的测试发生了成本。

本例中，甲公司为履行合同发生的上述成本中，购买硬件和软件的成本应当分别按照固定资产、无形资产的规定进行会计处理；设计服务成本和信息中心的测试成本不属于其他准则的规范范围，但是这些成本与履行该合同直接相关，并且增加了甲公司未来用于履行履约义务（即提供管理服务）的资源，如果甲公司预期该成本可通过未来提供服务收取的对价收回，则甲公司应当将这些成本确认为一项资产。

[例12-10] 甲公司经营一家酒店，该酒店是甲公司的自有资产，甲公司在进行会计核算时，除发生的餐饮、商品材料等成本外，还需要计提与酒店经营相关的固定资产折旧（如酒店、客房以及客房内的设备家具等）、无形资产摊销（如酒店土地使用权等）费用等，应如何对这些折旧、摊销进行会计处理。

本例中，甲公司经营一家酒店，主要通过提供客房服务赚取收入，而客房服务的提供直接依赖于酒店物业（包含土地）以及家具等相关资产，即与客房服务相关的资产折旧和摊销属于甲公司为履行与客户的合同而发生的服务成本。该成本需先考虑是否满足收入准则规定的资本化条件，如果满足，应作为合同履约成本进行会计处理，并在收入确认时对合同履约成本进行摊销，计入营业成本。此外，这些酒店物业等资产中与客房服务不直接相关的，例如财务部门相关的资产折旧等费用或者销售部门相关的资产折旧等费用，则需要按功能将相关费用计入管理费用或销售费用等科目。

（二）合同取得成本

企业为取得合同发生的增量成本预期能够收回的，应当作为合同取得成本确认为一项资产。增量成本，是指企业不取得合同就不会发生的成本，例如销售佣金等。为简化实务操作,该资产摊销期限不超过一年的,可以在发生时计入当期损益。

企业为取得合同发生的、除预期能够收回的增量成本之外的其他支出,例如,无论是否取得合同均会发生的差旅费、投标费、为准备投标资料发生的相关费用等,应当在发生时计入当期损益。

[例12-11] 甲公司是一家咨询公司,其通过竞标赢得一个新客户,为取得和该客户的合同,甲公司聘请外部律师进行尽职调查支付相关费用为15 000元,为投标而发生的差旅费为10 000元,支付销售人员佣金5 000元。甲公司预期这些支出未来均能够收回。此外,甲公司根据其年度销售目标、整体盈利情况及个人业绩等,向销售部门经理支付年度奖金10 000元。

本例中,甲公司因签订该客户合同而向销售人员支付的佣金属于为取得合同发生的增量成本,应当将其作为合同取得成本确认为一项资产。甲公司聘请外部律师进行尽职调查发生的支出、为投标发生的差旅费,无论是否取得合同都会发生,不属于增量成本,因此,应当于发生时直接计入当期损益。甲公司向销售部门经理支付的年度奖金也不是为取得合同发生的增量成本,这是因为该奖金发放与否以及发放金额还取决于其他因素(包括公司的盈利情况和个人业绩),其并不能直接归属于可识别的合同。

企业因现有合同续约或发生合同变更需要支付的额外佣金,也属于为取得合同发生的增量成本。

(三) 合同履约成本和合同取得成本的摊销和减值

1. 摊销

确认为企业资产的合同履约成本或合同取得成本(以下称"与合同成本有关的资产"),应当采用与该资产相关的商品收入确认相同的基础(即在履约义务履行的时点或按照履约义务的履约进度)进行摊销,计入当期损益。

2. 减值

与合同成本有关的资产,其账面价值高于下列第一项减去第二项的差额的,超出部分应当计提减值准备,并确认为资产减值损失:一是企业因转让与该资产相关的商品预期能够取得的剩余对价;二是为转让该相关商品估计将要发生的成本。以前期间减值的因素之后发生变化,使得第一项减去第二项的差额高于该资产账面价值的,应当转回原已计提的资产减值准备,并计入当期损益,但转回后的资产账面价值不应超过假定不计提减值准备情况下该资产在转回日的账面价值。

四、收入的会计处理

(一) 科目设置

企业应当正确记录和反映与客户之间的合同产生的收入及相关成本费用。收入的会计处理,一般需要设置下列会计科目:

(1) "主营业务收入"科目。本科目核算企业确认的销售商品、提供服务等主营业务的收入。本科目可按主营业务的种类进行明细核算。

(2) "其他业务收入"科目。本科目核算企业确认的除主营业务活动以外的其他经营活动实现的收入,包括出租固定资产、出租无形资产、出租包装物和商品、销售材料等实现的收入。本科目可按其他业务的种类进行明细核算。

（3）"主营业务成本"科目。本科目核算企业确认销售商品、提供服务等主营业务收入时应结转的成本。本科目可按主营业务的种类进行核算。

（4）"其他业务成本"科目。本科目核算企业确认的除主营业务活动以外的其他经营活动所发生的支出，包括销售材料的成本、出租固定资产的折旧额、出租无形资产的摊销额、出租包装物的成本或摊销额等。本科目可按其他业务成本的种类进行明细核算。

（5）"合同履约成本"科目。本科目核算企业为履行当前或预期取得的合同所发生的、不属于其他企业会计准则规范范围且按照本准则应当确认为一项资产的成本。本科目可按合同，分别"服务成本""工程施工"等进行明细核算。

（6）"合同履约成本减值准备"科目。本科目核算与合同履约成本有关的资产的减值准备。本科目可按合同进行明细核算。

（7）"合同取得成本"科目。本科目核算企业取得合同发生的、预计能够收回的增量成本。本科目可按合同进行明细核算。

（8）"合同取得成本减值准备"科目。本科目核算与合同取得成本有关的资产的减值准备。本科目可按合同进行明细核算。

（9）"应收退货成本"科目。本科目核算销售商品时预期将退回商品的账面价值，扣除收回该商品预计发生的成本（包括退回商品的价值减损）后的余额。科目可按合同进行明细核算。

（10）"合同资产"科目。本科目核算企业已向客户转让商品而有权收取对价的权利。仅取决于时间流逝因素的权利不在本科目核算。本科目应按合同进行明细核算。

（11）"合同资产减值准备"科目。本科目核算合同资产的减值准备。本科目应按合同进行明细核算。

（12）"合同负债"科目。本科目核算企业已收或应收客户对价而应向客户转让商品的义务。本科目应按合同进行明细核算。

（二）一般交易的账务处理

1. 在某一时点履行的履约义务

[例12-12]　甲公司销售给乙公司A产品100件，每件售价1 000元，单位成本750元。乙公司以支票支付货款100 000元和增值税税额13 000元，甲企业交付了A商品。假定A商品的控制权交付时转移给客户。甲公司应编制的会计分录如下：

交付A商品时：

借：银行存款　　　　　　　　　　　　　　　　　　　　113 000
　　贷：主营业务收入　　　　　　　　　　　　　　　　　100 000
　　　　应交税费——应交增值税（销项税额）　　　　　　 13 000

同时，结转产品销售成本：

借：主营业务成本　　　　　　　　　　　　　　　　　　 75 000
　　贷：库存商品——A产品　　　　　　　　　　　　　　 75 000

[例12-13]　2×21年3月1日，甲公司与客户签订合同向其销售A、B两项商品，合同价款为2 000元。合同约定，A商品于合同开始日交付，B商品在1个月之后交付，只有当A、B两项商品全部交付之后甲公司才有权收取2 000元的合同对价。假定A商品和B商品构成两项履约义务，其控制权在交付时转移给客户。A商品和B商品的单独售价分

别为 500 元和 2 000 元。上述价格均不包含增值税,且假定不考虑相关税费影响。A 商品和 B 商品的成本分别为 300 元和 1 200 元。

本例中,根据交易价格分摊原则,A 商品应当分摊的交易价格为 400 元(500/2 500×2 000),B 产品应当分摊的交易价格为 1 600 元(2 000/2 500×2 000),甲公司将 A 商品交付给客户之后,与该商品相关的履约义务已经履行,但是需要等到后续交付 B 商品时,企业才具有无条件收取合同对价的权利,因此,甲公司应当将因交付 A 商品而有权收取的对价 400 元确认为合同资产,而不是应收账款,甲公司应编制的会计分录如下:

(1) 交付 A 商品时:

借:合同资产　　　　　　　　　　　　　　　　　　　400
　　贷:主营业务收入　　　　　　　　　　　　　　　　　400

同时,结转 A 商品成本:

借:主营业务成本　　　　　　　　　　　　　　　　　300
　　贷:库存商品——A 产品　　　　　　　　　　　　　300

(2) 交付 B 商品时:

借:应收账款　　　　　　　　　　　　　　　　　　　2 000
　　贷:合同资产　　　　　　　　　　　　　　　　　　400
　　　　主营业务收入　　　　　　　　　　　　　　　1 600

同时,结转 B 商品成本:

借:主营业务成本　　　　　　　　　　　　　　　　　1 200
　　贷:库存商品——B 产品　　　　　　　　　　　　　1 200

2. 在某一时段内履行的履约义务

[例 12-14] 甲公司于 2×21 年 12 月 1 日接受一项设备安装任务,安装期为 3 个月,合同总收入为 600 000 元,至今年底已预收安装费 440 000 元,实际发生安装费用为 280 000元(假定均为安装人员薪酬),估计还将发生安装费用 120 000 元。假定甲公司按实际发生的成本占估计总成本的比例确定安装的履约进度,不考虑增值税等其他因素。甲公司应编制的会计分录如下:

实际发生的成本占估计总成本的比例 = 280 000/(280 000+120 000)×100% = 70%

2×21 年 12 月 31 日确认的劳务收入 = 600 000×70%-0 = 420 000(元)

(1) 实际发生劳务成本:

借:合同履约成本——设备安装　　　　　　　　　　　280 000
　　贷:应付职工薪酬　　　　　　　　　　　　　　　280 000

(2) 预收劳务款:

借:银行存款　　　　　　　　　　　　　　　　　　　440 000
　　贷:合同负债——××公司　　　　　　　　　　　440 000

(3) 2×21 年 12 月 31 日确认劳务收入并结转劳务成本:

借:合同负债——××公司　　　　　　　　　　　　　420 000
　　贷:主营业务收入——设备安装　　　　　　　　　420 000

借:主营业务成本——设备安装　　　　　　　　　　　280 000
　　贷:合同履约成本——设备安装　　　　　　　　　280 000

3. 委托代销安排

这一安排是指委托方和受托方签订代销合同或协议,委托受托方向终端客户销售商品。受托方没有获得对该商品控制权的,企业通常应当在受托方售出商品时确认销售商品收入。

[例12-15] 甲公司委托丙公司销售W商品200件,W商品已经发出,每件成本为60元。合同约定丙公司应按每件100元对外销售,甲公司按不含增值税的销售价格的10%向丙公司支付手续费。丙公司对外实际销售100件,开出的增值税专用发票上注明的销售价格为10 000元,增值税税额为1 300元,款项已经收到。甲公司收到丙公司开具的代销清单时,向丙公司开具一张相同金额的增值税专用发票。假定除上述情况外,不考虑其他因素。

本例中,甲公司将W商品发送至丙公司后丙公司虽然已经实物占有W商品,但是仅是接受甲公司的委托销售W商品,并根据实际销售的数量赚取一定比例的手续费。甲公司有权要求收回W商品或将其销售给其他的客户,丙公司并不能主导这些商品的销售,这些商品对外销售与否、是否获利以及获利多少等不由丙公司控制,丙公司没有取得这些商品的控制权。因此,甲公司将W商品发送至丙公司时,不应确认收入,而应当在丙公司将W商品销售给最终客户时确认收入。根据上述资料,甲公司应编制的会计分录如下:

(1) 发出商品:
借:发出商品——丙公司　　　　　　　　　　　　　　　12 000
　　贷:库存商品——W商品　　　　　　　　　　　　　　　　　12 000
(2) 收到代销清单,同时发生增值税纳税义务:
借:应收账款——丙公司　　　　　　　　　　　　　　　11 300
　　贷:主营业务收入——销售W商品　　　　　　　　　　　　10 000
　　　　应交税费——应交增值税(销项税额)　　　　　　　　1 300
借:主营业务成本——销售W商品　　　　　　　　　　　　6 000
　　贷:发出商品——丙公司　　　　　　　　　　　　　　　　　6 000
借:销售费用——代销手续费　　　　　　　　　　　　　　1 000
　　贷:应收账款——丙公司　　　　　　　　　　　　　　　　　1 000
(3) 收到丙公司支付的货款:
借:银行存款　　　　　　　　　　　　　　　　　　　　10 300
　　贷:应收账款——丙公司　　　　　　　　　　　　　　　　10 300
丙公司应编制的会计分录如下:
(1) 收到商品:
借:受托代销商品——甲公司　　　　　　　　　　　　　20 000
　　贷:受托代销商品款——甲公司　　　　　　　　　　　　　20 000
(2) 对外销售:
借:银行存款　　　　　　　　　　　　　　　　　　　　11 300
　　贷:受托代销商品——甲公司　　　　　　　　　　　　　　10 000
　　　　应交税费——应交增值税(销项税额)　　　　　　　　1 300
(3) 收到增值税专用发票:

借：受托代销商品款——甲公司　　　　　　　　　　　　　　　10 000
　　应交税费——应交增值税(进项税额)　　　　　　　　　　　1 300
　　贷：应付账款——甲公司　　　　　　　　　　　　　　　　　　　11 300
(4) 支付货款并计算代销手续费：
借：应付账款——甲公司　　　　　　　　　　　　　　　　　　　11 300
　　贷：银行存款　　　　　　　　　　　　　　　　　　　　　　　　10 300
　　　　其他业务收入——代销手续费　　　　　　　　　　　　　　　1 000

4. 合同中存在重大融资成分

合同中存在重大融资成分的，企业在确定该重大融资成分的金额时，应使用将合同对价的名义金额折现为商品现销价格的折现率。该折现率一经确定，不得因后续市场利率或客户信用风险等情况的变化而变更。企业确定的交易价格与合同承诺的对价金额之间的差额，应当在合同期间内采用实际利率法摊销。

为简化实务操作，如果在合同开始日，企业预计客户取得商品控制权与客户支付价款间隔不超过一年的，可以不考虑合同中存在的重大融资成分。

(1) 企业为客户提供重大融资成分。

[例12-16]　2×18年1月1日，甲公司采用分期收款向乙公司销售一套大型设备，合同约定的销售价款3 000万元，分5次于每年12月31日等额收取。该大型设备成本为1 800万元。在现销方式下，该大型设备的销售价格为2 400万元。假定甲公司发出商品时，其有关的增值税纳税义务尚未发生，增值税税率13%；在合同约定的收款日期，发生有关的增值税纳税义务。

根据本例的资料，甲公司应当确认的销售商品收入金额为2 400万元。

根据下列公式：

未来五年收款额的现值=现销方式下应收款项金额

可以得出：

未来五年收款额的现值=600×(P/A,r,5)=2 400(万元)

在多次测试的基础上，用插值法计算的折现率为7.93%，则每期计入财务费用的金额如表12-1所示。

表12-1　　　　　　　财务费用和已收本金计算表　　　　　　　单位：万元

日　期	每期收回的现金(1)	财务费用 (2)=期初(4)×7.93%	已收本金 (3)	未收回本金 (4)=期初(4)-(3)
2×18年1月1日				2 400
2×18年12月31日	600	190.32	409.68	1 990.32
2×19年12月31日	600	157.83	442.17	1 548.15
2×20年12月31日	600	122.77	477.23	1 070.92
2×21年12月31日	600	84.92	515.08	555.84
2×22年12月31日	600	44.16*	555.84	0
总　额	3 000	600	2 400	

*尾数调整。

根据表 12-1 的计算结果,甲公司应编制的会计分录如下:

① 2×18 年 1 月 1 日销售实现时:

借:长期应收款	33 900 000
贷:主营业务收入	24 000 000
未实现融资收益	6 000 000
应交税费——待转销项税额	3 900 000
借:主营业务成本	18 000 000
贷:库存商品	18 000 0000

② 2×18 年 12 月 31 日收取货款和增值税税额时:

借:银行存款   6 780 000
  贷:长期应收款   6 780 000
借:应交税费——待转销项税额   780 000
  贷:应交税费——应交增值税(销项税额)   780 000
借:未实现融资收益   1 903 200
  贷:财务费用   1 903 200

③ 2×19 年 12 月 31 日收取货款和增值税税额时:

借:银行存款   6 780 000
  贷:长期应收款   6 780 000
借:应交税费——待转销项税额   780 000
  贷:应交税费——应交增值税(销项税额)   780 000
借:未实现融资收益   1 578 300
  贷:财务费用   1 578 300

④ 2×20 年 12 月 31 日收取货款和增值税税额时:

借:银行存款   6 780 000
  贷:长期应收款   6 780 000
借:应交税费——待转销项税额   780 000
  贷:应交税费——应交增值税(销项税额)   780 000
借:未实现融资收益   1 227 700
  贷:财务费用   1 227 700

⑤ 2×21 年 12 月 31 日收取货款和增值税税额时:

借:银行存款   6 780 000
  贷:长期应收款   6 780 000
借:应交税费——待转销项税额   780 000
  贷:应交税费——应交增值税(销项税额)   780 000
借:未实现融资收益   849 200
  贷:财务费用   849 200

⑥ 2×22 年 12 月 31 日收取货款和增值税额和增值税税额时:

借:银行存款   6 780 000
  贷:长期应收款   6 780 000

借：应交税费——待转销项税额	780 000	
贷：应交税费——应交增值税（销项税额）		780 000
借：未实现融资收益	441 600	
贷：财务费用		441 600

(2) 客户为企业提供重大融资成分。

[例2-17] 2×21年1月1日，甲公司与乙公司签订合同，向其销售一批产品。合同约定，该批产品将于2年之后交货。合同中包含两种可供选择的付款方式，即乙公司可以在2年后交付产品时支付449.44万元，或者在合同签订时支付400万元。乙公司选择在合同签订时支付货款。该批产品的控制权在交货时转移。甲公司2×21年1月1日收到乙公司支付的货款，该产品成本360万元。上述价格均不包含增值税，且假定不考虑相关税费影响。

本例中，按照上述两种付款方式计算的内含利率为6%。考虑到乙公司付款时间和产品交付时间之间的间隔以及现行市场利率水平，甲公司认为该合同包含重大融资成分，在确定交易价格时，应当对合同承诺的对价金额进行调整，以反映该重大融资成分的影响。假定该融资费用不符合借款费用资本化的要求。甲公司应编制的会计分录如下：

① 2×21年1月1日收到货款：

借：银行存款	4 000 000	
未确认融资费用	494 400	
贷：合同负债		4 494 400

② 2×21年12月31日确认融资成分的影响：

借：财务费用——利息支出	（4 000 000×6%）240 000	
贷：未确认融资费用		240 000

③ 2×22年12月31日交付产品：

借：财务费用——利息支出	（4 240 000×6%）254 400	
贷：未确认融资费用		254 400
借：合同负债	4 494 400	
贷：主营业务收入		4 494 400
借：主营业务成本	3 600 000	
贷：库存商品		3 600 000

（三）特定交易的账务处理

1. 附有销售退回条款的销售

企业应当在客户取得相关商品控制权时，按照因向客户转让商品而预期有权收取的对价金额（即，不包含预期因销售退回将退还的金额）确认收入，按照预期因销售退回将退还的金额确认负债；同时，按照预期将退回商品转让时的账面价值，扣除收回该商品预计发生的成本（包括退回商品的价值减损）后的余额，确认一项资产（应收退货成本），按照所转让商品转让时的账面价值，扣除上述资产成本的净额结转成本。

[例12-18] 甲公司是一家健身器材销售公司。2×21年10月1日，甲公司向乙公司销售5 000件健身器材，单位销售价格为500元，单位成本为400元，开出的增值税专用发票上注明的销售价格为250万元，增值税额为32.5万元。健身器材已经发出，但款项尚

未收到。根据协议约定,乙公司应于 2×21 年 12 月 1 日之前支付货款,在 2×22 年 3 月 31 日之前有权退还健身器材。甲公司根据过去的经验,估计该批健身器材的退货率约为 20%。

甲公司为增值税一般纳税人,增值税税率 13%,健身器材发出时纳税义务已经发生,实际发生退回时取得税务机关开具的红字增值税专用发票。假定健身器材发出时控制权转移给乙公司。甲公司应编制的会计分录如下:

① 2×21 年 10 月 1 日发出健身器材:

借:应收账款 2 825 000
　　贷:主营业务收入 2 000 000
　　　　预计负债——应付退货款 500 000
　　　　应交税费——应交增值税(销项税额) 325 000
借:主营业务成本 1 600 000
　　应收退货成本 400 000
　　贷:库存商品 2 000 000

② 2×21 年 12 月 1 日前收到货款:

借:银行存款 2 825 000
　　贷:应收账款 2 825 000

③ 2×22 年 3 月 31 日发生销售退回,实际退货量为 500 件,退货款项已经支付:

借:应交税费——应交增值税(销项税额) 32 500
　　预计负债——应付退货款 500 000
　　贷:主营业务收入 250 000
　　　　银行存款 282 500
借:主营业务成本 200 000
　　库存商品 200 000
　　贷:应收退货成本 400 000

客户以一项商品换取类型、质量、状况及价格均相同的另一项商品,不应被视为退货。

2. 附有质量保证条款的销售

企业在向客户销售商品时,根据合同约定、法律规定或本企业以往的习惯做法等,可能会为所销售的商品提供质量保证。对于客户能够选择单独购买质量保证的,表明该质量保证构成单项履约义务;对于客户虽然不能选择单独购买质量保证,但是,如果该质量保证在向客户保证所销售的商品符合既定标准之外提供了一项单独服务的,也应当作为单项履约义务。作为单项履约义务的质量保证应当按本章进行会计处理,并将部分交易价格分摊至该项履约义务。对于不能作为单项履约义务的质量保证,企业应当按照或有事项的规定进行会计处理。

企业在评估一项质量保证是否在向客户保证所销售的商品符合既定标准之外提供了一项单独的服务时,应当考虑的因素包括:

(1) 该质量保证是否为法定要求。当法律要求企业提供质量保证时,该法律规定通常表明企业承诺提供的质量保证不是单项履约义务。

(2) 质量保证期限。企业提供质量保证的期限越长,越有可能表明企业向客户提供了保证商品符合既定标准之外的服务,该质量保证越有可能构成单项履约义务。

(3) 企业承诺履行任务的性质。如果企业必须履行某些特定的任务以保证所销售的商品符合既定标准(例如,企业负责运输被客户退回的瑕疵商品),则这些特定的任务可能不构成单项履约义务。

[例 12-19] 甲公司与客户签订合同,销售一部手机。该手机自售出起一年内如果发生质量问题,甲公司负责提供质量保证服务。此外,在此期间内,由于客户使用不当(例如手机进水)等原因造成的产品故障,甲公司也免费提供维修服务。该维修服务不能单独购买。

本例中,甲公司针对产品的质量问题提供的质量保证服务是为了向客户保证所销售商品符合既定标准,因此不构成单项履约义务;甲公司对由于客户使用不当而导致的产品故障提供的免费维修服务,属于在向客户保证所销售商品符合既定标准之外提供的单独服务,尽管其没有单独销售,该服务与手机可明确区分,应该作为单项履约义务。

因此,在该合同下,甲公司的履约义务有两项:销售手机和提供维修服务,甲公司应当按照其各自单独售价的相对比例,将交易价格分摊至这两项履约义务,并在各项履约义务履行时分别确认收入。甲公司提供的质量保证服务,应当按照或有事项的规定进行会计处理。

企业提供的质量保证同时包含作为单项履约义务的质量保证和不能作为单项履约义务的质量保证的,应当分别对其进行会计处理;无法合理区分的,应当将这两类质量保证一起作为单项履约义务按照收入准则规定进行会计处理。

3. 主要责任人和代理人

当企业向客户销售商品涉及其他方参与其中时,企业应当确定其自身在该交易中的身份是主要责任人还是代理人。主要责任人应当按照已收或应收对价总额确认收入;代理人应当按照预期有权收取的佣金或手续费的金额确认收入。

企业在判断其是主要责任人还是代理人,企业应当首先识别向客户提供的特定商品,然后,企业应当评估该特定商品在转让给客户之前,是否控制这些商品。企业在将特定商品转让给客户之前控制该商品的,企业为主要责任人;相反,企业在特定商品转让给客户之前不控制该商品的,企业为代理人。企业作为主要责任人的情况有以下几种情形:

(1) 企业自第三方取得商品或其他资产控制权后,再转让给客户。

[例 12-20] 甲公司经营一家电商平台,平台商家自行负责商品的采购、定价、发货以及售后服务,甲公司仅提供平台供商家与消费者进行交易并负责协助商家和消费者结算货款,甲公司按照货款的5%向商家收取佣金,并判断自己在商品买卖交易中是代理人。2×21年,甲公司向平台的消费者销售了1 000张不可退的电子购物卡,每张卡的面值为200元,总额200 000元。假设不考虑相关税费的影响。

本例中,考虑到甲公司在商品买卖交易中为代理人,仅为商家和消费者提供平台及结算服务,并收取佣金,因此,甲公司销售电子购物卡收取的款项200 000元中,仅佣金部分10 000元(200 000×5%,不考虑相关税费)代表甲公司已收客户(商家)对价而应在未来消费者消费时作为代理人向商家提供代理服务的义务,应当确认合同负债。对于其余部分(即190 000元),为甲公司代商家收取的款项,作为其他应付款,待未来消费者消费时支付给相应的商家。

甲公司应编制的会计分录如下：

借：银行存款　　　　　　　　　　　　　　　　　　　200 000
　　贷：合同负债　　　　　　　　　　　　　　　　　　　10 000
　　　　其他应付款　　　　　　　　　　　　　　　　　190 000

（2）企业能够主导第三方代表本企业向客户提供服务。

当企业承诺向客户提供服务，委托第三方（例如，分包商、其他服务提供商等）代表企业向客户提供服务时，如果企业能够主导该第三方代表本企业向客户提供服务，则表明企业在相关服务提供给客户之前能够控制该相关服务。

[例12-21]　甲公司与乙公司签订合同，为其写字楼提供保洁服务，并商定了服务范围及其价格。甲公司每月按照约定的价格向乙公司开具发票，乙公司按照约定的日期向甲公司付款。双方签订合同后，甲公司委托服务供应商丙公司代表其为乙公司提供该保洁服务，与其签订了合同。甲公司和丙公司商定了服务价格，双方签订的合同付款条款大致上与甲公司和乙公司约定的付款条款一致。当丙公司按照与甲公司的合同约定提供了服务时，无论乙公司是否向甲公司付款，甲公司都必须向丙公司付款。乙公司无权主导丙公司提供未经甲公司同意的服务。

本例中，甲公司向乙公司提供的特定服务是写字楼的保洁服务，根据甲公司与丙公司签订的合同，甲公司能够主导丙公司所提供的服务，包括要求丙公司代表甲公司向乙公司提供保洁服务，相当于甲公司利用其自身资源履行了该合同。乙公司无权主导丙公司提供未经甲公司同意的服务。因此，甲公司在丙公司向乙公司提供保洁服务之前控制了该服务，甲公司在该交易中的身份为主要责任人。

（3）企业自第三方取得商品控制权后，通过提供重大的服务将该商品与其他商品整合成合同约定的某组合产出转让给客户。

[例12-22]　甲公司与乙公司签订合同，向其销售一台特种设备，并商定了该设备的具体规格和销售价格，甲公司负责按照约定的规格设计该设备，并按双方商定的销售价格向乙公司开具发票。该特种设备的设计和制造高度相关。为履行该合同，甲公司与其供应商丙公司签订合同，委托丙公司按照其设计方案制造该设备，并安排丙公司直接向乙公司交付设备。丙公司将设备交付给乙公司后，甲公司按与丙公司约定的价格向丙公司支付制造设备的对价；丙公司负责设备质量问题，甲公司负责设备由于设计原因导致的问题。

本例中，甲公司向乙公司提供的特定商品是其设计的专用设备。虽然甲公司将设备的制造工作分包给丙公司进行，但是，甲公司认为该设备的设计和制造高度相关，不能明确区分，应当作为单项履约义务。由于甲公司负责该合同的整体管理，如果在设备制造过程中发现需要对设备规格作出任何调整，甲公司需要负责制定相关的修订方案，通知丙公司进行相关调整，并确保任何调整均符合修订后的规格要求。甲公司主导了丙公司的制造服务，并通过必需的重大整合服务，将其整合作为向乙公司转让的组合产出（专用设备）的一部分，在该专用设备转让给客户前控制了该专用设备。因此，甲公司在该交易中的身份为主要责任人。

4. **附有客户额外购买选择权的销售**

企业在销售商品的同时，有时会向客户授予选择权，允许客户据此免费或者以折扣价格购买额外的商品，此种情况称为附有客户额外购买选择权的销售。企业向客户授予的额外购买选择权的形式包括销售激励、客户奖励积分、未来购买商品的折扣券以及合同续约选择权等。

对于附有客户额外购买选择权的销售,企业应当评估该选择权是否向客户提供了一项重大权利。如果客户只有在订立了一项合同的前提下才取得了额外购买选择权,并且客户行使该选择权购买额外商品时,能够享受到超过该地区或该市场中其他同类客户所能够享有的折扣,则通常认为该选择权向客户提供了一项重大权利,应当将其与原购买的商品单独区分,作为单项履约义务,企业应按照各单项履约义务的单独售价的相对比例,将交易价格分摊至各单项履约义务。

在考虑授予客户的该项权利是否重大时,应根据其金额和性质综合判断。

[例12-23] 2×21年1月1日,甲公司开始推行一项奖励积分计划。根据该计划,客户在甲公司每消费10元可获得1个积分,每个积分从次月开始在购物时可以抵减1元。截至2×21年1月31日,客户购买商品的售价合计为100 000元,可获得10 000个积分,根据历史经验,甲公司估计该积分的兑换率为95%。客户购买商品的成本为80 000元,假定上述金额均不包含增值税,且假定不考虑相关税费的影响。

本例中,甲公司认为其授予客户的积分为客户提供了一项重大权利,应当作为单项履约义务。客户购买商品的单独售价合计为100 000元,考虑积分的兑换率,甲公司估计积分的单独售价为9 500元(1元×10 000个积分×95%)。甲公司按照商品和积分单独售价的相对比例对交易价格进行分摊,具体如下:

分摊至商品的交易价格=100 000×100 000/(100 000+9 500)=91 324(元)

分摊至积分的交易价格=100 000×9 500/(100 000+9 500)=8 676(元)

因此,甲公司应当在商品的控制权转移时确认收入91 324元,同时确认合同负债8 676元。甲公司应编制的会计分录如下:

借:银行存款 100 000
　贷:主营业务收入 91 324
　　　合同负债 8 676
借:主营业务成本 80 000
　贷:库存商品 80 000

截至2×21年12月31日,客户共兑换了4 500个积分,被兑换商品的成本3 200元。甲公司对该积分的兑换率进行了重新估计,仍然预计客户总共将会兑换9 500个积分(10 000个积分×95%)。因此,甲公司以客户兑换的积分数占预期将兑换的积分总数的比例为基础确认收入。积分应当确认的收入为4 110元(8 676×4 500/9 500);剩余未兑换的积分的金额4 566元(8 676-4 110),仍然作为合同负债。甲公司应编制的会计分录如下:

借:合同负债 4 110
　贷:主营业务收入 4 110
借:主营业务成本 3 200
　贷:库存商品 3 200

截至2×22年12月31日,客户累计兑换了8 500个积分。2×22年被兑换商品的成本2 800元。甲公司对该积分的兑换率进行了重新估计,预计客户总共将会兑换9 700个积分。积分应当确认的收入3 493元(8 676×8 500/9 700-4 110);剩余未兑换的积分的金额

1 073元(8 676-4 110-3 493),仍然作为合同负债。甲公司应编制的会计分录如下:
  借:合同负债   3 493
    贷:主营业务收入   3 493
  借:主营业务成本   2 800
    贷:库存商品   2 800

5. 授予知识产权许可

授予知识产权许可,是指企业授予客户对企业拥有的知识产权享有相应权利。常见的知识产权包括软件和技术、影视和音乐等的版权、特许经营权以及专利权、商标权和其他版权等。

(1) 授予知识产权许可是否构成单项履约义务。

企业向客户授予知识产权许可时,可能也会同时销售商品,企业应当评估该知识产权许可是否构成单项履约义务,不构成单项履约义务的,企业应当将该知识产权许可和所售商品一起作为单项履约义务进行会计处理。知识产权许可与所售商品不可明确区分的情形包括:一是该知识产权许可构成有形商品的组成部分并且对于该商品的正常使用不可或缺;二是客户只有将该知识产权许可和相关服务一起使用才能够从中获益。

(2) 授予知识产权许可属于在某一时段履行的履约义务。

授予客户的知识产权许可构成单项履约义务的,企业应当根据该履约义务的性质,进一步确定其是在某一时段内履行还是在某一时点履行。企业向客户授予的知识产权许可,同时满足下列三项条件的,应当作为在某一时段内履行的履约义务确认相关收入;否则,应当作为在某一时点履行的履约义务确认相关收入:

一是合同要求或客户能够合理预期企业将从事对该项知识产权有重大影响的活动;

二是该活动对客户将产生有利或不利影响;

三是该活动不会导致向客户转让某项商品。

[例12-24] 甲公司是一家设计制作连环漫画的公司,乙公司是一家大型游轮的运营商。甲公司授权乙公司可在4年内使用其3部连环漫画中的角色形象和名称,乙公司可以以不同的方式(例如,展览或演出)使用这些漫画中的角色。甲公司的每部连环漫画都有相应的主要角色,并会定期创造新的角色,角色的形象也会随时演变。合同要求乙公司必须使用最新的角色形象。在授权期内,甲公司每年向乙公司收取1 000万元。

本例中,甲公司除了授予知识产权许可外不存在其他履约义务。甲公司基于下列因素的考虑,认为该许可的相关收入应当在某一时段内确认:一是,乙公司合理预期(根据甲公司以往的习惯做法),甲公司将实施对该知识产权许可产生重大影响的活动,包括创作角色及出版包含这些角色的连环漫画等;二是,合同要求乙公司必须使用甲公司创作的最新角色,这些角色塑造得成功与否,会直接对乙公司产生有利或不利影响;三是,尽管乙公司可以通过该知识产权许可从这些活动中获益,但在这些活动发生时并没有导致向乙公司转让任何商品。

由于合同规定乙公司在一段固定期间内可无限制地使用其取得授权许可的角色,因此,甲公司按照时间进度确定履约进度。

(3) 授予知识产权许可属于在某一时点履行的履约义务。

授予知识产权许可不属于在某一时段内履行的履约义务的,应当作为在某一时点履行的履约义务,在履行该履约义务时确认收入。

[例 12-25] 甲音乐唱片公司将其拥有的一首经典民歌的版权授予乙公司,并约定乙公司在一年内有权在国内所有商业渠道(包括电视、广播和网络广告等)使用该经典民歌。因提供该版权许可,甲公司每月收取 1 000 元的固定对价。除该版权之外,甲公司无须提供任何其他的商品。该合同不可撤销。

本例中,甲公司除了授予该版权许可外,并无任何义务从事改变该版权的后续活动,该版权也具有重大的独立功能(即民歌的录音可直接用于播放),乙公司主要通过该重大独立功能获利。因此,甲公司应在乙公司能够主导该版权的使用并从中获得几乎全部经济利益时全额确认收入。由于甲公司履约的时间与客户付款之间间隔的时间间隔不超过一年的,可以不考虑合同中存在的重大融资成分。假定上述金额均不包含增值税,且假定不考虑相关税费的影响。

甲公司在乙公司能够主导该版权的使用并从中获得几乎全部经济利益时全额确认收入,应编制的会计分录如下:

借:应收账款　　　　　　　　　　　　　　　　　　　　12 000
　　贷:主营业务收入　　　　　　　　　　　　　　　　　　12 000

在每个月收取固定对价时:

借:银行存款　　　　　　　　　　　　　　　　　　　　 1 000
　　贷:应收账款　　　　　　　　　　　　　　　　　　　　 1 000

相应的民歌版权的摊销费用计入营业成本。

(4) 基于销售或使用情况的特许权使用费。

企业向客户授予知识产权许可,并约定按客户实际销售或使用情况(如,按照客户的销售额)收取特许权使用费的,应当在客户后续销售或使用行为实际发生与企业履行相关履约义务二者孰晚的时点确认收入。这是估计可变对价的一个例外规定,该例外规定只有在下列两种情形下才能使用:一是特许权使用费仅与知识产权许可相关;二是特许权使用费可能与合同中的知识产权许可和其他商品都相关,但是,与知识产权许可相关的部分占主导地位。当企业能够合理预期,客户认为知识产权许可的价值远高于合同中与之相关的其他商品时,该知识产权许可通常占主导地位。

[例 12-26] 甲电影发行公司与乙公司签订合同,将其拥有的一部电影的版权授权给乙公司,乙公司可在其旗下的影院放映该电影,放映期间为 6 周。除了将该电影版权授权给乙公司之外,甲公司还同意在该电影放映之前,向乙公司提供该电影的片花,在乙公司的影院播放,并且在该电影放映期间在当地知名的广播电台播放广告。甲公司将获得乙公司播放该电影的票房分成。

本例中,甲公司的承诺包括授予电影版权许可、提供电影片花以及提供广告服务。甲公司在该合同下获得的对价为按照乙公司实际销售情况收取的特许权使用费,与之相关的授予电影版权许可占主导地位,这是因为,甲公司能够合理预期,客户认为该电影版权许可的价值远高于合同中的提供电影片花和广告服务。因此,甲公司应当在乙公司放映该电影的期间按照约定的分成比例确认收入。如果授予电影版权许可、提供电影片花以及广告服务分别构成单项履约义务,甲公司应当将该取得的分成收入在这些履约义务之间进行分摊。

6. 售后回购

售后回购，是指企业销售商品的同时承诺或有权选择日后再将该商品购回的销售方式。企业应当区分下列两种情形分别对售后回购交易进行会计处理。

（1）企业因存在与客户的远期安排而负有回购义务或企业享有回购权利的。

在销售时点，客户并没有取得该商品的控制权，企业应根据下列情况分别进行相应的会计处理：一是回购价格低于原售价的，应当视为租赁交易进行会计处理；二是回购价格不低于原售价的，应当视为融资交易，应当在收到客户款项时确认金融负债，而不是终止确认该商品。

（2）企业应客户要求回购商品的。

应当在合同开始日评估客户是否具有行使该要求权的重大经济动因。客户具有行使该要求权的重大经济动因的，企业应当将回购价格与原售价进行比较，并按照第一种情形下的原则将该售后回购作为租赁交易或融资交易进行相应的会计处理。客户不具有行使该要求权的重大经济动因的，企业应当将该售后回购作为附有销售退回条款的销售交易进行相应的会计处理。

当回购价格明显高于该商品回购时的市场价值时，通常表明客户有行权的重大经济动因。

[例12-27] 2×21年4月1日，甲公司向乙公司销售一批商品，开出的增值税专用发票上注明的销售价款为150万元，增值税额为19.5万元。该批商品成本为120万元；商品已经发出，款项已经收到。协议约定，甲公司应于8月31日将所售商品购回，回购价为165万元（不含增值税额）。

本例中，假定不考虑时间价值的影响，甲公司的回购价格165万元高于原售价150万元，因此，甲公司应当将该交易作为融资交易进行会计处理。

甲公司应编制的会计分录如下：

① 4月1日发出商品时：

借：银行存款　　　　　　　　　　　　　　　　　　　1 695 000
　　贷：其他应付款　　　　　　　　　　　　　　　　　1 500 000
　　　　应交税费——应交增值税（销项税额）　　　　　　195 000
借：发出商品　　　　　　　　　　　　　　　　　　　1 200 000
　　贷：库存商品　　　　　　　　　　　　　　　　　　1 200 000

② 回购价大于原售价的差额，应在回购期间按期计提利息费用，计入当期财务费用。由于回购期间为5个月，货币时间价值影响不大采用直线法计提利息费用，每月计提利息费用为3（15÷5）万元。

借：财务费用　　　　　　　　　　　　　　　　　　　　30 000
　　贷：其他应付款　　　　　　　　　　　　　　　　　　30 000

③ 8月31日回购商品时，收到的增值税专用发票上注明的商品价格为165万元，增值税额为21.45万元。假定商品已验收入库，款项已经支付。

借：财务费用　　　　　　　　　　　　　　　　　　　　30 000
　　贷：其他应付款　　　　　　　　　　　　　　　　　　30 000
借：库存商品　　　　　　　　　　　　　　　　　　　1 200 000

贷：发出商品	1 200 000
借：其他应付款	1 650 000
应交税费——应交增值税(进项税额)	214 500
贷：银行存款	1 864 500

在企业有权要求回购或者客户有权要求企业回购的情况下,企业或者客户到期未行使权利的,应在该权利到期时终止确认相关负债,同时确认收入。

7. 客户未行使的权利

企业因销售商品向客户收取的预收款,赋予了客户一项在未来从企业取得该商品的权利,并使企业承担了向客户转让该商品的义务,因此,企业应当将预收的款项确认为合同负债,待未来履行了相关履约义务,即向客户转让相关商品时,再将该负债转为收入。

企业所收取的与客户未行使权利相关的款项须转交给其他方的(例如,法律规定无人认领的财产需上交政府),企业不应将其确认为收入。

[例12-28] 甲公司经营连锁面包店。2×21年,甲公司向客户销售了5 000张储值卡,每张卡的面值为200元,总额为100万元。客户可在甲公司经营的任何一家门店使用该储值卡进行消费。根据历史经验,甲公司预期客户购买的储值卡中将有大约相当于储值卡面值金额5%(即50 000元)的部分不会被消费。截至2×21年12月31日,客户使用该储值卡消费的金额为400 000元,相应的商品成本320 000元。假定甲公司为增值税一般纳税人,在客户使用该储值卡消费时发生增值税纳税义务,增值税税率13%。

本例中,甲公司预期将有权获得与客户未行使的合同权利相关的金额为50 000元,该金额应当按照客户行使合同权利的模式按比例确认为收入。因此,甲公司在2×21年销售的储值卡应当确认的收入金额为372 613元[(400 000+50 000×400 000/950 000)/(1+13%)]。甲公司应编制的会计分录如下:

(1) 销售储值卡:

借：库存现金	1 000 000
贷：合同负债	884 956
应交税费——待转销项税额	115 044

(2) 根据储值卡的消费金额确认收入,同时将对应的待转销项税额确认为销项税额:

借：合同负债	372 613
应交税费——待转销项税额 　[400 000/(1+13%)×13%]	46 018
贷：主营业务收入	372 613
应交税费——应交增值税(销项税额)	46 018
借：主营业务成本	320 000
贷：库存商品	320 000

8. 无须退回的初始费

企业在合同开始(或邻近合同开始)日向客户收取的无须退回的初始费通常包括入会费、接驳费、初装费等。企业收取该初始费时,应当评估该初始费是否与向客户转让已承诺的商品相关。该初始费与向客户转让已承诺的商品相关,且该商品构成单项履约义务的,企业应当在转让该商品时,按照分摊至该商品的交易价格确认收入;该初始费与向客户转让已承诺的商品不相关的,该初始费应当作为未来将转让商品的预收款,在未来转让该商品时确认收入。

在合同开始(或邻近合同开始)日,企业通常必须开展一些初始活动,为履行合同进行准备,如一些行政管理性质的准备工作,这些活动虽然与履行合同有关,但并没有向客户转让已承诺的商品,因此,不构成单项履约义务,而是应当将该初始费作为未来将转让商品的预收款,在未来转让该商品时确认为收入。

[例12-29] 甲公司经营一家会员制健身俱乐部。甲公司与客户签订了为期1年的合同,客户入会之后可以随时在该俱乐部健身。除俱乐部的年费3 000元之外,甲公司还向客户收取了60元的入会费,用于补偿俱乐部为客户进行注册登记、准备会籍资料以及制作会员卡等初始活动所花费的成本。甲公司收取的入会费和年费均无须返还。

本例中,甲公司承诺的服务是向客户提供健身服务(即可随时使用的健身场地),而甲公司为会员入会所进行的初始活动并未向客户提供其所承诺的服务,而只是一些内部行政管理性质的工作。因此,甲公司虽然为补偿这些初始活动向客户收取了入会费,但是该入会费实质上是客户为健身服务所支付的对价的一部分,故应当作为健身服务的预收款,与收取的年费一起在1年内分摊确认为收入。假定上述金额均不包含增值税,且不考虑相关税费的影响。

甲公司应编制的会计分录如下:
① 甲公司收取的入会费和年费时:
借:银行存款　　　　　　　　　　　　　　　　　　　3 060
　　贷:合同负债　　　　　　　　　　　　　　　　　　3 060
② 甲公司按月分摊入会费和年费时:
借:合同负债　　　　　　　　　　　　　　　　　　　255
　　贷:主营业务收入　　　　　　　　　　　　　　　　255

第二节　费　用

一、费用概述

企业在生产经营过程中,必然要发生原材料等劳动对象的耗费、机器设备等劳动手段的耗费以及人工等劳动力的耗费。

(一) 费用的定义

费用是指企业在日常活动中发生的、会导致所有者权益减少的、与向所有者分配利润无关的经济利益的总流出。

费用有狭义和广义之分。广义的费用泛指企业各种日常活动发生的所有耗费,狭义的费用仅指与本期营业收入相配比的那部分耗费。费用应按照权责发生制和配比原则确认,凡应属于本期发生的费用,不论其款项是否支付,均确认为本期费用;反之,不属于本期发生的费用,即使其款项已在本期支付,也不确认为本期费用。

（二）费用的分类

费用按照不同的标准有不同的分类。

1. 按照经济用途分类

费用按照其经济用途可以分为生产费用和期间费用两部分。生产费用按照其计入产品成本的方式不同，又可分为直接费用和间接费用。期间费用包括管理费用、销售费用和财务费用。

2. 按照经济性质分类

费用按照其经济性质可以分为外购材料费用、外购燃料费用、外购动力费用、职工薪酬、折旧费用、利息支出、税金、其他支出等。

（三）费用的确认

费用的确认除了应当符合费用的定义以外，还应当满足费用的确认条件，即费用只有在经济利益很可能流出从而导致企业资产减少或者负债增加、经济利益的流出额能够可靠计量时才予以确认。因此，费用的确认至少应当符合以下条件：一是与费用相关的经济利益很可能流出企业；二是经济利益流出企业的结果会导致资产的减少或者负债的增加；三是经济利益的流出额能够可靠计量。

在确认费用时，应区分三个界限。

1. 区分生产费用与非生产费用的界限

生产费用是指与企业日常生产经营活动有关的费用，如生产产品所发生的原材料费用、人工费用等；非生产费用是指不应由生产费用负担的费用，如用于构建固定资产所发生的费用不属于生产费用。

2. 区分生产费用与产品生产成本的界限

生产费用与一定的时期相联系，而与生产的产品无直接关联；产品生产成本与一定品种和数量的产品相联系，而不论发生在哪一期。

3. 区分生产费用与期间费用的界限

生产费用应当计入产品成本，而期间费用直接计入当期损益。

在确认费用时，对于确认为期间费用的费用，必须进一步划分为管理费用、销售费用和财务费用。对于确认为生产费用的费用，必须根据该费用发生的实际情况分别不同的费用性质将其确认为不同产品生产所负担的费用；对于几种产品共同发生的费用，必须按受益原则，采用一定方法和程序将其分配计入相关产品的生产成本。

二、生产成本

（一）生产成本的概念

生产成本，是指一定期间生产产品所发生的直接费用和间接费用的总和。生产成本与费用是一个既有联系也有区别的概念。首先，成本是对象化的费用，生产成本是相对于一定的产品而言所发生的费用，它是按照产品品种等成本计算对象对当期发生的费用进行归集所形成的。在按照费用的经济用途分类中，企业一定期间发生的直接费用和间接费用总和，则构成一定期间的产品的生产成本。对于上述费用来说，费用的发生过程同时也就是产品成本的形成过程。其次，费用指某一期间为进行生产而发生的费用，它与一定的期间相联系；产品成本指为生产某一种产品或几种产品而消耗的费用，它与一定种类和数量的产品相联系。

成本与费用是相互转化的。企业在一定期间发生的直接费用按照成本计算对象进行归集；间接费用则通过分配计入各成本计算对象，使本期发生的费用予以对象化，转化为成本。在产品生产完成结转产成品并通过销售后，成本则转化为一定期间销售成本，成为费用计入当期损益。

（二）生产成本核算的基本步骤

产品成本核算是一项系统而复杂的工作，长期的成本核算工作总结出了如下的基本程序：首先，对所发生的费用进行审核，确定哪些是正常的生产费用，并进一步区分为产品成本费用和期间费用；其次，将生产费用按各成本计算对象进行归集与分配；第三，将累计生产费用在完工产品与在产品之间分配。

（三）生产费用的核算

生产费用的归集与分配是计算产品成本的前提和基础。为了正确核算生产费用，控制生产费用的支出，将已经发生的费用加以归集和分配，据以计算产品成本，企业应当设置"生产成本""制造费用"等科目，归集和分配生产费用时发生的直接费用应直接计入成本核算对象，间接费用应当选择合理的标准分配计入有关的成本核算对象。

1. 生产成本的归集

生产成本通过"生产成本"科目进行归集。"生产成本"科目用于核算企业进行工业性生产所发生的各项生产费用，包括生产各种产成品、自制半成品、提供劳务、自制材料、自制工具以及自制设备等所发生的各项费用。该科目应设置"基本生产成本"和"辅助生产成本"两个二级科目。"基本生产成本"二级科目核算企业为完成主要生产目的而进行的商品产品生产所发生的费用，计算基本生产的产品成本。"辅助生产成本"二级科目核算企业为基本生产服务而进行的产品生产和劳务供应所发生的费用，计算辅助生产产品和劳务成本。"基本生产成本"科目和"辅助生产成本"科目还应当按照成本核算对象进行明细核算。

（1）企业发生的直接材料和直接人工费用，直接归集计入"生产成本"科目及其所属的"基本生产成本"科目和"辅助生产成本"科目。

（2）企业发生的其他间接费用，首先在"制造费用"科目汇集，月终分配计入"生产成本"科目及其所属的二级科目和明细科目的借方。

（3）企业辅助生产车间发生的费用，首先在"生产成本"科目所属的"辅助生产成本"二级科目中归集核算，然后，按照一定的分配方法和分配标准分配计入各受益对象。即根据其受益对象，将"辅助生产成本"二级科目归集的费用，转入"生产成本"所属的"基本生产成本"二级科目、"管理费用"科目等。

（4）企业生产完工，将完工产成品验收入库，应将其完工的产成品以及自制半成品的实际成本，自"生产成本"科目及其所属的"基本生产成本"二级科目，结转至"库存商品"等科目。期末"生产成本"科目的借方余额反映尚未完成的在产品的成本。

2. 制造费用的归集

制造费用通过"制造费用"科目进行归集。"制造费用"科目用于核算企业为生产产品和提供劳务而发生的各项间接费用，包括生产工人车间管理人员的职工薪酬、折旧费、办公费、水电费、机物料消耗、劳动保护费、租赁费、保险费、排污费以及其他制造费用。企业发生的各项制造费用,通过"制造费用"科目进行归集和分配。"制造费用"科目应按不同的车间、部门设置明细账,账内按制造费用的项目内容设专栏进行明细核算。发生的各项间接费用记入"制造费用"科目及其所属明细账的借方;月终,将制造费用分配计入有关的成本计算对象时,记入"制造费用"科目及其所属明细账的贷方。结转后"制造费用"科目无余额。

(四) 生产成本的分配及完工产品成本的结转

1. 生产成本在完工产品与在产品之间的分配

通过上述各项费用的归集和分配,生产过程中发生的各项成本全部归集在"生产成本——基本生产成本"科目。这些归集到生产成本的费用,在存在期初在产品和期末在产品的情况下,并不是本月完工产成品成本。成本计算的一个重要目的,就是计算出一定期间所生产的完工产品总成本和单位成本,为此还必须将本期归集的生产成本在完工产品与在产品之间进行分配。

产品费用在完工产品与在产品之间的分配,在成本计算工作中是一个重要而又比较复杂的问题。企业应当根据产品的生产特点,考虑到企业的管理要求和条件,选择既合理又简便的分配方法。常用的方法有以下几种:

(1) 不计算在产品成本。

这种方法不考虑期初在产品和期末在产品的情况,而是将本期归集的生产成本全部作为本期完工产品成本。这一方法适用于期末在产品数量较小、在产品成本的大小对完工产品的成本影响不大的企业。

(2) 在产品按固定成本计价。

采用这种分配方法时,各月末在产品的成本固定不变。这一方法适用于各月末在产品数量较小,或者在产品数量虽大,但各月之间在产品变化不大的企业。

(3) 在产品成本按其所耗用的原材料费用计算。

这种方法是将在产品成本按其所耗用的原材料费用计算,其他费用全部由完工产品成本负担。这一方法一般适用于原材料费用占产品成本的比重较大并且原材料在生产开始时一次全部投入的企业。

(4) 约当产量法。

这种方法是对期末在产品确定约当产量,以计算的约当产量对生产成本在本期完工产品和期末在产品之间进行分配。这种方法既考虑了期末在产品所负担的原材料费用,也考虑了所负担的其他费用,在一定程度上提高了成本计算的准确度。这一方法适用于在产品数量较多、各月份在产品数量变化较大并且原材料费用和其他费用在产品成本中的比重相差不多的企业。

(5) 在产品成本按定额成本计算。

这种方法是事先在调查研究的基础上,确定定额单位成本,月终根据在产品数量计算确定期末在产品成本,然后将期初在产品生产成本加上本月发生生产成本,减去期末在产品的定额成本,计算出产成品的总成本以及产成品单位成本。这种方法适用于定额管理基础较好,各项消耗定额和费用定额比较准确、稳定,而且各月月末在产品数量变动不大的产品。

（6）在产品成本按完工产品计算。

采用这种分配方法时,在产品视同完工产品分配费用。这种方法适用于月末在产品已经接近完工,只是尚未包装或尚未验收入库的企业。

（7）定额比例法。

采用这种分配方法的产品,其生产费用按照完工产品与月末在产品定额消耗量或定额费用的比例进行分配。这种方法适用于定额管理基础较好,各项消耗定额和费用定额比较准确、稳定,但各月月末在产品数量变动较大的产品。

2. 完工产品成本的结转

在计算得出当期完工产品单位成本后,应当根据完工产品的数量和计算确定的完工产品的单位成本,计算确定并结转本期完工产品的总成本。结转本期完工产品时,应当分别各种产品完工总成本,借记"库存商品"科目,贷记"生产成本"及其下设的"基本生产成本"科目。

（五）成本计算方法

企业在进行成本计算时,还必须根据其生产经营特点、生产经营组织类型和成本管理要求,确定成本计算对象和成本计算方法。

1. 确定成本计算对象

成本计算对象是指费用的归属对象。成本计算对象的确定是成本核算工作的前提,只有确定了成本计算对象,才能对企业的生产费用进行归集和分配。

成本计算对象是由企业生产特点和成本管理的要求决定的。

（1）工业企业的生产按照生产组织来划分,可以分为大量生产、成批生产和单件生产三种类型。成批生产又可以按照批量大小,分为大批生产和小批生产两种类型。

① 大量生产。例如面粉、食糖和化肥的生产,要求连续不断地重复生产一种或若干种产品,因而管理上只要求,而且也只能按照产品的品种计算成本。因此,这一类企业的成本计算对象是产品的品种。

② 成批生产。可以分为大批生产和小批生产。

一是大批生产。例如家具木器生产,由于产品批量大,往往在一定期间内不断重复生产一种或几种产品,因而也和大量生产一样,只要求按照产品品种计算成本。

二是小批生产。例如服装生产,其生产的产品批量小,一批产品一般可以同时完工,因而可以以产品的批别作为成本计算对象来归集费用,计算某批产品的成本。

三是单件生产。例如造船和重型机器制造,都是按件生产,因而可以按件计算成本。单件生产也可以视同小批生产,按件计算成本也可以视为按批计算成本。

（2）工业企业的生产按照工艺过程划分,可以分为单步骤生产和多步骤生产两种类型。

① 单步骤生产。指生产技术过程是不可间断的或者不能分散在不同地点进行的生产,如发电、采煤等。这种类型的生产,往往是重复生产一种或几种产品,因而按生产组织来分,属于大量生产。这种类型的生产企业,只要以生产的产品品种为成本计算对象,就可以满足成本管理的要求。

② 多步骤生产。指产品的生产技术过程是由许多在技术上可以间断的加工步骤组成的,如纺织、机械制造等。这种生产可以由几个车间在不同的时间和地点协作进行。成

本管理不仅要求计算企业最终产品的成本,而且还要求计算产品各加工步骤的成本,因而这类企业成本计算对象是各种产品及其各加工步骤的成本。

2. 确定成本计算方法

综上所述,企业生产组织、工艺过程的特点和对成本管理的要求决定了成本计算对象。成本计算对象是成本计算的主体,成本计算方法主要是由成本计算对象的特点决定的,也是以成本计算对象来命名的。成本计算方法主要有以下三种:

(1) 品种法。

品种法亦称简单法,是指以产品品种作为成本计算对象,归集和分配生产费用,计算产品成本的一种方法。这种方法一般适用于单步骤、大量生产的企业,如发电、供水、采掘等企业。大量、大批单步骤(或多步骤但成本管理不要求按步骤核算)的生产企业,以生产的产品品种为成本计算对象,按全厂某月份生产的某种产品直接归集所应承担的制造成本。如果只生产一种产品,只需要为这种产品设立一张成本计算单,所发生的全部生产费用,均计入这种产品成本;如果生产多种产品,则要按产品的品种分别设立成本计算单,直接费用直接计入各成本计算单,间接费用则应采用适当的分配方法,分配计入各成本计算单。品种法是成本计算的最基本方法。

(2) 分批法。

分批法是指以产品的批别为产品成本计算对象,归集生产费用,计算产品成本的一种方法。分批法亦称订单法,适用于单件、小批生产的企业,如造船、重型机器制造、精密仪器制造等。分批法的主要特点是所有的生产费用要分别产品的订单或批别来归集,成本计算对象是购买者事先订货或企业规定的产品批别。

(3) 分步法。

分步法是指按照生产过程中各个加工步骤(分品种)为成本计算对象,归集生产费用,计算各步骤半成品和最后产成品成本的一种方法,适用于连续加工式生产的企业和车间,如冶金、纺织等。采用此法计算产品成本,产品成本计算单要按照生产步骤和产品品种设立,或者按生产步骤设立,计算单中按产品品种反映。由于大量、大批、多步骤生产的产品,往往跨月陆续完工,所以在采用分步法计算产品成本时,记入各种产品、各个生产步骤成本计算单的生产费用,大多要采用适当的分配方法,在完工产品和月末在产品之间进行分配。核算各该产品、各该生产步骤完工产品和月末在产品的成本,然后按照产品的品种结转各步完工产品的成本,核算每种产成品的成本。

三、期间费用

期间费用是企业当期发生的费用中的重要组成部分,是指本期发生的直接计入损益的费用,主要包括管理费用、销售费用和财务费用。

(一) 管理费用

1. 管理费用的概念及其内容

管理费用是指企业行政管理部门为组织和管理生产经营活动而发生的各种费用。

包括企业为组织和管理企业生产经营所发生的管理费用,包括企业在筹建期间内发生的开办费、董事会和行政管理部门在企业的经营管理中发生的或者应由企业统一负担的公司经费(包括行政管理部门职工工资及福利费、物料消耗、低值易耗品摊销、办公费和差旅费等)、工会经费、董事会费(包括董事会成员津贴、会议费和差旅费等)、聘请中介机构费、咨询费(含顾问费)、诉讼费、业务招待费、技术转让费、研发费用(费用化的研发支出)、排污费、行政管理部门发生的固定资产折旧费等。

企业(商品流通)管理费用不多的,可不设置本科目,本科目的核算内容可并入"销售费用"科目核算。

管理费用作为期间费用,应直接计入当期损益。

2. 管理费用的会计处理

企业发生的管理费用在"管理费用"科目中核算,并按费用项目设置明细账进行明细核算。企业发生的各项管理费用借记该科目,贷记"库存现金""银行存款""原材料""累计摊销""累计折旧""应交税费""应付职工薪酬"等科目;期末,将本科目借方归集的管理费用全部由本科目的贷方转入"本年利润"科目的借方,计入当期损益。结转管理费用后,"管理费用"科目期末无余额。

[例 12-30] 甲公司为增值税一般纳税人,6月份发生有关业务如下:

1. 6月10日用现金报销业务招待费1 500元。应编制的会计分录如下:

借:管理费用——业务招待费　　　　　　　　　　　　　　　1 500
　　贷:库存现金　　　　　　　　　　　　　　　　　　　　　1 500

2. 6月15日开出转账支票一张计3 180元,支付某律师事务所咨询费,取得的增值税专用发票上注明的咨询费为3 000元,增值税税额为180元。应编制的会计分录如下:

借:管理费用——咨询费　　　　　　　　　　　　　　　　　3 000
　　应交税费——应交增值税(进项税额)　　　　　　　　　　180
　　贷:银行存款　　　　　　　　　　　　　　　　　　　　3 180

3. 6月18日用银行存款支付保险费合计10 600元,取得的增值税专用发票上注明的保险费为10 000元,增值税税额为600元。应编制的会计分录如下:

借:管理费用——保险费　　　　　　　　　　　　　　　　　10 000
　　应交税费——应交增值税(进项税额)　　　　　　　　　　600
　　贷:银行存款　　　　　　　　　　　　　　　　　　　　10 600

4. 6月30日计提管理部门固定资产折旧50 000元,摊销公司管理部门用无形资产成本80 000元,管理人员薪酬100 000元。应编制的会计分录如下:

借:管理费用——折旧费　　　　　　　　　　　　　　　　　50 000
　　　　　　——摊销费　　　　　　　　　　　　　　　　　80 000
　　　　　　——职工薪酬　　　　　　　　　　　　　　　　100 000
　　贷:累计折旧　　　　　　　　　　　　　　　　　　　　50 000
　　　　累计摊销　　　　　　　　　　　　　　　　　　　　80 000
　　　　应付职工薪酬　　　　　　　　　　　　　　　　　　100 000

5. 6月30日将本月发生的管理费用全部结转至"本年利润"科目。应编制的会计分录如下:

借:本年利润　　　　　　　　　　　　　　　　　　　　　　244 500
　　贷:管理费用　　　　　　　　　　　　　　　　　　　　244 500

(二) 销售费用

1. 销售费用的概念及其内容

销售费用是指企业销售商品和材料、提供劳务的过程中发生的各种费用,包括保险费、包装费、展览费和广告费、商品维修费、预计产品质量保证损失、运输费、装卸费等以及为销售本企业商品而专设的销售机构(含销售网点、售后服务网点等)的职工薪酬、业务费、折旧费等经营费用。

销售费用作为期间费用,应直接计入当期损益。

2. 销售费用的会计处理

企业发生的销售费用在"销售费用"科目中核算,并按费用项目设置明细账进行明细核算。企业发生的各项销售费用借记该科目,贷记"库存现金""银行存款""应付职工薪酬"等科目;月终,将借方归集的销售费用全部由本科目的贷方转入"本年利润"科目的借方,计入当期损益。结转销售费用后,"销售费用"科目期末无余额。

[例12-31] 甲公司为增值税一般纳税人,6月份发生如下业务:

1. 6月2日用银行存款支付所销产品保险费合计5 300元,取得的增值税专用发票上注明的保险费为5 000元,增值税税额为300元。应编制的会计分录如下:

借:销售费用——保险费　　　　　　　　　　　　　　5 000
　　应交税费——应交增值税(进项税额)　　　　　　　300
　　贷:银行存款　　　　　　　　　　　　　　　　　　　5 300

2. 6月12日以银行存款支付销售产品的运输费用,开出支票支付7 630元,取得的增值税专用发票上注明的运输费为7 000元,增值税税额为630元。应编制的会计分录如下:

借:销售费用——运输费　　　　　　　　　　　　　　7 000
　　应交税费——应交增值税(进项税额)　　　　　　　630
　　贷:银行存款　　　　　　　　　　　　　　　　　　　7 630

3. 6月30日计提销售部专用办公设备和房屋的折旧费50 000元,销售人员薪酬100 000元,支付业务费70 000元(用银行存款支付)。应编制的会计分录如下:

借:销售费用——折旧费　　　　　　　　　　　　　　50 000
　　　　　　——业务费　　　　　　　　　　　　　　70 000
　　　　　　——职工薪酬　　　　　　　　　　　　　100 000
　　贷:累计折旧　　　　　　　　　　　　　　　　　　　50 000
　　　　银行存款　　　　　　　　　　　　　　　　　　　70 000
　　　　应付职工薪酬　　　　　　　　　　　　　　　　　100 000

4. 6月30日以银行存款支付广告费84 800元。取得的增值税专用发票上注明的运输费为80 000元,增值税税额为4 800元。应编制的会计分录如下:

借:销售费用——广告费　　　　　　　　　　　　　　80 000
　　应交税费——应交增值税(进项税额)　　　　　　　4 800
　　贷:银行存款　　　　　　　　　　　　　　　　　　　84 800

5. 月末,将全月发生的销售费用结转到"本年利润"科目。应编制的会计分录如下:

借:本年利润　　　　　　　　　　　　　　　　　　　312 000
　　贷:销售费用　　　　　　　　　　　　　　　　　　　312 000

(三) 财务费用

1. 财务费用的概念及其内容

财务费用是指企业为筹集生产经营所需资金等而发生的筹资费用,包括利息支出(减利息收入)、汇兑损益以及相关的手续费等。

为购建或生产满足资本化条件的资产发生的应予资本化的借款费用,在"在建工程""制造费用"等科目核算。

财务费用作为期间费用,应直接计入当期损益。

2. 财务费用的会计处理

企业发生的财务费用在"财务费用"科目中核算,并按费用项目设置明细账进行明细核算。企业发生的各项财务费用借记该科目,贷记"银行存款""应付利息"等科目;企业发生利息收入、汇兑收益时,借记"银行存款"等科目,贷记该科目。月终,将借方归集的财务费用全部由该科目的贷方转入"本年利润"科目的借方,计入当期损益。结转当期财务费用后,"财务费用"科目期末无余额。

[例 12-32] 甲公司为增值税一般纳税人,甲企业6月份发生如下业务:

1. 6月30日按规定预提本月短期借款利息 54 000 元。应编制的会计分录如下:

借:财务费用——利息支出　　　　　　　　　　　　　54 000
　　贷:应付利息　　　　　　　　　　　　　　　　　　　　54 000

2. 6月30日支付银行承兑汇票的手续费 150 元。应编制的会计分录如下:

借:财务费用——手续费　　　　　　　　　　　　　　　150
　　贷:银行存款　　　　　　　　　　　　　　　　　　　　　150

3. 6月30日收到银行通知,存款利息收入 8 000 元已入账。应编制的会计分录如下:

借:银行存款　　　　　　　　　　　　　　　　　　　8 000
　　贷:财务费用——利息收入　　　　　　　　　　　　　　8 000

4. 6月30日应收账款(美元户)期末余额美元为 100 000 元,折合人民币为 650 000 元。月末汇率为1:6.3,按规定计算汇兑损益。应编制的会计分录如下:

借:财务费用——汇兑损益　　　　　　　　　　　　20 000
　　贷:应收账款(美元户)　　　　　　　　　　　　　　　20 000

5. 月末,将全月发生的财务费用结转到"本年利润"科目。应编制的会计分录如下:

借:本年利润　　　　　　　　　　　　　　　　　　66 150
　　贷:财务费用　　　　　　　　　　　　　　　　　　　　66 150

第三节　利　润

一、利润构成

企业作为独立的经济实体,应当以自己的经营收入抵补其成本费用,并且实现盈利。企业盈利的大小在很大程度上反映企业生产经营的经济效益,表明企业在每一会计期间的最终经营成果。对利润进行核算,可以及时反映企业在一定会计期间的经营业绩和获利能力,反映企业的投入产出效率和经济效益,有助于企业投资者和债权人据此进行盈利预测,评价企业经营绩效,作出正确的决策。

利润是指企业在一定会计期间的经营成果。利润包括收入减去费用后的净额、直接计入当期利润的利得和损失等。

直接计入当期利润的利得和损失,是指应当计入当期损益、会导致所有者权益发生增减变动的、与所有者投入资本或者向所有者分配利润无关的利得或者损失。

利润相关计算公式如下：

（一）营业利润

营业利润=营业收入-营业成本-税金及附加-销售费用-管理费用-研发费用-财务费用+其他收益+投资收益(-投资损失)+净敞口套期收益(-净敞口套期损失)+公允价值变动收益(-公允价值变动损失)-信用减值损失-资产减值损失+资产处置收益(-资产处置损失)

其中,营业收入是指企业经营业务所确定的收入总额,包括主营业务收入和其他业务收入。营业成本是指企业经营业务所发生的实际成本总额,包括主营业务成本和其他业务成本。其他收益主要是计入其他收益的政府补助。公允价值变动收益(或损失)是指企业交易性金融资产等公允价值变动形成的应计入当期损益的利得(或损失)。投资收益(或损失)是指企业以各种方式对外投资所取得的收益(或发生的损失)。信用减值损失是各项金融工具信用减值准备所确认的信用损失。资产减值损失是指企业计提各项资产减值准备所形成的损失。资产处置收益是企业出售划分为持有待售的非流动资产(金融工具、长期股权投资和投资性房地产除外)或处置组(子公司和业务除外)时确认的处置利得或损失,以及处置未划分为持有待售的固定资产、在建工程、生产性生物资产及无形资产而产生的处置利得或损失。

（二）利润总额

利润总额=营业利润+营业外收入-营业外支出

其中,营业外收入(或支出)是指企业发生的与日常活动无直接关系的各项利得(或损失)。

（三）净利润

净利润=利润总额-所得税费用

其中,所得税费用是指企业确认的应从当期利润总额中扣除的所得税费用。

有关营业活动中收入、费用和投资收益的核算在前面的章节中已系统学习,本节仅介绍其他收益、营业外收支等项目的核算。

二、其他收益

其他收益包括计入其他收益的政府补助以及其他与日常活动相关且计入其他收益的项目,例如企业收到的代扣代缴个税手续费、增值税加计扣除等。

（一）政府补助的定义

政府补助是指企业从政府无偿取得的货币性资产或非货币性资产。政府补助主要形式包括政府对企业的无偿拨款、税收返还、财政贴息,以及无偿给予非货币性资产等。通常情况下,直接减征、免征、增加计税抵扣额、抵免部分税额等不涉及资产直接转移的经济资源,不适用政府补助准则。

增值税出口退税不属于政府补助,增值税出口退税实际上是政府退回企业事先垫付的进项税额,不属于政府补助。

政府补助是来源于政府的经济资源,政府补助是无偿的,即企业取得来源于政府的经济资源,不需要向政府交付商品或服务等对价。

政府以投资者身份向企业投入资本,享有相应的所有权权益,政府与企业之间是投资者与被投资者的关系,属于互惠性交易,不适用政府补助准则。

企业从政府取得的经济资源,如果与企业销售商品或提供劳务等活动密切相关,且是企业商品或服务的对价或者是对价的组成部分,应当适用《企业会计准则第14号——收入》等相关会计准则。

(二) 政府补助的分类

政府补助应当划分为与资产相关的政府补助和与收益相关的政府补助。

与资产相关的政府补助,是指企业取得的、用于购建或以其他方式形成长期资产的政府补助。

与收益相关的政府补助,是指除与资产相关的政府补助之外的政府补助。此类补助主要是用于补偿企业已发生或即将发生的相关费用或损失。通常在满足补助所附条件时计入当期损益或冲减相关相关成本。

(三) 政府补助的会计处理

1. 会计处理方法

政府补助有两种会计处理方法:总额法和净额法。总额法是在确认政府补助时将其全额确认为收益,而不是作为相关资产账面价值或者费用的扣减。净额法是将政府补助确认为对相关资产账面价值或所补偿费用的扣减。通常情况下,对同类或类似政府补助业务只能选用一种方法,同时,企业对该业务应当一贯地运用该方法,不得随意变更。

与企业日常活动相关的政府补助,应当按照经济业务实质,计入其他收益或冲减成本费用。与企业日常活动无关的政府补助,计入营业外收支。通常情况下,若政府补助补偿的成本费用是营业利润之中的项目,或该补助与日常销售等经营行为密切相关如增值税即征即退等,则认为该政府补助与日常活动相关。

企业选择总额法对与日常活动相关的政府补助进行会计处理的,应增设"其他收益"科目进行核算。"其他收益"科目核算总额法下与日常活动相关的政府补助以及其他与日常活动相关且应直接计入本科目的项目。对于总额法下与日常活动相关的政府补助,企业在实际收到或应收时,或者将先确认为"递延收益"的政府补助分摊计入损益时,借记"银行存款""其他应收款""递延收益"等科目,贷记"其他收益"科目。

2. 与资产相关的政府补助

实务中,企业通常先收到补助资金,再按照政府要求将补助资金用于购建固定资产或无形资产等长期资产。企业在取得与资产相关的政府补助时,应当选择下列方法之一进行会计处理:

一是总额法,即按照补助资金的金额借记"银行存款"等科目,贷记"递延收益"科目,然后在相关资产使用寿命内按合理、系统的方法分期计入损益。相关资产在使用寿命结束时或结束前被处置(出售、报废等),尚未分摊的递延收益余额应当一次性转入资产处置当期的损益,不再予以递延。

二是净额法,即企业按照补助资金的金额冲减相关资产的账面价值,然后按照扣减了政府补助后的资产价值对相关资产计提折旧或进行摊销。

实务中存在政府无偿给予企业长期非货币性资产的情况,如无偿给予土地使用权、天然起源的天然林等。企业取得的政府补助为非货币性资产的,应当按照公允价值计量;公允价值不能可靠取得的,按照名义金额(1元)计量。对以名义金额计量的政府补助,在取得时计入当期损益。

[例12-33] 按照国家有关政策,企业购置环保设备可以申请补贴以补偿其环保支出。丙公司于2×18年1月向政府有关部门提交了210万元的补助申请,作为对其购置环保设备的补贴。2×18年3月15日,丙公司收到了政府补贴款210万元。2×18年4月20日,丙公司购入不需安装环保设备,实际成本为480万元,使用寿命10年,采用直线法计提折旧(不考虑净残值)。2×26年4月,丙公司的这台设备发生毁损。本例中不考虑相关税费。

丙公司的账务处理如下:

方法一:丙公司选择总额法进行会计处理。

(1) 2×18年3月15日实际收到财政拨款,确认递延收益:

借:银行存款 2 100 000
　　贷:递延收益 2 100 000

(2) 2×18年4月20日购入设备:

借:固定资产 4 800 000
　　贷:银行存款 4 800 000

(3) 自2×18年5月起每个资产负债表日(月末)计提折旧,同时分摊递延收益:

① 计提折旧(假设该设备用于污染物排放测试,折旧费用计入制造费用):

借:制造费用 40 000
　　贷:累计折旧 (4 800 000/10/12)40 000

② 分摊递延收益(月末):

借:递延收益 17 500
　　贷:其他收益 (2 100 000/10/12)17 500

(4) 2×26年4月设备毁损,同时转销递延收益余额:

借:固定资产清理 960 000
　　累计折旧 (40 000×12×8)3 840 000
　　　贷:固定资产 4 800 000

借:递延收益 420 000
　　贷:固定资产清理 420 000

借:营业外支出 540 000
　　贷:固定资产清理 540 000

方法二：丙公司选择净额法进行会计处理。
(1) 2×18 年 3 月 15 日实际收到财政拨款：

借：银行存款　　　　　　　　　　　　　　　　　　　　2 100 000
　　贷：递延收益　　　　　　　　　　　　　　　　　　　　　2 100 000

(2) 2×18 年 4 月 20 日购入设备：

借：固定资产　　　　　　　　　　　　　　　　　　　　4 800 000
　　贷：银行存款　　　　　　　　　　　　　　　　　　　　　4 800 000
借：递延收益　　　　　　　　　　　　　　　　　　　　2 100 000
　　贷：固定资产　　　　　　　　　　　　　　　　　　　　　2 100 000

(3) 自 2×18 年 5 月起每个资产负债表日（月末）计提折旧：

借：制造费用　　　　　　　　　　　　　　　　　　　　　　22 500
　　贷：累计折旧　　　　　　　　　　　　　　　　（2 700 000/10/12）22 500

(4) 2×26 年 4 月设备毁损：

借：固定资产清理　　　　　　　　　　　　　　　　　　　540 000
　　累计折旧　　　　　　　　　　　　　　　　　　　　　2 160 000
　　贷：固定资产　　　　　　　　　　　　　　　　　　　　　2 700 000
借：营业外支出　　　　　　　　　　　　　　　　　　　　540 000
　　贷：固定资产清理　　　　　　　　　　　　　　　　　　　　540 000

3. 与收益相关的政府补助

对于与收益相关的政府补助，企业应当选择采用总额法或净额法进行会计处理。选择总额法的，应当计入其他收益或营业外收入。选择净额法的，应当冲减相关成本费用或营业外支出。

(1) 与收益相关的政府补助如果用于补偿企业以后期间的相关成本费用或损失，企业应当将其确认为递延收益，并在确认相关费用或损失的期间，计入当期损益或冲减相关成本。

[例 12-34] 甲公司于 2×20 年 3 月 15 日与企业所在地地方政府签订合作协议，根据协议约定，当地政府将向甲企业提供 1 000 万元奖励资金，用于企业的人才激励和人才引进奖励，甲公司必须按年向当地政府报送详细的资金使用计划并按规定用途使用资金。甲公司于 2×20 年 4 月 10 日收到 1 000 万元补助资金，分别在 2×20 年 12 月、2×21 年 12 月、2×22 年 12 月使用了 400 万元、300 万元和 300 万元，用于发放给总裁级高管年度奖金。本例中不考虑相关税费等其他因素。

假定甲公司选择净额法对此类补助进行会计处理，应编制的会计分录如下：
(1) 2×20 年 4 月 10 日甲企业实际收到补助资金：

借：银行存款　　　　　　　　　　　　　　　　　　　　10 000 000
　　贷：递延收益　　　　　　　　　　　　　　　　　　　　　10 000 000

(2) 2×20 年 12 月、2×21 年 12 月、2×22 年 12 月甲企业将补助资金发放高管奖金，相应结转递延收益：

① 2×20 年 12 月：

借：递延收益　　　　　　　　　　　　　　　　　　　　4 000 000

　　　　贷：管理费用　　　　　　　　　　　　　　　　　　　　　　　4 000 000
　　② 2×21 年 12 月：
　　　　借：递延收益　　　　　　　　　　　　　　　　　　　　　　　3 000 000
　　　　　　贷：管理费用　　　　　　　　　　　　　　　　　　　　　　3 000 000
　　③ 2×22 年 12 月：
　　　　借：递延收益　　　　　　　　　　　　　　　　　　　　　　　3 000 000
　　　　　　贷：管理费用　　　　　　　　　　　　　　　　　　　　　　3 000 000

　　如果本例中甲企业选择按总额法对此类政府补助进行会计处理，则应当在确认相关管理费用的期间，借记"递延收益"科目，贷记"其他收益"科目。

　　（2）与收益相关的政府补助如果用于补偿企业已发生的相关成本费用或损失，企业应当将其直接计入当期损益或冲减相关成本费用。

　　[例12-35]　乙公司销售其自主开发生产的动漫软件，按照国家有关规定，该公司的这种产品适用增值税即征即退政策，按13%的税率征收增值税后，对其增值税实际税负超过3%的部分，实行即征即退。乙企业2×21年8月在进行纳税申报时，对归属于7月的增值税即征即退提交退税申请，经主管税务机关审核后的退税额为10万元。

　　本例中，软件企业即征即退增值税与企业的日常销售密切相关，属于与企业日常活动相关的政府补助。乙公司2×21年8月申请退税并确定了增值税退税额，应编制的会计分录如下：

　　借：其他应收款　　　　　　　　　　　　　　　　　　　　　　　100 000
　　　　贷：其他收益　　　　　　　　　　　　　　　　　　　　　　　100 000

三、营业外收支

　　营业外收支是指企业发生的与日常活动无直接关系的各项收支。营业外收支虽然与企业生产经营活动没有多大的关系，但从企业主体来考虑，同样带来收入或形成企业的支出，也是增加或减少利润的因素，对企业的利润总额及净利润产生较大的影响。

（一）营业外收入

1. 营业外收入的内容

　　营业外收入是指企业发生的营业利润以外的收益。营业外收入并不是由企业经营资金耗费所产生的，不需要企业付出代价，实际上是一种纯收入，不可能也不需要与有关费用进行配比。因此，在会计处理上，应当严格区分营业外收入与营业收入的界限。营业外收入主要包括与企业日常活动无关的盘盈利得、政府补助、捐赠利得等。

　　其中：盘盈利得，指企业对于现金等资产清查盘点中盘盈的资产，报经批准后计入营业外收入的金额。

　　政府补助，指企业与企业日常活动无关的、从政府无偿取得货币性资产或非货币性资产形成的利得。

　　捐赠利得，指企业接受捐赠产生的利得。企业接受的捐赠，按照会计准则规定符合确认条件的，通常应当确认为当期收益。但是，企业接受控股股东（或控股股东的子公司）直接或间接捐赠，经济实质属于控股股东对企业的资本性投入，应当将相关利得计入所有者权益（资本公积）。

2. 营业外收入的会计处理

企业应当通过"营业外收入"科目,核算营业外收入的取得及结转情况,该科目可按营业外收入项目进行明细核算。

企业确认捐赠利得、盘盈利得计入营业外收入时,借记"银行存款""待处理财产损溢"等科目,贷记"营业外收入"科目。

期末,应将"营业外收入"科目余额转入"本年利润"科目,借记"营业外收入"科目,贷记"本年利润"科目。结转后,"营业外收入"科目应无余额。

[例 12-36] 甲公司为增值税一般纳税人,甲企业 2×21 年 6 月份发生如下业务:
(1) 2 日,甲公司取得捐赠,收到捐款 150 000 元,应编制的会计分录如下:
借:银行存款　　　　　　　　　　　　　　　　　150 000
　　贷:营业外收入　　　　　　　　　　　　　　　150 000
(2) 期末结转本年利润,应编制会计分录如下:
借:营业外收入　　　　　　　　　　　　　　　　150 000
　　贷:本年利润　　　　　　　　　　　　　　　　150 000

(二) 营业外支出

1. 营业外支出的内容

营业外支出是指企业发生的营业利润以外的支出,主要包括:非流动资产毁损报废损失、公益性捐赠支出、非常损失、盘亏损失等。

非流动资产毁损报废损失,指因自然灾害等发生毁损、已丧失使用功能而流动资产所产生的清理损失。

公益性捐赠支出,指企业对外进行公益性捐赠发生的支出。

非常损失,指企业对于因客观因素(如自然灾害等)造成的损失,在扣除保险公司赔偿后计入营业外支出的净损失。

2. 营业外支出的会计处理

企业应设置"营业外支出"科目,核算营业外支出的发生及结转情况。该科目可按营业外支出项目进行明细核算。

企业确认处置非流动资产损失时,借记"营业外支出"科目,贷记"固定资产清理""无形资产"等科目。

确认企业盘亏、罚款支出计入营业外支出时,借记"营业外支出"科目,贷记"待处理财产损溢""库存现金"等科目。

期末,应将"营业外支出"科目余额转入"本年利润"科目,借记"本年利润"科目,贷记"营业外支出"科目。结转后,"营业外支出"科目应无余额。

[例 12-37] 甲公司为增值税一般纳税人,甲企业 2×21 年 6 月份发生如下业务:
(1) 18 日,用银行存款支付税款滞纳金 10 000 元,应编制如下会计分录:
借:营业外支出　　　　　　　　　　　　　　　　10 000
　　贷:银行存款　　　　　　　　　　　　　　　　10 000
(2) 20 日,发生原材料自然灾害损失 70 000 元,经批准全部转作营业外支出。甲公司对原材料采用实际成本进行日常核算,应编制如下会计分录:
发生原材料自然灾害损失时:

借:待处理财产损溢	70 000	
贷:原材料		70 000

批准处理时:

借:营业外支出	70 000	
贷:待处理财产损溢		70 000

(3) 期末结转本年利润,应编制如下会计分录:

借:本年利润	80 000	
贷:营业外支出		80 000

四、所得税费用

  所得税是以课税为目的,对企业的经营所得及其他所得进行征税。2007 年 1 月 1 日起开始实施的企业会计准则对所得税的核算采用了资产负债表债务法核算所得税。这种方法是从资产负债表出发,通过比较资产负债表上列示的资产、负债按照企业会计准则规定确定的账面价值与按照税法规定确定的计税基础,对于两者之间的差额分别应纳税暂时性差异与可抵扣暂时性差异,确认相关的递延所得税负债与递延所得税资产,并在此基础上确定每一会计期间利润表中的所得税费用。

1. 相关概念

(1) 资产、负债的账面价值。

  资产、负债的账面价值是指按照企业会计准则规定确定的有关资产、负债在企业的资产负债表中应列示的金额。

(2) 计税基础。

  资产的计税基础,是指企业收回资产账面价值的过程中,计算应纳税所得额时按照税法规定可以自应税经济利益中抵扣的金额,即某一项资产在未来期间计税时可以税前扣除的金额。

  负债的计税基础,是指负债的账面价值减去未来期间计算应纳税所得额时按照税法规定可予抵扣的金额。由于资产、负债的账面价值与其计税基础不同,产生了在未来收回资产或清偿负债的期间内,应纳税所得额增加或减少并导致未来期间应交所得税增加或减少的情况。

(3) 暂时性差异。

  暂时性差异,是指资产或负债的账面价值与其计税基础之间的差额。根据暂时性差异对未来期间应税金额的影响不同,分为应纳税暂时性差异和可抵扣暂时性差异。

① 应纳税暂时性差异。

  应纳税暂时性差异,是指在确定未来收回资产或清偿负债期间的应纳税所得额时,将导致产生应税金额的暂时性差异。该差异在未来期间转回时,会增加转回期间的应纳税所得额和应交所得税金额。在该暂时性差异产生当期,应当确认相关的递延所得税负债。

  比如,一项资产的账面价值为 200 万元,计税基础为 150 万元,两者之间的差额将会于未来期间产生应税金额 50 万元,增加未来期间的应纳税所得额即应交所得税,对企业形成经济利益的流出,故在取得资产当期应确认递延所得税负债。

② 可抵扣暂时性差异。

可抵扣暂时性差异,是指在确定未来收回资产或清偿负债期间的应纳税所得额时,将导致产生可抵扣金额的暂时性差异。该差异在未来期间转回时会减少转回期间的应纳税所得额,减少未来期间的应交所得税。在该暂时性差异产生当期,应当确认相关的递延所得税资产。

如,企业收到一笔合同预付款,金额为 100 万元,因不符合收入确认条件,将其作为合同负债核算,而税法规定该款项应计入当期应纳税所得额计算交纳所得税,这样,在未来期间按照会计准则规定确认收入时,不再计入应纳税所得额。这样,在收到该笔预收款的当期,该负债的账面价值 100 万元与其计税基础零之间产生的 100 万元暂时性差异,会减少企业于未来期间的应纳税所得额,使企业未来期间以应交所得税的方式流出的经济利益减少,为可抵扣暂时性差异,符合确认条件的情况下,应确认相关的递延所得税资产。

可见,递延所得税资产和递延所得税负债的确认体现了交易或事项发生以后,对未来期间计税的影响,即会增加未来期间的应交所得税或是减少未来期间的应交所得税,在所得税会计核算方面贯彻了资产、负债等基本会计要素的界定。

2. 资产负债表债务法的核算程序

采用资产负债表债务法核算所得税的情况下,企业一般应于每一资产负债表日进行所得税的核算。企业进行所得税的核算一般应遵循以下程序:

(1) 按照相关企业会计准则规定,确定资产负债表中除递延所得税负债和递延所得税资产以外的其他资产和负债项目的账面价值。其中,资产和负债项目的账面价值,是指企业按照相关会计准则的规定进行核算后在资产负债表中列示的金额。例如,企业持有的应收账款账面余额为 2 000 万元,企业对该应收账款计提了 100 万元的坏账准备,其账面价值为 1 900 万元,即为该应收账款在资产负债表中的列示金额。

(2) 按照企业会计准则中对于资产和负债计税基础的确定方法,以适用的税收法规为基础,确定资产负债表中有关资产、负债项目的计税基础。

(3) 比较资产、负债的账面价值与其计税基础,对于两者之间存在差异的,分析其性质,除企业会计准则中规定的特殊情况外,分别应纳税暂时性差异与可抵扣暂时性差异,确定该资产负债表日应纳税暂时性差异及可抵扣暂时性差异相关的递延所得税负债和递延所得税资产的应有余额,并将该金额与期初递延所得税负债和递延所得税资产的已有余额相比,确定当期应予进一步确认的递延所得税负债和递延所得税资产的金额或应予转销的金额,作为构成利润表中所得税费用的递延所得税。

(4) 确定利润表中的所得税费用。采用资产负债表债务法核算所得税的情况下,利润表中的所得税费用由两个部分组成:当期所得税和递延所得税。

当期所得税是指企业按照税法规定计算确定的针对当期发生的交易和事项,应交纳给税务部门的所得税金额,即应交所得税,应以适用的税收法规为基础计算确定。

递延所得税是指企业在某一会计期间确认的递延所得税资产及递延所得税负债的综合结果,即按照企业会计准则规定应予确认的递延所得税资产和递延所得税负债在期末应有的金额相对于原已确认金额之间的差额,即递延所得税资产及递延所得税负债的当期发生额。

期末,企业在计算确定当期所得税以及递延所得税费用(或收益)的基础上,应将两者之和确认为利润表中的所得税费用(或收益)。公式如下:

所得税费用(或收益)=当期所得税+递延所得税费用(-递延所得税收益)

其中,递延所得税费用=当期递延所得税负债的增加额+当期递延所得税资产的减少额

递延所得税收益=当期递延所得税负债的减少额+当期递延所得税资产的增加额

3. 所得税费用的会计处理

(1) 科目设置。

① "所得税费用"科目。企业应通过"所得税费用"科目核算企业所得税费用的确认及其结转情况。

② "应交税费——应交所得税"科目,核算企业所得税的计算和交纳情况。

③ "递延所得税资产"科目,核算企业确认的可抵扣暂时性差异产生的递延所得税资产。

④ "递延所得税负债"科目,核算企业确认的应纳税暂时性差异产生的递延所得税负债。

(2) 当期所得税的计算。

企业当期应交所得税的计算公式为:

应交所得税=应纳税所得额×所得税税率

这里的"应纳税所得额"是在企业税前会计利润(即利润总额)的基础上调整确定的。

计算公式为:

应纳税所得额=税前会计利润+纳税调整增加额-纳税调整减少额

纳税调整增加额主要包括税法规定允许扣除项目中,企业已计入当期费用但超过税法规定扣除标准的金额(如超过税法规定标准的职工福利费、业务招待费),以及企业已计入当期损失但税法规定不允许扣除项目的金额(如税收滞纳金、罚款、罚金等)。

纳税调整减少额主要包括按税法规定允许弥补的亏损和准予免税的项目,如国债利息收入等。

(3) 当期递延所得税变动额的计算,具体计算方法见本节债务法的讲解。

(4) 所得税费用的确认。

利润表中的所得税费用由两个部分组成:当期所得税和递延所得税。即

所得税费用=当期所得税+递延所得税

[例12-38] 甲公司所得税采用资产负债表债务法核算,所得税税率为25%。2×21年有关所得税会计处理的资料如下:

1. 2×21年度实现税前会计利润110万元。

2. 2×21年11月,甲公司购入A公司股票10万股,作为交易性金融资产,入账价值为40万元,年末按公允价值计价为55万元。按照税法规定,成本在持有期间保持不变。

3. 2×21年12月末,甲公司将预计的产品保修费用5万元确认为一项负债,按税法规定,产品保修费可以在实际支付时在税前抵扣。

4. 假设2×21年初递延所得税资产和递延所得税负债的金额为0。除上述事项外,甲公司不存在其他与所得税计算缴纳相关的事项,暂时性差异在可预见的未来很可能转回,而且以后年度很可能获得用来抵扣可抵扣暂时性差异的应纳税所得额。

要求:计算2×21年应交所得税、确认2×21年年末递延所得税资产和递延所得税负

债、计算 2×21 年所得税费用。

步骤一：计算应交所得税。

2×21 年应交所得税=（税前会计利润 110-公允价值变动收益 15+预计保修费用 5）×25%=25（万元）

步骤二：确认年末递延所得税资产或递延所得税负债。

交易性金融资产项目产生的递延所得税负债年末余额

=应纳税暂时性差异×所得税税率=15×25%=3.75（万元）

预计负债项目产生的递延所得税资产年末余额

=可抵扣暂时性差异×所得税税率=5×25%=1.25（万元）

步骤三：计算所得税费用。

2×21 年所得税费用

=本期应交所得税+（期末递延所得税负债-期初递延所得税负债）-（期末递延所得税资产-期初递延所得税资产）=25+（3.75-0）-（1.25-0）=27.5（万元）

甲公司应编制如下会计分录：

借：所得税费用	275 000
递延所得税资产	12 500
贷：应交税费——应交所得税	250 000
递延所得税负债	37 500
借：本年利润	275 000
贷：所得税费用	275 000

五、本年利润

（一）本年利润的结转

1. 科目设置

企业应设置"本年利润"科目，核算企业本年度内实现的利润总额或亏损总额。

期末，企业应将各收益类科目的余额全部转入"本年利润"科目贷方，并将计入当期损益的费用或损失类科目的余额全部转入"本年利润"科目的借方。转账后，"本年利润"科目如为贷方余额，反映本年度自年初开始累计实现的净利润；如为借方余额，反映本年度自年初开始累计发生的亏损。

年度终了，应将"本年利润"科目的全部累计余额，转入"利润分配"科目，如为净利润，借记"本年利润"科目，贷记"利润分配"科目；如为亏损，作相反会计分录。年度结账后，"本年利润"科目无余额。

2. 账务处理

现以实例说明本年利润的账务处理过程与方法。

[例 12-39] 甲公司在 2×21 年度决算时，各损益科目 12 月 31 日的余额如下：

科目名称	结账前余额（元）
主营业务收入	900 000（贷）
税金及附加	45 000（借）
主营业务成本	500 000（借）

销售费用	20 000(借)
管理费用	85 000(借)
财务费用	10 000(借)
信用减值损失	2 000(借)
资产减值损失	8 000(借)
其他业务收入	94 000(贷)
其他业务成本	74 000(借)
投资收益	15 000(贷)
营业外收入	35 000(贷)
营业外支出	18 000(借)
所得税费用	85 000(借)

根据上述资料,应编制的会计分录如下:

(1) 结转主营业务收入:

借:主营业务收入　　　　　　　　　　　　　　　900 000
　　贷:本年利润　　　　　　　　　　　　　　　　　　900 000

(2) 结转销售税金、成本和期间费用:

借:本年利润　　　　　　　　　　　　　　　　　670 000
　　贷:税金及附加　　　　　　　　　　　　　　　　　45 000
　　　　主营业务成本　　　　　　　　　　　　　　　500 000
　　　　销售费用　　　　　　　　　　　　　　　　　 20 000
　　　　管理费用　　　　　　　　　　　　　　　　　 85 000
　　　　财务费用　　　　　　　　　　　　　　　　　 10 000
　　　　信用减值损失　　　　　　　　　　　　　　　 2 000
　　　　资产减值损失　　　　　　　　　　　　　　　 8 000

(3) 结转其他业务收支:

借:其他业务收入　　　　　　　　　　　　　　　 94 000
　　贷:本年利润　　　　　　　　　　　　　　　　　　 94 000
借:本年利润　　　　　　　　　　　　　　　　　 74 000
　　贷:其他业务成本　　　　　　　　　　　　　　　　 74 000

(4) 结转投资净收益:

借:投资收益　　　　　　　　　　　　　　　　　 15 000
　　贷:本年利润　　　　　　　　　　　　　　　　　　 15 000

(5) 结转营业外收支:

借:营业外收入　　　　　　　　　　　　　　　　 35 000
　　贷:本年利润　　　　　　　　　　　　　　　　　　 35 000
借:本年利润　　　　　　　　　　　　　　　　　 18 000
　　贷:营业外支出　　　　　　　　　　　　　　　　　 18 000

(6) 结转本年所得税费用:

借:本年利润　　　　　　　　　　　　　　　　　 85 000

　　　　贷：所得税费用　　　　　　　　　　　　　　　　　　　　　　　85 000
　　(7) 计算并结转本年净利润：
"本年利润"科目借方发生额=670 000+74 000+18 000+85 000=847 000(元)
"本年利润"科目贷方发生额=900 000+94 000+15 000+35 000=1 044 000(元)
净利润=1 044 000-847 000=197 000(元)
　　借：本年利润　　　　　　　　　　　　　　　　　　　　　　　　197 000
　　　　贷：利润分配——未分配利润　　　　　　　　　　　　　　　　　197 000

(二) 利润分配

1. 科目设置

企业应设置"利润分配"科目，核算企业利润的分配(或亏损的弥补)和历年分配(或亏损)后的积存余额。

在"利润分配"科目下，分别按不同用途设置以下明细科目：

本科目应当分别"提取法定盈余公积""提取任意盈余公积""应付现金股利或利润""转作股本的股利""盈余公积补亏""未分配利润"等进行明细核算。

(1) "盈余公积补亏"明细科目，核算企业用盈余公积弥补的亏损。

(2) "提取法定盈余公积"明细科目，核算企业按规定提取的法定盈余公积。

(3) "提取任意盈余公积"明细科目，核算企业提取的任意盈余公积。

(4) "应付现金股利或利润"明细科目，核算企业分配给普通股股东的股利。

(5) "转作股本的股利"明细科目，核算企业分配给普通股股东的股票股利。

(6) "未分配利润"明细科目，核算企业全年实现的净利润(或亏损)、利润分配和尚未分配利润(或尚未弥补的亏损)。

2. 账务处理

(1) 企业按规定提取的盈余公积，借记本科目(提取法定盈余公积、提取任意盈余公积)，贷记"盈余公积——法定盈余公积、任意盈余公积"科目。

(2) 经股东大会或类似机构决议，分配给股东或投资者的现金股利或利润，借记本科目(应付现金股利或利润)，贷记"应付股利"科目。

(3) 经股东大会或类似机构决议，分配给股东的股票股利，应在办理增资手续后，借记本科目(转作股本的股利)，贷记"股本"科目。

(4) 用盈余公积弥补亏损，借记"盈余公积——法定盈余公积或任意盈余公积"科目，贷记本科目(盈余公积补亏)。

年度终了，企业应将本年实现的净利润，自"本年利润"科目转入本科目，借记"本年利润"科目，贷记本科目(未分配利润)，为净亏损的做相反的会计分录；同时，将"利润分配"科目所属其他明细科目的余额转入本科目"未分配利润"明细科目。结转后，本科目除"未分配利润"明细科目外，其他明细科目应无余额。

年度终了，"利润分配"科目中的"未分配利润"明细科目如为贷方余额，反映企业历年积存的未分配利润；如为借方余额，反映企业历年累计尚未弥补的亏损。

[例12-40] 甲股份公司2×21年实现净利润1 000 000元，按10%提取法定盈余公积，并经股东大会通过分配给普通股股东现金股利200 000元，股票股利300 000元(已办理增资手续)。根据上述业务，应编制的会计分录如下：

(1) 结转本年利润：

借：本年利润 1 000 000
　　贷：利润分配——未分配利润 1 000 000

(2) 提取法定盈余公积

借：利润分配——提取法定盈余公积 100 000
　　贷：盈余公积——法定盈余公积 100 000

(3) 分配现金股利和股票股利：

借：利润分配——应付现金股利 200 000
　　　　　　——转作股本的股利 300 000
　　贷：应付股利 200 000
　　　　股本 300 000

(4) 结转利润分配科目中的明细科目：

借：利润分配——未分配利润 600 000
　　贷：利润分配——提取法定盈余公积 100 000
　　　　　　　　——应付现金股利 200 000
　　　　　　　　——转作股本的股利 300 000

第四节 收入、费用和利润在财务报告中的披露

一、收入、费用和利润在财务报表中的列示

在利润表中，应该至少单独列示反映下列信息：

营业收入、营业成本、税金及附加、销售费用、管理费用、财务费用、投资收益、信用减值损失、资产减值损失、公允价值变动收益、资产处置收益、营业外收入、营业外支出、所得税费用。

二、收入、费用和利润在附注中的披露

根据准则的规定，企业应当在附注中披露下列信息：

(1) 收入确认所采用的会计政策；

(2) 企业应当按主营业务、其他业务分别披露营业收入、营业成本的本期发生额、上期发生额等信息，其披露格式如表 12-2 所示；

表 12-2　　　　　　　　营业收入和营业成本披露的格式

项　目	本期发生额		上期发生额	
	收入	成本	收入	成本
主营业务				
其他业务				
合　计				

（3）企业应当按销售费用性质披露本期发生额、上期发生额等信息，其披露格式如表 12-3 所示。

表 12-3　　　　　　　　销售费用按主要明细项目披露的格式

项　目	本期发生额	上期发生额
职工薪酬		
销售佣金		
……………		
合　计		

注：管理费用、财务费用、税金及附加、所得税费用等比照销售费用进行披露。

本章所述收入、费用、利润是构成利润表的基本要素。

收入，是指企业日常活动中形成的、会导致所有者权益增加的，与所有者投入资本无关的经济利益总流入，包括主营业务收入和其他业务收入。

企业应当在履行了合同中的履约义务，即在客户取得相关商品控制权时确认收入。取得相关相关商品控制权，是指能够主导该商品的使用并从中获得几乎全部的经济利益，也包括有能力阻止其他方主导该商品的使用并从中获得经济利益。

收入的确认和计量大致分为五步：第一步，识别与客户订立的合同；第二步，识别合同中的单项履约义务；第三步，确定交易价格；第四步，将交易价格分摊至各单项履约义务；第五步，履行各单项履约义务时确认收入。

企业应当在履行了合同中的履约义务，即客户取得相关商品控制权时确认收入。企业将商品的控制权转移给客户，首先判断履约义务是否满足在某一时段内履行的条件，如不满足则该履约义务属于在某一时点履行的履约义务。对于在某一时段内履行的履约义务，企业应当选取恰当的方法来确定履约进度；对于在某一时点履行的履约义务，企业应当综合分析控制权转移的迹象，判断其转移时点。

费用是指企业在日常活动中发生的、会导致所有者权益减少的、与向所有者分配利润无关的经济利益的总流出。按照不同的标准，费用有不同的分类。其中期间费用是指企业本期发生的、不能直接或间接归入某种产品成本的、而应直接计入当期损益的各项费用，包括管理费用、销售费用和财务费用。

利润是指企业在一定会计期间的经营成果，包括收入减去费用后的净额、直接计入当期利润的利得和损失等。利润的构成包括营业利润、利润总额和净利润。利润分配是将企业实现的净利润，按照国家法律、制度规定的分配形式和分配顺序，在国家、企业和投资者之间进行的分配。未分配利润是企业留待以后年度进行分配的结存利润，也是企业所有者权益的组成部分。从数量上来讲，未分配利润是期初未分配利润，加上本期实现的净利润，减去提取的各种公积和分出利润后的余额。

复习思考题

1. 什么是收入？收入有何特点？
2. 我国《企业会计准则——收入》中如何规范的收入的确认计量？
3. 费用按经济用途分为哪几类？这样分类有什么作用？
4. 什么是期间费用？期间费用主要包括哪些内容？如何进行核算？
5. 利润总额包括哪些内容？
6. 如何进行利润形成和利润分配的核算？

练习题

1. 2×21年7月1日，甲公司与客户签订合同，向其销售A、B两项商品，A商品的单独售价为300万元，B商品的单独售价为1 200万元，合计为1 500万元，合同预定的价款为1 250万元。同时合同约定，A商品于合同开始日交付，B商品在一个月之后交付，只有当两项商品全部交付之后，甲公司才有权收取1 250万元的合同对价。假定A商品和B商品分别构成单项履约义务，其控制权在交付时转移给客户。上述价格均不包含增值税，且假定不考虑相关税费影响。2×21年7月1日甲公司交付A商品，2×21年8月1日交付B商品时收到全部货款。

要求：编制相应的会计分录。

2. A、B两公司签订了一份400万元的劳务合同，A公司为B公司开发一套软件系统（以下简称项目）。2×21年3月2日项目开发工作开始，预计2×23年2月26日完工。预计开发完成该项目的总成本为360万元。其他有关资料如下：

（1）2×21年3月31日，A公司预收B公司支付的项目款100万元存入银行。

（2）2×21年A公司为该项目实际发生劳务成本126万元。

（3）2×22年12月2日，A公司预收B公司支付的项目款300万元存入银行。至2×22年12月31日，A公司为该项目累计实际发生劳务成本315万元。

假定A公司按实际发生的成本占估计总成本的比例确定安装的履约进度，不考虑增值税等其他因素。软件开发属于A公司的主营业务，且假定不考虑相关税费。

要求：编制A公司2×21年、2×22年相应的会计分录。

3. 甲公司、乙公司均为增值税一般纳税人，适用的增值税税率为13%。2×21年发生下列业务：

（1）2×21年3月1日，甲公司向乙公司销售一批商品100件，单位销售价格为10万元，单位成本为8万元，开出的增值税专用发票上注明的销售价格为1 000万元，增值税税额为130万元。协议约定，在2×21年6月30日之前有权退回商品。商品已经发出，款项已经收到。甲公司根据过去的经验，估计该批商品退货率约为8%。

（2）2×21年4月30日前，发生销售退回5件，商品已经入库，并已开出红字增值税专用发票。

（3）2×21年6月30日前，再发生销售退回6件，商品已经入库，并已开出红字增值税专用发票。

要求：根据上述资料，作出甲公司账务处理。（答案中的金额单位用万元表示）

4. 甲公司为商品销售企业。2×21年、2×22年发生如下经济业务。

（1）2×21年年初，甲公司开始推行积分奖励计划。截至12月31日，甲公司销售各类商品共计50 000万元（不包括客户使用奖励积分购买的商品），授予客户奖励积分共计50 000万分，假设奖励积分的公允价值为每分0.01元。根据历史经验，甲公司估计授予的奖励积分将有80%使用。

（2）2×21年年末，客户累计使用奖励积分共计30 000万分。甲公司对积分的兑换率进行了重新估计，仍然预计客户总共将会兑换80%的积分。

（3）2×22年年末，客户累计使用奖励积分共计35 000万分。甲公司对积分的兑换率进行了重新估计，预计客户总共将会兑换90%的积分。

要求：不考虑其他因素，编制相应的会计分录。

5. A公司为增值税一般纳税人，适用的增值税税率为13%。A公司于2×21年1月1日采用分期收款方式销售大型设备，合同价格为15 000万元，分5年于每年年末等额收取。假定该大型设备不采用分期收款方式时的现销价格为12 637.08万元，商品已发出，成本为9 000万元。假定每期收到货款时分别开出增值税专用发票，实际利率为6%。该批产品的控制权在交货时转移。

要求：编制各期相应的会计分录。

6. 甲公司2×21年销售商品资料如下（假定不考虑货币时间价值等其他因素影响，不考虑增值税）：

2×21年2月1日，甲公司向丙公司销售一批商品，开出的增值税专用发票上注明的销售价款为1 000万元，增值税额为130万元。该批商品的成本为600万元；商品尚未发出，款项已经收到。协议约定，甲公司应于6月30日将所售商品购回，回购价为1 050万元（不含增值税额）。

要求：判断甲公司向丙公司销售设备，甲公司在5个月后回购该设备，属于融资交易还是租赁交易，说明理由，编制相关会计分录。

7. 2×21年12月，丙公司发生如下业务：

（1）取得应纳消费税的销售商品收入3 000 000元，该产品适用的消费税税率为25%。

（2）该公司一幢房产的原值为2 000 000元，已知房地产税税率为1.2%，当地规定的房产税扣除比例为30%。

（3）为拓展产品销售市场发生业务宣传费50 000元，取得的增值税专用发票上注明的增值税税额为3 000元，已用银行存款支付价款和税款。

（4）该公司行政部共发生费用179 000元，其中，行政人员薪酬150 000元，报销行政人员差旅费21 000元（假定报销人员均未预借差旅费），其他办公、水电费8 000元（均用银行存款支付）。假定不考虑增值税等因素。

（5）该公司于2×21年12月1日向银行借入生产经营用短期借款360 000元，期限6个月，年利率为5%，该借款本金到期后一次归还，利息分月预提，按季支付。

要求：编制相关的会计分录。

8. 甲公司为境内上市公司。2×21年,甲公司发生的有关交易或事项如下:

(1) 甲公司为采用新技术生产更先进的环保设备,于3月1日起对某条生产线进行更新改造。该生产线的原价为10 000万元,已计提折旧6 500万元,拆除设备的账面价值为300万元(假定无残值),新安装设备的购进成本为8 000万元,另发生其他相关费用1 200万元。相关支出均通过银行转账支付。生产线更新改造项目于10月25日达到预定可使用状态。改造后的生产线预计使用10年,无残值,采用直线法计提折旧。

甲公司更新改造该生产线属于国家鼓励并给予补助的项目。经甲公司申请,于10月20日得到相关政府部门批准,可获得政府补助3 000万元。10月31日,补助款项已经收到。

(2) 5月10日,甲公司所在地地方政府为了引进人才,与甲公司签订了人才引进合作协议,该协议约定,当地政府将向甲公司提供1 500万元人才专用资金,用于甲公司引进与研发新能源汽车相关的技术人才,但甲公司必须承诺在当期注册并至少八年内注册地址不变且不搬离本地区,如八年内甲公司注册地变更或搬离本地区的,政府有权收回该补助资金。该资金分三年使用,每年500万元。每年年初,甲公司需向当地政府报送详细的人才引进及资金使用计划,每年11月末,由当地政府请中介机构评估甲公司人才引进是否符合年初计划并按规定的用途使用资金。甲公司预计八年内不会变更注册地,也不会搬离该地区,且承诺按规定使用资金。8月20日,甲公司收到当地政府提供的1 500万元补助资金。

甲公司对于政府补助按净额法进行会计处理。本题不考虑增值税和相关税费以及其他因素。

要求:

(1) 根据资料(1),说明甲公司获得政府的补助款的分类;编制2×21年、2×22年相应的会计分录。

(2) 根据资料(2),说明甲公司收到政府的补助款的分类,编制甲公司2×21年、2×22年相应的会计分录。

9. 丙公司2×21年末结账前,各损益科目的余额如下:

科目名称	余额(元)
主营业务收入	3 000 000(贷方)
主营业务成本	1 900 000(借方)
税金及附加	150 000(借方)
销售费用	160 000(借方)
管理费用	200 000(借方)
财务费用	180 000(借方)
信用减值损失	20 000(借方)
资产减值损失	100 000(借方)
其他业务收入	860 000(贷方)
其他业务成本	750 000(借方)
投资收益	586 000(贷方)
营业外收入	26 000(贷方)
营业外支出	29 000(借方)
所得税费用	300 000(借方)

要求:

(1) 根据以上资料,结转丙公司 2×21 年度的损益。

(2) 假定丙公司 2×21 年进行利润分配,股东大会批准的利润分配方案为: 按照净利润的 10% 和 5% 分别提取法定盈余公积和任意盈余公积,向普通股股东发放现金股利 300 000 元。请做出丙公司当年利润分配的账务处理。

(3) 年终结转丙公司当年利润分配明细科目。

第十三章　财务报告

本章概要

财务报告是企业正式对外披露或表述财务信息的总结性书面文件，向财务报告使用者提供与企业财务状况、经营成果和现金流量等有关的会计信息，不仅反映企业管理层受托责任的履行情况，而且有助于财务报告使用者作出经济决策。财务报告是财务会计的核心内容，也是会计核算的最终产品。本章首先介绍财务报告的概念、构成和编报要求；然后再分别介绍资产负债表、利润表、现金流量表、所有者权益变动表及附注，最后介绍中期财务报告的相关内容。

学习目的与要求

通过本章学习，应当能够了解并掌握：
1. 财务报告的概念、作用和构成内容；
2. 理解财务报表列报的基本要求；
3. 资产负债表的概念、作用、内容和编制方法；
4. 利润表的概念、作用、内容和编制方法；
5. 现金流量表的概念、作用、内容和编制方法；
6. 所有者权益变动表的概念、作用、内容和编制方法；
7. 财务报表附注的概念、作用和内容；
8. 中期财务报告的概念和编制的原则与要求。

第一节　财务报告概述

财务报告是指企业对外提供的反映企业某一特定日期财务状况和某一会计期间经营成果、现金流量情况以及所有者权益变动的总结性书面文件。它是企业根据日常会计核算资料归集、加工和汇总后形成的，是企业会计核算的最终结果。编制财务报告是会计核算的一项重要内容。

一、财务报告的意义

财务报告是提供企业会计信息的重要手段，是企业内部经营管理者和企业外部有关方面经济决策的重要工具。具体来说，财务报告的作用主要表现在以下几个方面：

（一）帮助投资者和债权人作出合理的决策

企业的投资者可以根据财务报告了解企业的获利能力和经营风险，评价其投资的获利水平，作出保持投资水平或追加投资或缩减投资的决策；企业潜在的投资者，除了可以通过财务报告了解企业的获利能力等情况外，还可以分析企业的发展潜力，从而作出是否投资、何时投资、投资多少等决策；企业的债权人可以通过财务报告了解企业的财务结构和支付能力，以便控制其风险；潜在的债权人则可以据此作出是否放贷、放贷规模、期限长短、利率高低等决策。

（二）反映管理当局的受托经营责任

由于两权分离，即所有权和经营权相分离，企业投资者与经营者之间便形成了一种委托—代理关系。为了控制代理风险，降低代理成本，出资者需要了解和评估管理当局的业绩以及对受托资源的经营责任。他们既要了解企业资源在期初和期末的形态、数量和状况是否完好，又要对管理当局创造有利的净现金流入及其组成部分的能力作出评估。财务报告可以充分揭示关于企业期末的财务状况和在期间内经营业绩的有关信息，从而反映管理当局的受托经营责任及其完成情况。

（三）评估和预测未来的现金流动

企业内外的信息使用者在做经济决策时，需要对企业未来的经营活动结果进行预测，其中主要内容侧重于财务预测。既要预测有关企业的预期现金净流入的金额、时间分布和确定性，又要预测企业能否产生足够的现金流入来偿付到期的债务和经营活动中的其他现金需要、重新投资以及支付股利的能力。财务报告提供的信息虽然主要是历史的，但使用这些历史信息可以预测未来，用于证实或否定他们原先的预测。

（四）帮助管理当局加强和改善企业的经营管理

企业内部经营管理部门借助财务报告，可以全面、系统、总括地了解企业的生产经营活动情况、财务状况和经营成果，检查、分析财务成本计划和有关方针、政策的执行情况，能够及时发现经营活动中存在的问题，迅速作出决策，采取有效措施，改善生产经营管理；同时也可以利用财务报告提供的信息，为未来的经营计划和经营方针提供准确的依据，促使企业计划和经营方针更为合理科学。

（五）有助于政府的宏观经济管理

在市场经济条件下，除了市场机制发挥作用外，政府对企业的宏观经济干预也是不可缺少的。比如，在投资、分配、税收、就业、社会保障等方面政府应该施加必要的管制。财务报告所提供的信息是政府经济管理和调控的重要依据。政府有关部门可以通过财务报告提供的信息，检查和评价各项政策、制度是否科学、合理，为有关部门制定和修订政策提供依据。另外，财务报告通常要揭示企业的工资、个人收入、收益及其分配的信息，这也有助于调节各方面的利益关系，增强社会的稳定性。

（六）促进社会资源的合理配置

资源是有限的，因而要合理配置。在市场经济条件下，市场是资源配置的基础，即以市场为媒介，通过使资本和其他资源从低效益企业向高效益企业的流动来合理配置资源。财务报告所揭示的信息，是资源流动和配置的重要依据。

二、财务报告的分类

财务报告包括财务报表和其他应当在财务报告中披露的相关信息和资料。其中,财务报表由报表本身及其附注两部分组成,附注是财务报表的有机组成部分,而报表至少应当包括资产负债表、利润表、现金流量表、所有者权益(股东权益)变动表等报表。

(一) 资产负债表

资产负债表反映企业在某一特定日期的财务状况,即反映在某一特定日期企业的资产、负债和所有者权益金额及其结构情况,从而有助于使用者评价企业资产的质量及短期偿债能力、长期偿债能力、利润分配能力等。

(二) 利润表

利润表反映企业在一定会计期间的经营成果,通过如实反映企业实现的收入、发生的费用及应当计入当期利润表的利得和损失等金额及其结构情况,有助于使用者分析评价企业的盈利能力及其构成与质量。

(三) 现金流量表

现金流量表反映企业在一定会计期间的现金和现金等价物流入和流出,这些企业各项活动形成的现金流入和流出情况,有助于使用者评价企业的现金流和资金周转情况。

(四) 所有者权益(股东权益)变动表

所有者权益(股东权益)变动表反映在一定会计期间所有者权益(股东权益)的各组成部分的增减变动情况,不仅包括所有者权益总量的增减变动,还包括所有者权益增减变动的重要结构性信息,让报表使用者准确理解所有者权益增减变动的情况。

(五) 财务报表附注

财务报表附注是对在财务报表中列示项目所作的进一步说明,以及对未能在这些报表中列示项目的说明等。通过对财务报表项目作补充说明,从而更加全面、系统地反映企业财务状况、经营成果和现金流量的全貌,有助于向使用者提供更为有用的决策信息,帮助其作出更加科学合理的决策。

财务报表是财务报告的核心内容,但是除了财务报表之外,财务报告还应当包括其他相关信息,具体可以根据有关法律、法规的规定和外部使用者的信息需求而定。如企业可以在财务报告中披露其承担的社会责任、对社区的贡献、可持续发展能力等信息,这些信息对于使用者的决策也是相关的,尽管属于非财务信息,无法包括在财务报表中,但是如果有规定或者使用者有需求,企业应当在财务报告中予以披露,有时企业也可以自愿在财务报告中披露相关信息。

三、财务报表的分类

财务报表可以根据需要,按照不同的标准进行分类。

(一) 按照财务报表反映的内容,可以分为动态财务报表和静态财务报表

动态财务报表是指反映企业一定期间资金耗费、资金收回以及所有者权益变动情况的报表,如利润表是反映企业在一定时期内经营成果的报表;现金流量表是反映企业在一

定期间内现金和现金等价物的流入和流出情况的报表;所有者权益(股东权益)变动表是反映构成所有者权益(股东权益)的各组成部分在一定期间内增减变动情况的报表。静态财务报表是指综合反映一定时点企业资产、负债和所有者权益的财务报表,如资产负债表是反映一定日期企业资产和权益状况的报表。

(二) 按照财务报表的编报时间,可以分为中期财务报表和年度财务报表

中期财务报表是以短于一个完整会计年度的报告期间为基础编制的财务报表,包括月报、季报和半年报等。中期财务报表至少应当包括资产负债表、利润表、现金流量表和附注,其中,资产负债表、利润表和现金流量表应当是完整报表,其格式和内容应当与年度财务报表相一致。与年度报表相比,中期财务报表中的附注披露可以适当简略。年度财务报表(简称年报)应当包括企业需编制的全部财务报表。

(三) 按照财务报表编报主体的不同,可以分为个别财务报表和合并财务报表

个别财务报表是由企业根据自身的账簿记录进行加工后编制,用以反映个别企业的财务状况、经营成果和现金流量情况的财务报表。合并财务报表是以母公司和子公司组成的企业集团为会计主体,根据母公司和所属子公司的财务报表,由母公司编制的、综合反映企业集团财务状况、经营成果和现金流量情况的财务报表。

四、财务报表列报的基本要求

(一) 依据各项会计准则确认和计量的结果编制财务报表

企业应当根据实际发生的交易和事项,遵循各项具体会计准则的规定进行确认和计量,并在此基础上编制财务报表。企业应当在附注中对遵循企业会计准则编制的财务报表做出声明,只有遵循了企业会计准则的所有规定时,财务报表才可以被称为"遵循了企业会计准则"。此外,如果按照各项会计准则规定披露的信息不足以让报表使用者了解特定交易或事项对企业财务状况、经营成果和现金流量的影响时,企业还应当披露其他的必要信息。

(二) 列报基础

持续经营是会计的基本前提,是会计确认、计量及编制财务报表的基础。企业会计准则规范的是持续经营条件下企业对所发生交易和事项的确认、计量及报表列报。在编制财务报表的过程中,企业管理层应当全面评估企业的持续经营能力,评估涵盖的期间应包括企业自资产负债表日起至少 12 个月,利用其所有可获得的信息,比如宏观政策风险、市场经营风险、企业目前或长期的盈利能力、偿债能力、财务弹性以及企业管理层改变经营政策的意向等。评价结果如果表明对持续经营能力产生重大怀疑的,企业应当在附注中披露导致对持续经营能力产生重大怀疑的影响因素以及企业拟采取的改善措施。

企业在评估持续经营能力时应当结合考虑企业的具体情况。通常情况下,如果企业过去每年都有可观的净利润,并且易于获取所需的财务资源,则对持续经营能力的评估易于判断,这表明企业以持续经营为基础编制财务报表是合理的,而无须进行详细的分析。反之,如果企业过去多年有亏损的记录等情况,则需要通过考虑更加广泛的相关因素来作出评价,比如目前和预期未来的获利能力、债务清偿计划、替代融资的潜在来源等。

企业如果存在以下情况之一,则通常表明其处于非持续经营状态:(1) 企业已在当期进行清算或停止营业；(2) 企业已经正式决定在下一个会计期间进行清算或停止营业；(3) 企业已确定在当期或下一个会计期间没有其他可供选择的方案而将被迫进行清算或停止营业。企业处于非持续经营状态时，应当采用清算价值等其他基础编制财务报表，比如破产企业的资产采用可变现净值计量、负债按照其预计的结算金额计量等。在非持续经营情况下，企业应当在附注中声明财务报表未以持续经营为基础列报、披露未以持续经营为基础的原因以及财务报表的编制基础。

（三）权责发生制

除现金流量表按照收付实现制编制外，企业应当按照权责发生制编制其他财务报表。在采用权责发生制会计的情况下，当项目符合基本准则中财务报表要素的定义和确认标准时，企业就应当确认相应的资产、负债、所有者权益、收入和费用，并在财务报表中加以反映。

（四）列报的一致性

可比性是会计信息质量的一项重要质量要求，目的是使同一企业不同期间和同一期间不同企业的财务报表相互可比。为此，财务报表项目的列报应当在各个会计期间保持一致，不得随意变更，这一要求不仅针对财务报表中的项目名称，还包括财务报表项目的分类、排列顺序等方面。

在下列情况下，企业可以变更财务报表项目的列报：(1) 会计准则要求改变财务报表项目的列报；(2) 企业经营业务的性质发生重大变化或对企业经营影响较大的交易或事项发生后，变更财务报表项目的列报能够提供更可靠、更相关的会计信息。企业变更财务报表项目列报的，应当根据准则的有关规定提供列报的比较信息。

（五）依据重要性原则单独或汇总列报项目

财务报表是通过对大量的交易或其他事项进行处理而生成的，这些交易或其他事项按其性质或功能汇总归类而形成财务报表中的项目。关于项目在财务报表中是单独列报还是合并列报，应当依据重要性原则来判断。

重要性是指在合理预期下，如果财务报表某项目的省略或错报会影响使用者据此作出经济决策的，则该项目就具有重要性。企业在进行重要性判断时，应当根据所处环境，从项目的性质和金额大小两方面予以判断：一方面，应当考虑该项目的性质是否属于企业日常活动、是否显著影响企业的财务状况、经营成果和现金流量等因素；另一方面，判断项目金额大小的重要性，应当通过单项金额占资产总额、负债总额、所有者权益总额、营业收入总额、营业成本总额、净利润、综合收益总额等直接相关或所属报表单列项目金额的比重加以确定。企业对于各个项目的重要性判断标准一经确定，不得随意变更。

总的原则是，如果某项目单个看不具有重要性，则可将其与其他项目合并列报；如具有重要性，则应当单独列报。因此，企业对不存在相应业务的报表项目可结合本企业的实际情况进行必要删减，企业根据重要性原则并结合本企业的实际情况可以对确需单独列示的内容增加报表项目。

（六）财务报表项目金额间的相互抵销

财务报表项目应当以总额列报，资产和负债、收入和费用、直接计入当期利润的利得项目和损失项目的金额不能相互抵销，即不得以净额列报，但企业会计准则另有规定的除外。比如，企业欠客户的应付款不得与其他客户欠本企业的应收款相抵销，否则就掩盖了交易的实质。再如，收入和费用反映了企业投入和产出之间的关系，是企业经营成果的两个方面，为了更好地反映经济交易的实质、考核企业经营管理水平以及预测企业未来现金流量，收入和费用不得相互抵销。

以下三种情况不属于抵销，可以以净额列示：(1) 一组类似交易形成的利得和损失以净额列示的，不属于抵销。比如，汇兑损益应当以净额列报，为交易目的而持有的金融工具形成的利得和损失应当以净额列报等。但是，如果相关利得和损失具有重要性，则应当单独列报。(2) 资产或负债项目按扣除备抵项目后的净额列示，不属于抵销。比如，对资产计提减值准备，表明资产的价值确实已经发生减损，按扣除减值准备后的净额列示，才反映了资产当时的真实价值。(3) 非日常活动产生的利得和损失，以同一交易形成的收益扣减相关费用后的净额列示更能反映交易实质的，不属于抵销。非日常活动并非企业主要的业务，非日常活动产生的损益以收入扣减费用后的净额列示，更能有利于报表使用者的理解。

（七）比较信息的列报

企业在列报当期财务报表时，至少应当提供所有列报项目上一个可比会计期间的比较数据，以及与理解当期财务报表相关的说明，目的是向报表使用者提供对比数据，提高信息在会计期间的可比性，以反映企业财务状况、经营成果和现金流量的发展趋势，提高报表使用者的判断与决策能力。

在财务报表项目的列报确需发生变更的情况下，企业应当至少对可比期间的数据按照当期的列报要求进行调整，并在附注中披露调整的原因和性质，以及调整的各项目金额。但是，在某些情况下，对上期比较数据进行调整是不切实可行的，比如，企业在以前期间可能没有按照可以进行重新分类的方式收集数据，并且重新生成这些信息是不切实可行的，则企业应当在附注中披露不能调整的原因以及假设金额重新分类可能进行的调整的性质。

（八）财务报表表首的列报要求

财务报表通常与其他信息（如企业年度报告等）一起公布，企业应当将按照企业会计准则编制的财务报告与一起公布的同一文件中的其他信息相区分。

企业在财务报表的显著位置（通常是表首部分）应当至少披露下列基本信息：(1) 编报企业的名称，如企业名称在所属当期发生了变更的，还应明确标明；(2) 对资产负债表而言，须披露资产负债表日，而对利润表、现金流量表、所有者权益变动表而言，须披露报表涵盖的会计期间；(3) 货币名称和单位，按照我国企业会计准则的规定，企业应当以人民币作为记账本位币列报，并标明金额单位，如人民币元、人民币万元等；(4) 财务报表是合并财务报表的，应当予以标明。

（九）报告期间

企业至少应当按年编制财务报表。根据《中华人民共和国会计法》的规定，会计年度自公历1月1日起至12月31日止。因此，企业在编制年度财务报表时，可能存在年度财务报表涵盖的期间短于一年的情况，比如企业在年度中间（如3月1日）开始设立等。在这种情况下，企业应当披露年度财务报表的实际涵盖期间及其短于一年的原因，并应当说明由此引起财务报表项目与比较数据不具可比性这一事实。

第二节 资产负债表

一、资产负债表概述

（一）资产负债表的定义和作用

资产负债表是企业对外提供的主要会计报表之一，是反映企业在某一特定日期财务状况的会计报表，即报告在某一特定日期企业资产、负债、所有者权益及其相互关系的信息。它的理论依据是"资产＝负债+所有者权益"这一会计等式。

通过资产负债表，可以了解企业在这一特定日期拥有或控制的经济资源、企业所承担的各项债务和所有者对企业净资产所享有的权益，其作用具体体现为：

（1）通过资产负债表可以了解企业拥有或控制的经济资源，有助于分析、预测企业的短期偿债能力。企业拥有和控制的经济资源，包括流动资产、非流动资产。但企业的短期偿债能力主要反映在资产的流动性上。所谓流动性是指资产转换成现金，或负债到期清偿所需的时间。企业的流动资产，除库存现金及银行存款可随时偿还债务外，其余流动资产变现越快，其流动性越强，偿债能力也越强。一般来讲，交易性金融资产的流动性比应收票据和应收账款的流动性强，而应收账款的流动性又比存货的流动性强。可见通过对企业流动资产构成的分析，可以识别企业的短期偿债能力。短期偿债能力低，进而影响其长期偿债能力，所有者的投资报酬没有保障，投资安全性也会受到威胁。

（2）通过资产负债表可以了解企业的资本结构，有助于分析识别企业的长期偿债能力以及财务的稳健性。企业资本结构是指权益总额中负债与所有者权益的相对比例、负债总额中流动负债与非流动负债的相对比例、所有者权益中投入资本与留存收益的相对比例，负债与所有者权益相对比例的大小，直接关系到债权人和所有者的相对投资风险，以及企业的长期偿债能力。负债比重越大、债权人的风险也越大，企业的长期偿债能力也越弱。相反，负债比重越小，企业长期偿债能力越强、债权人风险也越小，企业财务也越稳定。可见通过资本结构分析，可以识别企业的长期偿债能力及企业财务稳定性。

（3）通过资产负债表可以了解企业资源占用情况，有助于识别与评价企业的经营业绩。企业的经营业绩主要取决于其获利能力，企业获利能力大小，直接关系到能否向债权人还本付息和向投资者支付较高股利。但企业要获得盈利必须要占用一定数量的资源，资源的分布状况对获利将产生影响，将获得利润与占用资源相比称为资金利润率。它是衡量获利能力的重要指标。可见通过资产负债表可以有助于识别与评价企业的经营业绩。

（二）资产负债表列报总体要求

1. 分类别列报

资产负债表列报，最根本的目标就是应如实反映企业在资产负债表日所拥有的资源、所承担的负债以及所有者所拥有的权益。因此，资产负债表应当按照资产、负债和所有者权益三大类别分类列报。

2. 资产和负债按流动性列报

资产和负债应当按照流动性分别分为流动资产和非流动资产、流动负债和非流动负债列示。流动性，通常按资产的变现或耗用时间长短或者负债的偿还时间长短来确定。按照财务报表列报准则的规定，应先列报流动性强的资产或负债，再列报流动性弱的资产或负债。

3. 列报相关的合计、总计项目

资产负债表中的资产类至少应当列示流动资产和非流动资产的合计项目；负债类至少应当列示流动负债、非流动负债以及负债的合计项目；所有者权益类应当列示所有者权益的合计项目。

资产负债表遵循了"资产＝负债＋所有者权益"这一会计恒等式，把企业在特定日期所拥有的经济资源和与之相对应的企业所承担的债务及偿债以后属于所有者的权益充分反映出来。因此，资产负债表应当分别列示资产总计项目和负债与所有者权益之和的总计项目，并且这二者的金额应当相等。

（三）资产的列报

资产负债表中的资产反映由过去的交易、事项形成并由企业在某一特定日期所拥有或控制的、预期会给企业带来经济利益的资源。资产应当按照流动资产和非流动资产两大类别在资产负债表中列示，在流动资产和非流动资产类别下进一步按性质分项列示。

1. 流动资产和非流动资产的划分

资产负债表中的资产应当分别流动资产和非流动资产列报，因此区分流动资产和非流动资产十分重要。资产满足下列条件之一的，应当归类为流动资产：

（1）预计在一个正常营业周期中变现、出售或耗用。这主要包括存货、应收账款等资产。需要指出的是，变现一般针对应收账款等而言，指将资产变为现金；出售一般针对产品等存货而言；耗用一般指将存货（如原材料）转变成另一种形态（如产成品）。

（2）主要为交易目的而持有。这主要是指根据《企业会计准则第22号——金融工具确认和计量》划分的交易性金融资产。

（3）预计在资产负债表日起一年内（含一年）变现。

（4）自资产负债表日起一年内，交换其他资产或清偿负债的能力不受限制的现金或现金等价物。在实务中存在用途受到限制的现金或现金等价物，比如用途受到限制的信用证存款、汇票存款等，这类现金或现金等价物如果作为流动资产列报，可能高估了流动资产金额，从而高估流动比率等财务指标，影响到使用者的决策。

2. 正常营业周期

值得注意的是，判断流动资产、流动负债时所称的一个正常营业周期，是指企业从购买用于加工的资产起至实现现金或现金等价物的期间。

正常营业周期通常短于一年，在一年内有几个营业周期。但是，也存在正常营业周期长于一年的情况，如房地产开发企业开发用于出售的房地产开发产品，造船企业制造的用于出售的大型船只等，从购买原材料进入生产，到制造出产品出售并收回现金或现金等价物的过程，往往超过一年，在这种情况下，与生产循环相关的产成品、应收账款、原材料尽管是超过一年才变现、出售或耗用，仍应作为流动资产列示。

当正常营业周期不能确定时，应当以一年（12个月）作为正常营业周期。

（四）负债的列报

资产负债表中的负债反映在某一特定日期企业所承担的、预期会导致经济利益流出企业的现时义务。负债应当按照流动负债和非流动负债在资产负债表中进行列示，在流动负债和非流动负债类别下再进一步按性质分项列示。

1. 流动负债与非流动负债的划分

流动负债的判断标准与流动资产的判断标准相类似。负债满足下列条件之一的，应当归类为流动负债：（1）预计在一个正常营业周期中清偿。（2）主要为交易目的而持有。（3）自资产负债表日起一年内到期应予以清偿。（4）企业无权自主地将清偿推迟至资产负债表日后一年以上。

值得注意的是，有些流动负债，如应付账款、应付职工薪酬等，属于企业正常营业周期中使用的营运资金的一部分。尽管这些经营性项目有时在资产负债表日后超过一年才到期清偿，但是它们仍应划分为流动负债。

2. 资产负债表日后事项对流动负债与非流动负债划分的影响

流动负债与非流动负债的划分是否正确，直接影响到对企业短期和长期偿债能力的判断。如果混淆了负债的类别，将歪曲企业的实际偿债能力，误导报表使用者的决策。对于资产负债表日后事项对流动负债与非流动负债划分的影响，需要特别加以考虑。

总的原则是，企业在资产负债表上对债务流动和非流动的划分，应当反映在资产负债表日有效的合同安排，考虑在资产负债表日起一年内企业是否必须无条件清偿，而资产负债表日之后、财务报告批准报出日前的再融资等行为，与资产负债表日判断负债的流动性状况无关。只要不是在资产负债表日或之前所做的再融资、展期或提供宽限期等，都不能改变对某项负债在资产负债表日的分类，因为资产负债表日后的再融资、展期或贷款人提供宽限期等，都不能改变企业应向外部报告的在资产负债表日合同性（契约性）的义务，该项负债在资产负债表日的流动性性质不受资产负债表日后事项的影响。

（1）资产负债表日起一年内到期的负债。

对于在资产负债表日起一年内到期的负债，企业有意图且有能力自主地将清偿义务展期至资产负债表日后一年以上的，应当归类为非流动负债；不能自主地将清偿义务展期的，即使在资产负债表日后、财务报告批准报出日前签订了重新安排清偿计划协议，该项负债在资产负债表日仍应当归类为流动负债。

（2）违约长期债务。

企业在资产负债表日或之前违反了长期借款协议，导致贷款人可随时要求清偿的负债，应当归类为流动负债。这是因为，在这种情况下，债务清偿的主动权并不在企业，企业只能被动地无条件归还贷款，而且该事实在资产负债表日即已存在，所以该负债应当作为流动负债列报。但是，如果贷款人在资产负债表日或之前同意提供在资产负债表日后一年以上的宽限期，企业能够在此期限内改正违约行为，且贷款人不能要求随时清偿时，在资产负债表日此项负债并不符合流动负债的判断标准，应当归类为非流动负债。企业的其他长期负债存在类似情况的，应当比照上述规定进行处理。

（五）所有者权益的列报

资产负债表中的所有者权益是企业资产扣除负债后的剩余权益。资产负债表中的所有者权益类一般按照净资产的不同来源和特定用途进行分类，企业会计准则规定，资产负债表中的所有者权益类应当按照实收资本(或股本)、其他权益工具、资本公积、其他综合收益、盈余公积、未分配利润等项目分项列示。

二、资产负债表的格式

由于会计主体的财务状况总是按一定日期的资产、负债及所有者权益的时点数来表达,且资产、负债和所有者权益必然以"资产=负债+所有者权益"为基本格式,这使得报表使用者能够一目了然地了解企业拥有或控制的经济资源,以及这些资源的不同来源。

资产负债表一般有表首、正表两部分。其中,表首概括地说明报表名称、编制单位、编制日期、报表编号、货币名称、计量单位等。正表是资产负债表的主体,列示用以说明企业财务状况的各个项目,通常要列示各项目的期末余额和上年年末余额。

资产负债表正表的格式,有账户式资产负债表和报告式资产负债表。

1. 账户式资产负债表

它是根据"T"型账户的形式和"资产=负债+所有者权益"公式设计资产负债表,将资产列在左方,负债及所有者权益(股东权益)列在右方,且负债类项目在上,所有者权益类项目在下,左方(借)=右方(贷)。账户式资产负债表如表13-1所示。

表 13-1   资产负债表   会企01表

编制单位: ____年__月__日   单位:元

资　产	期末余额	上年年末余额	负债和所有者权益（或股东权益）	期末余额	上年年末余额
流动资产：			流动负债：		
货币资金			短期借款		
交易性金融资产			交易性金融负债		
衍生金融资产			衍生金融负债		
应收票据			应付票据		
应收账款			应付账款		
应收款项融资			预收款项		
预付款项			合同负债		
其他应收款			应付职工薪酬		
存货			应交税费		
合同资产			其他应付款		
持有待售资产			持有待售负债		
一年内到期的非流动资产			一年内到期的非流动负债		
其他流动资产			其他流动负债		
流动资产合计			流动负债合计		
非流动资产：			非流动负债：		
债权投资			长期借款		
其他债权投资			应付债券		

续表

资　产	期末余额	上年年末余额	负债和所有者权益（或股东权益）	期末余额	上年年末余额
长期应收款			其中：优先股		
长期股权投资			永续债		
其他权益工具投资			租赁负债		
其他非流动金融资产			长期应付款		
投资性房地产			预计负债		
固定资产			递延收益		
在建工程			递延所得税负债		
生产性生物资产			其他非流动负债		
油气资产			非流动负债合计		
使用权资产			负债合计		
无形资产			所有者权益(或股东权益)：		
开发支出			实收资本(或股本)		
商誉			其他权益工具		
长期待摊费用			其中：优先股		
递延所得税资产			永续债		
其他非流动资产			资本公积		
非流动资产合计			减：库存股		
			其他综合收益		
			专项储备		
			盈余公积		
			未分配利润		
			所有者权益(或股东权益)合计		
资产总计			负债和所有者权益（或股东权益）总计		

2. 报告式资产负债表

报告式资产负债表列示的项目内容与账户式资产负债表一样，只是报告式将资产、负债、所有者权益（股东权益）项目采用从上到下垂直分列的形式，该格式的优点是便于编制比较资产负债表，即在一张报表中，除列示本期末的财务状况外，还可增设多个栏目分别列示过去2个以上期间的期末财务状况。缺点是资产和权益间的恒等关系不能一目了然。报告式资产负债表的格式，如表13-2所示。

表 13-2　　　　　　　　　　　　　资产负债表　　　　　　　　　　　会企 01 表

编制单位：　　　　　　　　　　____年___月___日　　　　　　　　　　单位：元

资　产	期末余额	上年年末余额
流动资产：		
货币资金		
略		
流动资产合计		
非流动资产：		
债权投资		
略		
非流动资产合计		
资产总计		
流动负债：		
短期借款		
略		
流动负债合计		
非流动负债：		
长期借款		
略		
非流动负债合计		
负债合计		
所有者权益(或股东权益)：		
实收资本(或股本)		
略		
所有者权益(或股东权益)合计		
负债和所有者权益(或股东权益)总计		

三、一般企业资产负债表的编制方法

资产负债表上需要列示的项目通常已由财务报表列报准则等规定明确，如上表 13-1 所示，另外企业可以根据重要性原则作必要的增删调整，因此在项目已经明确的情况下，其编制重点就是填列各项目的金额栏，如"期末余额"栏和"上年年末余额"栏。

(一)"上年年末余额"和"期末余额"的填列方法

1. "上年年末余额"的填列方法

资产负债表各项目的"上年年末余额"应根据上年末资产负债表中的各项目"期末余额"栏内所列数字填列。如果本年度资产负债表规定的各个项目的名称和内容同上年度不相一致，应对上年年末资产负债表各项目的名称和数字按照本年度的规定进行调整，填入本表"上年年末余额"栏内。

2."期末余额"的填列方法

"期末余额"是指资产负债表各项目在某一特定日期的账面价值,一般为各项目在月末、季末、半年末或年末的金额,通常应根据资产类、负债类和所有者权益类科目的期末余额分析填列,可以概括为以下方法。

(1)根据总账科目的余额填列。如"衍生金融资产""其他权益工具投资""递延所得税资产""长期待摊费用""短期借款""衍生金融负债""持有待售负债""递延收益""递延所得税负债""实收资本(或股本)""其他权益工具""库存股""资本公积""其他综合收益""盈余公积"等项目,应根据有关总账科目的余额填列。

有些项目则需根据几个总账科目的期末余额计算填列,如"货币资金"项目,需根据"库存现金""银行存款""其他货币资金"三个总账科目的期末余额合计数填列。

(2)根据明细账科目余额计算填列。如"开发支出"项目,应根据"研发支出"科目所属的"资本化支出"明细科目期末余额填列;"应交税费"项目,应根据"应交税费"科目的明细科目期末余额分析填列,其中的借方余额,应当根据其流动性在"其他流动资产"或"其他非流动资产"项目中填列;"一年内到期的非流动资产""一年内到期的非流动负债"项目,应根据有关非流动资产或负债项目的明细科目余额分析填列;"应付职工薪酬"项目,应根据"应付职工薪酬"科目的明细科目期末余额分析填列;"长期借款""应付债券"项目,应分别根据"长期借款""应付债券"科目的明细科目余额分析填列;"预计负债"项目,应根据"预计负债"科目的明细科目期末余额分析填列。

(3)根据总账科目和明细账科目余额分析计算填列。如"长期借款"项目,需要根据"长期借款"总账科目余额扣除"长期借款"科目所属的明细科目中将在一年内到期且企业不能自主地将清偿义务展期的长期借款后的金额计算填列。

(4)根据有关科目余额减去其备抵科目余额后的净额填列。如"长期应收款"项目,应根据"长期应收款"科目的期末余额,减去相应的"未实现融资收益"科目和"坏账准备"科目所属相关明细科目期末余额后的金额填列;"长期应付款"项目,应根据"长期应付款"科目的期末余额,减去相应的"未确认融资费用"科目期末余额后的金额填列;"无形资产"项目,应根据"无形资产"科目的期末余额,减去"累计摊销""无形资产减值准备"科目余额后的净额填列。

(5)综合运用上述填列方法分析填列。如"存货"项目,应根据"原材料""委托加工物资""周转材料""材料采购""在途物资""发出商品""材料成本差异"等科目期末余额的分析汇总数,再减去"存货跌价准备"科目余额后的净额填列。

(二)资产负债表各项目的具体内容及填列方法

1.资产类项目

(1)"货币资金"项目,反映企业库存现金、银行结算户存款、外埠存款、银行汇票存款、银行本票存款、信用卡存款、信用证保证金存款等的合计数。该项目应根据"库存现金""银行存款""其他货币资金"科目的期末余额合计填列。

(2)"交易性金融资产"项目,反映资产负债表日企业分类为以公允价值计量且其变动计入当期损益的金融资产,以及企业持有的直接指定为以公允价值计量且其变动计入当期损益的金融资产的期末账面价值。该项目应根据"交易性金融资产"科目的相关明细科目期末余额分析填列,其中自资产负债表日起超过一年到期且预期持有超过一年的以公允价值计量且其变动计入当期损益的非流动金融资产的期末账面价值在"其他非流动金融资产"项目反映。

(3)"衍生金融资产"项目,反映企业衍生工具形成的金融资产,该项目应根据"衍生工具"科目的期末借方余额填列。

(4)"应收票据"项目,反映资产负债表日以摊余成本计量的、企业因销售商品、提供服务等收到的商业汇票,包括银行承兑汇票和商业承兑汇票。该项目应根据"应收票据"科目的期末余额,减去"坏账准备"科目中相关坏账准备期末余额后的金额分析填列。

(5)"应收账款"项目,反映资产负债表日以摊余成本计量的、企业因销售商品、提供服务等经营活动应收取的款项。该项目应根据"应收账款"科目的期末余额,减去"坏账准备"科目中相关坏账准备期末余额后的金额分析填列。

(6)"应收款项融资"项目,反映资产负债表日以公允价值计量且其变动计入其他综合收益的应收票据和应收账款等。

(7)"预付款项"项目,反映企业按合同规定预付给供应单位的款项等。该项目应根据"预付账款"科目所属各明细科目的期末借方余额合计,减去"坏账准备"科目中有关预付账款计提的坏账准备期末余额后的净额填列。如"预付账款"科目所属有关明细科目期末有贷方余额的,应在本表"应付账款"项目内填列。如"应付账款"科目所属明细科目有借方余额的,应包括在该项目内。

(8)"其他应收款"项目,应根据"应收利息""应收股利""其他应收款"科目的期末余额合计数,减去"坏账准备"科目中相关坏账准备期末余额后的金额填列。其中的"应收利息"仅反映相关金融工具已到期可收取但于资产负债表日尚未收到的利息。基于实际利率法计提的金融工具的利息应包含在相应金融工具的账面余额中。

(9)"存货"项目,反映企业期末在库、在途和在加工中的各项存货的可变现净值,包括各种材料、商品、在产品、半成品、包装物、低值易耗品、发出商品等。该项目应根据"材料采购""原材料""库存商品""周转材料""委托加工物资""受托代销商品""生产成本"等科目的期末余额合计,减去"受托代销商品款""存货跌价准备"科目期末余额后的金额填列。材料采用计划成本核算,以及库存商品采用计划成本或售价核算的企业,还应该按照加或减材料成本差异、商品进销差价后的金额填列。

"合同履约成本"科目的明细科目中初始确认时摊销期限不超过一年或一个正常营业周期的期末余额,在"存货"项目中填列,已计提减值准备的,还应减去"合同履约成本减值准备"科目中相关的期末余额后的金额填列。

(10)"合同资产"项目,反映根据本企业履行履约义务与客户付款之间的关系确认的合同资产。该项目应根据"合同资产"科目的相关明细科目期末余额分析填列。同一合同下的合同资产和合同负债应当以净额列示,其中净额为借方余额的,流动性不超过一年或一个正常营业周期的,在"合同资产"项目中填列,已计提减值准备的,还应减去"合同资产减值准备"科目中相关的期末余额后的金额填列。

(11)"持有待售资产"项目,反映资产负债表日划分为持有待售类别的非流动资产及划分为持有待售类别的处置组中的流动资产和非流动资产的期末账面价值。该项目应根据"持有待售资产"科目的期末余额,减去"持有待售资产减值准备"科目的期末余额后的金额填列。

（12）"一年内到期的非流动资产"项目，反映预计自资产负债表日起一年内变现的非流动资产。该项目应根据非流动资产类有关科目的期末余额分析填列。

对于按照相关会计准则采用折旧（或摊销、折耗）方法进行后续计量的固定资产、使用权资产、无形资产和长期待摊费用等非流动资产，折旧（或摊销、折耗）年限（或期限）只剩一年或不足一年的，或预计在一年内（含一年）进行折旧（或摊销、折耗）的部分，不得归类为流动资产，仍在各该非流动资产项目中填列，不转入"一年内到期的非流动资产"项目。

（13）"其他流动资产"项目，反映企业除货币资金、交易性金融资产、应收票据、应收账款、存货等流动资产以外的其他流动资产。该项目应根据有关科目的期末余额填列。

"合同取得成本"科目的明细科目中初始确认时摊销期限不超过一年或一个正常营业周期的期末余额，在"其他流动资产"项目中填列，已计提减值准备的，还应减去"合同取得成本减值准备"科目中相关的期末余额后的金额填列。

"应收退货成本"科目中在一年或一个正常营业周期内出售的期末余额，也在"其他流动资产"项目中填列。

（14）"债权投资"项目，反映资产负债表日企业以摊余成本计量的长期债权投资的期末账面价值。该项目应根据"债权投资"科目的相关明细科目期末余额，减去"债权投资减值准备"科目中相关减值准备的期末余额后的金额分析填列。

自资产负债表日起一年内到期的长期债权投资的期末账面价值，在"一年内到期的非流动资产"项目反映。

企业购入的以摊余成本计量的一年内到期的债权投资的期末账面价值，在"其他流动资产"项目反映。

（15）"其他债权投资"项目，反映资产负债表日企业分类为以公允价值计量且其变动计入其他综合收益的长期债权投资的期末账面价值。该项目应根据"其他债权投资"科目的相关明细科目期末余额分析填列。

自资产负债表日起一年内到期的长期债权投资的期末账面价值，在"一年内到期的非流动资产"项目反映。

企业购入的以公允价值计量且其变动计入其他综合收益的一年内到期的债权投资的期末账面价值，在"其他流动资产"项目反映。

（16）"长期应收款"项目，反映企业租赁产生的应收款项、采用递延方式具有融资性质销售商品和提供劳务等产生的长期应收款项等。该项目应根据"长期应收款"科目的期末余额，减去相应的"未实现融资收益"科目和"坏账准备"科目所属相关明细科目期末余额后的金额填列。

自资产负债表日起一年内到期的长期应收款的期末账面价值，在"一年内到期的非流动资产"项目反映。

（17）"长期股权投资"项目，反映企业持有的对子公司、联营企业和合营企业的长期股权投资。该项目应根据"长期股权投资"科目期末余额，减去"长期股权投资减值准备"科目期末余额后的金额填列。

（18）"其他权益工具投资"项目，反映资产负债表日企业指定为以公允价值计量且其变动计入其他综合收益的非交易性权益工具投资的期末账面价值。该项目应根据"其他权益工具投资"科目的期末余额填列。

（19）"其他非流动金融资产"项目，反映自资产负债表日起超过一年到期且预期持有超过一年的以公允价值计量且其变动计入当期损益的非流动金融资产的期末账面价值。该项目应根据"交易性金融资产"科目的相关明细科目期末余额分析填列。

（20）"投资性房地产"项目，反映资产负债表日企业持有的投资性房地产账面价值。企业采用成本模式计量投资性房地产的，该项目应根据"投资性房地产"科目的期末余额，减去"投资性房地产累计折旧（摊销）"和"投资性房地产减值准备"科目期末余额后的金额填列；企业采用公允价值模式计量投资性房地产的，该项目应根据"投资性房地产"科目的期末余额直接填列。

（21）"固定资产"项目，反映资产负债表日企业固定资产的期末账面价值和企业尚未清理完毕的固定资产清理净损益。该项目应根据"固定资产"科目的期末余额，减去"累计折旧"和"固定资产减值准备"科目的期末余额后的金额，以及"固定资产清理"科目的期末余额填列。

（22）"在建工程"项目，反映资产负债表日企业尚未达到预定可使用状态的在建工程的期末账面价值和企业为在建工程准备的各种物资的期末账面价值。该项目应根据"在建工程"科目的期末余额，减去"在建工程减值准备"科目的期末余额后的金额，以及"工程物资"科目的期末余额，减去"工程物资减值准备"科目的期末余额后的金额填列。

（23）"生产性生物资产"项目，反映资产负债表日企业持有的生产性生物资产的账面价值。该项目应根据"生产性生物资产"科目的期末余额，减去"生产性生物资产累计折旧"和"生产性生物资产减值准备"科目期末余额后的金额填列。

（24）"油气资产"项目，反映资产负债表日企业持有的矿区权益和油气井及相关设施的原价减去累计折耗和累计减值准备后净额。该项目应根据"油气资产"科目的期末余额，减去"累计折耗"科目期末余额和相应减值准备后的金额填列。

（25）"使用权资产"项目，反映资产负债表日承租人企业持有的使用权资产的期末账面价值。该项目应根据"使用权资产"科目的期末余额，减去"使用权资产累计折旧"和"使用权资产减值准备"科目的期末余额后的金额填列。

（26）"无形资产"项目，反映资产负债表日企业持有的无形资产的期末账面价值。该项目应根据"无形资产"科目的期末余额，减去"累计摊销"和"无形资产减值准备"科目期末余额后的金额填列。

（27）"开发支出"项目，反映资产负债表日企业开发无形资产过程中能够资本化形成无形资产成本的支出金额。该项目应根据"研发支出"科目中所属的"资本化支出"明细科目期末填列。

（28）"商誉"项目，反映资产负债表日企业的商誉的期末账面价值。该项目应根据"商誉"科目的期末余额，减去相应减值准备后的金额填列。

（29）"长期待摊费用"项目，反映资产负债表日企业尚未进行摊销的各项费用金额。该项目应根据"长期待摊费用"科目的期末余额填列。

（30）"递延所得税资产"项目，反映资产负债表日企业递延所得税资产的期末账面价值。该项目应根据"递延所得税资产"科目的期末借方余额直接填列。

（31）"其他非流动资产"项目，反映资产负债表日企业除长期股权投资、固定资产、在建工程、工程物资、无形资产等资产以外的其他非流动资产期末账面价值。该项目应根据有关科目的期末余额填列。

根据"合同资产"科目、"合同负债"科目的相关明细科目期末余额,分析同一合同下的合同资产和合同负债的净额,其中净额为借方余额并且超过一年或一个正常营业周期的,在"其他非流动资产"项目中填列,已计提减值准备的,还应减去"合同资产减值准备"科目中相关的期末余额后的金额填列。

"合同取得成本"科目的明细科目中初始确认时摊销期限超过一年或一个正常营业周期的期末余额,在"其他非流动资产"项目中填列,已计提减值准备的,还应减去"合同取得成本减值准备"科目中相关的期末余额后的金额填列。

"合同履约成本"科目的明细科目中初始确认时摊销期限超过一年或一个正常营业周期的期末余额,在"其他非流动资产"项目中填列,已计提减值准备的,还应减去"合同履约成本减值准备"科目中相关的期末余额后的金额填列。

"应收退货成本"科目中在超过一年或一个正常营业周期以上出售的期末余额,也在"其他非流动资产"项目中填列。

2. **负债类项目**

(1)"短期借款"项目,反映资产负债表日企业借入尚未归还的1年期以下(含1年)的各种借款。该项目应根据"短期借款"科目的期末余额直接填列。

(2)"交易性金融负债"项目,反映资产负债表日企业承担的交易性金融负债,以及企业持有的直接指定为以公允价值计量且其变动计入当期损益的金融负债的期末账面价值。该项目应根据"交易性金融负债"科目的相关明细科目期末余额填列。

(3)"衍生金融负债",反映企业衍生工具形成的金融负债,该项目应根据"衍生工具"科目的期末贷方余额填列。

(4)"应付票据"项目,反映资产负债表日以摊余成本计量的、企业因购买材料、商品和接受服务等开出、承兑的商业汇票,包括银行承兑汇票和商业承兑汇票。该项目应根据"应付票据"科目的期末余额填列。

(5)"应付账款"项目,反映资产负债表日以摊余成本计量的、企业因购买材料、商品和接受服务等经营活动应支付的款项。该项目应根据"应付账款"和"预付账款"科目所属的相关明细科目的期末贷方余额合计数填列。

(6)"预收款项"项目,反映资产负债表日企业预收客户等的账款。该项目应根据"预收账款"和"应收账款"科目所属各有关明细科目的期末贷方余额合计填列。如"预收账款"科目所属有关明细科目有借方余额的,应在本表"应收账款"项目内填列。

(7)"合同负债"项目,反映根据本企业履行履约义务与客户付款之间的关系确认的合同负债,应根据"合同负债"科目的相关明细科目期末余额分析填列。同一合同下的合同资产和合同负债应当以净额列示,其中净额为贷方余额并且不超过一年或一个正常营业周期的,在该项目中填列。

(8)"应付职工薪酬"项目,反映资产负债表日企业根据有关规定应付给职工的工资、职工福利、社会保险费、住房公积金、工会经费、职工教育经费、非货币性福利、辞退福利等各种薪酬。该项目应根据"应付职工薪酬"科目的明细科目期末余额分析填列。

(9)"应交税费"项目,反映企业按照税法规定计算应交纳的各种税费。企业所交纳的税金不需要预计应交数的,不在该项目中列示。该项目应根据"应交税费"科目的明细科目期末余额分析填列。

(10)"其他应付款"项目,应根据"应付利息""应付股利""其他应付款"科目的期末余额合计数填列。其中的"应付利息"仅反映相关金融工具已到期应支付但于资产负债表日尚未支付的利息。基于实际利率法计提的金融工具的利息应包含在相应金融工具的账面余额中。

(11)"持有待售负债"项目,反映资产负债表日处置组中与划分为持有待售类别的资产直接相关的负债的期末账面价值。该项目应根据"持有待售负债"科目的期末余额填列。

(12)"一年内到期的非流动负债"项目,反映企业非流动负债中将于一年内到期部分的金额。该项目应根据有关非流动负债科目的期末余额填列。

(13)"其他流动负债"项目,反映企业除以上流动负债以外的其他流动负债。该项目应根据有关科目的期末余额填列。

确认为预计负债的应付退货款,应当根据"预计负债"科目下的"应付退货款"明细科目在一年或一个正常营业周期内清偿的期末余额,在"其他流动负债"项目中填列。

(14)"长期借款"项目,反映企业借入尚未归还的1年期以上(不含1年)的各种借款。该项目应根据"长期借款"科目的期末余额填列。

(15)"应付债券"项目,反映企业发行的尚未偿还的各种长期债券的本息。该项目应根据"应付债券"科目的期末余额填列。

(16)"租赁负债"项目,反映资产负债表日承租人企业尚未支付的租赁付款额的期末账面价值。该项目应根据"租赁负债"科目的期末余额填列。自资产负债表日起一年内到期应予以清偿的租赁负债的期末账面价值,在"一年内到期的非流动负债"项目反映。

(17)"长期应付款"项目,反映资产负债表日企业除长期借款和应付债券以外的其他各种长期应付款项的期末账面价值。该项目应根据"长期应付款"科目的期末余额,减去相关的"未确认融资费用"科目的期末余额后的金额,以及"专项应付款"科目的期末余额填列。

(18)"预计负债"项目,反映企业预计负债的期末余额。该项目应根据"预计负债"科目的明细科目期末余额填列。企业按照《企业会计准则第22号——金融工具确认和计量》(财会〔2017〕7号)的相关规定对贷款承诺、财务担保合同等项目计提的损失准备,应当在"预计负债"项目中填列。

(19)"递延收益"项目,反映企业收到的、应在以后期间计入损益的政府补助。该项目应根据"递延收益"科目的期末余额分析填列。"递延收益"项目中摊销期限只剩一年或不足一年的,或预计在一年内(含一年)进行摊销的部分,不得归类为流动负债,仍在该项目中填列,不转入"一年内到期的非流动负债"项目。

(20)"递延所得税负债"项目,反映企业确认的应纳税暂时性差异产生的递延所得税负债。该项目应根据"递延所得税负债"科目的期末贷方余额直接填列。

(21)"其他非流动负债"项目,反映企业除长期借款、应付债券等负债以外的其他非流动负债。该项目应根据有关科目的期末余额填列。

根据"合同资产"科目、"合同负债"科目的相关明细科目期末余额,分析同一合同下的合同资产和合同负债的净额,其中净额为贷方余额并且超过一年或一个正常营业周期的,在"其他非流动负债"项目中填列。

以上非流动负债各项目中将于1年内(含1年)到期的部分,应在"一年内到期的非流动负债"项目内单独反映。

3. 所有者权益类项目

(1)"实收资本(或股本)"项目,反映企业各投资者实际投入的资本(或股本)总额。该项目应根据"实收资本"(或"股本")科目的期末余额填列。

(2)"其他权益工具"项目,反映资产负债表日企业发行在外的除普通股以外分类为权益工具的金融工具的期末账面价值。对于资产负债表日企业发行的金融工具,分类为金融负债的,应在"应付债券"项目填列,对于优先股和永续债,还应在"应付债券"项目下的"优先股"项目和"永续债"项目分别填列;分类为权益工具的,应在"其他权益工具"项目填列,对于优先股和永续债,还应在"其他权益工具"项目下的"优先股"项目和"永续债"项目分别填列。

(3)"资本公积"项目,反映企业资本公积的期末余额。该项目应根据"资本公积"科目的期末余额填列。

(4)"库存股"项目,反映企业持有尚未转让或注销的本公司股份金额。该项目应根据"库存股"科目的期末余额填列。

(5)"其他综合收益"项目,反映企业其他综合收益的期末余额。该项目应根据"其他综合收益"科目的期末余额填列。

(6)"专项储备"项目,反映高危行业企业按国家规定提取的安全生产费的期末账面价值。该项目应根据"专项储备"科目的期末余额填列。

(7)"盈余公积"项目,反映企业盈余公积的期末余额。该项目应根据"盈余公积"科目的期末余额填列。

(8)"未分配利润"项目,反映企业尚未分配的利润。该项目应根据"本年利润"科目和"利润分配"科目的余额计算填列。未弥补的亏损,在该项目内以"-"号填列。

四、一般企业资产负债表编制方法举例

[例 13-1] 甲股份有限公司为增值税一般纳税人,增值税税率为13%,所得税税率为25%,其 2×21 年 12 月 31 日的资产负债表(上年年末余额略)如表 13-3 所示,2×22 年 12 月 31 日的科目余额表如表 13-4 所示。

表 13-3　　　　　　　　　　资产负债表　　　　　　　　会企01表
编制单位:甲公司　　　　　　2×21年12月31日　　　　　　单位:元

资　产	期末余额	上年年末余额	负债和股东权益	期末余额	上年年末余额
流动资产:			流动负债:		
货币资金	1 182 800		短期借款	350 000	
交易性金融资产	15 000		交易性金融负债	0	
应收票据	246 000		应付票据	200 000	

续表

资　产	期末余额	上年年末余额	负债和股东权益	期末余额	上年年末余额
应收账款	299 100		应付账款	731 300	
预付款项	100 000		预收款项	0	
其他应收款	5 000		应付职工薪酬	110 000	
存货	2 580 000		应交税费	36 600	
一年内到期的非流动资产	0		其他应付款	1 000	
其他流动资产	100 000		一年内到期的非流动负债	1 000 000	
流动资产合计	4 527 900		其他流动负债	0	
非流动资产：			流动负债合计	2 428 900	
债权投资	200 000		非流动负债：		
其他债权投资	55 000		长期借款	600 000	
长期应收款	200 000		应付债券	0	
长期股权投资	250 000		长期应付款	0	
投资性房地产	0		预计负债	0	
固定资产	1 100 000		递延收益	0	
在建工程	1 500 000		递延所得税负债	0	
无形资产	600 000		其他非流动负债	0	
开发支出	0		非流动负债合计	600 000	
商誉	0		负债合计	3 028 900	
长期待摊费用	0		股东权益：		
递延所得税资产	0		股本	5 000 000	
其他非流动资产	0		资本公积	22 500	
非流动资产合计	3 905 000		减：库存股	0	
			其他综合收益	31 500	
			盈余公积	100 000	
			未分配利润	250 000	
			股东权益合计	5 404 000	
资产合计	8 432 900		负债和股东权益总计	8 432 900	

表 13-4　　　　　　　　　　　科目余额表
编制单位：甲公司　　　　　2×22 年 12 月 31 日　　　　　　　　　　单位：元

科目名称	借方余额	科目名称	贷方余额
库存现金	2 000	短期借款	100 000
银行存款	804 831	应付票据	100 000
其他货币资金	7300	应付账款	938 575

续表

科目名称	借方余额	科目名称	贷方余额
交易性金融资产	0	其他应付款	0
应收票据	66 000	应付职工薪酬	180 000
应收账款	600 000	应交税费	226 731
坏账准备——应收账款	-1 800	应付利息	0
预付账款	100 000	应付股利	47440
其他应收款	5 000	递延所得税负债	0
材料采购	275 000	长期借款	1 148 000
原材料	45 000	股本	5 000 000
周转材料	38 050	资本公积	22 500
库存商品	2 122 400	其他综合收益	40 500
材料成本差异	4 250	盈余公积	124 022.5
其他流动资产	100 000	未分配利润	418 762.5
债权投资	0		
其他债权投资	252 000		
长期股权投资	262 000		
固定资产	2 401 000		
累计折旧	-170 000		
固定资产减值准备	-30 000		
工程物资	300 000		
在建工程	428 000		
无形资产	600 000		
累计摊销	-60 000		
递延所得税资产	7 500		
长期应收款	188 000		
合　计	8 346 531	合　计	8 346 531

根据上述资料,编制甲公司2×22年12月31日的资产负债表,如表13-5所示。

表13-5　　　　　　　　　　　　资产负债表　　　　　　　　　　　会企01表
编制单位:甲公司　　　　　　　　2×22年12月31日　　　　　　　　　单位:元

资　产	期末余额	上年年末余额	负债和股东权益	期末余额	上年年末余额
流动资产:			流动负债:		
货币资金	814 131	1 182 800	短期借款	100 000	350 000
交易性金融资产	0	15 000	交易性金融负债		
应收票据	66 000	246 000	应付票据	100 000	200 000
应收账款	598 200	299 100	应付账款	938 575	731 300
预付款项	100 000	100 000	预收款项		

续表

资　产	期末余额	上年年末余额	负债和股东权益	期末余额	上年年末余额
其他应收款	5 000	5 000	应付职工薪酬	180 000	110 000
存货	2 484 700	2 580 000	应交税费	226 731	36 600
一年内到期的非流动资产			其他应付款	47 440	1 000
其他流动资产	100 000	100 000	一年内到期的非流动负债	0	1 000 000
流动资产合计	4 168 031	4 527 900	其他流动负债		
非流动资产：			流动负债合计	1 592 746	2 428 900
债权投资	0	200 000	非流动负债：		
其他债权投资	252 000	55 000	长期借款	1 148 000	600 000
长期应收款	188 000	200 000	应付债券		
长期股权投资	262 000	250 000	长期应付款		
投资性房地产			预计负债		
固定资产	2 201 000	1 100 000	递延收益		
在建工程	728 000	1 500 000	递延所得税负债		
无形资产	540 000	600 000	其他非流动负债		
开发支出			非流动负债合计	1 148 000	600 000
商誉			负债合计	2 740 746	3 028 900
长期待摊费用			股东权益：		
递延所得税资产	7 500	0	股本	5 000 000	5 000 000
其他非流动资产			资本公积	22 500	22 500
非流动资产合计	4 178 500	3 905 000	减：库存股		
			其他综合收益	40 500	31 500
			盈余公积	124 022.5	100 000
			未分配利润	418 762.5	250 000
			股东权益合计	5 605 785	5 404 000
资产合计	8 346 531	8 432 900	负债和股东权益总计	8 346 531	8 432 900

第三节　利润表

利润表是反映企业在一定会计期间（月度、季度、半年度、年度）经营成果的报表，是企业对外提供的主要会计报表之一。利润表是根据"收入−费用+直接计入当期损益的利得−直接计入当期损益的损失=利润"的等式，依据其重要性，将企业一定时期内的收入、费用等项目依次排列，并根据账簿数据资料整理后编制而成，它是一张动态会计报表。

一、利润表的作用

利润表的作用主要表现在以下几方面:

(一) 可以反映企业的获利能力

"利润"是评价经营成果和获利能力的主要指标。经营成果是指企业运用所控制资源而获得的报酬;获利能力是指企业运用一定经济资源(人力、物力)获取经营成果的能力,它可通过一些相对指标,如资产收益率、净资产收益率、成本利润率等予以体现。通过利润表及资产负债表相关指标即可计算出企业的获利能力及经营成果,通过比较和分析同一企业不同时期、不同企业的同一时期的收益情况,可以识别企业经营成果的优劣和获利能力的高低,预测未来的发展趋势。

(二) 与资产负债表相结合可以反映企业的资产利用效率等

将利润表中的信息与资产负债表的信息相结合,可以判断企业的资产利用效率和偿债能力。如将赊销收入净额与应收账款平均余额进行比较,计算出应收账款周转率;将销货成本与存货平均余额进行比较,计算出存货周转率;将赊销收入净额与总资产进行比较,计算出总资产周转率,以判断企业的资产管理能力。

企业的偿债能力不仅取决于资产的流动性及权益结构,也取决于企业的获利能力的高低。如果企业获利能力不强,其资产的流动性和权益结构必然逐步恶化,最终将危及企业的偿债能力,陷入资不抵债困境。因此,通过对不同时期、不同企业之间利润表有关信息的比较、分析,可以间接地识别、预测企业的偿债能力,尤其是长期偿债能力,并揭示偿债能力的变化趋势,使报表使用者做出正确的决策。

(三) 利润表可以用来评价企业管理当局的经营业绩

"利润"是经营管理人员的业绩体现,也是管理成功与否的重要标志。通过对不同时期、不同企业之间收入、成本、费用及利润的增减变动,并分析产生差异的原因,可据以识别、评价各职能部门和人员的业绩,从而评价各管理部门及人员的功过得失,为人事调整、实施奖惩、改善经营管理等提供依据。

(四) 可为经营成果分配提供重要依据

现代企业是由不同利益集团组成的"结合体"。各种利益集团之所以提供资金、技术和人力资源,或参与企业的经营活动,其目的在于分享企业的经营成果——利润。可见,在一定的经济政策、法律规定和企业分配制度的前提下,利润的多少决定了各利害关系方,如各股东的红利、管理人员和员工奖金等的分享额。

总之,无论对于内部还是外部财务分析者来说,利润表是对企业进行财务分析的基础资料,它为报表使用者提供各种有用的会计信息,为其进行经济决策服务。

二、综合收益的列报

按照现行企业会计准则要求,利润表除了反映企业在一定会计期间实现的净利润,还需要列示其他综合收益数据。净利润和其他综合收益的税后净额相加,就构成了综合收益总额。

综合收益,是指企业在某一期间除与所有者以其所有者身份进行的交易之外的其他交易或事项所引起的所有者权益变动。

其中，其他综合收益是指企业根据其他会计准则规定未在当期损益中确认的各项利得和损失。该项目应当根据其他相关会计准则的规定分为下列两类列报。

1. 不能重分类进损益的其他综合收益

主要包括重新计量设定受益计划变动额、权益法下不能转损益的其他综合收益、其他权益工具投资公允价值变动、企业自身信用风险公允价值变动等。

2. 将重分类进损益的其他综合收益

主要包括权益法下可转损益的其他综合收益、其他债权投资公允价值变动、金融资产重分类计入其他综合收益的金额、其他债权投资信用减值准备、现金流量套期储备、外币财务报表折算差额等。

三、利润表的格式和内容

（一）利润表的格式

利润表是一张动态会计报表，它的表首除列示企业名称、报表名称外，还列示报表所涵盖的会计期间。常见的利润表格式主要有单步式和多步式两种，我国的企业利润表采用多步式，即通过对当期的收入、费用等项目按其性质加以归类，按利润形成的主环节列示一些中间利润指标，分步计算当期净损益，这样便于使用者理解企业经营成果的不同来源。利润表具体格式见表13-6。

表13-6　　　　　　　　　　　　　　利　润　表　　　　　　　　　　　　会企02表

编制单位：　　　　　　　　　　　　　＿＿年＿＿月　　　　　　　　　　　单位：元

项　目	本期金额	上期金额
一、营业收入		
减：营业成本		
税金及附加		
销售费用		
管理费用		
研发费用		
财务费用		
其中：利息费用		
利息收入		
加：其他收益		
投资收益（损失以"-"号填列）		
其中：对联营企业和合营企业的投资收益		
以摊余成本计量的金融资产终止确认收益（损失以"-"号填列）		
净敞口套期收益（损失以"-"号填列）		
公允价值变动收益（损失以"-"号填列）		
信用减值损失（损失以"-"号填列）		

续表

项 目	本期金额	上期金额
资产减值损失（损失以"-"号填列）		
资产处置收益（损失以"-"号填列）		
二、营业利润（亏损以"-"号填列）		
加：营业外收入		
减：营业外支出		
三、利润总额（亏损总额以"-"号填列）		
减：所得税费用		
四、净利润（净亏损以"-"号填列）		
（一）持续经营净利润（净亏损以"-"号填列）		
（二）终止经营净利润（净亏损以"-"号填列）		
五、其他综合收益的税后净额		
（一）不能重分类进损益的其他综合收益		
1. 重新计量设定受益计划变动额		
2. 权益法下不能转损益的其他综合收益		
3. 其他权益工具投资公允价值变动		
4. 企业自身信用风险公允价值变动		
……		
（二）将重分类进损益的其他综合收益		
1. 权益法下可转损益的其他综合收益		
2. 其他债权投资公允价值变动		
3. 金融资产重分类计入其他综合收益的金额		
4. 其他债权投资信用减值准备		
5. 现金流量套期储备		
6. 外币财务报表折算差额		
……		
六、综合收益总额		
七、每股收益：		
（一）基本每股收益		
（二）稀释每股收益		

　　企业在利润表中对于费用列报应当按照功能进行分类，即分为从事经营业务发生的成本、管理费用、销售费用和财务费用等，有助于使用者了解费用发生的活动领域和功能；与此同时，为了有助于报表使用者预测企业的未来现金流量，分析各费用构成比例等，对于费用的列报还应当在附注中披露按照性质分类的补充资料，比如在附注中，管理费用项目按照办公费、职工薪酬、折旧与摊销、业务招待费、差旅费、中介费等进行列报。

　　但是，由于银行、保险、证券等金融企业的日常活动与一般企业不同，具有特殊性，准则规定金融企业可以根据其特殊性列示利润表项目。例如，商业银行将利息支出作为利息收入的抵减项目、将手续费及佣金支出作为手续费及佣金收入的抵减项目列示等。

（二）利润表的列示内容

利润表主要反映以下七个方面的内容。

（1）营业收入，由主营业务收入和其他业务收入组成。

（2）营业利润，营业收入减去营业成本（主营业务成本、其他业务成本）、税金及附加、销售费用、管理费用、研发费用、财务费用、资产减值损失、信用减值损失，加上其他收益、投资收益、净敞口套期收益、公允价值变动收益、资产处置收益等，即为营业利润。

（3）利润总额，营业利润加上营业外收入，减去营业外支出，即为利润总额。

（4）净利润，利润总额减去所得税费用，即为净利润，并分别反映净利润中与持续经营相关的净利润和与终止经营相关的净利润。

（5）其他综合收益的税后净额。

（6）综合收益总额，净利润加上其他综合收益税后净额，即为综合收益总额。

（7）每股收益，包括基本每股收益和稀释每股收益两项指标。

此外，为了使报表使用者通过比较不同期间利润的实现情况，判断企业经营成果的发展趋势，利润表需要提供各项目的"本期金额"和"上期金额"。

四、一般企业利润表的填列方法

1. 上期金额栏的列报方法

利润表"上期金额"栏内各项数字，应根据上年该期利润表"本期金额"栏内所列数字填列。如果上年该期利润表规定的各个项目的名称和内容同本期不相一致，应对上年该期利润表各项目的名称和数字按本期的规定进行调整，填入利润表"上期金额"栏内。

2. "本期金额"栏的填列方法

本表"本期金额"栏应根据损益类科目和其他综合收益科目的本期发生额分析填列。

（1）"营业收入"项目，反映企业经营主要业务和其他业务所确认的收入总额。该项目应根据"主营业务收入"和"其他业务收入"科目的发生额分析填列。

（2）"营业成本"项目，反映企业经营主要业务和其他业务所发生的成本总额。该项目应根据"主营业务成本"和"其他业务成本"科目的发生额分析填列。

（3）"税金及附加"项目，反映企业经营业务应负担的消费税、城市建设维护税、资源税、土地增值税和教育费附加等。该项目应根据"税金及附加"科目的发生额分析填列。

（4）"销售费用"项目，反映企业在销售商品过程中发生的包装费、广告费等费用和为销售本企业商品而专设的销售机构的职工薪酬、业务费等经营费用。该项目应根据"销售费用"科目的发生额分析填列。

（5）"管理费用"项目，反映企业为组织和管理生产经营发生的管理费用。该项目应根据"管理费用"的发生额分析填列，并应扣减管理费用中单独列报的研发费用。

（6）"研发费用"项目，反映企业进行研究与开发过程中发生的费用化支出，以及计入管理费用的自行开发无形资产的摊销。该项目应根据"管理费用"科目下的"研究费用"明细科目的发生额，以及"管理费用"科目下的"无形资产摊销"明细科目的发生额分析填列。

（7）"财务费用"项目，反映企业筹集生产经营所需资金等而发生的筹资费用。该项目应根据"财务费用"科目的发生额分析填列。

其中,"利息费用"项目,反映企业为筹集生产经营所需资金等而发生的应予费用化的利息支出。该项目应根据"财务费用"科目的相关明细科目的发生额分析填列,作为"财务费用"项目的其中项,以正数填列。

"利息收入"项目,反映企业按照相关会计准则确认的应冲减财务费用的利息收入。该项目应根据"财务费用"科目的相关明细科目的发生额分析填列,作为"财务费用"项目的其中项,以正数填列。

(8)"其他收益"项目,反映计入其他收益的政府补助,以及其他与日常活动相关且计入其他收益的项目。该项目应根据"其他收益"科目的发生额分析填列。

企业作为个人所得税的扣缴义务人,根据《中华人民共和国个人所得税法》收到的扣缴税款手续费,应作为其他与日常活动相关的收益在该项目中填列。

(9)"投资收益"项目,反映企业以各种方式对外投资所取得的净损益。该项目应根据"投资收益"科目的发生额分析填列。如为投资损失,该项目以"-"号填列。

其中"对联营企业和合营企业的投资收益"项目,反映企业长期股权投资采用权益法核算时当期确认的投资收益;"以摊余成本计量的金融资产终止确认收益"项目,反映企业因转让等情形导致终止确认以摊余成本计量的金融资产而产生的利得或损失。均应根据"投资收益"科目的相关明细科目的发生额分析填列;如为损失,以"-"号填列。

(10)"净敞口套期收益"项目,反映净敞口套期下被套期项目累计公允价值变动转入当期损益的金额或现金流量套期储备转入当期损益的金额。该项目应根据"净敞口套期损益"科目的发生额分析填列;如为套期损失,以"-"号填列。

(11)"公允价值变动收益"项目,反映企业应当计入当期损益的资产或负债公允价值变动的净损益。该项目应根据"公允价值变动损益"科目的发生额分析填列,如为净损失,该项目以"-"号填列。

(12)"信用减值损失"项目,反映企业按照《企业会计准则第22号——金融工具确认和计量》的要求计提的各项金融工具减值准备所形成的预期信用损失。该项目应根据"信用减值损失"科目的发生额分析填列。

(13)"资产减值损失"项目,反映企业各项资产发生的减值损失。该项目应根据"资产减值损失"科目的发生额分析填列。

(14)"资产处置收益"项目,反映企业出售划分为持有待售的非流动资产(金融工具、长期股权投资和投资性房地产除外)或处置组(子公司和业务除外)时确认的处置利得或损失,以及处置未划分为持有待售的固定资产、在建工程、生产性生物资产及无形资产而产生的处置利得或损失。债务重组中因处置非流动资产产生的利得或损失和非货币性资产交换中换出非流动资产产生的利得或损失也包括在该项目内(金融工具、长期股权投资和投资性房地产除外)。该项目应根据"资产处置损益"科目的发生额分析填列;如为处置损失,以"-"号填列。

(15)"营业利润"项目,反映企业当期实现的营业利润。如为亏损,该项目以"-"号填列。

(16)"营业外收入"项目,反映企业发生的除营业利润以外的收益,主要包括与企业日常活动无关的政府补助、盘盈利得、捐赠利得(企业接受股东或股东的子公司直接或间接的捐赠,经济实质属于股东对企业的资本性投入的除外)等。该项目应根据"营业外收入"科目的发生额分析填列。

(17)"营业外支出"项目,反映企业发生的除营业利润以外的支出,主要包括公益性捐赠支出、非常损失、盘亏损失、非流动资产毁损报废损失等。该项目应根据"营业外支出"科目的发生额分析填列。

"非流动资产毁损报废损失"通常包括因自然灾害发生毁损、已丧失使用功能等原因而报废清理产生的损失。企业在不同交易中形成的非流动资产毁损报废利得和损失不得相互抵销,应分别在"营业外收入"项目和"营业外支出"项目进行填列。

(18)"利润总额"项目,反映企业当期实现的利润。如为亏损,该项目以"-"号填列。

(19)"所得税费用"项目,反映企业应从当期利润总额中扣除的所得税费用。该项目应根据"所得税费用"科目的发生额分析填列。

(20)"净利润"项目,反映企业当期实现的净利润。如为亏损,该项目以"-"号填列。其中,"(一)持续经营净利润"和"(二)终止经营净利润"项目,分别反映净利润中与持续经营相关的净利润和与终止经营相关的净利润;如为净亏损,以"-"号填列。该两个项目应按照《企业会计准则第42号——持有待售的非流动资产、处置组和终止经营》的相关规定分别列报。

(21)"其他综合收益的税后净额"项目,反映企业根据企业会计准则规定未在损益中确认的各项利得和损失扣除所得税影响后的净额。该项目分为两类列报:不能重分类进损益的其他综合收益和将重分类进损益的其他综合收益,其各组成项目应根据"其他综合收益"科目及其所属明细科目的本期发生额分析填列。

其中,"重新计量设定受益计划变动额"项目,反映企业职工离职后福利在采用设定受益计划下,企业重新计量设定受益计划净负债或净资产所形成的变动额。该变动额计入其他综合收益,并且在后续会计期间不允许转回至损益。

"权益法下不能转损益的其他综合收益"项目,反映企业按照权益法核算的在被投资单位不能重分类进损益的其他综合收益变动中所享有的份额。根据《企业会计准则第2号——长期股权投资》,投资方取得长期股权投资后,应当按照应享有或应分担的被投资单位其他综合收益的份额,确认其他综合收益,同时调整长期股权投资的账面价值。投资单位在确定应享有或应分担的被投资单位其他综合收益的份额时,该份额的性质取决于被投资单位的其他综合收益的性质,即如果被投资单位的其他综合收益属于"权益法下不能转损益的其他综合收益"项目,则投资方确认的份额也属于"权益法下不能转损益的其他综合收益"项目。

"其他权益工具投资公允价值变动"项目,反映企业指定为以公允价值计量且其变动计入其他综合收益的非交易性权益工具投资发生的公允价值变动。

"企业自身信用风险公允价值变动"项目,反映企业指定为以公允价值计量且其变动计入当期损益的金融负债,由企业自身信用风险变动引起的公允价值变动而计入其他综合收益的金额。

"权益法下可转损益的其他综合收益"项目,反映企业按照权益法核算的在被投资单位可重分类进损益的其他综合收益变动中所享有的份额。根据《企业会计准则第2号——长期股权投资》,投资方取得长期股权投资后,应当按照应享有或应分担的被投资单位其他综合收益的份额，确认其他综合收益，同时调整长期股权投资的账面价值。如果被投资单位的其他综合收益属于以后会计期间在满足规定条件时将重分类进损益类别，则投资方确认的份额也属于"权益法下可转损益的其他综合收益"类别。

"其他债权投资公允价值变动"项目，反映企业分类为以公允价值计量且其变动计入其他综合收益的债权投资发生的公允价值变动。企业将一项以公允价值计量且其变动计入其他综合收益的金融资产重分类为以摊余成本计量的金融资产，或重分类为以公允价值计量且其变动计入当期损益的金融资产时，之前计入其他综合收益的累计利得或损失从其他综合收益中转出的金额作为该项目的减项。

"金融资产重分类计入其他综合收益的金额"项目，反映企业将一项以摊余成本计量的金融资产重分类为以公允价值计量且其变动计入其他综合收益的金融资产时，计入其他综合收益的原账面价值与公允价值之间的差额。

"其他债权投资信用减值准备"项目，反映企业按照《企业会计准则第22号——金融工具确认和计量》第十八条分类为以公允价值计量且其变动计入其他综合收益的金融资产的损失准备。

"现金流量套期储备"项目，反映企业套期工具产生的利得或损失中属于套期有效的部分。现金流量套期工具产生的利得或损失中属于有效套期的部分。根据《企业会计准则第24号——套期保值》，现金流量套期利得或损失中属于有效套期的部分，应当直接确认为所有者权益（其他综合收益）；属于无效套期的部分，应当计入当期损益。对于前者，套期保值准则规定在一定的条件下，将原直接计入所有者权益中的套期工具利得或损失转出，计入当期损益。

"外币财务报表折算差额"项目，反映企业根据《企业会计准则第19号——外币折算》对境外经营的财务报表进行折算时，应计入其他综合收益的外币财务报表折算差额。企业在处置境外经营时，应当将资产负债表中所有者权益项目下列示的、与该境外经营相关的外币报表折算差额，自所有者权益项目转入处置当期损益，部分处置境外经营的，应当按处置的比例计算处置部分的外币财务报表折算差额，转入处置当期损益。

(22)"综合收益总额"项目，反映企业当期净利润与其他综合收益的税后净额的合计金额。

(23)"每股收益"项目，包括基本每股收益和稀释每股收益两项指标，反映普通股或潜在普通股已公开交易的企业，以及正处在公开发行普通股或潜在普通股过程中的企业的每股收益信息。

五、一般企业利润表的编制方法举例

[例13-2] 沿用例[13-1]的资料，甲公司2×22年度有关损益类科目的本年累计发生净额如表13-7所示，"其他综合收益"明细科目的本年累计发生净额如表13-8所示。

表13-7　　　　　　甲公司损益类科目2×22年度累计发生净额　　　　　单位：元

科目名称	借方发生额	贷方发生额
主营业务收入		1 250 000
主营业务成本	750 000	

续表

科目名称	借方发生额	贷方发生额
税金及附加	2 000	
销售费用	20 000	
管理费用	157 100	
财务费用	41 500	
信用减值损失	900	
资产减值损失	30 000	
投资收益		31 500
资产处置损益		50 000
营业外支出	19 700	
所得税费用	70 075	

表 13-8 甲公司其他综合收益明细科目 2×22 年度累计发生净额   单位：元

明细科目名称	借方发生额	贷方发生额
权益法下可转损益的其他综合收益		12 000
其他债权投资公允价值变动		3 750
债权投资重分类为其他债权投资	6 750	
合　计	6 750	15 750

根据上述资料，编制甲公司 2×22 年度利润表，如表 13-9 所示。

表 13-9　　　　　　　　　　　　利 润 表　　　　　　　　　　　　会企 02 表
编制单位：甲公司　　　　　　　　　　2×22 年度　　　　　　　　　　　　单位：元

项　目	本期金额	上期金额
一、营业收入	1 250 000	
减：营业成本	750 000	
税金及附加	2 000	
销售费用	20 000	
管理费用	157 100	
研发费用		
财务费用	41 500	
其他收益		
加：投资收益	31 500	
其中：对联营企业和合营企业的投资收益	0	
公允价值变动收益		
信用减值损失	-900	
资产减值损失	-30 000	
资产处置收益	50 000	
二、营业利润	330 000	

续表

项　目	本期金额	上期金额
加：营业外收入		
减：营业外支出	19 700	
三、利润总额	310 300	
减：所得税费用	70 075	
四、净利润	240 225	
（一）持续经营净利润	240 225	
（二）终止经营净利润		
五、其他综合收益的税后净额	9 000	
（一）不能重分类进损益的其他综合收益		
（二）将重分类进损益的其他综合收益		
1. 权益法下可转损益的其他综合收益	12 000	
2. 其他债权投资公允价值变动	3 750	
3. 金融资产重分类计入其他综合收益的金额	-6 750	
4. 其他债权投资信用减值准备		
六、综合收益总额	249 225	
七、每股收益		
（一）基本每股收益	（略）	
（二）稀释每股收益	（略）	

第四节　现金流量表

利润表反映企业在一定会计期间的经营成果，即盈利或亏损的情况，表明企业所拥有的资产的获利能力。但是，利润表是按照权责发生制来计量收入实现情况和成本费用发生情况，因此它不能提供企业各种经营活动引起的现金增减变动的状况，也不能反映企业各种投资活动和筹资活动对企业现金增减变动的影响，如企业对外投资的规模和投向，以及筹资规模和来源等。而企业通过自身经营活动赚取现金的能力对于企业长期稳定的发展至关重要，企业生存的基础就是能维持连续的现金周转循环，一旦企业现金出现断流，经营就会出现危机。因此，企业需要在利润表提供经营成果信息的基础上，编制现金流量表反映企业一定会计期间现金来源和运用的信息。

一、现金流量表的概念和作用

（一）现金流量表的概念

现金流量表是以现金为基础编制的财务状况变动表，是反映企业在一定会计期间现金和现金等价物流入、流出以及净流量变化情况的报表。

（二）现金流量表的作用

现金流量表的表现在以下几个方面：

（1）通过现金流量表，企业管理者可以及时掌握现金流动的信息，分析净利润与相关的现金收支产生差异的原因，科学规划企业的投资、筹资活动，搞好资金调度，最大限度地提高资金的利用效率。

（2）通过现金流量表所提供的信息，企业的投资者、潜在的投资者、债权人可以了解企业如何使用现金，有利于他们正确评估企业的偿债能力、分派股利的能力以及未来创造净现金流量的能力，以利于他们正确作出投资决策和信贷决策等。

（3）现金流量信息也是政府综合经济管理部门，尤其是证券市场监管部门对企业进行监管的重要依据。将现金流量表与资产负债表和利润表所提供的信息进行综合分析，有利于了解企业的真实财务状况以及是否存在重大风险等。监管部门可以将事后监督转为事前监督，防范和化解潜在的金融风险。

二、现金流量表的编制基础

现金流量表是以现金为基础编制的，这里的现金是指企业库存现金、可以随时用于支付的各类存款，以及现金等价物。具体包括：

（一）库存现金

库存现金是指企业持有的可随时用于支付的纸币和硬币，即与会计核算中"库存现金"科目所包括的内容一致。

（二）可随时用于支付的银行存款

与会计核算中"银行存款"科目所包括的内容基本一致。但如果存放在金融机构的款项不能随时用于支付，例如不能随时支取的定期存款，则不应作为现金流量表中的现金。提前通知金融机构便可支取的定期存款，则包括在现金流量表中的现金范围内。

（三）可随时用于支付的其他货币资金

其他货币资金是指企业除库存现金和银行存款以外的其他货币资金，如外埠存款、银行汇票存款、银行本票存款、信用证保证金存款、信用卡存款等，其中使用受限的货币资金不应作为现金流量表中的现金，例如银行承兑汇票出票保证金、信用证保证金、投标保证金。

（四）现金等价物

现金等价物是指企业持有的期限短、流动性强、易于转换为已知金额的现金、价值变动风险很小的短期投资。现金等价物虽然不是现金，但其支付能力与现金差别不大，可视为现金。现金等价物通常指从购买日起在3个月或更短时间内即到期或即可转换为现金的投资。如企业于2×21年12月1日购入2×19年1月1日发行的期限为3年的国债，购买时还有1个月到期，则这项短期性质的投资就可视为现金等价物；又如，企业在2×21年12月1日购入期限为6个月的企业债券，则不能作为现金等价物。可见，是否作为现金等价物的主要标志是购买日至到期日在3个月或更短时间内转换为已知现金金额的投资。哪些短期性质的投资视为现金等价物，应依据其定义确定。不同企业现金等价物的范围也可能不同，如经营活动主要以短期、流动性强的投资为主的企业，可能会将所有项目都视为投资,而不是现金等价物,而非主要经营投资的企业,可能将其视为现金等价物。企业应当根据经营特点等具体情况,确定现金等价物的范围,并在会计报表附注披露确定现金等价物的会计政策,并一贯性地保持这种划分标准。

三、现金流量的分类

企业一定会计期间的现金流入和流出是由企业各种不同的经济活动产生的,如企业为生产产品需要用现金支付购入原材料的价款,需要向职工支付薪酬,需要支付现金购买固定资产,需要支付现金偿还金融机构贷款,等等,也会销售商品收到现金,处置无形资产或投资收到现金,等等,现金取得途径与使用方向繁杂,因此,需要对企业的现金流入和流出进行梳理,从而有助于报表使用者有效分析企业现金变动的影响,预测企业未来现金流量。现行企业会计准则将现金流量分为三类来列报:经营活动产生的现金流量、投资活动产生的现金流量、筹资活动产生的现金流量。

(一) 经营活动产生的现金流量

经营活动,是指企业投资活动和筹资活动以外的所有交易和事项。也就是说,除归属于企业投资活动和筹资活动以外的所有交易和事项,都可归属于经营活动。对于工商企业而言,经营活动主要包括:销售商品、提供劳务、购买商品、接受劳务、支付税费等。

在现金流量表上,经营活动的现金流量应当按照其经营活动的现金流入和流出的性质分项列示;银行、保险公司和非银行金融机构的经营活动按照其经营活动特点分项列示。

经营活动产生的现金流入项目主要有:销售商品、提供劳务收到的现金,收到的税费返还,收到的其他与经营活动有关的现金;经营活动产生的现金流出项目主要有:购买商品、接受劳务支付的现金,支付给职工以及为职工支付的现金,支付的各项税费,支付的其他与经营活动有关的现金。

(二) 投资活动产生的现金流量

投资活动是指企业长期资产的购建和不包括在现金等价物范围内的投资及其处置活动,既包括实物资产的投资,也包括金融资产投资。这里的长期资产是指固定资产、无形资产、在建工程等持有期限在一年或一个营业周期以上的资产。

需要指出的是,这里所说的投资活动是一个广义的概念,既包括对外投资,也包括企业内部的固定资产、无形资产及其他长期资产的购建和处置。而会计核算中所说的投资往往是指对外投资,如股权投资、债权投资等,即狭义的投资。

投资活动产生的现金流入项目主要有:收回投资所收到的现金,取得投资收益所收到的现金,处置固定资产、无形资产和其他长期资产所收回的现金净额,处置子公司及其他营业单位收到的现金净额,收到的其他与投资活动有关的现金;投资活动产生的现金流出项目主要有:购建固定资产、无形资产和其他长期资产所支付的现金,投资所支付的现金,取得子公司及其他营业单位支付的现金净额,支付的其他与投资活动有关的现金。

(三) 筹资活动产生的现金流量

筹资活动是指导致企业资本及债务规模和构成发生变化的活动,主要涉及吸收投资、发行股票、分配利润等。应付账款、应付票据等商业应付款属于经营活动,不属于筹资活动。

筹资活动产生的现金流入项目主要有:吸收投资所收到的现金,取得借款所收到的现金,收到的其他与筹资活动有关的现金;筹资活动产生的现金流出项目主要有:偿还债务所支付的现金,分配股利、利润或偿付利息所支付的现金,支付的其他与筹资活动有关的现金。

(四) 特殊项目现金流量的分类

现金流量表通过揭示企业现金流量的来源和用途,为分析预测现金流量提供信息,对于那些日常活动之外特殊的、不经常发生的项目,如自然灾害损失、保险赔款、捐赠、罚款、违约金等,应当按其性质和缘由归并到相关类别中,并单独反映,也就是在现金流量表中相应类别下单设一项。但如果特殊项目的现金流量金额不大,则可以列入现金流量类别下的"其他"项目,不单列项目。

对于自然灾害损失和保险赔款,如果能够确指,属于流动资产损失的,应当列入经营活动产生的现金流量;属于固定资产损失的,应当列入投资活动产生的现金流量。如果不能确指,则可以列入经营活动产生的现金流量。

对于企业实际收到的政府补助,无论是与资产相关还是与收益相关,均在"收到其他与经营活动有关的现金"项目填列。

(五) 特殊行业现金流量的分类

上述所进行的现金流量分类,主要是针对一般工商企业而言,对于银行、保险等特殊行业来说,其经营活动主要涉及资金的融通。所以,许多投融资业务,对于工商企业来说,属于投资或筹资活动,而对于银行、保险企业来说,则属于经营活动。

所以,我们有必要根据实际情况对金融,保险等特殊行业的现金流量进行合理归类。通常,金融企业的下列现金收入和流出项目属于经营活动产生的现金流量:

(1) 对外发放的贷款和收回的贷款本金;
(2) 吸收的存款和支付的存款本金;
(3) 同业存款及存放同业款项;
(4) 向其他金融企业拆借的资金;
(5) 利息收入和利息支出;
(6) 收回的已于前期核销的贷款;
(7) 经营证券业务的企业,买卖证券所收到或支出的现金;
(8) 融资租赁所收到的现金。

四、现金流量表的格式

现金流量表是以报告式披露有关现金流量的信息。

该表分五项,一是经营活动产生的现金流量;二是投资活动产生的现金流量;三是筹资活动产生的现金流量;四是汇率变动对现金的影响;五是现金及现金等价物净增加额。其中,经营活动产生的现金流量,是按直接法编制的。

我国一般企业现金流量表的基本格式,如表13-10所示。

表 13-10　　　　　　　　　　　　　现金流量表　　　　　　　　　　　　　会企 03 表

编制单位：　　　　　　　　　　　　＿＿＿＿年＿＿月　　　　　　　　　　　　　单位：元

项　目	本期金额	上期金额
一、经营活动产生的现金流量：		
销售商品、提供劳务收到的现金		
收到的税费返还		
收到其他与经营活动有关的现金		
经营活动现金流入小计		
购买商品、接受劳务支付的现金		
支付给职工以及为职工支付的现金		
支付的各项税费		
支付其他与经营活动有关的现金		
经营活动现金流出小计		
经营活动产生的现金流量净额		
二、投资活动产生的现金流量：		
收回投资收到的现金		
取得投资收益收到的现金		
处置固定资产、无形资产和其他长期资产收回的现金净额		
处置子公司及其他营业单位收到的现金净额		
收到其他与投资活动有关的现金		
投资活动现金流入小计		
购建固定资产、无形资产和其他长期资产支付的现金		
投资支付的现金		
取得子公司及其他营业单位支付的现金净额		
支付其他与投资活动有关的现金		
投资活动现金流出小计		
投资活动产生的现金流量净额		
三、筹资活动产生的现金流量：		
吸收投资收到的现金		
取得借款收到的现金		
收到其他与筹资活动有关的现金		
筹资活动现金流入小计		
偿还债务支付的现金		
分配股利、利润或偿付利息支付的现金		
支付其他与筹资活动有关的现金		
筹资活动现金流出小计		
筹资活动产生的现金流量净额		
四、汇率变动对现金及现金等价物的影响		
五、现金及现金等价物净增加额		
加：期初现金及现金等价物余额		
六、期末现金及现金等价物余额		

除现金流量表反映的信息外，企业还应在附注中披露补充资料，一是将净利润调节为经营活动产生的现金流量，即采用间接法报告经营活动产生的现金流量信息；二是不涉及现金收支的投资和筹资活动；三是现金及现金等价物净增加情况。

同时企业还应当在附注中披露与现金和现金等价物有关的下列信息：（1）现金和现金等价物的构成及其在资产负债表中的相应金额。（2）企业持有但不能由母公司或集团内其他子公司使用的大额现金和现金等价物金额。企业持有现金和现金等价物余额但不能被集团使用的情形多种多样，例如，国外经营的子公司，由于受当地外汇管制或其他立法的限制，其持有的现金和现金等价物，不能由母公司或其他子公司正常使用。

五、现金流量表及其补充资料的填列方法

（一）现金流量表项目的填列

1. 经营活动产生的现金流量

经营活动产生的现金流量的列报方法有两种，一是直接法，二是间接法。现金流量表采用直接法列报，即直接列示来自企业各种经营活动形成的现金流入和现金流出。

（1）"销售商品、提供劳务收到的现金"项目，该项目反映企业销售商品、提供劳务实际收到的现金，包括本期销售商品、提供劳务收到的现金，以及前期销售和前期提供劳务本期收到的现金和本期预收的账款，收到的增值税销项税额也包括在内，再减去本期退回本期销售的商品和前期销售本期退回的商品支付的现金等。企业销售材料和代购代销业务收到的现金，也在该项目中反映。

该项目可以根据"库存现金""银行存款""应收账款""应收票据""预收账款""主营业务收入""其他业务收入"等科目的记录分析填列。一般可以采用下列公式计算：

销售商品、提供劳务收到的现金＝当期销售商品、提供劳务收到的现金＋当期收到前期的应收账款和应收票据＋当期预收的账款－当期销售退回而支付的现金＋当期收回前期核销的坏账损失

（2）"收到的税费返还"项目，该项目反映企业收到返还的各种税费，如收到返还的增值税、消费税、企业所得税、教育费附加返还等。该项目可以根据"库存现金""银行存款""税金及附加"等科目的记录分析填列。

（3）"收到的其他与经营活动有关的现金"项目，该项目反映企业除了上述各项目外，收到的其他与经营活动有关的现金流入，如罚款收入、流动资产损失中由个人赔偿的现金收入等。其他现金流入如价值较大的，应单列项目反映。该项目可以根据"库存现金""银行存款""营业外收入"等科目的记录分析填列。

（4）"购买商品、接受劳务支付的现金"项目，该项目反映企业购买材料、商品、接受劳务实际支付的现金，包括本期购入材料、商品、接受劳务支付的现金，以及本期支付前期购入商品、接受劳务的未付款项和本期预付款项，支付的增值税进项税额也包括在内。本期发生的购货退回收到的现金应从该项目内减去。

该项目可以根据"库存现金""银行存款""应付账款""应付票据""主营业务成本""其他业务成本"等科目的记录分析填列。一般可以采用下列公式计算：

购买商品、接受劳务支付的现金＝当期购买商品、接受劳务支付的现金＋当期支付前期的应付账款和应付票据＋当期预付的账款－当期因购货退回收到的现金

(5)"支付给职工以及为职工支付的现金"项目,该项目反映企业实际支付给职工,以及为职工支付的现金,包括本期实际支付给职工的工资、奖金、各种津贴和补贴等,以及为职工支付的其他费用。不包括支付的离退休人员的各项费用和支付给在建工程人员的工资及其他费用等。企业支付给离退休人员的各项费用,在"支付的其他与经营活动有关的现金"项目中反映;支付的在建工程人员的工资及其他费用,在"购建固定资产、无形资产和其他长期资产所支付的现金"项目中反映。

企业为职工支付的医疗、养老、失业、工伤等社会保险基金、补充养老保险、住房公积金,以及企业支付给职工或为职工支付的其他福利费用等,应按职工的工作性质和服务对象,分别在该项目和在"购建固定资产、无形资产和其他长期资产所支付的现金"项目中反映。

该项目可以根据"应付职工薪酬""库存现金""银行存款"等科目的记录分析填列。

(6)"支付的各项税费"项目,该项目反映企业按规定支付的各种税费,包括本期发生并支付的税费,以及本期支付以前各期发生的税费和预交的税金,如支付的增值税、消费税、教育费附加、城市维护建设税、土地增值税、车船税等。不包括计入固定资产价值、实际支付的耕地占用税等。也不包括本期退回的增值税、企业所得税。本期退回的增值税、企业所得税在"收到的税费返还"项目反映。

该项目可以根据"应交税费""库存现金""银行存款"等科目的记录分析填列。

(7)"支付的其他与经营活动有关的现金"项目,该项目反映企业除上述各项目外,支付的其他与经营活动有关的现金流出,如罚款支出、支付的差旅费、业务招待费现金支出、支付的保险费等,其他现金流出如价值较大的,应单列项目反映。该项目可以根据有关科目的记录分析填列。

2. 投资活动产生的现金流量

(1)"收回投资收到的现金"项目,该项目反映企业出售、转让或到期收回除现金等价物以外的交易性金融资产、债权投资、其他债权投资、其他权益工具投资、长期股权投资、投资性房地产等而收到的现金。不包括债权性投资收回的利息、收回的非现金资产,以及处置子公司及其他营业单位收到的现金净额。

该项目可以根据"交易性金融资产""债权投资""其他债权投资""其他权益工具投资""长期股权投资""投资性房地产""库存现金""银行存款"等科目的记录分析填列。

(2)"取得投资收益收到的现金"项目,该项目反映企业因股权性投资和债权性投资而取得的现金股利、利息,以及从子公司、联营企业和合营企业分回利润收到的现金,以及投资性房地产的租金收入,不包括股票股利。包括在现金等价物范围内的债权性投资,其利息收入在该项目中反映。

该项目可以根据"应收股利""应收利息""库存现金""银行存款""投资收益"等科目的记录分析填列。

(3)"处置固定资产、无形资产和其他长期资产收回的现金净额"项目,该项目反映企业处置固定资产、无形资产和其他长期资产所取得的现金,减去为处置这些资产而支付的有关费用后的净额。由于自然灾害所造成的固定资产等长期资产损失而收到的保险赔偿收入,也在该项目反映。如处置固定资产、无形资产和其他长期资产所收回的现金净额为负数,则应作为投资活动流出的现金,在"支付的其他与投资活动有关的现金"项目中反映。

该项目可以根据"固定资产清理""库存现金""银行存款"等科目的记录分析填列。

(4)"处置子公司及其他营业单位收到的现金净额"项目，反映企业处置子公司及其他营业单位收到的现金减去子公司或其他营业单位持有的现金和现金等价物以及相关处置费用后的净额。处置子公司及其他营业单位收到的现金净额如为负数，在"支付的其他与投资活动有关的现金"项目中反映。该项目可以根据"长期股权投资""银行存款"等科目的记录分析填列。

(5)"收到的其他与投资活动有关的现金"项目，该项目反映企业除了上述各项以外，收到的其他与投资活动有关的现金流入。其他现金流入如价值较大的，应单列项目反映。该项目可以根据有关科目的记录分析填列。

(6)"购建固定资产、无形资产和其他长期资产支付的现金"项目，该项目反映企业购买、建造固定资产，取得无形资产和其他长期资产所支付的现金，包括购建固定资产支付的增值税，支付的在建工程人员的工资等费用。不包括为购建固定资产而发生的借款利息资本化的部分，以及为使用权资产支付的租赁费。借款利息和使用权资产支付的租赁费，在筹资活动产生的现金流量中反映。企业以分期付款方式购建的固定资产或无形资产，其首次付款支付的现金在该项目中反映，以后各期支付的现金在"支付的其他与筹资活动有关的现金"项目中反映。

该项目可以根据"固定资产""在建工程""工程物资""无形资产""库存现金""银行存款"等科目的记录分析填列。

(7)"投资支付的现金"项目，该项目反映企业进行权益性投资和债权性投资支付的现金，包括企业取得的除现金等价物以外的交易性金融资产、债权投资、其他债权投资、长期股权投资、投资性房地产而支付的现金以及支付的佣金、手续费等附加费用。该项目可以根据"交易性金融资产""债权投资""其他债权投资""其他权益工具投资""长期股权投资""库存现金""银行存款"等科目的记录分析填列。

企业购买股票和债券时，实际支付的价款中包含的已宣告但尚未领取的现金股利或已到付息期但尚未领取的债券利息，应在投资活动的"支付的其他与投资活动有关的现金"项目中反映；收回购买股票和债券时支付的已宣告但尚未领取的现金股利或已到付息期但尚未领取的债券利息，在投资活动的"收到的其他与投资活动有关的现金"项目中反映。

(8)"取得子公司及其他营业单位支付的现金净额"项目，反映企业取得子公司及其他营业单位购买出价中以现金支付的部分，减去子公司或其他营业单位持有的现金和现金等价物后的净额。取得子公司及其他营业单位支付的现金净额如为负数，在"收到其他与投资活动有关的现金"项目中反映。该项目可以根据"长期股权投资""银行存款"等科目的记录分析填列。

(9)"支付的其他与投资活动有关的现金"项目，反映企业除了上述各项以外，支付的其他与投资活动有关的现金流出。其他现金流出如价值较大的，应单列项目反映。该项目可以根据有关科目的记录分析填列。

3. 筹资活动产生的现金流量

(1)"吸收投资收到的现金"项目，该项目反映企业收到的投资者投入的现金，包括以发行股票等方式筹集的资金实际收到款项净额(发行收入减去支付的佣金等发行费用后的净额)。以发行股票等方式筹集资金而由企业直接支付的审计、咨询等费用,在"支付的其他与筹资活动有关的现金"项目中反映,不从该项目内扣减。该项目可以根据"实收资本(或股本)""资本公积""库存现金""银行存款"等科目的记录分析填列。

(2)"取得借款收到的现金"项目,该项目反映企业举借各种短期、长期借款收到的现金以及发行债券实际收到的款项净额(发行收入减去直接支付的佣金等发行费用后的净额)。该项目可以根据"短期借款""长期借款""交易性金融负债""应付债券""库存现金""银行存款"等科目的记录分析填列。

(3)"收到的其他与筹资活动有关的现金"项目,该项目反映企业除上述各项目外,收到的其他与筹资活动有关的现金流入。其他现金流入如价值较大的,应单列项目反映。该项目可以根据有关科目的记录分析填列。

(4)"偿还债务支付的现金"项目,反映企业以现金偿还债务的本金,包括偿还金融企业的借款本金、偿还债券本金等。企业偿还的借款利息、债券利息,在"分配股利、利润或偿付利息所支付的现金"项目中反映,不包括在该项目内。该项目可以根据"短期借款""长期借款""交易性金融负债""应付债券""库存现金""银行存款"等科目的记录分析填列。

(5)"分配股利、利润或偿付利息支付的现金"项目,该项目反映企业实际支付的现金股利,支付给其他投资单位的利润以及支付的借款利息、债券利息等。该项目可以根据"应付股利""应付利息""财务费用""在建工程""制造费用""研发支出""库存现金""银行存款"等科目的记录分析填列。

(6)"支付的其他与筹资活动有关的现金"项目,该项目反映企业除了上述各项外,支付的其他与筹资活动有关的现金流出,如为使用权资产支付的租赁费、以分期付款方式购建固定资产等以后各期支付的现金等。其他现金流出如价值较大的,应单列项目反映。该项目可以根据有关科目的记录分析填列。

(7)"汇率变动对现金的影响"项目,该项目反映下列折算金额之间的差额:① 企业外币现金流量及境外子公司的现金流量,按现金流量发生日的即期汇率或与发生日即期汇率近似的汇率折算的人民币金额;② "现金及现金等价物净增加额"中外币现金净增加额按资产负债表日的即期汇率折算的人民币金额。

(二) 现金流量表补充资料的填列方法

1. 将净利润调节为经营活动产生的现金流量

即要采用间接法列报经营活动产生的现金流量,以对现金流量表中采用直接法反映的经营活动现金流量进行核对和补充说明。间接法是以本期净利润为起点,通过调整不涉及现金的损益,调整不属于经营活动的损益,以及调整经营性应收应付等项目的增减变动,据此计算并列报经营活动产生的现金流量的方法。

采用间接法将净利润调节为经营活动产生的现金流量时,需要调整的具体项目如下。

(1) 资产减值准备。

这里所指的资产减值准备是指当期计提扣除转回的减值准备,包括:坏账准备、存货跌价准备、投资性房地产减值准备、长期股权投资减值准备、债权投资减值准备、固定资产减值准备、在建工程减值准备、工程物资减值准备、生物性资产减值准备、无形资产减值准备、商誉减值准备等。企业当期计提和按规定转回的各项资产减值准备,包括在利润表中,属于利润的减除项目,但没有发生现金流出。所以,在将净利润调节为经营活动现金流量时,需要加回。该项目可根据"信用减值损失"和"资产减值损失"科目的记录分析填列。

(2) 固定资产折旧、油气资产折耗、生产性生物资产折旧。

企业计提的固定资产折旧,有的包括在管理费用中,有的包括在制造费用中。计入管理费用中的部分,作为期间费用在计算净利润时从中扣除,但没有发生现金流出,在将净利润调节为经营活动现金流量时,需要予以加回。计入制造费用中的已经变现的部分,在计算净利润时通过销售成本予以扣除,但没有发生现金流出;计入制造费用中的没有变现的部分,既不涉及现金收支,也不影响企业当期净利润。由于在调节存货时,已经从中扣除,在此处将净利润调节为经营活动现金流量时,需要予以加回。同理,企业计提的油气资产折耗、生产性生物资产折旧,也需要予以加回。该项目可根据"累计折旧""累计折耗""生产性生物资产折旧"科目的贷方发生额分析填列。

(3) 无形资产摊销和长期待摊费用摊销。

企业对使用寿命有限的无形资产计提摊销时,计入管理费用或制造费用。长期待摊费摊销时,有的计入管理费用,有的计入销售费用,有的计入制造费用。计入管理费用等期间费用和计入制造费用中的已变现的部分,在计算净利润时已从中扣除,但没有发生现金流出;计入制造费用中的没有变现的部分,在调节存货时已经从中扣除,但不涉及现金收支,所以,在此处将净利润调节为经营活动现金流量时,需要予以加回。这个项目可根据"累计摊销""长期待摊费用"科目的贷方发生额分析填列。

(4) 处置固定资产、无形资产和其他长期资产的损失(减:收益)。

企业处置固定资产、无形资产和其他长期资产发生的损益,属于投资活动产生的损益,不属于经营活动产生的损益,所以,在将净利润调节为经营活动现金流量时,需要予以剔除。如为损失,在将净利润调节为经营活动现金流量时,应当加回;如为收益,在将净利润调节为经营活动现金流量时,应当扣除。该项目可根据"资产处置损益"等科目所属有关明细科目的记录分析填列,净收益以"-"号填列。

比如2×21年度,甲公司处置设备一台,原价180 000元,累计已提折旧110 000元,收到现金80 000元,产生处置收益10 000元[80 000-(180 000-110 000)]。处置固定资产的收益10 000元,在将净利润调节为经营活动现金流量时应当扣除。

(5) 固定资产报废损失。

企业发生的固定资产报废损益,属于投资活动产生的损益,不属于经营活动产生的损益,所以,在将净利润调节为经营活动现金流量时,需要予以剔除。如为净损失,在将净利润调节为经营活动现金流量时,应当加回;如为净收益,在将净利润调节为经营活动现金流量时,应当扣除。该项目可根据"营业外支出""营业外收入"等科目所属有关明细科目的记录分析填列。

比如2×21年度,甲公司盘亏设备一台,原价130 000元,已提折旧120 000元;报废汽车一辆,原价180 000元,已提折旧110 000元;共发生固定资产盘亏、报废损失为80 000元[(130 000-120 000)+(180 000-110 000)]。固定资产盘亏、报废损失80 000元,在将净利润调节为经营活动现金流量时应当加回。

(6) 公允价值变动损失(减：收益)。

公允价值变动损失反映企业交易性金融资产、投资性房地产等公允价值变动形成的应计入当期损益的利得或损失。企业发生的公允价值变动损益，通常与企业的投资活动或筹资活动有关，而且并不影响企业当期的现金流量。为此，应当将其从净利润中剔除。该项目可以根据"公允价值变动损益"科目的发生额分析填列。如为持有损失，在将净利润调节为经营活动现金流量时，应当加回；如为持有利得，在将净利润调节为经营活动现金流量时，应当扣除。

比如2×21年12月31日，甲公司持有交易性金融资产的公允价值为800万元，2×22年12月31日，该公司持有交易性金融资产的公允价值为805万元，公允价值变动损益为5万元。这5万元的资产持有利得，在将净利润调节为经营活动现金流量时应当扣除。

(7) 财务费用。

企业发生的财务费用中不属于经营活动的部分，应当在将净利润调节为经营活动现金流量时将其加回。该项目可根据"财务费用"科目的本期借方发生额分析填列；如为收益，以"-"号填列。

比如2×21年度，甲公司共发生财务费用350 000元，其中属于经营活动的为50 000元，属于筹资活动的为300 000元。其中属于筹资活动的财务费用300 000元，在将净利润调节为经营活动现金流量时应当加回。

(8) 投资损失(减：收益)。

企业发生的投资损益，属于投资活动产生的损益，不属于经营活动产生的损益，所以，在将净利润调节为经营活动现金流量时，需要予以剔除。如为净损失，在将净利润调节为经营活动现金流量时，应当加回；如为净收益，在将净利润调节为经营活动现金流量时，应当扣除。该项目可根据利润表中"投资收益"项目的数字填列；如为投资收益，以"-"号填列。

(9) 递延所得税资产减少(减：增加)。

递延所得税资产减少使计入所得税费用的金额大于当期应交的所得税金额，其差额没有发生现金流出，但在计算净利润时已经扣除，在将净利润调节为经营活动现金流量时，应当加回。递延所得税资产增加使计入所得税费用的金额小于当期应交的所得税金额，二者之间的差额并没有发生现金流入，但在计算净利润时已经包括在内，在将净利润调节为经营活动现金流量时，应当扣除。该项目可以根据资产负债表"递延所得税资产"项目期初、期末余额分析填列。

比如2×21年1月1日，甲公司递延所得税资产借方余额为5 000元；2×21年12月31日，递延所得税资产借方余额为125 000元，增加了7 500元，经分析，该公司计提了固定资产减值准备30 000元，使资产和负债的账面价值与计税基础不一致。递延所得税资产增加的7 500元，在将净利润调节为经营活动现金流量时应当扣减。

(10) 递延所得税负债增加(减：减少)。

递延所得税负债增加使计入所得税费用的金额大于当期应交的所得税金额，其差额没有发生现金流出，但在计算净利润时已经扣除，在将净利润调节为经营活动现金流量时，应当加回。如果递延所得税负债减少使计入当期所得税费用的金额小于当期应交的所得税金额，其差额并没有发生现金流入，但在计算净利润时已经包括在内，在将净利润调节为经营活动现金流量时，应当扣除。该项目可以根据资产负债表"递延所得税负债"

项目期初、期末余额分析填列。

(11) 存货的减少(减:增加)。

期末存货比期初存货减少,说明本期生产经营过程耗用的存货有一部分是期初的存货,耗用这部分存货并没有发生现金流出,但在计算净利润时已经扣除,所以,在将净利润调节为经营活动现金流量时,应当加回。期末存货比期初存货增加,说明当期购入的存货除耗用外,还剩余了一部分,这部分存货也发生了现金流出,但在计算净利润时没有包括在内,所以,在将净利润调节为经营活动现金流量时,需要扣除。当然,存货的增减变化过程还涉及应付项目,这一因素在"经营性应付项目的增加(减:减少)"中考虑。该项目可根据资产负债表中"存货"项目的期初数、期末数之间的差额填列;期末数大于期初数的差额,以"-"号填列。如果存货的增减变化过程属于投资活动,如在建工程领用存货,应当将这一因素剔除。

比如2×21年1月1日,甲公司存货余额为200 000元;2×21年12月31日,存货余额为360 000元;2×21年度,存货增加了160 000元(360 000-200 000)。存货的增加金额160 000元,在将净利润调节为经营活动现金流量时应当扣除。

(12) 经营性应收项目的减少(减:增加)。

经营性应收项目包括应收票据、应收账款、预付账款和其他应收款中与经营活动有关的部分,以及应收的增值税销项税额等。经营性应收项目期末余额小于经营性应收项目期初余额,说明本期收回的现金大于利润表中所确认的营业收入,所以,在将净利润调节为经营活动现金流量时,需要加回。经营性应收项目期末余额大于经营性应收项目期初余额,说明本期营业收入中有一部分没有收回现金,但是,在计算净利润时这部分销售收入已包括在内,所以,在将净利润调节为经营活动现金流量时,需要扣除。该项目应当根据有关应收款项科目的期初、期末余额分析填列;如为增加,以"-"号填列。

比如2×21年1月1日,甲公司应收账款为750 000元,应收票据为230 000元;2×21年12月31日,甲公司资料为:应收账款950 000元,应收票据为200 000元;2×21年度内,该公司经营性应收项目年末比年初增加了170 000元[(950 000-750 000)+(200 000-230 000)]。经营性应收项目增加金额170 000元,在将净利润调节为经营活动现金流量时应当扣除。

(13) 经营性应付项目的增加(减:减少)。

经营性应付项目包括应付票据、应付账款、预收账款、应付职工薪酬、应交税费、其他应付款中与经营活动有关的部分,以及应付的增值税进项税额等。经营性应付项目期末余额大于经营性应付项目期初余额,说明本期购入的存货中有一部分没有支付现金,但是,在计算净利润时却通过销售成本包括在内,在将净利润调节为经营活动现金流量时,需要加回;经营性应付项目期末余额小于经营性应付项目期初余额,说明本期支付的现金大于利润表中所确认的销售成本,在将净利润调节为经营活动产生的现金流量时,需要扣除。该项目应当根据有关科目的期初、期末余额分析填列;如为减少,以"-"号填列。

比如2×21年1月1日,甲公司资料为:应付账款为600 000元,应付票据为390 000元,应付职工薪酬为10 000元,应交税费为60 000元;2×21年12月31日,甲公司资料为:应付账款为850 000元,应付票据为300 000元,应付职工薪酬为15 000元,应交税费为40 000元;2×21年度内,经营性应付项目年末比年初增加了145 000元[(850 000-600 000)+

(300 000-390 000)+(15 000-10 000)+(40 000-60 000)]。经营性应付项目增加金额145 000元,在将净利润调节为经营活动现金流量时应当加回。

2. 不涉及现金收支的投资和筹资活动

不涉及现金收支的重大投资和筹资活动,反映企业一定期间内影响资产或负债但不形成该期现金收支的所有投资和筹资活动的信息。这些投资和筹资活动虽然不涉及现金收支,但对以后各期的现金流量有重大影响,例如,企业租入设备,将形成的负债计入"租赁负债"科目,当期并不支付设备款及租金,但以后各期必须为此支付现金,从而在一定期间内形成了一项固定的现金支出。

企业应当在附注中披露不涉及当期现金收支、但影响企业财务状况或在未来可能影响业现金流量的重大投资和筹资活动,主要包括:(1) 债务转为资本,反映企业本期转为资本的债务金额;(2) 一年内到期的可转换公司债券,反映企业一年内到期的可转换公司债券的本息;(3) 租入固定资产,反映企业本期租入的固定资产。

3. 现金及现金等价物净变动情况

反映现金及现金等价物当期期末余额和期初余额,进而列示当期现金及现金等价物净增加额,该金额应与现金流量表中的现金及现金等价物净增加额一致。

此外,企业还应当在附注中披露与现金及现金等价物有关的信息:(1) 现金及现金等价物的构成及其在资产负债表中的相应金额;(2) 企业持有但不能由母公司或集团内其他子公司使用的大额现金及现金等价物。

六、现金流量表的编制方法及示例

实际工作中,现金流量表的编制方法主要有"工作底稿法""分析填列法"等。

(一) 工作底稿法

采用工作底稿法编制现金流量表,是以工作底稿为手段,以利润表和资产负债表数据为基础,对每一项目进行分析并编制调整分录,从而编制出现金流量表。

工作底稿法的基本程序如下:

第一步,将资产负债表的期初数和期末数过入工作底稿的期初数栏和期末数栏。

第二步,对当期业务进行分析并编制调整分录。编制调整分录时,要以利润表项目为基础,从"营业收入"开始,结合资产负债表项目逐一进行分析。在调整分录中,有关现金和现金等价物的事项,并不直接借记或贷记现金,而是分别计入"经营活动产生的现金流量""投资活动产生的现金流量""筹资活动产生的现金流量"有关项目,借记表示现金流入,贷记表示现金流出。

调整分录大体有下列几类:① 涉及利润表中的收入、成本和费用项目以及资产负债表中的资产、负债及所有者权益项目,通过调整,将权责发生制下的收入费用转换为现金基础;② 涉及资产负债表和现金流量表中的投资、筹资项目,反映投资和筹资活动的现金流量;③ 涉及利润表和现金流量表中的投资和筹资项目,目的是将利润表中有关投资和筹资方面的收入和费用列入现金流量表投资、筹资现金流量中去。此外,还有一些调整分录并不涉及现金收支,只是为了核对资产负债表项目的期末期初变动。

第三步,将调整分录过入工作底稿中的相应部分。

第四步,核对调整分录,借贷合计应当相等,资产负债表项目期初数加减调整分录中的借贷金额后,应当等于期末数。

第五步,根据工作底稿中的现金流量表项目部分编制正式的现金流量表。

(二) 分析填列法

分析填列法是直接根据资产负债表、利润表和有关会计科目明细账的记录,分析计算出现金流量表各项目的金额,并据以编制现金流量表的一种方法。

以下采用分析填列的方法,编制甲公司 2×22 年度的现金流量表。

[例 13-3] 沿用[例 13-1]和[例 13-2]的资料,甲公司其他相关资料如下:

1. 2×22 年度利润表有关项目的明细资料如下:

(1) 管理费用的组成:职工薪酬 17 100 元,无形资产摊销 60 000 元,折旧费 20 000 元,支付其他费用 60 000 元。

(2) 财务费用的组成:计提借款利息 11 500 元,支付应收票据(银行承兑汇票)不附追索权贴现利息 30 000 元。

(3) 信用减值损失的组成:计提坏账准备 900 元(上年年末坏账准备余额为 900 元)。

(4) 资产减值损失的组成:计提固定资产减值准备 30 000 元。

(5) 投资收益的组成:收到股利和利息收益 31 000 元,出售交易性股票投资收益 500 元。

(6) 资产处置损益的组成:出售固定资产净收益 50 000 元(处置的固定资产原价为 400 000 元,累计折旧为 150 000 元,收到处置收入 300 000 元)。假定不考虑与固定资产处置有关的税费。

(7) 营业外支出的组成:报废固定资产净损失 19 700 元(报废的固定资产原价为 200 000 元,累计折旧为 180 000 元,支付清理费用 500 元,收到残值收入 800 元)。

除上述项目外,利润表中的销售费用 20 000 元至期末已经支付。

2. 资产负债表有关项目的明细资料如下:

(1) 本期出售交易性金融资产,账面价值 15 000 元,同时实现投资收益 500 元。

(2) 本期将期初债权投资 200 000 元全部重分类为其他债权投资,公允价值为 193 250 元,差额 6 750 元计入其他综合收益。

(3) 存货中生产成本、制造费用的组成:职工薪酬 324 900 元,折旧费 80 000 元。

(4) 应交税费的组成:本期增值税进项税额 26 000 元,增值税销项税额 199 100 元,已交增值税 3 000 元;未交增值税期初余额 31 600 元。应交所得税期末余额为 20 097 元,应交所得税期初余额为 0。其他税种的应交税费期末余额为 4 934 元,期初余额为 5 000 元。

(5) 应付职工薪酬的期初余额无应付在建工程人员的薪酬,本期支付在建工程人员职工薪酬 200 000 元。应付职工薪酬的期末数中应付在建工程人员的部分为 28 000 元。

(6) 应付利息均为短期借款利息,其中本期计提利息 11 500 元,支付利息 12 500 元。

(7) 本期用现金购买固定资产 201 000 元,购买工程物资 300 000 元。

(8) 本期用现金偿还短期借款 250 000 元,偿还一年内到期的长期借款 1 000 000 元;借入长期借款 548 000 元。

(9) 应付利息期初余额为 1 000 元,期末余额为 0;应付股利期初余额为 0,期末余额为 47 440 元;其他应付款期初余额和期末余额均为 0。

(10) 长期应收款当期减少 12 000 元,为收回部分长期应收款项。

在分析时,将用符号"Δ"表示账户或项目的当期增加或减少的净变动额,即 Δ=该账户或项目的期末余额-该账户或项目的期初余额,正数表示当期净增加,负数表示当期净减少。

1. 甲股份有限公司2×22年度现金流量表各项目金额,分析如下:

(1) 销售商品、提供劳务收到的现金
= 主营业务收入+本期增值税销项税额-Δ应收账款-Δ应收票据-当期计提的坏账准备-票据贴现的利息
= 1 250 000+199 100-(598 200-299 100)-(66 000-246 000)-900-30 000
= 1 299 100(元)

(2) 购买商品、接受劳务支付的现金
= 主营业务成本+本期增值税进项税额+Δ存货-Δ应付账款-Δ应付票据+Δ预付账款-当期列入生产成本、制造费用的职工薪酬-当期列入生产成本、制造费用的折旧费
= 750 000+26000+(2 484 700-2 580 000)-(938 575-731 300)-(100 000-200 000)+(100 000-100 000)-324 900-80 000=168 525(元)

(3) 支付给职工以及为职工支付的现金
= 生产成本、制造费用、管理费用中职工薪酬-Δ应付职工薪酬+Δ应付职工薪酬(反映在建工程人员的薪酬)
= 324 900+17 100-(180 000-110 000)+(28 000-0)
= 300 000(元)

(4) 支付的各项税费
= 所得税费用+Δ递延所得税资产-Δ递延所得税负债-Δ应交所得税+税金及附加-Δ其他税种的应交税费+已交增值税税金
= 70 075+(7 500-0)-0-(20 097-0)+2 000-(4 934-5 000)+3 000
= 62 544(元)

(5) 支付其他与经营活动有关的现金
= 其他管理费用+销售费用
= 60 000+20 000=80 000(元)

(6) 收回投资收到的现金
= 出售交易性金融资产价款
= 15 000+500=15 500(元)

(7) 取得投资收益收到的现金
= 收到的股利和利息收益=31 000(元)

(8) 收到的其他与投资活动有关的现金
= 收回部分长期应收款=12 000(元)

(9) 处置固定资产收回的现金净额(出售和报废)
= 300 000+(800-500)=300 300(元)

(10) 购建固定资产支付的现金
= 用现金购买的固定资产、工程物资+支付给在建工程人员的薪酬
= 201 000+300 000+200 000=701 000(元)

(11) 取得借款收到的现金=1 148 000-600 000=548 000(元)

（12）偿还债务支付的现金
  ＝偿还短期借款＋偿还当年到期的非流动负债
  ＝250 000＋1 000 000＝1 250 000（元）
（13）分配股利或偿付利息支付的现金
  ＝利息费用－Δ应付利息
  ＝11 500－(0－1 000)＝12 500（元）

2. 将净利润调节为经营活动现金流量各项目计算分析如下：
（1）资产减值准备＝900＋30 000＝30 900（元）
（2）固定资产折旧＝20 000＋80 000＝100 000（元）
（3）无形资产摊销＝60 000（元）
（4）处置固定资产、无形资产和其他长期资产的收益＝50 000（元）
（5）固定资产报废损失＝19 700（元）
（6）财务费用＝11 500（元）
（7）投资损失（收益以－表示）＝－31 500（元）
（8）递延所得税资产增加＝7 500－0＝7 500（元）
（9）存货的减少＝2 580 000－2 484 700＝95 300（元）
（10）经营性应收项目的增加
  ＝598 200＋1 800－299 100－900＋66 000－246 000＝120 000（元）
（11）经营性应付项目的增加
  ＝(100 000－200 000)＋(938 575－731 300)＋[(180 000－28 000)－110 000]＋
   (226 731－36 600)＝339 406（元）

3. 根据上述数据，编制现金流量表（见表13-11）及其补充资料（见表13-12）。

表 13-11　　　　　　　　　　现金流量表　　　　　　　　　　会企03表
编制单位：甲有限责任公司　　　　20×19年度　　　　　　　　　单位：元

项　目	本期金额	上期金额（略）
一、经营活动产生的现金流量：		
销售商品、提供劳务收到的现金	1 299 100	
收到的税费返还		
收到的其他与经营活动有关的现金		
经营活动现金流入小计	1 299 100	
购买商品、接受劳务支付的现金	168 525	
支付给职工以及为职工支付的现金	300 000	
支付的各项税费	62 544	
支付的其他与经营活动有关的现金	80 000	
经营活动现金流出小计	611 069	
经营活动产生的现金流量净额	688 031	
二、投资活动产生的现金流量：		
收回投资收到的现金	15 500	

续表

项　目	本期金额	上期金额（略）
取得投资收益收到的现金	31 000	
处置固定资产、无形资产和其他长期资产收到的现金净额	300 300	
处置子公司及其他营业单位收到的现金净额		
收到的其他与投资活动有关的现金	12 000	
投资活动现金流入小计	358 800	
购建固定资产、无形资产和其他长期资产支付的现金	701 000	
投资支付的现金		
取得子公司及其他营业单位支付的现金净额		
支付的其他与投资活动有关的现金		
投资活动现金流出小计	701 000	
投资活动产生的现金流量净额	-342 200	
三、筹资活动产生的现金流量：		
吸收投资所收到的现金		
取得借款收到的现金	548 000	
收到的其他与筹资活动有关的现金		
筹资活动现金流入小计	548 000	
偿还债务支付的现金	1 250 000	
分配股利、利润或偿付利息支付的现金	12 500	
支付的其他与筹资活动有关的现金		
筹资活动现金流出小计	1 262 500	
筹资活动产生的现金流量净额	-714 500	
四、汇率变动对现金及现金等价物的影响		
五、现金及现金等价物净增加额	-368 669	
加：期初现金及现金等价物余额	1 182 800	
六、期末现金及现金等价物余额	814 131	

表 13-12　　　　　　　　　　　　现金流量表补充资料　　　　　　　　　　　　单位：元

补充资料	本期金额	上期金额
1. 将净利润调节为经营活动现金流量：		
净利润	240 225	
加：资产减值准备	30 900	
固定资产折旧、油气资产折耗、生产性生物资产折旧	100 000	
无形资产摊销	60 000	
长期待摊费用摊销		
处置固定资产、无形资产和其他长期资产的损失（收益以"-"号填列）	-50 000	
固定资产报废损失（收益以"-"号填列）	19 700	
公允价值变动损失（收益以"-"号填列）		

续表

补充资料	本期金额	上期金额
财务费用(收益以"-"号填列)	11 500	
投资损失(收益以"-"号填列)	-31 500	
递延所得税资产减少(增加以"-"号填列)	-7 500	
递延所得税负债增加(减少以"-"号填列)		
存货的减少(增加以"-"号填列)	95 300	
经营性应收项目的减少(增加以"-"号填列)	-120 000	
经营性应付项目的增加(减少以"-"号填列)	339 406	
其他		
经营活动产生的现金流量净额	688 031	
2.不涉及现金收支的重大投资和筹资活动:		
债务转为资本		
一年内到期的可转换公司债券		
租入使用权资产		
3.现金及现金等价物净变动情况:		
现金的期末余额	814 131	
减:现金的期初余额	1 182 800	
加:现金等价物的期末余额		
减:现金等价物的期初余额		
现金及现金等价物净增加额	-368 669	

第五节

所有者权益变动表

一、所有者权益变动表概述

(一)所有者权益变动表的定义

所有者权益变动表是指反映构成所有者权益各组成部分当期增减变动情况的报表。所有者权益变动表应当全面反映一定时期所有者权益变动的情况,不仅包括所有者权益总量的增减变动,还包括所有者权益增减变动的重要结构性信息,让报表使用者准确理解所有者权益增减变动的根源。

(二)所有者权益变动表的内容

在所有者权益变动表中,综合收益和与所有者(或股东)的资本交易导致的所有者权益的变动,应当分别列示。企业至少应当单独列示反映下列信息的项目:(1)综合收益总额;(2)会计政策变更和差错更正的累积影响金额;(3)所有者投入资本和减少资本等;(4)提取的盈余公积和向所有者分配利润;(5)所有者权益各组成部分的期初和期末余额及其调节情况。

二、所有者权益变动表的格式和编制方法

（一）所有者权益变动表的格式

1. 以矩阵的形式列报

为了清楚地表明构成所有者权益的各组成部分当期的增减变动情况，所有者权益变动表应当以矩阵的形式列示：一方面，列示导致所有者权益变动的各种交易或事项，从所有者权益变动的原因对一定时期所有者权益变动情况进行全面反映；另一方面，按照所有者权益各组成部分（包括实收资本、其他权益工具、资本公积、其他综合收益、盈余公积、未分配利润和库存股）及其总额列示交易或事项对所有者权益的影响。所有者权益变动表的具体格式如表13-13所示。

2. 列示所有者权益变动的比较信息

根据财务报表列报准则的规定，企业还需要提供比较所有者权益变动表，所有者权益变动表还将各项目再分为"本年金额"和"上年金额"两栏分别填列。

（二）所有者权益变动表主要项目反映的内容

1. "上年年末余额"项目

"上年年末余额"项目，反映企业上年资产负债表中实收资本（或股本）、其他权益工具、资本公积、库存股、其他综合收益、盈余公积、未分配利润的年末余额。

2. "会计政策变更"和"前期差错更正"项目

"会计政策变更"和"前期差错更正"项目，分别反映企业采用追溯调整法处理的会计政策变更的累积影响额。

3. "本年增减变动额"项目

（1）"综合收益总额"项目，反映净利润和其他综合收益扣除所得税影响后的净额相加后的合计金额。

（2）"所有者投入和减少资本"项目，反映企业当年所有者投入的资本和减少的资本。

①"所有者投入的普通股"项目，反映企业接受投资者投入形成的股本（或实收资本）和股本溢价或资本溢价。

②"其他权益工具持有者投入资本"项目，反映企业发行的除普通股以外分类为权益工具的金融工具的持有者投入资本的金额。该项目应根据金融工具类科目的相关明细科目的发生额分析填列。

③"股份支付计入所有者权益的金额"项目，反映企业处于等待期中的权益结算的股份支付当年计入资本公积的金额。

（3）"利润分配"项目，反映企业当年的利润分配金额。

①"提取盈余公积"项目，反映企业按照规定提取的盈余公积。

②"对所有者（或股东）的分配"项目，反映对所有者（或股东）分配的利润（或股利）金额。

（4）"所有者权益内部结转"项目，反映企业所有者权益内部项目之间的增减变动金额。

①"资本公积转增资本（或股本）"项目，反映企业以资本公积转增资本或股本的金额。

②"盈余公积转增资本（或股本）"项目，反映企业以盈余公积转增资本或股本的金额。

表 13-13

所有者权益变动表

会企 04 表

编制单位：_____ 年度_____ 单位：元

项目	本年金额									上年金额								
	实收资本（或股本）	其他权益工具			资本公积	减：库存股	其他综合收益	盈余公积	未分配利润	所有者权益合计	实收资本（或股本）	其他权益工具			资本公积	减：库存股	其他综合收益	盈余公积	未分配利润	所有者权益合计
		优先股	永续债	其他								优先股	永续债	其他						
一、上年年末余额																			
加：会计政策变更																			
前期差错更正																			
其他																			
二、本年年初余额																			
三、本年增减变动金额（减少以"-"号填列）																			
（一）综合收益总额																			
（二）所有者投入和减少资本																			
1. 所有者投入的普通股																			
2. 其他权益工具持有者投入资本																			

续表

项目	本年金额									上年金额								
	实收资本（或股本）	其他权益工具			资本公积	减：库存股	其他综合收益	盈余公积	未分配利润	所有者权益合计	实收资本（或股本）	其他权益工具			资本公积	减：库存股	其他综合收益	盈余公积	未分配利润	所有者权益合计
		优先股	永续债	其他								优先股	永续债	其他						
3. 股份支付计入所有者权益的金额																				
4. 其他																				
（三）利润分配																				
1. 提取盈余公积																				
2. 对所有者（或股东）的分配																				
3. 其他																				
（四）所有者权益内部结转																				
1. 资本公积转增资本（或股本）																				
2. 盈余公积转增资本（或股本）																				
3. 盈余公积弥补亏损																				

续表

项目	本年金额									上年金额								
	实收资本(或股本)	其他权益工具			资本公积	减:库存股	其他综合收益	盈余公积	未分配利润	所有者权益合计	实收资本(或股本)	其他权益工具			资本公积	减:库存股	其他综合收益	盈余公积	未分配利润	所有者权益合计
		优先股	永续债	其他								优先股	永续债	其他						
4.设定受益计划变动额结转留存收益																				
5.其他综合收益结转留存收益																				
6.其他																				
四、本年年末余额																				

③"盈余公积弥补亏损"项目,反映企业以盈余公积弥补亏损的金额。

④"设定受益计划变动额结转留存收益"项目,反映设定受益计划进行重新计量形成的变动额,之前计入其他综合收益,以后按规定从其他综合收益转入留存收益的金额。

⑤"其他综合收益结转留存收益"项目,主要反映:(1)企业指定为以公允价值计量且其变动计入其他综合收益的非交易性权益工具投资终止确认时,之前计入其他综合收益的累计利得或损失从其他综合收益中转入留存收益的金额;(2)企业指定为以公允价值计量且其变动计入当期损益的金融负债终止确认时,之前由企业自身信用风险变动引起而计入其他综合收益的累计利得或损失从其他综合收益中转入留存收益的金额等。

(三)所有者权益变动表项目的填列方法

1. 上年金额栏的填列方法

所有者权益变动表"上年金额"栏内各项数字,应根据上年度所有者权益变动表"本年金额"栏内所列数字填列。如果上年度所有者权益变动表规定的各个项目的名称和内容与本年度不一致,应对上年度所有者权益变动表各项目的名称和金额按本年度的规定进行调整,填入所有者权益变动表"上年金额"栏内。

2. 本年金额栏的填列方法

所有者权益变动表"本年金额"栏内各项数字一般应根据"实收资本(或股本)""其他权益工具""资本公积""其他综合收益""盈余公积""利润分配""库存股""以前年度损益调整"等科目及其明细科目的发生额分析填列。

企业的净利润及其分配作为所有者权益变动表的组成部分,不需要单独设置利润分配表列示。

三、一般企业所有者权益变动表编制举例

[例13-4] 沿用[例13-1]和[例13-2]的资料,甲公司2×22年度其他相关资料如下:提取盈余公积24 022.5元,向投资者宣告分配现金股利47 440元。甲公司编制2×22年度所有者权益变动表如表13-14所示。

表13-14

所有者权益变动表

2×19年度

编制单位：甲公司　　　　　　　　　　　　　　　　　　　　　　　　　　　　　　　　　　会企04表
单位：元

项目	本年金额							上年金额（略）
	实收资本（或股本）	资本公积	减：库存股	其他综合收益	盈余公积	未分配利润	所有者权益合计	
一、上年年末余额	5 000 000	22 500		31 500	100 000	250 000	5 404 000	
加：会计政策变更								
前期差错更正								
二、本年年初余额	5 000 000	22 500		31 500	100 000	250 000	5 404 000	
三、本年增减变动金额（减少以"–"号填列）				9 000	24 022.5	168 762.5	201 785	
（一）综合收益总额				9 000		240 225	249 225	
（二）所有者投入和减少资本								
1. 所有者投入的普通股								
2. 股份支付计入所有者权益的金额								
3. 其他								
（三）利润分配					24 022.5	–24 022.5	0	
1. 提取盈余公积					24 022.5	–24 022.5		
2. 对所有者（或股东）的分配						–47 440	–47 440	
3. 其他								
（四）所有者权益内部结转								
1. 资本公积转增资本（或股本）								
2. 盈余公积转增资本（或股本）								
3. 盈余公积弥补亏损								
四、本年年末余额	5 000 000	22 500		40 500	124 022.5	418 762.5	5 605 785	

第六节 财务报表附注

一、附注的总体要求

（一）附注的概念

附注是对在资产负债表、利润表、现金流量表和所有者权益变动表等报表中列示项目的文字描述或明细资料，以及对未能在这些报表中列示项目的说明等。《企业会计准则第30号——财务报表列报》对附注的披露要求是对企业附注披露的最低要求，应当适用于所有类型的企业，企业还应当按照各项具体会计准则的规定在附注中披露相关信息。

财务报表中的数字是经过分类与汇总后的结果，是对企业发生的经济业务的高度简化和浓缩的数字，如有没有形成这些数字所使用的会计政策、理解这些数字所必需的披露，财务报表就不可能充分发挥效用。因此，附注与资产负债表、利润表、现金流量表、所有者权益变动表等报表具有同等的重要性，是财务报表的重要组成部分。报表使用者了解企业的财务状况、经营成果和现金流量，应当全面阅读附注。

（二）附注披露的总体要求

附注相关信息应当与资产负债表、利润表、现金流量表和所有者权益变动表等报表中列示的项目相互参照，以有助于使用者联系相关联的信息，并由此从整体上更好地理解财务报表。

企业在披露附注信息时，应当以定量、定性信息相结合，按照一定的结构对附注信息进行系统合理的排列和分类，以便于使用者理解和掌握。

二、附注的主要内容

附注应当按照如下顺序至少披露下列内容：

（一）企业的基本情况

（1）企业注册地、组织形式和总部地址。
（2）企业的业务性质和主要经营活动。
（3）母公司以及集团最终母公司的名称。
（4）财务报告的批准报出者和财务报告批准报出日，或者以签字人及其签字日期为准。
（5）营业期限有限的企业，还应当披露有关其营业期限的信息。

（二）财务报表的编制基础

详见本章第一节有关内容。

（三）遵循企业会计准则的声明

企业应当声明编制的财务报表符合企业会计准则的要求，真实、完整地反映了企业的财务状况、经营成果和现金流量等有关信息，以此明确企业编制财务报表所依据的制度基础。

如果企业编制的财务报表只是部分地遵循了企业会计准则，附注中不得作出这种表述。

（四）重要会计政策和会计估计

1. 重要会计政策的说明

企业应当披露采用的重要会计政策，并结合企业的具体实际披露其重要会计政策的确定依据和财务报表项目的计量基础。其中，会计政策的确定依据主要是指企业在运用会计政策过程中所作的重要判断，这些判断对在报表中确认的项目金额具有重要影响。比如，待出售资产的确认条件，投资性房地产的判断标准等。财务报表项目的计量基础包括历史成本、重置成本、可变现净值、现值和公允价值等会计计量属性等。

2. 重要会计估计的说明

企业应当披露重要会计估计，并结合企业的具体实际披露其会计估计所采用的关键假设和不确定因素。重要会计估计的说明，包括可能导致下一个会计期间内资产、负债账面价值重大调整的会计估计的确定依据等。例如，固定资产可收回金额的计算需要根据其公允价值减去处置费用后的净额与预计未来现金流量的现值两者之间的较高者确定，在计算资产预计未来现金流量的现值时需要对未来现金流量进行预测，并选择适当的折现率，企业应当在附注中披露未来现金流量预测所采用的假设及其依据、所选择的折现率为什么是合理的等。又如，对于正在进行中的诉讼计提准备，企业应当披露最佳估计数的确定依据等。

（五）会计政策和会计估计变更以及差错更正的说明

企业应当按照《企业会计准则第28号——会计政策、会计估计变更和差错更正》及其应用指南的规定，披露会计政策和会计估计变更以及差错更正的有关情况。

（六）报表重要项目的说明

企业应当以文字和数字描述相结合，尽可能以列表形式披露重要报表项目的构成或当期增减变动情况，并且报表重要项目的明细金额合计，应当与报表项目金额相衔接。在披露顺序上，一般应当按照资产负债表、利润表、现金流量表、所有者权益变动表的顺序及其报表项目列示的顺序。

（七）其他需要说明的重要事项

这主要包括或有和承诺事项、资产负债表日后非调整事项、关联方关系及其交易等。

（八）有助于财务报表使用者评价企业管理资本的目标、政策及程序的信息

三、分部报告

（一）经营分部的认定

经营分部，是指企业内同时满足下列条件的组成部分：（1）该组成部分能够在日常活动中产生收入、发生费用；（2）企业管理层能够定期评价该组成部分的经营成果，以决定向其配置资源、评价其业绩；（3）企业能够取得该组成部分的财务状况、经营成果和现金流量等有关会计信息。

企业应当以内部组织结构、管理要求、内部报告制度为依据确定经营分部。

经济特征不相似的经营分部,应当分别确定为不同的经营分部。企业存在相似经济特征的两个或多个经营分部,例如,具有相近的长期财务业绩,包括具有相近的长期平均毛利率、资金回报率、未来现金流量等,将其合并披露可能更为恰当。具有相似经济特征的两个或多个经营分部,在同时满足下列条件时,可以合并为一个经营分部:

(1) 各单项产品或劳务的性质相同或相似,包括产品或劳务的规格、型号、最终用途等。通常情况下,产品和劳务的性质相同或相似的,其风险、报酬率及其成长率可能较为接近,一般可以将其划分到同一经营分部中。对于性质完全不同的产品或劳务,不应当将其划分到同一经营分部中。

(2) 生产过程的性质相同或相似,包括采用劳动密集或资本密集方式组织生产、使用相同或相似设备和原材料、采用委托生产或加工方式等。对于其生产过程的性质相同或相似的,可以将其划分为一个经营分部,如按资本密集型和劳动密集型划分经营部门。对于资本密集型的部门而言,其占用的设备较为先进,占用的固定资产较多,相应所负担的折旧费也较多,其经营成本受资产折旧费用影响较大,受技术进步因素的影响也较大;而对于劳动密集型部门而言,其使用的劳动力较多,相对而言,劳动力的成本即人工费用的影响较大,其经营成果受人工成本的高低影响较大。

(3) 产品或劳务的客户类型相同或相似,包括大宗客户、零散客户等。对于购买产品或接受劳务的同一类型的客户,如果其销售条件基本相同,例如相同或相似的销售价格、销售折扣,相同或相似的售后服务,因而具有相同或相似的风险和报酬,而不同的客户,其销售条件不尽相同,由此可能导致其具有不同的风险和报酬。

(4) 销售产品或提供劳务的方式相同或相似,包括批发、零售、自产自销、委托销售、承包等。企业销售产品或提供劳务的方式不同,其承受的风险和报酬也不相同。比如,在赊销方式下,可以扩大销售规模,但发生的收账费用较大,并且发生应收账款坏账的风险也很大;而在现销方式下,则不存在应收账款的坏账问题,不会发生收账费用,但销售规模的扩大有限。

(5) 生产产品或提供劳务受法律、行政法规的影响相同或相似,包括经营范围或交易定价机制等。企业生产产品或提供劳务总是处于一定的经济法律环境之下,其所处的环境必然对其经营活动产生影响。对在不同法律环境下生产的产品或提供的劳务进行分类,进而向会计信息使用者提供不同法律环境下产品生产或劳务提供的信息,有利于会计信息使用者对企业未来的发展走向作出判断和预测;对相同或相似法律环境下的产品生产或劳务提供进行归类,以提供其经营活动所生成的信息,同样有利于明晰地反映该类产品生产和劳务提供的会计信息。比如,商业银行、保险公司等金融企业易受特别的、严格的政策监管,在考虑该类企业确定某组成部分的产品和劳务是否相关时,应当考虑所受监管政策的影响。

(二) 报告分部的确定

1. 重要性标准的判断

企业应当以经营分部为基础确定报告分部。经营分部满足下列条件之一的,应当确定为报告分部:

(1) 该分部的分部收入占所有分部收入合计的 10% 或者以上。

分部收入,是指可归属于分部的对外交易收入和对其他分部交易收入。分部收入要由可归属于分部的对外交易收入构成,通常为营业收入。可以归属分部的收入来源于两个渠道:一是可以直接归属于分部的收入,即直接由分部的业务交易而产生;二是可以间接归属于分部的收入,即将企业交易产生的收入在相关分部之间进行分配,按属于某分部的收入金额确认为分部收入。

分部收入通常不包括下列项目:① 利息收入(包括因预付或借给其他分部款项而确认的利息收入)和股利收入(采用成本法核算的长期股权投资取得的股利收入),但分部的日常活动是金融性质的除外。② 资产处置净收益,如处置固定资产、无形资产等产生的净收益。③ 营业外收入,如捐赠利得等。④ 处置投资产生的净收益,但分部的日常活动是金融性质的除外。⑤ 采用权益法核算的长期股权投资确认的投资收益,但分部的日常活动是金融性质的除外。

(2) 该分部的分部利润(亏损)的绝对额,占所有盈利分部利润合计额或者所有亏损分部亏损合计额的绝对额两者中较大者的 10% 或者以上。

分部利润(亏损),是指分部收入减去分部费用后的余额。不属于分部收入和分部费用的项目,在计算分部利润(亏损)时不得作为考虑的因素。

分部费用,是指可归属于分部的对外交易费用和对其他分部交易费用。分部费用主要由可归属于分部的对外交易费用构成,通常包括营业成本、税金及附加、销售费用等。与分部收入的确认相同,归属于分部的费用也来源于两个渠道:一是可以直接归属于分部的费用,即直接由分部的业务交易而发生;二是可以间接归属于分部的费用,即将企业交易发生的费用在相关分部之间进行分配,按属于某分部的费用金额确认为分部费用。

分部费用通常不包括下列项目:① 利息费用(包括因预收或向其他分部借款而确认的利息费用),如发行债券等,但分部的日常活动是金融性质的除外。② 资产处置净损失,如处置固定资产、无形资产等产生的净损失。③ 营业外支出,如公益性捐赠支出、非常损失、盘亏损失等。④ 处置投资发生的净损失,但分部的日常活动是金融性质的除外。⑤ 采用权益法核算的长期股权投资确认的投资损失,但分部的日常活动是金融性质的除外。⑥ 与企业整体相关的管理费用和其他费用。

(3) 该分部的分部资产占所有分部资产合计额的 10% 或者以上。

分部资产,是指分部经营活动使用的可归属于该分部的资产,不包括递延所得税资产。如果与两个或多个经营分部共用资产相关的收入和费用也分配给这些经营分部,该共用资产应分配给这些经营分部。共用资产的折旧费或摊销在计量分部经营成果时被扣减的,该资产应包括在分部资产中。企业在计量分部资产时,应当按照分部资产的账面价值进行计量,即按照扣除相关累计折旧或摊销额以及累计减值准备后的金额计量。

通常情况下,分部资产与分部利润(亏损)、分部费用等之间存在一定的对应关系,即:① 如果分部利润(亏损)包括利息或股利收入,分部资产中就应当包括相应的应收账款、贷款、投资或其他金融资产。② 如果分部费用包括某项固定资产的折旧费用,分部资产中就应当包括该项固定资产。③ 如果分部费用包括某项无形资产或商誉的摊销额或减值额,分部资产中就应当包括该项无形资产或商誉。

2. 低于10%重要性标准的选择

经营分部未满足上述10%重要性标准的,可以按照下列规定确定报告分部:

(1) 企业管理层认为披露该经营分部信息对会计信息使用者有用的,可以将其确定为报告分部。在这种情况下,无论该经营分部是否满足10%的重要性标准,企业都可以直接将其指定为报告分部。

(2) 将该经营分部与一个或一个以上的具有相似经济特征、满足经营分部合并条件的其他经营分部合并,作为一个报告分部。对经营分部10%的重要性测试可能会导致企业存在大量未满足10%数量临界线的经营分部,在这种情况下,如果企业没有直接将这些经营分部指定为报告分部,可以将一个或一个以上具有相似经济特征、满足经营分部合并条件的一个以上的经营分部合并成一个报告分部。

(3) 不将该经营分部直接指定为报告分部,也不将该经营分部与其他未作为报告分部的经营分部合并为一个报告分部的,企业在披露分部信息时,应当将该经营分部的信息与其他组成部分的信息合并,作为其他项目单独披露。

3. 报告分部75%的标准

企业的经营分部达到规定的10%重要性标准认定为报告分部后,确定为报告分部的经营分部的对外交易收入合计额占合并总收入或企业总收入的比重应当达到75%的比例。如果未达到75%的标准,企业应增加报告分部的数量,将其他未作为报告分部的经营分部纳入报告分部的范围,直到该比重达到75%。此时,其他未作为报告分部的经营分部很可能未满足前述规定的10%重要性标准,但为了使报告分部的对外交易收入合计额占合并总收入或企业总收入的总体比重能够达到75%的比例要求,也应当将其确定为报告分部。

4. 报告分部的数量

根据前述的确定报告分部的原则,企业确定的报告分部数量可能超过10个,此时,企业提供的分部信息可能变得非常繁琐,不利于会计信息使用者理解和使用。因此,报告分部的数量通常不应当超过10个。如果报告分部的数量超过10个,企业应当考虑将具有相似经济特征、满足经营分部合并条件的报告分部进行合并,以使合并后的报告分部数量不超过10个。

5. 为提供可比信息确定报告分部

企业在确定报告分部时,除应当遵循相应的确定标准以外,还应当考虑不同会计期间分部信息的可比性和一致性。对于某一经营分部,在上期可能满足报告分部的确定条件从而确定为报告分部,但本期可能并不满足报告分部的确定条件。此时,如果企业认为该经营分部仍然重要,单独披露该经营分部的信息能够更有助于会计信息使用者了解企业的整体情况,则不需考虑该经营分部确定为报告分部的条件,仍应当将该经营分部确定为本期的报告分部。

对于某一经营分部,在本期可能满足报告分部的确定条件从而确定为报告分部,但上期可能并不满足报告分部的确定条件从而未确定为报告分部。此时,出于比较目的提供的以前会计期间的分部信息应当重述,以将该经营分部反映为一个报告分部,即使其满足确定为报告分部的条件。如果重述所需要的信息无法获得,或者不符合成本效益原则,则不需要重述以前会计期间的分部信息。不论是否对以前期间相应的报告分部信息进行重述,企业均应当在报表附注中披露这一信息。

(三) 分部信息的披露

企业披露的分部信息,应当有助于会计信息使用者评价企业所从事经营活动的性质和财务影响以及经营所处的经济环境。企业应当以对外提供的财务报表为基础披露分部信息;对外提供合并财务报表的企业,应当以合并财务报表为基础披露分部信息。企业应当在附注中披露报告分部的下列信息:

1. 描述性信息

(1) 确定报告分部考虑的因素,通常包括企业管理层是否按照产品和服务、地理区域、监管环境差异或综合各种因素进行组织管理。

(2) 报告分部的产品和劳务的类型。

2. 每一报告分部的利润(亏损)总额相关信息

该信息包括利润(亏损)总额组成项目及计量的相关会计政策信息。企业管理层在计量报告分部利润(亏损)时运用了下列数据,或者未运用下列数据但定期提供给企业管理层的,应当在附注中披露每一报告分部的下列信息:(1) 对外交易收入和分部间交易收入。(2) 利息收入和利息费用。但是,报告分部的日常活动是金融性质的除外。报告分部的日常活动是金融性质的,可以仅披露利息收入减去利息费用后的净额,同时披露这一处理方法。(3) 折旧费用和摊销费用,以及其他重大的非现金项目。(4) 采用权益法核算的长期股权投资确认的投资收益。(5) 所得税费用或所得税收益。(6) 其他重大的收益或费用项目。

企业应当在附注中披露计量每一报告分部利润(亏损)的下列会计政策:(1) 分部间转移价格的确定基础;(2) 相关收入和费用分配给报告分部的基础;(3) 确定报告分部利润(亏损)使用的计量方法发生变化的性质,以及这些变化产生的影响。

3. 每一报告分部的资产总额、负债总额相关信息

信息包括资产总额组成项目的信息,以及有关资产、负债计量相关的会计政策。企业管理层在计量报告分部资产时运用了下列数据,或者未运用下列数据但定期提供给企业管理层的,应当在附注中披露每一报告分部的下列信息:(1) 采用权益法核算的长期股权投资金额。(2) 非流动资产(不包括金融资产、独立账户资产、递延所得税资产)金额。报告分部的负债金额定期提供给企业管理层的,企业应当在附注中披露每一报告分部的负债金额。

分部负债,是指分部经营活动形成的可归属于该分部的负债,不包括递延所得税负债。如果与两个或多个经营分部共同承担的负债相关的费用分配给这些经营分部,该共同承担的负债也应当分配给这些经营分部。

企业应当在附注中披露将相关资产或负债分配给报告分部的基础。

4. 其他应当披露的信息

除上述已经作为报告分部信息组成部分的披露内容外,企业还应当披露下列信息:

(1) 每一产品和劳务或每一类似产品和劳务的对外交易收入。但是,披露相关信息不切实可行的除外。企业披露相关信息不切实可行的,应当披露这一事实。

(2) 企业取得的来自本国的对外交易收入总额,以及企业从其他国家取得的对外交易收入总额。但是,披露相关信息不切实可行的除外。企业披露相关信息不切实可行的,

应当披露这一事实。

（3）企业取得的位于本国的非流动资产（不包括金融资产、独立账户资产、递延所得税资产）总额，以及企业位于其他国家的非流动资产（不包括金融资产、独立账户资产、递延所得税资产）总额。但是，披露相关信息不切实可行的除外。企业披露相关信息不切实可行的，应当披露这一事实。

（4）企业对主要客户的依赖程度。企业与某一外部客户交易收入占合并总收入或企业总收入的10%或以上，应当披露这一事实，以及来自该外部客户的总收入和相关报告分部的特征。

5. 报告分部信息总额与企业信息总额的衔接

报告分部收入总额应当与企业收入总额相衔接；报告分部利润（亏损）总额应当与企业利润（亏损）总额相衔接；报告分部资产总额应当与企业资产总额相衔接；报告分部负债总额应当与企业负债总额相衔接。

6. 比较信息

企业在披露分部信息时，为可比起见，应当提供前期的比较数据。对于某一经营分部，如果本期满足报告分部的确定条件确定为报告分部，即使前期没有满足报告分部的确定条件未确定为报告分部，也应当提供前期的比较数据。但是，重述信息不切实可行的除外。

企业内部组织结构改变导致报告分部组成发生变化的，应当提供前期比较数据。但是，提供比较数据不切实可行的除外。企业未提供前期比较数据的，应当在报告分部组成发生变化的当年，同时披露以新的报告分部和旧的报告分部为基础编制的分部信息。

不论企业是否提供前期比较数据，均应披露这一事实。

四、关联方披露

（一）关联方关系的认定

关联方关系的存在是以控制、共同控制或重大影响为前提条件的。在判断是否存在关联方关系时，应当遵循实质重于形式的原则。从一个企业的角度出发，与其存在关联方关系的各方包括：

（1）该企业的母公司。不仅包括直接或间接地控制该企业的其他企业，也包括能够对该企业实施直接或间接控制的单位等。具体表现为：

① 某一个企业直接控制一个或多个企业。例如，母公司控制一个或若干个子公司，则母公司与子公司之间存在关联方关系。

② 某一个企业通过一个或若干中间企业间接控制一个或多个企业。例如，母公司通过其子公司，间接控制子公司的子公司，表明母公司与其子公司的子公司存在关联方关系。

③ 一个企业直接地和通过一个或若干中间企业间接地控制一个或多个企业。例如，母公司对某一企业的投资虽然没有达到控股的程度，但由于其子公司也拥有该企业的股份或权益，如果母公司与其子公司对该企业的投资之和达到拥有该企业的控制权，则母公司直接和间接地控制该企业，表明母公司与该企业之间存在关联方关系。

（2）该企业的子公司。包括直接或间接地被该企业控制的其他企业，也包括直接或间接地被该企业控制的企业、单位、基金等特殊目的实体。

（3）与该企业受同一母公司控制的其他企业。例如，A 公司和 B 公司同受 C 公司控制，从而 A 公司和 B 公司之间构成关联方关系。

（4）对该企业实施共同控制的投资方。这里的共同控制包括直接的共同控制和间接的共同控制。对企业实施直接或间接共同控制的投资方与该企业之间是关联方关系，但这些投资方之间并不能仅仅因为共同控制了同一家企业而视为存在关联方关系。例如，A、B、C 三个企业共同控制 D 企业，从而 A 和 D、B 和 D，以及 C 和 D 成为关联方关系。如果不存在其他关联方关系，A 和 B、A 和 C 以及 B 和 C 之间不构成关联方关系。

（5）对该企业施加重大影响的投资方。这里的重大影响包括直接的重大影响和间接的重大影响。对企业实施重大影响的投资方与该企业之间是关联方关系，但这些投资方之间并不能仅仅因为对同一家企业具有重大影响而视为存在关联方关系。

（6）该企业的合营企业。合营企业包括合营企业的子公司。合营企业是以共同控制为前提的，两方或多方共同控制某一企业时，该企业则为投资者的合营企业。例如，A、B、C、D 企业各占 F 企业有表决权资本的 25%，按照合同规定，投资各方按照出资比例控制 F 企业，由于出资比例相同，F 企业由 A、B、C、D 企业共同控制，在这种情况下，A 和 F、B 和 F、C 和 F 以及 D 和 F 之间构成关联方关系。

（7）该企业的联营企业。联营企业包括联营企业的子公司。联营企业和重大影响是相联系的，如果投资者能对被投资企业施加重大影响，则该被投资企业应被视为投资者的联营企业。

（8）该企业的主要投资者个人及与其关系密切的家庭成员。主要投资者个人，是指能够控制、共同控制一个企业或者对一个企业施加重大影响的个人投资者。

① 某一企业与其主要投资者个人之间的关系。例如，张三是 A 企业的主要投资者，则 A 企业与张三构成关联方关系。

② 某一企业与其主要投资者个人关系密切的家庭成员之间的关系。例如，A 企业的主要投资者张三的儿子与 A 企业构成关联方关系。

（9）该企业或其母公司的关键管理人员及与其关系密切的家庭成员。关键管理人员，是指有权力并负责计划、指挥和控制企业活动的人员。通常情况下，企业关键管理人员负责管理企业的日常经营活动，并且负责制定经营计划、战略目标、指挥调度生产经营活动等，主要包括董事长、董事、董事会秘书、总经理、总会计师、财务总监、主管各项事务的副总经理以及行使类似决策职能的人员等。

① 某一企业与其关键管理人员之间的关系。例如，A 企业的总经理与 A 企业构成关联方关系。

② 某一企业与其关键管理人员关系密切的家庭成员之间的关系。例如，A 企业总经理的儿子与 A 企业构成关联方关系。

（10）该企业主要投资者个人、关键管理人员或与其关系密切的家庭成员控制、共同控制的其他企业。与主要投资者个人、关键管理人员关系密切的家庭成员，是指在处理与企业的交易时可能影响该个人或受该个人影响的家庭成员，例如，父母、配偶、兄弟姐妹和子女等。对于这类关联方，应当根据主要投资者个人、关键管理人员或与其关系密切的家庭成员对两家企业的实际影响力具体分析判断。

① 某一企业与受该企业主要投资者个人控制、共同控制的其他企业之间的关系。例如，A企业的主要投资者H拥有B企业60%的表决权资本，则A和B存在关联方关系。

② 某一企业与受该企业主要投资者个人关系密切的家庭成员控制、共同控制的其他企业之间的关系。例如，A企业的主要投资者Y的妻子拥有B企业60%的表决权资本，则A和B存在关联方关系。

③ 某一企业与受该企业关键管理人员控制、共同控制的其他企业之间的关系。例如，A企业的关键管理人员H控制了B企业，则A和B存在关联方关系。

④ 某一企业与受该企业关键管理人员关系密切的家庭成员控制、共同控制的其他企业之间的关系。例如，A企业的财务总监Y的妻子是B企业的董事长，则A和B存在关联方关系。

（11）该企业关键管理人员提供服务的提供方与服务接受方。提供关键管理人员服务的主体（以下简称服务提供方）向接受该服务的主体（以下简称服务接受方）提供关键管理人员服务的，服务提供方和服务接受方之间是否构成关联方关系应当具体分析判断。

① 服务接受方在编制财务报表时，应当将服务提供方作为关联方进行相关披露。服务接受方可以不披露服务提供方所支付或应支付给服务提供方有关员工的报酬，但应当披露其接受服务而应支付的金额。

② 服务提供方在编制财务报表时，不应仅仅因为向服务接受方提供了关键管理人员服务就将其认定为关联方，而应当按照《企业会计准则第36号——关联方披露》判断双方是否构成关联方并进行相应的会计处理。

（二）不构成关联方关系的情况

下列情况不构成关联方关系：

（1）与该企业发生日常往来的资金提供者、公用事业部门、政府部门和机构，以及因与该企业发生大量交易而存在经济依存关系的单个客户、供应商、特许商、经销商和代理商之间，不构成关联方关系。

（2）与该企业共同控制合营企业的合营者之间，通常不构成关联方关系。

（3）仅仅同受国家控制而不存在控制、共同控制或重大影响关系的企业，不构成关联方关系。

（4）受同一方重大影响的企业之间不构成关联方。

（三）关联方交易的类型

存在关联方关系的情况下，关联方之间发生的交易为关联方交易，关联方的交易类型主要有：

（1）购买或销售商品。购买或销售商品是关联方交易较常见的交易事项，例如，企业集团成员企业之间互相购买或销售商品，形成关联方交易。

（2）购买或销售除商品以外的其他资产。例如，母公司出售给其子公司设备或建筑物等。

（3）提供或接受劳务。例如，A企业是B企业的联营企业，A企业专门从事设备维修服务，B企业的所有设备均由A企业负责维修，B企业每年支付设备维修费用300万元，该维修服务构成A企业与B企业的关联方交易。

（4）担保。担保包括在借贷、买卖、货物运输、加工承揽等经济活动中，为了保障其债权实现而实行的担保等。当存在关联方关系时，一方往往为另一方提供为取得借款、买卖等经济活动中所需要的担保。

（5）提供资金（贷款或股权投资）。例如，企业从其关联方取得资金，或权益性资金在关联方之间的增减变动。

（6）租赁。租赁通常包括经营租赁和融资租赁等，关联方之间的租赁合同也是主要的交易事项。

（7）代理。代理主要是依据合同条款，一方可为另一方代理某些事务，如代理销售货物或代理签订合同等。

（8）研究与开发项目的转移。在存在关联方关系时，有时某一企业所研究与开发的项目会由于一方的要求而放弃或转移给其他企业。例如，B公司是A公司的子公司，A公司要求B公司停止对某一新产品的研究和试制，并将B公司研究的现有成果转给A公司最近购买的、研究与开发能力超过B公司的C公司继续研制，从而形成关联方交易。

（9）许可协议。当存在关联方关系时，关联方之间可能达成某项协议，允许一方使用另一方商标等，从而形成了关联方之间的交易。

（10）代表企业或由企业代表另一方进行债务结算。

（11）关键管理人员薪酬。企业支付给关键管理人员的报酬，也是一项主要的关联方交易。

关联方交易还包括就某特定事项在未来发生或不发生时所作出的采取相应行动的任何承诺，例如（已确认及未确认的）待执行合同。

（四）关联方的披露

1. 企业无论是否发生关联方交易，均应当在附注中披露与该企业之间存在直接控制关系的母公司和所有子公司有关的信息

母公司不是该企业最终控制方的，还应当披露企业集团内对该企业享有最终控制权的企业（或主体）的名称。母公司和最终控制方均不对外提供财务报表的，还应当披露母公司之上与其最相近的对外提供财务报表的母公司名称。

2. 企业与关联方发生关联方交易的，应当在附注中披露该关联方关系的性质、交易类型及交易要素

关联方关系的性质，是指关联方与该企业的关系，即关联方是该企业的子公司、合营企业、联营企业等。交易类型通常包括购买或销售商品、购买或销售商品以外的其他资产、提供或接受劳务、担保、提供资金（贷款或股权投资）、租赁、代理、研究与开发项目的转移、许可协议、代表企业或由企业代表另一方进行债务结算、就某特定事项在未来发生或不发生时所作出的采取相应行动的任何承诺，包括（已确认及未确认的）待执行合同等。交易要素至少应当包括：交易的金额；未结算项目的金额、条款和条件（包括承诺），以及有关提供或取得担保的信息；未结算应收项目坏账准备金额；定价政策。关联方交易的金额应当披露相关比较数据。

3. 对外提供合并财务报表的，对于已经包括在合并范围内各企业之间的交易不予披露

合并财务报表是将集团作为一个整体来反映与其有关的财务信息，在合并财务报表

中,企业集团作为一个整体看待,企业集团内的交易已不属于交易,并且已经在编制合并财务报表时予以抵销。因此,关联方披露准则规定,对外提供合并财务报表的,除了应按上述1、2的要求进行披露外,对于已经包括在合并范围内并已抵销的各企业之间的交易不予披露。

第七节 中期财务报告

一、中期财务报告概述

中期财务报告,是指以中期为基础编制的财务报告。"中期",是指短于一个完整的会计年度(自公历1月1日起至12月31日止)的报告期间,它可以是一个月、一个季度或者半年度,也可以是其他短于一个会计年度的期间。如1月1日至9月30日的期间等。可见,中期财务报告包括月度财务报告、季度财务报告、半年度财务报告,也包括年初至本中期末的财务报告。

根据中期财务报告准则规定,中期财务报告至少应当包括以下部分:(1)资产负债表;(2)利润表;(3)现金流量表;(4)会计报表附注。这是中期财务报告最基本构成。

在编制中期财务报告时,应注意以下三点:

(1)资产负债表、利润表、现金流量表和附注是中期财务报告至少应当编制的法定内容,对其他财务报表或者相关信息,如所有者权益变动表等,企业可以根据需要自行决定。

(2)中期资产负债表、利润表和现金流量表的格式和内容,应当与上年度财务报表相一致。但如果当年新施行的会计准则对财务报表格式和内容作了修改的,中期财务报表应当按照修改后的报表格式和内容编制,与此同时,在中期财务报告中提供的上年度比较财务报表的格式和内容也应当作相应的调整。

(3)中期财务报告中的附注相对于年度财务报告中的附注而言,可以适当简化。

二、中期财务报告的编制

(一)中期财务报告应遵循的原则

1. 应当遵循与年度财务报告相一致的会计政策原则

企业在编制中期财务报告时,应当将中期视同为一个独立的会计期间,所采用的会计政策应当与年度财务报表所采用的会计政策相一致,包括会计要素确认和计量原则相一致。企业在编制中期财务报告时不得随意变更会计政策。

2. 应当遵循重要性原则

重要性原则是企业编制中期财务报告的一项十分重要的原则。在遵循重要性原则时应注意以下几点:

(1)重要性程度的判断应当以中期财务数据为基础,而不得以预计的年度财务数据为基础。这里所指的"中期财务数据",既包括本中期的财务数据,也包括年初至本中期末的财务数据。

（2）重要性程度的判断需要根据具体情况作具体分析和职业判断。通常，在判断某一项目的重要性程度时，应当将项目的金额和性质结合在一起予以考虑，而且在判断项目金额的重要性时，应当以资产、负债、净资产、营业收入、净利润等直接相关项目数字作为比较基础，并综合考虑其他相关因素。

3. 应当遵循及时性原则

编制中期财务报告的目的是为了向会计信息使用者提供比年度财务报告更加及时的信息，以提高会计信息的决策有用性。中期财务报告所涵盖的会计期间短于一个会计年度，其编报的时间通常也短于年度财务报告，所以，中期财务报告应当能够提供比年度财务报告更加及时的信息。

需要强调的是，中期财务报告编制的重要性和及时性原则，是企业编制中期财务报告时需要特殊考虑的两个原则。同时，对于其他会计原则，比如可比性原则、谨慎性原则、实质重于形式原则等，企业在编制中期财务报告时也应当像年度财务报告一样予以遵循。

（二）中期财务报告的确认与计量

1. 中期财务报告的确认与计量的基本原则

（1）中期会计要素的确认和计量原则应当与年度财务报表相一致。

中期财务报告中各会计要素的确认和计量原则应当与年度财务报告所采用的原则相一致。即企业在中期根据所发生交易或者事项，对资产、负债、所有者权益（股东权益）、收入、费用和利润等会计要素进行确认和计量时，应当符合相应会计要素定义和确认、计量标准，不能因为财务报告期间的缩短（相对于会计年度而言）而改变。如不能根据会计年度内以后中期将要发生的交易或者事项来判断当前中期的有关项目是否符合会计要素的定义，也不能人为均衡会计年度内各中期的收益。再如企业在中期资产负债表日对于待处理财产损溢项目，也应当像会计年度末一样，将其计入当期损益，不能递延到以后中期，因为它已经不符合资产的定义和确认标准。

（2）中期会计计量应当以年初至本中期末为基础。

中期财务报告准则规定，中期会计计量应当以年初至本中期末为基础，财务报告的频率不应当影响年度结果的计量。也就是说，无论企业中期财务报告的频率是月度、季度还是半年度，企业中期会计计量的结果最终应当与年度财务报告中的会计计量结果相一致。为此，企业中期财务报告的计量应当以年初至本中期末为基础，即企业在中期应当以年初至本中期末作为中期会计计量的期间基础，而不应当以本中期作为会计计量的期间基础。

（3）中期采用的会计政策应当与年度财务报告相一致，会计政策、会计估计变更应当符合规定。

为了保持企业前后各期会计政策的一贯性，以提高会计信息的可比性和有用性，企业在中期不得随意变更会计政策，应当采用与年度财务报告相一致的会计政策。如果上年度资产负债表日之后按规定变更了会计政策，且该变更后的会计政策将在本年度财务报告中采用，中期财务报告应当采用该变更后的会计政策。

2. 季节性、周期性或者偶然性取得收入的确认和计量

中期财务报告准则规定，企业取得季节性、周期性或者偶然性收入，应当在发生时予以确认和计量，不应当在中期财务报表中预计或者递延，但会计年度末允许预计或者递延的除外。

3. 会计年度中不均匀发生的费用确认与计量

中期财务报告准则规定,企业在会计年度中不均匀发生的费用,应当在发生时予以确认和计量,不应在中期财务报表中预提或者待摊,但会计年度末允许预提或者待摊的除外。

(三) 比较财务报表编制要求

为了提高财务报告信息的可比性、相关性和有用性,企业在中期末除了编制中期末资产负债表、中期利润表和现金流量表之外,还应当提供前期比较财务报表。中期财务报告准则规定,中期财务报告应当按照下列规定提供比较财务报表:

(1) 本中期末的资产负债表和上年度末的资产负债表。

(2) 本中期的利润表、年初至本中期末的利润表以及上年度可比期间的利润表。其中,上年度可比期间的利润表包括上年度可比中期的利润表和上年度年初至上年可比中期末的利润表。

(3) 年初至本中期末的现金流量表和上年度年初至上年可比中期末的现金流量表。

[例 13-5] 甲企业按要求需要提供季度财务报告,则该企业在截至 2×21 年 3 月 31 日、6 月 30 日和 9 月 30 日分别提供各季度财务报告(即第 1、2、3 季度财务报告)中就应当分别提供如下财务报表:

(1) 2×21 年第 1 季度财务报告应当提供的财务报表。(见表 13-15)

表 13-15

报表类别	本年度中期财务报表时间(期间)	上年度比较财务报表时间(期间)
资产负债表	2×21 年 3 月 31 日	2×20 年 12 月 31 日
利润表	2×21 年 1 月 1 日至 3 月 31 日	2×20 年 1 月 1 日至 3 月 31 日
现金流量表	2×21 年 1 月 1 日至 3 月 31 日	2×20 年 1 月 1 日至 3 月 31 日

(2) 2×21 年第 2 季度财务报告应当提供的财务报表。(见表 13-16)

表 13-16

报表类别	本年度中期财务报表时间(期间)	上年度比较财务报表时间(期间)
资产负债表	2×21 年 6 月 30 日	2×20 年 12 月 31 日
利润表(本中期)	2×21 年 4 月 1 日至 6 月 30 日	2×20 年 4 月 1 日至 6 月 30 日
利润表(年初至本中期末)	2×21 年 1 月 1 日至 6 月 30 日	2×20 年 1 月 1 日至 6 月 30 日
现金流量表	2×21 年 1 月 1 日至 6 月 30 日	2×20 年 1 月 1 日至 6 月 30 日

(3) 2×21 年第 3 季度财务报告应当提供的财务报表。(见表 13-17)

表 13-17

报表类别	本年度中期财务报表时间(期间)	上年度比较财务报表时间(期间)
资产负债表	2×21 年 9 月 30 日	2×20 年 12 月 31 日
利润表(本中期)	2×21 年 7 月 1 日至 9 月 30 日	2×20 年 7 月 1 日至 9 月 30 日
利润表(年初至本中期末)	2×21 年 1 月 1 日至 9 月 30 日	2×20 年 1 月 1 日至 9 月 30 日
现金流量表	2×21 年 1 月 1 日至 9 月 30 日	2×20 年 1 月 1 日至 9 月 30 日

需要说明的是,企业在中期财务报告中提供比较财务报表时,应当注意以下几个方面:

(1)企业在中期内按新会计准则的规定,对财务报表项目进行了调整,则上年度比较财务报表项目及其金额应当按照本年度中期财务报表的要求进行重新分类,以确保其与本年度中期财务报表的相应信息相互可比。同时,企业还应当在附注中说明财务报表项目重新分类的原因及内容。

(2)企业在中期内发生了会计政策变更的,其累积影响数能合理确定、且涉及本会计年度以前中期财务报表净损益和其他相关项目数字的,应当予以追溯调整,视同该会计政策在整个会计年度一贯采用;对于比较财务报表可比期间以前的会计政策变更的累积影响数,应当根据规定调整比较财务报表最早期间的期初留存收益,财务报表其他相关项目的数字也应当一并调整。同时,在附注中说明会计政策变更的性质、内容、原因及其影响数;无法追溯调整的,应当说明原因。

(3)对于在本年度中期内发生的调整以前年度损益事项,企业应当调整本年度财务报表相关项目的年初数,同时,中期财务报告中相应的比较财务报表也应当为已经调整以前年度损益后的报表。

(四)中期财务报告附注

1. 中期财务报告附注编制要求

中期财务报告附注,是对中期资产负债表、利润表、现金流量表等报表中列示项目的文字描述或明细阐述,以及对未能在这些报表中列示项目的说明等。其目的是使财务报告信息对会计信息使用者的决策更加相关、有用,但同时又要考虑成本效益原则。

(1)中期财务报告附注应当以年初至本中期末为基础编制。

编制中期财务报告的目的是为了向报告使用者提供自上年度资产负债表日之后所发生的重要交易或者事项,因此,中期财务报告附注应当以"年初至本中期末"为基础进行编制,而不应当仅仅只披露本中期所发生的重要交易或者事项。

(2)中期财务报告附注应当对自上年度资产负债表日之后发生的重要交易或者事项进行披露。

为了全面反映企业财务状况、经营成果和现金流量,中期财务报告准则规定,中期财务报告附注应当以年初至本中期末为基础编制,披露自上年度资产负债表日之后发生的,有助于理解企业财务状况、经营成果和现金流量变化情况的重要交易或者事项。此外,对于理解本中期财务状况、经营成果和现金流量有关的重要交易或者事项,也应当在附注中作相应披露。

2. 中期财务报告附注披露内容

中期财务报告准则规定,中期财务报告附注至少应当包括以下信息:

(1)中期财务报告所采用的会计政策与上年度财务报表相一致的声明。企业在中期会计政策发生变更的,应当说明会计政策变更的性质、内容、原因及其影响数;无法进行追溯调整的,应当说明原因。

(2)会计估计变更的内容、原因及其影响数;影响数不能确定的,应当说明原因。

(3)前期差错的性质及其更正金额;无法进行追溯重述的,应当说明原因。

(4)企业经营的季节性或者周期性特征。

(5)存在控制关系的关联方发生变化的情况;关联方之间发生交易的,应当披露关联方关系的性质、交易类型和交易要素。

（6）合并财务报表的合并范围发生变化的情况。

（7）对性质特别或者金额异常的财务报表项目的说明。

（8）证券发行、回购和偿还情况。

（9）向所有者分配利润的情况，包括在中期内实施的利润分配和已提出或者已批准但尚未实施的利润分配情况。

（10）根据《企业会计准则第35号——分部报告》规定披露分部报告信息的，应当披露主要报告形式的分部收入与分部利润（亏损）。

（11）中期资产负债表日至中期财务报告批准报出日之间发生的非调整事项。

（12）上年度资产负债表日以后所发生的或有负债和或有资产的变化情况。

（13）企业结构变化情况，包括企业合并，对被投资单位具有重大影响、共同控制或者控制关系的长期股权投资的购买或者处置，终止经营等。

（14）其他重大交易或者事项，包括重大的长期资产转让及其出售情况、重大的固定资产和无形资产取得情况、重大的研究和开发支出、重大的资产减值损失情况等。

企业在提供上述（5）和（10）有关关联方交易、分部收入与分部利润（亏损）信息时，应当同时提供本中期（或者本中期末）和本年度初至本中期末的数据，以及上年度可比中期（或者可比期末）和可比年初至本中期末的比较数据。

本章小结

财务报告是企业正式对外披露或表述财务信息的总结性书面文件，它向财务报告使用者提供与企业财务状况、经营成果和现金流量等有关的会计信息，不仅反映企业管理层受托责任的履行情况，同时帮助各类投资者、债权人和其他信息使用者对企业的盈利能力、偿债能力、资产利用效率等进行有效的分析并作出经济决策。

我国企业会计准则规定，企业对外提供的财务报告由资产负债表、利润表、现金流量表、所有者权益变动表和会计报表附注构成（简称"四表一注"）。

资产负债表是反映企业在特定日期（如月末、季末、半年末、年末）财务状况的会计报表。通过资产负债表，可以了解企业在特定日期拥有或控制的经济资源、企业所承担的各项债务和所有者对企业净资产享有的剩余权益。

利润表是反映企业在一定会计期间（如月度、季度、半年度、年度）经营成果的报表。通过利润表可以反映企业的获利能力、反映企业的资产利用效率和偿债能力、可以用来评价企业管理当局的业绩。

现金流量表是反映企业在一定会计期间内有关现金的流入和流出以及净流量信息的报表。这里的现金是指企业库存现金、可以随时用于支取的存款、其他货币资金以及现金等价物。企业会计准则将现金流量分为经营活动产生的现金流量、投资活动产生的现金流量、筹资活动产生的现金流量三大类。

所有者权益变动表是反映一定会计期间企业所有者权益的各组成部分当期增减变动情况的报表。

会计报表附注是财务报表不可或缺的组成部分，是对在资产负债表、利润表、现金流量表和所有者权益变动表等报表中列示项目的文字描述或明细资料，以及对未能在这些报表中列示项目的说明。

中期财务报告，是指以中期为基础编制的财务报告。这里讲的"中期"，是指短于一个完整的会计年度的报告期间。编制中期财务报告的目的是为了向会计信息使用者提供比年度财务报告更加及时的信息，以提高会计信息的决策有用性。

复习思考题

1. 财务报告的作用有哪些？
2. 财务报告由哪几部分组成？
3. 资产负债表的作用是什么？
4. 资产负债表的编制依据是什么？
5. 资产负债表各项目如何填列？
6. 利润表的作用是什么？如何编制利润表？
7. 现金流量表的作用是什么？
8. 现金流量表的"现金"的含义是什么？
9. 如何编制现金流量表？
10. 如何编制所有者权益变动表？
11. 财务报表附注包括哪些内容？
12. 中期财务报告编制的原则有哪些？

练习题

1. 甲公司为增值税一般纳税人，适用的增值税税率为13%。2×22年11月30日的科目余额（部分科目）如下表所示：

科目名称	借方余额	贷方余额	科目名称	借方余额	贷方余额
银行存款	27 000		短期借款		17 500
交易性金融资产	8 000		应付账款		10 000
应收账款	20 000		预收账款		25 600
坏账准备—应收账款		800	应交税费	1 250	
预付账款	3 500		应付利息		3 920
原材料	10 000		实收资本		120 000
库存商品	45 000		资本公积		9 000
债权投资	27 000		盈余公积		5 500
固定资产	64 000		利润分配		4 950
累计折旧		13 000	本年利润		10 000
在建工程	21 000				

甲公司12月份有关资料如下：

（1）本月销售商品不含税售价25 000元，增值税额3 250元，款项尚未收到。商品成本为21 000元；

（2）收回以前年度已核销的坏账4 800元；

（3）向承包商支付部分工程款取得增值税专用发票，不含税价6 500元，增值税额585元，工程尚未完工；

（4）计提本月管理用固定资产折旧1 250元，另用银行存款支付其他管理费用2 000元；

（5）交易性金融资产年末公允价值为7 800元；

（6）本月支付已计提的短期借款利息3 500元；

（7）用银行存款偿还短期借款5 500元；

（8）发生财务费用283元，均以银行存款支付；

（9）企业经过对应收账款风险的分析，决定按1%的违约率对年末应收账款计提坏账准备；

（10）公司所得税税率为25%，1~11月份的所得税费用已转入本年利润。本月应交所得税为1200元，已用银行存款缴纳，假定不存在其他纳税调整事项；

（11）按净利润的10%计提法定盈余公积。

要求：

（1）根据上述资料，编制相关的会计分录；

（2）计算甲公司2×22年12月31日资产负债表中下列项目的金额：交易性金融资产、应收账款、存货、固定资产、在建工程、短期借款、应付利息、应交税费、盈余公积、未分配利润。

2. 乙公司为增值税一般纳税人，适用的增值税税率为13%，所得税税率为25%，公司产品销售价格均为不含税价格，产品销售成本逐笔结转。乙公司2×23年发生如下经济业务：

（1）向甲公司销售A产品一批，销售价格150万元，产品成本110万元。产品已经发出，并开出增值税专用发票，款项尚未收到；

（2）以支付手续费方式委托甲公司销售C产品一批，协议价格60万元，产品成本36万元。乙公司当年收到甲公司开来的代销清单，委托代销的该批C产品当年已售出60%，乙公司据此开具增值税专用发票交给甲公司；

（3）收到甲公司开具的增值税专用发票，按代销C产品不含税价10%计算手续费3.6万元，增值税0.216万元，甲公司在扣除上述金额后将剩余代销款项转入乙公司银行账户；

（4）按合同约定向丙公司发出B产品一批，开具增值税专用发票售价为50万元，产品成本30万元。款项已于2×22年年末收到；

（5）年末收到丁公司退回的300件D产品。该退货系乙公司2×23年11月售出，售出时每件售价200元，单位成本180元，该货款当时已如数收存银行。乙公司用银行存款支付退货款项，退回的D产品验收入库，并按规定开出红字增值税专用发票；

（6）出售交易性金融资产，该交易性金融资产的账面余额为18万元，收到出售价款20万元，存入银行；

(7) 计提已完工工程项目的分期付息长期借款利息6万元;用银行存款支付发生的管理费用5万元,销售费用3万元;

(8) 用银行存款支付非公益性捐赠4万元,假定不允许税前扣除。

要求:

(1) 编制乙公司上述资料(1)—(8)经济业务的会计分录。

(2) 计算本期利润总额和本期应交所得税,并编制相关分录。(不考虑其他纳税调整事项,不确认相关的递延所得税资产和相关的递延所得税负债)

(3) 根据以上资料编制乙公司2×23年的利润表。

3. 丙公司为增值税一般纳税人,该公司2×23年度部分科目数据如下表所示。

单位:万元

会计科目	年初余额	借方发生额	贷方发生额	年末余额
主营业务收入	0	0	3 000	0
主营业务成本	0	1 800	0	0
应收票据	80	100	50	130
应收账款	100	1 500	1 400	200
预付账款	0	100	80	20
库存商品	100	2 000(购进)	1 800(销售)	300
应付票据	40	30	10	20
应付账款	800	200	1200	1 800
应交增值税	0	260(进项)	650(销项)	390
累计折旧	100	10	20	110
资产减值准备	30	0	20	50

上述资料均与该公司的投资活动和筹资活动无关,应收账款发生额中包括重新收回前期已核销坏账40万元。该公司2×23年度净利润为500万元,当年其他相关资料如下:

(1) 出售一项固定资产的处置收益为20万元;

(2) 交易性金融资产当年公允价值变动收益5万元;

(3) 长期待摊费用摊销额10万元;

(4) 支付借款利息8万元。

要求:

(1) 计算现金流量表以下经营活动现金流量项目的金额:

① 销售商品、提供劳务收到的现金;

② 购买商品、接受劳务支付的现金。

(2) 采用间接法计算填写下表:

将净利润调节为经营活动现金流量:	本期金额
净利润	
加:资产减值准备	
固定资产折旧、油气资产折耗、生产性生物资产折旧	

续表

将净利润调节为经营活动现金流量：	本期金额
无形资产摊销	
长期待摊费用摊销	
处置固定资产、无形资产和其他长期资产的损失(收益以"-"号填列)	
固定资产报废损失(收益以"-"号填列)	
公允价值变动损失(收益以"-"号填列)	
财务费用(收益以"-"号填列)	
投资损失(收益以"-"号填列)	
递延所得税资产减少(增加以"-"号填列)	
递延所得税负债增加(减少以"-"号填列)	
存货的减少(增加以"-"号填列)	
经营性应收项目的减少(增加以"-"号填列)	
经营性应付项目的增加(减少以"-"号填列)	
其他	
经营活动产生的现金流量净额	

第十四章　财务报表调整

> **本章概要**
>
> 财务报表调整是指企业因会计政策变更、会计估计变更、前期差错更正和资产负债表日后事项的调整而对会计记录和财务报表的调整。从这个意义上讲,财务报表调整是财务报表内容的延伸与扩充,其实质是对财务报表的调整。本章主要阐述的是会计政策变更、会计估计变更、前期差错的含义、原因、内容、方法及对企业财务状况、经营成果和现金流量情况的影响等相关问题。

学习目的与要求

通过本章学习,应当能够了解并掌握:
1. 理解会计政策及其变更的概念、特点及构成内容;
2. 理解会计估计及其变更的概念、特点及构成内容;
3. 掌握会计政策变更的条件、会计处理原则及披露;
4. 熟悉会计政策变更追溯调整法的程序及方法;
5. 掌握会计估计变更的会计处理方法及披露;
6. 理解不重要的前期差错更正的会计处理方法;
7. 熟悉重要的前期会计差错更正的会计方法;
8. 理解资产负债表日后事项的概念、涵盖期间及内容;
9. 熟悉资产负债表日后事项的会计处理方法。

第一节　会计政策及其变更

一、会计政策概述

(一) 会计政策的概念

会计政策,是指企业在会计确认、计量和报告中所采用的原则、基础和会计处理方法。会计政策包括的会计原则、会计基础和会计处理方法,是指导企业进行会计确认和计量的具体要求。

会计原则,是指按照企业会计准则规定的、适合于企业会计核算所采用的具体会计原则。例如,企业应当在履行了合同中的履约义务,即在客户取得相关商品控制权时确认收入,就属于收入确认的具体会计原则。

会计基础,是指为了将会计原则应用于交易或者事项而采用的基础,主要是计量基础(即计量属性),包括历史成本、重置成本、可变现净值、现值和公允价值等。

会计处理方法,是指企业在会计核算中按照法律、行政法规或者国家统一的会计制度等规定采用或者选择的、适合于本企业的具体会计处理方法。

(二) 会计政策的特点

在我国,会计准则属于法规,会计政策所包括的具体会计原则、基础和具体会计处理方法由企业会计准则规定。企业基本上是在法规所允许的范围内选择适合本企业实际情况的会计政策。所以,会计政策具有强制性和多层次的特点。

1. 会计政策的强制性

由于企业经济业务的复杂性和多样化,某些经济业务在符合会计原则和会计基础的要求下,可以有多种会计处理方法。例如,存货的计价,可以有先进先出法、加权平均法、个别计价法等。但是,企业在发生某项经济业务时,必须从允许的会计原则、会计基础和会计处理方法中选择出适合本企业特点的会计政策。

2. 会计政策的层次性

会计政策包括会计原则、会计基础和会计处理方法三个层次。其中,会计原则是指导企业会计核算的具体原则;会计基础是为将会计原则体现在会计核算中而采用的基础;会计处理方法是按照会计原则和会计基础的要求,由企业在会计核算中采用或者选择的、适合于本企业的具体会计处理方法。会计原则、会计基础和会计处理方法三者之间是一个具有逻辑性、密不可分的整体,通过这个整体,会计政策才能得以应用和落实。

(三) 重要的会计政策

判断会计政策是否重要,应当主要考虑与会计政策相关项目的性质和金额:一是判断该项目在性质上是否属于企业日常活动;二是判断项目金额大小的重要性。企业应当披露重要的会计政策,不具有重要性的会计政策可以不予披露,企业应当披露的重要会计政策包括:

(1) 发出存货成本的计量,是指企业确定发出存货成本所采用的会计处理方法。例如,企业发出存货成本的计量是采用先进先出法,还是采用其他计量方法。

(2) 长期股权投资的后续计量,是指企业取得长期股权投资后的会计处理。例如,企业对被投资单位的长期股权投资是采用成本法,还是采用权益法。

(3) 投资性房地产的后续计量,是指企业对投资性房地产进行后续计量所采用的会计处理。例如,企业对投资性房地产的后续计量是采用成本模式,还是公允价值模式。

(4) 固定资产的初始计量,是指对取得的固定资产初始成本的计量。例如,企业取得的固定资产初始成本是以购买价款为基础进行计量,还是以购买价款的现值为基础进行计量。

(5) 生物资产的初始计量,是指对取得的生物资产初始成本的计量。例如,企业为取得生物资产而产生的借款费用,是应当予以资本化,还是计入当期损益。

(6) 无形资产的确认,是指对研发项目的支出是否确认为无形资产。例如,企业内部研究开发项目开发阶段的支出是确认为无形资产,还是在发生时计入当期损益。

(7) 非货币性资产交换的计量,是指非货币性资产交换事项中对换入资产成本的计量。例如,非货币性资产交换是以换出资产的公允价值作为确定换入资产成本的基础,还是以换出资产的账面价值作为确定换入资产成本的基础。

(8) 借款费用的处理,是指借款费用的会计处理方法,是采用资本化方法,还是采用费用化方法。

(9) 其他重要会计政策等。

二、会计政策变更的概念

会计政策变更,是指企业对相同的交易或者事项由原来采用的会计政策改用另一会计政策的行为。为保证会计信息的可比性,使财务报表使用者在比较企业一个以上期间的财务报表时,能够正确判断企业的财务状况、经营成果和现金流量的趋势,一般情况下,企业采用的会计政策在每一会计期间和前后各期应当保持一致,不得随意变更。否则,势必削弱会计信息的可比性。企业只有在以下两种情况下才可以变更会计政策:

(1) 法律、行政法规或者国家统一的会计制度等要求变更。这种情况是指按照法律、行政法规以及国家统一的会计制度的规定,要求企业采用新的会计政策,即企业应当按照法律、行政法规以及国家统一的会计制度的规定改变原会计政策,按照新的会计政策执行。

(2) 会计政策变更能够提供更可靠、更相关的会计信息。这种情况是指由于经济环境、客观情况的改变,使企业原采用的会计政策所提供的会计信息已不能恰当地反映企业的财务状况、经营成果和现金流量等情况。在这种情况下,应改变原有会计政策,按变更后新的会计政策进行会计处理,以便对外提供更可靠、更相关的会计信息。

三、会计政策变更的会计处理

(一) 会计政策变更的会计处理原则

企业会计政策变更要根据具体情况,分别按以下规定进行会计处理:

(1) 按照法律、行政法规以及国家统一的会计制度等要求变更的情况下,企业应当分别按以下情况进行处理:国家发布相关的会计处理办法的,则按照国家发布相关的会计处理规定进行处理;国家没有发布相关的会计处理办法的,则采用追溯调整法进行会计处理。

(2) 会计政策变更能够提供更可靠、更相关的会计信息的情况下,企业应当采用追溯调整法进行会计处理,将会计政策变更的累积影响数调整列报前期最早期初留存收益,其他相关项目的期初余额和列报前期披露的其他比较数据也一并调整。

(3) 确定会计政策变更对列报前期影响数不切实可行的,应当从可追溯调整的最早期间期初开始应用变更后的会计政策。

(4) 在当期期初确定会计政策变更对以前各期累积影响数不切实可行的,应当采用未来适用法处理。例如,企业因账簿法定保存期限而销毁等,可能使当期期初确定会计政策变更对以前各期累积影响数无法计算,即不切实可行,在这种情况下,会计政策变更应当采用未来适用法进行处理。

(二) 追溯调整法

追溯调整法,是指对某项交易或事项变更会计政策,视同该项交易或事项初次发生时,即采用变更后的会计政策,并以此对财务报表相关项目进行调整的方法。

追溯调整法的运用通常由以下几步构成:

第一步,计算会计政策变更的累积影响数;

第二步,编制相关项目的调整分录;

第三步,调整列报前期最早期初财务报表相关项目及其金额;

第四步,附注说明。

采用追溯调整法时,对于比较财务报表期间的会计政策变更,应调整各期间净损益各项目和财务报表其他相关项目,视同该政策在比较财务报表期间内一直采用。对于比较财务报表可比期间以前的会计政策变更的累积影响数,应调整比较财务报表最早期间的期初留存收益,财务报表其他相关项目的数字也应一并调整。因此,追溯调整法,是将会计政策变更的累积影响数调整列报前期最早期初留存收益,而不计入当期损益。

[例 14-1] 甲股份有限公司(以下简称"甲公司")是一家海洋石油开采公司,于 2×12 年开始建造一座海上石油开采平台,根据法律法规规定,该开采平台在使用期满后要将其拆除,需要对其造成的环境污染进行整治。2×13 年 12 月 15 日,该开采平台建造完成并投入使用,建造成本为 120 000 000 元,预计使用寿命 10 年,采用平均年限法计提折旧。2×19 年 1 月 1 日甲公司开始执行企业会计准则,企业会计准则对于具有弃置义务的固定资产,要求将相关弃置费用计入固定资产成本,对之前尚未计入资产成本的弃置费用,应当进行追溯调整。已知甲公司保存的会计资料比较齐备,可以通过会计资料追溯计算。甲公司预计该开采平台弃置费用 10 000 000 元。假定折现率(即为实际利率)为 10%。不考虑企业所得税和其他税法因素影响。该公司按净利润的 10% 提取法定盈余公积。

根据上述资料,甲公司的会计处理如下:

(1) 计算确认弃置义务后的累积影响数(见表 14-1):

2×14 年 1 月 1 日,该开采平台计入资产成本弃置费用的现值
= 10 000 000×(P/S, 10%, 10) = 10 000 000×0.385 5 = 3 855 000(元);

每年应计提折旧 = 3 855 000/10 = 385 500(元)

表 14-1   单位:元

年 度	计息金额	实际利率	利息费用①	折旧②	税前差异-(①+②)	税后差异
2×14 年	3 855 000	10%	385 500	385 500	-771 000	-771 000
2×15 年	4 240 500	10%	424 050	385 500	-809 550	-809 550
2×16 年	4 664 550	10%	466 455	385 500	-851 955	-851 955
2×17 年	5 131 005	10%	513 100.5	385 500	-898 600.5	-898 600.5
小 计	-	-	1 789 105.5	1 542 000	-3 331 105.5	-3 331 105.5
2×18 年	5 644 105.5	10%	564 410.55	385 500	-949 910.55	-949 910.55
合 计	-	-	2 353 516.05	1 927 500	-4 281 016.05	-4 281 016.05

甲公司确认该开采平台弃置费用后的税后净影响额为 -4 281 016.05 元,即为该公司确认资产弃置费用后的累积影响数。

（2）应编制会计分录如下：
① 调整确认的弃置费用：

借：固定资产——开采平台——弃置义务　　　　　　　　3 855 000
　　贷：预计负债——开采平台弃置义务　　　　　　　　　　　3 855 000

② 调整会计政策变更累积影响数：

借：利润分配——未分配利润　　　　　　　　　　　　4 281 016.05
　　贷：累计折旧　　　　　　　　　　　　　　　　　　　　　1 927 500
　　　　预计负债——开采平台弃置义务　　　　　　　　　　2 353 516.05

③ 调整盈余公积：

借：盈余公积——法定盈余公积　　　428 101.61（4 281 016.05×10%）
　　贷：利润分配——未分配利润　　　　　　　　　　　　　　428 101.61

（3）报表调整：

甲公司在编制2×22年度的财务报表时，应调整资产负债表的年初数（见表14-2），利润表、股东权益变动表的上年数（见表14-3、表14-4）也应做相应调整。2×22年12月31日资产负债表的期末数栏、股东权益变动表的未分配利润项目上年数栏应以调整后的数字为基础编制。

表14-2　　　　　　　　　　　　资产负债表（简表）

编制单位：甲公司　　　　　　　2×22年12月31日　　　　　　　　　单位：元

资产	年初余额		负债和股东权益	年初余额	
	调整前	调整后		调整前	调整后
……			……		
固定资产			预计负债	0	6 208 516.05
开采平台	60 000 000	61 927 500	……		
			盈余公积	1 700 000	1 271 898.39
			未分配利润	4 000 000	147 085.56
……					

表14-3　　　　　　　　　　　　利润表（简表）

编制单位：甲公司　　　　　　　　2×22年度　　　　　　　　　　　单位：元

项目	上期金额	
	调整前	调整后
一、营业收入	18 000 000	18 000 000
减：营业成本	13 000 000	13 385 500
……		
财务费用	260 000	824 410.55
……		
二、营业利润	3 900 000	2 950 089.45
……		
四、净利润	4 060 000	3 110 089.45
……		

在利润表中,根据账簿的记录,甲公司重新确认了 2×21 年度营业成本和财务费用,分别调增 385 500 元和 564 410.55 元,其结果为净利润调减 949 910.55 元。

表 14-4　　　　　　　　　　所有者权益变动表(简表)
编制单位:甲公司　　　　　　　　　2×22 年度　　　　　　　　　　　　　　单位:元

项目		本年金额		
……	……	盈余公积	未分配利润	……
一、上年年末余额		1 700 000	4 000 000	
加:会计政策变更		-428 101.61	-3 852 914.44	
前期差错更正				
二、本年年初余额		1 271 898.39	147 085.56	
……				

(4) 附注说明。

2×22 年 1 月 1 日,甲股份有限公司按照企业会计准则规定,对 2×16 年 12 月 15 日建造完成并交付使用的开采平台的弃置义务进行确认。此项会计政策变更采用追溯调整法,2×21 年的比较报表已重新表述。2×21 年运用新的方法追溯计算的会计政策变更累积影响数为-4 281 016.05 元。会计政策变更对 2×21 年度报告的损益的影响为减少净利润 949 910.55 元,调减 2×21 年的期末留存收益 4 281 016.05 元,其中,调减盈余公积 428 101.61 元,调减未分配利润 3 852 914.44 元。

(三) 未来适用法

未来适用法,是指将变更后的会计政策应用于变更日及以后发生的交易或者事项,或者在会计估计变更当期和未来期间确认会计估计变更影响数的方法。

在未来适用法下,不需要计算会计政策变更产生的累积影响数,也无须重编以前年度的财务报表。变更之日仍保留企业会计账簿记录及财务报表上反映的原有的金额,不因会计政策变更而改变以前年度的既定结果,并在现有金额的基础上再按新的会计政策进行处理。

四、会计政策变更的披露

企业应当在附注中披露与会计政策变更有关的下列信息:

(1) 会计政策变更的性质、内容和原因。其包括对会计政策变更的简要阐述、变更的日期、变更前采用的会计政策和变更后所采用的新会计政策及会计政策变更的原因。例如,依据法律或会计准则等行政法规、规章的要求变更会计政策时,在财务报表附注中应当披露所依据的文件,如对于由于执行企业会计准则而发生的变更,应在财务报表附注中说明"依据《企业会计准则第×号——××》的要求变更会计政策"。

(2) 当期和各个列报前期财务报表中受影响的项目名称和调整金额。其包括采用追溯调整法时,计算出的会计政策变更的累积影响数;当期和各个列报前期财务报表中需要调整的净损益及其影响金额,以及其他需要调整的项目名称和调整金额。

(3) 无法进行追溯调整的,说明该事实和原因以及开始应用变更后的会计政策的时点、具体应用情况。其包括无法进行追溯调整的事实;确定会计政策变更对列报前期影响数不切实可行的原因;在当期期初确定会计政策变更对以前各期累积影响数不切实可行的原因;开始应用新会计政策的时点和具体应用情况。

需要注意的是,在以后期间的财务报表中,不需要重复披露在以前期间的附注中已披露的会计政策变更的信息。

第二节 会计估计及其变更

一、会计估计概述

(一) 会计估计的概念

会计估计,是指企业对其结果不确定的交易或事项以最近可利用的信息为基础所作的判断。由于商业活动中内在的不确定因素影响,许多财务报表中的项目不能精确地计量,而只能加以估计。估计涉及以最近可利用的、可靠的信息为基础所作的判断。例如,有的项目可能要求估计:坏账;陈旧过时的存货;应折旧资产的使用寿命或者体现在应折旧资产中的未来经济利益的预期消耗方式;担保债务等。

(二) 会计估计的特点

1. 会计估计的存在是由于经济活动中内在的不确定性因素的影响

在会计核算中,企业总是力求保持会计核算的准确性,但有些交易或事项本身具有不确定性,如固定资产折旧年限、固定资产残余价值、无形资产摊销年限、收入确认等,因而需要根据经验作出估计。在会计核算和信息披露过程中,会计估计是不可避免的,并不削弱其可靠性。

2. 会计估计应当以最近可利用的信息或资料为基础

企业在会计核算中,由于经营活动中内在的不确定性,不得不经常进行估计。一些估计的主要目的是确定资产或负债的账面价值,例如,坏账准备、担保责任引起的负债;另一些估计的主要目的是确定将在某一期间记录的收益或费用的金额,例如,某一期间的折旧、摊销的金额。企业在进行会计估计时,通常应根据当时的情况和经验,以一定的信息或资料为基础。但是,随着时间的推移、环境的变化,进行会计估计的基础可能会发生变化,因此,进行会计估计所依据的信息或者资料不得不经常发生变化。由于最新的信息是最接近目标的信息,以其为基础所作的估计最接近实际,所以进行会计估计时,应以最近可利用的信息或资料为基础。

3. 进行会计估计并不会削弱会计核算的可靠性

由于存在会计分期和货币计量的假设,在确认和计量过程中,不得不对许多尚在延续中、其结果不确定的交易或事项予以估计入账。但是,估计是建立在具有确凿证据的前提下,而不是随意的。企业根据当时所掌握的可靠证据作出的最佳估计,不会削弱会计核算的可靠性。

(三) 会计估计的判断

企业会计估计的判断,应当考虑与会计估计相关项目的性质和金额。通常情况下,下列属于会计估计:

(1) 存货可变现净值的确定。

(2) 采用公允价值模式下的投资性房地产公允价值的确定。

(3) 固定资产的预计使用寿命与净残值,固定资产的折旧方法。

(4) 使用寿命有限的无形资产的预计使用寿命与净残值。

(5) 可收回金额按照资产组的公允价值减去处置费用后的净额确定的,确定公允价值减去处置费用后的净额的方法;可收回金额按照资产组预计未来现金流量的现值确定的,预计未来现金流量的确定。

(6) 合同履约进度的确定。

(7) 权益工具公允价值的确定。

(8) 预计负债初始计量的最佳估计数的确定。

(9) 金融资产公允价值的确定。

二、会计估计变更的概念

会计估计变更,是指由于资产和负债的当前状况及预期经济利益和义务发生了变化,从而对资产或负债的账面价值或者资产的定期消耗金额进行调整。

企业可能由于以下原因而发生会计估计变更:

(1) 赖以进行估计的基础发生了变化。企业某项无形资产的摊销年限原定为15年,以后获得了国家专利保护,该资产的受益年限已变为10年,则应相应调减摊销年限。

(2) 取得了新的信息,积累了更多的经验。企业原对固定资产采用年限平均法按15年计提折旧,后来根据新得到的信息——使用5年后对该固定资产所能生产产品的产量有了比较准确的证据,企业改按工作量法计提固定资产折旧。

三、会计估计变更的会计处理

会计估计变更应采用未来适用法处理,不改变以前期间的会计估计,也不调整以前期间的报告结果:

(1) 如果会计估计的变更仅影响变更当期,有关估计变更的影响应于当期确认。

(2) 如果会计估计的变更既影响变更当期又影响未来期间,有关估计变更的影响在当期及以后各期确认。固定资产的使用寿命或预计净残值的估计发生的变更,常常影响变更当期及资产以后使用年限内各个期间的折旧费用。因此,这类会计估计的变更,应于变更当期及以后各期确认。

会计估计变更的影响数应计入变更当期与前期相同的项目中。

(3) 企业难以对某项变更区分为会计政策变更或会计估计变更的,应当将其作为会计估计变更处理。

[例14-2] 甲公司于2×20年1月1日起对某管理用设备计提折旧,原价为42 000元,预计使用寿命为8年,预计净残值为2 000元,按年限平均法计提折旧。2×24年年初,由于新技术发展等原因,需要对原估计的使用寿命和净残值作出修正,修改后该设备预计

尚可使用年限为2年,预计净残值为1 000元。甲公司适用的企业所得税税率为25%。

甲公司对该项会计估计变更的会计处理如下:

(1) 不调整以前各期折旧,也不计算累积影响数。

(2) 变更日以后改按新的估计提取折旧。

按原估计,每年折旧额为5 000元,已提折旧4年,共计20 000元,该项固定资产账面价值为22 000元,则第5年相关科目的期初余额如下:

固定资产	42 000
减:累计折旧	20 000
固定资产账面价值	22 000

改变预计使用年限后,从2×24年起每年计提的折旧费用为10 500元[(22 000-1 000)/2]。2×24年不必对以前年度已提折旧进行调整,只需按重新预计的尚可使用年限和净残值计算确定折旧费用,应编制会计分录如下:

借:管理费用　　　　　　　　　　　　　　　　　　　10 500
　　贷:累计折旧　　　　　　　　　　　　　　　　　　10 500

(3) 财务报表附注说明。

本公司一台管理用设备成本为42 000元,原预计使用寿命为8年,预计净残值为2 000元,按年限平均法计提折旧。由于新技术发展,该设备已不能按原预计使用寿命计提折旧,本公司于

2×24年年初将该设备的预计尚可使用寿命变更为2年,预计净残值变更为1 000元,以反映该设备在目前状况下的预计尚可使用寿命和净残值。此估计变更将减少本年度净利润4 125元[(10 500-5 000)×(1-25%)]。

第三节

前期差错更正

一、前期差错的概念

前期差错,是指由于没有运用或错误运用下列两种信息,而对前期财务报表造成省略或错报:

(1) 编报前期财务报表时预期能够取得并加以考虑的可靠信息。

(2) 前期财务报告批准报出时能够取得的可靠信息。

前期差错通常包括以下三个方面:

(1) 计算错误。例如,企业本期应计提折旧200 000元,但由于计算出现差错,得出错误数据为210 000元。

(2) 应用会计政策错误。如果企业固定资产达到预定可使用状态后发生的借款费用,也计入该项固定资产成本,予以资本化,则属于采用法律、行政法规或者国家统一的会计准则制度等所不允许的会计政策。

(3) 疏忽或曲解事实以及舞弊产生的影响。

二、前期差错重要性的判断

前期差错按照重要程度分为重要的前期差错和不重要的前期差错。

如果财务报表项目的遗漏或错误表述可能影响财务报表使用者根据财务报表所作出的经济决策,则该项目的遗漏或错误是重要的。重要的前期差错,足以影响财务报表使用者对企业财务状况、经营成果和现金流量作出正确判断。不重要的前期差错,是指不足以影响财务报表使用者对企业财务状况、经营成果和现金流量作出正确判断的前期差错。

前期差错的重要性取决于在相关环境下对遗漏或错误表述的规模和性质的判断。前期差错所影响的财务报表项目的金额或性质,是判断该前期差错是否具有重要性的决定性因素。一般来说,前期差错所影响的财务报表项目的金额越大、性质越严重,其重要性水平越高。

三、前期差错更正的会计处理

(一)不重要的前期差错的会计处理

对于不重要的前期差错,企业不需调整财务报告相关项目的期初数,但应调整发现当期与前期相同的相关项目。属于影响损益的,应直接计入本期与上期相同的净损益项目;属于不影响损益的,应调整本期与前期相同的相关项目。

[例14-3] 甲公司在2×21年发现2×20年漏记了管理人员工资1 000元。则2×21年更正此差错的会计分录为:

借:管理费用　　　　　　　　　　　　　　　　　1 000
　　贷:应付职工薪酬　　　　　　　　　　　　　　　　1 000

(二)重要的前期差错的会计处理

对于重要的前期差错,如果能够合理确定前期差错累计影响数,则重要的前期差错的更正应采用追溯重述法。追溯重述法是指在发现前期差错时,视同该项前期差错从未发生过,从而对财务报表相关项目进行调整的方法。

如果确定前期差错累计影响数不切实可行,可以从可追溯重述的最早期间开始调整留存收益的期初余额,财务报表其他相关项目的期初余额也应当一并调整。

在编制比较财务报表时,对于比较财务报表期间的重要的前期差错,应调整各该期间的净损益和其他相关项目;对于比较财务报表期间以前的重要的前期差错,应调整比较财务报表最早期间的期初留存收益,财务报表其他相关项目的数字也应一并调整。

[例14-4] 2×22年12月31日,甲公司发现2×21年公司漏记一项无形资产的摊销费用300 000元,所得税申报表中也未扣除该项费用。假定2×21年甲公司适用所得税税率为25%,无其他纳税调整事项。该公司按净利润的10%和5%提取法定盈余公积和任意盈余公积。假定税法允许调整应交所得税。

(1)分析前期差错的影响数。

2×21年少计摊销费用300 000元;多计所得税费用75 000元(300 000×25%);多计净利润225 000元;多计应交税费75 000元(300 000×25%);多提法定盈余公积和任意盈余公积22 500元(225 000×10%)和11 250元(225 000×5%)。

(2)编制有关项目的调整分录。

① 补提折旧：
借：以前年度损益调整——管理费用　　　　　　　　　300 000
　　贷：累计摊销　　　　　　　　　　　　　　　　　　　　　300 000
② 调整应交所得税：
借：应交税费——应交所得税　　　　　　　　　　　　75 000
　　贷：以前年度损益调整——所得税费用　　　　　　　　　　75 000
③ 将"以前年度损益调整"科目余额转入未分配利润：
借：利润分配——未分配利润　　　　　　　　　　　　225 000
　　贷：以前年度损益调整——本年利润　　　　　　　　　　　225 000
④ 因净利润减少，调减盈余公积：
借：盈余公积——法定盈余公积　　　　　　　　　　　22 500
　　　　　　——任意盈余公积　　　　　　　　　　　11 250
　　贷：利润分配——未分配利润　　　　　　　　　　　　　　33 750

（3）财务报表调整和重述（财务报表略）。

甲公司在列报2×22年度财务报表时，应调整2×21年度财务报表的相关项目。

① 资产负债表项目的调整：

调减无形资产300 000元；调减应交税费75 000元；调减盈余公积33 750元，调减未分配利润191 250元。

② 利润表项目的调整：

调增管理费用300 000元，调减所得税费用75 000元，调减净利润225 000元。

③ 所有者权益变动表项目的调整：

调减前期差错更正项目中盈余公积上年金额33 750元，未分配利润上年金额191 250元，所有者权益合计上年金额225 000元。

④ 财务报表附注说明。

本年度发现2×21年漏记无形资产摊销300 000元，在编制2×22年和2×21年比较财务报表时，已对该项差错进行了更正。更正后，调减2×21年净利润225 000元，调增累计摊销300 000元。

第四节

资产负债表日后事项

一、资产负债表日后事项的概念及涵盖期间

（一）资产负债表日后事项的概念

资产负债表日后事项是指资产负债表日至财务报告批准报出日之间发生的有利或不利事项。

1. 资产负债表日

资产负债表日是指会计年度末和会计中期期末。中期是指短于一个完整的会计年度

的报告期间,包括半年度、季度和月度等。我国会计年度采用公历年度,即 1 月 1 日至 12 月 31 日。因此,年度资产负债表日是指每年的 12 月 31 日,中期资产负债表日是指各会计中期期末。

2. 财务报告批准报出日

公司制企业的财务报告批准报出日是指董事会批准财务报告报出的日期。对于非公司制企业,财务报告批准报出日是指经理(厂长)会议或类似机构批准财务报告报出的日期。

3. 有利事项和不利事项

资产负债表日后事项概念中所称"有利或不利事项",是指资产负债表日后事项肯定对企业财务状况和经营成果具有一定影响(既包括有利影响,也包括不利影响)。如果某些事项的发生对企业并无任何影响,既不是有利事项,也不是不利事项,也就不属于资产负债表日后事项。

(二) 资产负债表日后事项涵盖的期间

资产负债表日后事项涵盖的期间是自资产负债表日次日起至财务报告批准报出日止的一段时间,具体是指报告年度次年的 1 月 1 日或报告期下一期间的第一天至董事会或类似权力机构批准财务报告对外公布的日期。财务报告批准报出以后、实际报出之前又发生与资产负债日后事项有关的事项,并由此影响财务报告对外公布日期的,应以董事会或类似机构再次批准财务报告对外公布的日期为截止日期。

二、资产负债表日后事项的内容

资产负债表日后事项包括资产负债表日后调整事项(以下简称调整事项)和资产负债表日后非调整事项(以下简称非调整事项)两类。

(一) 调整事项

资产负债表日后调整事项,是指对资产负债表日已经存在的情况提供了新的或进一步证据的事项。

如果资产负债表日及所属会计期间已经存在某种情况,但当时并不知道其存在或者不能知道确切结果,资产负债表日后发生的事项能够证实该情况的存在或者确切结果,则该事项属于资产负债表日后事项中的调整事项。调整事项能对资产负债表日的存在情况提供追加的证据,并会影响编制财务报表过程中的内在估计。调整事项有两个特点,其一是在资产负债表日或以前已经存在,资产负债表日后得以证实的事项;其二是对按资产负债表日存在状况编制的财务报表产生重大影响的事项。

[例 14-5] 甲公司因违约问题被客户起诉。2×22 年 12 月 31 日人民法院尚未判决,考虑到客户胜诉要求甲公司赔偿的可能性较大,甲公司为此确认了 200 000 元的预计负债。2×23 年 2 月 25 日,在甲公司 2×22 年度财务报告批准对外报出之前,人民法院判决客户胜诉,要求甲公司支付赔偿款 300 000 元。

本例中,甲公司在 2×22 年 12 月 31 日结账时已经知道客户胜诉的可能性较大,但不知道人民法院判决的确切结果,因此确认了 200 000 元的预计负债。2×23 年 2 月 25 日人民法院判决结果为甲公司预计负债的存在提供了进一步的证据。此时,按照 2×22 年 12 月 31 日存在状况编制的财务报告所提供的信息已不能真实反映甲公司的实际情况,应据此对财务报告相关项目的数字进行调整。

(二) 非调整事项

资产负债表日后非调整事项,是指表明资产负债表日后发生的情况的事项。

非调整事项的发生不影响资产负债表日企业的财务报表数字,只说明资产负债表日后发生了某些情况。对于财务报告使用者来说,非调整事项说明的情况有的重要,有的不重要;其中重要的非调整事项虽然与资产负债表日的财务报表数字无关,但可能影响资产负债表日以后的财务状况和经营成果,所以应在附注中适当披露。非调整事项的特点是:第一,资产负债表日并未发生或存在,完全是期后才发生的事项;第二,对理解和分析财务报告有重大影响的事项。

[例14-6] 甲公司应收乙公司1 000万货款。2×20年12月31日乙公司财务状况良好,甲公司预计应收账款可按时收回。乙公司在2×21年1月发生重大火灾,导致甲公司50%的应收账款无法收回。导致甲公司2×20年度应收账款损失的因素是乙公司2×21年1月发生的火灾,应收账款发生损失这一事实在资产负债表日以后才发生,因此乙公司发生火灾导致甲公司应收款项发生坏账的事项属于非调整事项。

(三) 调整事项与非调整事项的区别

资产负债表日后发生的某一事项究竟是调整事项还是非调整事项,取决于该事项表明的情况在资产负债表日或资产负债表日以前是否已经存在。若该情况在资产负债表日或之前已经存在,则属于调整事项;反之,则属于非调整事项。

三、资产负债表日后事项的处理

(一) 资产负债表日后调整事项的处理

企业发生资产负债表日后调整事项,应当调整资产负债表日已编制的财务报表。对于年度财务报表而言,由于资产负债表日后事项发生在报告年度的次年,报告年度的有关账目已经结转,特别是损益类科目在结账后已无余额。因此,年度资产负债表日后发生的调整事项,应分别按以下情况进行处理:

(1) 涉及损益的事项(利润表上的科目),通过"以前年度损益调整"科目核算。调整增加以前年度利润或调整减少以前年度亏损的事项,记入"以前年度损益调整"科目的贷方;反之,记入"以前年度损益调整"科目的借方。调整完成后,应将"以前年度损益调整"科目的贷方或借方余额,转入"利润分配——未分配利润"科目。

涉及损益的调整事项,发生在报告年度所得税汇算清缴后的,应调整本年度(即报告年度的次年)应纳所得税税额。

(2) 涉及利润分配调整的事项(调整提取盈余公积),直接在"利润分配——未分配利润"科目核算。

(3) 不涉及损益及利润分配的事项(资产负债表上的科目),调整相关科目。

(4) 通过上述账务处理后,还应同时调整财务报表相关项目的数字,包括:

① 资产负债表日(上期)编制的财务报表相关项目的期末数(资产负债表)或本年发生数(利润表);

② 当期编制的财务报表相关项目的期初数(资产负债表)或上年数(利润表)。

[例 14-7] 甲公司因违约于 2×21 年 12 月被乙公司告上法庭。乙公司要求甲公司赔偿 160 万元。2×21 年 12 月 31 日法院尚未判决,甲公司按或有事项会计准则对该诉讼事项确认预计负债 100 万元。2×22 年 3 月 10 日,经法院判决甲公司应赔偿乙公司 120 万元。甲、乙双方均服从判决。判决当日甲公司向乙公司支付赔偿款 120 万元。甲、乙两公司 2×21 年所得税汇算清缴在 2×22 年 4 月 10 日完成(假定该项预计负债产生的损失不允许税前扣除)。公司财务报告批准报出日是次年 3 月 31 日,所得税税率为 25%,按净利润的 10% 提取法定盈余公积,提取法定盈余公积后不再作其他分配;调整事项按税法规定均可调整应缴纳的所得税。

本例中,2×22 年 3 月 10 日的判决证实了甲、乙两公司在资产负债表日(即 2×21 年 12 月 31 日)分别存在现时赔偿义务和获赔权利,因此两公司都应将"法院判决"这一事项作为调整事项进行处理。

甲公司(被告)应编制会计分录如下:

(1) 记录支付的赔偿款:

借:以前年度损益调整——营业外支出　　　　　　　　　　200 000
　　贷:其他应付款——乙公司　　　　　　　　　　　　　　　200 000
借:预计负债——未决诉讼　　　　　　　　　　　　　　1 000 000
　　贷:其他应付款——乙公司　　　　　　　　　　　　　　1 000 000
借:其他应付款——乙公司　　　　　　　　　　　　　　1 200 000
　　贷:银行存款　　　　　　　　　　　　　　　　　　　　1 200 000

注:资产负债表日后事项如涉及现金收支项目,均不调整报告年度资产负债表的货币资金项目和现金流量表各项目数字(收付实现制的体现)。但在调整会计报表相关数字时,只需调整上述第一笔和第二笔分录,第三笔分录作为 2×22 年的会计事项处理。

(2) 调整递延所得税资产:

借:以前年度损益调整——所得税费用　　250 000(1 000 000×25%)
　　贷:递延所得税资产　　　　　　　　　　　　　　　　　250 000

(3) 调整应交所得税:

借:应交税费——应交所得税　　　　　　300 000(1200 000×25%)
　　贷:以前年度损益调整——所得税费用　　　　　　　　　300 000

(4) 将"以前年度损益调整"科目余额转入未分配利润:

借:利润分配——未分配利润　　　　　　　　　　　　　　150 000
　　贷:以前年度损益调整——本年利润　　　　　　　　　　150 000

(5) 因净利润减少,调减盈余公积:

借:盈余公积——法定盈余公积　　　　　　15 000(150 000×10%)
　　贷:利润分配——未分配利润　　　　　　　　　　　　　　15 000

(6) 调整报告年度财务报表相关项目的数字(财务报表略)。

① 资产负债表项目的调整:

调减递延所得税资产 250 000 元,调减应交税费——应交所得税 300 000 元,调增其他应付款 1200 000 元,调减预计负债 1 000 000 元,调减盈余公积 15 000 元,调减未分配利润 135 000 元。

② 利润表项目的调整：
调增营业外支出 200 000 元，调减所得税费用 50 000 元，调减净利润 150 000 元。
③ 所有者权益变动表项目的调整：
调减综合收益总额 150 000 元；提取盈余公积项目中盈余公积一栏调减 15 000 元，未分配利润一栏调减 135 000 元。

乙公司（原告）应编制会计分录如下：
(1) 记录收到的赔款：
借：其他应收款——甲公司　　　　　　　　　　　　　　　　1 200 000
　　贷：以前年度损益调整——营业外收入　　　　　　　　　　　　　1 200 000
借：银行存款　　　　　　　　　　　　　　　　　　　　　　1 200 000
　　贷：其他应收款——甲公司　　　　　　　　　　　　　　　　　　1 200 000

注：资产负债表日后事项如涉及现金收支项目，均不调整报告年度资产负债表的货币资金项目和现金流量表各项目数字。但在调整会计报表相关数字时，只需调整上述第一笔分录，第二笔分录作为 2×22 年的会计事项处理。

(2) 调整应交所得税：
借：以前年度损益调整——所得税费用　　　　300 000（1 200 000×25%）
　　贷：应交税费——应交所得税　　　　　　　　　　　　　　　　　300 000
(3) 将"以前年度损益调整"科目余额转入未分配利润：
借：以前年度损益调整——本年利润　　　　　　　　　　　　　900 000
　　贷：利润分配——未分配利润　　　　　　　　　　　　　　　　　　900 000
(4) 因净利润增加，补提盈余公积：
借：利润分配——未分配利润　　　　　　　　　　　　　　　　90 000
　　贷：盈余公积——法定盈余公积　　　　　　　　　90 000（900 000×10%）
(5) 调整报告年度财务报表相关项目的数字（财务报表略）。
① 资产负债表项目的调整：
调增其他应收款 1 200 000 元；调增应交税费 300 000 元；调增盈余公积 90 000 元，调增未分配利润 810 000 元。
② 利润表项目的调整：
调增营业外收入 1 200 000 元，调增所得税费用 300 000 元，调增净利润 900 000 元。
③ 所有者权益变动表项目的调整：
调增综合收益总额 900 000 元；提取盈余公积项目中盈余公积一栏调增 90 000 元，未分配利润一栏调增 810 000 元。

（二）资产负债表日后非调整事项的处理

资产负债表日后发生的非调整事项，是表明资产负债表日后发生的情况的事项，与资产负债表日存在状况无关，不应当调整资产负债表日的财务报表。但有的非调整事项由于事项重大，对财务报告使用者具有重大影响，如不加以说明，将不利于财务报告使用者作出正确估计和决策，因此，应在附注中对其性质、内容及对财务状况和经营成果的影响加以披露。

对于资产负债表日后发生的非调整事项，应当在报表附注中披露每项重要的资产负债表日后非调整事项的性质、内容,及其对财务状况和经营成果的影响。无法作出估计的,应当说明原因。

资产负债表日后非调整事项的主要例子有:

(1) 资产负债表日后发生重大诉讼、仲裁、承诺。

(2) 资产负债表日后资产价格、税收政策、外汇汇率发生重大变化。

(3) 资产负债表日后因自然灾害导致资产发生重大损失。

(4) 资产负债表日后发行股票和债券以及其他巨额举债。

(5) 资产负债表日后资本公积转增资本。

(6) 资产负债表日后发生巨额亏损。

(7) 资产负债表日后发生企业合并或处置子企业。

(8) 资产负债表日后,企业利润分配方案中拟分配的以及经审议批准宣告发放的股利或利润。

资产负债表日后,企业利润分配方案中拟分配的以及经审议批准宣告发放的股利或利润,不确认为资产负债表日负债,但应当在财务报表附注中单独披露。

本章小结

会计政策,是指企业在会计确认、计量和报告中所采用的原则、基础和会计处理方法。会计政策包括的会计原则、会计基础和会计处理方法,是指导企业进行会计确认和计量的具体要求。会计政策变更,是指企业对相同的交易或者事项由原来采用的会计政策改用另一会计政策的行为。

会计估计,是指企业对结果不确定的交易或者事项以最近利用的信息为基础所作的判断。会计估计变更,是指由于资产和负债的当前状况及预期经济利益和义务发生了变化,从而对资产或负债的账面价值或者资产的定期消耗金额进行调整。企业对会计估计变更应当采用未来适用法处理。

前期差错,是指由于没有运用或错误运用相关的两种信息,而对前期财务报表造成省略或错报。前期差错按照重要程度分为重要的前期差错和不重要的前期差错。重要的前期差错,足以影响财务报表使用者对企业财务状况、经营成果和现金流量作出正确判断。不重要的前期差错,是指不足以影响财务报表使用者对企业财务状况、经营成果和现金流量作出正确判断的前期差错。企业应当采用追溯重述法更正重要的前期差错。

资产负债表日后事项是指资产负债表日至财务报告批准报出日之间发生的有利或不利事项。资产负债表日后事项包括资产负债表日后调整事项和资产负债表日后非调整事项两类。企业发生资产负债表日后调整事项,应当调整资产负债表日已编制的财务报表。对资产负债表日后发生的非调整事项,不应当调整资产负债表日的财务报表。

复习思考题

1. 什么是会计政策变更?举例说明。

2. 什么是会计估计变更?举例说明。

3. 在我国,具备什么条件可以变更会计政策?
4. 简述追溯调整法的调整步骤。
5. 简述会计估计变更的会计处理方法。
6. 会计差错的会计处理方法有哪些?
7. 资产负债表日后事项是如何分类的?
8. 简述资产负债表日后调整事项的原则。
9. 简述资产负债表日后调整事项的会计处理方法。

习题

1. A 公司系上市公司,从 2×22 年 1 月 1 日首次执行企业会计准则,该公司 2×22 年 1 月 1 日将对 B 公司的一项短期股票投资重新分类为交易性金融资产,假设 A 公司已按照新的会计科目进行了新旧科目的转换。2×22 年 1 月 1 日,该短期投资的账面余额为 200 万元,公允价值为 160 万元。该公司按净利润的 10% 提取盈余公积,A 公司适用的所得税税率为 25%。

要求:
(1) 编制 A 公司 2×22 年 1 月 1 日首次执行企业会计准则的会计分录。
(2) 将 2×22 年 1 月 1 日资产负债表部分项目的调整数填入下表。

2×22 年 1 月 1 日资产负债表部分项目的调整数

项目	金额(万元)	调增(+)	调减(-)
交易性金融资产			
递延所得税资产			
盈余公积			
未分配利润			

2. 甲公司 2×21 年 5 月销售给乙公司一批产品,货款为 100 万元(含增值税)。乙公司于 6 月份收到所购物资并验收入库。按合同规定,乙公司应于收到所购物资后两个月内付款。由于乙公司财务状况不佳,到 2×21 年 12 月 31 日仍未付款。甲公司于 12 月 31 日编制 2×21 年财务报表时,已为该项应收账款提取坏账准备 5 万元。

甲公司 12 月 31 日资产负债表上"应收账款"项目的金额为 200 万元,其中 95 万元为该项应收账款。甲公司于 2×22 年 1 月 30 日(所得税汇算清缴前)收到法院通知,乙公司已宣告破产清算,无力偿还所欠部分货款。甲公司预计可收回应收账款的 60%。

假定企业财务报告批准报出日是次年 3 月 31 日,所得税税率为 25%,按净利润的 10% 提取法定盈余公积,提取法定盈余公积后不再作其他分配;调整事项按税法规定均可调整应交纳的所得税;涉及递延所得税资产的,均假定未来期间很可能取得足够的用来抵扣暂时性差异的应纳税所得额;不考虑报表附注中有关现金流量表项目的数字。

要求:请判断该事项是否属于资产负债表日后事项中的调整事项?如果属于,按相关规定进行处理。

主要参考书目

1. 中华人民共和国财政部.企业会计准则 2006.北京:经济科学出版社,2006.
2. 中华人民共和国财政部.企业会计准则——应用指南 2006.北京:中国财政经济出版社,2006.
3. 财政部会计司编写组.企业会计准则讲解 2010.北京:人民出版社,2010.
4. 中国注册会计师协会.会计.北京:中国财政经济出版社,2022.
5. 中国注册会计师协会.税法.北京:中国财政经济出版社,2022.
6. 中国注册会计师协会.经济法.北京:中国财政经济出版社,2022.
7. 财政部会计资格评价中心.中级会计实务.北京:经济科学出版社,2022.
8. 财政部会计资格评价中心.初级会计实务.北京:经济科学出版社,2022.
9. 陈立军.中级财务会计(第 4 版).北京:中国人民大学出版社,2018.
10. 《企业会计准则第 22 号——金融工具确认和计量》应用指南(2018 年财政部发布)
11. 《企业会计准则第 14 号——收入》应用指南(2018 年财政部发布)
12. 《企业会计准则第 37 号——金融工具列报》应用指南(2018 年财政部发布)
13. 《企业会计准则第 42 号——持有待售的非流动资产、处置组和终止经营》应用指南(2018 年财政部发布)
14. 《企业会计准则第 16 号——政府补助》应用指南(2018 年财政部发布)
15. 《企业会计准则第 21 号——租赁》(2018 年财政部发布)
16. 《企业会计准则第 7 号——非货币性资产交换》(2019 年财政部发布)
17. 《企业会计准则第 12 号——债务重组》(2019 年财政部发布)
18. 《关于修订印发 2019 年度一般企业财务报表格式的通知》(财会〔2019〕6 号)
19. 《增值税会计处理规定》(财会〔2016〕22 号)
20. 《财政部 税务总局 海关总署关于深化增值税改革有关政策的公告》(财政部 税务总局 海关总署公告 2019 年第 39 号)
21. 《企业会计准则第 25 号——保险合同》(2020 年财政部发布)